日俄海战

1904—1905
第2太平洋舰队的末路

MARITIME OPERATIONS
IN THE RUSSO-JAPANESE WAR
VOLUME 2

[英] 朱利安·S.科贝特　著

邢天宁　译

台海出版社

图书在版编目（CIP）数据

日俄海战：1904—1905. 第 2 太平洋舰队的末路 /
（英）朱利安·S. 科贝特著；邢天宁译 . -- 北京：台海
出版社 , 2019.9
　　ISBN 978-7-5168-2418-4

Ⅰ . ①日… Ⅱ . ①朱… ②邢… Ⅲ . ①日俄战争－海
战－研究 Ⅳ . ① E194.3

中国版本图书馆 CIP 数据核字 (2019) 第 170682 号

日俄海战：1904—1905. 第 2 太平洋舰队的末路

著　　者：[英] 朱利安·S. 科贝特		译　　者：邢天宁	

责任编辑：俞滟荣　　　　　　　　　　　策划制作：指文文化
视觉设计：杨静思　　　　　　　　　　　责任印制：蔡　旭

出版发行：台海出版社
地　　址：北京市东城区景山东街 20 号　　　邮政编码：100009
电　　话：010 － 64041652（发行，邮购）
传　　真：010 － 84045799（总编室）
网　　址：www.taimeng.org.cn/thcbs/default.htm
E － mail：thcbs@126.com

经　　销：全国各地新华书店
印　　刷：重庆共创印务有限公司
本书如有破损、缺页、装订错误，请与本社联系调换

开　　本：787mm×1092mm　　　　　　1/16
字　　数：560 千　　　　　　　　　　印　张：35.5
版　　次：2019 年 9 月第 1 版　　　　印　次：2019 年 9 月第 1 次印刷
书　　号：ISBN 978-7-5168-2418-4

定　　价：159.80 元

译者的说明

　　本书的第一版出版于 100 多年前，而在 1994 年再版时，出版方受条件限制，未能将配套的作战态势示意图纳入新版。由于原书数量有限且极难获得，在翻译时，本人遗憾地未能将这些作战态势示意图纳入中文版中。但作为弥补，本人依旧从该书参考的原始资料，即《极密·明治三十七八年海战史》中截取了部分作战态势示意图。至于缺失的部分，则依靠现代的俄方资料补齐。另外，原书并未配有照片，中文版的照片均为本人所加，如果有缺漏、错讹等处，本人愿承担一切责任。

来自 1914 年的原版报告

<u>机密</u>

本书是英国政府的财产。

它在原则上仅限军官阅览，但某些情况下，为满足使用方履职所需，也可被转交给英国武装力量中现役军官以下的人员。提供这些信息时，行使本权力的军官，请务必保持小心谨慎的态度。

***

军官们应注意，本历史参考的大部分信息，都是日本政府为方便研究而慷慨提供给我方外交人员的，这些资料中包含的历史涉及机密，目前正由海军部掌管。有鉴于此，本书的信息应当严格保密，至于汲取的经验教训，也最好不要泄露给非现役人士。

目录

第一章

波罗的海舰队的创建

到本书第一卷 [①] 完结的 1904 年 9 月中旬时，战争已经进行到了一半，对交战各方来说，战局的发展都带来了失望和焦虑。不仅如此，这种局势还凸显了海上力量的决定性意义。

对日方来说，他们在开战之初可谓大获全胜。期间，他们不仅占领了最重要的地理目标——朝鲜，还让俄军陷入了被动。在俄军的作战计划中，库罗帕特金将军对此已有所预料，并认为这种局面终将无法避免；同时，将军还在计划中指出，如果俄军想赢得战争，就只有进攻日本本土一条路可走。为实现这一目标，他们又需要先将日军赶出朝鲜，随后在朝鲜南部建立基地，控制住特定的海域。而在日军方面，他们已从开局中获得了双重意义上的优势：从乐观的角度看，他们已经控制了战争的核心目标；保守一点说，其占领的阵地也足以抵挡俄军的反击。

正因如此，为了守住朝鲜、保卫战略主动权，日军在第二阶段只需要做好两件事：第一件事是让防御阵地无懈可击；另外，他们还要让敌人相信，打破这一阵地的回报远远大于损失。但日军离全面胜利依旧遥远。诚然，在占领了辽阳的俄军集结地后，他们已经控制了必要的防线，但为了保证防线的安全，他们仍有两项工作要做：首先是歼灭虎视眈眈的敌军部队，其次是保证海上交通线的绝对安全。也只有如此，日军才能保障防线守军的战斗力，并为其提供源源不断的后勤支援。

在最初的作战计划中，日军曾经确信，这些目标会在开战的头 6 个月（甚至是更早之前）实现。他们相信，通过对辽阳发动向心攻势，他们可以在俄军

---

① 译注：指的是《日俄海战 1904—1905：侵占朝鲜和封锁旅顺》。

集结前将其全歼；旅顺也会在短暂的围攻后自动沦陷。届时，俄军在海上的布局将被打破，日军不仅可以在满洲畅行无阻，交通线也将安然无恙——这会保证他们在战场上立于不败。

但日军的期望最终全部落空。由于旅顺要塞的牵制，库罗帕特金将军得以摆脱包围——较辽阳战役爆发之初，俄军的阵地只是后退了几英里。同样，在海上，根据当时人们的看法，8月10日的海战同样影响甚微——它只是将俄军舰队赶回了关东要塞的怀抱，至于关东要塞本身，则展现出了令日军始料未及的保护舰队的能力。虽然我们后面将看到，旅顺舰队被迫回港一事影响重大，并让俄国海军的士气一落千丈，但日本人对此完全不知，只能根据有限的情报来指导决策。

不过即使如此，日军仍在战争初期收获颇丰：在其赢得的战略优势中，有一种对局势的发展最为有利。由于主动权易手，俄军无论是否情愿，都只能先行展开进攻，但进入防御阵地的日军士气高昂，并处在以逸待劳的状态。这种情况在海陆两个战场都有体现。如果俄军想要逆转战局，不仅需要库罗帕特金将军发动攻势将日军赶出辽阳周围，而且还必须打击控制着黄海的日军舰队，将其一举歼灭。但在任何领域，俄军的兵力都远远不足，无法发动有效的进攻，而难以向两个战场投入足够的兵力又充当了一切的症结所在。具体而言，由于战场位于一条漫长交通线的尽头，他们在陆上的运力远远不足，从海上调集舰船也有诸多困难。

以上就是历经演变后的战场局势；同时，由于一个难题的存在，各方都很难摆脱困局。问题的根源在于关东半岛：在这片需要海陆联合行动的战场，其具体情况又和宏观的海陆战局完全不同。在当地，日俄双方的处境实际颠倒了。在旅顺，日军发现自己只能被迫持续发动攻势，但手头的资源又相当不足。然而，由于任务紧迫，他们又必须不惜代价，甚至任何拖延都不可接受。当5月中旬俄军新舰队在波罗的海集结的消息传来时，乃木将军①便收到了一份严厉的

---

① 译注：原文为"General Oku"，即奥保巩将军，此处似乎为作者的笔误。

命令——要求他加紧进攻要塞，解除舰队的后顾之忧。

鉴于俄军正在准备反击，为保障作战顺利进行，日军必须抢在对方增援部队抵达战场前积攒起优势兵力，这就要求他们必须夺取旅顺基地，一举将舰队歼灭在港内。而这一点也是他们控制海上战场、避免局势崩坏的唯一途径；期间，他们只有一个机会，这就是阻止敌军舰队会合，并将其各个摧毁。

事态十万火急。在众多当事人中，最为担忧的莫过于东乡司令。面对危机四伏的处境和被束住手脚的舰队，他全然无法掩饰内心的焦虑。得知首次总攻旅顺失败后，惴惴不安的他发回了一份措辞坚决的电报，提醒大本营必须全力攻克旅顺，期间容不得任何拖延。

大本营很早就认识到了这个问题，濒于沦陷的旅顺对满洲的日军主力无疑大为有利。对日军来说，最糟糕的情况也许是，库罗帕特金将军会按照原始计划撤往北方，并在聚拢起足够的兵力后反戈一击。不过，旅顺方面的局势注定了这种情况不会发生。为保证当地不在波罗的海舰队到来前沦陷，俄军只能尽早对日军主力发动进攻。

俄军的困境在于：对彻底击败敌人、打开解围通道一事，他们根本无法集结起足够的兵力，但为了阻止日本围攻部队获得增援，这场攻势又必须尽早展开。于是，尽管从纯粹的军事角度看，库罗帕特金推迟反攻的想法是正确的，但海上局势的发展让他必须对要塞伸出援手。同样，对关东半岛上的日本军队来说，虽然出于减少损失的考虑，最合理的做法是孤立和封锁旅顺，趁其虚弱再一举夺取之，然而，考虑到敌方增援舰队的威胁，他们又不能如此行事。相反，他们必须两面作战，既在辽阳防线挡住俄军，又在旅顺发动猛攻。因此，直到制海权的争夺尘埃落定，波罗的海舰队都将扮演一个关键角色，并从根本上影响地面部队的作战。

关于这支宏伟的舰队，无论是其部署的构想，还是其承担的任务，在历史上都绝无仅有。这一设想如何变成了现实，至今依然不得而知。不过可以确定的是，与俄军的其他海上作战计划不同，该计划实际上是在圣彼得堡制订的。另外，由于俄国海军部自身的结构以及远东司令部与它的特殊关系，这一计划的制订和执行实际上发生了脱节。

在 1898 年俄国占领旅顺时，帝俄海军部由海军大臣图伊尔托夫将军①掌管，他之下是一位参谋长（Chief of the Headquarter Staff），当时担任这一职务的是阿维兰将军②。但这个"参谋部"和现代意义的参谋部完全不同，甚至在远东被划为一个独立总督区之前，它都没有管控太平洋舰队的权力。举个例子，1902 年，作为对英日同盟的回应，俄国曾计划与法国达成外交协议，以求在远东行动一致，因此，制订对日作战计划也被提上了日程。但作为远东的最高指挥官，阿列克谢耶夫将军却向参谋部发去通告，表示他没有制订计划，整个工作于是不了了之。次年，俄军的远东司令部虽然制订了作战计划，但他们并未向海军参谋部通报此事。[1]

1903 年年初，图伊尔托夫将军去世，阿维兰接替他成为海军大臣，同时，罗杰斯特文斯基海军少将③则被提拔为参谋长，在 3 月 30 日任命生效后，这位新上任的将军开始着手消除战略布局中的弱点。他后来这样回忆道："接到任命后，鉴于旅顺本身条件不利，我建议海军部另选其他军港，并迅速构建全套的设施，保证舰队能在新基地周围展开演练。海军部为此立刻联络了远东俄军总司令（即阿列克谢耶夫将军），但后者表示，此举（建设新基地）根本没有必要。相反，针对后勤保障问题，他倾向于派遣一些志愿舰队的船只，同时，这些船只还可以执行次要使命。在得到它们的加强后，由于担心刺激日本方面，远东

---

① 译注：Tuirtov，即帕维尔·图伊尔托夫（1838—1903 年）。他出生于特维尔地区，一个军官家庭，在克里米亚战争期间，他指挥一艘军舰在波罗的海参加了抵抗英国舰队的行动。由于表现英勇，他后来逐步晋升为蒸汽巡航舰和铁甲舰的指挥官，1886 年晋升为海军少将，1891 年成为太平洋舰队司令，1893 年调回国内，并在 1896 年被任命为海军大臣。1903 年，图伊尔托夫在任上突然去世，职务由阿维兰将军取代。

② 译注：Avelan，费多尔·阿维兰（1839—1916 年）。他出生于芬兰，一个贵族家庭，8 岁时便作为少年预备兵加入海军，并在 1857 年被提拔为军官。随后数年，他晋升很快，还参加了多次远航，并在 1878 年被派往美国，接收一艘在当地订做的巡航舰。1889 年，阿维兰被任命为喀琅施塔得海军基地司令，稍后调任地中海分舰队司令，1895—1897 年为俄国海军参谋部副参谋长，不久被提拔为正职。1903—1905 年间，他担任俄国的海军大臣一职，后来因为对马海战的失利而被剥夺了军衔，尽管如此，战后他依然在国务委员会中担任职务，1916 年在彼得格勒去世。

③ 译注：Rozhestvenski，季诺维·罗杰斯特文斯基（1848—1909 年），1848 年 11 月 11 日生于一位内科医师的家庭，从军官学校毕业后成为一名海军炮术军官，在 1877—1878 年期间，他指挥改装炮舰"维斯塔"号（Vesta）参加了俄土战争，两次与强大的土耳其铁甲舰交战，并因此赢得了上级的垂青。1883—1885 年，他奉命调往刚独立不久的保加利亚王国，并在其海军中任职。1898 年，他晋升为海军少将并成为波罗的海舰队炮术学校校长；1900 年，指挥搜救队伍拯救了搁浅的"阿普拉克辛海军元帅"号岸防舰。在日俄战争前一年，他被任命为海军总参谋长，次年奉命出任第 2 太平洋舰队司令，在任上，他多次受到沙皇不合理命令的干扰，暴躁的性格也让他很不受下属欢迎，尽管尽了最大的努力，这次远航仍然以灾难告终。战后，他退出军界，隐居在一所旅店中，1909 年因心脏病去世。

司令拒绝了一切抢占有利战略位置的提议，同时也未能开展任何必要的演习。不仅如此，他还提出了另一份计划，要求将所有海军部队完全纳入他的指挥。"[2]

这份计划后来在 1903 年 4 月 23 日的一次司令部会议上揭晓，当时正值施塔克尔贝格带领增援舰只抵达旅顺。在会议上，太平洋舰队司令斯塔克将军的副官埃伯加特海军上校 ① 做出了一项提议：将整个舰队部署到镇海湾。然而，其他军官反对这种想法，理由是当时日军舰队拥有优势；另外，镇海湾离敌军指挥部和雷击舰艇基地过于接近，届时，俄军将面临极大的封锁危险。[3]

鉴于远东司令部的态度，罗杰斯特文斯基很快也像库罗帕特金一样断定：在现有条件下，把俄国推向战争的做法并不理智。这种观点也清晰体现在了一名部下在 1903 年 10 月提交给他的局势评估中。这位军官在报告中得出结论：在对日作战中，除非能一次全歼敌方海军，否则远东局势将无法平定，而在 2 年内，俄军都不可能掌握这种取胜的条件。不过，与持类似看法的库罗帕特金将军（当时的俄国陆军大臣）[4] 相比，罗杰斯特文斯基的预判要更为乐观。在他看来，如果对日开战，俄军舰队的准备要比以往更为妥善，这令他们足以在远东采取守势，并为陆军处理事态创造条件。他对此评论道："我方的目标不是歼灭所有日军，而是将整个朝鲜并入我方的控制下。在这一目标达成（当然，这一切都要依靠陆军实现）前，我们都需要保有一支与日军旗鼓相当的舰队，以减轻我国陆军的负担。一旦对朝鲜的占领成为既定事实，我军需要把舰队扩充到足以逼迫日本讲和的地步……对日作战的胜利只能获取自朝鲜……对我们来说，拥有对日本的压倒性海上优势是没有必要的，与敌人旗鼓相当，保证日军不掌握制海权就已足够，此时，我方陆军将可以更轻松地将对手赶出朝鲜……换言之，其中只需要关注一个问题：千万不能让我军舰队弱于日本海军。"通过上述部署，罗杰斯特文斯基相信，俄国完全可以阻止战争爆发。关于海军参谋部备忘录中获

---

① 译注：Ebergart，安德烈·埃伯加特（1856—1919 年）。他出生于希腊，父亲是一名驻希腊的俄国外交官。他早年曾在太平洋舰队长期服役，并参加过镇压义和团运动的八国联军，由于对当地环境的了解，后来他先后被任命为太平洋舰队司令和远东总督的海军副官。在日俄战争结束后，他被调往海军参谋部，总结战争中的经验教训，为重建海军服务。1911—1916 年，他被任命为黑海舰队司令，革命后被剥夺了所有军衔和荣誉，1919 年在彼得格勒去世。

得批准的备战措施，他这样补充道："但这些举措完全是为了避免战争，因为与日本交战对我们毫无益处。"[5]

1个月后，即11月18日，海军参谋部又完成了一份局势评估。在总结过当时的环境后，该报告指出，日军舰队要比太平洋上的俄军舰队更为强大；另外，无论海军基地的布置，还是整体上的地理环境，日方在海上战场的战略优势都更为显著；以上这些客观因素加起来，令日本的处境比俄国更为有利。在这份评估之后，海军参谋部还提交了一份增援远东的申请，试图以此平衡当地的军力。这支部队如前所述，包括2艘战列舰、2艘装甲巡洋舰、1艘轻型巡洋舰和1队轻型舰艇，指挥官是维伦纽斯海军少将——当时俄国海军的副参谋长。但到战争爆发时，该舰队只有1艘战列舰和1艘装甲巡洋舰①抵达了旅顺，其他舰只则进退两难。鉴于俄军舰队在首轮袭击中蒙受了损失，以及日军近来购入了2艘阿根廷巡洋舰，这些后续增援的抵达将如海军参谋部所愿，拉平与日军的兵力差距。但沙皇不顾海军的反对，决定让他们原路返回，并用来自喀琅施塔得（Kronstadt）的预备队组建一支更强大的援军。

包括马卡罗夫将军在内的很多人都要求维伦纽斯将军继续前进；同时，俄国的分析人士也纷纷反对在这个成败攸关的时刻将舰队撤走。但为了让援军的作用最大化，沙皇倾向于将他们一次投入战场，不仅如此，他还认为，分批抵达的援军有被各个击破的危险。

然而，在沙皇的反对者们看来，承受这种风险是值得的：如果要保全旅顺，俄军就必须从日军手中夺回黄海，而时间又是其中的关键因素：在旅顺沦陷前，俄军可能根本无法在波罗的海组建好一支大舰队，并用它夺取黄海的制海权。

通过对回报和风险（尤其是分批投入援军的风险）的权衡，反对者们认为，现在决不能让舰队居于劣势。另外，他们还相信，舰队可以在夜间驶过山东半岛附近的危险海域。鉴于任务事关重大，舰队应当小心起见、主动避战。总之，他们相信，整个俄军的作战计划都取决于黄海制海权的争夺；考虑到旅顺舰队

① 译注：即"太子"号和"巴扬"号。

已经受创，如果增援无法及时抵达，他们将不能胜任这一使命；分批增援前线的做法虽然存在风险，但又势在必行。然而，根据某些肤浅的理论，沙皇依旧驳回了分批增援的冷静建议，而这种一厢情愿的做法，不过是为了让增援行动看似更稳妥一些。[6]

俄方是何时下定决心派出一支大舰队的？现有记录尚不明确。同时，我们也不清楚拟定这支舰队的编制和作战计划经历了哪几个具体阶段。关于这次调动，我们掌握的第一份情报来自 1904 年 3 月 17 日，当时，我国驻圣彼得堡海军武官表示，俄军将在波罗的海组织一支舰队，并预定在夏天起航，俄国海军的参谋长——罗杰斯特文斯基将军——将接过舰队的指挥权。[7]但这一设想当时还没有成形——甚至连出征的舰船都未确定，有人认为，舰队可能无法在入秋前动身；一些人更是断言它根本不会出海。

无论俄军的真实意图是什么，这份计划都推翻了马卡罗夫的部署。当时，维伦纽斯分舰队已有先遣舰只抵达了吉布提。而马卡罗夫不仅是最积极支持他们继续前进的将领，同时还愿意主动肩负起率领旅顺舰队与之会合的使命。至于罗杰斯特文斯基将军，也有类似的看法，正如我们所见，他相信，只有双方海军兵力旗鼓相当（即俄国海军的实力足以与敌人争夺黄海的控制权）时，陆军才有机会赢得战争，因此，他坚定地认为，决不能让太平洋舰队的实力处于下风。当时，他的态度是如此坚决，甚至主动请缨接管维伦纽斯舰队的其余部分；但这一建议遭到了驳回——据说，罗杰斯特文斯基此时已被选中，成了从波罗的海带领所有舰船增援远东的人选。[8]

但当时有证据显示，圣彼得堡最高当局并不认同太平洋舰队司令和海军参谋长的观点。由于缺乏高深的战略眼光，某种简单粗暴的理论支配了他们的脑海，这种理论完全无视海上战局的实际情况，并盲目地试图毕其功于一役。俄军据此一厢情愿地相信，任何举措都不应妨碍与日军的海上总决战。因此，他们决定召回维伦纽斯舰队，并将他们并入一支更庞大的增援舰队中。他们认为，与这支大舰队相比，只有 1 艘战列舰、2 艘巡洋舰和 7 艘驱逐舰的维伦纽斯舰队不仅可能在开赴旅顺途中被全歼，还很难直接赋予旅顺方面发动攻势、一举夺取制海权的能力。俄国政府之所以认定自己的观点正确无误，也许是因为他们对已方陆军的能力极为自信，以至于认为尽管有 6 个月的拖延，但日军一定不会在地面取得决定性的进展，另外，他们还相信这种延期有助于缔造绝对的兵力优势，从而让自己毫无悬念地通过决战赢得制海权。

在这里，我们并不想先入为主地做出判断，而是想先指出一个关键事实：对波罗的海舰队和他们的使命，俄国方面存在两种观点，其中一种来自海军将领马卡罗夫和罗杰斯特文斯基，要求用一支旗鼓相当的舰队遏制敌军；另一种则源于俄国政府和陆军部，它不仅和海军参谋长深思熟虑的看法相左，还被直接强加给了执行人。

不管沙皇的决定是基于何种考虑，是出自战略角度还只是一厢情愿，我们似乎都可以有把握地指出，整个计划的基石都是 4 艘战列舰，它们来自 1898 年的海军建设计划，这项计划专门是为对日作战制订的，其中要求建造 5 艘战列舰。此时，这 4 艘已经建造完成。其中"博罗季诺"号（Borodino）和"沙皇亚历山大三世"号（Alexandr III）于 1901 年下水，次年，"苏沃洛夫公爵"号（Knyaz Suvorov）和"鹰"号（Orel）也滑下了船台。作为姐妹舰，它们的排水量均为 13500 吨，安装了 4 门 12 英寸和 12 门 6 英寸火炮，设计航速可以达到 18 节。除此之外，增援舰队中还有维伦纽斯将军的旗舰"奥斯利亚比亚"号，该舰的航速也与前面 4 艘舰相近。假如这样一支舰队出现在太平洋，它们不仅可以赋予俄军转守为攻的数量优势，其麾下各舰的火力和航速也整齐划一，足以和远东的舰只形成合力。然而，按照克拉多海军中校 ① 的说法，最初，俄国海军部没有为上述舰只的远航使出全力，相反，他们正忙于筹备另一项作战，即派出一支包括 6 艘辅助巡洋舰的舰队 9 攻击日本通往欧洲和美洲的交通线，这些辅助巡洋舰将以巽他群岛（Sunda Islands）为基地，

① 译注：Klado，尼古拉·克拉多（1862—1919 年）出生于特维尔地区，一个世袭贵族家庭，父亲和祖父都是海军军官。在作为军官学校学员期间，克拉多便因出色的学术工作而屡次受到嘉奖。在后来数十年的军官生涯中，他有一半时间都在学院和讲坛上度过，另一半时间则跟随海军出访，学习国外的技术和战术经验。1901 年，他出版了《现代海战》一书，这本书着力强调了海权的重要影响，这让他得到了"俄国马汉"的绰号。在日俄战争期间，他先是作为斯克鲁伊德洛夫的参谋被派往远东，但由于旅顺被包围，他只好返回国内，并加入了罗杰斯特文斯基的参谋部。在多格尔沙洲事件发生后，他被派回国内，以便在国际委员会上作证。期间，他以"冲浪者"（Priboi）为笔名发表了一系列文章，谴责了上级在派遣第 2 太平洋舰队时的种种疏忽。1905 年 5 月，他被勒令从军队退伍。战争结束后，克拉多被召回军队，继续从事教职，1917 年革命后成为海军学院院长，1919 年因病去世。

干扰战略物资的运输，削弱日军对主要战场的控制权，而在此期间，马卡罗夫将军将令遍体鳞伤的舰队振作起来，令其重新达到可以出战的状态。无论如何，按照克拉多中校的说法，4月中旬，马卡罗夫将军的身亡震惊了海军部，让他们被迫采取更激进的手段，直到此时，他们才开始认真考虑派遣战列舰队。[10]

在马卡罗夫将军阵亡后的4月14日，斯克鲁伊德洛夫被任命为太平洋舰队司令，也正是在此时，俄国海军把着眼点放在了对局部关键水域的控制上。此时，作为将军的参谋，克拉多中校给出了如下记录，让我们得以一瞥当时的局势[11]：

> 作为我军海上胜利的支柱，波罗的海舰队必须在实力上压倒敌人。其中，最重要的并不是他们出发时的编成，而是抵达的时机和此时的战场局势，换言之，他们在旅顺陷落之前和之后抵达，对战况的影响将有天壤之别。
>
> 决战发动得越早，局势对我们就越有利，在夺取制海权方面尤其如此。借助制海权，我们将打赢整个海上战役，并利用随之获得的优势全力支援陆军。由于满洲路况恶劣，陆军将在行动中遭遇种种困难，但海军将为他们的胜利提供无价的帮助。
>
> 简而言之，波罗的海舰队的任务就是支援远东幸存的海军部队，令我军重新掌握制海权。
>
> 鉴于我方舰队部署分散，且分别位于旅顺、海参崴和波罗的海，敌军却能在一点上集结全部兵力，由此各个击破我军，其优势将不言而喻。另外，我军旅顺舰队和海参崴分队实力也相对偏弱，根本无力尾随出动迎战波罗的海舰队的日军。这一切都要求增援舰队必须能压倒敌人。
>
> 不仅如此，增援舰队的舰种还必须足够全面，能充当斥候的高速舰更是必不可少。举个例子，鉴于敌军众多雷击舰艇可能大举出动，缺乏同类舰只的我军必定将陷入危险。

接下来，克拉多中校指出了这次远航的技术困难，他强调说，由于国际法对中立国的严格约束，整个舰队只能仰赖随行的运煤船和修理船。同时，他还强烈建议让多艘修理船随行，这些船只既可以照料轻型舰艇，也可以在大型舰只发生事故后及时提供维修。另外，舰队还可以将运输船用作斥候和医院船，它们应向着旅顺径直驶去——如果赢得了制海权，它们就可以作为运兵船参与"对日军后方（甚至是本土）的登陆作战"。同时，他还补充道："可即便如此，我们还是会在入侵日本本土时遭遇无尽的困难，并付出可怕的损失。"从这里也可以看出，克拉多并不赞同只让这支能与日军匹敌的舰队展开防御。

随后，他详述了可以执行计划的兵力。其中列举了6艘战列舰，它们包括1898年海军计划中的4艘"苏沃洛夫"级——这些战列舰很快将做好出海准备；此外是"伟大的西索伊"号（Sisoi Veliki）和"纳瓦林"号（Navarin），与前4艘战列舰相比，它们更为老旧和迟缓。至于随行的9艘巡洋舰，则属于不同型号，其中5艘最近才服役，即航速23节的"珍珠"号（Zhemchug）、"绿宝石"号（Izumrud）、"金刚石"号（Almaz）、"奥列格"号（Oleg）和航速20节的"斯维特兰娜"号（Svyetlana）；此外，还有2艘老式装甲巡洋舰"纳西莫夫海军上将"号（Admiral Nakhimov）和"弗拉基米尔·莫诺马赫"号（Vladimir Monomakh）；另外2艘——"曙光女神"号（Avrora）和"迪米特里·顿斯科伊"号（Dmitri Donskoi）曾是维伦纽斯舰队的成员。跟随上述舰只起航的还有20艘驱逐舰、2艘修理舰，外加运煤、运水、运粮船以及医院船和轻型舰艇的供应母舰。

以上只是增援舰队的主力，一个后续分队将随后启程。该分队预计包括2艘战列舰，即1898年计划中未竣工的"光荣"号（Slava）和1887年下水的"沙皇尼古拉一世"号（Nicolai I），另外还有4艘岸防舰、老式装甲巡洋舰"科尔尼洛夫海军上将"号（Admiral Kornilov）、3艘鱼雷巡洋舰和破冰船"叶尔马克"号（Ermak）。从中可以看出，俄军后来派遣第2支分舰队并不是头脑发热之举，相反，第2支分舰队其实是斯克鲁伊德洛夫将军原始计划的有机组成部分。

另外，该计划也清楚体现了当时俄军的战略思路：尽快向战场派遣一支足够强大的舰队，令其突入旅顺与友军会合，进而由新任司令统一调遣。不仅如此，为了让增援能赶在旅顺陷落前抵达，该计划还充分考虑了局势，并调整了投入舰船的规模。一旦两支舰队会合，俄军就可以如愿夺取制海权，随后，他们会立刻与陆军展开合作。这个阶段，俄军将效仿日本人的做法，只派出低价值舰船。

因此，俄军才会把老式舰船也纳入原来的增援名单，尽管此举后来遭到了严厉批评，但斯克鲁伊德洛夫的看法不然——他认为，这些老舰构成了开展最终作战的基础。在这个阶段，俄军需要转型为一支两栖部队，并像日本陆军一样掌握足以扭转战局的海上机动能力，而在此期间，仅仅歼灭敌军舰队、夺取制海权又是不够的，他们还必须拥有必要的物质支持，以便在制海权到手后施展这种机动能力——期间，老式舰船的意义将非常关键。

在第1支分舰队的部署上，斯克鲁伊德洛夫的思路得到了贯彻，同时，为执行整个方案，俄军还全面改组了指挥机构。位于远东和预定前往当地的舰船都被编入了"太平洋舰队"（Pacific Fleet），按照计划，它们将在5月4日交给坐镇旅顺的斯克鲁伊德洛夫司令部统一指挥。该新舰队将包括两个部分，其中，第1太平洋舰队将包含身处战场的舰只，并由别佐布拉佐夫将军调遣，当时，这位指挥官正在赶往旅顺，其麾下的海参崴分舰队则转由耶森将军统辖；至于第2太平洋舰队，或者说"波罗的海舰队"则会由5月2日获得任命的罗杰斯特文斯基海军少将率领，但同时，他本人仍将留任海军参谋长一职。在他麾下是两位分舰队司令——费尔克萨姆①少将和恩克维斯特②少将。至于罗杰斯特文斯基在海军部的工作，则会由副参谋长——维伦纽斯海军少将接管。

接到任命后，新任太平洋舰队司令立刻奔赴远东，别佐布拉佐夫将军也是如此。但正如我们所见，他们还没有抵达旅顺，日军便动用第2军封锁了这座港口。

---

① 译注：Felkerzam，迪米特里·冯·费尔克萨姆（1846—1905年）出生在一个波罗的海日耳曼人贵族家庭，父亲和祖父都是俄国陆军的高级军官，他于1860年成为海军军校生，随后担任过炮兵军官，还指挥过一些轻型舰船。在1900年被提拔为海军少将后，他负责领导一个旨在提升海军炮术的委员会，并在后来成为波罗的海舰队炮术学校的指挥官。在日俄战争期间，他被调入第2太平洋舰队，并负责指挥第2战列舰支队。与罗杰斯特文斯基不同，费尔克萨姆性格温和、深受下属爱戴。在该舰队从波罗的海启程时，费尔克萨姆已经被确诊患有癌症，随着航行继续，他的病情不断加重，并最终在抵达战场前不久去世。

② 译注：Enkvist，奥斯卡·恩克维斯特（1849—1912年）出生在一个芬兰－瑞典裔的海军军官家庭，与同僚涅博加托夫将军是同学。在成为军官后，他曾被部署到远东数年，并出任过巡航舰和炮舰的指挥官。在日俄战争爆发前，恩克维斯特正担任黑海城市尼古拉耶夫（Nikolaev）的港口司令。为了让自己赢得成功，利用堂兄和海军大臣阿维兰的影响，他设法在增援舰队中谋得了巡洋舰分队司令的职务。在远航期间，罗杰斯特文斯基将他视为政治投机分子，拒绝让其独立指挥。在对马海战主力舰队落败后，他指挥巡洋舰队逃往菲律宾，并在当地被拘留到战争结束，1912年在喀琅施塔得去世。

于是，两位将军只好在海参崴落脚，第1太平洋舰队则由代理指挥官维特捷夫特指挥。面对日军的封锁，维特捷夫特一味推行着避战政策。至于全权负责组建舰队的罗杰斯特文斯基，则遭遇了各种困难，其麾下缺乏军官、水兵和各类物资，怠工和混乱在船厂蔓延。虽然俄军在4月26日征召了预备人员，但在熟练工人随马卡罗夫奔赴远东之后，提升船厂效率的工作一直进展缓慢。

在为舰队挑选舰船期间，罗杰斯特文斯基似乎要比他的上司更为细心，在他看来，第1分舰队应当专门用于突入旅顺，并和第1太平洋舰队携手夺回制海权。换言之，作为一支战斗舰队，该分队必须足以与日军骨干力量正面交锋。为此，第1分舰队将包含斯克鲁伊德洛夫计划里的4艘"苏沃洛夫"级快速战列舰[12]和"奥斯利亚比亚"号。至于巡洋舰，他只愿意保留原清单中的4艘新舰和随维伦纽斯舰队返航的2艘，除此之外，按照克拉多中校的说法，他还坚持要求在舰队中加入4艘辅助巡洋舰，在俄军掌握制海权之前，这些军舰将在巽他群岛周边活动，袭击日军的海上运输线。如果这样一支实力强大、整齐划一的舰队能按计划在夏末之前起航，将极有可能成功突入旅顺，给日军的行动"造成重挫"，进而彻底影响战局。对此，日本人同样没有抱任何幻想，在俄国第1太平洋舰队被困旅顺期间，东京当局便严令奥保巩将军必须马不停蹄地占领南山和大连。[13]

但随着筹备工作在喀琅施塔得进行，俄军很快清楚地意识到，该舰队很难在秋天之前出发，虽说此前，整个计划的思路都是清晰合理的，但局势此时已发生了改变。面对工人短缺、组织混乱、军官不足等问题，俄方决定不再继续拖延，并把老旧和缓慢的舰只补充进舰队。对这种南辕北辙之举，俄方没有给出任何解释，但有迹象表明，这个决定是在日军夺取南山后提出的，当时交战双方都认定旅顺很快就会陷落。正如斯克鲁伊德洛夫将军在原始备忘录中所说，这种情况将完全改变波罗的海舰队抵达的意义——届时，由于没有远东舰队的协助，这支援军将陷入孤立。同样影响重大的是，6月，在上级命令为此次行动增派舰只期间，维特捷夫特将军也承受了极大压力，不断有命令催促他带领旅顺舰队出海作战。对冒险突围前往海参崴的做法，怀疑者自然大有人在，维特捷夫特本人也对其颇为抵触。根据现有资料，我们已经能够确定他在6月23日出海巡航的目的，即前往大青群岛并在附近海域过夜，随后在次日清晨袭击日军的里长山列岛基地。他还在命令中明确表示，行动的意图是"支援战友们保卫旅顺"[14]，只是因为集结的日军舰队突然现身，他才被迫放弃行动。同样可以确定的是，至少是在这次行动取消之后，圣彼得堡的俄军大本营便放弃了以旅顺作为主要海军基地的思路，转而计划让舰队重新集结到海参崴。

如果这一俄军最期待的情况实现，日军便可以在镇海湾占据内线阵地，并借助其优势单独对付波罗的海舰队。对俄国人来说，届时迎战增援舰队的将不是日军派出的一小部分兵力，至少是其舰队主力，因此，为了提升增援舰队的战斗力，他们必须在短时间内竭尽所能。总之，提升战力已成为工作的重心，机动能力则成了次要的考虑因素。

无论实际依据是否如此，在南山之战结束后，俄军依旧决定增加2艘航速16节的老式战列舰和1艘老式装甲巡洋舰，即"伟大的西索伊"号、"纳瓦林"号和"纳西莫夫海军上将"号。[15]另外，正如克拉多海军中校所说，俄军原本还可以调入更多类似的舰只，但实际情况让他感到不可理喻。对此，一种可能的解释是：大约在这个时候，一些掮客开始积极游说俄国政府，他们可以从智利和阿根廷购买性能更好的军舰，但在接洽开始后，这两个国家都不愿意公开违背中立国的身份，随后，俄军又用尽各种手段，试图从其他无须担心招致日本怨恨的国家购买舰只①。为此，这些代理人先后询问了土耳其、波斯、摩洛哥、

---

① 译注：事实上，直到1905年，俄军都没有放弃从南美国家购买巡洋舰的尝试，为此，他们还向里堡抽调1500名水兵组建了一个名为"太平洋舰队第2独立支队"的空壳单位，以便在舰船交付后立刻配齐舰员。除了直接与当事国政府进行接洽，他们还试图依靠国际军火商建立空壳公司，并利用希腊、土耳其等国充当中间人等手段完成交易。期间，还有许多利益集团为中饱私囊，故意向俄国政府提供乐观的情报，并从中贪墨了大量专项经费。

当时，被俄国列入采购清单的巡洋舰一共有7艘，它们是阿根廷的装甲巡洋舰"加里波第"号（Garibaldi，排水量6840吨，2门254毫米炮、10门152毫米炮、6门120毫米炮，航速20节）、"圣马丁"号（San Martin，排水量6840吨，4门203毫米炮、10门152毫米炮、6门120毫米炮，航速20节）、"贝尔格拉诺将军"号（General Belgrano，排水量7282吨，2门254毫米炮、14门152毫米炮，航速20节）和"普雷埃东"号（Pueyrredón，排水量6840吨，2门254毫米炮、10门152毫米炮、6门120毫米炮，航速20节），均由意大利船厂建造，是日军"春日"级的准姐妹舰。此外是智利的"奥希金斯将军"号（General O'Higgins，排水量8600吨，4门203毫米炮、10门152毫米炮、4门120毫米炮，航速21节）、"埃斯梅拉达"号（Esmeralda，排水量7030吨，2门203毫米炮、16门152毫米炮，航速23节）和"查卡布科"号（Chacabuco，排水量4300吨，2门203毫米炮、10门120毫米炮，航速24节）。这些舰只将弥补增援舰队缺乏优秀巡洋舰的不足，但水兵与舰船的磨合将会影响其发挥战斗力。

14

玻利维亚^①、巴拉圭^②和希腊，但这些国家都不愿卷入纠纷，让俄国最后颗粒无收，事实上，它只产生了一个影响：让第 2 太平洋舰队的出动遭遇了更多拖延。

---

① 译注：原文如此，当时的玻利维亚已完全沦为内陆国。
② 译注：原文如此，似乎为"乌拉圭"之误。

注释

1. 参见《俄国海军战史》（Russian Naval History）第 1 卷第 100 页；对于文中提到的作战计划，相关内容可参见该书第 1 卷第 42—48 页和附录第 399—403 页。

2. 参见《俄国海军战史》第 1 卷第 101 页。

3. 参见 1903 年 5 月 3 日舰队副司令维特捷夫特提交的备忘录，出自本书附录 A 第 1 节。

4. 参见本书第一卷。

5. 参见《俄国海军战史》第 1 卷第 104—106 页。

6. 参见《海军文集》（Morskoi Sbornik）1913 年 4 月号中斯米尔诺夫（Smirnov）的叙述。

7. 克拉多海军中校也明确表示，这一想法诞生于 3 月中旬。

8. 这一说法出自别克列米舍夫（Beklemishev）第 3 次演讲的发言稿。这一系列的演讲发表于 1906 年，内容涉及日俄战争及其起源，而演讲人别克列米舍夫则是俄国海军青年团（Russian Navy League）的主席。有很多证据显示，他掌握了大量的内幕信息。

9. 这 6 艘辅助巡洋舰是"志愿辅助舰队"的"斯摩棱斯克"号和"彼得堡"号和购自德国公司的 4 艘万吨级远洋汽船，即"顿河"号（Don）、"捷列克"号（Terek）、"乌拉尔"号（Ural）和"库班"号（Kuban）。其中，"顿河"号原为"俾斯麦侯爵"号（Fürst Bismarck），"捷列克"号原为"哥伦比亚"号（Columbia），"库班"号即"奥古斯塔·维多利亚"号（Augusta Victoria），这 3 艘船只之前来自汉堡 - 美洲航运公司（Hamburg–Amerika Line），"乌拉尔"号原名"威廉大帝"号（Kaiser Wilhelm der Grosse），原船主为北德意志 - 劳埃德航运公司（North–German Lloyd）。以上各船的船龄均为 15 年左右，并在里堡完成了军用化改装，其中"顿河"号在 1904 年 3 月 3 日抵达当地，其他船只的抵达时间各不相同。

10. 参见别克列米舍夫第 3 次演讲的发言稿以及参见《海军文集》1913 年 4 月号中斯米尔诺夫的叙述。

11. 参见"斯克鲁伊德洛夫将军的报告内容摘录"，出自《日俄战争中的俄国海军》（La Marine Russe dans la Guerre russo–japonaise）第 272 页，作者为克拉多海军中校。

12. 克拉多中校表示他还选择了老旧而缓慢的"伟大的西索伊"号，但按照我国驻俄海军武官的报告，该舰直到 6 月 10 日才重新入役。

13. 这一命令下发于 5 月 18 日，相关内容可参见本书第一卷。

14. 参见《俄国海军战史》第 2 卷第 164 页，其中的记录也印证了本书第一卷的相关猜测。

15. 南山陷落于 5 月 26 日。按照我国驻俄海军武官的报告，"纳瓦林"号、"纳西莫夫海军上将"和"伟大的西索伊"号分别于 5 月 29 日、30 日和 6 月 10 日完成整修重新入役。但由于不清楚俄军做出决定的时间，我们还无法断定此事和南山陷落之间是否存在必然联系。

∧ 季诺维·罗杰斯特文斯基，时任俄国海军参谋长，正是他后来带领增援舰队开赴远东

∧ 迪米特里·冯·费尔克萨姆，他在增援舰队中担任第2战列舰支队司令，后病故于航行途中

∧ 费多尔·阿维兰，日俄战争时期俄国的海军大臣

∧ 尼古拉·克拉多，当时被称为"俄国的马汉"，俄国海军的增援计划受他的影响很大，他本人也曾在最初阶段和舰队一道出航

∧ 奥斯卡·恩克维斯特——增援舰队巡洋舰分队司令

〈 战列舰"博罗季诺"号，1904年8月摄于喀琅施塔得，该舰和其他4艘姐妹舰一样，系依照从法国购买的"太子"号为蓝本在俄国国内建造的。该舰在吨位和火力上可以与日军的"三笠"级匹敌，但也存在许多明显的问题，比如舷侧装甲带过窄、恶劣海况下船体摇摆猛烈、水下防护系统存在缺陷等

∧ "亚历山大三世"号，"博罗季诺"级的2号舰，该舰从建造伊始便被认为是一艘不幸的军舰，并发生过各种莫名其妙的事故。在出发前，该舰舰长曾公开向报纸表示："我们都会死……但我们决不投降。"这句话一语成谶

∧ "苏沃洛夫公爵"号，该舰实际是"博罗季诺"级的3号舰，但比姐妹舰"鹰"号先竣工。在远航期间，该舰担任了罗杰斯特文斯基的旗舰

∧ "伟大的西索伊"号，该舰于1896年服役，其舰名取自公元4—5世纪时的一位东正教圣人

战列舰"奥斯利亚比亚"号，该舰原本是维伦纽斯舰队的成员，但由于战争突然爆发而被召回国内。这是其重返喀琅施塔得后的照片，此时该舰已改换了更有利于隐蔽的深色涂装

战列舰"纳瓦林"号，该舰以英国的"特拉法尔加"号战列舰为原型，建造花费了近7年。由于2组并列式的烟囱而被俄国水兵戏称为"工厂"和"桌子"。日俄战争爆发时，该舰仍在船厂接受改装，这项工作直到6月才完成

＜巡洋舰"珍珠"号，该舰和"绿宝石"号系同型舰，均以从德国订造的"新贵"号为蓝本建造，但航速略慢，火力则略有强化。1914年，该舰在马来西亚的槟榔屿被德国巡洋舰"埃姆登"号击沉

＜巡洋舰"金刚石"号，该舰实际是远东总督阿列克谢耶夫以公款建造的私人游艇，预定在舰队中担任通报舰。该舰的火力极为贫弱，一战期间在黑海被改装为水上飞机母舰

∧巡洋舰"斯维特兰娜"号，1898年竣工，该舰的舰名来自民间传说人物，也有"光明"之意。其最初曾被当作海军总司令阿列克谢大公的私人游艇，在1904年时已无法同日军的防护巡洋舰抗衡

∧ 巡洋舰"曙光女神"号，旧译"阿芙乐尔"号，该舰与在旅顺的"月神"号和"智慧女神"号同型，后来在十月革命中打响了第一炮。今天，该舰作为博物馆船保存在圣彼得堡

∧ 装甲巡洋舰"纳西莫夫海军上将"号，该舰竣工于1888年，后来接受过现代化改装，使其战斗力要较第2太平洋舰队中的其他老式巡洋舰更强。而且值得一提的是，该舰的8门主炮全部安装在了双联装炮塔中（前后各一座，左右两侧各一座）

∧ "迪米特里·顿斯科伊"号，该舰1886年服役，后来在20世纪初接受过现代化改装，但改装并不彻底。在增援过程中，老迈的该舰不止一次拖慢了舰队的航速，令罗杰斯特文斯基非常气恼

∧ 跟随罗杰斯特文斯基第一批出海的舰只中有8艘驱逐舰，这些驱逐舰均建造于1900年后，绝大部分属于"猛烈"级，该级按照英国亚罗工厂的设计建造，和日本的"雷"型驱逐舰同源。本照片摄于1904年，其中右侧4舰依次为"辉煌"号、"无瑕"号、"猛烈"号和"大胆"号

∧ 驱逐舰"迅速"号在战前的照片，该舰也在第一批出海的序列中。虽然第一批出海的军舰性能优秀，但有限的数量让它们注定无法改变战局

∧ 为了弥补巡洋舰不足的困境，俄国海军还将目光转向了采购南美的巡洋舰上，其中就包括了阿根廷的4艘
"加里波第"型。它们与日本的"春日"和"日进"号为准姐妹舰，并安装了最新型号的钢制装甲和火炮。
此图为驱逐舰"迅速"号在战前的照片，该舰也在第一批出海的序列中。虽然这些军舰性能优秀，但有限的
数量让它们注定无法改变战局

∧ 未能成行的另一艘舰只是"叶尔马克"号——该
船的建造设想由马卡罗夫将军提出，是第一艘能在
北极航行的破冰船。该舰虽然未能前往远东，但在
后来曾为涅博加托夫舰队出航提供过帮助

∧ 装甲巡洋舰"科尔尼洛夫海军上将"号，该舰以法军
的"塞西尔海军上将"号为蓝本建造于法国的圣纳泽尔，
1889年服役，装备14门152毫米炮，最大航速17.6节。该舰
曾计划和战列舰"亚历山大二世"号、"光荣"号和装甲
巡洋舰"亚速纪念"号一道作为后续梯队开赴远东，但因
为缺乏水手以及对马海战战败而未能成行

第二章

"斯摩棱斯克"号和"彼得堡"号的巡航

　　由于困难不计其数，方针朝令夕改，波罗的海舰队的起航准备被越拖越久。期间还出现了一幕意味深长的插曲，它不仅证明了在现代环境下展开破交战的机会渺茫，同时还侵犯了中立国的主权。另外，这次事件还彰显了俄国参谋机构的薄弱地位和军事组织体系的混乱——这些问题恰恰也是波罗的海舰队出航屡遭延误的根源所在。

　　如前所述，罗杰斯特文斯基被任命为舰队司令时，曾强烈要求志愿舰队的辅助巡洋舰随行，在俄军掌握制海权之前，这些舰只将充当袭击舰，而在决战后，它们则会作为舰队运输船参与行动。因此，5月初，塞瓦斯托波尔的"斯摩棱斯克"号（Smolensk）和"彼得堡"号（Petersburg）接到了出海指示。随后，它们装上了煤炭和其他违禁品，同时还配备了武器（但在开出地中海后，这些火炮才安装完毕）。2艘船都安装了无线电，并在7月的第1周驶出港口。对两者的身份，俄方对土耳其当局宣称，它们是向海参崴运送军事物资和人员的运输船，后者也据此在达达尼尔海峡予以放行，随后，2艘船继续向塞得港前进。

　　到此时，它们都没有显露出要前往海参崴的迹象。直到离开塞瓦斯托波尔后，船上的军官才被告知，和预想的不同，他们的任务不是在地中海加入罗杰斯特文斯基舰队，而是进入红海搜查运往日本港口的违禁品。[1]

　　这些命令来自何方？可以确定，它们并非来自海军参谋部。因为此时，俄国海军已主动搁置了破坏日本航运的想法。经过反复质询，我们的大使得到可靠保证，俄国的外交大臣、海军总司令（即阿列克谢[①]大公）和海军部长都对此

---

　　① 译注：Alexis，阿列克谢·阿列克谢耶维奇大公（1860—1908年）是沙皇亚历山大二世的第4个皇子，1883年被任命为俄国海军总司令（General Admiral）——海军名义上的最高指挥官。在此期间，阿列克谢大公主导了海军的现代化，但因为朝三暮四的行事风格而备受指责，和技术军官与一线将领们的分歧也很显著，当时舆论对他的评价是"船开得很慢，但女人换得很快"。1905年对马海战失败后，他被解除职务，1908年在巴黎去世。

一无所知，相反，这些命令由亚历山大 ① 大公下达，他是俄国的商船和港口事务主管，也是俄国志愿舰队的实际控制人，2 艘船收到的指示就是他自作主张的结果。俄船在通过苏伊士运河前都维持着原状，因此它们还不能算作严格意义上的军舰。在运河，2 艘船再次通报了货物和目的地，但因携带军用装备、乘员人数过多和正在联手行动等明显的事实，各方还是产生了怀疑。英国驻塞得港领事更是发出警告：它们的真实身份可能是袭击舰。

事实上，一通过苏伊士运河，2 艘辅助巡洋舰便装上了火炮，并开始检查遇见的所有船只，其根据是一份据称运载违禁品的商船清单，该清单由志愿辅助舰队驻扎于苏伊士的情报人员提供。"彼得堡"号先行一步，但 7 月 14 日又和僚舰在泰尔岛 ② 会合。当时，"彼得堡"号押送着半岛东方轮船公司（P. and O.）的商船"马六甲"号（Malacca），按照俄国官员的说法，该船正运载着铁轨、装甲板、机械和其他违禁品从安特卫普（Antwerp）前往日本。这也是 2 艘辅助巡洋舰的第 1 个战果，但特别不幸的是，该船运送的所有违禁品都属于英国政府，其实际目的地是香港和上海。该船还是被登船队押解着去了里堡 ③，2 艘俄舰则再次分开，"彼得堡"号向北部海域开去，"斯摩棱斯克"号则向南朝着摩卡 ④ 进发。在祖卡岛 ⑤ 周边巡航期间，"斯摩棱斯克"号拦截了北德意志劳埃德公司（North-German Lloyd）的蒸汽邮轮"海因里希亲王"号（Prinz Heinrich），并带走了发往日本的所有邮件。随后，该邮轮被获准放行，而"斯摩棱斯克"号则开往荷台达（Hodeida），试图从当地获得后续指令。在航行途

① 译注：Alexander，亚历山大·米哈伊洛维奇大公（1866—1933 年）是沙皇尼古拉一世之孙，1885 年从海军军官学校毕业，担任过"罗斯季斯拉夫"号战列舰（Rostislav）舰长，但在海军中，他大部分时间都是在陆上的军事学校度过的，还主导编纂了一部海军期刊。1901—1905 年间，他主要负责管理俄国的商船和港口事务，并控制着有军方背景的船队——"志愿辅助舰队"。战后，亚历山大大公参与了海军的重建，1918 年流亡国外，1933 年去世于巴黎。
② 译注：Jebel Teir，该岛在红海南部，位于也门和厄立特里亚之间，坐标为北纬 15 度 32 分、东经 41 度 50 分，目前是也门领土。
③ 译注：Libau，即今天拉脱维亚的利耶帕亚市（Liepaja）。
④ 译注：Mocha，这座城市位于红海南部、曼德海峡的也门一侧，历史上曾是咖啡集散地，著名的摩卡咖啡便以当地为名。
⑤ 译注：Jebel Zukur，祖卡岛位于红海南部的曼德海峡附近，在荷台达港西南，今天属于也门，坐标为北纬 14 度 01 分、东经 42 度 45 分。

中，该舰打开了所有邮袋，还检查了其中的邮件。按照我们得到的说法，"所有可疑的信件和公函都被截留，其余的则被重新封好，并交由遇到的下一艘邮轮发往目的地"。为此，俄军在一两天后又拦截了英国商船"波斯"号（Persia），同时向该船移交了邮件。

在荷台达，"斯摩棱斯克"号只收到了一些难以解读的密码，这让它只好无奈地返回祖卡岛，此时，"彼得堡"号也押送着另一艘英国商船——来自利物浦的"达尔马提亚"号（Dalmatia）抵达了，但俄国人没有在船上发现任何可疑情况，于是只能将其放走。下午，经过艰苦的追逐，"斯摩棱斯克"号又拦截了另一艘船，该船据查是来自格拉斯哥的"阿尔多瓦"号（Ardova），当时正在向日本港口运输炸药，因此当场遭到了拘留。

此时，俄方的押运人手已严重不足，这让他们被迫考虑一个问题：是否该将战利品击沉。由于该船运输的货物价值重大，"斯摩棱斯克"号决定再次与"彼得堡"号会合，并寻求后者的帮助。在前去接头期间，汉堡–美洲公司（Hamburg–Amerika）的定期班轮"斯堪迪亚"号（Scandia）进入了该舰的视野，此前，俄方已从在"海因里希亲王"号上查获的信件上得知，这艘班轮上满载着违禁货物，几乎在捕获该船的同时，"彼得堡"号也从远方出现。两舰于是进行商议，尽管知道继续抽调押运人员会妨碍行动，但俄军还是决定派人接管战利品，让它们悬挂俄国海军旗前往里堡。

种种现代破交战环境中的不利情况，令两位俄军舰长决定奉命向北前往吉达（Jidda），试图从当地获得关于后续行动的指示。但2舰再次一无所获，这令船上不少军官相信，行动的组织存在严重问题。情况也许确实如此。另外，通信不畅的事实似乎还印证了我国大使得到的说法：俄国海军部和外交部对两者以军舰身份在红海活动的情况一无所知。然而，现实很快给了2艘俄舰一点启发，在24日南下期间，它们截停了英国轮船"马德拉斯城"号（City of Madras）。虽然没有在上面发现违禁品，但找到的报纸却让舰长意识到了局势：在英国，被俘的"马六甲"号抵达苏伊士运河的消息已激起轩然大波，英国政府不仅要求俄方释放船只，还抗议称2艘辅助巡洋舰的活动纯属非法。7月21日，受政府指示，英国驻俄大使提交了一份抗议书。具体措辞如下：

鉴于离开黑海时，"彼得堡"号自称用于和平用途，因此该船需无条件遵守这一声明……然而，在离开土耳其水域之后，该舰暴露出了战舰的特征。该舰先以战舰的形态通过了苏伊士运河，随后又在红海拆封邮件、搜查和拿捕商船。显而易见，如果1艘巡洋舰强行穿越了博斯普鲁斯海峡，随后开始从事上述行为，我方注定无法置之不管，而现在，俄舰的做法和上述行径几乎毫无区别，它们都在从事战争行为，唯一的不同在于前者用武力破坏了欧洲各国普遍遵循的国际公法，而俄方则是使用了其他的不法手段。在这里，我们诚挚地期望俄国政府……立刻根据欧洲各国在黑海共同遵循的法律，阻止搜查和拿捕英国船只的事件重演……如果俄国政府继续一意孤行，我方将别无选择……只能采取任何必要的应对手段。

事实上，英国政府此时已命令地中海舰队前往运河，同时，他们还将1艘巡洋舰派往了达达尼尔海峡，以阻止俄方将"马六甲"号带往塞瓦斯托波尔。

这份外交声明让局势更为紧张，但2艘违反公法的俄船仍对此一无所知，同一天（24日），它们拦截了另一艘半岛东方公司的船只——"台湾"号（Formosa），由于载有违禁品，该船也遭到了拿捕。就在俄方接管期间，从远方驶来了汉堡–美洲公司的"霍尔萨提亚"号（Holsatia），该船当时正受雇为俄舰提供煤炭。尽管"霍尔萨提亚"号出发时局势可能已经相当紧张[2]，但它并没有带来任何新指示，唯一的例外是一封发自圣彼得堡的电报，要求2船"离开红海，以免遭受日军巡洋舰的拦截"。虽然俄方后来遵守了指示，但我们无法得知这道命令的源头。而且我们可以猜到，所谓的"日本巡洋舰"只是误传，它指的实际是跟踪而来的英国巡洋舰。随后，2船迅速决定沿非洲海岸南下，并在好望角—日本航线上游猎，而"台湾"号将被战利品小队开往里堡。另外，鉴于2艘船上煤炭充足，"霍尔萨提亚"号奉命返回苏伊士，并预定于20天后在桑给巴尔（Zanzibar）的湄奈湾[①]再度与之会面。为此，25和26日，2艘辅

---

① 译注：Menai Bay，湄奈湾位于非洲东海岸桑给巴尔群岛主岛温古贾岛（Unguja）的西南海岸，坐标为南纬6度23分、东经39度22分。

助巡洋舰先是以正常航速南下，但在接近丕林岛①时，由于担心遭遇英军巡洋舰，它们又开始全速（或调走部分轮机人员后可支持的最高航速）航行，沿途它们升起了法国旗，并在 27 日清晨安全穿过了上述水域。29 日，它们绕过了瓜达富伊角②，由此跳出了危险区。

　　与此同时，俄国海军部和外交部之间，伦敦和圣彼得堡之间的沟通出现了许多问题，误解开始不断滋生，令局势愈发紧张。俄国的外交大臣兰斯多夫伯爵似乎一开始就认定 2 艘辅助巡洋舰的做法极为不妥，因此，他立刻敦促有关方面停止行动，并立即释放已拿捕的船只。与此同时，他也对英国做出了类似的承诺，但问题在于，俄国海军部不打算轻易妥协，还拒绝下达指示。令情况更加混乱的是，虽然俄国志愿舰队的掌管人试图经由苏伊士向 2 艘辅助巡洋舰发报，但由于我方驻埃及使领馆的干预，他们并没能将该电报传达给驻埃及的外交机构。此时，兰斯多夫伯爵咨询了国际法专家马尔滕斯③教授，后者的建议给了他对抗大公和海军大臣的底气。教授的观点非常明确：2 艘俄船的行径完全违反了国际法。与这份意见一道对俄方形成压力的还有英国外交部的声明，这些声明措辞严厉，还再三强调地中海舰队已经出动，其分队正在陆续抵达埃及各个港口。这些举措最终起了作用。24 日晚些时候，我国大使收到了一份正式保证：所有捕获的船只将立刻获释，各辅助巡洋舰也会奉命撤退并中止拿捕行动。但即使如此，摩擦仍时有出现：虽然其他船只一抵达苏伊士即被交还，但"马六甲"号并没有止步，直到 28 日才在阿尔及尔（Algiers）投降。

　　更大的问题在于召回 2 艘辅助巡洋舰。鉴于英国政府已经认领了"马六甲"号上的军械，俄国海军部释放"马六甲"号其实不算难事。但在释放该船的同时，俄国政府拒绝承认自己犯下了"海盗行为"，不仅如此，这种态度还得到了德国政府的鼓励。诚然，德国人曾抗议过俄方扣留"海因里希亲王"号的行径，但理由不是这些辅助巡洋舰在黑海外非法活动，而是"海因里希亲王"号是一艘

---

① 译注：Perim，丕林岛在红海南部入口的曼德海峡中央，今天属于也门领土。
② 译注：Cape Guardafui，在今天的索马里境内，是非洲大陆的最东北端。
③ 译注：Martens，即弗里德里希·马尔滕斯（1845—1909 年），他是当时俄国最有名的国际法学家，并长期为俄国政府充当外事顾问，后来在日俄双方的和谈中扮演了重要角色。

帝国邮船。因此，虽说俄国海军部被迫表面上遵从决定，但在向违规船只下达禁令时，他们却开始敷衍和拖延。在英国外交部持续施压期间的8月2日，俄方做出承诺：已采取一切措施，以保障指示传达到位。但其实际行动不得而知。其中，最早有机会传达指示的可能是"霍尔萨提亚"号，8月1日，该船离开苏伊士，宣称要前往非洲大陆上的达累斯萨拉姆（Dar-es-Salaam），但为了同2艘辅助巡洋舰会面，其真实目的地却是更北方的桑给巴尔。

除却上述事实和吉布提等地加煤站的报告，此时没有任何消息显示出2艘俄船的行踪。根据之前的情报，我方虽然得知它们驶过了丕林岛，但没有在吉布提和阿萨布湾①沿岸梅尔加贝拉（Mergabela）的搜索中发现对方的任何踪迹，直到8月23日，劳氏船级社（Lloyd）在德班（Durban）的经纪人才报告说，英国商船"喜剧演员"号（Comedian）在东伦敦②外80海里处遭到了"斯摩棱斯克"号的盘查，另外有3艘船只遭到了跟踪，但并未遭遇拦截。

经历了2周成果惨淡的巡航后，"斯摩棱斯克"号来到了纳塔尔（Natal）海域，并在那里追上了"喜剧演员"号，由于发现该船并无违法行径，俄方只好放行。然而，这还不是最令俄国人失望的，因为他们从该船船长手上得到了7月24、25日的报纸，上面称，他们需要放弃所有的战利品。正如其中一名官员所说，他们已经知道："在英国的怂恿下，全欧洲都将我们这艘巡洋舰的活动视为海盗行径，面对英国的威胁，我国政府只好表示不清楚我们的行踪，而且除了强迫我们回港之外，他们也别无选择。换句话说，我们被自己的政府抛弃了，只能听凭海洋女神为我们指明航向，带领我们走上回家的路。"

但情况也许并非如此，在俄国政府承诺停止行动后1个月，"喜剧演员"号的下落终于传来，这激起了英国的新一轮抗议，此事还导致了一项军事部署：有几艘英国巡洋舰根据密码电报的指示去了俄船可能出没的海域。这份电报是英国海军部在德班方面传来消息后的次日起草的，并且得到了俄国政府的认可。当时，我们得到的情报显示，2艘辅助巡洋舰实际接到了一项命令，指示他们沿

① 译注：Asab Bay，阿萨布湾在红海西侧、厄立特里亚南部。
② 译注：East London，东伦敦在南非南部的开普省境内，位于好望角东北部、靠近印度洋一侧。

着非洲东海岸继续行动，并绕过好望角回国。因此，在该地区，发现目标的可能性也最高，南大西洋和好望角分舰队于是奉命出动搜索，不过，各舰出发仍需要时间。

当时，南大西洋分舰队指挥官（South Atlantic commodore）的驻地在佛得角群岛（Cape Verde Islands），位置可谓相当有利；但开普敦（Cape Town）方面当时没有可供调遣的舰只。其中，"巴罗萨"号（HMS Barrosa）刚出发前往鲸湾①与"鹧鸪"号（HMS Partridge）会面，随后2舰将从当地启程，分别朝南北搜索沿海地区。这一行动于28日开始。至于好望角舰队司令，则和"新月"号（HMS Crescent）、"珍珠"号（HMS Pearl）及"强烈"号（HMS Forte）一道驻扎在塞舌尔群岛（Seychelles），当时已准备前往基林迪尼港②，届时，来自桑给巴尔的"奥丁"号（HMS Odin）将与之会合。他们得到的命令是沿着莫桑比克海峡（Mozambique Channel）向南搜索，这项行动于26日开始，"强烈"号则被派往桑给巴尔。地中海舰队的"维纳斯"号（HMS Venus）正位于苏伊士，但该舰并未出航。30日，根据海军部的要求，地中海舰队司令不仅获悉了局势，还奉命再派遣2艘巡洋舰前往直布罗陀，并在当地等待指令。³另外，上述地区的各个领事也收到了密令，他们需要从桑给巴尔和塔马塔夫③派遣情报人员前往达累斯萨拉姆和迭戈苏亚雷斯（Diego Suarez）。

尽管有这些部署，但直到约2周后他们才确定2艘辅助巡洋舰的下落。按照"斯摩棱斯克"号上军官的描述，自离开红海后，"彼得堡"号一直在桑给巴尔附近活动，期间并未被好望角分舰队的巡洋舰发现。"斯摩棱斯克"号虽然从"喜剧演员"号上得知了情况，但该舰依旧在纳塔尔来回巡航，直到最后才返回加煤地点：该舰转舵北上是在28日，期间抵达的最南海域位于南纬34度31分附近，即阿尔哥亚湾④以南。尽管在好望角至日本的航线上巡弋了12天，但该舰只截获了1艘船。沿途，俄方固然发现和追击了不少目标，但小船都逃进了近海，

---

① 译注：Walfisch Bay，在非洲西南部海岸，位于纳米比亚境内。
② 译注：Kilindini，位于今肯尼亚南部的蒙巴萨附近，在桑给巴尔北部约200公里。
③ 译注：Tamatave，在马达加斯加东海岸。
④ 译注：Algoa Ba，在今天南非的南部，在好望角以东约620公里处。

而在开阔水域遇见的大船则一律未能追上。同时,该舰引擎舱的水手也严重不足,无法支持高速行驶;另外,浓雾和巨浪也影响了行动——期间,只有3天,该舰没有遭遇上述的恶劣气象。

在穿越莫桑比克海峡期间,该舰很可能与搜索的好望角分舰队巡洋舰擦肩而过,但没有被对方发现,在这种情况下,该舰最终于9月5日在湄奈湾同"彼得堡"号会合,但后者已在8月31日完成了加煤,至于"霍尔萨提亚"号,也被派往了达累斯萨拉姆。于是,"斯摩棱斯克"号决定继续前进,希望德国当局能提供煤炭。但在次日(9月6日)早晨即将起锚时,他们看到一艘白色涂装的军舰正在驶来,事实上,该船正是"强烈"号,同时它还打出信号,表示携带着"重要信函"。之前,这艘英国军舰曾停靠在桑给巴尔,并在前一天从当地领事处得知了一条谣言:下落不明的俄船已在岛屿南部现身。为与俄方会面,该船立刻携带俄方的密令起航。虽然在移交信函时,"彼得堡"号的船长仿佛对召回令毫不知情,但他向传信的军官表示自己将立刻回港。在抗议了用桑给巴尔水域装载煤炭和物资的举动后,"强烈"号掉头返航,只留下一艘舰载小艇看守湄奈湾。[4]

在"强烈"号离开后,2艘俄船开始向达累斯萨拉姆行驶,并在当地确认了召回令。由于不想在重新穿过运河时蒙受羞辱,它们决定绕过好望角回到里堡,但这种奢望很快就被命令取消了:现在,它们得知必须原路返回。

沿途,2艘俄舰历经羞辱:既有运河沿岸当地人的嘲笑,还有英国巡洋舰接力式的监控——在这种环境下,他们拙劣的巡航终于落下帷幕。[5]至于其仅有的影响,就是再次玷污了俄国海军的声望,并为现代环境下辅助袭击舰的作战效能提供了一个意料中的例证。值得注意的是,除非这些袭击舰愿意击沉所有战利品,并为此遭到道义谴责,否则,它们的航速将因为抽调押解人员而不断下降,并最终陷入一种尴尬境地:此时,除非天气条件特别有利,否则即便在狭窄的繁忙水道,它们都无力拦截来往商船。另外,在当地活动还会招来许多危险,如果不想与敌军遭遇,它们就必须设法转移到更偏远和开阔的海域。虽然这里更为安全,让它们可以发挥战斗力,但破交的机会非常有限。这种情况在传统战争中经常出现,而且事实证明,海战的形态尽管发生了变化,但并未动摇我们构建海上交通防御体系的基础理念。

专为破交战改装的商船究竟能取得何种战果？借助手头的资料，我们可以通过上述案例对此略作概括。答案是，它们注定会在有巡洋舰守卫的繁忙水域碰壁，并转而前往猎物稀少、航线分散的海域，但在当地，由于条件不利于拦截过往船只，其成果又必定有限——至少在敌人航运量极为庞大时是如此。在这种情况下，它们根本无法成为真正的"破交舰"，充其量只能暂时骚扰敌军的海上交通线。如果 2 艘俄船真的想破坏敌国的海上交通，而不是仅仅截获违禁品，在红海的收获无疑会更为巨大，在纳塔尔海岸，情况也本应如此——但不难发现，假如它们真的试图在红海破坏一流海军强国的贸易航线，届时，打击也将来得更为迅速。而且我们必须记住，2 艘俄船的战绩背后有一个前提：它们对付的实际是一个猝不及防的中立国，如果不是这些，其结果将截然不同。另外，即便有这些有利条件，它们对战争的影响也仅仅是惹怒了该国，并令其被迫介入，对肇事者极尽羞辱。正如"斯摩棱斯克"号上一名军官的说法，整个行动只是"一出徒劳的闹剧，并令俄罗斯的尊严在全世界面前受损"[6]。

注释

1. 参见《关于战争的新资料》，作者的化名是"B. Sc——t"，即俄国海军的鲍里斯·卡尔洛维奇·舒伯特（Boris Karlovich Schubert）中尉，此人是"斯摩棱斯克"号的舰员。

2. 参见"维纳斯"号（HMS Venus）的报告，摘自英国皇家海军情报局 8 月 5 日的日志第 188 页。

3. 上级之所以做出这种安排，是因为部署在好望角的巡洋舰航程和航速都不足以追击"斯摩棱斯克"号和"彼得堡"号。

4. 此时，"彼得堡"号很可能已经接到了命令。此前，俄国外交部一直在谋求妥协，但国内一直有势力从中作梗，而允许英国巡洋舰传达命令的做法，似乎有效避免了这种政策遭到干预。9 月 1 日，我国公使私下得知，召回令已经送达其中一艘辅助巡洋舰的停泊点。31 日，亚历山大大公也在正式通告中表示，"彼得堡"号已从一艘在东非港口租用的船只处接到了召回指示（相关内容可参见英国皇家海军情报局日志的第 192 页）。

5. 海军部的命令是对 2 艘辅助巡洋舰进行"毫不掩饰地监视"（observed unostentatiously），但只有在对方继续展开对行为时，我舰才会进行"密切跟踪"（shadowed），期间，如果对方拒绝释放战利品，我方可以采取必要措施。地中海分舰队和东印度分舰队都接到了命令，期间，从苏伊士运河出发的"维纳斯"号曾在萨瓦金（Suakim）靠北海域发现了 2 艘俄舰的踪迹，但由于航速缓慢，该舰很快便失去了对方的下落。

6. 参见舒伯特的《关于战争的新资料》。

34

∧ "志愿辅助舰队"的最高主管——亚历山大·米哈伊洛维奇大公，他也是巡航行动的始作俑者

∧ 辅助巡洋舰"斯摩棱斯克"号上的炮位——摘自当时的一幅新闻插画

〈 北德意志–劳埃德公司的"海因里希亲王"号，该船曾在红海遭到了"斯摩棱斯克"号的拦截

∧ "彼得堡"号，该船建造于英国，但较"斯摩棱斯克"号略小，舰龄也较老，最高航速19节

〈 "斯摩棱斯克"号，该船建造于英国，从一开始就保留了进行军事改装的余地，在日俄战争爆发前，该船曾多次前往旅顺，向当地运送了包括驱逐舰分段在内的众多军事装备。其最大航速为20节，毫不逊色于当时的正规巡洋舰

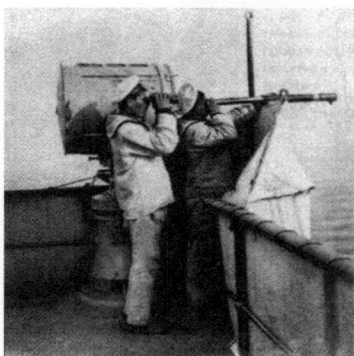

∧ 在辅助巡洋舰"斯摩棱斯克"号上搜索海面的俄军水手

∧ 在远航期间，辅助巡洋舰上的俄军水兵正在进行射击训练

∧ 英国商船"喜剧演员"号，该船也是俄军辅助巡洋舰在南非海岸截获的唯一一个目标

∧ 英国半岛东方公司的"马六甲"号，该船也是2艘俄国辅助巡洋舰的第1个战利品

〈 途经苏伊士运河期间在塞得港短暂停靠的"马六甲"号,当时该船正由俄国水手操纵,直到7月28日才在阿尔及尔投降

∧ 停泊在一处非洲港湾的"彼得堡"号,可能摄于湄奈湾或达累斯萨拉姆,此时,该船已经接到了召回令

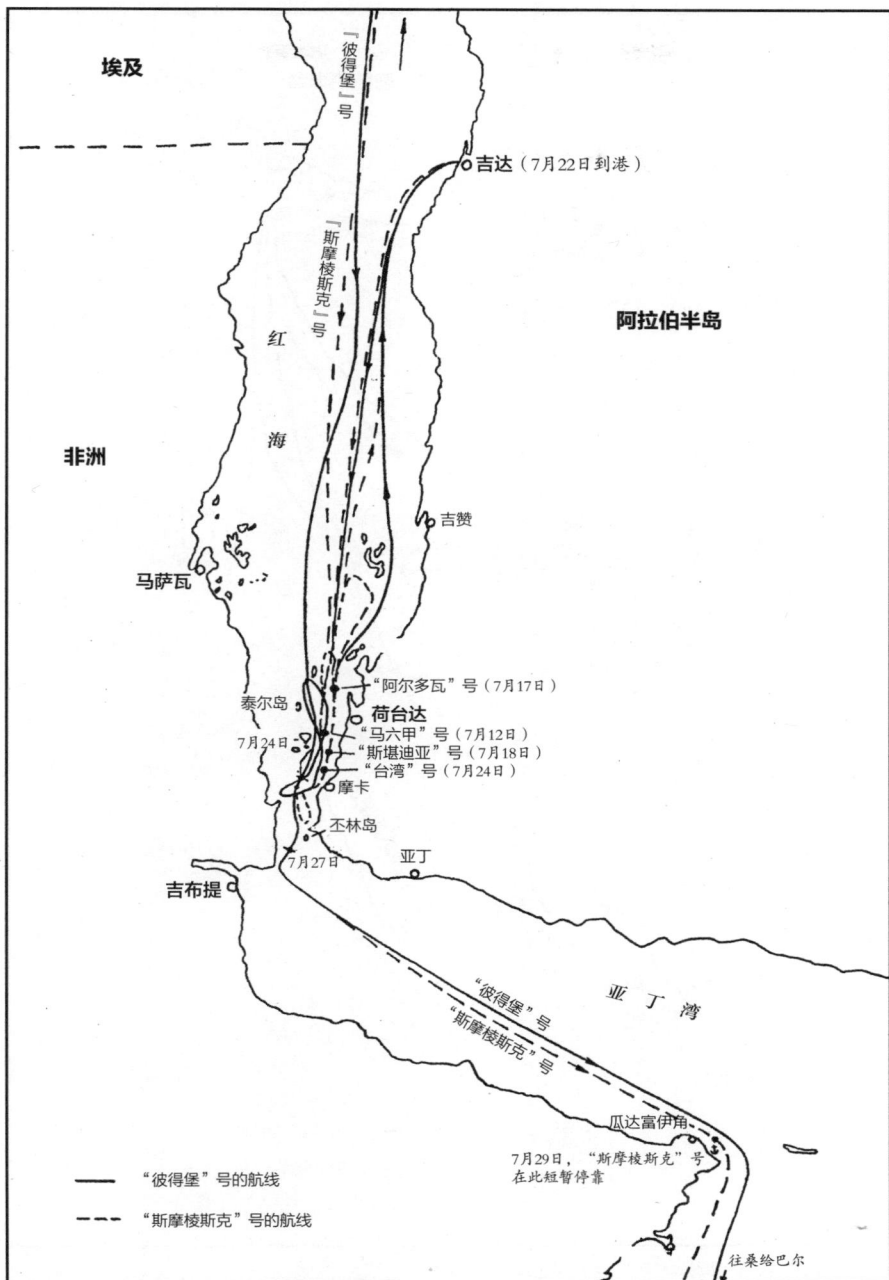

∧ "彼得堡"号和"斯摩棱斯克"号在红海的游猎

38

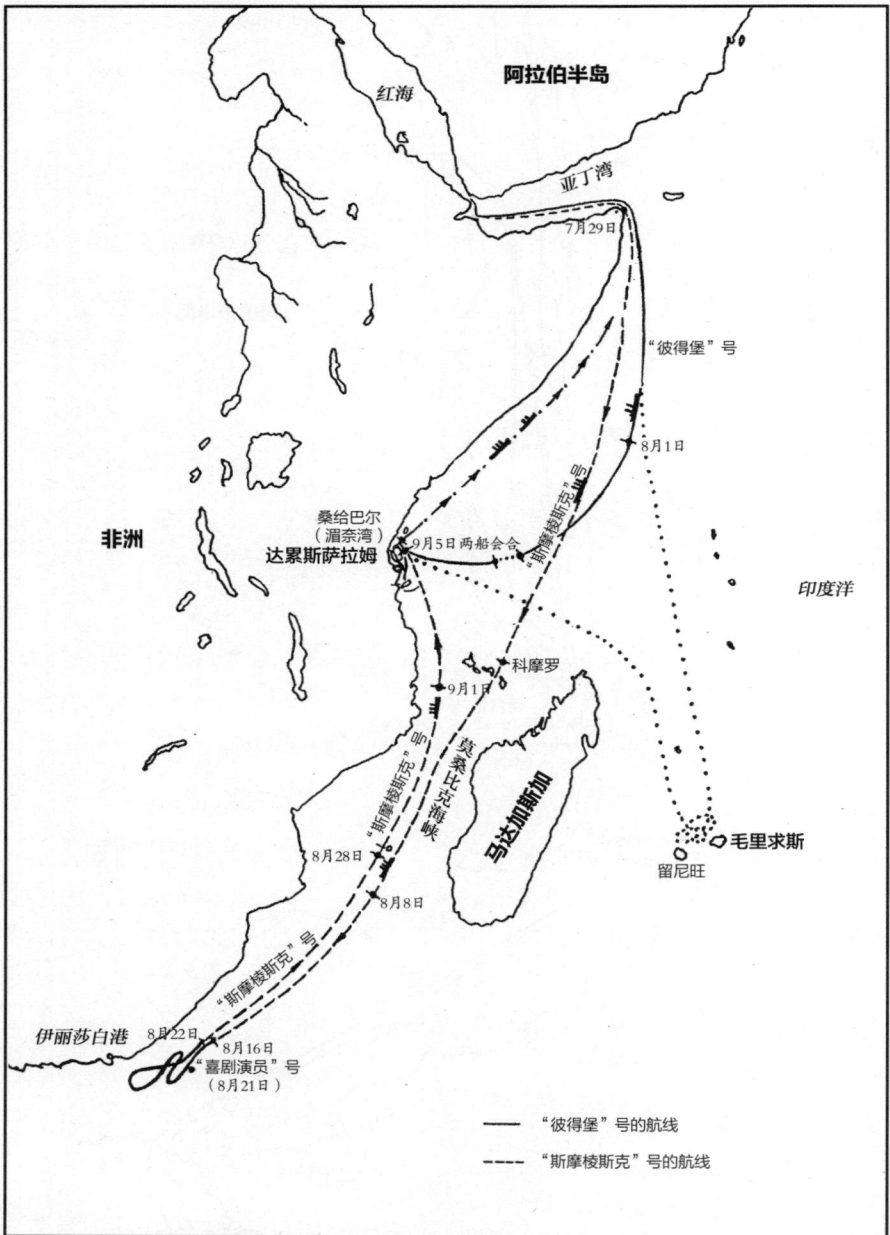

∧ "彼得堡"号和"斯摩棱斯克"号在非洲东海岸的游猎

第三章

多格尔沙洲事件

在志愿舰队的巡洋舰活动期间，波罗的海舰队一直在喀琅施塔得做出航准备，但政出多头的问题依然存在，船厂效率低下的情况也毫无缓解。直到8月中旬，基地才让足够数量的舰只准备就绪，令罗杰斯特文斯基将军可以升起将旗。这一仪式在蔚山海战的当天，也就是14日进行，但即使如此，相关工作仍有不少缺陷：2艘最先进的战列舰和2艘最新的巡洋舰还未做好出海准备，另外一些舰船也或多或少存在问题。为增强巡洋舰队的实力，俄军从德国购买了4艘远洋轮船，虽然这些舰船是商船，但在里堡进行了改装，还加装了作战武器。[1] 另外，他们的20艘驱逐舰只有7艘就位。

在这种情况下，将军仍然打算逗留1个月再起航，并用这段时间在芬兰湾演习。为此，25日，罗杰斯特文斯基将军进行了为期5天的巡航，在他返回之后，供4个月所需的物资和给养开始装运上舰。9月8日，该舰队接受了沙皇的检阅，并在3天后开往雷瓦尔①，此时，所有舰只看上去都已可以在指定日期出动。

然而，远东的噩耗也接踵而至，由于俄军在两次海战中连遭失利，局势已经发生了深远的变化。其中，维特捷夫特突向日本海的尝试以灾难告终，令舰队抵达海参崴的愿望化为泡影。换言之，波罗的海舰队在远东活动的基础已荡然无存，而且他们很快就将接到消息，为保卫要塞，旅顺方面已决定从受损舰船上调出武器和乘员。9月第1周结束时，整个行动更是被新的阴影笼罩：辽阳会战让局势江河日下，并让要塞解围的希望化为泡影。因此，俄军将被迫面对这样一个事实：不仅旅顺方面将很难为波罗的海舰队提供配合，而且要塞本身也很可能将在罗杰斯特文斯基到来之前沦陷。

---

① 译注：Reval，即今天爱沙尼亚共和国的塔林市。

在这种情况下，各方难免对增援舰队的作用产生了怀疑。9月15日，为重新审视此事，俄军召开了专门会议，会上有人指出，不应再把该舰队定位为一支救援舰队，相反，它应当具备独立行动的能力。这也意味着，鉴于海参崴舰队几乎无法提供援助，该舰队只能依赖自身的资源展开作战，而且如果想赢得胜利，它的实力必须压倒日本海军，因为届时，它在对马海峡的对手将不再是一支偏师，而是日军的一整支舰队，令情况更棘手的是，在当地，日本人还可以充分发挥轻型舰艇的优势。

按照我们得到的说法，此次会议为讨论确定了3个前提：1.旅顺舰队（即第1太平洋舰队）已无力继续活动；2.第2太平洋舰队的实力不及日军；3.俄军无法在中国境内建立新基地，由于难度极大，夺取一处日本岛屿的设想也不切实际。[2]

根据这些情况，有人认为应当停止派遣增援舰队。按照我们手头的资料，虽然持此观点者不在少数，但有证据显示，罗杰斯特文斯基并没有听取这些谨慎的意见。他坚信日军的实力被普遍高估了，还请求上级命令完成整备的舰只起锚出海。似乎有一段时间，他的意见占据了上风。[3]但在几经斟酌后，当局依然修改了会议上的决定。因为有情报显示，在2场战斗中损失轻微的日军完全可能在舰队赶到前修复完毕——如果采用原始方案，俄军将处于劣势，罗杰斯特文斯基的设想（即派出一支与敌军实力相当的舰队展开防御作战）更将无从实施。最终，舰队的出发日期被推迟了1个月，此举不只是为了让更多船只完成准备，而且据说也是为了给采购南美的巡洋舰一些回旋时间。[4]然而，由于具体目标和行动计划仍未敲定，因此舰队的任务依旧是在与第1舰队会合后发动海上攻势，以求与日军展开决战。

以事后诸葛审视此事，至少在推迟出海时，罗杰斯特文斯基还没有放弃对旅顺的希望。甚至有说法称，鉴于黄海海战后日方在港内拿捕"果敢"号这一侵犯中立国地位的事实，他还计划占领芝罘作为基地，以求与第1太平洋舰队协同作战。[5]另外，针对会合行动，他们也考虑了将其他中立国或日本领土当作前进基地的可行性，但这些设想最终都在舰队启程前被抛弃了。

在长期滞留雷瓦尔期间，甚至罗杰斯特文斯本人都产生了悲观看法。他曾这样表示："即便我们完成远航，也只会发现一个事实：旅顺已经陷落，太平洋舰队全军覆灭"[6]。当时，所有人都已不再对这座要塞的未来抱有幻想，而是将希望寄托在了海参崴。决定推迟出航后，俄方又向斯克鲁伊德洛夫派遣了 350 名船厂技工，1200 名来自波罗的海和黑海的后备水兵也紧随其后。[7]而且俄国方面相信，虽然海参崴地处北方，但港内水域宽阔、拥有 2 个入口，以当地为中心，舰队的行动范围（500 海里）也足以覆盖釜山至宗谷海峡之间的整个日本列岛，正因如此，当地非常适合攻击日本国土，进而一举结束整个战争。[8]

以上也是两位主官——远东总督和斯克鲁伊德洛夫将军的看法，而且克拉多中校向我们表示，在奉命从海参崴返回圣彼得堡时，他还接到过一条专门指示，要求他敦促政府接受这一决定。[9]在作战计划中，这两位主官还要求尽快扩充舰队的实力，并将波罗的海和黑海所有适合作战的雷击舰艇派往新基地，然而，后 2 项建议并没有获得批准。

最终，罗杰斯特文斯基的出发日期被定在了 10 月 14 日，但舰队上下都认为他可能不会率部起航。期间，各种事故层出不穷，大多数舰员也漫不经心，这一切都让舰队上下斗志萎靡。由于在远航开始时，俄军必须穿过一片狭窄水域，期间可能遭遇的危险更成了俄军私下谈论的话题。有谣言宣称，日本特工准备像开战时那样发动突袭，再次给俄军致命打击。这些担忧源自俄国驻香港和上海领事的警告，早在 5 月底，他们便报告称，日军的鱼雷和水雷军官正携带着装有水雷的货柜前往欧洲。另外，领事们还表示，日方正在购买或租赁快速汽船，这些汽船将安装无线电设施，以便确定俄舰的航线和位置。夏天，更多消息接踵而至，宣称大批日军正在伪装成土耳其人、马来人或杂耍艺人前往欧洲。到 9 月，香港方面也传来情报，约 50 名搭乘英国商船的日本人正携带 9 吨炸药和 3 个神秘货箱前往德班。

在欧洲，俄国的武官和间谍们同样非常活跃，他们发回的消息显示：日本特派团目前正出没于瑞典南部沿海等地，行踪甚是可疑。为此，俄国警察专门成立了一个监视波罗的海和北海的部门，他们虽然没能找到确凿的证据，但依然在报告中宣称，驻柏林的日本海军武官正在丹麦沿海秘密活动——这自然充当了谣言的催化剂。[10]于是，虽然上述消息都是捕风捉影，但它们不仅没有在舰队出发前消弭，反而变得愈发有声有色。当10月11日，该舰队驶向最后一个俄国港口——里堡时，全体官兵都在为鱼雷攻击忧心忡忡，为抵御此类袭击，他们还采取了专门的预防措施。[11]

困扰着俄军的问题还远不止于此。其中，"奥列格"号和"绿宝石"号仍在喀琅施塔得的造船厂；"顿河"号（Don）——从德国购买的最优秀的班轮——被证明毫无战斗价值；出航前夕，"斯摩棱斯克"号和"彼得堡"号刚刚结束了蒙羞之旅，2艘船随后都被编入海军，并被重新命名为"里翁"号[①]和"第聂伯"号（Dnyepr），它们接到命令，一装好煤炭和物资就立刻出发与主力会合；而当10月15日该舰队最终告别里堡时，其麾下包括了下列舰船：

第2太平洋舰队

战列舰："苏沃洛夫公爵"号（罗杰斯特文斯基中将的旗舰）、"沙皇亚历山大三世"号、"博罗季诺"号、"鹰"号、"奥斯利亚比亚"号（费尔克萨姆少将的旗舰）、"伟大的西索伊"号、"纳瓦林"号。

一等巡洋舰："纳西莫夫海军上将"号、"迪米特里·顿斯科伊"号（恩克维斯特少将的旗舰）、"斯维特兰娜"号、"曙光女神"号。

三等巡洋舰："珍珠"号、"金刚石"号（担任通报舰）。

鱼雷艇驱逐舰："辉煌"号（Blestyashchi）、"无瑕"号（Bezuprechni）、"朝气"号（Bodri）、"大胆"号（Byedovi）、"迅速"号（Buistri）、"猛烈"号（Buini）、"威武"号（Bravi）、"远见"号（Prozorlivi）。

舰队辅助船只："堪察加"号（Kamchatka，修理舰）、"阿纳德尔"号（Anaduir，煤炭和补给运输舰）、"朝鲜"号（Koreya，军火船）、"中国"号（Kitai）、"哥尔查科夫公爵"号（Knyaz Gorchakov，辎重船）、"罗斯"号（Rus，远洋拖船）、"流星"号（Meteor，运水船）、"马来亚"号（Malaiya）。

---

① 译注：Rion，该名字取自今天格鲁吉亚境内的里翁河，今天被称为里奥尼河（Rioni）。

另外，巡洋舰"奥列格"号、"绿宝石"号与"里翁"号、"第聂伯"号以及其他 5 艘驱逐舰将组成一支独立分队尽早出航，但它们的准备仍然需要 1 个月才能完成。

从离开里堡时，俄军便在积极防范鱼雷攻击。命令要求探照灯操纵员和轻型火炮炮手坚守岗位，观察哨的人手先后增加了 2 倍和 3 倍，夜间，只有一半的炮手获准休息，即使如此，这些人也必须在岗位上就寝。[12]

然而，在离开大小贝尔特海峡（Belts）之前，俄军最大的威胁是水雷，但另一方面，由于和丹麦政府达成了保证海峡安全的协议，罗杰斯特文斯基唯一采取的预防措施就是将舰队分为 4 部分，并以此队形继续前进。如果西蒙诺夫中校（此时，他刚从西贡赶回并加入了舰队）的记录可信，俄军确实曾开展过扫雷行动。根据旅顺的经验，他认为有必要派遣扫雷舰艇在舰队前方开道。此时，由于"奥斯利亚比亚"号与 1 艘驱逐舰相撞，舰队被迫于 17 日在贝尔特海峡的入口处下锚，罗杰斯特文斯基下令制作扫雷具，但由于缺乏经验和合适的舰只，他们的尝试最终失败。19 日早些时候，将军发出了"确信航道已无危险"的信号，随后开始指挥舰队继续前进。20 日清晨，舰队在斯卡恩角（Skaw）外海停靠。

为加满煤舱，将军计划在当地停留 24 小时，并在 21 日晚间重新出航[13]，但事态的发展还是偏离了计划。自离开里堡后，将军收到了多份报告，显示有可疑船只在大贝尔特海峡、卡特加特海峡（Cattagat）和北海出没。虽然这些舰船从未露面[14]，但疑虑开始在将军脑海中萦绕。这些情报显示，在朗厄兰海峡①有可疑雷击舰艇出没，不久，与舰队会面的运输船"航标"号②也提醒在前一天晚上看到了"4 艘雷击舰艇，它们的后桅亮灯，远看很可能被误认成渔船"[15]。将军对这些报告信以为真，决定不待加煤完毕便起航甩开敌人。作为进一步的预防措施，他还将麾下舰船分成了 6 个分队，这些分队将拉开间距、鱼贯前进。其中，

---

① 译注：Langeland Fjord，在丹麦东部的诸多群岛之间，位于大贝尔特海峡南部，并在南面与波罗的海的基尔湾（Bay of Kiel）为邻。

② 译注：Bakan，该船是俄国海军的特种运输船，1896 年于圣彼得堡建成，排水量 885 吨，航速 9 节，装备 2 门 47 毫米炮和 2 门 37 毫米炮，后来长期在北极海域服役。

先导分队于 16 点出发，包括 3 艘驱逐舰和配属的母船，接着是另一艘母船带领下的其余 4 艘驱逐舰[16]，和先导分队一样，它们也将以 12 节航速先驶往瑟堡（Cherbourg）加煤，并随后继续向阿尔及尔和苏达湾（Suda Bay）前进。一段时间后，轻型巡洋舰"斯维特兰娜"号、"珍珠"号和"金刚石"号将启程；17 点时，恩克维斯特少将则会带领 2 艘重型巡洋舰——"迪米特里·顿斯科伊"号和"曙光女神"号——护送修理舰"堪察加"号出航。以上 4 个分队需要保持直接接触，并在战列舰前方 25 海里处组成一条屏障。为保持间隔，费尔克萨姆将军直到 19 点 30 分才率领第 2 战列舰支队（包括"奥斯利亚比亚"号、"伟大的西索伊"号、"纳瓦林"号和装甲巡洋舰"纳西莫夫海军上将"号）和各运输船起航。最后，22 点，总司令会率领第 1 战列舰支队和 1 艘运输船出发，并同样和前者保持 25 海里的距离。

由于夜色昏暗，各舰很难保持接触，虽然众人心惊胆战，但除了"堪察加"号的引擎遭遇了故障外，沿途什么都没有发生。早上，由于发现该舰已经落后，恩克维斯特将军下令降至半速[17]，但总司令依旧以原航速继续前进，2 个战列舰支队于是开始逐渐靠近，到当天中午，随着天色放亮，双方已经进入了彼此的视野，此时其间隔只有 6 海里左右。

整个白天虽然天气晴朗，但海面依旧有雾，至于先遣分队，则没有发现任何可疑情况。但"堪察加"号在 20 点 45 分突然宣称遭到了鱼雷艇的跟踪。实际上，大约在 20 点时，该舰发现了 1 艘疑似驱逐舰的德国轮船，并朝其开火射击。不久，它又发现了瑞典轮船"毕宿五"号（Aldebaran），还两次向其开炮，并相信雷击舰艇包围了自己。按照官方记录，对该舰的无线电报，旗舰并未信以为真，但当"堪察加"号得到回复后再次询问了上级的位置，这让俄国人变得愈发疑惑。他们相信，此举可能是敌军舰艇为了根据电文顺藤摸瓜、找到攻击目标而采取的伎俩，于是没有发出回信[18]。此时，司令的要求也只是让"堪察加"号远离海岸，大约 22 点，他又要求前方 25 海里的恩克维斯特向"堪察加"号靠近。这道命令得到了执行，1 小时后，司令再次致电"堪察加"号，询问是否还能看到鱼雷艇——这次，他得到了否定的答复。

接下来的 1 个小时，费尔克萨姆将军遭遇了赫尔渔船队（Hull fishing fleet），该船队由 30—40 艘帆船组成，当时正在多格尔沙洲作业。利用探照灯，俄军辨认出了船影，随后，它们开始转向，试图从北面绕过渔船队继续前进，但期间费尔克萨姆并未通报第 1 战列舰支队。[19] 在凌晨 1 点前不久，随着"苏沃洛夫"号抵达上述地点，该舰发现有绿色火箭（渔船队"司令"发出的撒网信号）正从前方升起，可与此同时，其他当值军官发现，在正右舷 20 链外，还有一个"低矮的舰影"正在高速前进。随着探照灯打开，之前的判断似乎得到了确认，罗杰斯特文斯基下令开火，其他舰船纷纷响应。几乎与此同时，旗舰上也有执勤军官传来报告，称在左舷发现了另一艘鱼雷艇：这让左舷的火炮也纷纷开始轰鸣。但此时，舰桥上的军官们已经清楚地发现周围的"敌舰"实际是一支渔船队，为此，罗杰斯特文斯基只能一边下达停火命令，一边指挥舰船转舵规避[20]。但即使如此，炮击还是持续了 8—10 分钟。最后，俄军还突然发现，他们将炮火集中在了恩克维斯特的旗舰——"迪米特里·顿斯科伊"号上，更为糟糕的是，该舰还被多次命中。这种情况令俄军极为惊诧，因为在 3 小时前，该分队曾奉命从先导位置转向后方，以便接近落后的"堪察加"舰。将军立刻严厉重申了停火命令，但在其生效前，恩奎斯特分队的另一艘巡洋舰"曙光女神"号还是被 5 枚炮弹命中，导致舰上神父后来伤重不治。至于渔船队，则有 2 人身亡、6 人受伤，1 艘拖网渔船沉没，另有 5 艘不同程度受损。

俄军旗舰上的乘员对事件态度不一，有人坚信自己看到了伪装成拖网渔船的鱼雷艇，另一些人甚至宣称看到了对方在暴露后抛弃伪装的景象，而其他人则公开指出，现在他们已铸成大错。但不管情况如何，有两点可以确定：第一，俄军攻击了一支渔船队；第二，他们还误击了自己的先头巡洋舰。尽管如此，报告有鱼雷艇混在拖网渔船中的人士还是振振有词，并让罗杰斯特文斯基相信确实有敌艇在周围出没。根据该判断，罗杰斯特文斯基后来争辩说，此时他们除了前进别无选择，根本无法停下来对受损渔船实施救助。

后来，当巴黎的国际委员会调查整个事件时，英国代表结合有限的证据得出过一个结论，该结论也得到了委员会的接受：自离开斯卡恩角后，俄军显然仍在为鱼雷攻击忧心忡忡，不仅如此，他们还经历了"堪察加"号的误判，而在前方，轻型舰艇和巡洋舰的屏障也出现了缺口，这些都让他们极为担忧。这些失误令恩克维斯特将军的 2 艘巡洋舰脱离了原有战位, 出现在了俄舰的集火区域。这也意味着, 舰队最先看到的"舰影"很可能就是"曙光女神"号, 由于距离太远, 当探照灯开启时, 它的身影并未被照亮, 反而进入了俄军的视野盲区; 与此同时, 部分拖网渔船却暴露在了灯光下, 这些船只被激动的炮手和其他舰员误认成了雷击舰艇, 并因此遭到了炮击。这种解释也可以得到其他证据的支持, 因为"曙光女神"号受损的事实被隐瞒了很长时间, 直到我方的费利克斯托基地 (Felixstowe station) 破解了一条无线电报后, 这一事实才为外界察觉, 同样值得一提的是, 该舰并没有人员前往委员会作证, 同时, 俄国也并未转交它的航行记录。

不过在当时, 舆论的态度更为严厉: 它发生在一片著名的渔场, 舰队本不该在此航行, 对缺乏专业知识的公众来说, 这俨然是一种无耻暴行。考虑到俄国志愿舰队巡洋舰的风波才刚刚平息, 这次事件自然而然又激起了另一轮公愤。另外, 俄国人不仅不提供救助, 反而扬长而去的事实, 更将舆论推向了极为危险的境地。英国政府立刻采取措施, 要求肇事舰队给出满意答复, 否则不得离开欧洲水域。

面对相关任务, 我国海军的部署远谈不上有利。当时, 本土舰队停泊在克罗默蒂①, 海峡舰队在直布罗陀, 地中海舰队的主力位于威尼斯, 并且正准备开赴波拉 (Pola)。在 24 日获悉局势后, 本土舰队就接到警报, 要求做好前往福斯湾②的准备, 海峡舰队将扼守住直布罗陀, 威尼斯的 (地中海) 舰队司令将准备派遣 6 艘战列舰和 1 艘装甲巡洋舰与之会合。另外, 还有 1 支巡洋舰队也在接到警报后奉命前往施尔尼斯③就位。此时, 外界获悉, 费尔克萨姆支队已在布莱顿④外海加煤后驶入海峡, 期间并未向陆上发出通知。同时, 由于担心会在浓雾中遇险, 罗杰斯特文斯基也未按计划在布雷斯特 (Brest) 加煤, 而是决定前往比哥 (Vigo)。至于轻型舰艇, 则在瑟堡加满煤舱后继续前进。到 25 日, 整个俄军舰队已将海峡甩在身后。

---

① 译注: Cromarty, 在英国东北部, 位于苏格兰地区。
② 译注: Forth, 在英格兰东部, 毗邻北海, 著名城市爱丁堡就在海湾沿岸。
③ 译注: Sheerness, 在英格兰东南部, 位于泰晤士河入海口的南岸。
④ 译注: Brighton, 在英国南部、英吉利海峡北岸, 靠近著名的港口城市朴次茅斯。

当天，所有英国指挥官都接到了行动命令，其中，6 艘战列舰和"酒神祭司"号（HMS Bacchante）奉命立刻从威尼斯出发前往直布罗陀，地中海舰队司令将率领旗舰和另 1 艘战列舰紧随其后，如果局势需要，还有 2 艘战列舰也会奉命启程，本土舰队则奉命开赴福斯。在直布罗陀，基地也做好了为 6 艘战列舰、2 艘装甲巡洋舰和 18 艘驱逐舰加煤的准备。当天晚上传来了罗杰斯特文斯基率部驶入比哥的消息，外界还得知，由于引擎故障，俄军轻型巡洋舰支队只好前往阿劳萨湾①稍作停留，其他舰船依旧全无音讯，不过，人们猜测，它们肯定会去加入总司令的舰队。

次日，随着正式警告的发布，我国与俄国的关系骤然恶化，法国和德国的态度还不太明朗——虽然它们要维护自身的立场，但据信不会在此时制造事端。另外，我军驻直布罗陀的舰队司令已奉命要求俄军正式道歉，如果事件得不到妥善解决，他还将在必要时强制扣押俄舰；同时，他还被特意告知，由于有来自地中海的增援，形势将对他极其有利，并可以令俄军不失体面地进行退让。同一天，本土舰队开赴波特兰（Portland）——此时，3 个轻型舰艇分队已集结于此；另外，地中海舰队的其余部分正依照指示开赴马耳他，期间，他们特地被叮嘱要提防志愿舰队的辅助巡洋舰——后者正奉命离开黑海，前去与波罗的海舰队会合。

28 日，俄国外交部提议设立一个国际调查法庭，这令局势略有缓和，但我方仍计划派遣 1 艘巡洋舰在比哥继续监视，同样的情况也发生在丹吉尔（Tangier）——此时，俄军第 1 驱逐舰支队已来到此处。次日，随着俄国政府原则上接受了我国的条件，局势继续缓和，在这种情况下，我军也撤回了主动示威的舰队。这一天，去向不明的俄军分队都抵达了丹吉尔，不过，我军依然监视着该港和比哥。

30 日，关于拘押舰队以便调查一事，俄方已表示同意，但另一方面，他们也只是同意让该舰队停留到调查条款确定后为止。此时，罗杰斯特文斯基仍在

---

① 译注：Arosa Bay，在西班牙西北部，位于比哥港稍北。

比哥等待西班牙当局的加煤许可令。正是在此时，俄罗斯政府与其建立了联系，并通知他派遣部分军官回国作证。这些军官以克拉多海军中校为首——他是罗杰斯特文斯基麾下的副参谋长 ①，其分队中的每艘舰只和"堪察加"号也都各抽调了 1 名军官，但其中并没有恩克维斯特分队的人员。同时，马德里当局也给出许可，每艘船最多只能添加 400 吨煤，于是，罗杰斯特文斯基立刻做好准备，以便一旦完成作业就立刻启程。

这种情况令各界产生了误解，所有英国指挥官在 30 日接到的通报显示，危机似乎并不像预想的那样严重，然而，到 31 日晚，一切已经很明显，两国外交部都对对方的声明有所误解，为此，有关方面被迫向各位主事将官发出警告：鉴于俄方有大事化小的倾向，局面依旧危险——舰队更不能因此放松警惕。

由于俄国政府已经同意调查，还下令派遣军官回国，罗杰斯特文斯基将军产生了一种轻率的想法：既然英方的条件已经满足，自己现在就有了自由航行的权利。就这样，他在事件正经历着严厉质疑、各方陷入激烈争执时离开了比哥。对英国政府来说，这一举动简直轻蔑至极，还违背了通行的国际守则。一场冲突在所难免。在直布罗陀，英军舰队司令已经准备好了随时行动——此时的他拥有 11 艘战列舰，另外还有 2 艘近在咫尺。但幸运的是，我国外交部相信其中确实存在误解。另外，此时俄方已下令舰队再停留 3 天，只是因为命令未能交到舰队手中，其中的要求才没有得到履行。鉴于误会，直布罗陀方面很快得到指示：俄方的行动并不意味着毁约，由于行动可能酿成战争，除非对方明确拒绝补偿损失，否则我方就应按兵不动。

即便如此，在 11 月 1 日及之后 3 天，冲突依旧一触即发。虽然双方都积极试图达成协议，但由于民众群情激奋，双方都很难找到一种既满足英国人的要求，又不挫伤俄国人自尊心的方案。在 3 日僵局达到顶点时，直布罗陀的巡洋舰报告称，罗杰斯特文斯基分队正在驶向丹吉尔。同时，其麾下的 2 个轻型舰艇支队都开始东行，似乎打算先集结，然后再进入地中海。对英国人来说，这一情

---

① 译注：second flag-captain，克拉多在罗杰斯特斯基的司令部担任参谋，同时也是"多格尔沙洲事件"爆发时的当值军官。

况显然值得重视——他们需要重新部署舰队，以应对新局势。

于是，局势再次紧张起来。抵达丹吉尔后，为了远航需要，俄军司令最后一次调整了舰队的编制。他们组织了2个分舰队，其中一个由费尔克萨姆将军统辖，包括"伟大的西索伊"号、"纳瓦林"号、"斯维特兰娜"号、"珍珠"号和"金刚石"号，它们将向苏达湾行驶，并在与来自黑海的7艘驱逐舰、5艘志愿辅助舰队的船只和5艘运输船会合后南下穿过苏伊士运河。另一支分舰队则包括剩下的所有舰船，它们将在司令本人的带领下朝开普敦前进，俄军之所以如此，据说是因为新战列舰的吃水太深，无法在运河正常通过。

对这一情况，我国的海军部一无所知，但费尔克萨姆将军的动向让他们相信：最糟糕的局面很有可能出现——为此，重新部署舰队是必要的。4日，他们指示直布罗陀的英军舰队司令，如果其他俄舰开入海峡，他们将不必进行跟踪，相反，他应当派遣2艘战列舰前往马耳他，另外4艘将秘密增援波特兰的本土舰队。然而，到晚上，我国驻圣彼得堡公使传来报告：我方已接受了协议的草案。随着正式协议在次日（即5日）签署，罗杰斯特文斯基开始率部驶向大西洋。至于英军舰队司令，则没有采取行动，但另一方面，鉴于没有新命令传来，他还是在次日发出电报，询问局势发生了哪些新变化。为此，上级表示，目前危机已经结束，但他仍需要在后续指示传来前原地待命。危机真正化解则要等到4天之后，而到11日，各舰队司令才得知事态已经解决，并奉命率舰向原有岗位驶去。

事件就这样落下了帷幕，虽然它持续时间很长，并险些因误判而酿成灾难，但最终还是妥善地得到了化解。直到今天，它依旧充当着一个案例，表明在现代环境下，海上战争比过去任何时候都容易受到来自中立国的、不可预见的复杂局势的影响。同时，随着鱼雷投入战场，夜战的意义也愈发重大，这种作战模式要求舰队严密戒备、当机立断，但也会增加误击非交战船只的概率。由于雷击舰只的动作敏捷，而在夜色和浓雾中，舰队又是如此脆弱，这注定了后者在遭遇可疑情况时不会多加思索。

既然如此，该如何面对这样一支不计行事后果的舰队？此时，唯一的办法就是认识到鱼雷已成为国际关系中的新危险因素，同时，政府也需要保持冷静，以防这些不可避免的意外酿成不必要的冲突。幸运的是，在这次事件中，海军的专业意见从一开始就主导了局势，并最终以一种陆上决策者无法做到的方式，大胆而妥善地解决了纠纷。这次事件也为海军将领处理类似事件提供了样板：他们需要用理解的态度审视它，并等待肇事方做出解释。

注释

1. 即"顿河"号、"捷列克"号、"乌拉尔"号和"库班"号，其详情可参见本书第一章的注释部分。

2. 参见《海军文集》1913 年 4 月号中斯米尔诺夫的叙述。

3. 这一说法来自克拉多海军中校——当时他可能已经加入了罗杰斯特文斯基的司令部，并成为其麾下一名参谋军官。为了解作战计划，罗杰斯特文斯基之前曾请求斯克鲁伊德洛夫派遣一名亲信，以便阐述其中的思路，为此，克拉多立刻奉命从海参崴返回，并登上了罗杰斯特文斯基的旗舰。按照中校本人的说法，他登上旗舰是 9 月 15 日，此时会议刚刚召开完毕（参见《日俄战争中的俄国海军》第 271 页）。

4. 克拉多海军中校宣称，俄军已经为这些巡洋舰选定了乘员，同时，涅博加托夫将军将奉命出任该分队的指挥官。但目前，我们还没有得到进一步的证据。另外，俄军之所以会决定将起航时间推后 1 个月，可能也与日军第一次总攻的失败有关。但按照别克列米舍夫的说法，这一决定源自沙皇在检阅后亲自做出的批示，即舰队必须等待"鹰"号和"奥列格"号整备完毕（参见别克列米舍夫第 3 次演讲的发言稿）。

5. 这种说法只在西蒙诺夫（Semenov）的《代价》（Rasplata）一书第 452 页提到；不过，这种说法也得到了斯米尔诺夫第 3 份报告的间接证实。

6. 出自别克列米舍夫第 3 次演讲的发言稿。

7. 参见我国驻俄海军武官的报告，发自 1904 年 9 月 29 日。

8. 参见克拉多著《日俄战争中的俄国海军》一书第 58 页。

9. 参见克拉多著《日俄战争中的俄国海军》一书第 285 页。

10. 参见《俄军案件的附带文件》（Documents annexed to the Russian case）第 3—12 页。

11. 参见《多格尔沙洲事件委员会调查纪要（Commission Proceedings）》第 243 页。

12. 参见《多格尔沙洲事件委员会调查纪要》第 249 页和第 251 页。

13. 参见《多格尔沙洲事件委员会调查纪要》第 283 页。

14. 参见《多格尔沙洲事件委员会调查纪要》第 44 页。

15. 参见《多格尔沙洲事件委员会调查纪要》第 269 页。

16. 期间，第 8 艘驱逐舰已因引擎故障返航回国。

17. 参见《多格尔沙洲事件委员会调查纪要》第 328 页。

18. 参见西蒙诺夫《代价》一书第 286 页。

19. 参见《多格尔沙洲事件委员会调查纪要》第 340 页。

20. 罗杰斯特文斯基麾下的克拉多海军中校表示，此举是因为他们相信舰队正前方的一艘拖网渔船可能在布放水雷——毕竟日军曾在 8 月 10 日采取过类似的行动。

52

∧ 9月时，停泊在雷瓦尔锚地的3艘"苏沃洛夫"级战列舰

〈 在"苏沃洛夫公爵"号上
视察的尼古拉二世

〉停泊在雷瓦尔内港的俄
军驱逐舰

ᐸ ᐱ 在雷瓦尔港外列队的第
2太平洋舰队

ᐱ 沙皇检阅"纳西莫夫海军上将"号时的景象

ᐱ 第2太平洋舰队驶出雷瓦尔港

〈 跟随罗杰斯特文斯基出航的还有大量的辅助船只，照片中展示的是"阿纳德尔"号，该船建造于英国，1904年被一位法国航运商人转售给俄国海军。1904年夏天，该船接受了大规模改装，成为一艘有武装的综合补给舰。该船在对马海战中生还，俄国内战后被苏俄政府接收，改名为"十二月党人"号，1942年11月，该船在运送盟国援苏物资期间在北极海域被德军轰炸机炸沉

〈 为弥补舰队内巡洋舰的不足，俄军还采购了一批商用邮轮，并将其改装成了辅助巡洋舰。照片中展示的是"乌拉尔"号，该船原为北德意志-劳埃德公司的"施普雷"号（Spree），最高航速可以达到22节

〈 返回霍尔（Hull）的渔船船队，岸上有不少前来围观的当地民众

> "多格尔沙洲事件"幸存者的合影，照片中可以看到俄军炮弹的弹孔

< "多格尔沙洲事件"听证会上的场景：俄方代表正在接受调查人员的质询

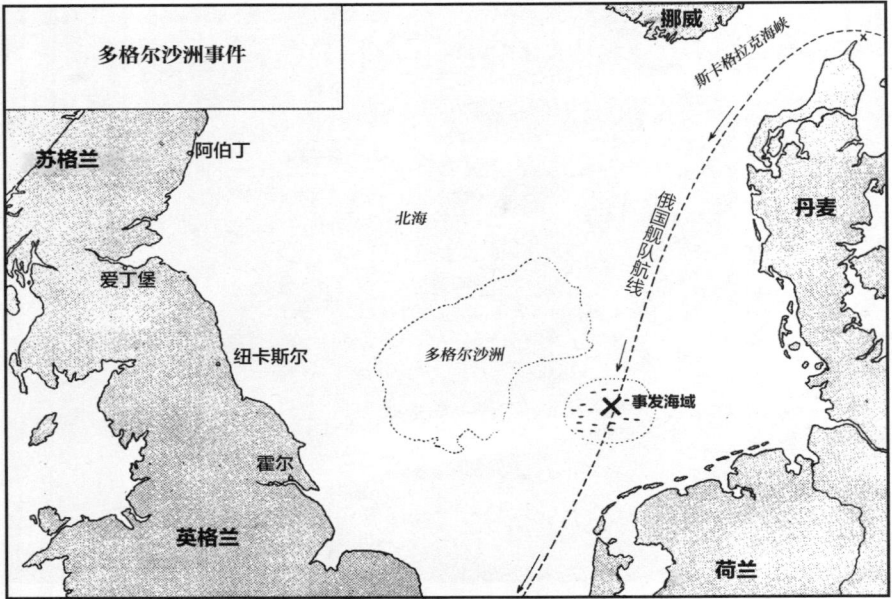

∧ "多格尔沙洲事件"发生地点示意图

多格尔沙洲事件

苏格兰
阿伯丁
北海
挪威
斯卡格拉克海峡
俄国舰队航线
丹麦
爱丁堡
纽卡斯尔
多格尔沙洲
事发海域
霍尔
英格兰
荷兰

∧ 随舰队出发的拖船"罗斯"号,该船也是当时世界上为数不多的远洋拖船之一,最初由德国建造,后来被俄国北方航运公司出面收购,并以每月16000卢布的价格租借给海军

∧ 武装运输船"航标"号，该船曾在第2太平洋舰队航行途中前来通报情况，后来长期在北极海域服役

〈 修理船"堪察加"号——在1904年时，该船是为数不多的可以为大型舰只提供海上修理的专业船只之一，也是"多格尔沙洲事件"的罪魁祸首

〈 反映"多格尔沙洲事件"的绘画

∧ "多格尔沙洲事件"后停泊于比哥港的俄军舰队，照片中可见到数艘"博罗季诺"级战列舰

∧ 即将随行的另一艘辅助巡洋舰是"捷列克"号，该船最大航速为19节，原为德国邮轮"哥伦比亚"号。在美西战争中，该船曾被西班牙收购并改为辅助巡洋舰，后在日俄战争期间重操旧业，该船后来在对马海战中幸存，但在返回欧洲后不久即被再度出售

∧ 运输船"朝鲜"号也在随罗杰斯特文斯基出发的辅助船中，该船隶属于俄国东亚航运公司，在航行期间负责装载弹药，但并未悬挂海军旗。1910年，该船在北大西洋失事沉没

第四章

首次总攻 203 高地
（9月19日—23日）始末

　　在日俄战争的战场上，这些事件自然产生了深远的影响。事实上，对双方来说，波罗的海舰队的行动都成了一项关系重大的因素，对日军来说，情况更是如此。

　　由于未能取得决定性胜利，无论在海上战场，还是在旅顺和满洲，日军的计划都处于分崩离析的边缘，这既令他们忧心忡忡，也让他们感到进退两难。诚然，通过精心筹备，在辽阳上演的大会战曾给了他们梦寐以求的、从战略层面解决问题的机会，不仅如此，他们还把敌人逐出了其选定的集结地，并获得了一个位于战区中心的有利位置——通过在当地集结兵力，他们既能守住朝鲜，还能掩护对旅顺的围攻。但这带来的影响也仅限于此：长达1周的鏖战已经令陆军精疲力竭，无法乘胜追击。此时，他们只能坐视俄军退到北面几英里外的新阵地上。在那里，俄军将逐渐恢复元气，并从容不迫地全速准备发起下一轮反击。

　　对日本人来说，俄军的反击注定不可避免。此时，由于占领了辽阳，日军也掌握了战争的主动权：只要他们控制着辽阳，就可以守住整个战争的核心目标，并继续围攻敌人的海军基地；而在俄军方面，如果他们想赢得战争，就必须攻破日本人的防线。

　　换言之，单从地面战场考虑，此时的日军大可以有恃无恐——虽说他们的攻势陷入了停滞，但整体环境非常有利。按照一条众所公认的军事原则：当其他条件相同时，在战略上保持攻势、在战术上采取守势的一方将拥有最多的优势。这也恰恰是日军当时的情况：一方面，他们因为在战略上采取攻势而斗志昂扬，同时，他们又在逼迫敌人发动进攻。不过，还有一种因素——波罗的海舰队的存在——正影响着战争的天平。面对阴晦的前景，日本人必须争分夺秒。

　　此时，有一件事已毋庸讳言：俄军发动进攻只是时间问题。因此，前线每一周的平静都意味着：虽然俄军的集结曾被打断，但随着时间流逝，他们的兵力又重新开始增强，而日军根本无力阻碍。事实上，在依靠来自本土的增援恢复元气、重组补给线之前，他们无法继续推进。此时，日军只能先努力站住脚跟，并设法在敌军大举反扑前积攒足够的兵力，以求抵挡攻势。

按照日军原有的作战计划，为保障局势万无一失，在这个阶段，全国的军事资源都将倾注到大山元帅麾下，但实际情况并非如此。问题来自第3军，按照原计划，该军早该被调往满洲前线，但危机爆发时，这支部队却在关东半岛无法抽身。该军进攻旅顺要塞的失败不仅超出日方的意料，还带来了一个新问题：如果战事想要继续推进，该军必须被重组为一支围攻军团，但其所需的攻城装备及后勤支援目前还没有到位。雪上加霜的是，在上次总攻失败后，他们的损失完全超过了北方各军，并且被迫吸纳预备队，这些预备队原本都是用于巩固满洲局势的。

这也是一个独特的案例，它表明在这种类型的战争中，如果一国的海军和陆军都被束住手脚，无法为实现既定目标自由行动，届时，该国的处境将异常棘手。对日军来说，情况尤其如此——各个战线对增援的呼声可谓此起彼伏。在满洲方向，由于大军需要迎战敌军主力，他们必须往那里调兵遣将——这也是军事常识的基本要求。但日军还需要增援关东半岛，因为当地的战局与海上战场密切相关，并影响着大军集结的安全。另外，波罗的海舰队的存在也给日本陆军的正常部署带来了不利影响。

日军的当务之急本不该是重新进攻旅顺，相反，他们完全可以只部署一支封锁部队，并把真正的重点放在北面。但现在，随着罗杰斯特文斯基在波罗的海升起战旗，局势发生了变化。日本人变得愈发不安，由于俄军还会从海上反扑，为了让东乡有时间恢复元气，他们不仅要设法消灭旅顺舰队，而且需要快马加鞭。

很明显，从此时开始，相关问题便引来了海军军令部和总司令的担心。不仅如此，日军舰船都需要入坞接受全面修理。如前所述，在黄海海战中，日军旗舰有2门12英寸主炮完全损毁[1]，"朝日"号也是如此，另外，"敷岛"号同样损失了1门主炮，受损的副炮同样数量庞大。在下次危机降临前，日军急需将上述损伤修理完毕。

由于战列舰队的战斗力损失了三分之一，而且还有 3 艘巡洋舰和若干轻型舰艇暂时无法作战，东乡将军预感到：由于伤兵满营，他的舰队很难经受住下一次考验。当时日军大本营的想法是，舰队必须尽快开始维修，同时，他们还在 8 月 10 日批准了上村将军率领舰队入坞的申请。但因为东乡的反对，他们后来又只能收回成命。日军在月底首次进攻旅顺失败后，大本营再次提出了相同的建议——这回东乡做了让步，在他的首肯下，上村可以一次从海峡派遣 2 艘军舰前往佐世保，但从旅顺抽调舰只回国的提议却遭到了驳回。在回信的最后，东乡这样写道："由于局势使然，所有舰艇都必须尽力坚守岗位，直到旅顺陷落的那一天。"[2]

事实上，和东京大本营的幕僚们不同，东乡对局势的看法更为悲观。作为一位亲临前线的指挥官，他虽不能确定俄军舰队在上次海战中遭了怎样的打击，但不可否认，作为海军的掌舵人，他对局势的认识要比其他人更清晰，并没有被冲动所左右。此外，由于一直和陆军保持着密切联系，他能比大本营的上级更清楚地认识到：即使是纯粹的海上战略，其运作也会受到地面战场的影响，并会随着陆军的计划和需要而不断改变。面对种种情况，东乡相信自己在黄海的使命还远没有完成——虽然舰队此前已竭尽全力，但前途依旧充满艰险，只有做好万全准备，他们才能更好地迎接新考验。

东乡之所以做此判断，一方面是他相信，自己只是暂时挡住了旅顺舰队，对方迟早会再次向海参崴突围；另一方面，这种焦虑也源自对友军的忠诚和责任，因为他知道，陆军正承担着一项舰队无力履行的使命，为支援他们，海军必须不遗余力。正因如此，他才会如前所述的那样不顾危险，为支援陆军的总攻派出最优良的舰只，虽然这次总攻最终宣告失败，总部也发来了近乎谴责的警告，但他始终不以为意。同时，对乃木将军和遍体鳞伤的第 3 军[3]，他的信任也始终没有动摇，在总攻失败的当天，他致电大本营，表示该军应当得到新锐力量的加强，而且作为"当务之急"，海军陆战重炮队也应当再获得 4 门 12 厘米炮和更多弹药。另外，他还向乃木将军通报了战况，并代表舰队发去慰问，同时恳求陆军持续炮击船坞和港口，以阻碍俄军战舰的修复。一周后，即 9 月 3

日，根据乃木将军的要求，他向陆地调拨了 12 门 47 毫米速射野战炮。不仅如此，他还下令从"扶桑"号（该舰当时依然守卫着大连）上拆卸 2 门 6 英寸舰炮，并制造好炮架和炮车。他在 9 月 5 日给大本营的电报中解释道："对旅顺的下次总攻极有可能成功，届时，敌军可能会在老虎尾半岛做最后的抵抗，考虑到目前最有帮助的做法是让陆军获得火力强大的速射炮，因此，我决定派遣'扶桑'号上的 2 门 6 英寸阿姆斯特朗炮上岸，此外，我还打算把一支陆战队交给陆军调遣。"然而，此举再次招来了反对，在给联合舰队参谋长岛村将军的电报中，海军军令部次长伊集院将军表示：在派遣舰炮和野战炮上岸交由陆军调遣之前，舰队应当征询大本营的意见。不过，即便如此，仍没有证据显示东乡将军收回了上述命令。

次日，即 9 月 6 日，乃木将军在电报中感谢了海军的援助，另外，这份报告还燃起了海军的希望，他们开始相信，危机将更早得到解决。该消息还表示，俄军在崂嵂嘴新设置了一个装备 12 厘米火炮的炮兵连，该连用猛烈火力阻碍了陆军的行动，因此，乃木请求舰队从海上消灭它，一旦该阵地陷入沉默，他便会不等全线总攻开始，率先攻击 203 高地，即海军眼中打破僵局的关键点。此时，显而易见的是，如果以当地作为观察哨，无论陆军是否占领旅顺，他们都可以引导炮火摧毁俄军舰队。

乃木在电报中表示："陆军已秘密决定派遣第 1 师团奇袭 203 高地。另外，在该区域，一旦龙眼北方堡垒（North Hill of Lung-yen）附近的工兵作业完成，我军也将对当地发起攻击，具体时间则定在进攻 203 高地之时，或是此后一到两天……[4] 虽然在上述攻击发起时，海军的但马支队①（Tamba detachment）将从近海实施炮击[5]，但由于其活动海域非常危险，陆军并不会多做要求。不过，我们仍然相信，如果舰船能抵近提供支援，我军在推进时将得到很多方便。一旦我军夺取该高地，便会在上面部署若干榴弹炮，进而让我方控制内港，将敌军

---

① 译注：但马支队的指挥官但马惟孝（1859—1904 年）出生于萨摩藩，1874 年进入海军兵学校。1894 年，他作为巡洋舰"严岛"号炮术长参加了对华战争，1900 年前后又被派往中国，参与了镇压义和团运动的行动，1904 年随"济远"号触雷沉没。

舰队逼入绝境。"[6]作为回应，东乡命令"平远"号[7]前往双岛湾增援但马支队，但马舰长也同时接到指示，此举是为了增强其麾下的兵力，以便协助地面行动，如果进展顺利，"平远"舰将奉命归建。

由于地面战局让旅顺舰队有可能再次突围，日本封锁舰队的压力也与日俱增。9月9日发生的一次事件，更让日军对此深信不疑。当天，外界获悉，乌赫托姆斯基亲王已被解除职务，同时，资历不如各位战列舰长的维伦海军上校则被越级提拔，成了旅顺舰队的指挥官：由于指挥的"巴扬"号在27日炮击日军左翼时触雷受损，维伦并没有参与最近的战斗，但他出类拔萃的指挥能力早已被外界公认。在日军看来，这种激进的提拔只有一种解释，正如《日本战史极密版》中的说法："东乡司令长官认为，既然此人被破格提拔为旅顺舰队司令，这一异常举动很可能表明敌人会出其不意。因此，他特别警告封锁线上的日军战队，必须在未来保持高度警惕。"

相应地，在同一天，作为监视舰队的指挥官——东乡正路少将也在旗舰上向各位舰长解释了当前的局势。这些舰长获悉，除非有其他任务，"在漂泊或临时停泊时，他们要尽可能地刮除水草和藤壶，另外，鉴于陆军已经准备好从背后攻击旅顺，当地的陷落指日可待，所有人员都必须努力完成使命"。另外，每到晚上，他都将派遣3艘舰载汽艇前往港湾入口布设新的雷场，同时，他们还会在当天晚上采用一种新伎俩——放出1艘中式帆船，引诱俄军实施炮击。不过，俄军早已有所警惕：虽然日军放出了帆船，但只有舰载汽艇遭到了炮击，不过后者平安无事。

如果我们还记得9月11日也是波罗的海舰队从喀琅施塔得启程前往雷瓦尔的日子，就不难体会到旅顺港外日军的紧张心态。虽然我们不清楚他们是在何时得知这支迟来的敌方援军已经出动，但此时此刻，东乡已经为新的战斗做好了准备。他对舰队的布置与之前大体相同，唯一的例外是第1战队（即战斗舰队）将不会在里长山列岛待命。在8月10日的战斗之后，该部曾返回当地进行紧急维修和整备，但随着俄军再度出海的虚假警报在16日传来，该部便立刻拔锚起航，开始在圆岛以南10海里处长期驻守。白天，该战队将在海上漂泊，加煤和补给也完全在海上进行，一到夜间，他们就将退往成山角外海的阵地。9月中旬，东

64

乡还从上村麾下召来了"磐手"号和"常磐"号,令自身实力明显增强,作为替换,"八云"号被调到了竹敷基地。[8]

在出羽将军的指挥下,第3战队将在老铁山外海占据阵位协助封锁。另外,他们还需要掩护2支分遣队:其中一支正在双岛湾拦截偷越封锁船;另一支则已前往辽河为陆军开辟补给线。[9]在"磐手"号抵达后,出羽便把将旗搬迁到了该舰上,同时,"千岁"号和"龙田"号也刚刚从佐世保返回。另外,出羽麾下的舰只还包括"高砂"号,"笠置"号则被转交给上村舰队。

9月16日,出羽还接收了全新的三等巡洋舰"音羽"号(Otowa),该舰刚在佐世保完成舾装,也是日本海军战时新增的唯一一艘正规舰只。至于山田将军的第5战队,则继续部署在陆军的左翼,他们守卫的目标不仅有大连新港和旧港的基地,还有第11师团在小平岛内侧、河口村[①](Ho-kou)的新兵站;但在9月12日,"松岛"号调离了该战队——根据大本营的建议,该舰已奉命前往济物浦,保护对"瓦良格"号巡洋舰的打捞作业。[10]

夜间,山田将军将在小平岛东湾留下1艘军舰,在第1战队前往夜间警戒区时,他带领麾下其余舰船在圆岛附近巡逻;早上,战队将返回小平岛附近海域。

之前,第6战队的昼间哨位在遇岩西部海域,第一次总攻失败后,东乡正路少将便奉命派遣1艘舰船前往遇岩以东3海里处守夜。该战队的职责是保持封锁、监视敌军,并向舰队司令转送近海值班轻型舰艇发回的所有报告。[11]

第7战队的麾下配有一队改装炮舰,如果关东半岛另一端的陆军部队无须支援,他们将由细谷将军直接调遣。当时,细谷的旗舰仍是常驻大连的"扶桑"号,其部下也常被称为"大连湾永久防备队"(the Talien-hwan Permanent Defence Force)。除舰载汽艇和舰载水雷艇外,该防备队还拥有1个雷击舰艇分队,它们平时下辖4—5个艇队,这些艇队都由二等和三等水雷艇组成,任务和执行封锁任务的驱逐队和大型艇队存在区别:其日常工作是守卫已扫清水雷的海域,

____

① 译注:在今天小平岛东湾附近。

防区的边界在龙王塘外海的"A哨区"附近，此外，其任务还包括传递消息或是执行各种特殊使命，如补齐封锁线上驱逐队或艇队的缺额之类。

至于直接封锁旅顺的轻型舰艇，则囊括了所有的驱逐舰（共计5个驱逐队）、2个一等水雷艇队和2—3个二等水雷艇队。但由于耗损（尤其是锅炉和船体），这些部队都很难保证4艘舰艇同时出动。9月1日，有2艘驱逐舰奉命前往佐世保修理锅炉。9月3日，在小平岛外海，驱逐舰"速鸟"号（Hayatori）在开赴巡逻区途中触雷沉没，导致17人随舰丧生。事发后，有5枚水雷被闻讯赶到的扫雷艇队发现。这次事件迫使东乡司令改用更复杂的哨戒体系——各驱逐队或艇队每天都必须更换巡逻区，以免类似的不幸再次发生。另外，由于驱逐舰队被严重削弱，原有的编制已不再适用，因此，东乡也下定决心重组这些部队。

不过，此举也超出了他的权限，他致电东京方面，希望获得许可。按照他的说法，其中几个艇队和驱逐队已经只剩下了3艘舰艇，有些甚至只有1艘，另外，由于上述分队都有各自的指挥官，"行动协调一致"的原则也经常受到妨害。鉴于此，他建议裁撤第3和第5驱逐队，并将可以行动的舰只编入第1、第2和第4驱逐队。军令部最初对此不置可否，只是在回电中表示，他们正在等待类似的时机，并希望东乡能见机行事，将驱逐舰队暂时合编在一起——这和东乡的目标不谋而合。不过，为执行新部署，并让旅顺前线最优良的水雷艇尽快前去修理，东乡还是要向上村借用兵力，尤其是正在竹敷整备的水雷艇。

在轻型舰艇方面，日军的部署还经历了另一项变化：9月2日，他们用三班制取代了两班制，在一天24小时中，这些舰艇都将分组在3个哨区轮流执勤[12]。此举意在减轻首次总攻旅顺失败后各个分队的精神负担，去除他们内心萦绕的紧张感；但与此同时，由于连连失利，这些分队也遭到了指挥机关的严厉训诫。一份由海军军令部部长起草、所有轻型舰艇分队司令签收的电报如此写道："在6月23日、7月1日[13]和14日以及8月10日的战斗中，我海陆两军都对各驱逐队及艇队的战果抱有极高期望，期间，我军的多次鱼雷攻击收效甚微，对此，我只能深表失望。现在，敌军俨然已成瓮中之鳖，愈发可能突围出海，各驱逐舰和水雷艇上的军官应深感自己责任重大——联合舰队能否在这场持续超过6

个月的战斗中得胜，很大程度上将仰赖于此。我衷心期望各位全力以赴，在时机降临时坚定决心，抵近进攻，给敌人以致命打击。"[14]

倘若一支被寄予厚望的部队遭遇失利，它带来的挫败感必定是强烈的：对自豪的日本鱼雷部队军官来说，这份命令不啻为当头一击。另一方面，由于看到了官兵们的付出，片冈将军的备忘录更有同情心。在训令中，他对此表示同情，同时也指出，要想重新证明自己，鱼雷部队仍需力求上进。他写道："对军令部长发来的这份电报，我与你们一样倍感遗憾。在 8 月 10 日的战斗中，有迹象显示，许多鱼雷都浮上了水面，未能正常潜航。虽然原因尚不清楚，但据信，由于航行距离的设定使然，其下潜阀门都无法正常运转。所以我认为，至少在目前，除非进攻各艇冲入敌军火力网，否则雷击将很难成功。诸位必须充分了解这一情况，同时，我也衷心期望你们将来能取得辉煌战绩。"[15]

鉴于下一轮总攻的可能后果，东乡司令也起草了新的舰队作战指南。此时，由于俄军从 203 高地发起的反攻摧毁了一道日军堑壕，乃木被迫将进攻推迟数天，海军于是得到了充裕的时间。该指南最终于 9 月 14 日发布，战术思路和原先大体相同，在指挥层面尤其如此。在接近到 10000 米的阶段，东乡沿用了之前的指令，但此后，他要求各个战队"便宜行事"，同时，舰队也将以 2 列展开。

其中，右侧是第 3 战队和第 5 战队，守卫封锁线的轻型舰艇和大连湾防备队也将分别随这 2 个战队行动。第 1 战队则位于左侧，它们有"日进"号、"春日"号和预定值下一班的轻型舰艇分队伴随行动；同一侧还有第 6 战队，该战队有值第 3 班的轻型舰艇陪同。

其中，第 1 战队的目标是敌军战列舰，第 3 战队则需要对付"巴扬"号和"智慧女神"号，为阻止敌军逃脱，他们必须全程"穷追不舍"。如果敌军保持着队形，日军的战列线也将得到出羽麾下 2 艘装甲巡洋舰（后者将会构成战斗舰队中的第 3 个小队）的增强。第 6 战队则将掩护和引导驱逐舰队伺机进攻。另外，充当预备队的第 5 战队将见机行事占领有利阵位，并专门负责摧毁受损敌舰，千方百计阻止其返回旅顺。

同时，轻型舰艇部队的任务也有所变化，它们都会携带若干诡雷（这也是日军从上次行动中汲取的经验），并在驶过敌军前方时抛下，这种战术不仅可以扰乱对方阵型，还会严重干扰敌人逃脱。不过，布雷行动只有在战队司令下令后才可以开展，一旦收到信号，轻型舰艇将全速前进，在敌军前方 10000—12000 米处投下诡雷。如果敌军在夜间出航，轻型舰艇则应在黎明来临前持续发动进攻，同时，大舰需要向南前进，直到抵达指定的警戒线。如果需要，上村舰队也将奉命开赴小黑山岛附近海域。[16]

几天后，东乡又签署了一道关于火控的指令。指令这样写道："原则上，第 1 战队各舰应将最近的敌舰当作开火目标，并以前桅杆作为参照点，尽可能摧毁敌舰的前半部分区域。"——不难发现，这种战术显然是受到了 8 月 10 日战斗的启发，当时，正是这些炮弹帮助日军挽回了败局。[17]

命令下达后次日，东乡还从上村舰队召来了"磐手"号和"常磐"号。这 2 艘舰只会先途经小黑山岛抵达成山角外海，之后再前往最终目的地——盐大澳，途中，它们还应负责保障联络的通畅。由于上村将军刚把旗舰"出云"号派往佐世保入坞修理，这导致他的兵力捉襟见肘，在这种情况下，东乡做出保证，只要上述 2 舰抵达，他便会派遣 1 艘较旧的装甲巡洋舰，即"八云"号或"浅间"号作为替换。同时，上村也得到警告，如果俄军再次出航，且有指示要求他与联合舰队会合，届时他将率部前往"127 地点"（即小黑山岛东南 27 海里处）待命。[18]

直到 4 天后的 19 日，陆军才如约发动了攻击，但一场灾难令海军未能提供支援。18 日清晨，奉命支援进攻的"平远"号出航巡逻，但该舰并没有在 19 日按时露面——飘来的残骸显示该舰已经触雷，其具体下落日方又一时无法查明。于是，陆军只好单独发动总攻，海军则急切地期待着俄国舰队"像老鼠般从洞中逃出来"。

当天和次日，激战在前线此起彼伏，虽然俄军扫雷艇队在港外活动频繁，但港内一片寂静。在日军右翼，为支援友军，失去"平远"号伴随的"济远"和"赤城"号全力炮击了鸠湾北岸的敌人，不过，它们的火力微弱，收效十分有限。

乃木将军的司令部很快意识到了问题，他们通过海军联络官发去"指示"，其内容反映了当时陆军指挥层的心态。其中写道："虽然在协助陆军一事上，贵部需要尽力而为，但如果天气恶劣或是海域存有险情，贵部也可不必勉强，并以确保开火效率为第一要务……而且本人确信，面对诸多艰难险阻，贵部终将排除万难，取得决定性的成果。"

然而，乃木的愿望并没有实现，20 日晚间，"扶桑"号发来报告，第 9 师团已夺取了龙眼北方堡垒和水师营南方堡垒（Temple Redoubts），第 1 师团也夺取了海鼠山（Namako-yama），但在 203 高地方向，后者进展甚微。这份电报还表示，战斗依旧在激烈进行。同时，日军还在海猫岛①（Reef Island）附近发现 4 名幸存者，以此查明了"平远"号的下落。

原来，为保持对旅顺的封锁态势，在 18 日白天，该舰一直在旅顺和蛇岛之间巡弋。巧合的是，前一天晚上俄军驱逐舰"迅速"号（Skori）曾驶出港口，并悄悄在蛇岛附近布设了 14 枚水雷。由于"平远"号的北上航线刚好经过雷场以西，因此可以推断，击沉该舰的正是这些水雷中的一枚。在脱离锚碇后，这枚水雷径直撞向了该舰中部，令后者在不到 5 分钟内便沉入了海底。"平远"号的舰员共有 196 人丧生，其中包括该舰舰长和 10 名军官。

这场灾难似乎也预示了 203 高地之战的结局。21、22 日，日军仍在不屈不挠地继续推进，甚至一度攻上了山顶，但守军同样异常英勇。另外，为搜寻失事的僚舰、搭救可能的幸存者，"济远"号也必须离开任务海域，这让它无法再为陆军提供支援。结果，一处俄军炮兵阵地从"济远"号的炮火下得到了解脱，并挫败了日军守住立足点的尝试。22 日晚间，前线恢复了平静，一份电报也从乃木将军司令部的海军联络官处发来，表示进攻已经失利。

这份电报写道："由于高地难以取得，第 1 师团决定采用常规攻城战术重新实施攻击，但具体时间尚未确定。除了期望派类似舰只拦截偷越封锁船外，陆军对济远支队的撤退并无异议。"

此时的东乡只能接受一个事实：这种痛苦的紧绷局势还注定会持续很久，不仅如此，水雷日渐增长的威胁也困扰着日军，还有越来越多的舰只正亟待修理。为此，一场会议在大连召开，与会者有联合舰队的参谋长岛村将军和大山元帅

---

① 译注：当地在双岛湾以西约 7 公里的海中，日文资料中作"礁脉岛"，又名"海猫砣"。

的参谋长儿玉将军 [①]（Kodama）。虽然议程不得而知，但随后几天，岛村都在岸上，直到 24 日才最终返舰。期间，我们唯一可以确定的是，在会上，上级根据儿玉的建议，又为第 3 军派遣了 1 个师团的增援。

当时，日军麾下还有 2 支预备队，即第 7 和第 8 师团——如前所述，当上级同意东乡的作战计划后，他们便驻扎在日本北部扼守着津轻海峡的两端。在计划中，鉴于海参崴舰队可能来袭，东乡并未派遣舰队防守本州北部和北海道近海。于是，这 2 个师团便接过了守卫上述区域的使命。我们得到的资料显示："大山元帅致电大本营，请求派遣第 8 师团增援第 3 军，以便后者发动第 2 次总攻击。"[19]

然而，大山元帅的要求并未获得批准，大本营认为，这个师团不应被派往旅顺，而是应投入到大山自己的麾下。他们之所以拒绝大山的主张，也许是因为手头的情报显示，库罗帕特金将军正准备发动反攻，以求为旅顺解围。

但对东乡将军来说，这一决定是不合时宜的，另外，就在会议召开的同时，新出现的事态也让他需要分心应对。海军中佐一条公爵 [②]（Prince Ichijo）从法国发来电报，表示海参崴舰队已经整修完毕，次日，这一情报也得到了驻伦敦武官的证实，后者还报告说，"俄罗斯"号和"雷霆"号已在 21 日率领 3 艘鱼雷艇出海。有鉴于此，东乡立刻派遣"八云"号全速驰援，加强虚弱的海峡舰队。

此时，倘若俄军大胆突袭，上村根本无力应对。虽然其旗舰已在完成维修后回归了建制，但瓜生战队的部署极为分散。在蔚山海战后，后者还接过了保护布缆船的工作。当时，这艘船正在架设连接竹敷至冲之岛、冲之岛至角岛以及角岛至见岛（Mishima）的通信电缆。整个工作于 9 月 7 日完成，但瓜生战队又在 9 日接到了新命令：必须把郁陵岛和竹边湾连接起来。[20] 16 日完成了新任

---

① 译注：即儿玉源太郎（1852—1906 年），他是日本明治时期最著名的将领之一。儿玉源太郎早年参加过戊辰战争和西南战争，19 世纪 90 年代的甲午战争期间在国内负责参谋工作，后来被派往日军占领下的台湾，担任这一殖民地的第 4 任总督。日俄战争期间，他辞去了内务大臣的职务，并前往满洲，在大山岩元帅麾下担任参谋长，期间当地日军的重大作战计划基本都出自他的手笔。在奉天会战结束后，他力排众议，抵制了将战火烧向俄国本土的提议，并极力促成和谈。战争结束后，他被擢升为陆军参谋总长，1906 年因脑溢血病逝。

② 译注：即一条实辉（1866—1924 年），原文直译为一条亲王，实误，他出身华族，爵位为公爵，日俄战争期间担任日本驻法国的海军武官，1908 年以海军大佐军衔退役，后来担任过宫内省祭官长等职务。另外，他也是明治天皇皇后的族亲。

务后,该船又奉命在竹边湾和本州之间的通信电缆上寻找和修补一处破损。期间,"新高"号始终在为该船护航。一接到命令,它便停止了作业,并开始向上村的主力靠拢。

与此同时,瓜生麾下的另一艘巡洋舰正和铁路维修部队一起工作,监督着釜山—汉城铁路的铺设,第3艘军舰则在冲之岛海域巡逻。在更北方,日军还部署了辅助巡洋舰"香港丸"和"日本丸",自8月底以来,2舰便被派往当地,拦截穿过津轻海峡和宗谷海峡为海参崴运输违禁品的商船。在拆除了"新贵"号上能带走的火炮和设备后①,它们又从9月7日开始以函馆为基地,专心在国后水道②(Kunoshiri Channel)和择捉水道③(Yetorup Strait)展开警戒。

到28日,由于俄军巡洋舰未曾现身,整个警报被证明是虚惊一场,上级命令布缆船恢复作业,至于"八云"号,则在抵达当天开始入坞接受修理。同时,鉴于近来的损失,日军也意识到:有必要继续向旅顺海域集结兵力。为此,他们不仅从双岛湾召回了"济远"号,还从辽河调来了"爱宕"号(该舰此前一直在当地和"筑紫"号联手行动)。因此,在临时调拨的攻城装备帮助日军解除这个心腹大患之前,舰队将转换作战重心,重新把目光聚焦到繁重的封锁任务上,作为下一章叙述的对象,日军已在相关领域遭遇了很多麻烦。

---

① 译注:原文如此,日方和俄方资料都未显示2舰进行过这种行动。
② 译注:在今天的日俄争议领土国后岛和择捉岛之间,俄方称之为叶卡捷琳娜海峡。
③ 译注:在日俄争议领土择捉岛和得抚岛之间,俄方称之为弗里斯海峡(Proliv Friza)。

注释

1. 9 月 10 日时，日军发现该舰 1 门受损的后主炮依然可以使用。

2. 参见《日本战史极密版》第 1 卷第 455—456 页。

3. 在该军麾下，第 1 师团（配属有第 1 后备旅团）构成了日军的右翼，其战线始于鸠湾，止于流入旅顺港的河流附近；位于中路进攻正面的是第 9 师团；与之毗邻的第 11 师团构成了左翼，其战线一直延伸到塔河湾附近的海岸线一带。

4. 龙眼堡垒位于第 1 师团左翼的远方，在松树山堡垒（Fort Shung-shu）和二龙山堡垒（Fort Erh-lung）共同构成的北突出部正面。

5. 但马支队系第 7 战队（即海防舰战队）的一部分，由三等海防舰"济远"号的舰长但马中佐指挥。除了"济远"号之外，该支队还下辖炮舰"摩耶"号、"鸟海"号和若干艘改装炮舰。为支援上一次总攻击，该支队最初被派往双岛湾，随后，该支队一直在当地执行封锁任务。

6. 参见《日本战史极密版》第 2 卷第 344 页。

7. "平远"号是一艘排水量 2150 吨的装甲炮舰，装备有 1 门 10 英寸和 4 门 4.7 英寸舰炮。

8. 根据日军 9 月 18 日的"日间命令"，其战斗舰队由如下部分组成：

第 1 小队，下辖"三笠"号和"富士"号；第 2 小队，下辖"敷岛"号和"朝日"号；第 3 小队，下辖"浅间"号和"磐手"号；第 4 小队，下辖"春日"号和"日进"号。此外，上述舰船还配属有通报舰"龙田"号，至于先前肩负此使命的"八重山"号，已返回国内修理锅炉。

9. 第 3 战队的昼间部署位置在"1251 地点"，其坐标为北纬 38 度 30 分、东经 121 度 10 分，位于老铁山顶峰以南约 15 海里处。其夜间部署位置被称为"に（Ni）地点"，即 1110 地点，坐标为北纬 37 度 50 分、东经 121 度 50 分（相关内容可参见日军 8 月 18 日的命令）。根据发布于 9 月 9 日的另一道命令，该战队需要在白天停驻守在指定战位上，同时派遣一艘"哨舰"（watch-ship）面朝北方，并在锅炉中保持可以支持 12 节航速的气压，其余舰只将就地对锅炉和主机开展检修，如果单项作业超过半小时，其行动需要得到司令的亲自批准。

10. 此时，片冈将军亲自带领的"日进"和"春日"号小队虽然名义上仍属于第 5 战队，但已经按照作战计划配属给了第 1 战队，而山田将军麾下则还有"桥立"号、"严岛"号、"松岛"号和"镇远"号 4 艘军舰。至于日军为何派遣强大的"松岛"号去保卫一艘废舰的打捞，我们依旧不清楚原因。显然，日军希望该船顺带肩负起搜集情报的使命。除了协助打捞作业之外，该舰还需要搜罗朝鲜沿岸瞭望哨发来的报告，并将其中的"紧急情报"直接用电报转发给东乡司令和大本营。同时，该舰还得到了向竹敷和上村将军直接发报的许可（这种"许可"也意味着，为避免之前交战时出现大量无意义电报阻塞通信频道的情况，日军已经采取了通信管制措施）。如果有消息显示敌军从旅顺出海，该舰将立刻前往"180 地点"，即格列飞群岛（Clifford Islands）西北约 25 海里处。相关内容可参见《日本战史极密版》第 2 卷第 425 页。

11. 此时，第6战队共拥有4艘三等巡洋舰，即"明石"号（旗舰）、"须磨"号、"秋津洲"号和"和泉"号。

12. 这些哨区包括了位于旅顺东南方的B哨区，以及分别位于老铁山东南和西南的D哨区和E哨区。另外，位于龙王塘外海的A哨区则由大连湾永久防备队看守。由于周边海域遍布交战双方的水雷，"位置X"以西的C哨区此时已被空置；同样的情况也出现在了E哨区，这主要是受到了老铁山外海汹涌的浪潮影响（相关内容参见我国驻日武官发回的通信）。

13. 不清楚这里所指为何，当天似乎没有大事发生。

14. 参见日军于8月18日签发的指令，出自《日本战史极密版》第2卷第387页。

15. 参见《日本战史极密版》第2卷第413页。

16. 参见《日本战史极密版》第2卷第413页。

17. 出自日军9月18日的命令。

18. 参见《日本战史极密版》第2卷第125页。

19. 参见《日本战史极密版》第1卷第239页，相关内容在11月15日的条目下。第8师团原先驻守在本州最北端的津轻海峡南岸，后来经铁路调动到濑户内海沿岸的大阪。10月12日，该师团从当地启程前往大连湾（参见英国皇家海军情报局日志第126页）。后来，该师团似乎有1个联队被留在后方，用于充当乃木将军的预备队（参见英国皇家海军情报局日志第620页）。

20. 这项任务的时间安排是：（a）在竹边湾附近搜索铺向海参崴的通信电缆，3天；（b）在竹边湾登陆，2天；（c）修复竹边湾以南的通信电缆，2—3天；（d）铺设郁陵岛—竹边湾通信电缆，3—4天。

∧ 1904年9月初，停泊在旅顺港内的俄军舰队，其中最右侧的是战列舰"佩列斯维特"号，靠左侧舰身略有倾斜的是"塞瓦斯托波尔"号，该舰触雷的损伤还未完全修复

∧ 黄海海战后，被推举为旅顺舰队司令的罗伯特·维伦海军上校。和日军预想的不同，他并未率领舰队积极出动，而是选择了将更多火炮和水兵送往岸上

∧ 停泊于济物浦的"松岛"号，该舰在9月被派往当地，保护对"瓦良格"号巡洋舰的打捞作业。在照片拍摄时，当地的一个小学生参观团正在舰上访问

∧ 在9月16日加入舰队的巡洋舰"音羽"号，该舰也是日本海军第一艘搭载了本国产水管锅炉的军舰，火力较其他防护巡洋舰略弱。由于建造匆忙，且没有进行充分的试运行测试，该舰最初面临着各种故障的困扰

∧ 工作船"山东丸"（左）正在打捞"瓦良格"号，后来，"瓦良格"号以"宗谷"号的身份加入了日本海军

∧ 日军的"平远"舰由中国的福州船政局建造，1904年9月18日在支援陆军的途中触雷沉没，包括舰长浅羽金三郎中佐在内的193名官兵阵亡

∧ 1904年秋天，小平岛河口地区的景象。在旅顺围攻战期间，当地曾被日军当成了一处卸载物资的埠头

∧ 1904年9月17日，日军为庆祝甲午战争黄海海战10周年而在"朝日"号上进行的相扑比赛

∧ 对旅顺的下一轮总攻发起前，在发射阵地中待命的日军15厘米臼炮，这些火炮隶属于徒步炮兵第2联队

∧ 总攻发起前，在堑壕中待命的日本步兵

∧ 总攻击期间日军拍摄的海鼠山和203高地（即远处的高峰），在整个过程中，日军必须持续仰攻，并暴露在炮火打击之下

∧ 1904年9月24日，日军第1师团的师团长松村中将和幕僚在一处前沿阵地合影。此时，日军的攻击已经宣告失败

∧ 停泊于旅顺港内的"快速"号——它布设的水雷炸沉了"平远"号。在旅顺陷落前，该舰逃往芝罘，战后被交还给俄军

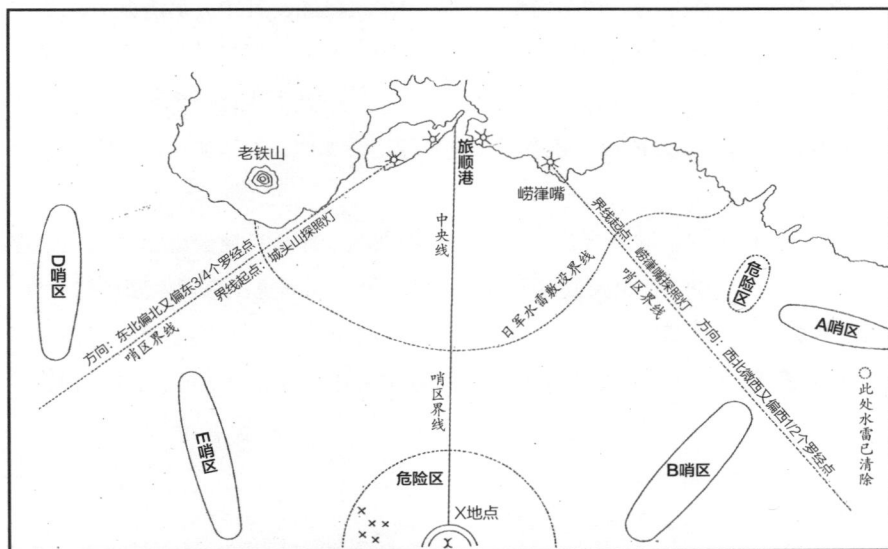

老铁山

旅顺港

崂礛嘴

中央线

D哨区

方向：东北偏北又偏东3/4个罗经点

界线起点：墩头山探照灯

哨区界线

界线起点：崂礛嘴探照灯

哨区界线

危险区

A哨区

日军水雷敷设界线

○此处水雷已清除

方向：西北偏西又偏而1/2个罗经点

E哨区

哨区界线

危险区

B哨区

X地点

X

∧ 日本海军旅顺港封锁哨区位置示意图（9月2日修改）

第五章

封锁关东半岛

现在，东乡被迫将首要任务改为封锁关东半岛，和其他任务一样，这项工作也极为艰巨。另外，5月26日（即南山之战当天）声明中的警戒区域也被扩大——现在，日本舰队在辽东半岛沿岸的巡逻范围将东起貔子窝，并向西一直延伸到半岛另一侧的普兰店港。随着局势发展，整个行动的难度也在上升：首先，它要封锁的目标是一个拥有众多登陆点的半岛，而且这一半岛还天然处在大陆的包围之下①。不仅如此，这次行动还有一个或许史无前例的特点：封锁区域中包含了已方陆军的基地。假如海军不能掌管陆军的跨海运输，期间注定会出现许多冲突；但按照日本人的运作模式，当时又是陆军接手了整个工作——于是，问题开始纷纷出现。

另外需要指出，当时的偷越封锁船有2种。其中之一是俄国经纪人和私人冒险家的远洋汽船，另一种是当地人驾驶的中式帆船，其中，后者既可以从中国境内的沿海出发，沿海岸经老铁山潜入旅顺，也可以利用吃水浅、不易触雷的特点，抵达关东半岛的各个河口。最后，我们还需要注意一个事实：使用同类船只的不仅有偷越封锁者，还有日本陆军的运输部门，这就增加了甄别的难度，导致了更大的混乱。

最初，日军的运输船会首先前往里长山列岛，并从当地被舰船护送到大连湾。由于结构简单，整个封锁体系最初运转良好，期间也没有发生摩擦和意外。在最初4周里，日军检查了超过100艘中式帆船和12艘中立国船只，但在8月10日的战斗结束后，由于运输船可以直接驶往大连，混乱便不可避免地出现了。

---

① 译注：辽东半岛东面与朝鲜半岛遥遥相对，向西则是渤海湾、华北和东北平原，南部则与山东半岛遥遥相望，从这个意义上说，辽东半岛实际处在了三块陆地的包夹之下，也正是因此，作者会说它"天然被大陆包围"。

随着陆军海上补给线不断延长，体系愈发复杂，各种问题相继涌现。

与此同时，由于旅顺要塞的压力越来越大，他们对外来补给的需求也变得愈发迫切，在这种情况下，偷越封锁船的数量和活动频率开始显著增加。这让日军陆军忧心忡忡，并呼吁舰队加大力度阻止相关行动。

事实上，乃木将军早已比旁人更清楚地认识到了任务的艰巨性。东乡将军也敏锐地察觉到：海军已竭尽全力，但由于任务繁重，他们仍然很难满足同僚的需求。同时，他还意识到，解决问题的关键在于海陆军的协调一致。

为了解上述情况，我们必须先了解日本陆军的后勤补给体系。[1] 由于第 1 军依靠的是一条从鸭绿江畔安东基地出发的轻轨铁路，对该军我们将不做讨论，但另外 3 个军的补给系统情况则不同：要么直接来自关东半岛，要么在运输途中经过了此地。第 3 军的基地是大连，但为缓解陆上交通线的压力，他们也在左翼，即小平岛东湾的河口村开设了一个分基地，当地的补给都通过中国帆船从大连运达。第 2 军现在构成了满洲军的左翼，他们的补给基地同样位于大连，依靠的主要是铁路和当地的官道（Mandarin road），同时使用这些道路的还有第 4 军，该军此前已在海城和第 2 军会师，并和后者一道构成了日军在满洲的骨干。

这种部署让陆上交通线的运力几乎饱和，但对辽东湾的海上运输线来说，情况则截然不同。如前所述，在旅顺舰队 6 月 23 日出海后，日本海军已无力在辽东半岛西岸护送运输船，因此，陆军的参谋人员开始在金州设立基地，从当地，他们会利用中国帆船为前线提供物资。从此时起，这条航线便一直在蓬勃发展，其最初的目的地是号房，物资则被用于供应熊岳城的补给站。7 月，其重心又迁往了盖平河 [①]（Kaiping river）的河口。随着大石桥战役在月底结束，辽河河口落入日军的控制下，陆军又把物资的登陆地迁到了牛庄——如前所述，第 7 战队的一个分遣队之前一直在该港清除水雷、清理河面。

从 8 月开始，轮船直接从日本抵达。同时，随着障碍被海军分遣队扫清，中国帆船开始沿着辽河及其支流向上游航行。到 8 月底时，每天抵达海城河

---

① 译注：即今天辽宁省盖州市境内的大清河。

（Haicheng River）和太子河（Taitzu River）交汇处（即主补给站所在地）的帆船都能达到 100 艘之多。在 9 月第 1 周，海军测量队更是将航线开拓到了太子河上游的小北河镇（Hsiau-pei-ho），由于此地几乎与辽阳战场毗邻，它很快就成了满洲方向各军运输线上的一个关键节点。

至于海军，如前所述，他们需要监控 2 条汽船航线（分别通往大连湾和牛庄）和 1 条帆船航线（在大连和河口之间），但这 3 条航线都会从封锁区中穿过。因此，如果参谋作业出现问题，海上封锁部队和陆军补给船之间肯定会发生摩擦，导致双方都无法正常工作。

第 1 次纠纷发生在 9 月初：在 8 月底的最后几天，日本海军在老偏岛和圆岛之间拦截了 26 艘可疑帆船，这些船只都携带着运输补给品从威海卫前往大连的文件，不过，某些证据表明，它们的真实目的地其实是旅顺，有鉴于此，日军没收了这些船只。然而，9 月 1 日，迹象显示依旧有船只在双岛湾进出，5 日，更是有一条消息传来（该消息可能发自陆军）：有 3 艘满载弹药的帆船进入了旅顺。几天后，情报人员也发来消息：在胶州，目前有大量中国帆船正在向旅顺运送违禁品，而且这些船只还搞到了伪造的陆军运输许可证。东乡司令迅速下达指示：在拦截涉事船只之后，封锁舰队应将它们连同货物一并没收，据此"以儆效尤"。另外，他还指示细谷将军组建一支由改装炮舰和水雷艇组成的特别封锁舰队，其基地计划设在北隍城岛（North Hwang-ching-tau），即庙岛列岛（Miau-tau Islands）最北部，任务是监视在群岛附近活动的中国帆船。即使如此，陆军依旧颇有怨言，这些怨言最初非常轻微，但后来变得毫不客气——这迫使海军采取更严密的封锁手段。为此，9 月 11 日，东乡正路少将向麾下的舰长发去指示，要求他们拦截一切驶入旅顺港 20 海里内的中立国船只——据信，该命令很可能源自舰队司令。

但不久之后，这道舰队司令部认为必要的禁令便引发了同陆军的冲突。9 月 16 日，他们接到了一条出羽将军从"八云"号上发来的电报："昨夜，第 14 水雷艇队在老铁山外海 6 海里处拘留了行经的陆军军用船'第二山江丸'（Yamaye Maru the Second）。这是该船第 2 次进入封锁区并引发混乱，请求您们将此事通报给陆军方面。"

这封电报于是被转发给了细谷将军，当时，他正在大连的"扶桑"号上坐镇，并作为最高指挥官掌管着封锁行动，此外还会协调陆军补给基地的航运部署。[2] 闻讯后，他立刻向柳树屯的第 2 军兵站部（Lia-shu-tun Line of Communication Staff，该部门直接管理陆军在大连以北的运输）发出抗议，并请求在大连的陆军负责人加以关注。他在抗议信中写道："根据之前的声明，我舰队将按照第 3 军的要求，保持对辽东半岛的封锁，并阻止违禁品进入旅顺。为此，我方已决定将老铁山西岸和大连湾入口之间的水域划为禁航区，尤其是在关东半岛和北隍城岛（即庙岛列岛中最近的岛屿）之间的海峡，即所谓的'老铁山水道'，包括本国商船在内的一切船只均不得通行。另外，过去一段时间，常有秋田组（Akita Company）等会社的陆军雇佣船闯入封锁线引发混乱，我特意恳请陆军诸君知悉此事。"

在信中，细谷将军还向东京的海军军令部通报了处置措施，并请求大本营在与陆军协商后，依照封锁令的内容颁布命令，让各方都能严格遵守。

3 天后，也就是 19 日，第 3 军的参谋长发回了对这份抗议的答复意见，该意见的收信人是东乡大将的参谋长，其中指出了新命令可能导致的问题："尽管前往旅顺和大连的中国帆船让舰队很难甄别，但第 3 军急切希望将物资运到大连。我们应在未来建立某种体系，以保证悬挂特定信号旗（具体样式需经过海军同意）的汽船能在芝罘和大连之间定期通行。"

至于这一建议是否得到了落实以及具体举措如何，我们完全不得而知。当天，东乡司令还指示出羽将军从老铁山外海的哨位上抽出 1 艘小型巡洋舰监视渤海海域，阻止中国船只开入旅顺，另外，在 22 日，他再次重申了 20 海里禁航令，其严厉程度堪称史无前例。其中这样写道："如果有中国船只进入了老铁山顶峰周边 20 海里内，各舰可以适时采取行动将其击沉。"次日，他亲自率领战队在圆岛海域拦截了 18 艘中国帆船，并以"破坏封锁"为由将其全部没收。

但这次事件还是引起了东乡的疑虑，之前，陆军司令部曾希望海军能允许属下的中式帆船前往大连，两件事情结合在一起，让东乡只能致电东京，试图了解陆军使用帆船的详情。25 日，海军军令部在回电中做了解释。其中写道："目前，陆军运输部门只在大连—小平岛东湾（即河口村）航线和辽河上下游使用了中国帆船，此外便没有雇佣其他船只。另外，在大连和牛庄之间，我军还使用了一些船只为第 2 军运送被服，据报至今还没有到达，不过尚无证据显示它们正处于旅顺附近海域。希望贵官能够继续执行封锁计划，不让任何中国帆船轻易穿过旅顺近海，甚至是悬挂陆军旗帜的船只也不例外。"

但在内容上，军令部的来电和第 3 军司令部的信息存在矛盾，后者曾表示，他们正用中国帆船向大连运送物资，军令部却并未在回信中提及此事。考虑到陆军曾应海军的请求攻击了 203 高地，并因此付出了惨重损失，如果此时海军又不慎用严厉手段对待了陆军保护下的帆船，双方很可能将爆发一场严重的冲突。

但这还不是全部。在前一天（即 9 月 24 日），由于一次新的摩擦，两军间的纠纷愈演愈烈。就在当天白天，满载稻米的德国汽船"荷尔斯泰因"号（Holstein）出现在了大连湾入口。尽管辩称这些稻米属于满洲军，但鉴于该船不在陆军军用船的名单内，细谷将军还是下达了扣押命令，直到陆军答应作证后，他才决定将其释放。

此事公开后，山田将军也报告了一次类似的事件，但内容更为骇人。当天凌晨 2 点 30 分，他率领舰队在圆岛以西海域执勤时，突然发现一艘可疑蒸汽船正在向西前进。"严岛"号立刻奉命追击，并用空包弹要求对方停船，但目标对此无动于衷。于是，"严岛"号将其当成了突围的俄舰。这场追逐一直持续到凌晨 3 时，由于 3 次实弹警告无效，"严岛"号只能开启探照灯，并三度向目标开火，在两弹命中后，该船只能屈服。检查中，日方发现，目标实际是陆军运输船"南越丸"（Nanyetsu Maru），该船当时正运送着 400 名士兵从宇品①（Ujina）前往牛庄，在炮击期间，该船有 1 名乘员身亡、8 名乘员受伤。它的船长后来解释说，他将追来的"严岛"号当成了俄军巡洋舰，认为必须尽快逃命，为此，该船不久即被海军释放。

这次事件显然源自参谋作业的协调失误。按照《日本战史极密版》的说法，

---

① 译注：当地位于今天的广岛市。

东乡曾频繁要求陆军禁止前往牛庄的运输船和中式帆船靠近封锁线。然而，不顾三令五申，一些抄近道的船只仍会闯入老铁山外海。面对这种情况，东乡只能请求海军军令部邀请参谋本部一起为运输船指定航线。另外，由于事件与"荷尔斯泰因"号被扣几乎同时发生，驻大连海军指挥官也对此颇有微词——后者坚信，他的处置手段并没有错误。同时，细谷将军也向第3军表示了抗议，作为大山元帅的参谋长，儿玉将军就在附近，他立刻到场解释了情况，但此举反而加剧了问题。期间，他被迫表示：自己曾要求台湾总督雇佣当地商社为前线提供40000蒲式耳①稻米，这些货物将在9、10、11月分批乘中立国商船抵达，其目的地是牛庄和大连，"荷尔斯泰因"号正是前来的众多商船之一，另一方面，他却未向海军通告此事。

此时，"荷尔斯泰因"号已奉命转赴牛庄，由于情况紧急，它也会先前往大连，将变更目的地的消息通报给其他向大连驶来的船只。不过，细谷将军还是察觉到了问题：舰队之所以毫不知情，完全与陆军司令部的疏忽有关，这一点事关重大，根本不能轻描淡写，更不能据此释放船只。在致东京的电报中，他回应了陆军方面的意见，并希望获得上级的指示。电报这样写道："对接下来的决定，我将一如既往表示支持，不过，由于规章制度使然，我绝不会毫无保留地放行这样一艘闯入封锁区的船只，更不可能坐视它直接进入港内。此时，除了扣押船只，我根本别无选择。首先，在该船入港之前，我们没有得到任何形式的通知；其次，沿途该船还在未做通告的情况下径直穿过了入口中央未扫清水雷的海域。当时正值黎明前，双方无法沟通，直到该船抵达防波堤外的防材附近时，我们才最终将其截停。"

随后，细谷还指出，让中立国船只熟悉进出港航道的做法蕴藏着巨大危险。他补充道："我不认为雇佣外国船只是必要的，更何况它们会给舰队制造麻烦；在未经准许的情况下，派遣它们进入我军占领的港口，更是一种不负责任的莽撞之举。"

---

① 译注：蒲式耳是英国计量单位，1蒲式耳约相当于36.37升。

在东京方面给出答复前，满洲军司令部给舰队发送了一份正式请求，要求他们允许"荷尔斯泰因"号前往牛庄。东乡将军则用一贯的慷慨大度给予放行，以此避免了两军之间的纠纷。但在此时，细谷将军又截获了同一批的第 2 艘商船，即英国汽船"海澄"号（Haitung）。因为 2 艘船都已驶入了安全航道，细谷只能致电陆军，请求这些船员在获释前发誓保守机密，因为航道的位置也是海军保密工作的重中之重。

儿玉将军立刻回复说：陆军一定会确保船员严守秘密，于是，2 艘船都在 28 日获释。同时，作为满洲军参谋长，儿玉也大度地肯定了海军的意见，但鉴于摩擦还会出现，在双方制订出更妥善的解决方案前，他也表达了陆军的担忧。在 10 月 2 日给细谷的信中，他这样解释说，由于部分大米无法在辽河封冻前抵达牛庄，他希望能让 1—2 艘外国商船进入大连，"这些商船都是从商业渠道租用的"，"如果不会造成严重妨害"，愿海军能稍作通融。这一请求被转呈给了东乡，面对友军的担心，他的表现依然充满了体谅精神。在向大本营陈述看法时，他这样表示：舰队上下都认为应禁止携带军用品的外国商船进入大连，但鉴于儿玉的要求，他准备有条件地表示同意。这些条件包括：

> 必须事先通报船名和国籍。
>
> 除船员外，船上不得搭乘外国人。
>
> 船员必须宣誓，不泄露期间的所见所闻。
>
> 船只不得在 11 点至日落间进出大连港，等待进港期间，各船只必须停泊于北三山岛（North San-shan-tau，位于大连湾外）以东 5 海里处排队等待命令。
>
> 各船不得在回航途中进入上海、胶州和芝罘。

虽然东乡大将有意让步，并做好了妥善安排一切的准备，大本营却下达了明确的禁令。这一点无疑值得注意，它表明在上级看来，无论何种情况，海军的利益都是第一位的。这可以从伊集院将军发自东京的回电中略见一斑，其中提道：大本营已经决定，只要旅顺的局势不变，任何外国船只都不应进入大连，甚至在牛庄封冻后都是如此。

为分析这一决定及引发的后续事件，我们必须记住一个前提：本书只站在海军的立场上分析问题。不过，考虑到在9月19日第3军司令部曾表示希望建立一条供外国船只通行的航线，并在后来启动了这项工作①，我们还是相当诧异：为何无人告知东乡这条航线启用的消息？无论如何，有一点是清楚的，日军的联合参谋作业仍然难尽人意。如果他们真的有所合作，一定可以轻松解决台湾运输船的问题，并在牛庄港封冻前命令它们前往此处，更不会出现运兵船在夜间驶入封锁区的事件。对此，我们只能说，虽然2个军种的司令部本身都运转良好，但鉴于它们没有协同运作，我们也许可以断定，虽然大本营的存在让日军指挥机构表面上合为一体，但其中并没有一种有效的协同机制，在涉及大规模的联合作战时，情况更是如此。

但在问题暴露后，日军还是迅速扫清了这些因指挥机构各行其是而导致的纠纷。此后，虽然追击事件还是偶尔在夜间发生，但没有证据显示双方爆发过新的龃龉。随着20海里禁航区得到确认，海军似乎相信自己的合理要求已经得到了满足，封锁工作后续进展也非常顺利。另外，陆军还获准建立起了一条直通大连的帆船航线，一次事件似乎可以充当证明：10月28日，在遇岩附近出现了一艘倾覆船只的残骸，检查后，海军发现该船不仅挂有陆军兵站部的旗帜，还装载着提供给第11师团的冬衣。

即使如此，海军省仍然坚持要求对违禁的中国帆船采取严厉手段。他们从舰队发来的报告中得出了一种印象：在处理相关船只时，东乡司令只是没收其货物，然后便将人员和船只一并释放——这种做法实在过于仁慈。于是，10月5日，东乡在电报中接到"请求"，不论对方是否携带违禁品，也无论是否有权将其拘押入港，他都应将闯入封锁区的此类船只烧毁或击沉。闻讯，东乡立刻做出保证："为加强封锁、阻止违禁品输入旅顺，舰队将毫不迟疑地处置各种违禁船只、可疑船只和渔舟。为此，我们将连船带货一并没收，并轰沉和焚毁之。

① 译注：前文提到的"荷尔斯泰因"号和"海澄"号就是该航线上的船只。

但为救助人命、避免船员流离失所，我们也会提供适合的帆船，随后尽可能将其转交陆军，让后者雇佣他们充当苦力。"[3]

不过，这种严厉手段很快招来了外交抗议，接下来的一个月，海军省只能收回成命。新指示也体现在了山田将军 11 月 18 日给第 7 战队的训令里，其内容如下：

> 处理中国帆船的本规定，系依照了东乡司令长官的指示。今后，在处理运送违禁品的中国帆船时，我战队将依据海军大臣的指示上报详细情况。有关人员需要注意，除下列注意事项之外，我方的行动将一切照旧，以积极主动的态度防止偷越封锁事件。

接下来就是海军大臣的指示：

> 对试图携带违禁品进入旅顺的中国帆船，我军应进行下列处置：
> 如查明对方已被敌军武装部队雇佣，试图携带物资进入旅顺，我方应将船只和货物一并没收，并待时机合适时释放船员。
> 如果不能确定该中式帆船是否为敌军所用，我方应报告该船的船名、国籍、船主和船长的姓名、捕获地点以及其他可以指控该船违反封锁禁令的必要细节，上述内容将被记录在案，并和船长及其中 1 名船员（如果可能）一并转交给战利品法庭接受调查。
> 由于涉及外交问题，以上关于中式帆船的案件，都必须尽快详细汇报。[4]

自从约束陆军运输船的规范生效后，海军的日常封锁中的难题便只剩下了一个：根据驻外领事和其他渠道提供的情报，有远洋偷越封锁船试图进入旅顺。随着旅顺要塞处境愈发危急，这些船只不断从渤海湾等地的港口出发，不仅数量越来越多，行动也更加大胆。其中有一次事件非常典型：9 月 26 日，日方接到消息，俄国购买的中国汽船"富平"号（Fu-Ping）准备悬挂德国国旗离开大沽（Taku），该船将趁夜穿过渤海湾，不日即会抵达旅顺。为此，出羽将军立刻奉命派出 1 艘轻型巡洋舰前往"104 地点"（位于北纬 38 度 40 分、东经 119 度 30 分，即大沽和老铁山的中间点）实施拦截。

虽然该舰在 30 日无功而返，但 10 月 4 日，日军又派遣了另 1 艘巡洋舰前去接替，同时，该舰还得到许可，可以在必要时前往远至大沽的海域。但在随后 1 周，"富平"号迟迟没有起航，在此期间，日本领事曾设计引诱该船船长自投罗网，但这些计策最终未能得逞。出发后，该船成功躲开了 2 艘先遣巡洋舰的搜索，但最终还是撞进了庙岛防备舰队（Miau–tau Preventive Squadron）的警戒区。[5] 在几经扩充后，该分队的兵力已经大大加强，麾下拥有 1 艘炮舰"爱宕"号（该舰当时刚刚从牛庄召回）、1 艘改装炮舰和 2 个水雷艇队。

结果，"富平"号虽然安全抵达了北隍城岛（该岛是庙岛防备舰队的基地）以北 10 海里处，但在那里遭到了 1 艘巡逻水雷艇的登检和拿捕。事后查明，该船装满了武器、弹药和物资，还载着库罗帕特金将军的私人参谋——埃尔加德（Eggard）陆军上尉。在接受检查时，埃尔加德表示，他接到命令，一旦被俘，就将随身的文件投入大海，事实上，他当时也是这样做的。同时，他还需要焚毁船只，只是因为日军动作太快，他才未来得及照此行事。

在此之后，类似的情报纷至沓来。据说，有许多船只正从芝罘等待出航，试图穿过庙岛列岛，有鉴于此，日军有必要派出 2 艘巡洋舰监视群岛内部和西部的水道，拿捕偷运违禁品的船只。不过，由于这些水道本身不在封锁区内，日军无权阻止渤海湾的合法贸易，这令他们也无法像老铁山水道一样发布封锁声明。[6] 为此，日军最终向当地长期派遣了 2 艘巡洋舰，它们将以北隍城岛作为基地活动；另外，日军还在成山角外海布置了 1 艘警戒巡洋舰，试图用它来拦截来自上海方向的商船。这些哨位上的舰船都会定期轮换。

该系统被证明非常有效。期间，不时有中国帆船试图从芝罘出发，为俄军传递电报和信函，但庙岛防备舰队有效扼杀了这条联络渠道。至于远洋偷越封锁船，虽然坐实有违禁行为的船只不多，但它们都无一成功进入旅顺。不过，由于该封锁系统占用了所有的轻型巡洋舰，日军遭遇了更多麻烦。

随着时间流逝，缺乏轻型巡洋舰成了最困扰日本海军的问题，到 10 月底，东乡将军获悉，有中立国船只正从上海和胶州出发，试图赶在海冰封冻前把违禁品运入海参崴。为此，他特意嘱咐上村中将严密监视对马海峡，而在北方航道，他只好把警戒任务继续交给"香港丸""日本丸"和津轻海峡的驻防舰船。同时，东乡也在命令中写道："现在，我还准备派遣若干舰船在胶州湾外巡逻，但对于监视大沽、芝罘和上海，我手头没有足够的巡洋舰，因为有另一项任务需要展开，它也是战局的重中之重，那就是封锁旅顺。"最后一段内容中，东乡特意从措辞上区分了军事和商业封锁。其中，他不仅没有把这两种任务混为一谈，而且还为其划定了更为明确的界线；由于两种封锁有着截然不同的需求，随着时间的流逝，日方的焦虑感也变得愈发强烈。

9月底，作为"战局的重中之重"，封锁旅顺的意义变得愈发重要起来，这也在东乡给全体舰队的一份训令中得到了体现。训令这样写道："据报，旅顺舰队已经更换涂装，并将桅杆顶部截短，这很可能是出海前的准备工作，为此，各部必须严守岗位。"次日白天，一些新迹象更是为日军敲响了警钟：由于陆军对要塞后方的炮击效果显著，日方担心，处境愈发不利的俄军很可能会在夜间出击。

这些事实反映出一个问题：和预想的不同，日军对203高地的攻击并非一无所得——他们夺取了相邻的海鼠山高地，并可以据此设置一个观察点。9月28日，这个观察点终于建立起来，日军发现，该据点可以俯瞰港内的大片地区。在次日的炮击中，"塞瓦斯托波尔"号水线以下遭到一次命中；10月1日，海军的6英寸炮和4.7英寸炮①又向"佩列斯维特"号开火，它们的落点被新观察哨尽收眼底。在炮击中，日军宣称有9枚炮弹命中，其他俄舰则躲进了无法观测到的水域。同一天，12门11英寸榴弹炮也抵达了前线，这些火炮都抽调自本土的岸防工事，并将转而用于攻城作战，之前，这些火炮已在对要塞东区的炮击中完成了测试，其效果相当可观。博布诺夫海军上校后来描述说，这些炮弹爆炸的威力"令人惊骇"。2日，"佩列斯维特"号被更多小口径炮弹击中，同时还有一些11英寸炮弹落在近旁。6日，细谷将军发回报告称，鉴于成效可观，第3

---

① 译注：原文为47 guns，此处系4.7英寸炮的误写，《明治三十七八年海战史》也显示为4.7英寸炮。

军决定每日都用舰炮和所有 11 寸炮轰击敌舰，直到对方被摧毁殆尽。不过，就在当天，日军发现，只要榴弹炮开火，他们就很难标定小口径火炮的落点。为此，4.7 英寸和 6 英寸火炮阵地只好调转炮口，将目标分别转向了敌军的扫雷舰艇和海军船坞。次日（7 日），随着 6 门 11 英寸榴弹炮抵达，日军手头的该型火炮上升至 18 门，这让他们开始摆脱困境。很多迹象显示，港内的局势愈发恶化——不久，当地的俄舰便会发现，这里将再也没有它们的容身之处。[7]

第二天（8 日）清晨，日军的担心突然得到了证实。上午 9 点，"扶桑"号根据观察哨的报告发回消息："'列特维赞'号出港，现正停靠在馒头山山脚。"[8] 东乡闻讯立刻准备迎战，他的第 1 战队奉命前往遇岩东南的战斗集结地，随后在此停船。不过，"列特维赞"号并没有在外海现身，同时，观察哨也没有发现更多俄舰出海的迹象。此时，日军很自然地得出了一个推论：俄军的计划是让船只逐一突围。尽管这种可能性无法排除，但由于缺乏巡洋舰，东乡感到力不从心。有报告显示，同一天清晨，1 艘满载武器、弹药和燃料的大型偷越封锁船离开了上海。鉴于事关重大，日军显然不能掉以轻心。得知消息后，东乡大将立刻派遣东乡正路少将带领 2 艘巡洋舰前往成山角外海，并在当地驻守到清晨，以求尽可能拦截这艘船只。但这一举动也让日军的封锁体系出现了漏洞，随着清晨过去，"列特维赞"号依旧纹丝不动。东乡大将意识到，自己有必要为夜间的突发事态做好部署。14 点 30 分，他指示山田将军调遣 2 艘军舰接过第 6 战队的夜间警戒阵位，同时，他还打算派遣 1 艘军舰前往小平岛，以便联络"扶桑"号和轻型舰艇。如果"列特维赞"号并未回港，一旦天黑，山田将军还应派遣第 15 水雷艇队对该舰实施鱼雷攻击——当时该艇队刚刚完成整备从竹敷返航，正在港湾入口处进行警备。在接到命令后，山田将军补充说，自己已经要求大连湾永久防备队的 4 个水雷艇队加入攻击——这一计划立刻得到了东乡的同意。

鉴于近来日军轻型舰艇的表现不佳，接下来的事情就颇为耐人寻味。当时，守卫大连的轻型舰艇包括如下单位：首先是第 2 水雷艇队（仅有 2 艘水雷艇），该艇队曾加入双岛湾的分遣队，目前正在返航途中；此外是第 6、第 12 和第 16 艇队，它们分别拥有 4 艘、3 艘和 2 艘水雷艇。山田将军给艇队司令的指示是：他们必须事先协商，然后自己制订攻击计划，同时，在日落前，他们还必须进行一次全面侦察。此时，虽然第 2 水雷艇队还没有抵达，但其他 3 个艇队的指挥官都乘 1 艘水雷艇前往港湾入口附近。下午 4 点，他们乘船返回，报告称"列特维赞"号正停泊在蛮子营炮台（Man-tse-ying Fort）[9] 东南偏南 1/2 个罗经点外的水域，离炮台只有 5 链距离，为此，他们决定在 22 点 30 分至 23 点 30 分发动进攻，各艇队将按照先后顺序依次实施攻击。

显然，山田将军的内心并不平静——他担心，由于过于惦念先前的责备，各艇队可能会草率地牺牲自己。在听到司令们的计划后，他发出了严正警告，禁止各艇鲁莽行事，同时，他还把攻击的性质划定为一次威吓和牵制。在获悉了艇队的准备工作之后，将军更是补充说："大量艇队同时进攻会导致混乱。为此，参与攻击的艇队不应超过 2 个，其他单位将负责佯动，如果敌方位置过于偏远，或是离港口过近，我方将禁止直冲上前。"

山田将军为何改弦更张？其唯一的原因可能是——他知道上次的命令给各驱逐队和艇队带来了何等的压力。现在，所有军官都已下定决心，将尽其所能为这支特殊的部队恢复名誉。另一方面，这种心态也会带来不必要的危险。期间，他的看法一定得到了东乡的赞同，因为这份命令很快便被转发给了所有的驱逐队和艇队。18 点 30 分，山田率部进入了夜间警戒阵地。

19 点 30 分，随着太阳落下，第 15 艇队进入了战区。鉴于夜色昏暗、搜索海面的探照灯寥寥无几，该艇队的指挥官决定投入半数兵力实施攻击。然而，他们未能发现"列特维赞"号，不仅如此，在搜索期间，日军还突然被俄军探照灯锁定，并遭到了猛烈的炮火攻击——各艇见状只能仓皇退避。此时，第 12 艇队已经进入战场，并派出麾下的第 2 小队冲上前去。紧随其后的是第 15 艇队的第 2 小队，接下来是第 16 艇队的 2 艘水雷艇；但在 20 点第 6 艇队准备进入战场时，他们突然接到一则岸上发来的电报：俄军战列舰已经回港。该艇队于是掉头返航，但其他艇队对此毫不知情，并在抵近搜索时遭遇了猛烈火力，不过，这些水雷艇都安然逃脱了，整个行动至此宣告完结。

但此时，人们开始怀疑岸上报告的真实性。次日清晨，他们发现"列特维赞"号下落不明，港内和港外都无踪影，因此，日军产生了一种印象：也许该舰已经潜逃出海。但不久，事实便消除了日军的担心。

原来，该舰已趁夜回到内港，并停在了一处不易被发现的区域，同时，东乡将军也相信，导致该舰消失的正是这种原因。不过，他依然认为有必要重新设置夜间警戒区，以避免俄军舰队分散突围出海。另外，根据海鼠山观察哨的报告，他认为大量敌舰已在上一周的炮击中受损，己方集结巡逻已没有必要，即使分兵也可以保证安全——在这种情况下，他决定拆分战斗舰队。

按照新指示，整个白天，舰队将一如既往停泊在圆岛以南约 10 海里的"位置 O"。黄昏时分，4 艘战列舰将前往成山角东北 22 海里处的"位置 H"，并在黎明时分回到原阵位"位置 O"。至于片冈将军麾下的装甲巡洋舰，则会在夜间例行赶往"1032 地点"——位于威海卫以北约 30 海里处；其下一站是"861 地点"，此地在战列舰的夜间阵位和成山角之间。从凌晨 1 点到凌晨 2 点，日军装甲巡洋舰将沿着西北偏西 1/2 个罗经点的航向返回"1032 地点"，并在当地驻守到黎明时分，最后，它们将返回位于"位置 O"的昼间警戒阵地。

不过，我们很难确定这种部署是否得到了贯彻。当天，我军的观战武官登上了"富士"号，他报告的路线和计划截然迥异。他指出，18 点时，装甲巡洋舰与战列舰分开，开始向西行驶，18 点 30 分，战列舰离开锚地。半小时后，战列舰开始组成单纵阵，并以 7 节的航速、朝东南偏南又偏东 1/2 个罗经点方向前进，目的地是"位置 H"。在凌晨 2 点离"位置 H"还有约 20 海里时，舰队又转向西北——或者具体点说，是西北偏北 1/2 个罗经点。沿着这个方向，它们最终抵达了遇岩附近的战斗集合点。大约白天，它们将转舵前往"位置 O"[10]，最终在 9—10 点之间抵达当地，稍后，装甲巡洋舰队会与之会合。

同拿破仑战争中封锁布雷斯特的行动相比，这些部署中有许多耐人寻味的细节：其中，遇岩至旅顺的距离是 25 海里，与阿申特岛（Ushant）至布列斯特主航道（goulet）的距离基本相同。另外，圆岛附近的远海集合点"位置 O"离旅顺有 45 海里，而在布雷斯特的封锁中，虽然因为风向和天气，英国海军的远海集合点总会变化，不过其中心地带始终在阿申特岛以西 20 海里处[1]；而在《信

---

① 译注：阿申特岛在布列斯特西北约 15 海里处，这也意味着，在该岛以西 20 海里处的英军远海集合点离布列斯特主航道约有 45 海里——与日军远海集合点至旅顺的距离基本相同。

号手册》（Signal Book）中，其预先划定的集合点则是"阿申特岛西南约 3—7 里格^①（League）的海域"，即主航道西面约 40 海里的外围边缘地带。成山角外海集合点离旅顺有约 110 海里，这几乎与利泽德半岛^②（Lizard）集结点到布雷斯特的距离相等。另外，东乡与上村的预定会合点是成山角和小黑山岛的中间点，其与旅顺的距离是大约 250 海里——与克利尔岛^③（Cape Clear）集合点至布雷斯特的距离同样非常接近。总之，两场封锁作战中，集合点到目标港之间的距离几乎一致。不过，由于蒸汽动力^④和无线电的出现，日军能更清晰和迅速地了解俄军的动向，从中可以推断，日军的封锁要比其蓝本（即英军对布雷斯特的封锁）更为严密。当然，我们还能得到一个更值得深思的结论：在日俄战争前，欧洲各国海军中曾有一种流行看法，由于鱼雷的存在，布雷斯特式的封锁已很难开展；但情况并非如此，在实践中，由于蒸汽动力（的成熟），鱼雷的威胁并没有想象中那般巨大，更无法与风帆时代天气对航行的阻碍相提并论。

---

① 译注：里格是一种欧洲旧式的计量单位，1 里格约等于 5.556 公里。
② 译注：利泽德半岛位于英国西南部的康沃尔郡，当英国舰队从普利茅斯或朴次茅斯出发向西前往法国沿海时，经常在此地集结停靠。
③ 译注：当地在爱尔兰西南部。
④ 译注：由于舰船在出海前需要升火，其喷出的烟柱便成了军舰出动的征兆，监视的一方也会因此事先得到预警。

注释

1. 帝国国防委员会编纂的战况日志第 2 卷第 211 页中对这一体系做了出色的论述。

2. 从 8 月 28 日起，细谷将军开始直接指挥辽河和牛庄地区的航运。

3. 日军对涉事中国帆船的具体处置做法并没有记录下来。在 9 月 12 日给庙岛防备舰队的命令中，细谷将军曾提道："贵官对货物、船只和乘员的处置需要依照本人口头的指示。"

4. 参见第 7 战队的第 334 号极密令。该命令也是日军战史中少数涉及海军大臣和联合舰队司令官通信的文件。其中涉及的主要是国际法问题，而不是战场的指挥；另外，其属性也是"指示"，并非"请求"。不过，海军大臣有时也会干预指挥，之前，他曾下达过关于补给的指示，有一些还对作战部署产生了影响。比如，8 月 31 日，他便针对 12 英寸和 8 英寸舰炮的弹药问题要求东乡，必须在今后的战斗中使用 1 型和 2 型"通常榴弹"，而"锻钢榴弹"则只在绝对必要时使用。据我们所知，9 月 26 日，"联合舰队司令向海军大臣呈交了相关看法"。此时，经过最近的几轮总攻，日军已经在海鼠山山顶建起了一个观察哨，鉴于这一情况，我们猜测，东乡大将一定是在请求上级能修改之前的命令。

5. 另外，日军还下达命令：如果该船进入了旅顺岸炮的庇护范围内，近海的水雷艇队可以当场将其击沉。

6. 这里也引申出了一个值得思考的问题，即日军是否有权指控涉事船只涉嫌携带违禁品偷越封锁。严格地说，日军严加戒备的庙岛列岛以西海域并不属于封锁区，相反，当地属于进入渤海湾的必经之路，日军无权将其封闭。但由于所有前往旅顺的船只都携带着补给品，它们都属于违禁品的范畴，因此，日军完全能以"携带违禁品"为由实施拿捕，而无须以"偷越封锁"作为执法依据。这种情况也体现在了日军的命令中，其原文可以参见《日本战史极密版》第 378—382 页，另外，命令中还提到，有中国商船经常铤而走险、向旅顺"走私物资"，并在夜晚趁风势"狡猾地溜过封锁线"。因此，东乡指示细谷将军必须在隍城岛派遣一艘警戒舰只，该舰将在"庙岛列岛西侧巡逻，阻止运送违禁品的中国帆船进入旅顺"。接到命令后，细谷将军也针对"偷运违禁品进入旅顺的中国帆船"下达了一道相应的命令。随后，负责相关任务的指挥官也发布了一份通报，标题为"第 1 防备舰队关于运输违禁品的中国帆船的通报"。从上述情况可以看出，到上述书面命令下达时，日军都倾向于以目标携带违禁品为依据，直接在封锁区外拿捕涉事船只。

7. 博布诺夫海军上校的记录显示，这些天中弹的舰船有"佩列斯维特"号、"胜利"号、"安加拉"号（Angara）和"波尔塔瓦"号，但开入内港锚地的"塞瓦斯托波尔"号毫发无损。

8. 该舰的停泊地点在俄军所谓的第 5 号炮台脚下，该舰此举的原因尚不清楚，据信是为了躲避日军的炮击。

9. 该炮台即俄军的第 9 号炮台，其位置在老虎尾半岛上。而日方记录中提到的"蛮子营探照灯"

（The Man-tse-ying light）则似乎指的是港湾入口西侧的灯台。相关内容可参见《日本战史极密版》第 2 卷第 437 页。

10. 参见第 1 战队的第 10 号当日命令，签发于 10 月 10 日。

∧ 巡洋舰"春日"号的舰员正在检查一艘中国帆船的货舱，本照片摄于早些时候的9月17日

∧ 封锁旅顺期间，日军捕获的中国帆船，按照日方记录，这些帆船经常为俄军偷运补给品

98

∧ 1904年9月30日，停泊在大连港青泥洼码头的日本军用运输船。右侧的3艘大船分别为"丹波丸""松山丸"和"信浓川丸"。由于军种之间沟通不畅，这些运输船给海军制造了不少麻烦

∧ 炮舰"爱宕"号，该舰与"摩耶"号同型。1904年10月初，该舰和若干改装炮舰和水雷艇一道被派往庙岛列岛附近拦截偷越封锁船

△ 9月23日前后，在旅顺港外巡弋的日军舰队

∧ 10月1日上午10点45分左右，部署在旅顺港外、王家甸西南一处凹地中的日军11英寸榴弹炮。该炮是当日抵达前线的11门该型火炮之一

∧ 位于王家甸附近的一处11英寸榴弹炮弹药堆积点，这些炮弹很快将被用于对港口的炮击中

∧ 10月7日10点50分左右，向旅顺港内大举开火的日军11英寸榴弹炮。照片中的炮兵阵地位于鞠家屯以北

〈 ∨ 10月初，遭受日军炮击的"佩列斯维特"号，左侧照片中的水柱来自11英寸炮弹，左下照片中的水柱则来自一枚较轻型的舰炮炮弹

第六章

波罗的海舰队的最初影响，
日军的两难处境

随着辽东半岛建起新一轮的封锁，整个战争进入了一个新时期，另外，由于当地牵制的兵力越来越多，日本海陆军的关系也愈发紧张，直到战争结束前夕才有所改善。在陆上和海上，俄军都试图转守为攻。10 月 9 日，库罗帕特金开始攻击沙河（Shaho）的日军阵地，11 日，波罗的海舰队也从雷瓦尔起航。这种情况下，日军更渴望能尽早攻克旅顺，不过，此时陆军传来报告，由于港内舰船转移锚地，11 英寸榴弹炮已无法取得命中，因此，这些火炮将转而攻击要塞。更让海军担忧的是，9 艘俄军驱逐舰于 11 日中午驶出港口，一直抵达了远至老铁山附近的海域。随后，它们开始朝日本陆军的后方阵地开火。并同巡逻驱逐舰展开了交锋。虽然它们不久即返回港内，但这次企图仍然表明：旅顺舰队并不打算坐以待毙——更糟糕的是，次日，日军又有 1 艘驱逐舰被水雷炸毁[1]。

面对重重压力，东乡的举措值得注意。如本书所述，之前一段时间，为加强海军陆战重炮队，东乡曾不待询问军令部，便从"扶桑"号上调走了 2 门 6 英寸舰炮。现在，陆军希望能再获得 2 门火炮，用于替换磨损的装备。东乡同意了这一请求，他告诉乃木将军，自己很快就将调出 2 门舰炮——至于是否得到了军令部批准，则没有提及。次日，日军的局势有所改观，第 3 军司令部的海军联络官传回消息，榴弹炮已再次向"胜利"号开火，35 发炮弹共命中 10 枚。同时，日军还得知，波罗的海舰队停留在了里堡。

在此期间，沙河会战战况激烈，胜负一直悬而未决。如果大山元帅被俄军击败，旅顺局势将非常危险。一方面，如果日军攻克旅顺，其压力必将大为缓解，但这一目标的实现仍需时日；另一方面，如果俄军在辽阳前线取胜，日军就需要把动员的全部兵力派往当地，能留给围攻大军的部队将所剩无几。在这段令日军紧张的时期，旅顺舰队继续显示出了活动迹象。16 日清晨，"巴扬"号开入了港外锚地。考虑到该舰可能从隍城岛海域突围，或是前去袭击当地的封锁舰队，日军立刻将"磐手"和"浅间"号派去应对威胁；日军炮兵很快发现了"巴扬"号的位置，令其只能悻悻返回。随后，沙河方向传来消息，在给舰队的一封特别电报中，大山元帅的参谋长[①]表示，在为期6天的战斗中，陆军已经大获全胜。在整个前线，俄军的进攻均被击退，现在，对方正一路向奉天退却。期间，俄军在战场上抛弃了10000具尸体，还有500名官兵、34门火炮，外加大量弹药、武器、物资和被服被日军俘获，日军的损失则未超过10000人。日军参谋本部清楚地知道，这场战役对海上战局关系重大，它可以通过一个事实反映出来：他们宣称，这次胜利"挫败了俄军解救旅顺的企图"。当时，情况的确如此：这次战役胜利后，日方围攻部队将在很长一段时间无须担心北方的威胁。不过，另一个问题却浮现出来，就在前线陶醉于陆军的胜利时，东京发来了一封电报：虽然库罗帕特金将军被迫放弃进攻，但波罗的海舰队已从里堡启程。

这还不是问题的全部，东乡司令很快意识到，儿玉对战况的估计过于乐观了。情报显示，俄军只是撤过了沙河，期间，他们还从日军手中夺回了2处靠近南岸的阵地。虽然前线局势转入了僵持，但多数部队仍没有脱离接触，只有一条无关紧要的河流暂时隔开了2支大军。此时，日军已有4000人阵亡、16000人负伤，还损失了14门火炮，战术反击也宣告失败，他们唯一能做的就是掘壕据守、等待俄军再次进攻。

这也是库罗帕特金最初注意到的情况。但另一方面，俄军付出了40000人伤亡和失踪的代价，装备、弹药和物资也损失巨大，这令他们只能转入防御。不过，此时俄军离准备好的奉天防线还有约12英里，他们的"东部支队"也对日军右翼构成了包抄态势。种种迹象显示，俄军会随时反戈一击，虚弱的日本人能否再次挡住猛攻？——对日军来说，这一问题就像阴云一样挥之不去。

期间，大山元帅如何运筹帷幄？对此我们不得而知。不过，有一件事情显然曾在他脑海中萦绕：歼灭旅顺舰队同样事关重大，他必须调整作战计划。

为理解这一点，我们需要简述日军高层的思路。10月19日，针对战局，儿

---

① 译注：即儿玉源太郎将军。

玉将军在电报中向东乡提出了一个问题："根据目前的局势，经过陆海夹击，敌军旅顺舰队似已处在覆灭边缘。请问，您是否相信它们会进入外港锚地？鉴于该问题对我军作战计划影响重大，万望您不吝告知。"

从这段文字中，我们或许可以认为，陆军试图了解东乡对局势的看法——他们希望弄清的问题是：舰队是可以独自完成任务，还是要一直依赖陆军的行动？也正是这一点将决定第 3 军会何时从旅顺抽身前往主要战场，并不再成为消耗增援的源头。

在给儿玉和东京当局的回复中，东乡这样分析了局势："目前，由于无法确定敌舰在炮击中的损毁情况，我们还无法推测对方的动向。如果毁伤仅限于下甲板以上的区域，动力系统的关键零件保持完好，俄舰只需短暂修理就可以恢复战斗力，因此，我只能得出结论，只要对方看到机会，便极有可能出航。不管对方只有 1 或 2 艘战列舰突围加入波罗的海舰队（按照驻法海军武官的电报，该部已在 17 日出航），还是在援军到来前龟缩在旅顺港内继续修理，并把精力全用在地面防守上，它们都会给我军的战略带来巨大影响。我认为，鉴于波罗的海舰队正在驶来，我军当务之急应是尽快夺取旅顺、摧毁在当地的舰只——以上请求就是我给您们的答复。"[2]

当时的东乡似乎相信，要想解决局势，上级就必须采纳他在局势评估中的意见。我们手头的资料显示，次日，即 20 日，东乡便直接致信海军军令部，阐述了联合舰队在旅顺陷落后的重组方案。另外，在 4 日后的 24 日，他派遣的岸上联络官传来报告，经过各师团一天的磋商，陆军已决定对旅顺发动第 2 次总攻。根据决定，这次攻势将始于 26 日，最初，日军会投入全部的 11 英寸榴弹炮展开炮轰，次日清晨，其他各种火炮也将加入炮击。当天下午，第 3 军各部都将发起冲锋。

与此同时，陆军还发来了一份情报，它来自对某个被俘水兵的审问，其中提到了俄军舰队的境况。这名水兵供称，"列特维赞"号被命中 6 弹，"佩列斯维特"号被命中 27 弹，"胜利"号被命中 8 弹，但除了"巴扬"号和"塞瓦斯托波尔"号外，所有舰只依旧可以作战。"巴扬"号的引擎已完全失灵，"塞瓦斯托波尔"号则被送入船坞，舰上只有 3 门 12 英寸舰炮可用；另外，"胜利"

号上的 6 英寸炮也被全部拆下——事实上，当时被运送上岸的各种口径舰炮已经达到了 70 门，它们都被用于加强要塞的防御，另外，有三分之二的舰员也被部署到了岸上。在轻型舰艇部队中，港内还有炮舰"海狸"号，驱逐舰和鱼雷艇还剩下 17 艘。[3]

根据这一情报，东乡立刻开始准备拦截突围。负责封锁的轻型舰艇奉命占领紧急巡逻阵位，其中一半每天执勤，另一半则驻守在小平岛，以便"严守岗位、随时出动"，唯一的例外只有一个分队，该分队将前往老铁山以西 10 海里处执行警戒任务。[4]

至于战列舰队，无论敌舰集体或单独出海，它们都将保持原有的巡逻航线，但另一方面，这种部署也确实变得愈发危险。很明显，此时，不仅漂雷的数量越来越多，而且还出现在了各个海域，因为在恶劣天气的影响下，很多水雷已脱离了锚链。在众多漂雷中，俄军的型号占了很大部分，但不少也是日军每晚布雷行动的成果。为搜索它们，日军需要经常派出船艇——到 10 月 20 日，被摧毁的水雷已有 200 枚之多。不久之后，这些水雷甚至出现在了远至山东外海的警戒区，让夜间巡航变得险象环生。另一方面，虽然东乡的舰队受到了严重削弱，但他本人仍然决定继续冒险，期间，一场灾难险些降临到他们身上，并差点改变了战争的进程。

这次事件发生在 26 日，即战局最危急的时刻——当天，日军的新一轮总攻即将发起。在日落前，东乡将军和以往一样告别了片冈将军指挥的装甲巡洋舰分队，开始向着夜间警戒区驶去。同时，自当天早上开始，日军的攻城榴弹炮便一直在怒吼，在港湾入口处，可以看到俄军的扫雷舰艇正在雷击舰只的护送下清理航道。由于种种迹象都显示敌军可能出动，因此，"三笠"号开始带领各战列舰以单纵阵向成山角集合点驶去。22 点 15 分，离海角还有 45 海里的时候，该舰发现有一枚漂雷出现在了靠近左舷的位置。由于不及转舵，该舰只好保持航向，在 5 米外与该水雷擦肩而过，同时，该舰还用信号向后方的"富士"号发出警报，此时，早已发现危险的"富士"号立刻停下，用舰首涌浪推开水雷，最终，该水雷从该舰侧面 3 英尺外漂走。"敷岛"号同样避开了危险，但"朝日"号没有那么幸运——最初，该舰的阵位在整个战列的偏左方，在发现水雷时，该舰正在右转恢复位置，这一机动导致水雷在左后方舷梯附近爆炸。虽然该舰舰长报告自身轻微受损，但在东乡司令的命令下，该舰还是离队前往里长山列岛，与细谷将军从大连派来的修理舰会合。

虽然日军侥幸逃过一劫，但整个事件的影响非常严重，因为"朝日"号的受损恰恰发生在一个关键时刻，此时，东乡手头的战列舰只相当于开战时的一半。不过，次日，他们听到了多格尔沙洲事件爆发的消息，并获悉由于对俄关系紧张，英国舰队已在25日接到了警报，这令日军如释重负。[5]

随后，更令日军宽慰的是，27日，完成紧急修理的"朝日"号归队。[6]因此，在第3军发起攻势前不久，东乡的战列舰终于再次到齐。

10月30日，计划中的总攻终于打响。日军将攻击重点选在了要塞的北部边缘，即鸡冠山炮台（Chikuan Battery）向西直至松树山堡垒（Fort Sung-shu）一线，在当地，舰队却无法从侧翼提供支援。整整2天，日军士兵都像潮水一般向着俄军工事涌去，海军一度相信，友军的胜利将指日可待。11月1日，东乡对当前的局势总结道，在陆军左翼，有2座堡垒已被攻陷，另外2座构成北方突出部的堡垒也遭到了沉重打击，预计将在2—3天内落入友军手中。然而，这种乐观的期待很快化为泡影。清晨传来消息：驱逐舰"胧"号（Oboro）触漂雷瘫痪，不久，日军总攻失败的消息也接踵而至。他们损失了124名军官和3611名士兵，却只占领了一些外围阵地，实现目标遥遥无期——旅顺要塞依旧巍然屹立。

于是，日军在一片愁云惨雾中进入了11月，他们唯一的希望之光是，波罗的海舰队依然身陷困境。正如前文所见，当月头3天，俄国和英国曾经剑拔弩张：由于罗杰斯特文斯基不待谈判完成便离开了比哥，摩擦几乎在所难免。对日军来说，如果英俄两军爆发冲突，波罗的海舰队将注定不会完成远航，黄海的局势也将大为缓解。此时，他们就可以放松对旅顺的围攻，朝奉天前线增兵，扭转不利的局面。为说明实际情况，11月2日，英国驱逐舰"雄鹿"号（HMS Hart）访问了日本舰队，与该舰一道抵达的还有英军中国分舰队（China Squadron）的旗舰舰长（flag-captain），他之所以从威海卫赶来是为了同东乡司令会晤。有一段时间，他们一直在"三笠"号上商讨——随后，该舰长还访问了"朝日"号，接着便返回向上级复命。至于会晤的具体内容，则不得而知。随后一天，欧洲方面的局势依旧紧张，但不久之后，英俄关系又开始缓和。5 日，随着罗杰斯特文斯基从丹吉尔出航，波罗的海舰队的阴云又再次向黄海飘去。

在这个阶段，俄军挽回败局的尝试远不限于此。之前，俄军的最高指挥权一直掌握在阿列克谢耶夫将军手中，但作为战争的挑起者，他的能力严重不足，这也成了战局江河日下的重要因素——现在，俄国高层终于意识到了症结所在。

是什么让沙皇看清了局势？对此我们不得而知。不过有一点可以确定，10 月 27 日，英国政府向各个舰队基地通报"局势紧张"之时，沙皇用一封电报召回了远东总督。另外，25 日，俄方还把远东所有海陆军部队的最高指挥权交给了库罗帕特金将军。

11 月 3 日，通过一艘偷渡进港的中国帆船，旅顺方面获悉了这一重大变化。日方察觉此事的时间则不清楚，不过有一点是确定的，在俄军高层人事剧变的同时，东乡始终在为战局发愁——这种局面显然不能持续下去，他决定向大本营发出呼吁，希望能得到他们的重视。

为此，11 月 6 日，即罗杰斯特文斯基离开丹吉尔的同一天，他指示参谋长向军令部次长伊集院将军发送了这样一份电报："由于事关联合舰队的迎战部署，请务必告知本人波罗的海舰队的动向。考虑到我军无法预测旅顺何时陷落，因此，我军的临战准备将更多受到其行程的影响。我建议，可否从本土为陆战队调拨更多的人员和火炮，并将更多的（11 英寸）榴弹炮运往前线？无论如何，为尽早攻陷旅顺，我请求您敦促大本营展开磋商。"

同一天，东乡收到了另一份请求，其发件人是儿玉将军，他希望了解海军对局势的看法，尤其是俄军是否有突围的迹象。东乡回答说，敌军驱逐舰和扫雷艇的行动一如既往，它们只是例行出港，具体活动基本无法查明；至于敌军主力舰队，则停泊在白玉山（Quail Hill）脚下，从而避开了观察哨的搜索，对于这部分敌舰的动向，他目前一无所知。不过，按照他的估计，敌军的意图仍和上次报告中的情况一致。

次日（即 11 月 7 日），按照所知的情况，伊集院中将回报了波罗的海舰队的动向，还附上了他对夺取旅顺的看法。此时，日军已确定罗杰斯特文斯基离开了丹吉尔，但不清楚他们下一步将去往何方。按照中将的看法，如果敌军朝战场驶来，应该会在 1905 年 1 月穿越台湾海峡（Straits of Formosa），至于此行是否会寻求决战，则将取决于旅顺是否沦陷和 2 支舰队的兵力对比情况。另外还有一点是肯定的，俄军舰队对战局影响重大，因此，为继续争夺制海权，他们必定会想方设法继续前进。[7] 此时，日军甚至担心危机很可能在新年前降临——至少，在他们看来，波罗的海舰队是有可能在 1904 年年底抵达的。

考虑到这种情况，军令部长伊东大将提出了一份正式建议，内容涉及了舰队的未来行动。在这份建议中，伊东重提了之前的想法：让联合舰队立刻接受维修。很显然，随着进攻接连失利，海军军令部认定，旅顺很难在短时间内攻克。他表示："由于蚕食旅顺的行动可能旷日持久，甚至连夺取高地及要塞后方阵地都将遥遥无期，再加上敌军舰队正急速赶来，我军难道不应该抓住机会备战，尽快派战列舰和其他舰只轮流接受维修吗？"

但这一建议让东乡愁眉不展起来。此时，他又损失了 1 艘炮舰——隶属于庙岛防备舰队的"爱宕"号，该舰因触礁最终沉没，对港口的后续炮击也鲜有成效。[8] 另外，港湾入口处的俄军驱逐舰和扫雷艇仍在忙碌。8 日清晨，至少有 11 艘驱逐舰和 4 艘扫雷艇突然出港，并在此停留了一个白天。然而，东乡还是决定遵从军令部的建议，当天，他告知伊东大将："朝日"号最需要修理，该舰曾在 8 月 10 日的战斗中损失了 2 门主炮，不久前又触雷受伤，目前已被派往佐世保。另外，"高砂"号也将前往当地，"秋津洲"号则会开赴吴港。鉴于上述舰只的调离极大削弱了封锁力量，为此，东乡只能召回在日本海执勤的 2 艘辅助巡洋舰——"香港丸"和"日本丸"。最初，上述 2 舰一直在北方海域巡航，缉拿偷运违禁品的船只，不久前已奉命返回对马海峡，并成了警戒兵力的一部分。为此，一份命令立刻被转交给上村，要求他立刻将 2 舰派遣到圆岛海域。同时，东乡还下令完全撤出里长山列岛基地，随后，日舰将全部集中到大连——在这一地点，不仅舰队运输船可以直接抵达，而且 7 个剩余的水雷艇队也可以轮流接受修理。

而在其他方面，司令长官则将精力完全投入到了迎战波罗的海舰队的准备上，如前所述，在俄国曾有一种流行的观点：除非增援舰队能在战区内夺取一个优良的基地，否则其发挥的作用将非常有限。东乡认为这种情况值得重视。

在他看来，壹岐岛 ①（Ikishima，在对马岛和日本本土之间）、松田湾 ②（Matsuda Bay）、朝鲜南部的各个港口，以及琉球群岛（Liu-kiu group）中的奄美大岛（Amami-o-shima，当地也是连接日本和台湾的岛链中离日本最近的大型岛屿）都有被俄军夺取的危险。为此，他曾建议使用近海水雷艇进行防备，现在，鉴于布雷作业更为容易，而且效率更高，他更倾向于使用布雷舰。不过，军令部有不同的看法：如果雷索断裂、水雷开始漂流，目前日军还没有清理手段，换言之，对己方来说，这种做法实在过于危险。作为替代方案，他们决定将"岸防鱼雷" ③ 的发射管安装到 16 艘改装炮舰上，试图以此尽快完成布防。不过，军令部也告知东乡，国内正在为 10 艘船只安装布雷装置，以便它们可以在必要时派上用场。9

与此同时，鉴于下一场海战将在所难免，东乡也一直在进行准备。他请求大本营制造 1000 枚诡雷，其中 500 枚储存在佐世保，500 枚储存在竹敷。东乡曾在此前的训令中表示，这些诡雷将在战斗中使用。10

另外，东乡还需要密切关注俄军从南美和荷兰购买巡洋舰的情报，如前所述，由于缺乏优良的巡洋舰是罗杰斯特文斯基舰队的软肋，俄国政府正不遗余力开展采购。考虑到这一情况会影响作战计划，东乡认为有必要获知详情。他在 9 日给军令部的一封电报中写道："由于敌军巡洋舰的增加会对我军作战计划产生重大影响（哪怕数量出现一丁点变化都是如此），我请求您们核实如下问题，俄军是否会购买南美巡洋舰？它们将何时抵达？舰名和性能诸元素又如何？"

但伊集院将军只能表示，他也没有确凿的信息。从官方的消息看，俄国人并未达成任何交易。不过，军令部依然无法排除正有类似的协议在酝酿，政府也在同相关国家接洽，劝说对方不要将舰只出售给俄军。

---

① 译注：《极密·明治三十七八年海战史》中作隐歧岛，隐歧岛在日本本州西南区域以北的日本海中，距对马海峡约 400 公里。

② 译注：原文为 Matsuda Bay in Ikishima，即壹岐岛上的松田湾，对照《极密·明治三十七八年海战史》，此处英文翻译有误，松田湾在朝鲜民主主义人民共和国东南部的文川市境内，坐标为北纬 39 度 21 分 29 秒、东经 127 度 28 分 52 秒。

③ 译注：即日方资料中的"海防水雷"，又名"三四式鱼雷"，这种大型鱼雷专门被日本海军用于沿海防御，其口径为 18 英寸，航速 20 节时的射程为 3500 米，27 节时的射程为 2000 米。

次日，即 10 日，东乡得出了一项结论，为关乎局势的问题做了定夺。就在
4 天前，当儿玉将军请求分析俄军的意图时，他一度感到举棋不定，但现在，他
下定了决心，只是这一决定将对陆军极为不利。报告显示，俄军驱逐舰和扫雷
艇每天都会出动，但东乡确信，他们并不是在为舰队突围进行准备，相反，它
们在港外无所事事，至于所谓的"忙碌景象"，极有可能是在寻找一片供各舰容
身的安全海域。一切清楚地显示，俄军舰队已经把自己的命运同要塞捆绑在了
一起，因此，尽快攻陷要塞成了当务之急。有鉴于此，他再次敦促大本营发动
进攻，同时，他还派遣一名幕僚军官向乃木将军传达了类似的意见。虽然信函
的全文不得而知，但从乃木的回信中可以看到，东乡似乎在敦促陆军不要着眼
于要塞主体，而应全力攻击 203 高地。[11]

而在旅顺方面，守军终于意识到，战前的疏忽已经铸成大错。现在，旅顺
成了其全局部署中的一个弱点：此地不仅无望长期坚守，而且只有依靠友军的
救援才能打破围困。不仅如此，对外界的局势，守军也不知，此时，他们唯一
知道的只有一条越传越广的谣言：在南下期间，库罗帕特金将军已在沙河前线
被日军击败。显然，守军必须确定真相，但这绝非易事。一段时间以来，由于
日军加紧封锁，要塞与上级的联络已被完全切断。

11 月 4 日，俄军认定，现在到了必须查明战局的时候，同时，他们还希望
把舰队的绝望处境通报给新任总司令。事实上，之前日军注意到的俄军驱逐舰
的活动，恰恰是为了掩护 1 艘驱逐舰前往芝罘。虽然该舰连续 4 晚进行了尝试，
但每次都有日军驱逐舰拦住去路。随后，由于月光明亮，俄军被迫暂时放弃，
各驱逐舰只好转而在港湾入口附近警戒。

对俄军来说，颇不凑巧的是，11 月 11 日和 13 日，就在执行警戒任务期间，
他们有 3 艘驱逐舰触雷受损，另外 1 艘当场沉没[12]。另外，俄军也必须重新考虑
防守外港锚地的问题，为此，他们在 15 日召开会议。祸不单行的是，在 8 日，
一枚 11 英寸炮弹击中了"勇敢"号（Otvazhni）——岸防舰艇部队司令罗施钦
斯基将军的旗舰，因此，除却上述事项，他们还必须决定该舰的最终处置。在
会议上，罗施钦斯基诚恳地请求带领该舰出港。经过 2 天的讨论，他的要求最
终得到了准许。按照计划，该船将停靠在白狼湾北部、城头山（Jo-to-san）脚

下的隐蔽区域，并利用"列特维赞"号战列舰的防雷网保护其免受鱼雷攻击。

至于舰队突围的问题，俄军的总体观点是："鉴于坐底的船只难以积极行动，因此，它们的任务将不是出海，而是应当考虑要塞陷落后的处置问题。"同时，他们还决定按照陆军的要求，把穿甲弹运往前线。但"塞瓦斯托波尔"号的冯·埃森上校和另一名舰长强烈反对这一决议，他们认为，这些弹药应用于同波罗的海舰队携手作战。

冯·埃森这样向同僚们呼吁："舰队只有出海后才能发挥作用，因此，抓住机会出航才是我们的第一要务。"但这一斗志昂扬的建议没有得到任何响应。鉴于局势绝望，大多数与会者甚至准备提议封闭主航道，但为了尊重冯·埃森的倡议，他们只好按捺住这种想法，转而只要求在航道上布设防雷网。同时，会上有人还陈恳地表达了另一个建议：应当让"巴扬"号做好突围准备，关于其他舰只，他们唯一要考虑的就是如何安排一个体面的结局。

会议的正式决议是："如果情况紧急，在要塞危在旦夕时，仍具备机动能力的舰只将前进至入港航道处，并在阻塞船附近自沉，除此以外，舰上的一切都应尽可能自行炸毁。"最后，根据斯特塞尔将军的要求，俄军同意派遣驱逐舰"敏捷"号（Rastoropni）携带文件突向芝罘，并确定库罗帕特金将军方面的最新情况。[13]

日军的下次攻击迫在眉睫、旅顺要塞危在旦夕，在如此危急的时刻，斯特塞尔发来的另一道命令又加剧了海军的沮丧情绪。按照将军的要求，舰队应当出港前往白银山（Cross Hill）脚下，压制塔河湾另一端的日军炮兵，同时阻止敌方舰只故伎重演，炮轰守军最右翼的阵地。面对这一要求，舰队在17日重新召开会议，会上得出的一致结论是：海军将拒绝从命。当时，俄军能出动的军舰只有"塞瓦斯托波尔"号、"胜利"号和"智慧女神"号，而且由于炮架设计落后，这些舰船的射程都不如敌军。另外，它们只能在涨潮时出港，夜间则需要回港躲避鱼雷攻击；在前往指定阵位期间，海军还需要提前仔细清扫航道，并祈求恶劣天气不让日军再来布雷。为执行该任务，每艘战列舰都要从预备队中抽调300名官兵，但在地面战场，这些官兵将发挥更大的作用。于是，为更好地保卫要塞，舰队在斟酌后决定：未来将不再试图出港，其乘员也将继续上岸支援地面部队。[14] 这种将舰队投入保卫要塞、直到"最后一弹"的做法也体现在了维伦将军的一份备忘录中，另外，在其附录中还写道：如果要塞陷入绝境，剩余的驱逐舰将突向芝罘和胶州，期间，它们也将带走最后一批报告和需要保存的文件。

此时，东乡内心的焦虑不安，无疑和维伦坐以待毙的态度形成了有趣对比。作为他认定解决困局的唯一手段，日军攻击旅顺的准备工作一直进展迟缓，这让他的耐心不断消散。在 1 周前（11 月 11 日），船队已把第 7 师团麾下的首个联队运到了大连。和第 8 师团一样，该师团同样来自远在日本北方的驻地，不过，该师团的目的地依旧没有确定。一方面，该部队并未分配到乃木将军麾下；另一方面，也没有迹象显示，它会像第 8 师团一样成为满洲军的预备单位。为此，东乡发去了一封恳切的督促信，希望陆军能尽快夺取旅顺，而在第 7 师团登陆期间，乃木将军也起草了回信，并在信中阐明了自己的观点。[15]

在信中，乃木表示，根据海军的要求，他们已经召开了一个由各师团参谋人员参加的会议，会上做出的决定是：由于工兵作业尚未完成，陆军将暂时不会对海军要求的 203 高地发动攻击，不过它已被列为后续的攻击目标。[16] 次日，乃木还在一份后续电报中表明了下次总攻的发起时间，其中写道，他计划对北突出部的 2 座堡垒——松树山和二龙山堡垒——的外墙进行爆破，这项工作将在总攻发起前 1 周内完成。

这份答复远没有让东乡满意。它意味着攻陷要塞的日期还无法确定，但大本营已决定着手干预此事。他们的决定不仅注定无比艰难，而且牵动了许多人的神经。13 日，海军大臣将细谷将军召往东京，一直以来，后者都在负责旅顺地区两军的联络工作，因此，从联合作战的角度，他的见解也无疑最有说服力。在细谷离开后，他的职务由山田将军接过。但就在细谷抵达东京前，大本营已就乃木和海军方面的争端做出了一项影响重大的决定。15 日，即俄军舰队召开会议、禁止舰队出战的当天，一封大本营的电报也交到了东乡大将手中，其中表示，为商讨海陆局势，在东京召开了一场特别的御前会议。作为会议的结果，参谋本部总长这样指示大山元帅："如果敌军第 2 太平洋舰队离旅顺仅有不足 1 个月航程，且当地局势仍无显著改观，帝国海军必须解除对旅顺的封锁，撤回国内以便准备迎战——期间，海军将不必在意旅顺是否沦陷。"

该电报的结论也给日军的战略布局带来了巨大影响。它对前景的预期是如此严峻，与之相比，大山元帅关心的对象——沙河前线的局势——反而显得相对乐观。同时，会议还决定用新抵达的第 7 师团增援对旅顺的攻击。[17]

这支援军的到来并未改变日军的作战计划——乃木仍不打算从正面全力强攻 203 高地，同时，前线局势也没有改变。16 日，虽然有一丝希望之光照向了日军，但日军并没有因此看清局势。当时，俄军驱逐舰"敏捷"号悄然从旅顺抵达芝罘，似乎还携带着机密情报。但在日军看来，这一举动很可能是敌人突围的前兆。

正如我们所见，该舰携带的一部分消息是想表明，舰队将不再考虑突围。但和战争中的常见情况一样，经过多番揣测，日军对这次行动紧张不已：一道命令立刻下达，要求各舰在夜间严密警戒。同时，他们还向芝罘派遣了 1 个水雷艇队，以求消灭这艘逃窜的驱逐舰。不过，东京方面严厉阻止了这次行动，他们要求海军绝不能像上次一样在芝罘港从事"准战争行为"。就在同一天晚上，也许是料到将遭到日军的粗暴对待，"敏捷"号的乘员炸毁了军舰。

在旅顺方面，随后几天一切平静如常，俄军舰队没有出动的迹象。事实上，正如我们所知，"敏捷"号此行别无其他目的，只是为了响应斯特塞尔将军的要求，平息要塞内部风传的、库罗帕特金解围失败的谣言。

然而，这次事件还是让日军倍感焦虑，事实上，只要敌军战舰依然停泊于旅顺港内，他们就将注定继续寝食难安。从此时开始，在日军的各项任务中，摧毁旅顺要塞也逐渐取代了巩固满洲战局，成了其部署的重中之重。在这一大方针确定后，曾引发海陆军指挥机构对立的因素也开始烟消云散。

注释

1. 该舰是第 4 驱逐队的"春雨"号,该舰舰尾被炸掉,包括军医在内的 9 名官兵受伤,但其最终并未沉没,而是被同队的最后 1 艘僚舰拖回了小平岛。此后,该驱逐队并入了其他分队。

2. 参见《日本战史极密版》第 2 卷第 230 页。

3. 根据 10 月 23 日维伦将军致远东总督的正式报告,自 9 月 27 日日军榴弹炮开始轰击舰队以来,俄军战舰一共被 11 英寸炮弹命中 33 次,被其他口径炮弹命中 55 次。其中"佩列斯维特"号受损最为严重,水线以下共有 3 处破口。"列特维赞"号在水线下 12 英尺处也有 1 处破损。"巴扬"号右侧引擎被毁。炮击还导致 15 名士兵阵亡,3 名军官和 34 名士兵受伤。"塞瓦斯托波尔"号的破口得到了修复。(参见《俄国陆军战史》第 8 卷第 507 页)

4. 此时,日军封锁旅顺的轻型舰队编组如下:

甲组:第 1、第 3 驱逐队及第 9、第 10、第 14 水雷艇队

乙组:第 2、第 5 驱逐队及第 15、第 20 水雷艇队

以上共计 4 个驱逐队和 5 个水雷艇队。

5. 值得一提的是,《日本战史极密版》从未提到英国和俄国之间的纠纷。

6. 该舰的损伤实际非常轻微,舰体上只有若干铆钉脱落,还有几块装甲板出现了凹陷,至于动力系统,则完好无损。

7. 参见《日本战史发行版》第 4 卷第 1 章第 1 节。至于前文提到的推测日期,则出自《日本战史极密版》第 2 卷第 236 页 11 月 7 日的相关内容。

8. 按照俄军的官方报告,10 月 27 日至 11 月 5 日,仅有 5 枚 12 英寸炮弹和 12 枚其他口径炮弹落入港内,它们"都没有造成严重损失"。

9. 参见《日本战史极密版》第 2 卷第 237 页 11 月 13 日的相关内容,另外,本书附录对此也有提及。

10. 参见本书附录 B1。

11. 关于这一提议的影响,可参见本章后续部分的内容。

12. 这 4 艘俄军驱逐舰是"机警"号(Bditelni)、"暴躁"号(Serditi)、"强壮"号(Silni)、"严整"号(Stroini,沉没)。

13. 参见《俄国陆军战史》第 8 卷第 2 章第 631 页等。

14. 参见《俄国陆军战史》第 8 卷第 2 章第 634 页等。

15. 该师团的先头部队于 12 日抵达大连,其余单位则紧随其后,到 21 日,其麾下的所有战斗部队均已就位,而乃木的回信则在 13 日抵达海军。

16. 陆军把 203 高地作为下一轮主攻的目标的表态出自《日本战史发行版》第 1 卷第 233 页，但《日本战史极密版》并未给出这种说法。

17. 参见《日本战史极密版》第 2 卷第 239 页。

∧ 沙河战役期间，在日军左翼步兵第45联队的阵地上，日军士兵正匍匐在庄稼地中待命。本照片摄于1904年10月14日下午4时许

∧ 10月26日，在东鸡冠山炮台附近前沿阵地中待命的日军步兵

∧ 10月30日，遭遇日军猛烈炮击的俄军阵地，当天日军对旅顺外围防线发起了又一轮总攻

∧ 日军第9师团在此轮进攻中缴获的部分战利品，但它们无法掩盖进攻失败的事实

118

∧ 沙河会战期间，日军野战炮兵第6联队的野战炮正在对俄军目标发动炮击，本照片摄于10月17日上午

∧ 驱逐舰"胧"号，该舰在11月1日触雷瘫痪——这也是该舰在战争期间第二次触雷受损

∧ 1904年10月30日，从老虎尾半岛上拍摄的旅顺外港锚地，远方为黄金山。照片中央的炮舰为"吉兰人"号，右侧为港务拖船"大力士"号（Silach）

∧ 11月时，俄军驱逐舰依旧不时在旅顺港外活动，令日军极为紧张。照片中展示的就是在近海巡弋的"无惧"号

∧ 11月8日被日军11英寸炮弹命中后，奉命出港的俄军炮舰"勇敢"号，照片远处是旅顺港入口处的黄金山

︿11月11日触雷的俄军驱逐舰"机警"号受创部位特写，该舰后来宣告报废，并在旅顺沦陷前自毁

∧ 11月11日，在大连码头等待搭乘医院船"罗希拉丸"（Rohilla Maru）的俄军战俘和日本伤员。该船原为东洋汽船旗下的客轮，日俄战争后改为医院船，1905年7月触礁沉没

∧ 自沉在芝罘港外的驱逐舰"敏捷"号，该舰在11月奉命从旅顺携带机密文件出逃

第七章

203 高地之战

　　自从波罗的海舰队兵分两路离开丹吉尔,并分别向地中海和大西洋开进以来,它们的目标便笼罩在了一片迷雾中。期间,罗杰斯特文斯基将军的航线和下落成了一个谜,至于其兵分两路的具体原因,外界也一时无从猜测。接下来,人们很自然地产生了怀疑,该舰队可能根本不打算开赴远东,应该采取何种对策,日方也一度无从着手。

　　直到 11 月 17 日,重重迷雾才开始消散,这一天,外界得知,罗杰斯特文斯基舰队正在法属殖民地塞内冈比亚①(Senegambia)的达喀尔(Dakar)加煤,现在,随着诸多谜团逐渐澄清,日军大本营也确定了未来的布局。对这条消息带来的影响,日方给出了如下记录:"根据波罗的海舰队的行动,它们毫无疑问将驶向太平洋。根据其航程算,它们将于 1 月初抵达台湾海峡。现在,鉴于我军舰队进行必要的整备工作最快也需要 2 个月,倘若旅顺港的战事延宕至 11 月底之后,届时,我军舰队应避免将精力耗费在封锁旅顺上。"[1]

　　通过军令部,这一决定立刻被传达给了东乡,其中还附带了一份解释,由于各船坞能力有限,舰队不能在 2 个月就完成修理。同时,这一决议很可能也被转发给了大山元帅。闻讯后,东乡立刻派遣一名参谋军官向乃木通报了最新形势,同时,他还希望乃木不要攻击坚固的要塞本身,而是只夺取能直接俯瞰港内舰队的制高点。按照我们得到的资料,整个电文的主旨其实是:联合舰队已无法在旅顺附近多做停留,但从海军的角度,扭转战局的唯一希望又在于 203 高地,因此,大本营认为,陆军的当务之急也应当是尽快占领该地。

　　这条来自上级的决定让陆军极为震惊,但它的确是深思熟虑的产物,事实上,

---

　　① 译注:塞内冈比亚是一个历史地名,其位置在非洲西部,其领域包括今天的塞内加尔、冈比亚、几内亚比绍等国,以及毛里塔尼亚、几内亚和马里三国的一小部分区域。

对于在 11 月月底后让舰队回港修理一事，大本营已做好了承担一切后果的准备。这一点也在次日（18 日）伊集院将军给东乡的信中得到了间接体现，其中表明，上级已下定决心，让水雷艇和布雷舰只承担大连各要地的守卫工作。伊集院将军在信中这样写道："如果我军需要在本月月底召回舰队主力，此时，我们何不在当前驻大连的 2 个艇队的基础上，再增加 2—3 个艇队（作为上述守军的补充）？"东乡也在回信中请求国内，为他提供各种必需的岸防设施。

在这段时间，陆军第 7 师团正陆续抵达大连，到 21 日，其登陆已经完成，同时，乃木将军也率部进入阵位，以便最后一次尝试攻克这座曾让海军望而却步的要塞。当天，日军召开了司令部会议，会上决定，他们应当立刻再次发动进攻。这场进攻将在 25 日以炮击揭幕，至于部队，则会在次日发动总攻，但即使如此，乃木仍然不甚赞同东乡的主张。22 日，东乡更是从特使手中收到了乃木本人的回电。电报这样写道："对舰队最为关切的问题，虽然全军都发誓会夺取胜利，但本人仍要遗憾地表示，在部队夺取其他要地前，可能将不会夺取 203 高地。"紧随其后的是一份 24 日由参谋本部签署的官方备忘录，其中表示，对旅顺的总攻将在次日发起，主要目标则是从松树山（Sung-shu-shan）向东延伸至鸡冠山（Chi-kuan-shan）的北方工事群。在夺取上述阵地后，日军将继续前进，突入要塞外缘，直到抵达望台（Wang-tai）附近的一连串群山——位于鸡冠山背后，俯瞰着整个港区。最后，如果可能，陆军才会全力进攻 203 高地。鉴于这次总攻可能会迫使俄舰突围，陆军照例向舰队发出了警报，同时，位于双岛湾的济远支队也特别接到指示：随着攻势的进行，他们应从侧翼为友军提供支援。

但在此时，对俄军舰队尝试突围一事，日方的担心已被打消了不少。21 日，一名在旅顺摆渡船上工作的间谍发回报告称，俄军的"波尔塔瓦"号、"佩列斯维特"号、"智慧女神"号和"列特维赞"号依旧停泊在白玉山脚下，还用铁板修补了侧舷的破口，在舰员上岸抵御日军攻击时，每艘舰上的留守人员只有不到 100 人。不过，除了入坞的"塞瓦斯托波尔"号外，所有舰只貌似仍然可以行动。

但从此时起，陆战队的重炮也开始发挥威力。23 日，他们将目标对准了工作车间附近，并命中了"佩列斯维特"号战列舰 1 弹。次日，他们在水师营（Shui-shih-ling）村西南的 93 高地建立了观察哨，从当地，日军可以看到港内各舰的动向，另外，他们也可以清晰地观测到炮击的命中，因此，海军陆战重炮队在传回的报告中宣称，敌舰可能都失去了行动能力。

26 日，即炮击的第 2 天，《日本战史极密版》给出了如下描述："此起彼伏的炮声不绝于耳，它们响彻云霄、震动大地。在东鸡冠山附近，两军炮弹爆炸的景象更是蔚为壮观。"次日，陆军发动了攻击，至于无力施以援手的舰队只能在一旁焦急地等待着消息。对于局势的发展，他们甚至比陆军更为紧张，然而，抵达舰上的零星报告一点也不乐观。《日本战史极密版》中写道："旅顺港被烟雾笼罩，敌军的动向难以查明。许多关于陆上战况的电报陆续从清晨发来。其中显示，在得到新锐部队的增援后，第 3 军朝敌人发起了猛烈攻势，但我军的损失同样极为巨大，导致未能达成目的。"事实上，到中午，日方已经获知了乃木将军失败的消息。

日军对要塞群的 3 次连续进攻不仅都被俄军击败，还演变成了一场屠杀，至于他们夺取的阵地，则可以忽略不计。但按照我们得到的说法，此时的乃木毫无动摇，相反，他调来了整个第 7 师团——此前，该师团一直在他的中路后方待命。而在西面，日军也一直在 203 高地方向进行佯动，从该区域和其他地段传来的报告显示，夺取该高地可能更为容易。[2] 因此，乃木做出决定，在原先选定的攻击正面牵制敌人，同时，他还将把第 7 师团全部调往右翼，并利用一切可以动用的海陆军力量朝那座海军梦寐以求的高地发动攻击。为此，乃木在 27 日早些时候向海军大将通报了他的决心，并表示，这场进攻将在 18 点发起。为此，日军立刻命令济远支队从扫除水雷的海域给予支援，"赤城"号也被派往双岛湾加强该支队的兵力。同时，支队中的舰船还得到命令，应在保证安全的前提下全力接近海岸，直到陆军达成目的。

随后，这场举世闻名的决定俄军舰队命运的战斗打响了，它持续了整整 4 天，而且几乎没有间断。期间，守军表现出的英雄气概与进攻者的狂热几乎不分伯仲，两军一度胜负难辨。在 28 日早些时候，东乡大将收到一条消息说，当夜，经过 2 轮强攻，陆军夺取了主峰附近的一道堑壕，而且决定不达目的誓不罢休。次日清晨，东乡获悉陆军已于夜间攻上主峰，但在早些时候又被俄军击退。

即使如此，陆军夺取高地的决心依然没有动摇，随着整个第 7 师团和全部预备队进入攻击位置，另一场总攻已迫在眉睫。30 日，日军再次出击，但结局一如往常。尽管日军付出的努力几乎超越了人类极限，损失也极为可怕，但面对守军的英勇抵抗，他们依然无法攻克弹痕累累的山顶，更令他们沮丧的是，在支援总攻期间，另一艘宝贵的海防舰遭遇了和"平远"号相同的命运。当天下午早些时分，"济远"号在鸠湾和双岛湾之间离岸约 1 海里处，在当地，该舰于 2 点 40 分触发了一枚水雷。该水雷在该舰前锅炉舱炸响，并将水线下 8 英尺的船身撕开。不到 3 分钟，该舰便带着舰长但马中佐消失在了海上，此前，这位军官一直在这些危险的任务中指挥着分队，另外，还有 3 名军官和 34 名其他成员与之一道葬身海底。

这场发生在海上和陆上的双重失利让日军倍感困扰。此时，11 月已近尾声，这也是乃木将军猜测友军舰队将离开旅顺的时间。面对这种情况，他该如何是好？如果海上封锁解除，要塞的围攻该如何完成？为此，他极力向东乡大将保证，自己并不甘心失败，这也意味着，他准备接纳海军的观点，集中精力攻打 203 高地，并以此指导后续作战。他表示，整个高地没有永备工事，同时还遭遇过猛烈的炮火打击，有鉴于此，他将准备在猛烈炮击的掩护下再度进行尝试；在信件的最后，他还直言不讳地请求东乡不要将友军弃之不顾。信里这样写道："在此紧要关头，'济远'号的损失无疑令人痛心。对于舰队的不懈支持，我们始终心怀感激；对当前发生的这场巨大不幸，我们更是感到哀痛万分。未能攻克 203 高地一事让全军极为歉疚，但目前第 3 军正在投入兵力，全力试图占领高地。一旦得手，我方就将歼灭港内的所有敌舰。按照目前的情况，尽管行动危险重重，我们仍恳求海军能继续给予支援。"[3]

这封信件可谓意味深长，因为同一天，第 3 军司令部的海军联络官还曾报告山田将军，陆军对支援的需求并不紧迫，他甚至建议，可以在搜救完成后召回"赤城"号。

之所以出现这种矛盾，其原因可能是，乃木迫切需要的是海上封锁，而非舰艇的战术支援。在前面的恳求信中，他这样总结道："我们一直期待俄军的偷越封锁行动能被完全扼杀，为此，本人请求您在保全重要舰只的前提下，继续在战役结束前做好相关部署。以上请求是我在得知'济远'号遇难后匆忙提出的，

126

还望您们能留心此事。"

　　海军大将响应了这一请求。虽然海军已事先做好了准备，但东京方面并未下达调回通知。因此，在当天和次日，各舰依然坚守在原有岗位上，只有济远支队的残余部队被集体召回，其原有使命则被隍城岛防备舰队接过——现在，济远支队的残部将负责维持对旅顺的封锁，并看守当地的一部分海岸线。

　　但真正影响舰队召回的并不是上述问题——此时，203高地的局势已经峰回路转。前一天晚上，日军先头部队再次攻上主峰，虽然敌人始终在拼死反击，但第3军依旧站稳了脚跟，只是因为附近赤坂山^①（Akasaka-yama）上射来的炮火，他们才没能彻底攻克203高地。随着上述阵地的占领，海军也收到了一则乐观的消息：利用有利局势，陆军有望彻底完成使命。

　　对这条消息，东乡大将回应热烈，他表示，自己深知陆军付出了何等艰巨的牺牲，并会继续全力支援战友。他在电报中写道："对贵军凭不屈精神和长期奋战夺取的胜利，联合舰队表示衷心祝贺，凭借这一有利位置，敌军旅顺舰队已到了迎接死期的时刻。对如此沉重的官兵伤亡，我们也表示由衷慰问。"

　　这一战况，也在次日（即12月2日）军令部从东京的来电中得到了证实，军令部甚至在来电中认定，日军已经在战斗中取胜。尽管此时日方已获悉，罗杰斯特文斯基舰队抵达了法属刚果（French Congo）的加蓬湾（Gaboon），费尔克萨姆舰队也途经苏伊士运河进入了红海海域，但海军没有解除封锁的打算。他们获悉，一个观察哨已在友军占领的203高地西南肩角建立起来，摧毁港内舰队的行动即将开始。现在，"为了让海军摆脱困境"，军令部最关心的问题仿佛只剩下了一个：这场"急速倾泻大量炮弹""令敌人焦头烂额"的炮击将何时展开？

　　但乐观并未持续太久。报告显示，该观察哨的建立为时过早。无可否认，其位置确实可以俯瞰整个港口，而且非常适合观测——从当地，日军能辨认出10艘军舰。闻讯后，海军炮兵观测队指挥官立刻前去监督此事。但在抵达后，

_____

　　① 译注：此地现名为老虎沟山。

他发现，这一地点早已陷入混战，双方的手榴弹在阵地上空乱飞。就在当天凌晨1点，为夺回阵地，英勇顽强的俄军开始拼死反攻。整个夜间，他们的突袭如潮水般此起彼伏，随着援军抵达，战斗在7点进入了关键时刻。一时间，似乎无人能挡住俄军果敢而坚定的脚步。最终，日军不仅被赶出了203高地的西南肩角，连临近的赤坂山也宣告失守。

对日军来说，这次失败宛如当头一棒，其损失是如此惨重，以至于连收复失地都显得暗淡无望。在给东乡传去这一噩耗的同时，乃木也解释说，陆军依然坚守着203高地的东北角，并将尽快发起反攻，但目前官兵受到饥饿和疲惫的折磨，各个联队也彼此混杂，必须花时间休整和重组。此时，第3军的伤亡已达到了约23000人，然而，乃木仍计划在未来加紧进攻，试图以此迫使敌人就范。

在报告中，海军炮兵观测队的指挥官指出，陆军将在次日建立一个稳固的观察哨，但何时占领顶峰尚无法确定。在回复中，东乡大将不仅表示了亲切的慰问，还主动向友军伸出援手。此时，他已经让另一支陆战队整装待发，只要第3军一声令下，他们就会立刻出动，在敌军恢复元气前发动攻击。

然而，第3军并未申请援助——相反，在3日这天，他们一直按兵不动。同时，舰队也未接到任何召回的指示，至于东乡也没有主动要求回国。期间，他只是电告在国内检修的各舰：鉴于旅顺局势随时可能改变，他们必须加快进度，甚至连舰员都必须投入工作。[4]

显而易见，此时日军已决定继续封锁，但问题在于，这一决定会给他们带来更多风险：12月1日，罗杰斯特文斯基舰队从加蓬湾出发、继续向南前进，次日，费尔克萨姆支队开始从丕林岛附近海域驶出红海。[5]另外，日方还获悉，俄军还有第3支分舰队正在离开波罗的海。[6]

虽然这支增援舰队的航线仍然不得而知，但据信，俄军的2支先头部队将再次会合，只是会合地点和之后的航向还无法判明。根据日军大本营的分析，届时，海上战场可能会出现3种局面：

1. 敌军舰队将强行突向海参崴，并以当地作为行动基地；

2.敌军也可能会从中国北方水域进入黄海，重建其打击兵力；

3.敌军或许还会在台湾岛或是中国大陆的南方沿海夺取一座港口，伺机展开上述行动之一。

根据以上分析，日军大本营断定："由于局势使然，为保证舰队随机应变，我方必须充分利用有利的地理环境，令各处的兵力得以相互呼应；同时，在各个方向，我军也需要创造条件，以求尽快掌握敌情。"[7]

在实现目标的过程中，有一点毫无疑问，日军最大的障碍在于情报共享和及时沟通。

只要旅顺仍在坚守，日方就无法判断俄军增援舰队的目标究竟是旅顺还是海参崴；不过，对于第3种可能性，他们仍然能够设法查清。另外，鉴于相关海域是俄军增援的必经之地，日军也有展开侦察的必要，甚至可以为此削弱封锁兵力。于是，在加入东乡舰队、替换回国检修的巡洋舰之后不久，辅助巡洋舰"香港丸"和"日本丸"便接到电报，要求报告自身船况是否足以远航至新加坡。11月29日，正式命令也接踵而至。在电文中，上级这样命令东乡："鉴于波罗的海舰队的抵达，我们认为，当下最有利的做法是侦察敌军可能途经的航道和港湾，即交趾支那①（Cochin–China）沿海和马来群岛（Malay Archipelago）一带。有鉴于此，我们希望舰队派遣2舰回到日本。"另外，为更好地执行任务，2舰也将接受相应的改装。于是，"香港丸"和"日本丸"立刻离开了渤海湾的封锁阵地，并于次日向佐世保驶去。

正如我们接下来所述，2舰的特殊使命正是前往远离主战场的海域，在敌军前进路线上搜集情报。同时，为查明可能被波罗的海舰队用作先遣集结基地的海域，东乡也需要从封锁舰队中抽出更多兵力。为此，在横须贺接受维修的"新高"号奉命出动，前去侦察中国台湾岛海域和中国南方沿海地区。

但另一方面，舰队回国检修的问题还是没有解决，由于战局未尘埃落定，

---

① 译注：交趾支那是一个西方的历史地名，特指今天越南南部以及柬埔寨东南方的地区，日俄战争期间，这里是法国的殖民地。

日军仍然无法做出这种安排。不过，为加快入坞舰只的维护和修理，日军还是采取了诸多新举措。针对这一任务，12 月 10 日，东京召集了所有镇守府和要港部司令官，敦促他们必须全力加速舰船的维修。与此同时，乃木将军也努力进行进攻准备，但直到 12 月 4 日，他才宣布，已准备好重新对 203 高地发动攻击。他将总攻的时间选在了次日，同时还准备朝查明位置的俄国军舰发动炮击。显而易见，此时舰队的心态是沮丧的，他们几乎看不到胜利的希望，事实上，按照我们得到的资料，当获悉局势于当天下午峰回路转时，他们表现得非常震惊。

纵然俄国守军的毅力无与伦比，但他们此时已是精疲力竭，不仅如此，经过数日猛烈炮击，他们的工事已经化为废墟。俄军指挥官特列季亚科夫上校在 203 高地的表现完全超过了在南山的表现，但此时他已经因伤被送往后方；他麾下那个出类拔萃的步兵团如今也几乎灰飞烟灭。他的两位继任者都倒在了战场上，团内的军官几乎无一幸免，弹片如风暴般扫过高地背面，以至于俄军增援根本无法抵达前线。另一方面，日军却能源源不断地派遣有生力量，最终，他们的攻势压倒了守军。只用了 3 个小时，他们便重新夺取了西南肩角，一个观察哨迅速建立起来，其他部队则继续向着高地顶峰推进。17 点时，整个顶峰已落入日军手中，海军观测小组也与后方建立了电话联系。随着天色渐晚，俄军在 18 点 30 分进行了一次绝望的反攻，由于夜幕降临，日军未能有效展开炮击，不过，他们仍然设法重创了"波尔塔瓦"号战列舰。2—3 个小时后，俄军继续试图收复失地，但到午夜时分，所有的战斗都平息了下来，以 203 高地为中心的一连串山头最终落入了筋疲力尽的日军手里。在撤退命令中，康德拉琴科将军这样写道："现在，旅顺将承受垂死的痛苦。"[8]

注释

1. 参见《日本战史发行版》第 1 卷第 233—234 页。

2. 参见《日本战史发行版》第 2 卷第 131 页。

3. 参见《日本战史极密版》第 2 卷第 244 页。

4. 11 月 29 日，"朝日"号已从佐世保返回，梨羽将军也转移到了该舰上，至于"敷岛"号，则被派回国内。同时，11 月 15 号完成修理的"八云"号成了出羽将军的旗舰，"常磐"号被派回吴港接受修理。18 日，炮舰"筑紫"号抵达济物浦，以便接替正在横须贺开展维修的"松岛"号。

5. 不清楚日军当时是否已了解这些情况。劳氏船级社的经纪人在 12 月 2 日曾报告过此事，但在 12 月 5 日，日军司令部委派巡洋舰前往南方侦察的报告中却对这些新动向只字未提，其中只是提到在 11 月 21 日，俄军主力舰队曾在纳马夸兰（Namaqualand）附近海域加煤，同时费尔克萨姆支队离开了苏伊士运河。

6. 该分舰队就是官方所谓的"后援支队"（Overtaking Division），其中包括耽搁出航的巡洋舰"奥列格"号和"绿宝石"号，辅助巡洋舰"斯摩棱斯克"号和"彼得堡"号（两舰已作为"里翁"号和"第聂伯"号纳入海军旗下），武装运输船"海洋"号（Okean）和 5 艘驱逐舰，其中 1 艘驱逐舰后来在阿及尔离队，另外，"海洋"号也在丹吉尔港掉头返回国内。

7. 参见《日本战史发行版》第 4 卷第 1 章第 1 节。

8. 出自施瓦茨和罗曼诺夫斯基合著的《旅顺口保卫战》①（Défense de Port Arthur）第 2 卷第 442 页。

---

① 译注：勒普瓦夫尔（Lepoivre）翻译。

‹ 1904年11月30日，正在大连码头卸载的第7师团第2辎重监视队，该师团的首批部队已于11月11日在辽东半岛登陆，并将被用于对旅顺的进攻

﹀ "济远"号全体生还官兵的合影，该舰在支援攻击203高地期间触水雷沉没。照片左上是该舰舰长但马中佐战前与家人的合影，右上是该舰于1904年年初在大同江口活动期间的照片

∧ 在203高地阵亡的日军和俄军士兵

132

∧ 罗杰斯特文斯基舰队在达喀尔港加煤时的照片，摄于战列舰"鹰"号上

∧ 战列舰"苏沃洛夫"号的赤道穿越仪式：军官和水兵们扮成了黑人、海神和海神的婢女

∧ 罗杰斯特文斯基舰队在大西洋上航行时的景象

∧ 1904年12月时的203高地全景，拍摄时间可能是12月中旬

∧ 日军11月26日发动总炮击时的东鸡冠山北炮台。在第一张照片中，一座俄军弹药库被日军炮弹引爆

∧ 彻底占领203高地后，在山顶架设观察哨的日军士兵。本照片同样摄于晚些时候，按照片拍摄者的描述，其远方是辽东半岛东部的鸠湾一带

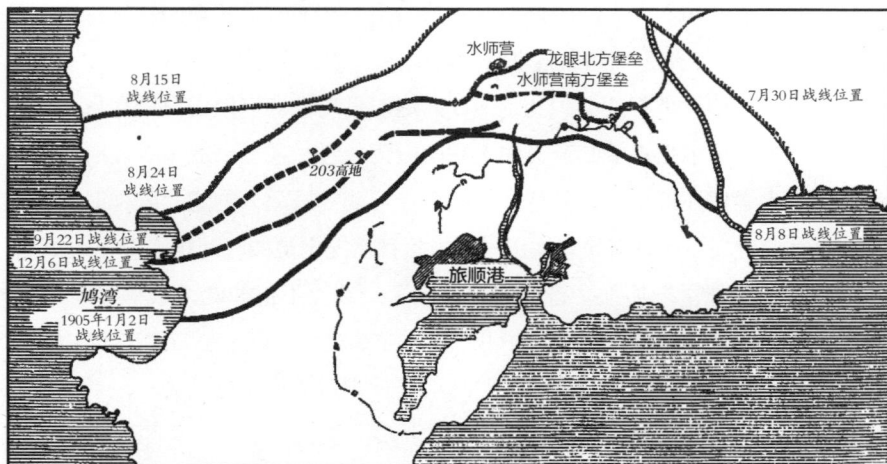

∧ 旅顺围攻战线变化示意图

第八章

摧毁港内舰只，雷击"塞瓦斯托波尔"号

　　203 高地之战就这样落下了帷幕，作为战争当之无愧的转折点，它无疑也最引人瞩目。在历史上，几乎没有哪片荒山曾拥有过它那样重大的军事价值，并如此深远地改变了一场战争的走向。

　　另外，它还充当着一个标志。正如我们所知，随着武器威力越来越大，战争艺术也出现了重大变革，但这种变革并不会轻易展示自己，只有在某些特殊的战例中，它才会被动地暴露在世人面前。在火炮的威力和射程不断提升期间，军事界曾对要塞的攻防进行了详细研究；另一方面，作为一种下意识的结果，在欧洲大陆，炮兵和工程专家们却只将目光投向了专为保护陆军部队设置的地面要塞，至于后者的变体——能守护舰队的滨海要塞，则遭到了忽视。对这一长期缺乏妥善研究的领域，203 高地之战又充当了一个理想的案例：其中牵涉的要素不仅有要塞和驻军，还有一支拒绝轻易冒险的舰队。虽然英国人有丰富的经验应对类似的局面，大陆国家对此却很陌生，在面对这些新问题时，它们只能用老办法——于是，一些始料未及的情况便出现在了这场战争中。

　　在很早之前，俄军便意识到了 203 高地的重要性，但他们只把它当成一处能俯瞰要塞的前哨据点，其意义和老铁山颇为相近。甚至到战争爆发时，他们信奉的军事学说还都认为，只有在这些据点可能变成敌人的炮兵阵地时，它们才拥有重要意义，而且就像老铁山一样，这种情况出现的时间也完全无法预见，这一切，都让俄军把加强防备的建议放到了一边。不仅如此，从军事学角度，鉴于经费拮据，而且此地的隐患并不严重，守军完全可以不必修建工事；另外，修建工事还会导致防区的范围扩大，从而进一步透支俄军的兵力。最后，虽然随着大仰角火炮的发展，火控观察哨的地位变得更为重要了，但当时的军事理论界未注意到这些新变化，并坚持着传统观点。因此，人们后来会发现，俄军一度完全忽视了这些地点。[1]

　　直到日军在 5 月发动炮击时，俄军才猛然醒悟，开始在 203 高地兴修工事，不仅如此，他们还根据日军的进攻判定，这里才是日本人的攻击重点——于是，上述工事又得到了加强和扩建。但它们在本质上仍属于野战工事，根本经受不起日军的重炮轰击。与之形成鲜明对比的是，俄军还在东部和北部战场建造了大量永备工事——这种南辕北辙的做法最终从根本上影响了战局。另外，正如我们所见，如果日军无法摧毁旅顺舰队、扼杀整个要塞，他们将被迫解除海上封锁。届时，波罗的海舰队的抵达将被赋予另一重含义。正如俄国人自己的说法："日军海上行动的失利，可能会剥夺他们在陆上得到的一切。"

　　既然 203 高地意义重大、防守薄弱，为何乃木没有将它列入首批攻击目标？这一问题从未得到过明确解答。甚至俄国人都感到迷惑：既然当地是一处弱点，那日本人为何不用凌厉的攻势夺取它——他们的行动看上去简直不可理喻。但可以想见，日军和俄国人一样，都没有注意到军事界的新变化，在他们看来，要塞西部的各高地不过是几座传统意义上的制高点——按照德国人灌输的"直接行动"（direct action）理论 ①，它们根本不应被列入攻击名单。另外，虽然日本海陆两军都彼此信任，但大本营并不理解这层关系在联合作战领域的特殊内涵，这从逻辑上导致了一种情况：换位思考在两军之间全不存在。从头到尾，主攻 203 高地都是海军的想法。虽然人们普遍相信，这种想法也在大本营占据了上风，并导致他们下令必须不惜代价攻克它，不过，《日本战史极密版》没有给出证据。事实上，根据这份权威资料，陆军从未主动接受过海军的观点。而且可以明确指出，大山元帅只是得知了一个期限，如果超过这个期限，他们在围攻时将不会得到舰队的支援。到那时，舰队对港口的封锁也将解除，不仅旅顺将与外界恢复联络，同时，满洲各军的补给线也有可能遭到俄军舰队的威胁。按照猜测，正是这种危险处境，让陆军跳出自身视野，认识到了海军的需求，还根据后者的需求调整了作战计划。不过，最初这些并未落实到行动上，直到火烧眉毛的时刻，陆军才最终依据海军的诉求改变了计划：换言之，直到期限到来，陆军

---

① 译注：这种理论强调的是，以最快的速度直接攻击最重要的敌军目标，在 19 世纪曾颇为流行。

即将直面舰队撤走的现实后，不顾大本营警告、执迷于攻击永备工事的乃木才真正开始突击203高地。

我们必须指出，日本海军在这方面确实更为高瞻远瞩，至少东乡大将是如此。我们知道，尽管有来自东京的压力和莫大的风险，但为了满足陆上同僚所需，他始终愿意做出改变。虽然他对陆军的战术支援收效甚微，但期间的挫折和损失并未改变他的看法——他始终坚信，虽然自己身为海军将领，但同样需要站在陆军指挥官的角度思考问题。

当然，日本海陆军的这种分歧，也许不像看上去那般严重——根据他们的作战计划，有一个问题我们至少要考虑在内：在乃木将军攻击正面的后方，矗立着一座名叫望台的高地，又名"鹰巢"（Eagle's Nest），据说同样能对港湾一览无余。也许正是因此，陆军才会怀疑攻克203高地的意义。

不过，有一点是我们可以确定的：在占领203高地后，舰队很快便享受到了这场胜利的果实。在攻占高地当天（即12月5日）的傍晚时分，陆上观察哨传来报告，一枚11英寸炮弹引爆了"波尔塔瓦"号的弹药库，一举将该舰击沉，"列特维赞"号也出现了10度倾斜，"胜利"号同样受损严重。但海军对这些消息表示怀疑，因为他们之前从未听闻过、也不相信曲射炮火能击沉一艘防护严密的军舰。他们唯一期盼的是摧毁敌舰的上层建筑和炮塔，最终让对方无法作战。[2]

但事实很快便显现出来。从新观察哨，日军能清楚看到西港内4艘战列舰（即"佩列斯维特"号、"波尔塔瓦"号、"列特维赞"号和"胜利"号）以及巡洋舰"智慧女神"号的动静。"巴扬"号和"阿穆尔"号则躲藏在东港内，一部分舰体被地貌隐藏，而同在此地的"塞瓦斯托波尔"号只有桅杆清晰可见。随着6日的晨雾散去，11英寸榴弹炮在新观察哨的引导下纷纷开火，海军舰炮则得到了化头沟山[3]以东、93高地上旧观察哨的指引。其中，日军的主炮兵阵地位于碾盘沟村（Tien-han-kou）附近，当地在164高地[①]（Headquarter Hill）的背面，距目标大约有8000码；至于其他参战重炮，则部署在东北方向塔河对岸的鞠家

① 译注：164高地在203高地北偏东15度方向，距203高地约3.7公里，又名老镢山和高崎山。

屯（Chu-chia-tun）附近。[4] 当天，日军共发射了 280 发 11 英寸炮弹，所有西港内的俄舰都被观测到中弹数次。次日，日军的炮击仍在继续，其效果也更为可观，"列特维赞"开始沉没，在接下来 2 天冰雹般的炮火打击下，到 8 日晚间时分，"胜利"号、"智慧女神"号和"吉兰人"号（Gilyak）均已沉没，"佩列斯维特"号则形同废船，只能自行凿沉，"巴扬"号也腾起了熊熊烈焰。

此时此刻，在俄军作战计划曾倚仗的这支威风凛凛的舰队中，只有"塞瓦斯托波尔"号一息尚存。虽然前几天，该舰并未成为炮击的目标，但在次日，该舰还是成了日军攻击的重点。事实上，该舰的存亡很快将成为一个标志，并决定东乡是否能安心离开。

不过，东乡此时已经削减了部分封锁兵力：当天，"磐手"号和"浅间"号被派回国内接受维修，只有 3 艘战列舰和 2 艘装甲巡洋舰仍在前线待命。正如我们所见，这种分批派遣舰只回国的新做法也是一种合理安排：此时，罗杰斯特文斯基舰队已出发近 5 个月，据说正在葡属西非（Portuguese West African）最南端的大鱼湾①（Great Fish Bay）加煤，费尔克萨姆舰队则停泊在吉布提。[5] 根据这一进展，俄舰至少还需要 2 个月才能抵达战场，至于后续出动的巡洋舰支队，才刚刚开进地中海。

旅顺舰队的覆灭不仅让日军如释重负，还沉重打击了俄军的士气。此前，为期 9 天的 203 高地防御战已经以灾难收场，接下来，守军又只能坐视港内舰只被接连摧毁——这一切都让他们的斗志消沉到了极点。此时，只有"塞瓦斯托波尔"号一息尚存，虽然该舰已被 5 枚 11 英寸炮弹命中，但损伤依旧可以修理，不过，随着其他舰只被摧毁，日军已经开始对该舰有所关照，该舰步友军的后尘只是时间问题。当时，该舰的舰长依然是冯·埃森海军上校，在担任"新贵"号舰长期间，他曾赢得过日军的极高敬意——面对困局，他将注定不会选择束手就擒。[6]

在过去一段时间，冯·埃森始终在考虑突围，自该舰修理完毕后，他一直

---

① 译注：在今天安哥拉的西南角，现名虎湾（Baia dos Tigres）。

在用仅剩的乘员全力加煤。在 1 个月中，他设法将 700 吨煤炭运到了舰上，同时，他还抵制了将炮弹运送上陆地的命令，保证了每门火炮都有 25 发的储备。可即使如此，他的部分副炮和全部速射炮还是被运往了岸上，令该舰无法出港与敌军展开一场堂堂正正的较量。随着港内遭到 203 高地的日军炮击，他向上级请求出海，并表示自己做好了一切准备。

6 日晚间，俄军召开了一场有全体海军将官和舰长参与的会议，期间埃森正式提交了请求。最初，维伦将军表示同意，但这也带来了新问题，比如在"塞瓦斯托波尔"号出港后，俄军是否应当抽出港湾入口的防雷网保护该舰，以及是否该将能动的舰船全部自沉在入港航道上，以求彻底封锁港区。这场讨论最终让维伦将军改变了看法，并拒绝了埃森上校的请求。然而，就在 8—9 日夜间，随着其他舰只陆续被毁的消息传来，埃森再次主动请缨，经过"漫长而诚恳的游说"，他的出海请求最终得到批准。维伦的答复是："很好，可以自由行动。"不过，他还是不愿调拨更多人员。[7]

但对埃森来说，这道命令已经足够。虽然此时"塞瓦斯托波尔"号上只剩下了 40 人，但通过各种手段，他又招到了 60 名水兵，随后，在自身动力系统的驱动下，这艘战列舰开始向外海前进。此举当然并非易事，由于没有时间移除障碍，该舰只好撞出一个缺口，并最终在几条沉没的阻塞船旁抛下了锚链。虽然其停靠位置处在 203 高地的视野中，但埃森早已将目光放在了大约 2 海里外白狼湾的北岸，那里有一处被群山环抱的锚地。同时，该锚地也恰好位于城头山堡垒的脚下，可以得到后者的火力支援。自从 11 月的第一周以来，炮舰"勇敢"号便在那里停泊，而且基本平安无事。有鉴于此，冯·埃森决定前去与该舰会合，并在当地等待合适的出港时机。[8]

这片锚地内遍布着日军的水雷，但随着退潮，这些水雷都会浮出水面，让军舰可以轻易避开。最终，该舰在靠近海岸的地方成功抛下了锚链，和"勇敢"号并成了一排。为保护"勇敢"号，俄军早先便采取了若干措施：在南面靠海方向，即老虎尾半岛的峭壁与低地相连处，他们安装了从"勇敢"号上拆下的探照灯和 2 门 3 磅炮；另外，他们还修建了一道防材，以保护该舰的舰首免遭损害。冯·埃森上校也采取了类似的做法。驳船为该舰运来了必要的火炮和更多弹药，维伦提供的另外 200 名水兵也随之赶来。在他们抵达后，俄军立刻张开防雷网，并将其延伸到了缺乏保护的船首方向。虽然新来的水兵只勉强填补了一半人手，而且缺乏组织和训练，但埃森仍然坚信，除非维伦将军严厉禁止，他就将利用接下来的第一个暗夜突围出海。[9]

虽然在目前，埃森上校仍需要按兵不动，但他还是把精力投入到了建造防材上，这些防材都从港内拖航而来；日复一日，舰员们都在炮火下忙碌。为让防御无懈可击，埃森还说服上级调来了 2 艘驱逐舰。这些驱逐舰都停泊在近岸处，以防止日军从这一面实施攻击。不过，整个部署依然存在弱点：除了"勇敢"号的 3 磅炮之外，俄军没有其他的反鱼雷艇武器。在战列舰上，俄军只有 2 门12 英寸前主炮和 4 门 6 英寸舰炮，在炮舰上还有 1 门老式 9 英寸炮和 2 门 12 磅炮，但后者的射界都很恶劣。目前可动的驱逐舰最多也只能提供 7 门 12 磅炮和10 门 47 毫米炮。不过，俄舰还能从俯瞰锚地的各个炮台得到支援，后者火力强大，可以压制袭来的雷击舰艇。[10]

然而，"塞瓦斯托波尔"号的出动时刻迟迟未能到来。12 月 9 日清晨，11英寸炮弹开始如雨点般落在该舰原先停泊的地方，这一度令俄国人相信，该舰的出港还未被日军发觉。但事实上，"镇远"号和"扶桑"号都在清晨 7 点 30分向东乡大将发去电报，表示"塞瓦斯托波尔"号已抵达了新锚地。当时，东乡正率舰队驶出夜间警戒区，闻讯后，他立刻派遣战队内剩余的 2 艘装甲巡洋舰前去抵近侦察，考虑到该舰可能会向芝罘或胶州突围，他又派遣了"千代田"号去监视上述航线，不仅如此，他还将巡航的驱逐舰增加了一倍，并带领战列舰开赴遇岩附近的阵位。11 点后不久，东乡舰队抵达目的地，此时，他获悉"塞瓦斯托波尔"号已开入了城头山脚下。鉴于几小时后俄舰依旧没有动静，东乡开始做出部署，试图阻止对方逃脱，并对该舰的停泊地发动雷击。

按照计划，他指挥的战斗舰队退回到了"第 1 警戒线"（First Watch Line），即成山角外海，而巡洋舰战队和驱逐队则继续在原有的夜间哨位上保持警戒。[11]驱逐舰将不会参与雷击行动——鉴于它们的封锁工作已经完全饱和，日军的考虑也许是：驱逐舰过于宝贵，完全不该用于冒险。不仅如此，水雷艇队也要小心部署，这一点可以在司令给山田将军的命令中略见一斑。该命令要求山田采取措施，武装大连防备舰队的敷设艇和 2 艘舰载水雷艇（"三笠"号和"扶桑"号）；另外，他还应当设法在当夜和次日夜间布设水雷，截断"塞瓦斯托波尔"号的退路；只有一个水雷艇队——第 14 艇队——奉命在天气条件允许时发动攻击。[12]

然而，日军的命令中还是出现了混乱。当时，"镇远"号正在小平岛外海的哨戒区上，其舰长今井海军大佐[①]（Captain Imai）表示，他接到的命令是派遣第 9 和第 15 艇队发起攻击——这些艇队装备的都是一等水雷艇，并隶属于封锁旅顺的巡逻部队。同时，山田将军也向麾下的所有艇队发去命令，要求他们在做好进攻准备后集结于小平岛附近，但由于上级的反对，或是天气原因，他的计划最终没有实现。

此时正值冬季，天气已变得愈发恶劣：不断有风雪裹挟着巨浪吹袭而来，异常寒冷。按照记录，这一天"北风凛冽，漫天黄沙笼罩着整个海面，甚至铺满了每艘战舰的甲板。与之共同降临的还有冰雹、大雪和严寒，浪花一落在甲板上就会立刻冻结"。

但即使如此，第 9 和第 15 艇队仍在向目标区域开进。第 9 艇队的 3 艘水雷艇报告发现了敌人，并在 1000—2000 米距离上发射了 8 枚远程鱼雷，但由于艇身摇晃猛烈，它们既没能妥善瞄准，也没有观测到鱼雷造成的伤害。第 15 艇队的 4 艘水雷艇则分成了 2 个小队，但雪中敌军的探照灯光是如此耀眼，最终，这些水雷艇都未能发现敌舰。俄军则对日军的进攻毫无察觉。

这一整天，呼啸的狂风切断了海上与地面的联系，日军无法把命令传递到艇队。但另一方面，情报显示，"塞瓦斯托波尔"号依然停留在原位置上。至于东乡大将，则在返回圆岛期间收到了一份来自东京的急电，在电报中，上级要求舰队必须竭尽全力，决不能让俄军大摇大摆地逃离。

为执行这一命令，东乡一面让"三笠"号驻泊在圆岛掌控全局；另一方面，

---

① 译注：即今井兼昌（1858—1907 年），他出生于鹿儿岛地区，1874 年加入海军，早年曾在"筑波""肇敏"和"比叡"号等舰服役。1888 年时，他被日本军方派往中国，以便搜集长江水道的相关情报。在甲午战争期间，他先后担任过"吉野"号分队长和第 3 水雷艇队司令，1904—1905 年期间作为"镇远"号舰长参加了日俄战争，1907 年 3 月以海军少将军衔退出现役，同年 7 月病死。

他还派遣片冈将军带领战队的其余舰只前去扼守第1警戒线，并在当地以不变应万变。此时，东乡最大的担心在于"塞瓦斯托波尔"号可能会利用天气驶向芝罘，随后沿着海岸悄然前往胶州。因此，他专门派遣了出羽战队前去监视芝罘航线——此时，这一战队包括"八云"号、"高砂"号、"音羽"号和朝鲜炮舰"扬武"号（Yobu）。东乡正路少将则单独带领"明石"号出发，前去巡逻在遇岩和庙岛列岛之间的海面。[13]

新一轮雷击行动要比前一晚更为激进。除了负责传令和接受维修的单位，东乡投入了哨戒区内和大连湾防备队麾下的所有水雷艇，期间，各艇队的先任司令[①]将负责全权指挥。虽然有很多理由相信这道命令并未下达，但有一点是肯定的：由于暴风空前猛烈，各轻型舰艇部队根本无法出动。期间，甚至没有一艘水雷艇抵达小平岛外海的集结区。"塞瓦斯托波尔"号则又赢得了一天构建防御设施的时间。

这还远不是最糟糕的。当夜（即10日夜间）20点左右，风暴最为猛烈之时，位于圆岛的"三笠"号收到了一条"明石"号发来的电报，表示该舰已经触雷。东乡立刻命令离现场最近的出羽战队前去支援，但不久之后，他又改变了想法，并将任务交给了"桥立"号、"严岛"号和位于小平岛的轻型舰艇。2艘军舰闻讯立刻起航，但轻型舰艇则不然，由于天气过于恶劣，命令难以传达，它们最终都没能如愿前去。

"明石"号的触雷地点在遇岩以南约11海里处，受创的位置在右舷前部[②]的吊锚杆附近，爆炸在装甲甲板上方6英尺处撕开一个大口，并破坏了更靠上的部分舰体；有3个舱室当场进水，导致舰首下沉并向右倾斜。由于天气极端恶劣，该舰一度危在旦夕，其舰长在报告中写道："当时北风猛烈，风速高达6级，大浪猛烈摇晃着舰只；另外，由于当晚天色昏暗、寒冷异常，整个甲板已完全被冰层覆盖，冰冻的绳缆让人几乎无法抓握。"虽然情况绝望，但通过关闭水密门和安置堵漏板，该舰还是排出了大部分进水，并通过转移煤炭和物资恢复了平衡。抢修立刻开始，到23点30分第5战队的2艘巡洋舰靠近时，该舰已经排除了险情，

---

① 译注：即各艇队司令中军衔最高或资历最深者。
② 译注：原文为后部（abaft），实际有误，据《极密·明治三十七八年海战史》改为前部。

并在黎明时分凭借自身动力缓缓跟随 2 舰向大连港驶去。12 日中午，该舰抵达目的地，这一精湛的功绩将注定令日本海军自豪不已。

11 日当天，寒风依旧凛冽，气温降至零下 17 摄氏度，浮冰遍布整个海面，让海面显得暗淡苍白。正因如此，东乡司令并没有命令各艇队出动，同时，由于"明石"号的遭遇，日军也被迫调整警戒部署。根据新命令，出羽战队将全力扼守渤海海峡和庙岛海峡 14，第 6 战队的剩余部分也另有安排，其中，光禄岛的"千代田"号将被朝鲜老式炮舰"扬武"号替换，随后，该舰将和"和泉"号一道前往以"位置 K"为中心的警戒区——该警戒区在大连湾入口正南 40 海里处。15

随着入夜后风浪减弱，大连的所有轻型舰艇都相继出港前往小平岛，不过，它们没有接到任何出击指示。另一方面，第 15 艇队（当时正在执勤）和大连湾防备队的 2 艘敷设艇（它们都安装了"岸防鱼雷"）却接到了"镇远"号舰长今井大佐的进攻命令。经过上次攻击，日方相信"塞瓦斯托波尔"号已得到了防雷网的全面保护，为此，今井大佐专门要求各艇不得使用远程鱼雷，还必须在鱼雷上安装防雷网切割装置。

按照俄军的描述，这些袭击者于午夜时分发起了攻击：最初日军来自正南方向，接着又转舵向东，以此横越了"塞瓦斯托波尔"号舰首，不久即在发射鱼雷后全身而退。16 日军的记录显示，他们是从东南方以半速向目标接近。在离目标不足 1000 米时，第 15 艇队的前 2 艘艇开始左转，并在行踪暴露之前施放了 3 枚鱼雷，第 3 艘则逼近到了 400 米内，在发射 3 枚鱼雷后，该艇也像友军一样向左转舵。随后，该艇一度被俄军发现，并遭遇了炮击，但最终还是安然脱险。第 4 艘水雷艇则被探照灯锁定，由于敌军的炮火无比猛烈，其艇员除了炮口闪光之外根本一无所见，最终，该艇带着鱼雷无功而返。

紧随其后的是 2 艘敷设艇，它们从正南方朝着目标逼近，此时，这些小艇的身影完全暴露在了探照灯的光柱中。炮弹像暴风雨般迎面飞来，但幸运的是，它们都掠过艇员头顶落进了海中。2 艘小艇的报告显示，在探照灯光的猛烈照射下，它们各在 1200 米外发射了 2 枚鱼雷，随后冒着炮火安然逃脱了。

整个攻击中，日军发射的 10 枚鱼雷都无一命中，其中 3 枚卡在"勇敢"号周围的防雷网上没有爆炸，还有 2 枚完好无损地冲到了海滩上。17 显而易见，"塞瓦斯托波尔"号根本没有被日军发现，更没有遭到直接攻击，另外，尽管日军水雷艇宣称突入到了1000米以内，但俄国方面的记录显示，它们只是远远地发动了攻击。日军敷设艇曾报告说，自己曾两次感受到爆炸震动，但在一片炮火轰鸣中，它们并没有听到声响。无论具体情况如何，有一点是可以确定的：袭击以失败告终——当天清晨，东乡也向陆军报告了事件的结果。

然而，在回电中，乃木提出了一个陆军更关心的问题。利用封锁线上的漏洞，英国偷越封锁船"亚瑟王"号（King Arthur）成功穿越了警戒线，黎明时分，该船已出现在老铁山脚下，并正向旅顺港前进。一艘值班的水雷艇立刻前去拦截，但依然为时已晚。不久，东乡大将便只好无奈地向乃木将军发去回电，表示该船正安然停靠在"塞瓦斯托波尔"号和炮舰泊地的近岸水域。由于满载着面粉、蔬菜和各种物资，对守军来说，它的到来简直如同福音，但对东乡来说，这只会让他更坚定地对敞开的锚地再次发动夜袭。不久，今井大佐发来电报，他已经吩咐第20水雷艇队和"三笠"号、"扶桑"号的舰载水雷艇出动，第10水雷艇队将沿途护送，但按照东乡本人的命令，第10、第14和第15水雷艇队也将参与攻击。

显而易见，海军早已下定决心，不把"塞瓦斯托波尔"号击沉，他们将绝不离开旅顺；但鉴于回国维修已容不得耽搁，东乡还被迫采取了另一项意味深长的举措。之前，日军并未公开封锁行动中的舰船损失。沉船上的舰员则被分派到了特务舰、辅助巡洋舰、炮舰和其他类似的船只上面，问题也恰在于此——现在，这些舰船将有一部分回国修理。为此，他提议公开巡洋舰"吉野"号、炮舰"大岛"号和驱逐舰"晓"号、"速鸟"号沉没的事实，并将幸存乘员操纵的舰只派遣回国。

但就在发出电报后不久，另一艘巡洋舰也被添上了名单。13日午夜后不久，他收到了一份"高砂"号发来的电报："我舰触雷，速来。"当时，该舰已奉命前往最新的夜间哨位，即砣矶岛正东方29海里处的"1217地点"，但不同于要求的是，该舰并未在阵地上巡航，而是处于漂泊状态。按照报告中的解释："尽管周围海域没有发现水雷，但鉴于过去几日北风极为猛烈，本舰预感到有危险存在。"即使小心谨慎，该舰左舷前方还是在午夜时分发生了一次猛烈爆炸。见状，该舰立刻向僚舰"音羽"号求援（此时"音羽"号正漂泊于该舰西微北12海里处），还展开了堵漏垫，但由于凛冽的寒风和伸手不见五指的暴雪，所有纠正倾斜的尝试都宣告失败。20分钟内，其倾斜便达到了25度，此时已有3艘小艇放下，但由于倾斜严重，其汽艇和中型舰载艇都无法吊入水面。期间，"高砂"号虽然设法恢复了动力，更通过迎风行驶、砍断左侧锚链一度缓解了险情。然而，凌晨0点45分时，其船体倾斜还是达到了30度，动力系统也陷入瘫痪。由于探照灯失灵，该舰无法通报自身的位置，只能在狂风中无助地飘来荡去，期间，海水也开始涌入舰体右舷。随着倾斜急剧增加，舰长召集所有人前往甲板集合，在"为天皇三呼万岁、齐唱军歌"后，他们开始静静等待沉没时刻的到来。

日方在战史中写道：

> 1点10分，全舰向左倾覆；两三分钟后，其舰体便消失在了波涛之下。除了小艇上搭载的25人之外，所有舰员都落入了海中。当时，海面上刮着凛冽的东北风，雪片在半空中飞旋，严寒刺进每个落海者的骨髓；天色是如此昏暗，以至于人人都伸手不见五指。期间，只有从漫天大雪中照射而来的："音羽"号的探照灯光能提供些许指引。多半成员都俯伏在木板和吊床上高声勉励着对方不要被大浪冲散，但即使如此，随着寒意侵入身躯，他们大多数还是在昏迷后纷纷落海。

此时，"音羽"号已经发现了"高砂"号的下落，并在该舰沉没前赶来。不顾天气恶劣，该舰设法放下了全部舟艇，但由于波浪汹涌，他们的努力注定收效有限。"雪片遮蔽了探照灯光，救援人员只能顺着落水者的声音判断其所在的方向。"经过3个小时的搜救，他们救起了舰长、10名军官（其中有3人后来不治身亡）、151名士官与士兵（其中3人后来身亡）。下落不明的副长、21名军官和210名士兵最终被列入了阵亡者名簿。[18]

在灾难发生的同时，日军也对"塞瓦斯托波尔"号发动了第3轮攻击，但出于某些原因（比如联络困难），参战部队的规模和东乡的要求相去甚远：除了今井大佐原命令中要求出动的第20艇队和2艘舰载水雷艇外，配合参与行动的只有第14艇队。根据各艇队司令的商议，领先的第20艇队首先从小平岛出发，沿西南微南方向行驶，在城头山探照灯处于其西北偏北方向之后，艇队将朝着探照灯转舵向目标发动攻击。紧随其后的舰载水雷艇将继续朝老铁山顶峰前进，直到城头山处于其正北方，随后，它们将在此地待命，直到第20水雷艇队攻击完毕。[19] 至于第14艇队，将最后进攻。

虽然这一计划得到了忠实执行，但此时的俄军已是严阵以待，就在第20艇队的先导艇（第26号水雷艇）发现目标后不久，其自身也被映入了黄金山探照灯的视野，随后，其他俄军探照灯都将注意力集中到了该艇上，城头山等地的俄军岸炮也开始猛烈开火，其中1发炮弹击穿了其水线处的船体，但此时，"塞瓦斯托波尔"号已经遥遥在望，该艇一面用毛毡堵住破口，一面继续前进，在大约300米距离上，该艇向目标发射了2枚鱼雷，然后从西南方向撤出了交战区域。

第2艘水雷艇（第64号水雷艇）则紧跟着先导艇的航迹，在未被发觉的情况下，也抵近到300米外发射了3枚鱼雷。期间，该艇注意到了先导艇受创的情况，于是立刻上前协助，但就在此时，一枚炮弹命中了其水线以下部分，并在军官住舱爆炸。同时，这枚炮弹还瘫痪了引擎，但经过紧急修理，该艇还是成功地从战场撤离。

这段时间，艇队的3号艇——第63号水雷艇也发动了进攻，但该艇只在500米距离上发射了1枚鱼雷，由于未能发现友军，该艇选择了自行返回集结地。第65号艇也在同样距离上发射了2枚鱼雷，突向目标期间，该艇意识到有2艘友艇已经受伤，于是在攻击完成后立刻上前接应。随着各艇驶出敌军射程，该艇开始牵引着第64号艇撤退（第62号艇则可以自主航行）——最终，4艘水雷艇都成功脱离了战斗，只是它们发射的8枚鱼雷都无一中的。

在确定受伤的友艇脱离战场后，第14艇队也开始向战场驶去，该艇队的司令关少佐 ① （Seki）坚信：必须逼近到确保命中的距离上，否则，这次攻击将毫无意义。他严厉告诫各位下属：除非敌舰的轮廓清晰可辨，否则不得发射鱼雷。[20]

---

① 译注：即关重孝（1870—1930年），他在1890年成为少尉候补生，日俄战争前曾担任过"桥立"号和"镇远"号航海长，驱逐舰"晓"号舰长、第14艇队司令等职务，1905年晋升中佐，战后最终军衔为少将。战争期间，他的长兄关重忠在"朝日"号上担任机关长，幼弟则在巡洋舰"高砂"号上服役，他们都在战争中幸存，晚年也均以少将军衔退役。

148

同时，他还对使用 14 英寸鱼雷的做法有所怀疑。由于战列舰周围有防雷网，关少佐相信，这种鱼雷制造的破坏注定微乎其微。

因此，关少佐下令将偷越封锁船当作首要目标，并准备使用安装防雷网切割器的短程鱼雷。在接近目标期间，他几乎立刻被探照灯发现，但他没有知难而退。考虑到水雷艇很难迎着探照灯光看清目标，少佐选择了先行退避，但与此同时，他也在寻找更好的攻击机会。他们一共尝试了 4 次，但每次都无果而终，到清晨 6 点时，由于落潮让敌军水雷浮出水面，行动变得异常危险，于是，各艇便在未发动攻击的情况下扬长而去。

但日军的攻击还没有结束，2 艘舰载水雷艇依旧身处前线。根据日军制订的作战计划，在与第 20 水雷艇队分开后，它们将抵达城头山探照灯正南海域，并于 2 点 45 分在外海停船准备发动攻击。在随后的半个小时，它们看到揭幕战已经结束，并开始缓缓向北前进。期间，它们从近在咫尺的地方驶过了开洋礁（Kai-yang-chau），但不久之后便注意到有 1 艘驱逐舰正从它们前方驶过，意识到继续前进已毫无意义后，这 2 艘水雷艇开始掉头返回原位置，试图等待更好的攻击机会。在白狼湾方向，尽管黎明将至，但当地依旧一片宁静。俄国人相信，日军的攻击已经结束，因此，当 2 艘舰载水雷艇突然出现在其视野中时，他们显得极为震惊。当时，这些攻击者离目标如此之近，以至于埃森上校回忆说他可以听到敌人的命令声。在行踪暴露前，这 2 艘水雷艇各施放了 2 枚鱼雷，然后立刻转舵逃走。日方记录的发射距离是 200 米，而埃森上校则表示只有 60 英寻（即 120 码）。舰载水雷艇报告称，所有 4 枚鱼雷均引发了爆炸，但埃森上校表示，真正命中的鱼雷只有 2 枚：按照他的陈述，有 1 枚鱼雷在撞向防雷网后沉入海底，另 1 枚穿透了舰首附近的屏障，并在靠近船体侧舷的地方炸开，从而在舰体上制造了一道裂口，并导致水下鱼雷发射舱严重进水。[21] 发现敌情后，埃森立刻命令攻击撤退的敌人，并取得了一些命中：其中，"扶桑"号的舰载艇尾部中弹，"三笠"号的舰载艇引擎舱和锅炉舱都严重受损，不过，整个小艇上只有 3 人受伤，伤情也没有妨碍撤退。最终，这 2 艘水雷艇都平安抵达了小平岛海域。

尽管取得了这次微小的胜利，但日军接到的晨间报告显示，3 艘敌军船舰的状态依旧,只是其周围的警戒兵力上升到了4艘驱逐舰。为此,东乡决定采取措施,投入更强的兵力发动攻击。他一方面告知陆军,自己准备继续坚守直到取得胜利,同时,他也请求友军持续向"塞瓦斯托波尔"号开火,以求制造威胁。同时,或许是为了避免混乱,他还决定调整指挥体系。12月13日,在收到上次突袭的战报后,他指示派遣至少3个水雷艇队(不含第15和第20艇队)发动夜袭,而且和之前各艇队单独行动的做法不同,这一次它们将共同发动进攻。在攻击"塞瓦斯托波尔"号时,鱼雷定深将被设为6米。不过,整个行动的重中之重还是击沉偷越封锁船。因此,作为小平岛锚地各警戒舰只和作战现场的最高指挥官,"镇远"号舰长今井大佐专门做出指示,第10水雷艇队和1个混成艇队将参与行动,其中后者将由来自第12艇队的2艘和第6艇队的1艘水雷艇组成。此前,日军的雷击行动实际一直由3名主官——今井大佐、山田将军和艇队先任指挥官第15艇队的司令笠间①(Kasama)海军少佐——指挥。但当天晚些时候,或许是为了避免再发生混乱,东乡决定让今井大佐暂时接手此事,并统一调遣小平岛的所有驱逐舰和水雷艇。由于当地是封锁巡逻部队的基地,因此,对派遣哪些舰艇展开封锁或是攻击白狼湾的敌舰,今井大佐将拥有最终的决定权。但即使如此,日军的指挥依旧没有统一,因为山田将军的大连湾防卫队并不在该命令的管辖内;同时,第15艇队司令笠间少佐的职位也没有变动——他依然负责攻击的现场指挥。[22]

对当夜(即13—14日夜)的袭击,今井大佐在原始命令中的要求是,第10水雷艇队应当趁涨潮(即凌晨3点30分左右)发动进攻,随后朝东南撤退;此举也是为了吸引敌军探照灯的注意力,并为混成艇队接近目标提供机会。但由于天气原因,整个计划一开始就横生枝节。随着夜幕降临,一场猛烈的暴风雪横扫了海面,虽然第10艇队被迫点亮探照灯,但还是在逼近目标时彼此失散——期间,它们甚至无法看到敌军的探照灯光。直到清晨,第10艇队仍然在行动区

---

① 译注:即笠间直(?—1939年),在日俄战争爆发前,他曾担任过"不知火"号回航委员长和"雷"号舰长等职务,1905年1月晋升中佐,战后历任"音羽""严岛""春日""吾妻"等舰的舰长,退役时军衔为大佐,1939年10月去世。

域搜索，但最终没有任何发现。

混成艇队由3艘3等水雷艇组成，它们的表现更为出色。在开赴战场途中，其麾下的各艇始终没有失散，同时，通过航位推算法，他们判断自己抵达了城头山正南。随后，这3艘水雷艇开始缓缓减速，朝着目标摸索前进。由于风雪愈发猛烈，它们还是在路上彼此失去了联系，各艇只好尝试单独发动攻击。其中，担任先导的第52号水雷艇在凌晨4点后不久发现了目标，由于视线模糊，该艇始终无法正常瞄准，只好暂时退避，以等待更有利的机会，就在机动期间，它注意到了另一艘友艇正在进攻。

这艘水雷艇就是艇队内的3号艇——第58号。在接近目标期间，该艇突然发现敌人出现在了距200米的位置上，见状，该艇立刻发射了2枚鱼雷，然后转舵朝着集结点高速返航。就在撤退途中，第52号水雷艇开始重新接近目标，并在400米外射出了2枚鱼雷。但此时，俄军的防雷网已经修复，4枚鱼雷都遭到了拦阻。至于第3艘水雷艇，则彻底失去了音讯。俄国人相信该艇已经触雷沉没，但真正的情况可能是，其艇长试图绕过俄军布置的防材，从海岸和敌舰之间悄悄靠近目标，并趁机用炸药破坏"塞瓦斯托波尔"号的防雷网。也许就在实施这一大胆的计划时，该艇撞上了礁石。俄军表示，他们确实听到礁石上传来呼救声，但在次日清晨去检查时一无所获。最终，该艇队只有2艘水雷艇平安抵达了小平岛。

这次夜袭也是日军第4次遭遇完败。期间，他们发射了30枚鱼雷，局势变得更为绝望。尽管在晚间，岸上观察哨表示，"塞瓦斯托波尔"号的舰首正在下沉，但来自"扶桑"号的报告显示，这艘俄军战列舰的情况仍然一如既往。为此，东乡命令山田将军和今井大佐再次发动夜袭，这次，除却之前参与行动的单位，日军还将投入第9和第14艇队，它们装备的都是一等水雷艇。然而，要么是因为"扶桑"号发来的消息，要么是出于进一步的考虑，东乡又开始认定，舰队有必要采取更激进的手段。

此时，水雷艇部队的军官已经达成一致：鉴于敌军的防御过于严密，如果要强行攻破，他们就必须采取特殊措施。为此，他们会将一些鱼雷的定深故意调深，以便能穿越一切障碍，另一些则会被调至0米，以求摧毁防材和战列舰周围的防雷网。在东乡本人看来，既然俄军的防御堪称天衣无缝，那么，他们只有发动大规模攻击才能将其打破。随着天气放晴，他向今井大佐下令：必须在当夜投入全部雷击舰艇，其中1艘水雷艇将换装1具18英寸鱼雷发射管——这种发射管之前只安装在驱逐舰上。他在给山田将军和今井大佐的指示中提道："你们应于今晚派遣所有水雷艇攻击'塞瓦斯托波尔'号，期间，各艇必须使用近程鱼雷，并保证发射距离小于600米。笠间海军少佐将全权决定各艇是同时还是相继发动进攻。其中一部分艇队应当放弃进攻，转而进行牵制佯动。至于守卫封锁线的任务，将由驱逐舰接替。"

根据这道命令，日军将所有可用的雷击舰艇都派往了小平岛，但由于损失，其中只有24艘水雷艇可以出动，它们分别隶属于9个艇队，另外，"富士"号的舰载艇也将随同参战。[23] 由于之前的夜袭，另外2艘舰载水雷艇以及整个第20艇队都失去了战斗力。

为迎战日军，埃森海军上校也做了全方位的部署。此时，保护2艘军舰的防材已经竣工，在南面，俄军还安置了驱逐舰"暴躁"号（Serditi），该舰的探照灯能够搜索到该方向的所有来袭之敌。发现敌舰之后，该舰会用光柱锁定目标，直到对方抵达白狼山附近，随后，炮舰"勇敢"号将接过任务，驱逐舰"前哨"号（Storozhevoi）将负责最后一程，即照射敌军直到对方撤退。另外，如果敌军从东面接近，"前哨"号将首先进行监视，其余各舰会依照相反的顺序展开接力。另外，还有3艘驱逐舰停泊在近岸一侧。[24]

整个警戒系统还得到了远方各个堡垒中探照灯的支援，按照日军的描述，这些探照灯的运转十分熟练：其中，位于黄金山和蛮子营的探照灯将光束集中在了"塞瓦斯托波尔"号附近的水面，而且从不会移动，因此，如果水雷艇要进入有效射程，就必须先进入被照亮的海域。另外，鉴于日军会以城头山探照灯作为参照点，因此，该探照灯将保持熄灭，只有在敌艇逼近时才开启。最后，只有唠嵂咀的探照灯会往复搜索，以探查锚地以外的海域。

此时，日军的处境可谓比以往更艰难，为此，笠间少佐制订了一份特殊的攻击计划，该计划的规模极为宏大。[25] 其基础是将突袭部队分为2个艇群，其中第1个艇群由3艘二等水雷艇（即第52、56和58号水雷艇）组成，它们也是第 6 和第 12 艇队硕果仅存的单位，同时，这 3 艘水雷艇还将得到"富士"号舰载水雷艇的加强，任务是在突袭中充当前卫。其具体目标是摧毁俄军的屏障，为第 2 个艇群——其余所有水雷艇——发动总攻创造条件。

在这个月色明亮的晚上，第 1 批水雷艇在 21 点出发了。当 23 点 30 分，各艇从东面朝目标接近时，云层遮蔽了夜空，雪片再次飘洒在海面上，于是，这个艇群不待月亮落下便再次发动了进攻。尽管敌军很快便发现了它们的身影，但这些水雷艇还是迎着猛烈火力，在规定射程内发射了鱼雷。随后，各艇开始设法逃走，第 56 号水雷艇在此期间多次中弹，但损伤并不严重。另外，第 58 号水雷艇也多处受创，导致 3 名乘员受伤，1 部螺旋桨的桨叶破裂，另外还有 1 具鱼雷发射管受损。第 52 号水雷艇则安然无恙。"富士"号的水雷艇紧随其后向敌军逼近，试图从后方展开进攻，但由于发射管出现故障，该艇只好暂时作罢，并等待第 2 群水雷艇到来后再次进行尝试。当时，日军的第 2 个艇群共拥有 21 艘水雷艇，并被编组为 5 个艇队，其中 2 个艇队混合了不同的型号，其他 3 个艇队则全部装备着二等水雷艇。[26]

和前一批水雷艇一样，它们选择从东方靠近。按照俄军的描述，这些水雷艇以单纵阵全速发起了冲击。虽然它们的身影立刻被"前哨"号的探照灯发现，但这些日军仍在继续前进，并抵达了"勇敢"号附近的海域。接下来，在大约 1200 米外，各水雷艇开始转舵向南进入了平行于敌舰的航线，并朝"勇敢"号、"塞瓦斯托波尔"号和驱逐舰"暴躁"号发射鱼雷，随着攻击完成，各艇开始再度转舵向东逃遁。由于夜间能见度良好，进攻期间，日军始终处在俄军火网的打击下。不仅如此，防御者的炮火比以往更凶猛，俄军陆上观测员相信，他们的炮火击沉了其中 2 艘，还有 1 艘日军水雷艇被小艇发射的鱼雷摧毁。

可以确定，攻击结束后，1 艘日军水雷艇瘫痪在了海面上；由于现场的炮火过于猛烈，友军的救援都宣告失败。期间，1 艘俄军驱逐舰试图捕获该艇，但岸炮却将其当成了敌人。鉴于可能遭遇误击，该舰只好在朝瘫痪的目标发射鱼雷后转舵离去。

这种说法也得到了在场的另一位俄军军官的印证，而且他还补充说，日军的攻击就像在接受检阅，即使在探照灯的照射下，它们也像夜间训练一样我行我素。这些日军从东面驶来，彼此间隔大约 2 链，然后转舵向南，在 400—1000 码距离上发射了鱼雷，最终从来时的方向脱离了战斗。[27]

各个日军主官的报告为我们描述了更为真实的战况。最先投入战区的是第 15 艇队，该艇队从东面向着目标接近，就在凌晨 1 点 15 分抵达目标区域时，它们突然被敌人发现，并遭到炮击，但最终都在 600—800 米距离上发射了 1—3 枚鱼雷；在整个攻击中，最终有 9 枚鱼雷被成功射出。随后，该艇队开始按照计划进行佯动，以便协助友军进攻。根据要求，他们需要在黄金山以南 2.5 海里外停船，试图以此吸引敌人的注意。完成进攻后，先导艇立刻前往了佯动地点，其余各艇则紧随其后。

与此同时，第 1 个混成艇队（成员分别来自第 2 和第 21 艇队）也开入了战场，并顿时陷入了俄军探照灯的强光照射下。但即使如此，该艇队还是在 400—500 米距离上发射了 10 枚鱼雷，并安然从炮火下逃脱了——唯一的例外只有第 49 号水雷艇，该艇的指挥塔遭遇重创，不过依旧可以行驶。

接着驶入战场的是第 10 艇队，其麾下拥有 4 艘水雷艇，另外还配属有第 16 艇队的第 39 号水雷艇。其中司令搭乘的第 43 号艇向"塞瓦斯托波尔"号发射了鱼雷，第 41 号艇则分别成功地对该舰和"勇敢"号实施了攻击。期间，第 41 号艇被多次命中，但行动并无大碍。

第 43 号艇则没有那么幸运，就在它完成发射、转舵逃离时，其锅炉被一发炮弹击中，令该艇瘫痪在了离敌人只有约 1000 码的海面上，迎接它的是冰雹般的炮火，其中一发直接命中了指挥塔，艇长顿时在众人眼前消失。艇上的大副接过指挥权，并发出信号请求支援。期间，接二连三的炮弹击杀了 7 名官兵，令该艇注定无力回天。在完成攻击后，第 40 号水雷艇立刻赶到了事发地点，接走了第 43 号艇的幸存乘员。在猛烈的炮火下，该艇还试图展开拖带，但是 4 根钢缆都陆续被炮弹切断。随后，第 40 号艇决定从侧面推行，但同样未能奏效。面对俄军岸炮和军舰的密集火力，2 艘水雷艇都遭遇了重创，瘫痪的第 43 号艇只能被抛弃在海上。但救援该艇的努力并未白费，它令艇队的最后一员——第 39 号艇悄然发动了进攻，并安全脱离了战场。事实上，这轮攻击也是日军各次行动中最成功的一次，在 500 米距离上，该艇队的 5 艘水雷艇都射出了全部 3

枚鱼雷。

　　紧随着展开攻击的是第 14 艇队的 4 艘一等水雷艇，它们曾在之前的攻击中一弹未发。当天清晨，这支部队的指挥官——关少佐再次在命令中强调：除非敌舰清晰可见，否则将不得发射鱼雷，另外，各艇还要避免把闪现的探照灯光误判为敌舰。他这样写道："我们决不能把攻击行动理解为单纯地'冲上前去，发射一枚鱼雷'。"

　　虽然在当时，很多军官都相信，无论什么情况，他们都应当把鱼雷发射出去，但关少佐并不赞同这种做法，同时，他也不信东乡大将和军令部会认同这种观点，相反，他敦促下属遵从自己的指导，并承诺会做出表率，将这一早被证明过的、最理想的战术付诸实践。[28]

　　事实上，他也是这样做的——凭借精湛的技术，4 艘水雷艇都逼近到了离敌舰不足 500 米处，并发射了全部 3 枚鱼雷，由于敌军的注意力被瘫痪的 42 号艇吸引，因此，它们几乎都得以安然逃脱，期间，只有"隼"号的指挥塔被一发炮弹击穿。

　　最后抵达的是第 9 水雷艇队，它们的经历更为不幸，俄军的炮火变得愈发猛烈，而且较之前更为准确。其麾下的 4 艘水雷艇均在 400—600 米距离上发射了鱼雷，但一颗俄军炮弹在领先位置的"苍鹰"号（Aotaka）锅炉舱内炸开，导致 2 名乘员阵亡、3 名乘员受伤，伤者中有 1 名军官。紧随其后的是"燕"号（Tsubame），该艇的右侧引擎中弹瘫痪，艇上有 7 人受伤、1 人阵亡，由于锅炉舱进水严重，该艇的另一侧引擎最终也停止了运转。"鸽"号（Hato）同样受创严重，已无力对友军进行支援。只是因为第 15 艇队的帮助，"燕"号才摆脱了沉没的命运：在完成攻击后，该艇队一直停泊在黄金山以南海域，其中一艘立刻对受创的友艇进行了拖曳。唯一安然无恙的水雷艇是"雁"号（Kari），但在以 25 节航速撤退期间，该艇与正在艰难维修的"苍鹰"号发生碰撞。虽然"雁"号侥幸没有沉没，但也瘫痪在了海面上。最后进攻的是一直在等待机会的"富士"号舰载艇，在突向敌军并发射鱼雷后，该艇开始撤离，尽管沿途遭到了俄军驱逐舰的攻击，但它还是安然逃离了交战区。

　　这轮攻击于是落下帷幕。冯·埃森海军上校估计，日军可能最多发射了 60

枚鱼雷——日方给出的数字是57枚——但这些鱼雷命中目标的数量为零。根据其麾下一名军官——杜德洛夫（Dudorov）海军上尉的说法，有4枚日本鱼雷在"塞瓦斯托波尔"号前方的防雷网上爆炸，还有8枚撞向了礁石，16枚于次日在沙滩上被找到，它们中有一些安装了显然未能发挥作用的防雷网切割器。虽然日本观察哨后来报告称，"塞瓦斯托波尔"号舰首似乎下沉得更严重了，但这也许是之前的裂口扩大所致。总之，尽管日军付出了诸多努力，白狼湾的局势仍旧没有变化，不仅如此，他们还付出了1艘水雷艇沉没、3艘一等水雷艇瘫痪、大量其他船不同程度受损的代价。在人员方面，日军有10人阵亡（包括1名军官）、2名军官和13名其他人员受伤——期间经历的险情更是不可胜计。

对雷击舰艇部队的军官们来说，他们简直无法相信努力会化为徒劳，甚至东乡大将都倾向于接受最新观察报告中的说法，即"塞瓦斯托波尔"号已经瘫痪坐底。虽然具体情况仍有待查实，但东乡仍向大本营做了如下汇报："在水雷艇连日来的夜袭中，'塞瓦斯托波尔'号业已受损，但程度尚无从得知。本日清晨，该舰的舰首触底，似已无法行动。我方将于本夜再次进攻。"鉴于电报中通报的战果，再加上"高砂""明石"2艘军舰的遭遇，大本营开始断定，召回舰队的时刻已到，至少，他们需要放弃原先的近距离封锁，以便让战列舰进入一处安全的区域。[29]

无论上级在未来做出何种决定，考虑到所剩的战列舰和大型巡洋舰迟早会被撤回里长山列岛和日本本土，东乡也有针对性地调整了封锁体系。当天中午，他向成山角外海的片冈战队发去电报，要求他派遣"春日"号回国接受维修，并将战队的其余部分带往圆岛。紧随其后的是一份给出羽将军的命令，其中要求出羽乘"八云"号前往里长山列岛，并在当地与主力舰队会合，封锁任务将被交给"音羽"号和"八重山"号，而遇岩海域将由东乡正路少将带领的"千代田"号（早些时候，少将已在大连移驾至该舰）和"和泉"号巡视——按照规定，这2艘舰只可以在大钦岛（Takin-tau，在庙岛列岛中）或小平岛之间选择警戒阵地。在这种部署下，日军拦截偷越封锁船的总兵力便下降到了4艘巡洋舰和4个驱逐队，而且这些驱逐舰队是轮换执勤。另外，山田将军也将停止布雷并等待后续指示。

在带领战列舰队离开里长山列岛前，东乡仍然在等待:他希望再次发起夜袭，给"塞瓦斯托波尔"号致命一击。接到指示后，今井海军大佐命令2个水雷艇队（即完好的第14艇队和1个混成艇队）出动，其中，后者旗下包括第2艇队的3艘水雷艇（即第45、37和46号）和第21艇队的2艘水雷艇（即第47和49号），指挥官是第21艇队的司令江副 ① （Ezoe）海军少佐。虽然他的司令艇（第47号水雷艇）当时状况不佳，不过在大连，其麾下的第44号艇已经维修完毕。于是，不愿错过机会的江副少佐立刻登上该艇，全速驶向小平岛集合点，但在抵达当地后，他发现友军已经出发，于是立刻跟随前去。

和之前一样，日军的混成艇队同样由二等水雷艇一马当先。它们在16日凌晨0点45分启程，在进入射程后，天空开始降下大雪。因此，艇队的先导——第45号水雷艇得以在敌人毫无察觉的情况下在500米外发射了2枚鱼雷。第37号艇紧随其后，由于漫天大雪，该艇的艇员最初什么也看不见，但没过多久，一束探照灯光便为它照亮了去路。于是，该艇放慢船速、小心逼近目标，在200米外发射了3枚鱼雷。几乎同时，该艇也遭到了1艘驱逐舰的攻击，但还是成功逃逸而去。

在37号艇发动攻击时，俄军的火炮依然一片沉寂，期间，第3艘水雷艇——第46号已经逼近到了300米内，并发射了3枚鱼雷。但就在该艇转舵逃逸时，俄军突然炮火齐鸣，其中一枚炮弹命中了该艇的前锅炉舱，导致3名官兵当场身亡。由于漫天大雪，第49号艇的视野一片模糊——由于无法发现目标，它只好转向东南重新确定方位。随后，该艇再次尝试靠近，这一次，它在500米外隐蔽地朝"塞瓦斯托波尔"号成功发射了2枚鱼雷。

但第44号艇就没有那么幸运了。由于未能赶上艇队，江副海军少佐决定独自攻击。最初，该艇在500米外发现了"塞瓦斯托波尔"号，并径直向目标冲去。按照日军的攻击惯例，少佐首先将艇首固定发射管内的鱼雷射出，然后转舵发

---

① 译注：即江副武靖（？—1904年），原名峰次郎，出生于佐贺地区，1889年成为少尉候补生，19世纪90年代先后在"高雄"号担任分队长和航海长，1899年晋升少佐，后来被任命为第21水雷艇队司令。江副少佐后来在攻击"塞瓦斯托波尔"号期间阵亡，死后追晋中佐。

射了2具旋转发射管内的鱼雷。但就在第1枚鱼雷出膛时，该艇目标暴露，遭到了俄军的猛轰：1枚炮弹在指挥塔爆炸，江副海军少佐粉身碎骨，但除此以外，该艇只有1人受伤，并最终带着轻伤扬长而去。

此时已是4点，虽然日军攻势猛烈，但俄军舰只依旧毫发无损。此时，俄军已将战列舰和炮舰的防雷网连成一体，日军的鱼雷最终都撞进了这道屏障。第14艇队依然没有展开进攻，此前，其指挥官关少佐一直在努力收容部队，但大雪越下越猛，有一段时间，他们的视野内一片苍茫。此时，俄军探照灯再次吸引了他们的注意力。虽然这些光柱来自敌军驱逐舰，但指挥艇"千鸟"号（Chidori）相信它们位于岸边，也正是这一点让该舰冲得异常靠近。当该艇转舵发起攻击时，突然发现"塞瓦斯托波尔"号就在前方不远处，此时，命中战列舰的机会已荡然无存，于是，该艇转而朝100米外的另一艘船发射了一枚鱼雷——该船据信是"亚瑟王"号。迎着暴雨般的火力，该艇开始转舵，试图避开前方的一束探照灯光，直到此时，艇长都认为这股灯光来自岸上。但突然，他意识到，对方实际是一艘驱逐舰。这艘驱逐舰实际是俄军"暴躁"号，一直在当地监视着南方。在转弯时，"千鸟"号险些与它的舰尾相撞。

此时，"千鸟"号趁势略施小计，并将目标转向了敌人的防雷屏障。为打破这些防材，给后续水雷艇创造机会，"千鸟"号将鱼雷的定深调整为0米。随着发射管徐徐转向，一枚鱼雷破膛而出，它几乎在入水的同时爆炸，其威力是如此惊人，以至于"千鸟"号感到自己发生了爆炸，但最终，该艇还是有惊无险地离开了。[30]

此时，第2艘水雷艇"隼"号（Hayabusa）及时注意到了情况，从极近的距离向"塞瓦斯托波尔"号连发了2枚鱼雷。剩下的2艘水雷艇也随后赶到，朝目标各实施了3次雷击。最终，该艇队一共发射了10枚鱼雷，并听到了6次爆炸声。[31]在撤离时，这些水雷艇都曾与俄军驱逐舰交战，但除了"鹊"号的船体被1枚炮弹击穿外，各艇并未蒙受更大的损伤。

但"塞瓦斯托波尔"号上却是另一番景象。有2枚鱼雷穿过被炸开的防材缺口在防雷网上爆炸，造成该舰的侧舷受损。第3枚击中了该舰无防护的尾部，还撕开一个巨大的破口。海水很快涌入船尾的各个舱室，甚至军官起居室都没能幸免。这一破口导致该舰开始以 10 度向右侧倾斜。遭遇雷击的驱逐舰则完全被毁，只能通过座礁来避免沉没。

这就是冯·埃森海军上校英勇防御的最后一幕，虽然他设法扶正了舰身，但每逢潮汐，其舰尾还是会触及海底，让"塞瓦斯托波尔"号失去了参与海战的能力。按照官方记录，日军连续发动了 6 次攻击，发射了至少 124 枚鱼雷，并动用了 30 艘正规水雷艇、2 艘敷设艇和 3 艘舰载水雷艇，期间，他们共有 2 艘水雷艇沉没、35 名官兵阵亡（其中包括 5 名军官），另有"大量人员受伤"，除永久损失之外，他们还有 3 个艇队（即第 9、第 10 和第 20 艇队）和 2 艘舰载水雷艇只有入坞维修后才能继续作战。[32]

但东乡大将并不满足，正如我们手头资料显示的那样，他下达了指示："我决定用鱼雷击沉'塞瓦斯托波尔'号，无论耗费的时间有多长。"为此，他要求今井大佐在当晚（即 17—18 日晚上）挑选 3 个艇队发动第 7 次攻击。由于水雷母船上的储备已经告罄，他命令，水雷艇的 14 英寸鱼雷将由战列舰提供。但这道命令后来无疾而终，根据推测，是后续报告让东乡决定，除非有更详尽的情报传来，否则他将按兵不动。

于是，这场引人瞩目的插曲画上了句号。东乡大将在命令中写道："水雷艇队接连不断的勇敢攻击令我非常满意。兹决定，暂停攻击并等待后续指示。"这也意味着，虽然日军竭尽所能，"塞瓦斯托波尔"号也身受重伤，但后者的战旗仍将飘扬到最后时刻——它仿佛是在向全世界宣告，俄国海军的斗志仍在。这一切也无愧于它舰名的来源——一座矗立在黑海之滨的著名要塞：半个世纪前，它曾独自抵抗了四大强国[①]成年累月的攻击。

---

① 译注：即英国、法国、奥斯曼土耳其和撒丁王国。

注释

1. 参见施瓦茨和罗曼诺夫斯基所著的《旅顺口保卫战》第 2 卷第 66 页。另外,《俄国海军战史》也支持这两位军官的观点。《战史》中指出,日军在 3 月 22 日发起炮击后,马卡罗夫将军曾致电圣彼得堡方面,要求获得更多的高爆弹和穿甲弹,用于"回击敌舰"。同时,他还在电报中提到,敌军用大仰角火炮在 14 俄里(即 16300 码)的距离上取得了命中。作为俄国海军的总参谋长,罗杰斯特文斯基将军却对电报中的说法极尽讽刺,认为其内容非常可疑。至于海军大臣,则将相关情况转呈给了中央炮兵局(Central Artillery Department),后者给出的答复是,穿甲弹只有在有效射击距离(即 3 俄里或 3500 码)内才能发挥作用,另外,该部门还略带不屑地指出,在如此远的距离上,炮击只会"碰巧命中",而且"可能性很低"。接到回信后,马卡罗夫立刻在旅顺召集了一场联合会议,并根据会上的结论告知国内:中央炮兵局对这个问题根本没有清楚的认识。另外,他还重申了上一次阻止日军舰队炮击时日方曾在 13.5 俄里外取得过命中的情况,在回复的结尾,马卡罗夫表示会将整个事件呈报给沙皇。作为结果,中央炮兵局只好向德国的克虏伯公司订购了 1000 发穿甲弹。(相关内容可参见《俄国海军战史》第 1 卷第 440—444 页)另外,"塞瓦斯托波尔"号上的工程师别洛夫(Byelov)也表示,3 月,"日进"号命中该舰的 9 英寸炮弹造成了严重损伤,其后果远比 8 月 10 日命中该舰的任何一枚 12 英寸炮弹都要严重。(参见《海军文集》1906 年 1 月号)

2. 参见《武官报告》第 2 卷第 66 页。

3. 即 305 高地。

4. 参见《日本战史极密版》第 2 卷第 143 页。另外,日军的 11 英寸榴弹炮性能数据为:炮口初速 1020 英尺 / 秒,最大仰角 45 度,最大射程 12242 码,装药为 16.5 磅无烟火药,弹头重量 480 磅。(参见《武官报告》第 2 卷第 108 页)

5. 费尔克萨姆舰队抵达吉布提的消息于 12 月 5 日在报纸上率先公开。我国海军部情报局则在 12 月 9 日获悉,俄军主力舰队已于 6 日抵达大鱼湾,并计划在完成加煤后的第 2 天起航。

6. 同"太子"号的舰长瓦西列夫(Vasilev)以及"新贵"号的舰长舒尔茨(Schulz)一样,埃森也是由马卡罗夫将军火线提拔的,这在当时险些引发了同阿列克谢耶夫总督的冲突。对相关职务,总督早已有自己的人选,还将名单通报给了海军大臣,但马卡罗夫坚持认为,如果他要想继续履行职务,就必须有自主任命舰长的权力,在阵亡前 5 天,马卡罗夫在给国内的电报中表示,如果这一任命被驳回,海军部就得另外派遣新的舰队司令。面对这种威胁,总督只好让步。(参见《俄国海军战史》第 1 卷第 450—451 页)

7. 参见《俄国陆军战史》第 8 卷第 2 部分第 636 页和《旅顺要塞军事法庭庭审记录》第 692—694 页(即埃森海军少将的证词)。

8. "塞瓦斯托波尔"号的泊位很可能在白狼湾的北部,而非《武官报告》第 3 卷第 38 页附带地图中显示的南部。埃森舰长则表示，他的下锚地点在白狼山近海（参见《旅顺要塞军事法庭庭审记录》第 232 页），而 12 月 18 日日军的观察哨报告显示，该舰停泊在"在城头山 416 高地顶峰南偏东 10 度方向、距离 5.5 链"的位置。（参见《日本战史极密版》第 2 卷第 253 页）

9. 参见埃森海军少将的证词，出自《旅顺要塞军事法庭庭审记录》。

10. 根据官方布防图，附近俄军炮兵阵地的构成如下：

白狼山，4 门 3 磅速射炮和 4 门野战炮；

1 号炮台，2 门野战炮；

2 号炮台，5 门 6 英寸加奈式速射炮（Canet）和探照灯；

3 号炮台，2 门野战炮、2 门 6 磅速射炮和探照灯；

4 号炮台，4 门 9 英寸榴弹炮和 2 门 6 磅速射炮。

但杜德洛夫海军上尉表示，紧邻该舰的只有白狼山炮台上的 2 门 6 英寸炮和信号台炮台（Signal Battery）上的 2 门 47 毫米炮（参见《日本战史极密版》第 1 卷第 261 页中附带的俄方记录）。

11. 当时，日军给战斗舰队的详细命令是：15 点，以 10 节航速向东南偏东 1/2 个罗经点方向（磁航向）前进；18 点，将航速降为 7 节；凌晨 2 点（即抵达山东外海后）转舵向南，但"春日"号和"日进"号应继续前进；7 点，所有舰只转舵 16 个罗经点，朝反方向行驶——期间，"龙田"号将于 2—7 点之间部署在舰队和陆地之间，"八重山"号将停泊在旅顺至成山角还有三分之一的航程处，以便保持无线电联络。（参见《武官报告》第 2 卷第 95 页）

12. 关于攻击"塞瓦斯托波尔"号这个插曲，日军的官方记录有诸多自相矛盾之处。其中，专门记录此事的是《日本战史极密版》第 16 章，本书也采用了其中的说法。但对各艇队的进攻次序，该书第 15 章有不同的记载，在《第 1 节·概要》《第 6 节·第 7 战队的行动》和《第 8 节·水雷艇队的行动》中尤其明显。另外，在《日本战史发行版》第 1 卷第 17 章第 2 节也有一份更为概括的记录——由于日军的作战命令曾经更改 2 次，指挥权也随之发生变更，其记录出现混乱之处在所难免。

13. 此时，东乡正路麾下的"须磨"号已回国维修，"千代田"号在隍城岛，"和泉"号正在前往大连补充淡水等物资的途中。

14. 出羽将军得到的具体命令是：派遣麾下 1 艘或全部 2 艘轻型巡洋舰前往"1217 地点"（位于砣矶岛正东 29 海里处）和"位置 L"（位于砣矶岛正东 13 海里处）；"八云"号的任务不变，即夜间在"1110 地点"（位于芝罘东北 25 海里处）警戒，天亮后前往老铁山以南 20 海里处的"位置ろ"（Position "Ro"）。同时，出羽还命令"高砂"号和"音羽"号在白天看守"位置ろ"；一旦入夜，"高砂"号便需要在"1217 地点"东西 5 海里之间来回巡逻；"音羽"号则应在"位置は"（Position "Ha"，当地在"1249 地点"以北 5 海里）至当地以西 8 海里之间巡逻。

15. "位置 K"在北纬 38 度 10 分、东经 121 度 50 分附近,即"位置 L"以东 40 海里处,"八云"号的夜间警戒哨位在当地以南约 20 海里,这些地点让日军可以监视芝罘方向,同时,片冈将军带领的装甲巡洋舰则阻断了通往胶州的航路。

16. 参见《海军文集》1908 年 6 月号上杜德洛夫上尉的记述。

17. 杜德洛夫上尉最初表示,他所说的前 3 枚,指的是安装了防雷网切割器的 19 英寸(实际为 18 英寸)鱼雷;另外,俄军检查的 1 枚鱼雷上有保险销弯折的迹象,其撞针离接触起爆管仅剩 2 毫米。

18. 另外,"八云"号也在 2 点 50 分来到事发现场并参与了搜救,但该舰抵达太晚,未能用小艇救起任何生还者。

19. 第 20 水雷艇队装备的是排水量 110 吨、航速 27 节的二等水雷艇。日本方面宣称,该艇队最初的航向是西北偏西 1/2 个罗经点,随后转向西北偏西,杜德洛夫上尉表示,这些日军水雷艇来自南方。因此,日军可能是以和上次一样的方式发起了攻击。

20. 参见本书附录 B 的 II(a)部分。

21. 参见《武官报告》第 3 卷第 233 页。

22. 由于参战日军轻型舰艇部队的编制曾多次变化,日军当时具体的参战序列已不得而知。根据东乡将军 12 月 9 日签署的命令,日军所有二等水雷艇以下的雷击艇都解除了封锁任务,至于剩下的 4 个驱逐队(第 1、第 3、第 4 和第 5 驱逐队)和 3 个一等水雷艇队(第 9、第 14 和第 15 艇队),将分成 3 批展开巡逻,其他巡逻水雷艇(第 1、第 10、第 14 和第 20 艇队)似乎留在了小平岛并由今井大佐指挥,第 6 和第 12 艇队也似乎一直由他调遣。其他可以投入作战的水雷艇则和 10 艘改装炮舰、2 艘舰载水雷艇一道驻扎在大连并听从山田将军的调遣。

23. 按照《武官报告》第 2 卷第 99 页的说法,为了让舰载水雷艇能加入袭击部队,日军特地于 13 日将"富士"号从成山角外海召到了圆岛附近。

24. 参见杜德洛夫海军上尉的日志,出自《日本战史发行版》第 1 卷第 260 页的注解部分和《海军文集》1908 年 6 月号的记录。

25. 参见本书附录 B 的 II(a)部分。

26. 这 5 个艇队分别为:

第 15 艇队,即"云雀"号、"鹑"号、"鹭"号和"鹤"号;

第 37、第 45、第 46 号水雷艇(来自第 2 艇队)和第 49 号水雷艇(来自第 21 艇队),各艇均为二等水雷艇;

第 40、第 41、第 42、第 43 号水雷艇(来自第 10 艇队)和第 39 号水雷艇(来自第 16 艇队),各艇均为亚罗型(Yarrow)二等水雷艇,排水量 110 吨,航速 27 节;

第 14 艇队,即"隼"号、"鹊"号、"真鹤"号和"千鸟"号;

第 9 艇队，即"雁"号、"苍鹰"号、"鸽"号和"燕"号。

27. 参见埃森海军上校的报告，出自《武官报告》第 3 卷第 233 页。

28. 参见杜德洛夫上尉的记录，出自《日本战史发行版》第 1 卷第 260 页附注部分。

29. 参见本书附录 B 的 II（b）部分。

30. 关少佐的记录可以参见《武官报告》第 3 卷第 38 页，其中还附带有一份日方提供的航迹图。但有趣的是，航迹图上的俄舰位置更靠近开洋礁，这一点和现实情况有所出入。

31. 杜德洛夫海军上尉表示，有 1 枚日军鱼雷在防雷网上爆炸、3 枚在礁石上爆炸、2 枚命中了"塞瓦斯托波尔"号，另外还有 2 枚未爆的鱼雷后来被俄军在沙滩上寻获。

32. 关于官方的统计详情，可参见《日本战史极密版》第 2 卷第 463—465 页。

∧ 1904年12月初，旅顺港内的俄军舰队，在远方，港内的一座设施正腾起滚滚浓烟

164

∧ 12月初，在旅顺东港，遭受密集炮击的装甲巡洋舰"巴扬"号

∧ 在旅顺内港锚地遭受炮击的战列舰"胜利"号和巡洋舰"智慧女神"号，摄于12月4日或5日

∧ 在日军加紧围攻的同时，俄军舰队也在不断向战场靠近，本照片中，俄军费尔克萨姆支队的船只正在等待进入苏伊士运河

∧ 朝鲜炮舰"扬武"号，该船最初为英国商船，后来售予日本并改名为"胜立丸"，1903年出售给朝鲜政府，日俄战争期间被日军征用，武器包括4门120毫米炮和4门47毫米炮

∧ 被击沉在港内的"列特维赞"号上层建筑特写，由俄军拍摄于12月初

∧ 停泊于吉布提的俄军费尔克萨姆支队。与此同时，罗杰斯特文斯基指挥的主力舰队正在西南非洲的大鱼湾加煤

∧ 触雷受损后，进入大连港船坞修理的"明石"号

∧ 尼古拉·冯·埃森海军上校，在日俄战争期间，他曾先后担任"新贵"号和"塞瓦斯托波尔"号舰长——这位战争英雄后来在1910年被任命为波罗的海舰队司令

∧ 1905年12月15日，停泊在旅顺港外城头山脚下的"塞瓦斯托波尔"号

〈 日军的第42号水雷艇，摄于1902年。1904年12月15日，该艇在攻击"塞瓦斯托波尔"号的行动中沉没

168

∧ 1904年12月14日涨潮时，从203高地东北角拍摄的旅顺港内景，此时"塞瓦斯托波尔"已驶出港外

∧ 日本防护巡洋舰"高砂"号，该舰为"吉野"号的改进型。事后，俄国方面认定是驱逐舰"暴躁"号布下的水雷取得了这一战果，并表彰了"暴躁"号的舰长亚历山大·高尔察克（即后来苏俄内战期间白军的领导人）

∧ 12月8日—9日，升火中的"塞瓦斯托波尔"号（左）

∧ 在203高地陷落后,日军加强了对港内的炮击。本照片摄于12月16日,位于姜家屯西北方向的11英寸榴弹炮正向俄军舰船倾泻火力

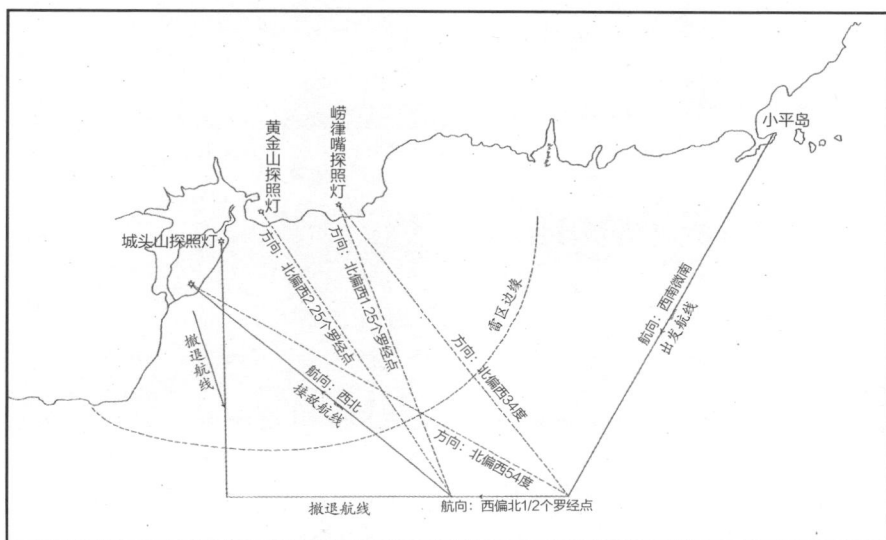

∧ 1904年12月14日,日军水雷艇攻击"塞瓦斯托波尔"号预定航线示意图(一)

∧ 俄军炮舰"勇敢"号，该舰和"塞瓦斯托波尔"号一道停靠在白狼山脚下

∧ 日军的一等水雷艇"千鸟"号，该舰在收容阻塞队员和攻击"塞瓦斯托波尔"号的行动中表现优异，并为此两次收到了东乡将军的"感状"（即嘉奖令）

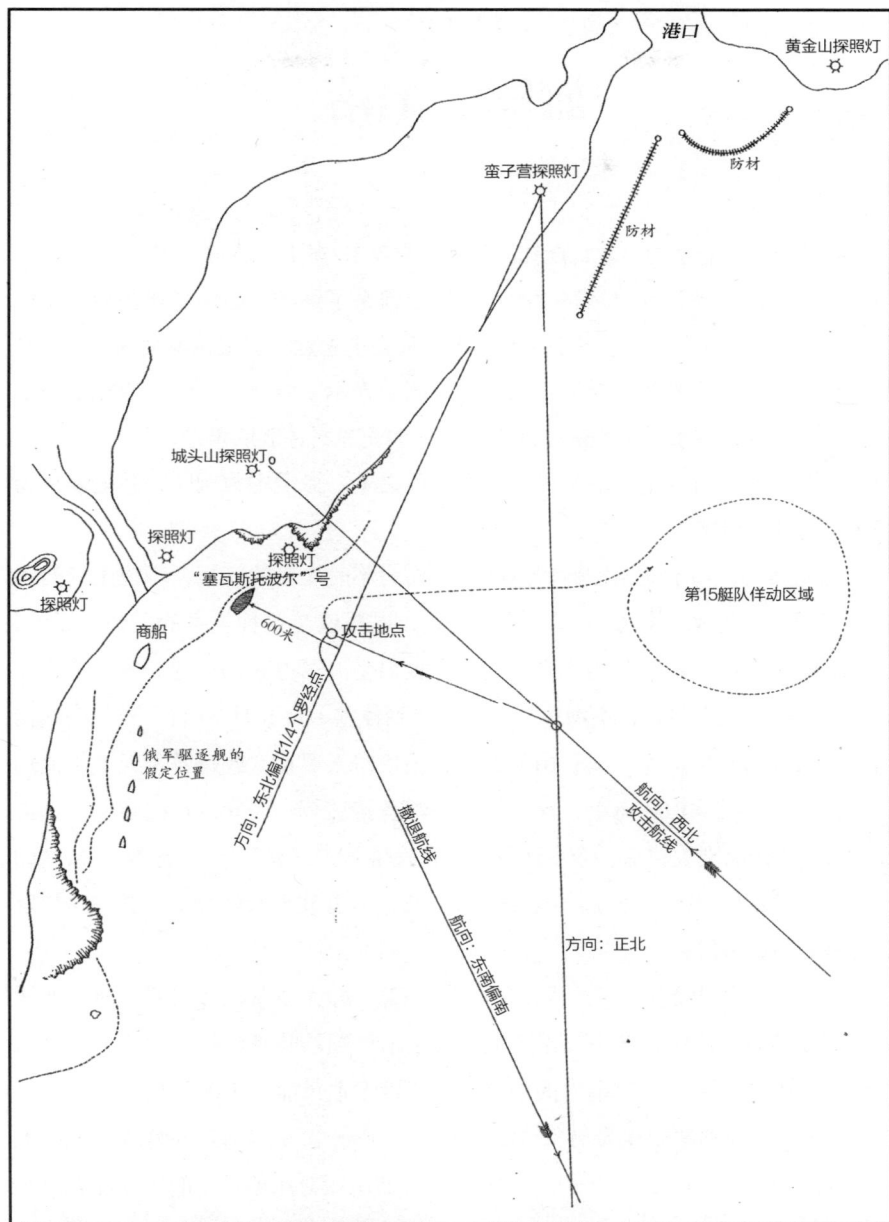

∧ 1904年12月14日，日军水雷艇攻击"塞瓦斯托波尔"号预定航线示意图（二）

第九章

旅顺港陷落

随着日军中止了对"塞瓦斯托波尔"号的攻击,海上局势进入了一个新阶段。到此为止,日军舰队主力对旅顺的行动终于迎来了终结。在停止攻击当天,即12月16日,东乡将军从参谋手中接到了一封充满善意的电文,电文的起草人是乃木将军。乃木代表陆军对"高砂"号的沉没表示了慰问,同时,他在电报中还诚挚地表示,鉴于敌军舰队已几近覆灭,为避免封锁舰队再遭遇类似的灾难,他希望东乡能在有效阻止敌军偷运物资的前提下,撤走主力舰队,并无须再为第3军的处境担忧。

毫无疑问,乃木的做法慷慨且明智,面对不时爆发的摩擦,两位主官始终保持着一种既坦承又相互体谅的友好关系,电报就是这种关系的反映。另外,由于消解了东乡撤走舰队的不安,它想必也很受海军方面的欢迎。事实上,在局势动荡的这几个月,日本海军根本没有得到休整:自8月16日,战斗舰队接到俄军出港的假警报离开里长山列岛后,不论白天黑夜,或是各种天气,他们便一直航行或是漂泊在海上,官兵的压力都亟待缓解。为此,在按照上一章提到的方案做出必要安排后,东乡便在当天夜晚带领"三笠"号、"富士"号、"朝日"号、"日进"号以及配属的通报舰"龙田"号开往里长山列岛,并在这片废弃的锚地中稍事休息。

此时,东乡想必非常期待回国——前一天,即大本营酝酿召回令时,他便做出了一项重大决定,其中显示,他不仅坚信旅顺的陷落已指日可待,而且海军将有理由和陆军分享攻陷它的荣誉。鉴于俄军很可能在下次总攻后投降,他专门任命了一位海军全权委员(naval plenipotentiary),让其和陆军代表一道同俄方磋商受降事宜。他在委任状中这样写道:"兹决定,派遣第1舰队参谋、海军中佐岩村团次郎①(Iwamura Danjiro)协同围攻部队全权委员,处置与旅顺俄军投降有关的一切事项。此人有与陆海军全权委员共同签署一切协议的权力,相关协议将立即生效，期间无须提请本人批准。"东乡在落款中使用的头衔是"辽东半岛封锁舰队司令长官"。

但此时，召回舰队的命令迟迟没有抵达。这种情况之所以出现，也许是大本营并不紧张，但两三天后，可能是因为某些波罗的海舰队的情报抵达了东京，调回舰队回国维修的问题再次浮出了水面。

14日，费尔克萨姆离开吉布提，并在阿卢拉②（Alula）加煤后启程前往马达加斯加北部。同一天，罗杰斯特文斯基舰队也在小湾③（Angra Pequeñ）装运了最后一批煤炭，并朝着同一个集结点驶去。虽然不清楚日军大本营何时查明了这些动向，但在18日，他们向东乡司令发去了一份电报，要求他"总结敌军旅顺舰队的损失"。[1]为此，东乡在回复中提到，目前可以确定，除"塞瓦斯托波尔"号之外的俄军舰船都已损毁，但对"塞瓦斯托波尔"号本身，其受损程度依旧无法确认，不过，该舰似乎失去了行动能力；另外还可以确定，俄军有6艘驱逐舰仍旧完好。为尽可能地了解局势，东乡将舰旗转移到了"龙田"号上，并前往大连进行巡视。在出发前，他还拆分了第3战队，其中，"八云"号被派往佐世保，"音羽"号和"八重山"号则被调往东乡正路的第6战队旗下加强封锁。

在抵达大连后，他了解到的第一条消息就是"亚瑟王"号已驶入了旅顺港。同时，他还得知陆军已对东鸡冠山堡垒进行了爆破，并准备在当夜发起突击。在战斗中，日军从突破口一拥而入，到午夜时分，当地已被掌握在了乃木将军手里。次日，东乡登陆视察了各观察哨，就在17点后不久，即东乡仍在观察港口时，"亚瑟王"号被发现正在出海。"音羽"号和"八重山"号立刻奉命前去追击——一艘前往芝罘方向，另一艘则被派往渤海湾——即使如此，"亚瑟王"号还是躲开了2艘日舰的追捕，直到午夜时分才被驱逐舰"朝雾"号（Asagiri）在芝罘东北

① 译注：关于岩村的军衔，原文为"Captain"，即海军大佐，实误，对照日方资料和原文，其军衔应为海军中佐。岩村团次郎（1866—1943年）出生于高知地区，为农商务大臣岩村通俊之子，后改名为岩村俊武，1887年成为海军少尉候补生，甲午战争中任第19号水雷艇艇长，日俄战争期间先后担任第3舰队先任参谋（即首席参谋）、"春日"号副长、第3军海军联络官等职务，战后曾任第4水雷战队司令、练习舰队司令等职务，最终军衔为中将，1943年11月去世。
② 译注：在索马里东北角，靠近所谓的"非洲之角"。
③ 译注：在纳米比亚西南部，现名吕德里茨湾（Lüderitz Bay）。

偏北仅 12 海里的地方拦截。此前，该船已经卸下了货物，给要塞守军带来了极大帮助，不过，自日军在 5 月宣布实施封锁以来，也仅仅只有 2 艘船做到了这一点。

同一天，即 20 日，东乡大将首次与乃木进行会晤，次日，他返回里长山列岛，并向东京做了汇报。在总结了攻克 203 高地以及近来鱼雷攻击的成果后，他这样表示："无论怎么看，旅顺舰队都已名存实亡。"因此，他下令解除封锁，并将战列舰队撤往里长山列岛。他在文件的最后总结道："在长期的封锁作战中，由于锚雷和漂雷等常见危险，以及恶劣天气与海雾，我军共损失战列舰 2 艘、巡洋舰 2 艘、通报舰 1 艘、第 7 战队的舰船 4 艘、驱逐舰 2 艘，另外还有大批官兵不幸为国殉职。但我军依然成功维持了封锁，并挫败了对手的全部出海计划，在围攻部队的大力协助下，我军终于见证了敌军舰队几近灰飞烟灭的时刻。"

在这里，东乡似乎是在宣布，这场胜利是他带领舰队以守势赢得的。这场胜利来得很及时，但也很惊险，因为时局已经到了千钧一发的时刻。此时，日军已经获悉，罗杰斯特文斯基舰队绕过了好望角，正在前去马达加斯加北部与费尔克萨姆会合的途中，最后一战几乎迫在眉睫，舰队的维修和整备已容不得继续拖延。大本营对这一点的态度非常明确，20 日当晚，东乡大将收到了一份海军军令部次长发来的私人电报，表示上级已决定将其所辖部队调往朝鲜海峡，旅顺将由曾担任海峡警备部队的第 3 舰队继续监视，此外，该舰队还将得到 1 支轻型舰艇分队和部分陆战队的支援。待修舰艇应当立刻回国入坞，而东乡本人将返回东京复命。

东乡在回复中表示，他已经立刻命令"富士"号和"出云"号出航，但鉴于"塞瓦斯托波尔"号情况不明，他只有等 11 英寸榴弹炮架设在 203 高地之后才会放心离去。因此，如果召回令传来，他仍将在当地留下"朝日"号，并将其配属给第 3 舰队。至于榴弹炮，它们预定会在年底前部署完毕。这一请求得到了批准，不久后，正式的召回令便传达下来。他在圣诞节当天便起航前往佐世保，并在旅顺留下了片冈将军的第 3 舰队——在战争爆发之初舰队编组时，片冈便担任过该舰队的司令。[2]

按照东乡大将的指示，片冈的任务是继续封锁，并为第 3 军提供支援。一旦俄军出港，他可以呼叫"暂时部署在朝鲜海峡"的第 2 舰队前来支援。如果有俄舰逃往中立港口，他们应当对其实施武力威吓，逼迫对方自毁。他麾下最强大的舰只将在里长山列岛基地待命；同时，他还要在原则上全力保证麾下舰只的安全。

接到命令后，片冈将军立刻前往大连上任，并签署了维持封锁的日常指令。他麾下各战队的指挥官也做出了相应的指示。在这些命令中，日军将摧毁敌军舰队残部的希望完全寄托在了203高地的火炮上，但另一方面，如果有浓雾和大雪，他们也会动用手头的舰载水雷艇攻击"塞瓦斯托波尔"号战列舰。如果敌军出港，他们便会投入"朝日"号和第5战队加以拦截，封锁单位也会见机行事予以支援。关于细节，我们将不再赘述，因为战役已临近尾声，这些命令注定没有落实的机会。

28日，即片冈抵达大连的第二天，陆军部队爆破了二龙山堡垒的正面，并通过强攻夺取了当地。同一天，松树山堡垒也迎来了相同的命运。现在，在日军和望台高地之间，只剩下了一道当年由中国人修建的长墙，而在新年来临前，这处战略要地也最终落入了日军手里。期间，康德拉琴科将军——守军的灵魂人物——已在12月15日阵亡，此时此刻，已经没有什么能使守军鼓起勇气战斗到底，或让他们颓唐的指挥官重拾信心。甚至在望台高地还未陷落时，斯特塞尔将军便放弃了希望。1905年1月1日中午，俄军更是向日军派出了一位停战使者，以求共同商讨投降适宜。

另一方面，尽管舰队濒于毁灭，俄军仍然不愿让舰船落入敌手。在203高地陷落后，他们便做出决定：如果要塞即将陷落，各舰需要在泊位上自毁。在一次由维伦将军主持的专家会议上，各方达成一致意见：将6—8枚鱼雷战斗部安装于舰首船底（stem）、止推轴承（thrust-blocks）、尽可能靠近炮塔下方的船体附近，还有引擎和锅炉舱等位置。为保证破坏足够彻底，有2艘鱼雷艇①将待命，防止其他手段失灵。在停战使者动身后，斯特塞尔将军命令维伦在当夜迅速炸毁舰船。[3]同时，维伦也向埃森海军上校转发了这份电报。在港内，工作立刻展开。

① 译注：即俄军战列舰的舰载鱼雷艇。

为阻止日军使用旅顺港，有 2—3 艘幸存的港务船被带往航道入口处自沉。至于其他舰船，则在原泊地完成了自行了断；但期间很多引爆鱼雷战斗部的引线都出了问题。2 艘鱼雷艇也无法完成任务，最终，整个自毁工作进行得很不彻底。

因此，潦草的破坏行动还是让港内的舰只蒙受了被俘的耻辱。但在白狼湾，俄舰的结局要更为光荣——至少，这配得上他们一直以来卓越的战斗表现。当天夜间，根据最新海军会议上的决定，剩余的 6 艘驱逐舰和 3 艘舰载鱼雷艇（之前一直在护卫"塞瓦斯托波尔"号）悄然出港。但日军早已料到这场"奔向自由"的行动。事实上，12 月 30 日，他们便接到了俄军突围的假警报，从那时起便在港外严密监视。另外，31 日，瞭望哨也传来报告，"塞瓦斯托波尔"号的倾斜已被扶正，这一点也得到了第 5 驱逐队的证实——该驱逐队当时正在执勤，并立刻奉命上前查探此事。事实上，得益于之前曾在波罗的海船厂工作的部分人手的帮助，埃森海军上校已将倾斜纠正，并填补了上次中雷的破口。[4] 按照他的证词，他仍期待着在 1 个月内让该舰恢复出海的能力。随着夜幕降临，喷吐浓烟的俄军驱逐舰映入了日军的视野，为此，他们发出通告，要求严加警戒。在望台高地陷落后，片冈将军也下达指示，要求各舰对敌情格外警惕。然而，尽管日军戒备森严，但当 1 月 2 日晨雾散去后，他们还是发现白狼湾内除了"塞瓦斯托波尔"号和"勇敢"号外已是空空如也。

9 点时，岸上观察哨传来报告，俄军驱逐舰似乎已经逃走，"佩列斯维特"号、"胜利"号和"波尔塔瓦"号上则是烈焰升腾。此时，海军仍不知道俄方派出了停战使者，因此，他们只能断定"旅顺方面出现了异常情况"。为此，山田将军主动派遣了 2 艘炮舰前去搜索俄军驱逐舰，片冈将军则选择了按兵不动。然而，9 点 30 分，当值的日军驱逐舰却看到，"塞瓦斯托波尔"号背后发生了猛烈爆炸。随着烟雾散去，日军发现"勇敢"号已经沉没。半小时后，他们还看到战列舰正被拖曳着驶出锚地，10 点 15 分，岸上观察哨也做了相应的报告。随后，片冈将军立刻采取行动：一方面，他立刻向里长山列岛的"朝日"号下令，要求其在圆岛海域与之会合；10 点 30 分，他又致电东乡正路少将，命令其抽调 1 艘巡洋舰和第 1 驱逐队一道前往芝罘。然而，半小时后传来消息，"塞瓦斯托波尔"号已在城头山东南 1.5 海里处沉没——此时日军还没来得及执行命令——就这样，旅顺舰队灰飞烟灭了。

事实上，直到最后时刻，"塞瓦斯托波尔"号上的埃森上校都拒绝屈服——在整场战争中，他一直都是如此。关于当时的一切，我们最好还是直接引用他朴实的陈述："1月1日夜间，不了解要塞局势的我，带着震惊收到了一条命令，鉴于旅顺即将投降，我必须自毁军舰。'勇敢'号立刻自爆沉没，但'塞瓦斯托波尔'号是不能自毁在近海的，我决定将它带往开阔海域。大部分舰员和能够拆卸的装备都被送往岸上。黎明时分，锅炉升火，起航准备进行完毕。由于无法将防雷网全部回收，加上舵机已因为前面提到的损伤完全失灵，因此，我们决定拖曳着防雷网，在拖船'大力士'号（Silach）的协助下朝着远海驶去。当水深达到30英寻时，我命令军官和船员上岸，另外有40人暂时留在小艇上负责打开金氏通海阀和水密门。我登上'大力士'号，等待着'塞瓦斯托波尔'号沉没——它的船尾先没入水面，并在10—15分钟后完全消失不见。"⁵

至于6艘驱逐舰和"列特维赞"号、"胜利"号和"太子"号的舰载鱼雷艇，则早在12月11日便接到指示，要求随时准备好向中立港口突围。现在，正式的命令终于传来，不仅如此，1艘小型汽船，即搭载着陆海军士兵的"民丹岛"号（Bintang）也将一道出动。根据斯特塞尔将军的命令，驱逐舰"端庄"号（Statni）将搭载着一批贵重的货物——各团的军旗——和另外3艘驱逐舰一道前往芝罘。1月2日晚间，它们在当地被日军第1驱逐队发现，随后，为日军驱逐队护航的巡洋舰"秋津洲"号也赶到了这一海域。另外2艘驱逐舰则和"民丹岛"号一道抵达了胶州——直到1月3日中午，日军才获悉了它们的下落，于是，因"塞瓦斯托波尔"号自沉而得到解脱的东乡正路少将立刻率领"千代田"号、"龙田"号和第5驱逐队赶到当地。俄军的舰载鱼雷艇同样试图前往芝罘，但由于行程耽搁，日军驱逐舰已经在它们之前抵达，不过晚上时它们还是在敌人毫无察觉的情况下溜进了港内。随后，这些舰只全部被德国和中国当局解除武装拘押起来，追击的日军分队则返回了警戒阵位。

日军的任务此时已经结束。5日，片冈将军已把舰队集结在了大连，在旅顺上空升起了日军的战旗。12日16点30分，双方就投降条款达成一致后，日本第3军参谋长伊地知将军（Ijichi）以及舰队代表岩村中佐签署了协议，而代表俄方签字的是旅顺要塞的参谋长和"列特维赞"号舰长。根据投降协议第 2 条，旅顺港内的军舰和其他船只（包括雷击舰艇）都将"原样"引渡给日本陆军，但事实上，最终是海军陆战重炮队接收了这些战利品。在投降条约签署后，片冈将军立刻派遣了一队技术军官和人员上陆，以协助友军"接收和处置俄军舰船和设施，并处理陆海军的联络事宜"。

于是，经过 8 个月的鏖战，对旅顺港和港内舰队的联合作战终于结束，在接下来的一周，所有日军舰只都奉召回国，唯一的例外只有片冈将军的旗舰"秋津洲"号、通报舰"八重山"号、铁甲舰"扶桑"号和第 7 战队的一些小型舰船。轻型舰艇方面情况同样如此，唯一停留在当地的只有 2 个二等水雷艇队。另外，除了 1 艘守卫济物浦的炮舰之外，其他区域的日军舰船也都撤回了本土，它们要么在船坞接受维修，要么在朝鲜海峡警戒，要么被派出侦察波罗的海舰队的动静。

现在，波罗的海舰队俨然成了俄军的最后希望，关于迎战，日军的准备时间可谓非常充裕。最初，俄军曾寄希望于用舰队长期固守要塞，但这一目标并未实现。诚然，有段时间，即 11 月第 1 周波罗的海舰队继续航程，俄国与英国的摩擦还未到达顶点时，这一策略俨然就要成功。当时，经过旅顺要塞的一致同意，舰炮被拆卸上岸——这一点，再加上海军官兵在陆战中的英勇牺牲，要塞的生命得到了数周的延续。对俄军来说，这种拖延是至关重要的，因为日军的主动权是通过精心挑选开战时机获得的，对保住这种优势，速战速决将非常关键。虽然以我国的作战经验来看，单纯地将舰队用于保卫要塞根本不能帮俄军实现目标，但旅顺当局却未能看清这一事实。由于波罗的海舰队迟迟无法起航，而且航程还被频繁打断，就算旅顺守军付出千般努力也将无济于事。

不仅如此，无论理由看似多么充分，旅顺守军的做法注定只有一个结果，这就是再增加一个失败的战例。在类似的战斗中，最引人瞩目的就是路易斯堡（Louisbourg）和塞瓦斯托波尔之战。在两场战斗中，要塞中的舰队都没有选择出海作战，而是被动地投入到了要塞的防御中，其具体目标也都是拖延时间。对路易斯堡战役，当时的观点认为，如果守军能将圣劳伦斯河的入口航道封锁 1 年，届时，法国在欧洲大陆的形势将得到改善，英国征服加拿大的目标也将落空。而在克里米亚战争中，俄军也曾相信，如果塞瓦斯托波尔坚持到冬天，届时，他们必将赢得战争。这 2 个战例与旅顺的情况一样，虽然守军坚持到了上级期望的时刻，但战争的结局毫无变化——毕竟在战争中，面对耐心和持续的攻击，任何被动的防御都将毫无意义。

在防御海军基地的作战中，这种情况是如此常见，以至于我们不得不怀疑，其背后的思路可能存在某种误区。其根本症结也许是：将舰队投入地面防御，其实并不是迟滞敌人的最佳方式——至少，我们可以确定，作为一种旨在推动战争胜利的方式，它既不稳妥，成功的希望也相当有限。如果战斗失败，届时，舰队将在未伤及敌人元气的情况下与基地一道灰飞烟灭。但另一方面，正如我们所知，在战役中，俄军固守旅顺基地又是为了保证舰队的活动，阻止敌军舰队在周边海域为所欲为；何况所有的经验都显示，如果双方势均力敌，想要挫败敌军舰队，最好的办法就是主动发起攻击——在己方拥有预备队，敌方却没有的情况下更是如此。如果俄军能依照马卡罗夫的设想展开攻势，虽然俄军舰队或许会全军覆没，但很有可能同样重创日军，这会延误后者的围攻，并大大提升波罗的海舰队到来的实际意义——俄军遭遇的最坏情况也最多只是如此。当然，局势还有另一种可能，即旅顺舰队不仅没有全军覆没，还有部分兵力幸存，此时俄军的优势无疑将比上一种情况更大，因为港内幸存的船只不仅可以延缓要塞的陷落，而且还有希望和波罗的海舰队合兵一处，提升增援部队的实力。

既然如此，为何俄军不选择主动出击？虽说下结论也许为时尚早，不过可以确定，俄国海军高层实际对局势一目了然：在其司令部的局势评估和备忘录中，我们可以看到充分的证据。因此，在这个方面，苛责他们的错误不仅是一种偏狭之举，而且对分析问题于事无补。相反，真正需要我们考察的地方应当是：既然他们对局势认识透彻，为何又一步步做出了错误的决定？

俄军的战略部署之所以崩溃，其症结毫无疑问是把太平洋舰队的主要基地选在了旅顺。虽然无论是对控制中国，还是充当太平洋贸易的集散地，旅顺的地理位置都相当好，但在与日本争夺朝鲜的战争中，情况却恰恰相反，考虑到日本还可以迅速占领朝鲜，它的弊端就更显而易见。

对海军来说，他们对这座港口的问题（即容易遭遇来自海上和陆上的封锁）心知肚明。本书第一卷曾提到过这些情况，而最新的资料显示，俄国海军之所以被迫接受这一决定，主要是因为政治、商业和陆军三方面的压力。1901年，当时远东舰队的司令官斯克鲁伊德洛夫将军曾起草了一份计划，主张将舰队基地选为海参崴。不过，他的上级阿列克谢耶夫回绝了这一计划——其主张是，为援助地面部队，舰队的首要任务应当是阻止日军在济物浦或鸭绿江口登陆，而海参崴则不利于相关行动的开展。[6] 次年，在圣彼得堡海军学院，俄军进行了一场由海军大臣主持的大规模兵棋推演，主题是"1905 年的对日作战"。在推演中，罗杰斯特文斯基将军扮演了重要角色。推演结果显示，俄军不该把关东半岛作为基地。推演结论这样写道："鉴于入口狭窄、易被封锁，旅顺不是我军舰队的理想部署地。由于没有要塞设施，大连的情况无疑更为恶劣。与两者相比，舰队的最佳停泊地点应当是海参崴，在和平时期它应当定于此处。至于最适宜的位置，则在朝鲜南部某处……在日军开始运输部队前，我方必须先为发起一场大规模战斗做出决定性部署。"[7]

根据这一判断，俄国海军参谋部得出的结论是，有把镇海湾视为一处中转基地的必要，海参崴则将成为主基地的唯一候选地点。不过，虽然俄军的认识非常明确，但为了照顾地面战场，他们无法将基地迁移到北边。在这种情况下，为减少源自旅顺的不利因素，他们也开始寻求在朝鲜南部建立一个附属基地。1903 年 4 月，俄国海军在旅顺召开了一次会议，这次会议由阿列克谢耶夫将军主持，在会上，舰队司令斯塔克中将的参谋长呼吁，整个舰队应当部署在镇海湾，但遭到所有将官的反对。其原因也体现在了一份由维特捷夫特将军起草的言辞激切的备忘录中，备忘录内容可以概括为，由于控制黄海是局势的关键，只有把基地设在旅顺，俄军的目标才能实现。维特捷夫特在备忘录中指出，镇海湾所在的区域处在日本的严密控制下，而海参崴的位置不仅过于遥远，而且处在釜山—对马—佐世保警戒线的外侧——这条警戒线也是日军兵力最集中的区域。同时，他也指出，作为选择旅顺之后的必要措施，海参崴同样应被作为一处据点，部分兵力将从当地主动出击，不断袭扰敌军的舰队和陆军补给线；这种袭扰将影响敌军在朝鲜和中国东北地区的行动，并弥补把舰队主力部署在旅顺而导致的不利局面。在他看来，鉴于双方舰队可能的兵力对比，俄国海军的主要攻击目标应当是敌军的交通线，而不是敌军的主力舰队，也正是为了这一目的，他支持把一支巡洋舰分队部署在海参崴。[8]

此时，我们可以非常清楚地看到，将旅顺舰队投入到保卫要塞的错误做法，并不是源自战略上的误判。相反，它源于港口本身的缺陷，在作为海军基地时，这一点表现得尤为明显，并注定会让舰队与之一同毁灭。虽然俄军知道当地的环境很像一个陷阱，还容易从海上和陆上遭遇孤立，但出于政治和地理层面的考虑，他们又别无选择。他们也曾认识到，要想让该港充分发挥作用，唯一的办法就是以最积极的姿态展开行动。但在日军抢先发起攻击后，这种行动便已经很难展开，不仅如此，日军还可以将无尽的精力用于维持优势，这就让俄军处境变得更为艰难。

如果马卡罗夫依然活着，毫无疑问，他一定会让舰队恢复攻势。至少他相信，作为一种防御手段，舰队只有在海上才能发挥作用，也只有如此，俄军才能破坏日军在辽东半岛的登陆。不过，这并不是他的主要目标，在战争期间，他还要贯彻上级司令部的意志，即将舰队的基地迁移到海参崴。鉴于日军已在朝鲜西海岸北部登陆，俄军在远东的作战计划已被打乱，此时，将旅顺用作舰队基地的前提已荡然无存，同时还变得极端危险，这种情况便要求他带领太平洋舰队前往北方港口。

但此时，问题也出现了。新计划意味着俄军需要坐视旅顺走向毁灭，在要塞守军看来，这样的行动无异于背叛。他们必然会表示强烈反对，甚至会用最尖刻的口吻抨击友军毫无廉耻可言。对马卡罗夫将军这样的人物来说，他也许可以克服这种非议，但这可能超出了他继任者的能力。当时，考虑到舰队要抛弃的陆军部队正在奋力坚守一个海军基地，海军肯定在道德上蒙受了许多压力。加上这个帝国的前哨是如此偏远、孤立，当时的反对声浪一定极为强烈。另外，尽管地面战场的压力与日俱增，舰队的撤离已势在必行，但在舰队上下，这种局面却会让他们背上临阵逃脱的骂名，并加剧他们的不安和压力。总而言之，旅顺作为舰队基地有偏远和易被孤立等不利条件，只要舰队继续驻扎，就终将与之一同灭亡。在这种情况下，只有极具人格魅力和进攻精神的指挥官才能打破诅咒，但维特捷夫特将军显然不属于此类，不仅如此，他还要服从于当地的陆军指挥官。如果双方关系融洽，情况也许会缓和一些，但情况并非如此，何况他们都无法被那些更能认清局势，并甘愿为此做出牺牲的人选取代。

　　换句话说，局面之所以发展到这个地步，并不是俄军的高层缺乏洞察力，或是舰队本身缺乏求战精神。相反，自抢占旅顺之后，他们便陷入了一种极端恶劣的战略环境，以至于在战争爆发初期，日军只需要微小的胜利，就足够困住俄军，使其无法脱身。接下来，如果俄军想重新恢复战略自由，唯一的方法就是赢得决战，但俄国海上力量的准备工作并不充分。

　　最高司令部给马卡罗夫的计划能否挽回颓势？其功效同样值得怀疑：无论如何，它都会令俄军的作战计划出现剧烈变动。首先，将舰队集结到北方基地的做法，等于是把关键目标抛给了日本人，如果这种情况出现，除非俄军准备转入全面战争，从海参崴对日本本土发动攻击，否则，他们将很难找到一种办法赢得战争。虽然稍后，战场上舰队实力的对比会发生变化，这种办法将变得更有可行性，但目前还没有俄军改变作战计划的证据。我们唯一知道的是，从波罗的海舰队启程的那一刻，他们的目标就是将海参崴作为主要基地，并把所有舰只尽可能集结在那里，换言之，俄军已经改变了目标。然而，由于旅顺陷落，一切都很难挽回了。

注释

1. 按照英军"狐狸"号（HMS Fox）在 17 日给海军部的报告，俄国舰队当时已经离开了吉布提；19 日，英国驻佛得角群岛圣文森特（St. Vincent）的领事发出了另一条消息，宣称有若干运煤船正向马达加斯加北部驶去。

2. 此时除了临时配属的"朝日"号，日军第 3 舰队的编制如下：

> 第 5 战队，下辖"严岛"号（旗舰）、"桥立"号和"镇远"号；
> 第 6 战队，下辖"千代田"号（东乡正路海军少将旗舰）、"秋津洲"号（刚刚完成修理）、"音羽"号、"八重山"号；
> 第 7 战队，下辖"扶桑"号（山田海军少将旗舰）和 5 艘炮舰；
> 3 艘辅助巡洋舰；
> 配属舰艇：5 艘驱逐舰、6 个水雷艇队（大约 12 艘）和 9 艘改装炮舰。

3. 参见施瓦茨和罗曼诺夫斯基所著的《旅顺口保卫战》第 2 卷第 539 页，《俄国陆军战史》第 8 卷第 2 部分第 714 页。

4. 参见《海军文集》（1906 年 1 月号）工程师别洛夫的证词。

5. 参见《武官报告》第 3 卷第 235 页。根据工程师别洛夫的说法，埃森舰长试图在深水中炸沉"塞瓦斯托波尔"号，但在出航期间，他从港口司令部接到了一份命令，要求他避免如此行事，理由是"自爆的做法违背了双方商定的投降条款"。虽然投降条款还没有正式签订，但为了避免舰只被敌人打捞，埃森舰长还是下令让该舰以侧倾的姿态自沉。为此，俄国水兵封闭了该舰一侧的水密隔间，并打开了另一侧的舱门，随后，俄军打开了舱门敞开一侧的金氏通海阀，令该舰以龙骨朝天的姿态沉入大海。这种做法取得了成功，直到今天，日军都没有打捞该舰。

6. 参见《俄国海军战史》第 1 卷第 62 页。

7. 参见《俄国海军战史》第 1 卷第 107—121 页。

8. 参见本书附录 A《俄军的战略准备》部分。在其中，我们可以找到 1 份指挥部门的兵棋推演记录以及俄军由此推出的作战计划的基本原则。另外，本书第一卷中还提到了马卡罗夫在战争爆发前夕撰写的 1 份备忘录，他高瞻远瞩地预见到了旅顺港面临的各种危险。在本书附录 A 的第 9 部分，我们附上了这份备忘录的全文以及上级未能听取警告的原因。

∧ 投降前夜的旅顺港，此照片由城内的一位德国摄影师拍摄

∧ 在水师营磋商投降事宜的双方代表合影，其中第
2排中央就是日俄两军的最高指挥官——乃木将军和
斯特塞尔将军

〉 旅顺陷落后，日军拍摄的装甲巡洋舰"巴扬"
号，摄于东港码头附近

∧ 从旅顺逃入芝罘的驱逐舰"端庄"号，该舰在出逃时还带走了守军的军旗

∧ 旅顺西港投降后的景象，左侧远方可见医院船"安加拉"号（Angara），该船曾是"志愿辅助舰队"的辅助巡洋舰，后来在旅顺被改装为医院船

∧ 在旅顺船坞内自毁的俄军布雷舰“阿穆尔”号

∧ 在旅顺鱼雷营栈桥附近自毁的2艘俄军驱逐舰，其中靠镜头较近、有2根烟囱的是“强壮”号，而其左侧被
挡住的可能是“战斗”号

∧ 打捞中的俄军战列舰"波尔塔瓦"号，该舰后来被日军改名为"丹后"号

∧ 弹痕累累的"佩列斯维特"号。该舰后来被日军打捞和修复，并改名为"相模"号，一战期间，该舰被转售给俄国，但在地中海触雷沉没

188

〈 沉没在浅水中的"列特维赞"号，本照片摄于另一艘战列舰"胜利"号的前舰桥上

︿ "胜利"号残骸的特写，该舰后来成为日本海军的"肥前"号

∧ 打捞中的"胜利"号，远处一艘有3根烟囱的军舰是巡洋舰"智慧女神"号

∧ 巡洋舰"智慧女神"号，该舰后来被日军打捞并改名为"津轻"号

∧ 战列舰"胜利"号后部主炮特写

∧ 战列舰"三笠"号的舰载水雷艇残骸，摄于旅顺港鱼雷营东北海岸附近，该艇在一次布雷任务中失踪，残骸后来被俄军俘获并焚毁

∧ 本照片摄于威远炮台西海岸附近，近景处是一艘港务船，远方是一艘未能辨明身份的俄国炮舰

∧ 自毁在鸡冠山炮台西北海岸附近的俄军驱逐舰

∧ 除了战舰之外，日军还在旅顺俘获了大量商船，照片中央就是俄国东清铁路公司的汽船"布列亚"号（Bureya）号，该船后来被日军改名为"由良川丸"

∧ 俄军遗弃的挖泥船和港口驳船，远处可见医院船"安加拉"号

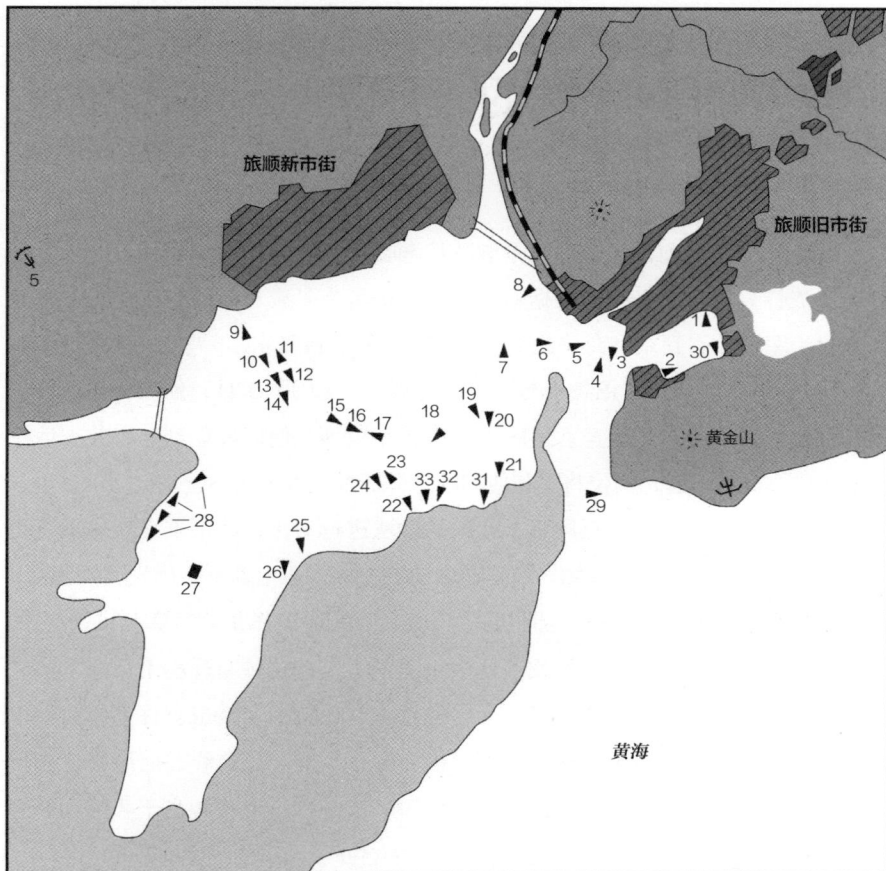

∧ 旅顺港沉船位置示意图

图解

1.布雷舰"阿穆尔"号
2.巡洋舰"巴扬"号
3.巡洋舰"智慧女神"号
4.战列舰"胜利"号
5.战列舰"列特维赞"号
6.战列舰"波尔塔瓦"号
7.战列舰"佩列斯维特"号
8.炮舰"吉兰人"号
9.炮舰"海狸"号
10.运输船"结雅"号（Zeya）
11.运输船"吉林"号（Girin）
12.运输船"齐齐哈尔"号（Tsitsikar）
13.运输船"布列亚"号
14.运输船"宁古塔"号（Ninguta）
15.医院船"蒙古"号（Mongoliya）
16.运输船"阿穆尔"号（Amur）
17.运输船"喀山"号（Kazan）

18.医院船（前辅助巡洋舰）"安加拉"号
19.炮舰"暴徒"号
20.运输船"欧洲"号（Yevropa）
21.炮舰"骑手"号
22.驱逐舰"战斗"号
23.鱼雷炮舰"骑士"号
24.鱼雷炮舰"乌克兰哥萨克"号
25.驱逐舰"破坏"号
26.驱逐舰"前哨"号
27.浮式起重机
28.试验型小型潜艇
29.炮舰"强盗"号
30.帆船"叶尔马克"号（Yermak）
31.运输船"新贵"号（Novik）
32.驱逐舰"强壮"号
33.驱逐舰"机警"号

第十章

波罗的海舰队的远航进展与新使命

在旅顺陷落之前，意识到俄军舰队已濒临覆灭的日军便认识到了一点：制订新作战计划已势在必行。根据这一目标，也是为了应对新的战场形势，东乡和上村将军都被召到东京商议此事。我们手头的资料显示，"为迎战俄军增援舰队"，海军军令部部长"正急于与之共商计策"。[1] 12 月 31 日，他们在东京接见了公众，并得到了热烈欢迎。但随着欢庆告一段落，他们都立刻专心致志地投入了工作，从当天起，两位将军和他们的指挥部都迁入了大本营。

事实上，只要把这一点同日军此前的做法进行对比，就不难发现这项变化可谓意味深长。正如我们所知，日军在之前的参谋作业中都不会预先展开协商；在各项事宜最终拍板前，军令部和舰队司令之间的通信都非常潦草。[2] 而现在的情况似乎表明，日军对联合作战的领悟更深刻了，在这种新环境下，海军参谋部也可以更高效地展开工作。另外，这种做法与我国的实践也有许多异曲同工之处：在皇家海军的历史早期，如果时机允许，经常会从前线召回海军将领协助枢密院秘密委员会（Secret Committee of the Council，地位相当于我国如今的帝国国防委员会）斟酌局势——这类会议通常召开于春季战役发动前夕。

为了更清楚地了解这个会议试图解决的问题，我们必须回顾新年第一周以来（召开会议时）的局势。此时，波罗的海舰队的 2 个分队已经集结在了马达加斯加北部，但随后出发的巡洋舰分队——官方所谓的"后援分队"（Overtaking Squadron）——还没有从地中海驶出。[3] 在坐镇"奥列格"号的多布罗特沃尔斯基 [①]

<hr />

① 译注：即里奥尼德·多布罗特沃尔斯基（1856—1915 年），他于 1873 年加入海军，后来曾在"伟大的西索伊"号、"弗拉基米尔·莫诺马赫"号和"纳西莫夫海军上将"号等军舰上供职，在八国联军侵华期间担任过大沽港港口司令官。1904 年年末，他作为"奥列格"号舰长带领分队前去与罗杰斯特文斯基会合，并于 1905 年在该舰上参加了对马海战。1907 年，多布罗特沃尔斯基退休，在叶尼塞河的一家国营航运公司中担任主席，1915 年去世于彼得格勒。

（Dobrotvorski）海军上校的指挥下，他们于 11 月 16 日离开了里堡，但由于各种故障，直到 1 个月后，先头舰只才抵达苏达湾。由于不少舰只需要在法国港口接受修理，他们的行程拖延愈发严重，直到 1 月 8 日，分队的主要部分才得以起航前往苏伊士运河——此时，舰队主力已经集结在了马达加斯加超过 1 周之久。

　　而舰队主力的情况同样不尽人意。当 2 支舰队在丹吉尔分别时，双方的约定是在迭戈苏亚雷斯（Diego Suarez）会面，在那里，他们可以轻松完成最后的准备，并踏上最关键的一段旅程。他们当时的印象是，在这些盟友的殖民地港口内，他们可以像在欧洲的港口一样享有充分的活动自由。[4] 怀着这种想法，2 支分舰队继续前进，但法国政府倍感恼怒——这并不是因为中立国或日本政府的抗议，事实上，俄军打算在迭戈苏亚雷斯从事的活动已不只是加煤和例行检修，而是将这个中立港口当成了会合点和集结点。这些密集的活动都是为了备战，届时，迭戈苏亚雷斯将和一座作战基地毫无差别。此前，俄方已布置好了系泊用具，还收购了大量补给品（其中有 1000 头阉牛），同时，"法国邮船公司"（Messageries Maritimes）的修理车间也增加了工作人员。毫不奇怪，面对法国方面的抗议，俄军指挥部被迫严肃对待此事，他们电告两位舰队司令，要求其不得进入迭戈苏亚雷斯。但另一方面，法国方面也做了一些让步：他们允许俄军在贝岛（Nossi Bé）——贝岛位于马达加斯加西北海岸，离迭戈苏亚雷斯大约有 130 海里，在群岛中有一处敞开的锚地——停靠。于是，费尔克萨姆将军立刻奉命改变航向，并于 12 月 28 日抵达了此地。[5]

　　次日，俄军的主力舰队也停泊在了马达加斯加东岸和圣玛丽岛①（St. Mary Island）之间的海域，此时距离他们离开小湾已有 10 天。在沿非洲西海岸南下期间，罗杰斯特文斯基已接到不再前往迭戈苏亚雷斯的指示，但法国当局提供的备选锚地无法令他满意：他一直希望加快速度，但贝岛离他的航线有 600 海里之遥。同时他还知道，莫桑比克海峡（Mozambique Channel）的那一部分并未接受过妥善的勘测，到处都有未标定的珊瑚礁，这对一支大舰队的集结无疑非常危险。

---

① 译注：现名布拉哈岛（Nosy Boraha），在马达加斯加东北部。

因此，他在电报中回复说，自己准备将圣玛丽海峡①（St. Mary Channel）选为新集结点，并请求第2支队向当地航行。显然，他期望的是在当地与费尔克萨姆舰队碰头，但后者最终并未抵达，关于到何处寻找这支友军，他同样感到一头雾水。[6]

但和下锚之后几小时收到的另一条新闻相比，这件事俨然变得无足轻重。这条消息于当天中午由医院船"奥廖尔"号（Orel）送达，之前，该船曾前往开普敦获取补给，该消息宣称，旅顺舰队已在港内全军覆灭。

换句话说，这件事情标志着：罗杰斯特文斯基要执行的作战计划已经分崩离析。之前，俄军曾设想过和旅顺舰队联合与敌军打一场海上决战，但现在，这种设想只能被抛弃，在罗杰斯特文斯基脑海中，原先的想法——在抵达后采取守势——似乎又开始死灰复燃；为了尽早赶往当地，他派遣远洋拖船"罗斯"号前往塔马塔夫②（Tamatave）打探确凿消息和友军的下落。

12月31日，"罗斯"号带回消息：费尔克萨姆舰队正在贝岛停泊。同时，该船还载回了一份记录敌情的电报，其中显示：10天前，2艘日本装甲巡洋舰和6艘轻型巡洋舰曾途经新加坡海域向南行驶，还有2艘辅助巡洋舰正在向莫桑比克开去。闻讯后，罗杰斯特文斯基立刻派遣1名参谋乘运输船前往迭戈苏亚雷斯，并给停泊在该港的运煤船发去命令。同时，这位参谋还携带了一封给费尔克萨姆将军的电报，要求他立刻前往圣玛丽岛与主力会师。按照幕僚们的看法，将军仍然打算执行原始的计划。他们相信，罗杰斯特文斯基的具体想法是全速前进，以便在日本军舰完成修理、更换好磨损的炮管之前突入战区。为此，他将抛下其他受损和无用的舰只，带领7艘战列舰和2艘性能最好的巡洋舰强行突入海参崴；接下来，他将从这处北方基地采取积极行动，攻击敌军的交通线。[7]这一想法可能也得到了斯克鲁伊德洛夫中将的支持，后者曾在一封电报中询问，自己可以在何地率领部下与波罗的海舰队会合。当时，斯克鲁伊德洛夫所谓的"部

---

① 译注：即圣玛丽岛和马达加斯加之间的海域。

② 译注：又名图阿马西纳（Toamasina），在马达加斯加东海岸，位于圣玛丽海峡——罗杰斯特文斯基舰队停泊地——的南部。

下"指的是残存的 2 艘装甲巡洋舰，得益于海参崴船坞人手的增加，它们现在正在迅速修复。为此，罗杰斯特文斯基在回电中表示："2 月 2 日在巽他群岛。"[8]

在等待友军回信期间，罗杰斯特文斯基一直在继续加煤，但由于天气过于恶劣，1 月 4 日，依照法国当局的建议，他只得率舰队开往一处新的避风港——唐唐锚地[①]（Tang-tang Roads）[9]。至于"罗斯"号，则被再次派往塔马塔夫查明费尔克萨姆舰队的行踪。但在出发后，"罗斯"号却迟迟没有回报，同时，理应从迭戈苏亚雷斯前来的运煤船也全无踪影。日军巡洋舰活动的消息更让他相信，拖船和运煤船之所以没有返回，是因为它们不敢冒险出航，为此，将军又把恩克维斯特麾下的 3 艘巡洋舰派往迭戈苏亚雷斯进行接应，并重新要求第 2 支队与之会合。

5 日，在上述舰只离去后，1 艘驶入唐唐锚地的运煤船最终带来了费尔克萨姆将军的消息。但这条消息远谈不上振奋人心。在俄军购买的 5 艘辅助巡洋舰中，只有 1 艘——"库班"号（Kuban）——按期抵达；其余船只和多布罗特沃尔斯基上校的"后援舰队"依旧杳无音信；更糟糕的是，费尔克萨姆将军报告说，他已经根据国内海军参谋部的指示，开始就地对引擎展开大修。由于设备已被拆开，舰队将在 1 周内无法运动。对上级指挥部的干预，罗杰斯特文斯基倍感愤怒，于是，他决定带领整个分舰队绕道前往贝岛，以便"揪出这位同僚"。

为此，他将起航的时间定在了次日清晨，但就在他起航前，"罗斯"号返回了唐唐锚地，虽然该船没有带来任何费尔克萨姆舰队的新情报，却带回了旅顺陷落的消息。由于早有预料，此事并没有在俄军舰队中激起多大的波澜，他们依然在预定的时间起锚向贝岛驶去。途中，他们遇到了费尔克萨姆将军派来的 1 艘巡洋舰，与该巡洋舰同行的还有其麾下仅剩的 2 艘驱逐舰，尤其尴尬的是，其中 1 艘驱逐舰不久即告损坏。从这些军舰船员口中，罗杰斯特文斯基详细了解了第 2 支队的状况和他们航程中遭遇的种种事件，期间，支队遭遇了不计其数的故障，几乎涵盖了舰员们能想到的每一种状况。在如此压抑的氛围下，俄军

---

① 译注：即今天的唐泰依湾（Baie de Tintingue），当地在圣玛丽海峡附近靠近马达加斯加主岛的一侧。

度过了东正教圣诞节（即 1 月 7 日），但罗杰斯特文斯基依旧斗志昂扬。在集结和检阅了麾下的所有舰船后，他做了一场振奋人心的演讲，要求每个官兵认识到，虽然舰队的任务是艰巨的，但国家将对他们心怀感激，沙皇也不会忘记每个人的牺牲。最后，他用低沉但自信的语调总结道："我们的任务是艰巨的，我们的目的地是遥远的，我们的敌人是强大的。但各位需要铭记的是，现在，全俄罗斯都带着信任和期待的目光注视着我们。"这场演说的目的正是为了调动官兵们的情绪，在重新振作起士气后，俄军继续前进。期间，他们始终做好了战斗准备，炮手都在战位旁枕戈待旦，就这样，他们一路穿过了危险水域，并在 1 月 9 日安然抵达贝岛。

但罗杰斯特文斯基将军却发现第 2 支队内部弥漫着一种截然不同的情绪。由于相信未来将奉命回国，他们的维修工作进行得非常散漫，不过，由于总司令的到来，他们还是很快重新变得忙碌起来。之前在圣玛丽岛，当获悉第 2 支队的状况后，罗杰斯特文斯基曾将 1 月 14 日定为开始最后一段航程的日子。但现在，将军发现这一做法已不切实际，于是推迟到了 18 日：届时，不管其他舰只是否到齐，他都将升火起航——当然，其前提是上级司令部不会再横加干涉。

自从 11 月参加了多格尔沙洲事件的仲裁会议后，海军中校克拉多便一直被勒令赋闲。赋闲期间，他在俄国媒体上发表了一系列雄辩的军事类文章，并提出了一份可行且有理有据的全新作战方案。[10] 他的整体思路是：原先的作战计划已无法成功，现在，夺取胜利的希望已完全落在了陆军肩上，更确切地说，是库罗帕特金将军旨在收复旅顺并将日军赶出朝鲜的未来攻势上。尽管将军本人意志坚定，对战场了如指掌，但从纯粹的战略角度，如果没有制海权，俄军将很难赢得胜利——至于问题，则出在交通线上。由于陆上运输困难重重，无法为大军的推进提供补给，这就需要沿海和内河运输的协助。事实上，克拉多的说法非常正确，而且得到了日军实践的证明——日本陆军因为得到了舰队在近海和内河的支援，他们才得以一路推进，并取得了如今的成绩。反过来，类似的情况也牵制着俄国人，由于缺乏上述支援，一旦他们开始转守为攻、大举推进，就会陷入粮草无继的境地。期间，除非俄国舰队能夺取制海权，令他们足以像日军一样能紧随着陆军建立沿海基地，否则，他们将无法在远离铁路线的地方开展行动，此时，其部队基本将会被牵制在铁路沿线。

但这只是问题的一部分。即便凭借超乎常人的努力，俄军能建立起足以攻入辽东和朝鲜的补给线，其战线仍会出现一种情况：许多地点将面临敌人的海上打击。另外，他们推进得越远，类似地点就会变得越多，为了保卫它们，俄军还将投入更庞大的兵力；同时，这些地点还将长期面临袭扰，敌人由于控制着周边海域，只需动用一支小规模的两栖部队，就足以实现上述目标。为抵御类似攻击，俄军将兴师动众，进而导致部队丧失机动力和攻击力——总之，如果没有海上力量，俄军根本就无法守住这些地点。

换言之，只有依靠海上力量，俄军才能守住补给线，并在朝鲜挡住日军。令情况更棘手的是，日军不仅意志坚定，还可以仰赖新竣工的釜山—汉城铁路。至于其行动，则完全验证了克拉多的观点。正是基于这一原因，克拉多大声疾呼，俄军应当放弃当前的想法，即在乌苏里江流域（Ussuri）组建一支由连纳维奇将军（Linevich）指挥的用于朝鲜方向的集团军。由于日本海的制海权不在俄军手中，这一攻击日军侧背的做法虽然诱人，但并不可行。

最终，克拉多真正想表达的结论是：根据过去同高层的接触，他意识到，虽然俄国陆上力量异常强大，但目前却陷入了军事困境。在战争中，他们瞄准的是一个有限的区域目标，但敌人从海上强行孤立和占领了它，要想将其夺回，俄国只能依靠海军。换言之，不管俄国最终在满洲投入多少地面部队，如果他们无法从日军手中夺走制海权，所有努力便将化为徒劳——事实上，夺取制海权不仅将解除俄军交通线的后顾之忧，还将瘫痪敌人的海上运输，而这一切，又只有通过一场舰队决战才能实现。

以上局势分析也引出了另一个问题：罗杰斯特文斯基舰队是否有足够的实力去赢得这样一场胜利？显而易见，以当时的状况，他们无法实现上述目标，这让俄军的取胜之道只剩下了一条：这就是在抵达战场前，利用手头一切有战斗力的舰船进行增援——如果不这么做，战争就将无限期地延续下去，被迫与日本媾和的政府也将颜面扫地。正因如此，在这番扎实的战略分析之后，为挽回国家的颜面，克拉多还增添了一条大胆的建议。很快，这条建议便在人们心中扎下了根，进而像野火一样扩散了开来。

在 1 周内，政府便决定采取行动。最后时刻，他们下令组建了第 3 太平洋舰队。早在 4 月，斯克鲁伊德洛夫将军便在呼吁此事，而在秋天，杜巴索夫将军和比里耶夫 ①（Birilev）将军也曾为此奔走游说。这道命令于 12 月 16 日签署，要求老式战列舰"沙皇尼古拉一世"号以及 3 艘"海军统帅"级岸防战列舰——"谢尼亚文海军上将"号（Admiral Senyavin）、"乌沙科夫海军上将"号（Admiral Ushakov）和"阿普拉克辛海军元帅"号（General-Admiral Apraxin）——以及陈旧的装甲巡航舰"弗拉基米尔·莫诺马赫"号做好准备。即使如此，这支舰队能给罗杰斯特文斯基带来的也仅仅是一点安慰，远无法赋予他胜任新使命的实力。事实上，关于这一点，没有人比克拉多本人更清楚，很快，他便开始向政府慷慨地陈述另一条建议，这就是不顾任何可能产生的外交摩擦 ②，将整个黑海舰队一并调走。但这种近乎极端的提议注定无法得到认可，相反，俄国政府只能用波罗的海的舰船暂且满足这一需要——事实上，除了满足民众危险和绝望的诉求外，这一目标注定很难实现，何况这支舰队本身的战斗力都是值得怀疑的。

当新命令如潮水般涌来时，仍旧在圣玛丽岛海域的罗杰斯特文斯基将军可谓倍感错愕。他的脖颈俨然被挂上了一块巨石，这块巨石将带着他一路坠向深渊。他仍然认为，舰队唯一的希望就是尽快抵达战场，如果他能在之前预定的日期出发，那么仍有希望在 2 月底之前抵达，为此，他诚恳地请求上级，希望能在不待第 3 太平洋舰队，甚至是"后援舰队"抵达前出航。[11] 他的执着最终导致了妥协，按照我们得到的说法，1 月 7 日，他接到一份命令：只要"后援舰队"抵达，他的舰队即可启程。不过，这条命令不容许任何变通。当时，还没有迹象

---

① 译注：即阿列克谢·比里耶夫（1844—1915 年），他出生在特维尔省，曾担任过鱼雷巡洋舰"伊林海军上尉"号（Lieutenant Ilyin）、装甲巡洋舰"米宁"号（Minin）、战列舰"伟大的西索伊"号和"甘古特"号的舰长，1894 年晋升海军少将，1901 年成为海军中将，曾指挥过俄军的地中海分舰队，日俄战争之初被任命为喀琅施塔得要塞司令官。随后，他肩负起了武装第 2 太平洋舰队的任务，并计划在罗杰斯特文斯基抵达海参崴后从他手中接过舰队的指挥权。1905 年 7 月，他接替阿维兰将军成为海军大臣，并开始主导舰队的重建工作，但由于诸多原因，他取得的成绩非常有限。在俄国内部，人们对他的评价是单纯和诚实，但能力不足。1915 年，比里耶夫在彼得格勒去世。

② 译注：国际公约对俄国军舰穿越博斯普鲁斯海峡有许多约束。

显示第 3 太平洋舰队会在 1 个月内离开里堡，而当罗杰斯特文斯基抵达贝岛时，他本人可能也相当确信：自己将在不待第 3 太平洋舰队抵达的情况下启程。另外，在接到等待"后援舰队"的指示后，将军仍计划在 1 月 18 日出航，因此我们可以推测，他的意图是准备在贝岛以外的其他集结点与之会合。

以上就是日军大本营召开会议时俄国舰队的动向，接下来我们要讲述的是日军对局势的分析，以及据此做出的种种决策。

注释

1. 参见《日本战史发行版》，转引自《海事评论》（Revue Maritime）第 188 期第 399 页。

2. 参见本书第一卷的相关内容，东乡对局势的总结则可在本书的后续部分中找到。

3. 当时，其兵力包括巡洋舰"奥列格"号和"绿宝石"号、3 艘驱逐舰以及辅助巡洋舰"第聂伯"号、"里翁"号。同行的另外 2 艘驱逐舰和武装运输船"海洋"号则未能跟上。

4. 离开丹吉尔后，费尔克萨姆舰队曾先后在苏达湾、苏伊士、吉布提、阿卢拉以及瓜达富伊角近海加煤；而主力舰队则途经了达喀尔和加蓬湾（两地均属于法国）、大鱼湾（葡萄牙）和小湾（德国）等区域。

5. 参见西蒙诺夫《代价》一书第 333 页和第 342 页。

6. 参见西蒙诺夫在《代价》一书第 333 页中转引斯文托尔热茨基海军大尉的陈述。大尉表示，罗杰斯特文斯基对这种"纸上谈兵"的武断决定感到非常恼火。

7. 参见西蒙诺夫《代价》一书的第 335 页和第 348 页。

8. 参见斯文托尔热茨基海军大尉的信件，落款为"贝岛，1905 年 2 月 3 日"，出自《20 世纪报》（Dvadtzati Vyck）1906 年 6 月 14 日号。作者为罗杰斯特文斯基的司令部副官，其主要任务是对通信进行加密和解密，因此对自己的证词非常有信心。参见西蒙诺夫《代价》一书第 337—338 页。

9. 其具体位置可能就是我方地图上标注的安通吉尔湾（Antongil Bay）。

10. 这些文章最初刊登在了 11 月 24—29 日的《新时代报》（Novoe Vremya）上，并在经过扩充后于 12 月底出版成书，该书后来又被翻译为法语，题为《俄日战争中的俄国海军》（La Marine Russe dans la guerre russo-japonaise）。

11. 参见斯米尔诺夫的记录。

∧ "奥列格"号，该舰的最大特点是前后各有1座双联装炮塔。1919年，这艘在对马海战中幸存的巡洋舰被英国干涉军的鱼雷艇击沉

∧ 里奥尼德·多布罗特沃尔斯基，在波罗的海舰队出发后，1904年年底，他指挥着一支以巡洋舰"奥列格"号和"绿宝石"号为首的分队前去与主力会合

∧ 从喀琅施塔得港出发前，巡洋舰"奥列格"号正在接受沙皇的视察

∧ 在增援途中，并排航行的"绿宝石"号和驱逐舰"威严"号（近景处）

∧ 俄军"第3太平洋舰队"指挥官——尼古拉·涅博加托夫少将注定会扮演一个处境尴尬的角色

∧ "奥列格"号和"绿宝石"号正在运输船"海洋"号（中央）旁边加煤

∧ 装甲巡洋舰"弗拉基米尔·莫诺马赫"号，摄于1902年，该舰与"迪米特里·顿斯科伊"号是准姐妹舰，在战争爆发时已全面落伍，1903—1904年，俄军有将其改装为训练舰的计划，但为了组建第3太平洋舰队，该舰还是被编入了增援队伍

∧ 1904年冬季、战列舰"尼古拉一世"号在喀琅施塔得。该舰曾是19世纪90年代外事活动中的明星，但此时已经老旧不堪，其火炮严重落伍、装甲防护也存在缺陷

∧ 岸防舰"谢尼亚文海军上将"号，"阿普拉克辛"号和"乌沙科夫"号与之同型，但武器和吨位略有差异。该舰的设计用途和北欧国家的岸防战列舰类似，都是用于保卫沿海和为陆军提供支援

第十一章

日军准备迎战

当日军大本营与海军军令部共同商讨作战计划时，他们依然无法确定波罗的海舰队的状况和意图。正如我们之前所见，当 2 支俄军分舰队于 11 月底向太平洋开进时，日军大本营估计，它们或许会先合兵一处，然后在 1 月初抵达台湾海峡（Formosa Channel），进而从当地开入战区。但俄军是想直接前往海参崴，还是在黄海与第 1 舰队残部会合？日军始终无法得出结论。

虽然我们今天已经知道，俄军的旅顺舰队已经完全瘫痪，但颇为奇怪的是，当时日军仍将其视为一个危险因素。日军之所以如此估计，也许是他们对港内的情况一无所知，也许是对守军的顽强抵抗印象深刻。另外，制订海上作战计划时，还有一个因素困扰着日军，这就是敌军可能会在战区内重建行动基地。虽然此前，日军曾满怀信心地将这一干扰因素排除在外，但现在，这一问题不仅死灰复燃了，还严重干扰了大本营对局势的评估。当时，日军不由为一个问题惴惴不安起来：不管俄军的意图是哪一种，他们都可能首先在台湾岛或中国大陆的南方沿海建立一个临时基地，并以此为依托展开后续作战。[1]

为尽可能澄清局势，日军有必要查清俄军的运煤船和运输船的动向——这将为判断俄军舰队集结的时间和地点提供依据，同时，他们也渴望知道，在上述可疑地区，俄军是否打算建立临时基地。为此，日军决定展开周密侦察。正如前文所述，在对 203 高地的最后一轮总攻打响前，东乡大将曾派出了 3 艘巡洋舰：为应对封锁危机赶来的"香港丸"和"日本丸"，以及最近完成修理的"新高"号。日军给上述 3 舰下达的命令，也从某种程度上反映了大本营掌握的情报。12 月 5 日，其中 2 艘日军辅助巡洋舰接到了结伴同行的指示，按照它们得到的消息，波罗的海舰队主力曾于 11 月 27 日在小湾加煤；第 2 支队已离开苏伊士；"后援支队"已驶过斯卡恩角。有鉴于此，该指示写道："贵舰此次巡航的任务是先在新加坡附近巡弋（如时间充裕，还应搜索巽他海峡附近海域），随后侦察交趾支那沿岸可能被波罗的海舰队利用的港口，并在敌军抵达新加坡和爪哇前查探南中国海的局势。"但同时，这些舰只也得到警告，波罗的海舰队可能会提前抵达，因此，在完成在新加坡附近海域的巡航后，它们必须抓紧时间，并将活动区域严格限制在巽他海峡和交趾支那沿海等地。

根据这一指示，上述舰船在 12 月 13 日从佐世保出发，一路南下前往马公（Makung）——日本在澎湖列岛（Pescadores）的前哨基地——搜集情报、等待命令。由于在抵达后没有接到新消息，上述舰船继续向新加坡开去，并于 12 月 22 日在港外 10 海里处停泊。期间，日本驻当地的领事带来了几份电报，其中有大本营昨日收到的敌情。敌情显示，罗杰斯特文斯基支队已在 12 月 19 日驶过了好望角，另一个支队在 14 日离开了吉布提，"后援支队"显然仍在克里特岛。另一份电报提供了关于集结点的线索。其中提到，有份报告显示，俄军第 2 支队正在前往马达加斯加与舰队主力会合，但实际情况依然无法查明。最后一封电报表示，敌军正在里堡匆忙组建第 3 支舰队，该舰队将由比里耶夫将军指挥。同时，各舰还得到指示，鉴于荷兰的中立立场可能动摇，它们必须在 25 日搜索苏门答腊岛上 2 座鲜为人知的港湾：贝吞湾（Telok Betung）和巴东港（Padang）。

穿过巽他海峡后，2 艘辅助巡洋舰先是在 25 日抵达了贝吞湾，但并没有在当地发现异样，随后上级也在来电中表示，目前尚未出现新情况，同时，该电报还指出，他们接下来将不再前往巴东，而是应当去爪哇岛南岸的芝拉扎（Tjilatjap）。这 2 舰虽然在 28 日如期抵达，但发现当地根本没有作为锚地的潜质。于是，日军便返回了巽他海峡，以执行最初的作战计划。接下来，2 舰先是去了巴达维亚[①]（Batavia）海域，随后穿过加斯帕尔海峡（Gaspar Strait）沿着婆罗洲（Borneo）西岸北上，并于 1 月 3 日在纳闽岛（Labuan）附近暂时停靠。至此，日军分队完成了对马来群岛的侦察，期间没有发现任何俄军利用当地备战的迹象。随后，它们穿过南中国海前往柬埔寨（Cambodia），并在当地分头侦察了暹罗湾入口处的海湾和岛屿。但即使如此，它们同样没有找到俄军建立基地的迹象，何况当

---

① 译注：即今天印度尼西亚的雅加达市。

地也不具备相应的水文条件。[2] 随着任务告一段落，2 舰最终于 1 月 14 日抵达马公，并根据命令回到了佐世保。

与此同时，"新高"号在 12 月 20 日从佐世保启程，随后，该舰开始以长江口为起点，一路向南进行了类似的侦察。在搜索过远达台湾的所有可疑区域后，12 月 26 日，该舰通过该岛北部的大甲（Taiko）无线电站汇报了一无所获的事实，随后便向着厦门（Amoy）驶去。在与领事沟通后，该舰又一路向南抵达了香港，进而向着吕宋岛（Luzon）北部进发。29 日早些时候，随着博加得岬（Bojodor）的灯塔进入视野，该舰开始沿海岸南下，直到夜幕降临时分才转舵北上。尔后，该舰又途经台湾南部于 31 日回到了马公。经过一天的等待，该舰又遵照上级的电报指示返回吕宋岛，前去马尼拉湾（Manila Bay）搜索。根据命令，"新高"号于 1 月 5 日抵达了马尼拉外海，并在港外等候到夜幕降临。随后，该舰熄灭了全部灯火，掉头向北返回。1 月 11 日，该舰再次返回基地，并报告了自己的发现：期间，它并没有搜索到俄军建立基地的证据，也没有发现任何敌方运煤船或运输船的行踪。

这些明确的证据打消了大本营的疑虑。由于侦察显示敌军尚未抵达，而且旅顺也宣告陷落，他们很快得出结论，己方的处境得到了极大改善。事实上，假如旅顺仍在敌人手中，而且又不巧赶上罗杰斯特文斯基在中国占领了一个基地，不论后者的意图是与旅顺舰队会合，还是打破对要塞的围困，日军舰队都将因此陷入危险局面。此时，为与敌军保持接触，他们可能将采取一种做法，即放弃防御集结点，离开控制最严密的海域——进一步说，他们将被迫前往另一处攻势集结点，其位置将位于南方，甚至可能远在台湾海域。

按照俄军此前的估计，日本人极有可能如此行事。但就算这种方案确实存在过，战场环境也发生了重大改变。现在，俄军只剩下了两种选择，一是直接穿过朝鲜海峡，二是经由北方水道向海参崴前进。在这种情况下，日军需要的是一个内线位置——或者说，一个在法语中被称为"中心集结点"（masse centrale）的地方；这个位置可以为舰队提供集结之便，同时，无论敌人选择何种路线，舰队都可以与敌人保持接触。

日军很快将会发现，这一位置就是镇海湾——一处历史悠久的战略重心，在战前外交领域的纵横捭阖中，它始终占据着重要位置。无论俄军想直接前往海参崴，还是打算绕道北方，它都处在内线的位置上，而且从水域范围和自然环境看，它都是一支舰队在奔赴战场前养精蓄锐的理想场所。因此，各位舰队司令及幕僚几乎一在大本营落脚，便立即做出了在朝鲜海峡集结舰队的决定。为此，日本海军将在编制上继续划分为 3 个舰队：其中，之前组成"联合舰队"的第 1、第 2 舰队将驻扎于镇海湾的马山浦（Masampho）；片冈将军指挥的第 3 舰队（第 5、第 6 和第 7 战队）将和之前一样部署在竹敷，并充当海峡的警戒力量。

不过，由于上村将军未能彻底击败海参崴巡洋舰队，日军又无法在此处集结全部兵力——加上此时该分队正在恢复元气，日本人再次变得紧张起来。除了这一点之外，很明显，海参崴还将成为俄军的下一处作战基地，为阻止其有效运转，日军自然需要设法阻止煤炭和各种海军物资流入。但另一方面，自从"香港丸"和"日本丸"被召走，进而前往南方侦察以来，津轻海峡（即唯一一条通往海参崴的、未冰封的北方航道）便一直守备薄弱。在那里，日军的警戒舰只非常有限，仅包括 2 艘炮舰和 1 个水雷艇队。[3] 不过，12 月 30 日，上级也向正在吴港的三须将军发出指示，要求他先前往竹敷，从当地率领 2 艘装甲巡洋舰——"吾妻"号和"浅间"号——前去守卫津轻海峡。从此之后，通往海参崴的航道都得到了严密警戒，随着季节更替，北方航行条件不断改善，日军也在逐步扩大封锁舰队的规模。1 月 22 日，曾在东乡麾下担任参谋长的岛村少将（他不久前刚刚得到晋升）接管了它们的指挥权，三须则在舰队重组期间调离，成为东乡的副手——即第 1 战队司令。[4]

日军舰队重组的命令下达于 1 月 12 日，即联合指挥部开始运转的 10 天后。此时，日本当局已经获悉，波罗的海舰队的 2 个主力支队正在马达加斯加集结，为此，他们向法国政府提交了一份严正的抗议书，但最终只得到一个回复：法国当局并不知晓俄军有日方宣称的破坏其中立地位的行动。同时，东京方面还得知，俄军的"后援支队"正在通过苏伊士运河——有鉴于此，日军必须做好准备。

根据新的编制[5]，2 艘购自阿根廷的巡洋舰被正式纳入了第 1 战队，以代替

沉没的 2 艘战列舰，同时，出羽将军的第 3 战队将继续配合其行动，并和第 1
战队共同构成了第 1 舰队的基干。至于第 2 舰队，则继续由上村将军指挥，其
中包括他亲率的第 2 战队（此时，该战队包括 6 艘装甲巡洋舰），此外还有瓜生
将军的第 4 战队。同时，配属于第 1 舰队的还有 1 支轻型舰艇分队，它们包括
3 个驱逐队和 1 个一等水雷艇队。第 2 舰队旗下的轻型舰艇则由 2 个驱逐队和 2
个一等水雷艇队组成，以上所有单位都驻扎在镇海湾。[6] 除了损失的舰只，第 3
舰队将和开战时一样继续部署在竹敷，同时，该舰队还配属有 1 支轻型舰艇分队，
它们由 5 个水雷艇队组成。除此之外，日军还在海峡部署了一支常备的警戒力量，
这些部队分别部署在门司（Moji）和竹敷，下辖 4 个水雷艇队，共计 14 艘水雷艇，
另外，日军还投入了 25 艘改装炮舰执行港口防卫和特别勤务。[7]

日军战略布局的最大弱点是缺乏侦察用的轻型巡洋舰。为弥补缺陷，他们
很快便把 5 艘汽船改装成了辅助巡洋舰，令这些悬挂海军旗的特殊船只总数上
升到了 12 艘。[8]

日军集结区的范围则延伸到了远至 "第 4 警戒线"（Fourth Guard Line，即
对马西南 50 海里一线）的海域。该警戒线始于五岛列岛（Goto Islands）外围的
一处礁岩——白濑（Shirose），当地在佐世保正西约 50 海里。随后，该警戒线
延向西北，一直到白岛群岛（Castle Group），即巨文岛（Port Hamilton）偏东不
远处。该警戒线将由轻型巡洋舰定期驻守，在警戒线前方还有 4 个哨区，如果
局势紧急，新改装的辅助巡洋舰将被部署到此地。[9]

虽然在 "后援支队" 抵达吉布提后，俄军舰队还一时无法完成集结，但东
乡将军依旧于 1 月 21 日在东京签署了对集结工作的总体指示。不过，由于有部
分舰只仍然在船坞，北方海域的封锁兵力也亟待加强，再加上新的特殊任务也
在不时抽走舰只，日军舰队还是无法顺利进行训练、休整和备战。当时，陆军
已再次要求舰队展开另一场重要的联合作战。

整个冬天，日俄两军一直在沙河前线针锋相对，并相互提防着对方的进攻。
对日军来说，他们其实没有推进的意图。此前，俄军曾发起行动，试图打破日
军掌握的有利防御态势，但这次尝试最终以失败告终。此后，日方一面尝试继
续保持现状，另一面全力从后方调集增援补充近来战斗中的损失。不过，乃木

将军并没有离开旅顺——直到 13 日，他才在攻克的要塞举办了入城式。之所以出现拖延，不只是为了能让这支疲惫之师进行休整和补充，另一个可能的原因也许是，此时，牛庄港已被海冰封闭，大连铁路便成了左翼和中路日军唯一的补给线，而它的运力又存在极限——如果用于运送第 3 军，它将很难满足前线各军的补给需求。

此时，俄军却倾向于尽早再次发动攻势——这一点的必要性其实不难想见。事实上，在旅顺沦陷、舰队覆灭后，他们朝当地进攻的紧迫性更是有增无减；因为现在，如果俄军想要打赢战争，就必须将日军逐出其占领的土地。

另一方面，尽管库罗帕特金希望在沙河会战结束后便重启攻势，但为等待增援赶到，这次行动必须暂时推迟。不过，得益于西伯利亚大铁路状况的改良，大批新锐部队正在迅速抵达，到 1 月第 2 周时，俄军决定发起行动。首先，他们将派遣庞大的骑兵部队攻击日军交通线，破坏其后方的铁道系统——借此，俄军将阻止乃木将军的部队调往前线，并摧毁敌人在牛庄的补给基地。

1 月 8 日，在密西琴科将军的指挥下，大批骑兵（大约有 80 个骑兵连）开始朝日军的左翼迂回。10 日和 11 日，这股部队突袭了日军后方的铁路，但由于部署存在问题，再加上对环境全然陌生，他们没能给日军带来重大损失。随后，这支部队向牛庄前进，并于 13 日——乃木将军正式进入旅顺的当天——攻击了当地。此时，日军司令部终于意识到了危机的严峻性，但幸运的是，由于俄军行动迟缓、行事粗枝大叶，日军得以及时投入增援。最终，俄军的进攻以失败告终，面对不断压迫过来的日军交通线守备部队，密西琴科将军只得下令后撤。

除了几支辎重车队被俘、部分军事物资损毁之外，日军在这次战斗中蒙受的损失其实非常有限，不过，这事深深震撼了日军高层，他们命令乃木立刻开赴沙河前线。为此，乃木将带领 4 个师团中的 3 个启程，第 11 师团则被留下守卫旅顺。但这场突袭带来的余波还远没有平息。虽然我们无法确定，日军是否在被袭后意识到了自己侧翼的空虚，也不知道接下来的这个想法是否是他们长远计划的一部分，但有一点是清楚的，为保护右翼，他们开始在这一方向大举行动，并要求海军提供支援。

日军的思路是在朝鲜北部成立 1 个新军团，即所谓的"第 5 军"或"鸭绿江军"

（Army of the Yalu）。其核心部队是后备第 1 师团（First Kobi/Reserve Division）麾下的各个旅团——这些部队目前已在安东上岸，此外，该军还将编入从旅顺抽调的第 11 师团，另有 1 个后备师团也将在朝鲜东海岸登陆。第 11 师团最先开拔，由于鸭绿江口遭遇冰封，他们只能从陆上前往西朝鲜湾的尽头。这种做法也带来了便利，在密西琴科的突袭后，如果俄军重新发动攻势，该师团将刚好处在充当主力预备队的位置。果不其然，1 月 24 日，库罗帕特金将军打响了黑沟台会战①（battle of San-de-pu），大举攻击日军阵地，次日，第 11 师团也开始了漫长的冬季行军。

此时，日本海军的主要任务是运送另一个后备师团，不过，他们的时间仍很充裕。我们可以认为，该部署有两个层面的意义。首先，它是一种防御措施，可以让日军继续控制住有利的战略位置；但另一方面，该行动也为战争开启了一个新阶段——换言之，战争第三阶段的大幕正在徐徐揭开。如前所述，其第一阶段是占领目标区域，第二阶段是在局势允许时巩固现有局势；但在第二阶段，日方虽然在地面战场已是高枕无忧，但考虑到波罗的海舰队正在驶来，日军仍要迎战，危险依旧存在。事实上，由于制海权尚不稳固，日军还谈不上彻底控制了占领区，除非他们能摧毁波罗的海舰队，否则，这一隐患就将继续存在。不过，他们对未来的战斗充满了信心，这一点也成了他们准备开启战争第三阶段的理由。现在，他们只差一个契机：一场预料中的海战胜利。

事实上，此时战争已经进入了一个承上启下的时期，可以认为，日军的地面作战行动有着双重目的：不仅将增强他们对占领区的控制；同时也会成为一种施压手段，让敌军相信，他们如果还想卷土重来，将注定得不偿失。换言之，此时的日军有两个任务，其一是防御，为的是牢牢控制住占领的目标；其二是进攻，意图是促使和平早日到来。当海上危机浮现时，有理由相信，日军所做的一切都是以防御为主：此时，对大本营来说，除了专心迎战波罗的海舰队外，他们还必须提防乌苏里江流域的俄军——这些敌人或许会趁机从图们江（Tumen）方

---

① 译注：该会战又名沈旦堡战役，沈旦堡是会战主要战场。

面出发，重夺之前在朝鲜北部的立足点。[10] 但另一方面，日军的新行动也可能是某种准备或预防举措：稍后，为牢牢控制占领区、增加敌军压力，日军还将大举推进，而上述行动也将为这轮进军充当起铺垫。在日军的新作战计划中，大山元帅将全线压上，一举占领奉天，即满洲地区的行政中心；至于在朝鲜东北岸的登陆行动，则被当成了该计划的一个预备环节——至少日本官方是这样解释的。而在此前，日军已多次向元山派出部队，一旦俄军侵入朝鲜北方，他们就将设法迎击。当时局势的具体情况如下：在小港城津[11]（Song-chin）以北约40英里处的明涧 ①（Mieng-tsien），俄军设置了一个前哨据点。而在另一面，日军则在东朝鲜湾（Broughton Bay）沿岸持续推进，并在俄军前哨西南约30英里处建立了先遣基地，开始对城津虎视眈眈。当时，守卫城津的俄军有2个骑兵连，另外，为联系波西耶特湾（Posiette Bay）方向，还有2个哥萨克团被部署在了北面远至图们江口的地带。

以上就是日军新一轮行动开始时的宏观战局。接下来，其官方记录这样描述道："1905年年初，大本营决定跨过朝鲜边境攻击图们江入海口以北的俄军（即穿过朝鲜边境的俄军）。待位于咸兴（Ham-heng）的我军占领城津后，行动将发起，届时，城津也将成为预备第2师团的上陆地点。"[12] 当然，关于大本营的目的，还有一份略微不同的陈述，其中提道："此举意在加强对咸镜道（province of Ham-kyeng）北部地区的控制。"[13] 但不论哪种情况，这次行动都是全面攻势的组成部分。无论此举是为了彻底占领朝鲜，还是以此威胁海参崴、牵制乌苏里地区的敌军主力，它的意义都极为重大，并要求海军能够大力参与。

对这场行动，海军自然有必要倍加警惕。这不仅仅是出于战略上的利害考量，如果有部队在海上遭遇不测，日本民众的士气也将再次遭遇重创。1904年4月底，正是在这片海域，从海参崴出发袭击元山的耶森舰队击沉了1艘日军运输船。为避免类似损失惨重、影响深远的悲剧重演，海军需要不顾局势吃紧对行动多加戒备。[14] 何况在此前，北方的俄军巡洋舰并未被上村彻底摧毁，而是一息尚存，

---

① 译注：即今天朝鲜民主主义人民共和国咸镜北道的化成郡。

另外，俄军在海参崴的雷击舰艇也仍然完好无缺。

在日军大本营眼中，鉴于威胁如此严峻，上村应亲自接过任务，为此，1月26日，将军再次在佐世保的"出云"号上升起了将旗。鉴于俄军可能从海参崴发动类似的袭击，日军有必要预先采取行动，巩固元山的防御。因此，上村很快从东乡大将处得到了指示。这份签署于2月1日的文件中提到，此举的目标是"保护朝鲜海峡以及远至元山的陆军运输线"。

与此同时，除却派遣上村舰队执行上述任务外，由于春季将至，日军还必须增强封锁海参崴的兵力，为此，岛村舰队将得到"松岛"号、"香港丸"和"八云"号的增援——事实上，除了小型舰只，其实力已上升到了3艘装甲巡洋舰。为守卫元山港，海军还将抽调1—2艘炮舰。[15]

上村的首要目标是护送工兵部队和所需材料，构筑工事的任务将由陆军负责。2月2日，日军从佐世保启程前往镇海湾，其护航兵力包括上村麾下的装甲巡洋舰"出云"号、"常磐"号和"春日"号，以及轻型巡洋舰"须磨"号和2艘驱逐舰。

面对日军的行动，海参崴方面不仅反应迟钝，而且态度消极——这和日军的兴师动众形成了鲜明对比。正如我们接下来所见，乌苏里江流域的俄军都把精力用在了迎接一场大规模进攻上——他们认为，这场进攻必将在旅顺陷落之后打响。[16]同时，为阻止日军从大陆越过冰面占领俄罗斯岛（Russki Island），他们还把"俄罗斯"号布置在了阿穆尔湾（Amur Bay）外，以便让这艘硕果仅存的军舰物尽其用。

同样值得一提的还有上村将军谨小慎微的态度。在2月6日离开镇海湾后，他于次日清晨率部抵达了元山外海。随后，他们便停泊在了丽岛（Nikolskogo Island）附近，并派出1艘驱逐舰前去扫清水雷，但由于风浪太大，侦察无法展开，行动只好暂停。次日，该舰重新开始和"须磨"号（负责直接保护运输船）一道展开搜索。至于3艘装甲巡洋舰，则进入了北面虎岛半岛（Nakhimov Peninsula）附近的一处隐蔽泊地。随着危险排除，"须磨"号带领运输船在晚上进港，卸载于次日开始。2月12日，所有作业宣告完成，上村率部返回了镇海湾，"常磐"号则被派回佐世保接受修理。

同时，战局也出现了重大发展。此时黑沟台会战已经结束，面对日军阵地，俄军再次未能取得进展，日方大举反击的时机已经成熟，海军提供后续支援也不存在任何困难。此时，日方已经获悉，罗杰斯特文斯基将军依然没有从贝岛起航，"后援支队"依旧停泊在吉布提。2月11日，更进一步的消息显示，波罗的海舰队遭遇了一场重大变故，让俄军完全始料未及。之前，对煤炭的补给，罗杰斯特文斯基主要依赖的是从汉堡—美洲公司雇佣的一支德国运煤船队。按照协议，该船队将一直伴随他抵达目的地，但随着旅顺陷落，船主开始严禁各船驶入交战区。[17]此时，"后援支队"正在驶离吉布提，罗杰斯特文斯基试图一会合便立刻启程，但除非与德国公司重新达成协议，否则这一计划根本无法落实，而且有报告显示：直到2月底他才有可能离开。

此时的日军已是万事齐备，只待战役打响。2月6日，即上村舰队从镇海湾前往元山的当天，东乡也从东京出发前往吴港，准备重返"三笠"号接管舰队的指挥权。2天后，片冈将军也接到了一份召回令，要求他从旅顺返回东京，为带领第3舰队接管海峡做好准备。同时，位于咸兴的日军也夺取了城津港，驻当地的哥萨克则带着位于明涧的先头部队退回了镜城（Kengsheng）。2月13日，即上村舰队返回镇海湾次日，东乡接到指示，此次远航的运输船队将在海峡集结，为此，他必须派遣舰只护送。

为完成这一任务，日军抽调的兵力极为强大，包括了战列舰"富士"号，其麾下包括3艘新锐的装甲巡洋舰"出云"号、"日进"号和"春日"号，此外还有第6战队的轻型巡洋舰、1艘通报舰和7艘驱逐舰。上村将军将再次全权指挥这些舰只。

只要这支强大的分队存在，日本海军的集结便会大受影响，另外，这支分队也不是其外派兵力的全部。期间，日军也一直在增强北方的封锁，并将封锁线延伸到了择捉水道。[18]通往海参崴的北方通道主要由3艘辅助巡洋舰看守，它们是"香港丸""日本丸"和"熊野丸"（Kumano Maru）。不顾漫天大雪、浮冰和严寒，它们表现得兢兢业业：到2月底，日军共俘获了9艘中立国的违禁品运输船，每艘平均3000吨，之后又有5艘偷越封锁船落网。同时，岛村将军则带领2艘装甲巡洋舰和2艘轻型巡洋舰监视着津轻海峡，以防止敌军巡洋舰

216

突破。¹⁹

除了封锁部队，日军还派遣了第 3 个支队，它们尤其值得一提。该支队的任务是对波罗的海舰队必经之路展开一场大胆和有力的侦察——当时，由于俄军舰队迟迟没有行动，日方的焦虑也与日俱增。他们只能假定："后援支队"已经抵达了贝岛。

当时，实际情况确实如此：在将频繁耽搁航程的驱逐舰送回吉布提后，"后援支队"确实在 2 月 15 日加入了主力舰队。正因如此，日方有理由相信，如果罗杰斯特文斯基将军真要开赴远东，他肯定会尽快动身。但次日，即 16 日，第 3 太平洋舰队也在涅博加托夫^①（Nebogatov）海军少将的指挥下离开了里堡。自然，外界又产生了新推断：在该舰队抵达前，俄军主力将不会有重大动作。但当日军大本营决定再次展开侦察时，他们依然对这支舰队的起航一无所知。因此，在 16 日签署的新命令中，日军并没有提及新情况。

另外，透过这份大本营给东乡大将的命令，我们还可以对东京当局掌握的局势略见一斑。其中这样写道：

（1）根据诸多情报判断，海参崴舰队的"雷霆"号和"壮士"号尚未完成修理，但"俄罗斯"号仍不时出港。故军第 2 太平洋舰队仍在马达加斯加西北频繁地演习和训练。

……

故军已雇用了 5 位引航员，并将他们安排在巴达维亚待命。同时，他们还在西贡、上海等地筹集了大量军需品，显然打算将其运往荷属东印度以东某地（用于舰队补给）。

我方现准备从佐世保派出 1 艘正规巡洋舰以及辅助巡洋舰"亚美

---

① 译注：即尼古拉·涅博加托夫（1849—1922 年），他出身于一个海军军官家庭，在 1869 年加入海军，早年担任过巡洋舰"米宁"号和"纳西莫夫海军上将"号的舰长，1901 年晋升为海军少将，在日俄战争爆发前负责波罗的海舰队的炮术训练，后来被任命为第 3 太平洋舰队司令。由于在对马海战中率领残部投降，涅博加托夫一度被军事法庭判处死刑，后来减刑为 10 年监禁，最终因为特赦而获得释放。1922 年，他在莫斯科去世，但有人说他实际上在 20 世纪 30 年代死于克里米亚。在历史上，涅博加托夫是一位颇具争议的人物，一方面他要为投降负责，但在舰队士兵们眼中，他体恤下属，还让数以千计的官兵避免了无意义的牺牲。

利加丸"（America Maru）和"八幡丸"（Yawata Maru），上述舰只将途经澎湖列岛前往新加坡方面活动，侦察南中国海的各个要地，以便为舰队后续的作战策略提供参考。另外，如果可能，它们还应在敌军主力舰队抵达远东前，威吓和扰乱前往巴达维亚海域的敌军军需品运输船。

然而，对这支日方所谓的"南遣支队"（Southern Detached Division）来说，以上任务还远远不是全部。该支队并不由东乡指挥，而是直接听从大本营的吩咐。在接到消息后，东乡立刻为各舰长签署了命令，其中，他这样替大本营解释这次巡航的意图："南遣支队此行的作战要旨是令敌人误判我军舰队的未来行动，并借此侦察南中国海各要地、收集情报，给我方后续决策提供参考。"根据这份命令，似乎可以认为，大本营筹备此次巡航的主要目标是迷惑敌人，令他们无从判断将在何处遭遇日军主力。由于这道命令源自大本营，因此，东乡大将得知，该支队的航线将由上级决定，他本人只需要为舰队挑选司令官，同时指派 1 艘巡洋舰充当旗舰即可。[20]

最终，东乡选择了正在主管海峡防务的出羽将军，"笠置"号被选为旗舰，同时，东乡也请求将"千岁"号编入支队，这一点得到了大本营的同意。2 月 21 日，在他抵达镇海湾、接过海上指挥权的当天，他向出羽将军正式下达了指示。同时，为填补出羽调离后的空缺，三须将军已经率领"日进"号离开了护航舰队，接过了竹敷方面的指挥权。

23 日，出羽将军正式前往佐世保接管了"南遣支队"。随着将旗在"千岁"号上升起，一份来自大本营的作战计划也交到了他的手里。按照指示，他将于 2 月 27 日首先启程前往马公，随后从当地开赴香港周边海域以及海南岛（位于北部湾外）东岸。接着，他将前往西贡和新加坡，随后掉头沿婆罗洲西北海岸行驶，直到抵达纳闽岛外海。从那里，他将继续穿过巴拉望海峡（Palawan Channel）、途经吕宋岛沿岸向北返回马公港，最后，他将在巡航的第 37 天，即 4 月 5 日回到佐世保。

根据这一路线，我们似乎可以断定，与出羽向舰长们陈述的一样，大本营相信，战斗要到很久后才会打响。也正是这种信心令大本营暂停了集结。另外，即便波罗的海舰队的动作比预想更快，由于一支快速巡洋舰分队已经南下，他们可以为镇海湾的舰队提前发布预警。

2月24日，即出羽将军接到最终命令的第2天，上村将军也带领8艘运输船（6艘属于陆军，2艘属于海军）从镇海湾起航。次日早些时候，这支远征队抵达了虎岛半岛外海。和上次行动一样，日军首先仔细地搜索水雷。虽然作业遭到了暴风雪的干扰，但其中3艘满载人员和物资的运输船还是在夜间进入了元山。次日，由于降雪猛烈，上村决定暂停行动并开赴城津港。不过，28日，随着天气放晴，他又下令继续行动，并留下战列舰"富士"号、1艘巡洋舰和1个水雷艇队保护未完成卸载的2艘物资运输船。次日（3月1日），即满洲军开始向奉天大举推进时，上村正位于城津外海。在命令艇队护送运输船、搜索水雷的同时，他带领护航舰队在吉州角以南5海里处占领了阵位——之前，位于明涧先头据点内的俄军一直控制着这一地区。[21]另外，2艘轻型巡洋舰立刻被派往岬角以东和以南保持戒备，各水雷艇也被派回城津协助友军登陆。

到中午时分，这些轻型舰艇传回报告：湾内已无水雷，所有运输船均已顺利入港停泊，陆军的侦察部队也成功上岸。不到1小时，侦察分队便报告称，俄军巡逻队正向吉州退却。14点前不久，卸载工作全速启动。半小时后，一支滩头管理分队也被派遣上岸，该分队名为"舰队附属港务部"（Administration of Naval Ports），由一位"港务部长"（Frigate-captain）指挥。这支分队包括8名军官或"准士官"、1名翻译、42名士卒和68名舟夫，其主要任务是修建防波堤和登陆栈桥，所需建材由1艘海军运输船提供。

从以上案例中，我们第一眼可以察觉到，它和日军的传统做法存在很大差异，并和我军的管理模式非常接近。在此前的历次登陆中，日本海军的任务只有夺取立足点、占据掩护阵地，但这一次，相关任务已经由陆军接手，原先陆军碇泊场司令部的职责则完全被海军接管。不过，情况之所以如此，部分是因为城津已处在陆军的掌控下，海军无须再额外派出登陆部队。至于海军派遣的上陆单位，其本质上也只是一支行政管理分队，目标是把这座小港建成陆军的滨海基地。

到晚间，所有部队均已顺利登岸，接下来的3天，军需品和物资也已卸载完毕。期间，哥萨克巡逻队曾前来查探，3月7日，他们返回报告称：日军已经占领吉州，正在沿海岸推进。鉴于抵抗极为轻微，上村将军认定，当前任务已经大功告成，为此，他向元山的富士支队发出召回令，并要求他们于次日清晨在水源端（Cape Duroch）外海加入舰队，之后，他便开始向镇海湾驶去。但为谨慎起见，他依然派遣运输船队和水雷艇队前行，他本人则率领舰队主力殿后，并与之保持着距离。6日，该舰队成功归建，正是在此时，他们收到了奉天会战已于2日打响，但战况依旧悬而未决的消息。次日，携带天皇敕令的侍从武官长（principal aide–de–camp）拜会了东乡大将，它标志着一场全新的海上战役即将开启；此时，正如日本官方的记录，舰队上下的士气也高涨到了极点。

注释

1. 参见本书此前各章节。

2. 期间日军造访的地点包括贡布（Kamput）、国多岛^①、国多岛以南6海里处的香岛^②、马岛^③和昆山岛^④。

3. 其中1艘炮舰——"高雄"号后来在1月12日被上级召回并被调到第3舰队，用于加强位于竹敷的第7战队。

4. 在三须离任后，原"吾妻"号的舰长——藤井^⑤大佐被任命为上村旗下第2舰队的参谋长，同时原"千代田"号舰长村上大佐则接过了该舰的舰长职务。在这一人事变动发生时，岛村将军也被提拔为少将。至于第1舰队参谋长的职务，则被来自第2舰队的加藤（友三郎）大佐接替。

5. 关于日军兵力编成的详情，可参见本书后续章节的一处附注。

6. 此时，随着4艘新舰的服役，日军驱逐舰队的损失已经得到了补充。这4艘新舰分别是"吹雪"号（Fubuki）、"有明"号（Ariake）、"霰"号（Arare）和"晓"号（Akatsuki，即停获的俄军驱逐舰"果敢"号），这些驱逐舰和"春雨"号一同组成了第1驱逐队，令其麾下的舰只达到了5艘而非平常的4艘。

7. 这25艘改装炮舰的名字可以通过各种资料查到，它们被分为三等，大部分都在1904年4—5月间完成了改装。在危机降临时，这些炮舰中有11艘部署在镇海湾、2艘在元山、1艘在八口浦，另有9艘被东乡将军留在了旅顺，此时也许依旧位于当地。关于这些改装炮舰的详细情况，可见本书的附录D。

8. 根据《日本战史极密版》的"舰船艇"部分，在5艘辅助巡洋舰中，有4艘——"信浓丸""备后丸""佐渡丸"和"满洲丸"——大致于1905年3月在不同地点完成了改装，另1艘"亚美利加丸"则武装于1904年2月，后来因火灾直到1905年2月才修复和入役。其相关情况可参见本书附录D。

9. 目前，我们还没有关于哨区的详细情报。《日本战史极密版》中提到，第1哨区在"五岛列岛以西"，另外还有4艘辅助巡洋舰"部署在更西面的各个哨区，并从东向西一字排开"。而我国的驻日武官得到的消息是，这些舰只的哨位"始于济州岛并一直延伸到五岛列岛以南，平时，哨位会在白天慢速向西南巡航，并在夜间返回"（出自《武官报告》第3卷第91页）。由于日

---

① 译注：Koh-Tron，即今天越南的富国岛。
② 译注：原文为 Alpha Island，该地名已不可考，但根据地图，作者可能指的是富国岛以南的香岛，当地又名菠萝岛或昏屯岛。
③ 译注：Water Island，在富国岛西北。
④ 译注：Pulo Condore，当地在越南胡志明市南方海上的昆仑群岛中。
⑤ 译注：Fujii，即藤井较一。

军的哨区通常在给定地点半径 15 海里内，且济州岛至五岛列岛以南之间的距离大约为 130 海里，因此，这 4 个哨区可以覆盖其中 120 海里的区域。至于"警戒线"，我们目前只知道"第 4 警戒线"的详细情况，另一条警戒线似乎在尾崎和鸿岛（Sentinel Island）之间，并横穿了西部水道，还有一条在壹岐岛和对马之间的东部水道上。这些内容在本书的前后章节中均有提到。

10. 参见本书后续章节的叙述。

11. 当地在利原湾（Pallada Bay）沿岸。

12. 参见《日本战史发行版》，转引自《海事评论》第 188 期第 411 页。

13. 参见《日本战史发行版》，转引自《海事评论》第 188 期第 401 页。咸镜道是朝鲜的一个省份，位于元山以北的沿海地区。

14. 相关内容可参见本书第一卷。

15. 参见《海事评论》第 188 期第 410 页。

16. 参见本书后续章节的叙述。

17. 这一事件由路透社在 2 月 11 日率先报道。该公司的具体立场尚不明确。按照西蒙诺夫在《代价》一书第 347 页的说法，这些运煤船只愿意在中立国水域加煤，不愿在公海集合点为俄军输送煤炭。

18. 日军的举措并不属于严格意义上的封锁。考虑到开往海参崴的商船可能都携带了违禁品，发布封锁声明是多余的，因此，日军并没有采取这种象征性的措施。

19. 此时的岛村将军麾下有"磐手"号和"浅间"号，至于"吾妻"号和"八云"号，则分别被召回佐世保和吴港接受最终检修。

20. 参见《日本战史极密版》第 2 卷第 1 篇第 2 章。

21. 日军所谓的"吉州角"可能指的是海图上的"布拉戈维申斯基角"（Blagovyeschenski Point），当地在舞水端以南。

〈 巡洋舰"新高"号全体乘员合影，可能摄于该舰回国维修期间。维修完成后，该舰将前往东南亚侦察敌情

〈 "日本丸"，该船隶属于东洋汽船，最高航速18节，1898年由英国船厂建造，武器为阿姆斯特朗式15厘米速射炮2门、12磅（76毫米）速射炮4门、47毫米速射炮2门

∧ 在1904年年底至1905年年初负责封锁北方水道的岛村速雄将军，他当时也担任着第2战队司令官，战后以海军大将军衔退役

∧ "香港丸"在1904年年底与"日本丸"一道开赴南洋，其性能与"日本丸"相同，同型船还有"亚美利加丸"

∧ 1904—1905年冬天，一艘日军巡洋舰在布满浮冰的海面上巡逻，搜索着向海参崴运送违禁品的运输船

∧ 日军在北方海域截获的中立国商船

第十二章

三四月间的舰队行动

此时，在贝岛，俄军舰队不仅士气低落，对未来的展望也极为悲观，这一切，都和斗志昂扬的日军形成了鲜明对比。早在 2 月第 1 周，罗杰斯特文斯基麾下的一位参谋军官便写道："在听说旅顺沦陷、我军舰队全军覆没之后，参与远航的官兵便不再对胜利抱任何希望……在这场战争中，我们将再也无法取得制海权，换言之，我们也注定无法完成肩负的使命……我们该怎么办？虽然羞于承认，但平心而论，我们还是必须得给海上作战来一个了结。"[1]

正是从此时，俄军舰队的处境开始每况愈下。事实上，俄军在这次孤注一掷中犯下的种种错误，没有一种能比让舰队在马达加斯加长期滞留更为致命。首先，作为一处舰队停泊地，这里的炎热气候将严重消磨欧洲水兵的意志——这一点可谓无人不知。接连不断的训练、加煤和检修让这种影响更为严重。

对日军来说，虽然他们的工作同样繁重，但北太平洋的严冬却提供了一种磨砺。与之形成鲜明对比的是，马达加斯加的俄军一天天萎靡了下去。此时，舰队的副司令费尔克萨姆已被疾病打倒，时日无多；同时，罗杰斯特文斯基也有各种琐事缠身，还必须将一群乌合之众打造成一支能不辱使命的舰队——这一切的一切，让他变得暴躁不已。

之前，日方曾获悉，俄军正在"频繁地演习和训练"，但这些行动反倒更像是一场闹剧，它们唯一的作用就是加剧了官兵们的颓丧情绪。在这些战术演习中，舰长们糟糕的驾驶水平被暴露得淋漓尽致——他们甚至连最简单的机动都无法完成；在射击演习中，各舰的表现则更为拙劣，罗杰斯特文斯基将其斥责为一种浪费弹药的行径。最终，俄军只好叫停演习，并等待 1 艘军火船运来更多弹药。除了在训练中遭遇的问题，与总部的频繁通信也增大了将军的压力：无论德国运煤船的抗命，还是新作战计划的拟定，都让他不胜其烦。

1 月中旬，即罗杰斯特文斯基接到严令、等待"后援舰队"抵达后的大约 1

周，他又接到了 1 份发自圣彼得堡的电报——臭名昭著的第 244 号命令，它让将军倍感震惊。这份电报明显受到了克拉多一系列文章的影响，其中表示：鉴于旅顺失守、当地舰队全军覆灭，波罗的海舰队的使命已经发生了变化。目前，他们需要肩负起一项意义更为重大的任务，具体而言，现在的他们已不再是一支增援或解围舰队，而是已经成为主力，并要凭借一己之力掌握制海权，切断活跃在海外的日军巡洋舰同本土的联系。其中提到，如果将军判断当前兵力不足以保证完成任务，上级将尽快动用所有波罗的海的舰只进行增援。

这份消息表明：政府已经正式采纳了克拉多提出的策略。罗杰斯特文斯基则似乎是第一次得知此事，这让他的内心充满了绝望感。电报还要求他汇报新形势下的计划和看法，于是，将军匆忙进行了回复，并试图让上级认清当前的严峻事态。

在回信中，将军指出了如下要点：

1. 凭借现有兵力，他没有任何夺取制海权的希望；

2. 预定派来增援的老舰都需要修理，否则，此举从一开始就将注定成为败笔——这些老舰不仅不能加强舰队，反而会成为负担；

3. 目前，俄军唯一可行的办法就是按照他的原本设想，让精锐舰船开入海参崴。如果行动得手，俄军将以当地为基地展开活动，袭扰敌军的交通线。[2]

但面对公众的强烈呼声，政府注定不可能理睬这种观点，因此，虽然将军的思路清晰明确，但他注定不可能说服上级。在舰队的幕僚们看来，将军的真实看法实际是，鉴于局势如此绝望，舰队应当返回国内，上述报告就是为此而起草的。然而，俄国当局却不敢如此为之，相反，他们仍在固执地推动着这份计划，哪怕它根本无法实现。另外，由于身体状况不佳，无法执行新的作战任务，据说，罗杰斯特文斯基还请求上级解除他的职务。[3]

事实上，被新命令折磨得垂头丧气的，远不只罗杰斯特文斯基一人。由于整个舰队都不了解上层的交涉和协商，对长期以来的停泊，广大官兵都不知所措。

正因如此，这段莫名其妙的等待便愈发让人躁动不安。此时，辅助巡洋舰都已从开普敦抵达。2 月 15 日，"后援支队"也最终加入了主力舰队。然而，由于德国运煤船的纠纷未解决，舰队只好按兵不动。

不过这一点并不是令舰队止步不前的根本原因。事实上，其随行的运煤船携带着足够的燃料，完全可以供全部战列舰和 2 艘性能最好的巡洋舰驶往海参崴。而且罗杰斯特文斯基将军也曾一度希望以德国公司的态度为理由说服上级，允许他带领精锐舰船执行原本的计划。但 2 月 16 日，即"后援支队"抵达后的第 2 天，所有的希望都烟消云散了——正如我们所知，这一天，涅博加托夫少将带领第 3 舰队离开了里堡。

它给俄军舰队带来了灾难性的影响：延期正日复一日地滋养着一种不服从的精神，它愈演愈烈，最终诱发了脱逃和哗变。由于没有合同约束，无线电专家和其他民间雇员开始纷纷离开舰队；军法审判每天都会进行，甚至连司令都必须躬身处理舰员中程度各异的突发事件。军官们的士气也极为低落，这导致司令被迫召集起将官和舰长，向他们解释第 244 号命令的致命影响和他在接到命令后的答复。最终，俄国式的忠诚发挥了作用：沙皇亲自下达命令，要求舰队继续按兵不动——一切质疑就这样平息了。

当月月末，随着俄方与德国运煤船重新达成协议，局势又得到了进一步的改观。当时，德国公司同意让这些船只继续前进到南中国海的一个中立港口，但其位置不得超过北纬 12 度，即法属交趾支那地区金兰湾（Kamranh Bay）——离澎湖列岛大约有 1000 海里——所在的纬线。此时，除了运输弹药的军火船尚未抵达之外，俄军舰队已经可以起航。另一方面，罗杰斯特文斯基愈发感受到了局势的无望：他的舰队处境并未得到明显改观，同时日军却有充足的时间厉兵秣马、消除不足和隐患，换言之，他将迎战的是一支战斗力处于巅峰状态的舰队。俄军不仅在数量上处于劣势，而且缺乏训练和实战经验，他们的对手则会以饱经战阵的姿态迎击，同时还汲取了最新的海战经验。在这种情况下，罗杰斯特文斯基的幕僚们相信，不仅此次远航绝无胜利的可能，而且还必将以灾难告终。此时，他们比以往更加确定，最明智的做法是将舰队召回国内，继续航程只会为日军再添一次骄傲的胜利，并让体面的和平更加难以实现。

幕僚们有理由相信，罗杰斯特文斯基也抱有同样的看法。虽然鉴于糟糕的健康状况，他可以申请派人接替他的岗位，却无权建议或要求上级召回舰队。期间他能做的，最多就是向派遣舰队走向毁灭的人发出恳请，希望他能看清局势。此时，或许是出于类似的目的，克拉多也提出，俄军应当不顾国际条约规定，派遣黑海舰队加入战斗，现在，这一观点也得到了罗杰斯特文斯基中将的支持。3月2日，他在给沙皇的正式汇报中指出，鉴于新任务是夺取制海权，那么，俄军将有必要从黑海抽调舰船，加强涅博加托夫舰队。[4]

当然，这种做法断不可行。因此，这份建议的言外之意其实是：既然不能从黑海抽调舰只，那么，现在就应当改弦更张、召回舰队。虽然此举最终没有实现，但中将的抗议似乎起到了效果：上级还未强行要求他等待第3舰队抵达（此时，后者已经驶过了瑟堡，并预定于3月15日进入苏伊士运河）。[5]罗杰斯特文斯基的幕僚们相信，中将打算不等增援抵达便抢先起航。不过，有一个因素却束缚了他：军火船还没有到来。

因此，在3月的第1周，罗杰斯特文斯基一直在原地等待。期间，在奉天周围爆发了激战；上村则将第5军[①]全部运往了城津；出羽将军也已经动身，前去侦察南中国海。

最后时刻，大本营大幅调整了"南遣支队"的侦察计划：2月24日，出羽将军接到指示，要求在侦察的地点中加入金兰湾，原因是此地系"在新加坡以北，足以为敌舰队数十艘船只提供庇护的、最适宜的港湾"；但另一方面，这种变更也可能是因为汉堡—美洲公司同俄方续约的条款遭到了泄露，因此，日军有必要对金兰湾加以关注。2月27日离开佐世保后，出羽于3月2日（即罗杰斯特文斯基要求从黑海调集舰只的当天）抵达了马公。次日，即3月3日，将军从大本营收到的消息显示，俄军第3太平洋舰队已在瑟堡加煤完毕，现在正继续前进。另外，第4太平洋舰队也正在波罗的海组建。海参崴和马达加斯加方面则依然没有新消息传来。同时，俄国国内的革命和动乱愈演愈烈，据说西伯利

---

① 译注：原文为 Fifth Army，直译为"第5军"，这里实际指的是后备第2师团。

228

亚大铁路已经中断。最后一则情报虽然内容简单，影响却极为重大。它公然向世人表明，这场动乱已经影响到了俄国东部的铁路运输，并让海参崴的陆路补给变得难上加难——这一点也成了俄国当局不允许罗杰斯特文斯基突向当地的原因所在，因为即便他能成功抵达，由于没有后勤补给船只随行，舰队也将很难发挥出战斗力。

日军对这一变故有何看法？我们不得而知，但这一点也许会令他们更加相信，俄军将尝试从南方基地采取行动——金兰湾就是选项之一。我们可以了解到的情况是：根据这一情报，出羽将军于4日起航，先后途经香港和海南，在7日抵达了法属安南（Annam）沿海。次日，他命令舰队分头前去搜索金兰湾和文峰湾①（Van Fong）。日军发现，虽然2处地点都适合舰队停泊，但湾内都没有迎接俄国舰队的迹象。因此，出羽继续沿海岸南下，先在金瓯角（Cambodia Point）外海的香蕉岛②（False Obi）附近清空了运煤船上的煤炭，随后在15日抵达新加坡。在当地，他们得知了日军在奉天会战中大获全胜的消息，波罗的海舰队则仍没有新情报传来。这股敌人之所以按兵不动，似乎是为了同第3太平洋舰队会合。令出羽将军更为满意的是，他们此次还完成了另一个目标——让外界误判日本舰队的行动。新加坡的报纸声称：22艘日军战舰出现在了附近海域，它们很可能由东乡大将亲自指挥，而港外的巡洋舰就是其中一部分。看到此行已有效果后，出羽在当夜转舵向东前往纳闽岛，以便完成对荷属东印度的侦察行动。

但俄军止步不前的原因和他的猜想并不一致。3月11日，俄军期待已久的军火船终于抵达，但令所有人失望的是，该船并没有携带弹药。次日，俄国陆军在奉天大败的消息更是加剧了他们的沮丧情绪：在战役中，俄军有50000人被俘③，23面团旗和500门火炮被缴获。3月10日，大山元帅占领奉天城，不仅如此，这场战役也充当了一个全新的证据：它表明，如果没有舰队破坏敌人的交通线，俄国陆军将无法击溃日本陆军。如果没有海上支援，他们甚至无力阻

---

① 译注：当地在越南南部的芽庄市附近，位于金兰湾以北，坐标为北纬12度40分、东经109度48分。
② 译注：当地被越南人称为"Hòn Chuối"，即香蕉岛。该岛在金瓯角西北41.5公里处的暹罗湾沿岸，方位为北纬8度56分53秒、东经104度31分32秒。
③ 译注：这一数字有误，现代资料显示，奉天之战被俘的俄军大约只有22000人。

止日军推进，更不用说打响一场占领沿岸、攻入朝鲜的大规模反击。

针对构想中的反击，在接管远东舰队之初，斯克鲁伊德洛夫将军曾提交过一份陈情书，他指出现在可能存在一种问题：陆上的失败会进一步促使当局在海上孤注一掷。[6]事实上，不仅罗杰斯特文斯基的抗议没有奏效，他还和舰队一道成了国家尊严的牺牲品。唯一能稍微带来安慰的是，他们还没有接到等待第3舰队的确切指示：此时，涅博加托夫才刚刚抵达克里特岛，甩开他们仍然存在可能。但我们并没有确凿证据显示，中将确实有过这种想法。其幕僚们只是提到，3月15日（即出羽舰队在新加坡现身当天）清晨，一份来自哈瓦斯（Havas）通信社的电报被转交给了中将，电报显示涅博加托夫舰队正在苏达湾紧急加煤，并将在次日抵达塞得港。带着这封电报，中将返回住舱，不久便拿出了一份令全体舰队震惊的命令：他们将在24小时内启程。对此，他的幕僚询问，是否还打算与友军会合——中将的回答是："不！绝不！不和任何人！"他还命令致电国内：舰队将继续东驶。16日下午1时，俄军舰队起锚——也正是在这一天晚上，出羽开始转舵向纳闽岛前进。

围绕之前的一系列事件，舰队很快察觉到了其中的含义。电报中的措辞、飞速卸载的新运输船和秘而不宣的新集结点都意味着，中将（甚至是他最信任的幕僚）终于决定甩开增援部队，把友军留在后方。通过此举，中将衷心希望，上级能召回涅博加托夫的贫弱舰队，并在最后关头允许他按照自己的作战方案行事。

但俄军司令的反常举动也让外界大惑不解。《日本战史发行版》写道，3月18日，大本营根据"一处来源可靠的消息"得知，罗杰斯特文斯基已于16日启程，但由于他最初航向朝北，他们还不能确定此举是为了驶向战场，还是去吉布提与第3舰队会师。随后，俄国舰队便音讯全无，直到3月30日，大本营才从1艘汽船处得知，俄军舰队曾在马达加斯加最北端东北约300海里处出现，并在朝东北方向行驶。[7]这一情报暗示，俄军并没有航向吉布提，而是正在向马六甲海峡前进，随后，俄军便再次消失得无影无踪了。

同样，出羽将军也没有寻获任何线索。3月25日，沿途造访纳闽岛后，他再次返回马公，但无论是英国当局，还是在马公的友军，都没有收到俄军舰队

230

的后续消息。至于东京方面，情况同样如此，他们只是发来一封电报，要求他率部回国，最终，4月1日，出羽抵达了镇海湾锚地。

在当地，出羽发现，联合舰队正齐集于此，除此以外，为应对最近多变的局势，舰队增加了5艘新征召的辅助巡洋舰。另外，东乡也在不断开展战术和射击演习。在出羽返回之后，东乡司令终于可以完成舰队的编组，随着4月5日片冈将军被任命为第3舰队（即海峡舰队）司令，一切组织工作都已齐备。

在这段局势扑朔迷离的时期，几乎每个国家的报纸都在猜测俄军舰队的航线和日军的迎战措施。各方普遍认为，东乡会采取行动"寻歼敌军"，而俄军司令则会采取一些迂回的、剑走偏锋的手段。但根据战略原则，上述观点其实毫无凭据。正如我们将在未来所见，在危机一触即发时，日军从未试图放弃在朝鲜海峡的内线阵地，因为在这个控制最严密的区域，他们将兼具战略防御和战术进攻带来的便利。但当时，美国人却不断夸大"寻歼敌军舰队"这一原则的作用①，最终，它不仅在欧洲国家影响甚广，甚至罗杰斯特文斯基本人都相信敌人会主动前来迎战——在他看来，日军一定会前出到南中国海一带。但这些观点并没有抓住战争的本质，对日本舰队的使命也缺乏清晰的领悟，更不知道后者的战略职能是进行纯粹的防御。在意识到战争的关键是一片三面环海的领土之后，东乡便明确了行动的主要目标——不让敌人染指当地。为此，他将牢牢控制临近的水域，阻止敌军突入此地，保证友军的兵员和物资畅行无阻。换言之，面对一支试图突破拦截的敌军舰队，除非前出攻击能赋予日军绝对的战术优势，或是能令他们确定敌军动向、方便最后的战术攻击，否则，东乡就将寸步不离这片海域——此时，更不可能有人建议他反其道行之。

在当前的情况下，日军舰队的前出是毫无意义的。无论出现什么情况，镇海湾都是他们最理想的部署地点：如果俄军冒险直接寻求决战，他们就必须扼杀日军在朝鲜海峡的交通线——想要实现这一目标，他们又必须主动搜寻日军舰队，将其一举击败；对此时的日军来说，他们最大的优势在于——舰队正处

---

① 译注：它指的是美国理论家马汉。

在自己控制最严密的海域内。另一方面，如果罗杰斯特文斯基中将只是希望前往海参崴，并在当地建立作战基地，此时，他要么只能强行突破日军的拦截，要么只能从北方海峡绕行。无论他选择哪条路线，镇海湾都处在内线位置上——不管俄军经过了何处，东乡都能在其抵达海参崴前加以拦截。前出部署的做法只会让日军离开守卫的目标，并放弃控制最严密的海域——这一切等于让日军放弃了最有利的战术条件，并让局势变得更为混乱。

如果旅顺仍在俄军手中，情况将绝不会如此简单。此时，波罗的海舰队将有2个可能的航向，届时，日军也必须离开镇海湾，前进到另一处内线阵位上。事实上，这也是乃木不顾重大牺牲、歼灭旅顺守军的意义所在。随着旅顺陷落，俄军便只剩下了一个选择：现在，日军的阵位无论从战略还是战术角度，优势都是无可比拟的。

当然，人们并未像日本人一样看清问题。他们之所以会普遍误解局势，原因只有一个，这就是滥用了理论信条（maxim），并因此被渐渐蒙蔽。换言之，此时，他们没有依据作战的基本原则（principle）分析局势，而是简单粗暴地把信条当成了解决方案。而在这个案例中，信条和原则之间又恰恰存在着偏离。

在作战中，有一条最基本的定律：一方必须在最有利的条件下与敌人接战，但如果要主动寻歼敌军舰队，这种有利条件将未必出现。当我方不具备战略防御带来的优势时，尽管寻歼敌军舰队会导致在敌军选定的战场交手，或是无法实现出其不意，但此举无疑是必要的。如果战略防御的优势在我方手中，再继续执意寻歼敌军舰队，就等于是将优势拱手让给了敌军。

总之，出于对作战基本原则的误解以及对日军战略倾向的误读，人们产生了一种普遍的看法：日军会派遣主力舰队发动战略攻势，主动迎击波罗的海舰队。同时，日军指挥部门似乎也在鼓励它们的传播，进而让这种看法深入罗杰斯特文斯基的脑海。如果日军真的做出这种部署，此举将为俄军打开一扇大门。另外，基于这一假设，媒体提供了大量建议。但这些建议都缺乏价值，按照我们目前所知，中将只考虑过两个选项，这就是穿越马六甲海峡或巽他海峡。

在离开贝岛前，他选择了前者，这种做法有很多好处。马六甲海峡是一条常用的商业航线，径直从当地穿过可以重振俄国海军的威名，并提振舰队上下早已破碎的士气。更重要的是，早先日军的侦察行动，再加上不甚可靠的间谍报告，都让俄军司令部相信，日军对巽他群岛实施了严密警戒。因此，总的来说，除却士气因素，这条天然航线也是能令他们避开日舰拦截的最佳选项。于是，罗杰斯特文斯基一路向着马六甲海峡驶去。

然而，直到 4 月 8 日，这支舰队上空的迷雾才逐渐消散。当天，1 艘英属印度的商船向新加坡当局报告，自己曾在一噚滩（One Fathom Bank）外海与这支下落不明的舰队打了个照面。事实上，罗杰斯特文斯基已在 5 日穿过海峡，但没有被发现。期间，俄军舰艇的故障此起彼伏，并且 3 次在公海加煤，为减少机械损耗，所有驱逐舰都被拖曳着前进，但无论如何，罗杰斯特文斯基都在 20 天内完成了这段航行。

俄舰现身的消息在 8 日抵达了镇海湾，此时，东乡大将按照原定计划向舰队下达了指示。到目前为止，正如我们所见，日军的北方分舰队一直由大本营指挥，但现在，它们开始由司令本人直接调遣。东乡的第一步是将消息转发给岛村少将——当时，他正在北方监视着通向海参崴的航道。在命令中，他要求岛村在择捉水道留下 1 艘辅助巡洋舰拦截违禁品，同时集结其麾下的所有舰船，准备好应对海参崴巡洋舰队南下。其中，东乡给岛村的具体指示是，今后把监视俄军巡洋舰当作首要任务，查禁违禁品则被放在第二位。现在，岛村的分队包括"浅间"号、"磐手"号、"高千穗"号和"秋津洲"号，另外还有 3 艘辅助巡洋舰（"香港丸""日本丸"和"熊野丸"），另外 2 艘——"备后丸"（Bingo Maru）和"佐渡丸"（Sado Maru）——则被同时派往千岛群岛的水道附近，以增强当地的警戒兵力。根据这些命令，岛村将军将麾下的 2 艘装甲巡洋舰派往津轻海峡的西部入口，2 艘轻型巡洋舰则部署到海峡东部的狭窄水域，水雷艇则在西部的两座岬角间往来进行夜间警戒。

次日情报传来：波罗的海舰队正在驶过新加坡。同时日军还得知，涅博加托夫舰队已经抵达吉布提，并在 7 日完成加煤后离开了当地。[8] 根据这一情报，以及 2 艘俄军巡洋舰和鱼雷艇队重新开始在海参崴活动的事实，东乡立刻开始了一项长期酝酿的部署，试图瘫痪海参崴巡洋舰队。

正如我们所知，在数月之前，鉴于危机一触即发，东乡曾向上级请求调拨了大量水雷，现在，他立刻指示上村将军全力做好准备，通过布雷封锁海参崴。由于局势极为紧迫，命令还要求上村必须在 14 日内（即当月 22 日前）返回镇海湾。

由于波罗的海舰队的现身颇为突然，日军的水雷并未准备完毕。为此，上村又额外花了 3 天时间，直到 4 月 13 日才带领相关舰只离开镇海湾。当时，日军投入行动的舰只包括装甲巡洋舰"出云"号（旗舰）、"常磐"号和"春日"号，由轻型巡洋舰组成的第 3 战队——"笠置"号、"千岁"号、"新高"号和"音羽"号——以及上村本人的通报舰"千早"号。同行的还有 2 个驱逐队、4 艘布雷舰和 3 艘其他辅助舰船。[9] 在上村出航前夕，新传来的情报显示，罗杰斯特文斯基舰队 2 天前已经北上，似乎不想等涅博加托夫舰队的到来。[10] 于是，日军得出推论，危机的降临可能要早于预期，因此有必要加快最后的集结。岛村随后得到指示，友军将在 15 日对海参崴布雷，因此，他将立刻派遣"高千穗"号归建，麾下的其他舰只也需要在 17 日前尽早抵达镇海湾。为此，他当即在 14 日启程，新近抵达的"备后丸"和"佐渡丸"也立刻被召到竹敷占据先遣警戒阵位，"熊野丸"也在几日后赶去。同时，"香港丸"的舰长井上① 大佐（Inoue）仍带领该舰和"日本丸"守卫津轻海峡，支援他们的有炮舰"武藏"号以及第 4 水雷艇队。他们得到的命令是全力监视敌人的活动，同时全力捕获前往海参崴的商船。

在岛村舰队出发的同时，上村的第 2 舰队也抵达了海参崴港外。4 月 15 日，他们在阿斯科尔德岛（Askold）和里姆斯基—柯萨科夫群岛（Korsakov Islands）之间布设了 715 枚水雷，这道雷障长约 35 海里，距海参崴大约 25 海里，几乎横亘在了彼得大帝湾（Peter the Great Bay）的入口处。完成上述任务后，上村于次日转舵返航，并在截止日期前赶回了镇海湾。

不过，根据我国驻朝鲜外交人员提供的消息，日军迎战波罗的海舰队的准

---

① 译注：即井上敏夫（1857—1924 年），甲午战争前他曾担任过驻华公使馆武官，并在任上搜集了大量中国的军事情报，在日俄战争爆发前，他相继担任过"出云"号和"富士"号的舰长，1905 年 6 月成为特务舰队司令，1906 年以少将军衔转入预备役。

备工作远不止于此。在元山所在的永兴湾（Yung-hing Bay），日军同样在积极地筹建新基地。4 月 26 日，我国驻朝公使根据元山领事发来的消息报告说，日军在港内布设了水雷，港湾入口处的要塞也在全力建设，炮位正在施工；另外，日军还在开辟道路，铺设电报线缆。虽然水雷艇已离开当地，但附近海域停泊着大量运输船，不少煤砖已运往岸上，并储存在了港湾边缘元山津（Port Lazarev）的埠头仓库中。同时，元山、虎岛半岛和附近岛屿之间的电报联系也已建立起来，永兴湾内更是一片繁忙景象。同时，在北面 120 英里的港口城市城津，日本人还重建了当地的租界，他们有 4000 名士兵部署在吉州，监视着位于镜城的俄军。我国公使还表示，他们已经从官方渠道获悉，在集中精力迎战波罗的海舰队的同时，日军估计俄军会发动进攻，重新夺取朝鲜东北部，为此，日军将不会再像此前一样撤军，而是准备展开迎击。3 天后，领事又报告称，4 月 27 日，又有 4 艘新抵达的运输船卸下了部队，这些部队编制齐全、武器齐备，令登陆日军的总数达到了 10000 人，并有可能从陆路向北朝海参崴进攻。5 月 9 日，在转交这份情报的同时，我国公使还表示，和领事的陈述相同，他们已经从日本使团处得知，日军登陆的总人数达到了 15000 人，其目标是阻止俄军渡过图们江——按照估计，俄军的这次行动将在波罗的海舰队抵达的同时展开。[11]

当时的情况似乎是，日军司令部猜测，乌苏里方面的俄军可能与波罗的海舰队联合行动，夺取元山，将当地用作一个临时基地或停靠地点。另外，如果俄军的计划得手，它还会把其左翼（即鸭绿江方向）部队的战线延伸到大海，并和舰队建立联系——对日军来说，这种情况将变得非常棘手。根据上述迹象，我们有理由相信：当时，日本人仍在带着固有的谨慎避免危险。

但后来的局势演变表明，这些匆忙的备战工作明显进行得太早了。虽然没有迹象显示俄军意图夺取元山，但日军对局势发展的推测也并非毫无道理。而且我们掌握的信息显示，鉴于罗杰斯特文斯基即将抵达战场，日军还打算利用这些行动干扰俄军的判断（就像是出羽舰队的侦察一样）。

当波罗的海舰队驶过新加坡时，俄国领事带来了搜集的全部情报。从携带的报纸中，舰队了解到，满洲集团军已在奉天遭遇大败（舰队之前一直被蒙在鼓里），正在撤往铁岭（Tieh-ling）。同时，连纳维奇将军接过了库罗帕特金的职位。至于之前 3 周，来自海上的重大新闻是：日军舰队曾驶向新加坡，随后又调头驶向婆罗洲，据说，他们还在当地设立了一个临时基地，并通过电报与新加坡保持着联系；另一条大新闻是，4 月 7 日，涅博加托夫舰队离开了吉布提。[12]

　　不过，上述消息并未对舰队本身造成多少负面影响——毕竟，他们已经安然穿越了印度洋——这本身就是一项壮举；而在大胆穿越马六甲海峡时，其士气更是高涨到了极点，甚至陆军的失败也未能挫伤它。不过，罗杰斯特文斯基将军及其幕僚却有着完全不同的感觉。最新情报显示，涅博加托夫舰队仍在前行，并已驶出红海，一种恼怒感在他们心中油然而生。在突然离开贝岛且并未告知上级目的地时，他们满心希望上级能因此召回这支老朽的舰队。但显而易见，这一计划已经失败，政府已命令涅博加托夫继续前进。

　　当时的情况是这样的：4 月 3 日，涅博加托夫抵达吉布提时，主力舰队已离开马达加斯加超过 2 周。在吉布提，将军向国内通报了位置，而他得到的答复是：上级对主力舰队的所在地一无所知，不过，他应当尽快赶赴巽他海峡——当地的俄国间谍可能会提供确切情报。[13] 在加煤后，他完全无视了罗杰斯特文斯基的期望，并在 7 日重新出发。不过，此时他还有一个获得必要消息的机会——他相信，自己有可能在科伦坡（Colombo）重新与罗杰斯特文斯基建立联系。为了这一目标，在驶经瓜达富伊角 ①（Cape Guardafui）之后，他将运输船"库兰尼亚"号（Kuronia）派往当地，自己带领舰队在 12 日抵达了阿拉伯沿海的米尔巴特（Mir Bat，在亚丁以东 500 海里），以便等待前者发回消息。逗留 2 天后，他重新启程，向巽他海峡驶去。[14]

　　此时，至少在舰队的幕僚们看来，罗杰斯特文斯基正在为摆脱这支讨厌的援军做着最后的努力。这种想法建立在对日军策略的误判上，出羽将军的巡航更加深了他的信念。这一欺骗行动影响了俄国领事提供的情报，进而令他开始

---

　　① 译注：在索马里境内，位于非洲大陆的最东北角。

相信，日军舰队选择了主动出击。按照他的看法，东乡大将曾试图在新加坡周边海域"寻歼"自己，在未能发现目标后，日本人便转舵前往婆罗洲，试图在俄舰从巽他海峡北上时进行拦截。因此，此时他必定相信，自己骤然穿越马六甲海峡的举动已经避开了敌人——如果继续前进，他可能会在敌人之前驶过台湾。根据这一想法，他一边命令舰队随时备战，一边继续向南中国海前进，但在沿途，他们没能发现敌军的踪影。

最终，将军把舰队开向了金兰湾，在抵达马六甲海峡的前几天，他向舰队下发了一份航海图，其中标定了各个舰只的停泊地。不过次日（即 4 月 10 日），一个新想法却占据了他的脑海，为此，他特意召集了所有幕僚进行讨论——这一想法就是不做停留，径直前进。与会者除了舰队的参谋长之外，还有负责秘密通信的斯文托尔热茨基（Sventorzhetski）海军大尉和提供当地情报的西蒙诺夫（Semenov）海军中校。[15] 但与会者的意见大相径庭。舰队参谋长倾向的做法是：舰队必须先"占据有利的战略位置"，然后根据敌情见机行事。根据这一发言，他似乎倾向于在金兰湾稍作停留，并在当地与国内保持联络，而此时几乎可以确定，上级会命令他们等待涅博加托夫。西蒙诺夫中校则主张不顾一切继续前进，他的理由是：大胆地穿越了马六甲海峡后，俄军想必也避开了敌人，此时，舰队上下士气高涨，正好可以加以利用——同时，他还相信，司令本人也支持他的提议。不过，斯文托尔热茨基的观点更为冷静，对此，西蒙诺夫中校相信，是与本土司令部的秘密通信，让大尉产生了这种想法。简而言之，大尉本人的想法是，现在，无论在海上如何付出努力，俄军都无法改变战局。首先，他们根本不可能未经一战就抵达海参崴，而一旦交战，无论如何，他们都会遭遇彻底的失败。就算利用天气大部分舰队能侥幸抵达海参崴，他们在那里还是毫无用武之地：海参崴只有一座船坞，而且正如他们所知，西伯利亚大铁路已经因为运送陆军的补给而不堪重负，根本不能期望它为这个海军基地提供充足的物资。于是，他毫不犹豫地表示："既然我军舰队大举出现在南中国海已产生了毋庸争辩的影响，那么，我们就应该充分利用这一点，促成体面的和平。想凭借海上行动来赢得胜利，恐怕只有依靠奇迹。"

虽然俄军的秘密通信只有大尉和司令两人知晓，但我们不难推断其中的内容。甚至在奉天战役前夕，俄国就有人建议媾和，但陆军坚持认为，他们在日军正面投入了所向披靡的40万大军，未经一战就讲和简直不可思议。在战役失利后，这种讨论便死灰复燃了，甚至在陆军内部和上层社会，讨论和平也不再被当成是叛国。各种报刊也几乎一致公开呼吁谈判——许多消息显示，美国总统愿意主动充当调停人。然而，俄国的最高决策者却对海军、陆军和政界的呼声置之不理，并执意将战争进行到底。[16]

按照我国驻圣彼得堡公使的观点，抵达战区的波罗的海舰队和奉天会战前夕"40万所向披靡的大军"一样，成了让俄军拒绝停战的重要因素。俄国最高层盲目地相信，在罗杰斯特文斯基的领导下，俄军舰队有了强大的战斗力，日军舰只则饱受着各种困扰，比如锅炉破裂、炮塔损伤、炮管磨损、航速下降等。公使写道："诚然，如果俄军赢得海战胜利，剩余的舰队将掌握制海权。但接下来，俄军该如何赢得战争？这一点却被避而不谈。看上去，沙皇和他的谋臣们拒绝认清现实，并宁愿不计后果将最后的赌注压到罗杰斯特文斯基舰队身上，试图谋取一次海上胜利。他们相信，就算罗杰斯特文斯基的舰队遭遇惨败，陆上的局势也将有所改观，这可以带来和平——那些逃往海参崴或是在中立港缴械的舰只将幸存下来，成为未来俄军舰队的核心。"对于公使搜集到的俄国最高层的这些局势评估，司令本人可谓心知肚明。对高层的了解让他相信，除非输光赌注，否则和平将无法降临——现在，这最后的赌注就是他本人。他知道自己必须奔赴战场，如果此行不可避免，他唯一的希望就是在上级发出电报、让他等待涅博加托夫舰队之前，设法击败日军。

以下事实更是可以让我们洞悉罗杰斯特文斯基的想法。4月11日，即会议召开的第二天，他派遣医院船"奥廖尔"号前往西贡补充物资，并嘱咐该船前往金兰湾加入主力，如果在当地未能发现友军，该船就应当前往其他地点寻找，或是请求司令部发布后续命令。次日，虽然离金兰湾只剩下了60海里，但俄军舰队仍然停下加煤，而且所有人可以清楚地看到，中将正在激动地忙碌着，并和旗舰的航海长和轮机长讨论了"从香港到海参崴"的航线。稍后，为了准备远航，他命令各舰报告存煤和锅炉、轮机状况。很快答复传来：各舰整体状态良好，但有1艘战列舰短缺400吨煤炭——这让将军倍感懊恼。由于该舰[1]的性能一直被认为是出类拔萃的，最初，中将认为可能是通信有误，但后来他们发现，实际情况就是如此：鉴于继续装运煤炭需要 2—3 天，中将决定放弃原计划，并带着失望驶往金兰湾。次日，俄军舰队抵达了集结点外。14 日，在做好抵御突袭的部署后，它们进入了港内，并于 4 月 3 日在既定位置上各自停泊。[17]

于是，从贝岛出发，秘而不宣地航行了 4560 海里后，他们终于抵达了所谓的"战略位置"（这一提法也经常出现在和上级的联络中）——期间，除了医院船"奥廖尔"号，整个舰队没有一艘船只离队或落伍。同时，德国运煤船也准时抵达了。次日清晨，舰队开始紧急加煤，"奥廖尔"号也从西贡返回。对这一壮举，俄军的所有官兵都有理由为之自豪。更难能可贵的是，除了战斗舰艇外，该舰队还有充当后勤基地的船只随行。正因如此，中将相信，有必要和法国当局达成协议，允许他们在港湾入口建立临时防雷网。

然而，由于战列舰缺煤的事故，俄军的行程还是导致了拖延，另外，它还让舰队的士气严重受挫——在战前，这些情况产生了深远的影响。但退一步说，中将避开日军舰队直奔目的地的计划也是不现实的，正如我们所见，东乡已带领舰队集结到了内线位置。如果这份流产的计划得到落实，其唯一的影响可能只是让俄军舰队变得更精干灵活：在这种情况下，他在恶劣天气中避开日军舰队的可能性将会上升——虽然这种猜测并非凭空而来，但具体而论，其成功的概率很低，前途就和他们要穿越的海峡一样逼仄。另一方面，等待增援（哪怕它们的战斗力非常低劣）的做法也并非一无是处，它将提升俄军的战斗力，并让更多舰只有机会突破。总的来说，我们并不能断言，是 1 艘战列舰的失误改变了战争的结局。不过，它还是充当了一个耐人寻味的案例：在估计载煤量时，一名军官犯下的小错误居然误导了司令官，并极大影响了战争的进程。

---

① 译注：该舰是"亚历山大三世"号。

注释

1. 参见 1905 年 2 月 2 日斯文托尔热茨基海军大尉的信，摘自 1906 年 6 月 14 日的《20 世纪报》。

2. 参见西蒙诺夫《代价》一书第 379 页。

3. 参见西蒙诺夫《代价》一书第 380 页的附注部分。

4. 参见俄国官方编纂的事件简表第 3 卷第 98 页。

5. 2 月 25 日俄国驻埃及领事曾向克罗默勋爵（Lord Cromer）透露了这一消息。

6. 参见本书前文中提到的俄军于 1904 年 4 月 4 日做出的局势评估。

7. 19 日，俄军舰队在北纬 9 度、东经 53 度附近。日军的消息来源尚不清楚。《从里堡到对马》（From Libau to Tsushima）一书的作者波利托夫斯基（Politovski）提到，19 日，有 1 艘德国汽船曾从舰队旁驶过，另外在 18—19 日夜间，俄军曾看到远方有灯光亮起。另外，3 月 18 日，我军驻好望角舰队司令曾向国内发回一份报告，称俄军已于 12 日离开，但据信这条消息实际有误。3 月 27 日，针对 2 天前外交部关于俄军何时离开贝岛的询问，我国驻塔马塔夫领事报告说，波罗的海舰队仍在当地等待第 3 太平洋舰队，直到 31 日，他才报告称俄舰已经离开。

8. 这一消息最先由路透社报道于 8 日。

9. 这一说法来自日本官方的编制表。该支队的舰船抽调自舰队的各个部分，其中"春日"号属于战斗舰队——第 1 战队，而该战队又和第 3 战队一道同属于第 1 舰队。"出云"和"常磐"号则来自第 2 舰队，即上村将军麾下。

10. 此事由路透社在 11 日和 12 日率先报道。

11. 参见朱尔典爵士（Sir J. N. Jordan）4 月 26 日和 5 月 9 日的信函。

12. 参见波利托夫斯基《从里堡到对马》一书第 202 页及西蒙诺夫《代价》一书第 406 和第 410 页。"奥列格"号的日志写道："日军主力正位于婆罗洲北岸，另外还在马六甲海峡部署了 5 艘潜艇，试图以此攻击我军。4 月 4 日时，涅博加托夫已抵达吉布提。我陆军已向铁岭撤退，连纳维奇被任命为指挥官，库罗帕特金担任第 1 集团军司令。"（摘自《武官报告》第 4 卷第 231 页）

13. 这一说法来自斯米尔诺夫引用的"官方事件纪要表"第 170 页，其中存在一些疑点。根据"尼古拉一世"号上 1 名军官的说法，分舰队曾在吉布提召开了 1 次舰长会议，并决定向马六甲海峡前进。但由于此人是 1 名下级军官，其陈述的事实可能有误——无论如何，俄军官方的记录都要更为权威可信。

14. 这是斯米尔诺夫的说法，但"尼古拉一世"号上的 1 名军官却回忆说："舰队向锡兰驶去。"不过，这 2 种说法本身并不存在根本性的矛盾。

15. 参见西蒙诺夫《代价》一书第 407 页及后续部分。虽然该书的说法不可全信，但在当时，似乎可以确定有类似的事件发生。

16. 参见查尔斯·哈丁格（Charles Hardinge）爵士 4 月 11 日从圣彼得堡发回的信函。

17. 只有西蒙诺夫中校在《代价》一书第 413—417 页提到了这一插曲，由于他对此事的记录非常翔实，我们显然不能无原则地拒绝采信，不过，目前这一事件还需要等待其他资料的证明。

∧ 停泊在贝岛的俄军舰队，照片中央是一艘"苏沃洛夫"级战列舰

∧ 停泊于贝岛的"鹰"号，这张照片由该舰的航海长里奥尼德·拉里昂诺夫（Leonid Larionov）拍摄

∧ 在贝岛锚地巡逻的"鹰"号舰载鱼雷艇

∧ 位于贝岛的"纳瓦林"号

∧ 停泊在贝岛锚地的"金刚石"号，左侧可以看到"奥斯利亚比亚"号的身影

∧ 医院船"奥廖尔"号，该船由英国船厂建造于1890年，在对马海战中被日军俘获，战后改名为"楠保丸"，1916年被俄国购回，但因为船况恶劣未再投入使用

∧ 停泊在贝岛锚地的2艘俄军驱逐舰，其舰旁的栏杆上晾晒着洗好的被褥

∧ 日军在奉天会战中交火的俄军枪械，在这场战斗的后半段，俄军开始溃退，期间，他们丢弃了大量辎重，甚至包括车辆、武器和军旗

244

∧ 摄于贝岛锚地外部的辅助巡洋舰"里翁"号和"第聂伯"号

∧ 日军在奉天会战中抓获的俄军战俘，在这场规模空前的战役中，日军突破了俄军的防线，并破坏了俄军为了扭转战局所做的努力

∧ 在塞得港等待通过苏伊士运河的第3太平洋舰队，其中最前方的是"乌沙科夫海军上将"号

∧ 在罗杰斯特文斯基舰队停留于马达加斯加的同时，俄军派出了第3太平洋舰队，这张照片拍摄于2月16日，其中，该舰队的舰只正准备在破冰船"叶尔马克"号（右）的带领下出港

第十三章

波罗的海舰队向战场集结

随着波罗的海舰队驶入著名的越南锚地——金兰湾，相关消息不久便传到了东京。当时，海军大将有栖川宫亲王①（Prince Arisugawa）和1名海军副官正搭乘着北德意志劳埃德公司的邮轮"海因里希亲王"号去参加德国皇储的婚礼。4月14日，该船接近了金兰湾，乘客们看到了俄军舰队的身影。为何德国邮轮会离当地如此之近？这个问题从未得到过可信的解答。考虑到该船正驶向新加坡，其航线完全不应与这处疑有俄舰停泊的海湾有任何交集。因此，对上述消息的准确性，我国外交人员最初表示怀疑，日本外务大臣则表示，由于上面有一名日本海军大将，为避免遭遇俄军舰队，该船可能会刻意偏离航线。不过，这种辩解更像是一种掩耳盗铃之举。我们曾记得，在上一年7月，该船曾在红海遭遇过一次海盗行径——当时，俄国的"斯摩棱斯克"号将其截停，还夺走了船上的邮件。无论此举是否是为了报复，对日军大本营来说，他们还从未得到过一个如此方便的机会，能让一位日本军官如此近距离地观察越南海岸。16日，路透社（Reuter）驻新加坡记者向全世界公布了这条消息，之后，日方立刻向法国政府提出了有礼有节的抗议。

在抗议中，日本提出的理由是：和马达加斯加等俄军使用的港口完全不同——金兰湾离战场更近，俄军可以从当地出发攻击日本在台湾或马公的海军基地。因此，俄军在当地进行的活动已不是单纯的加煤和修理，而是把这处中立港口当成了集结点和作战基地。事实上，这也意味着，俄军获得了一个有利的战略位置，并严重破坏了日军的作战计划。针对俄军无限期在亚欧航线上立

---

① 译注：即有栖川宫威仁亲王（1862—1913年），他是明治天皇的从子，1874年参加海军，但因为身体多病，极少履行职务。日俄战争之初，他曾以海军中将军衔在大本营参与作战行动商议，1904年6月晋升为大将，1913年去世。

足的做法，日本将绝对不会容忍——此举严重影响了日军的行动自由。此外，当地还可以令俄军不断骚扰日本沿海和交通线，甚至占领其部分控制区。从某种程度上说，现在，海战的主动权已经转到了俄军手上，日方则迟早需要放弃守势——此时，日本人只有主动出击，与敌军决战一条路可走。假如进攻的需求已经极为迫切，而且俄方又开始通过无限期延长战争、转向消耗日军，此时，俄军舰队将不会在公海接战，而日军将别无选择，只能对其停泊地发动攻击。

以上，就是日方站在自己的角度提出抗议的理由，另外，正如他们所称，在更广阔的层面上，还有一些因素让他们必须表态。当时，鉴于法国提供给俄国的服务已经打破了中立，日本的国内舆论也开始要求政府果断采取行动。[1]因此，如果俄军长期在法属港口停靠，日本政府将很可能勒令舰队出动，攻入法国的领海。如果命令落实，战争将出现扩大化，基于自身的利益，其他列强也一定会跳出来阻止。考虑到危机会让其他列强插手，再加上相信英国必将站在日本一边，最终，巴黎当局开始动摇。同时，这种态度的背后也有一种善意的基础——当时，英法协约（entente cordiale）已经签署，对这一开启灿烂纪元的大事件，目前的争端无疑将为之蒙上阴影，这也是巴黎和伦敦当局不愿看到的。于是，秉着最诚挚的精神，两国政府立刻开始应对日本的抗议。

与此同时，日本方面也获悉，在俄军舰队抵达的第2天，法国驻印度支那舰队（French Indo-China Squadron）的副司令——德·容基耶尔①将军（de Jonqui è res）已经搭乘1艘小型巡洋舰抵达了金兰湾；不过，在匆匆离开当地前，他似乎只是与俄军司令互致了问候，未提出离港要求。于是，局势顿时变得紧张起来。虽然英法之间的分歧尚未被公众所知，不过，鉴于法国的政策一贯倒向俄国，日本媒体顿时群情激奋，其观点也变得愈发危险。

随着时间流逝，罗杰斯特文斯基按兵不动的消息纷至沓来，显然，他是将法国领海当成了基地，日本报刊公然怒吼：海军应攻击俄军的停泊地。由于局势紧张、舆论压力愈发紧迫，按照我们得到的资料，海军军令部甚至真的考虑

---

① 译注：即尤金·德·容基耶尔（Eugène de Jonquières，1850—1919年），他后来担任过法国驻德海军武官、地中海舰队司令和法国海军总参谋长等职务，最终以海军中将军衔退役。

过发动类似攻击的可能性。[2]

不论日方是否曾严肃研究过此事，有一点可以确定：局势还没有严峻到令他们必须如此行动的地步。日本政府后来从巴黎获悉，当月18日，当局已经向印度支那总督发去严令，要求他尽快敦促俄国舰队离港；不过，俄军迟迟没有动身，甚至更严谨的日本报纸都开始认为，他们可以要求英国履行作为盟友的义务。他们认为，在允许俄军驻扎于金兰湾后，法国为其提供了积极援助，从条约的角度，该国已成为参战国，同时，由于条约使然，日方也可以敦促英国参战。有段时间，我国俨然处在了战争边缘，但实际情况并非如此。虽然日本方面不相信法国政府的诚意，但从我国外交部最初了解到的情况看，日本国内的怒火对准的更多是法国当局的自私态度——它毫不讲求体谅精神，还长期坐视俄国在中立区谋取私利。有鉴于此，针对法国允许俄方长期使用领海，还为后者从越南沿海出动、袭击日军交通线提供便利一事，我国立刻提出强烈抗议。[3]对我国的决策者们来说，他们事实上已经知道，俄军之所以会在当地长期逗留、滋生事端，并非法国政府不愿纠正错误，而是因为当地政府和海军主官心怀同情——后两者这么做，一方面是基于盟友的身份，同时，他们也清楚地了解到，俄军司令早已被上级推入了进退两难的状态。

为何罗杰斯特文斯基会在法国领海长期逗留？其真正的原因依旧扑朔迷离。根据我方获得的最可靠资料，他早在18日便从德国运输船上完成了加煤作业。[4]而且正如我们所见，各种其他证据都显示，中将急于立刻出发，但最终未能如愿。对于个中缘由，前文所述的资料并未提及。我们唯一知道的是，根据中将本人在（对马）海战结束后的供述，此举是因为煤炭短缺。不过，当时，由于受伤，他的说法显然不太可靠，我们也不应采信。同时，"威吓敌军、谋求体面和平"的说法也行不通，鉴于法国当局的态度，俄军注定不会在南中国海获得一处基地。前述资料总结道："因此，对于拖延的原因，我们只能假设，中将其实希望舰队被召回俄国，这一点也在他发自金兰湾的报告中有所暗示，只是并未公开表现出来。"从幕僚人员的证词中，我们也找到了种种理由去相信，这才是他的看法。不过，也有其他迹象显示，他长期等待的真实原因并非如此——该原因后来也被俄国官方正式采纳，同时，正是根据这一点，他们把侵犯法国中立的责任完全推给了这位落败的将军。

按照我们获得的唯一一份证据，将军之所以止步不前，是因为一道直接从圣彼得堡发来的命令。[5]按照我们所知，至少在 18 日，罗杰斯特文斯基曾通过西贡方面联系了总部，同时，他还可能通过金兰湾附近的一处陆上电报局与之建立过联系。我们知道，此时，涅博加托夫舰队离当地还有大约 2 周航程，另外，我们还要记住：罗杰斯特文斯基将军相信，日军舰队正在南中国海某地徘徊，他得到的报告也显示，日军在马公布设了水雷，并加强了当地的工事——这一切都让他认定，日军早已把该港当成了基地。因此，根据这一猜测，将军相信，日军或许会在涅博加托夫支队抵达前抢先发起突袭——这种情况将对远征舰队极为有利。在远离敌人控制严密的区域接战，对他显然是有好处的，不仅如此，金兰湾周边还有许多友好中立的港口，它们可以为舰队提供庇护。

4 月 16 日，罗杰斯特文斯基下令为战斗做好最后准备。之前，俄军曾在炮廓附近存放了额外的煤炭，现在，它们都被清理干净，并运往军官住舱。与此同时，他还起草了战斗训令，其基本思路是将运输船留在港内，由巡洋舰和轻型舰艇保护，其麾下的精锐舰只则会被解放出来，与敌军放手一搏。[6]这些命令清楚地显示，将军不仅期待就近与敌军交战，同时也不愿在锚地坐以待毙——相反，他真正希望的是在开阔海域迎击对手——这样一来，他就可以自由地展开机动，而不必受到运输船的拖累。

从战略角度，这种想法确实可以解释他为何推迟出航，而且理由也很充分。不过，从以下事实来看，它又显然不是中将的唯一理由。初次拜访俄军舰队后，德·容基耶尔将军前往芽庄（Nhatrang），即金兰湾所在地区的首府——位于海湾以北 20 英里。4 天后，他再度来到湾内，并登上了"苏沃洛夫"号。在舰上，他告知俄军司令：根据来自巴黎的指示，他请求俄军立刻离开法国领海，宽限期将不会超过 24 小时。这条消息令俄军大为震惊，在此之前，俄军似乎一直相信，德·容基耶尔将军的友好举动代表了法国政府的态度——只要他们不在正规的港口停靠，法国政府就不会多做过问。令他们更感痛苦的是，在被迫离开这处泊地时，罗杰斯特文斯基发现自己很难给麾下的军官们一个交代。次日（即 22 日）清晨，他将所有将官和舰长召集到旗舰上，向他们传达了离港指示。同时，他也被迫补充说，他已得到命令：除非第3舰队抵达，否则将不会继续前进。据说，他曾这样表示："我收到的命令是等待涅博加托夫。"[7] 按照将军的后续描述，现在，他打算先率部出海，并在法国领海之外靠近金兰湾的地方暂时停留，补给船和辅助船将被留在港内。从当地，他将通过西贡与本土的指挥部门保持联络，直到存煤被消耗到刚好足够抵达海参崴为止。如果涅博加托夫舰队无法抵达，他们将爱莫能助，并自行率舰出发。整个会议于是落下帷幕，13 点，即俄方收到离港照会的整整 24 小时后，将军率领舰队向着公海驶去。[8]

此前，罗杰斯特文斯基曾做出承诺，在法国领海以内，他将不会派遣巡洋舰外出侦察或是搜索违禁品，而现在，将军认为，在出海之后，舰队已经摆脱了用中立港口充当作战基地的指控，更不存在任何违反国际法的非议。在湾内，他只留下了非作战舰只，这令他相信，现在，他已经不再对法国的中立地位构成侵害。

但法国当局的看法并非如此。对他们来说，将军对国际法的遵守只限于名义上，其精神则与行动南辕北辙。为平息日本当局的不满，他们希望这道命令能推广到整个印度支那，并让俄军舰队立刻出发。但现在的报告显示，俄军依旧在金兰湾外海徘徊，不仅如此，由于他们还派遣载着军需品的运输船去了西贡，他们的宣言虽然包含了善意，但依旧无法平息非议。法国当局更是被公开指责为缺乏诚意，要求其遵守条约的呼声也愈发强烈。在法国和日本当局眼中，俄军仅让战舰出海、把运煤船和辅助舰只留在法国水域的做法不过是一种推脱之举。诚然，在技术层面，这些船只并不属于战斗战船，但其中一些却安装了武器，不仅如此，它们还听从将军的调遣，是舰队的有机组成部分，充当着移动基地。允许这样一个基地建立在领海内，无疑也是对自己中立义务的尴尬违反。任何讲求名誉的列强，都不会对这类侵犯本国领海的做法置之不理，为此，4 月 25 日，德·容基耶尔将军再次带着一封措辞更严厉的公文来到金兰湾。虽然其内容不得而知，但在次日清晨，所有俄国舰船都离开了港湾。至于法军，则留在原地监视，直到对方全部在东面消失不见。

现在，罗杰斯特文斯基将军陷入了窘境。按照他的想法，日本舰队就在周边虎视眈眈，伴随它们的还有大批雷击舰艇，为此，他必须尽快起航，不能再无限期地等待第 3 舰队到来。为应对危险，俄军必须采取举措，但将军唯一可以想到的办法，就是将舰队藏进某一片人烟稀少的海岸。在芽庄以北大约 20 英里处，恰好有一座鲜为人知的海湾——文峰湾，刚好可以满足俄军的部署所需。同时，将军也获悉，法军司令已经返回西贡，为此，他一离开金兰湾沿岸的视野，便立刻率领舰队前往文峰湾，并在当地停泊下来。由于这处偏僻之地只有渔民居住，中将满心希望能在此消磨掉足够的时间。但幸运并没有眷顾他：有艘小型沿海汽船每月都会来港内收购渔获，俄军舰队驶入当天，该船恰好就在港内。4 月 27 日，该船出航前往西贡，3 天后，波罗的海舰队的行踪便再次曝光在了世界面前。[9]

现在，局势变得异常严峻。此时，日本国内的舆论风波才刚刚平息。之前，他们曾向法国政府发出严正通告，要求其敦促俄方签署命令，要求波罗的海舰队离港。在接到法国政府的要求后，圣彼得堡方面立刻下发了相关指示，法国当局也答应采取一切必要措施严守中立。然而，随着俄国舰队只移动了几海里的消息传来，日本舆论再次陷入了愤怒中，令外交层面的努力几乎要毁于一旦。为此，巴黎当局立刻电告芽庄的行政长官和西贡的海军司令，要求他们立刻赶往文峰湾，勒令这些不速之客尽快离港。5 月 3 日，德·容基耶尔将军抵达当地，这一次，他带来了旗舰"吉尚"号（Guichen），但他发现，俄军司令已经事先得到消息，并带领舰队出海展开战术演习，港内除了驱逐舰和运输船之外一无所有——至于之前具体发生了什么，各界一无所知。[10]随后，德·容基耶尔发出信号，表示要转交电报，接着，他在当地逗留了 1 天，直到俄军舰队全部出航。此时，俄军推测，法军司令接下来会在沿海巡航 24 小时，查看是否有俄舰闯入了其他港口，为此，罗杰斯特文斯基派遣了 1 艘辅助巡洋舰在当地窥探法军的动向。在该舰发出法舰已经离去的消息后，罗杰斯特文斯基又悄悄向文峰湾返航，并于次日清晨再度在港内抛锚。

这种行为自然是不可原谅的，为何罗杰斯特文斯基执意如此？答案在于，命令强行要求他等待，但在海上等待显然是不现实的。由于第 3 舰队没有消息传来，将军意识到，在友军抵达前，自己将别无他法，只能继续在中立国领海继续与法国人周旋。同时，他也派遣旗舰航海长出发，搜寻另一处隐蔽点——

这处隐蔽点不仅不能像文峰湾一样有船只经过，而且最好没有无线电站。为此，俄军走访了永罗湾（Vung Ro）和门池港（Port Dayot），发现后一地点刚好能满足他们的需求。不过，由于从未接受过水文测量，当地可谓险情四伏。另外，他也刚从芽庄方面得知一场台风正在袭来，以天气限制为借口，将军决定继续停船等待。

容基耶尔将军似乎接受了这种说辞，并在 5 月 7 日重新来到当地。另外，此时的他没有急于催促俄军起航，因为他此行带来了一条有望在几天内化解危险局势的消息：5 月 4 日，涅博加托夫舰队开进了马六甲海峡，这段漫长和令人懊恼的逗留即将迎来完结。

巧合的是，就在前一天，罗杰斯特文斯基终于了解到，他的一系列举动已经引发了外交危机，因此，他愈发想要知道那支拖后腿的舰队究竟到了哪里。事实上，在离开吉布提后，他们便遭遇了漫长的延误，沿途的停顿更是不计其数。当时的情况是：在离开吉布提后，涅博加托夫将军的第一个目的地是阿拉伯半岛沿海的米尔巴特，在 13 日抵达当地后，将军开始率部向巽他海峡前进，期间，他们曾在锡兰（Ceylon）的一个集结点稍作停留，以便等待去科伦坡打探主力舰队消息的"库兰尼亚"号运输船。在接下来的 2 天，即 4 月 29 日和 30 日，将军一直在等待，由于天气极好，他决定利用这段停航期从运输船上加煤。但在返回时，"库兰尼亚"号并没有带回什么可靠消息，其中还有一条假情报，显示东乡大将已经抵达了巽他群岛，随行的还有一队驱逐舰和潜水艇。至于上级的位置和意图，涅博加托夫并没有得到任何消息，正是这种情况，让他决定自己选择一条航线。鉴于在海上加煤完全可行，他的想法是从千岛群岛中的某条水道前往海参崴，另外，鉴于日军可能在巽他海峡附近待机，他决定从马六甲海峡大胆地穿过去。[11] 执行这项振奋人心的决定期间，他在 5 月 5 日驶过新加坡，并从领事处得知了罗杰斯特文斯基先前的位置。有鉴于此，他放弃了独自前往海参崴的计划，并且立刻航向西贡，希望能获得包括集结地和注意事项在内的各种消息。

正如我们前面所见，在该舰队穿越马六甲海峡 2 天后，罗杰斯特文斯基也得知了他们的下落。这份情报很可能是容基耶尔将军提供的，尔后，这位法军司令便在晚上再次离开了泊地。次日（即8日）清晨，俄军派出4艘巡洋舰搜寻驶来的舰队，但它们的无线电设备问题百出，导致联络出现了很多问题。与此同时，9日清晨，"吉尚"号回到文峰湾，并停靠在俄军旗舰近旁，这让罗杰斯特文斯基将军被迫再次出海。然而，他麾下的2艘巡洋舰突然与涅博加托夫舰队取得了联络，到中午前不久，俄军开始接收到后者发出的无线电通信。不久前，在西贡外海，涅博加托夫舰队曾遇到了1艘俄军侦察舰，该舰通报了舰队总司令的位置，以及不能在中立国领海会合的消息。于是，涅博加托夫继续前进，到当天15点，2支舰队最终在公海完成了集结。

于是，一支看似强大的舰队在罗杰斯特文斯基将军麾下集合了。它的编制和组织如下所示：

战列舰分队

第1战列舰支队（司令：罗杰斯特文斯基海军中将）

"苏沃洛夫公爵"号（旗舰）

"沙皇亚历山大三世"号

"博罗季诺"号

"鹰"号

第2战列舰支队（司令：冯·费尔克萨姆海军少将）

"奥斯利亚比亚"号（旗舰）

"伟大的西索伊"号

"纳瓦林"号

"纳西莫夫海军上将"号

第3战列舰支队（司令：涅博加托夫海军少将）

"沙皇尼古拉一世"号（旗舰）

"阿普拉克辛海军元帅"号

"谢尼亚文海军上将"号

"乌沙科夫海军上将"号

附属巡洋舰："绿宝石"号、"珍珠"号

巡洋舰分队

第1巡洋舰支队（司令：恩克维斯特海军少将）

"奥列格"号、"迪米特里·顿斯科伊"号、"里翁"号

"曙光女神"号、"弗拉基米尔·莫诺马赫"号、"第聂伯"号

第2侦察支队【司令：薛宁^①（Shein）海军上校】

"斯维特兰娜"号（旗舰）、"库班"号

"捷列克"号（Terek）、"乌拉尔"号（Ural）

驱逐舰分队

第1驱逐舰支队

"大胆"号、"猛烈"号、"威武"号、"迅速"号

第2驱逐舰支队

"辉煌"号、"无瑕"号、"朝气"号、"洪亮"号（Gromki）、
"威严"号（Grozni）

运输舰分队

【司令：拉德洛夫^②（Radlov）海军上校】

"金刚石"号（旗舰）¹²、"弗拉基米尔"号（Vladimir）

"堪察加"号（修理舰，有武装）、"立窝尼亚"号（Livonia）、
"库兰尼亚"号

"额尔齐斯"号（Irtuish，有武装）、"流星"号（运水船）

"阿纳德尔"号（有武装）、"朝鲜"号（军火船）

---

① 译注：原文中此人的职衔是"Commodore"，直译为"准将"，但过去也经常用于指代指挥分舰队的资深校级军官。谢尔盖·薛宁（1857—1905年）1875年加入俄国海军，早年曾担任过"留里克"号的大副和炮舰"英勇"号（Khrabryy）舰长，1903年成为"斯维特兰娜"号指挥官，他后来在对马海战中随舰沉没。

② 译注：即奥托·拉德洛夫海军上校（1849—1916年），他早年指挥过皇家游艇和炮舰"勇敢"号，1897—1904年，他在俄罗斯船舶与贸易协会任主任，1904年，他带领运输舰队跟随罗杰斯特文斯基出航，并在交战前奉命带领运输船队离去，并最终将其带回国内。1913年，拉德洛夫以海军上将军衔退休，1916年去世于彼得格勒。

"水星"号（Merkuri）、"罗斯"号（远洋拖船）

"坦波夫"号（Tambov）、"斯维里"号（Svir，远洋拖船）

"沃罗涅日"号（Voronezh）、"奥廖尔"号（医院船）

"雅罗斯拉夫尔"号（Yaroslavl）、"科斯特罗马"号（Kostroma）

　　这次集结的完成，似乎从某种程度上振奋了舰队低落的士气。当时俄军有种普遍的想法，这就是他们再次巧妙地挫败了日本人，并取得了另一场战略上的胜利。同时他们注意到：在增援的老式舰只上，其上层建筑和武器都接受了改装——此举大幅改善了它们的外观和战斗力。[13] 趁此机会，罗杰斯特文斯基将军签署了一份振奋人心的命令，在命令中，他一方面强调随着兵力的增强，胜利的机会也将增加；同时，他也直言不讳地指出，之前的战斗表明，日军是一个强大的对手，舰队需要付出最大努力，才能有机会与之一决胜负。近来，俄军舰队在侦察、训练和战术演习中问题百出，令他只能对舰队三令五申，要求他们对严重后果多加注意——对阵位混乱和巡洋舰行动效率低下的问题尤其如此。但事已至此，中将唯一可以做的，就是耐下心来，给舰队多提供一些鼓舞。

　　于是，罗杰斯特文斯基在命令中写道："今天，即5月9日，下午14点，涅博加托夫海军少将的舰队终于与我军会合。该舰队于2月15日从里堡出发，较我军舰队的起航晚了4个月。对这支杰出的舰队，我必须表扬的是：他们完成了这次光荣的远航。期间，他们从未在优良的港口停靠，还遭遇了能想到的各种波折，并多次在荒僻的海域暂时止步。在这里，我不想刻意贬低舰队中其他分队的努力：为了等待战友，他们被迫滞留在恶劣的环境中，期间遭遇的困苦完全可以与远航本身相提并论。在会合后，我军舰队不仅实力与敌军旗鼓相当，在战列舰方面还拥有优势。虽然日军的快船更多，但我军将不会逃避，如果我们可敬的轮机兵能一如既往地带着沉着、热心与责任感展开工作，那么，我军一定会不辱使命。不可否认，日军的雷击舰数量远在我们之上，他们还能娴熟地布设漂雷并拥有潜水艇。但我们将通过一丝不苟的警戒对付这些武器；面对鱼雷攻击，我们将保持警醒；我们将不放过任何一个漂浮物或是任何一根伸出水面的潜望镜；我们将不会面对探照灯的照射失去理智；我们将避免胡乱使用舰炮，并瞄准得更为仔细。在长期作战的经验以及战时的炮术表现上，日军有很大的优势——我们必须对此铭记在心，并在他们的疾速炮击下不忘保持清醒。我们不应急于射出炮弹，而是必须根据每发炮弹的落点不断加以修正……对天皇和国家，日本人将竭尽忠诚，他们从不愿蒙受屈辱，而是宁可壮烈死去；但我们也曾向至高的沙皇立下誓言，我们的内心因为坚信上帝变得无比坚定，并因此在航程中克服了前所未有的困难。上帝将庇佑我们、祝福我们，让我们以此践行君主的意志，并用鲜血洗刷祖国蒙受的耻辱。"[14]

这份命令正是一支士气低落的舰队所需要的，此时，罗杰斯特文斯基的想法是立刻出航，否则舰队的士气将再次陷入低谷；然而，涅博加托夫将军却并未准备就绪，他请求获得一些时间，以便加煤和研究各种作战训令。司令只好同意，由于当时的天气无法在海上进行加煤，当其他舰船返回文峰湾时，第3太平洋舰队被迫前往隐蔽的小浦湾[15]（Kua Bé），这不仅导致了更长的拖延，还再次侵犯了法国的领海主权。

涅博加托夫需要研究的命令中最重要的一条签署于4月16日，命令预计战斗将在金兰湾附近水域展开，其内容如下："如果敌军主力舰队驶入锚地视野，我将试图出港迎战。我麾下的兵力将构成舰队的主力，换言之，主力将包括2个战列舰支队，由'珍珠'号和'绿宝石'号组成的巡洋舰支队，第1驱逐舰支队，以及'奥列格'号、'曙光女神'号和'迪米特里·顿斯科伊'号。对'珍珠'号、'绿宝石'号和驱逐舰的迎敌阵位，我已经进行过详述，其任务是保护战列舰、阻止敌军驱逐舰发动进攻。巡洋舰支队将在战列舰的非接敌面保持阵位，并脱离敌人的舰炮射程。如果敌军巡洋舰试图从我方阵列后方迂回，以此展开夹击，我军巡洋舰将与之交战。'奥列格'号和'曙光女神'号将同样负责保护战列舰，并援助被敌方舰炮击伤的舰船，如果发现战机，它们可以与敌军接战。至于'迪米特里·顿斯科伊'号，由于该舰缺乏足以支持此种战斗的航速，为此，该舰需要设法避免战斗——此时，该舰应占据一处可以支援战列线的阵位，并设法与其保持接触。"接下来的指示则针对的是舰队的其余部分，即"金刚石"号、"里翁"号、"第聂伯"号以及第2驱逐舰支队和舰载鱼雷艇，要求它们保护港内的运输舰，以免运输舰在舰队离开时遭遇日军袭击。另外，3艘武装运输船，即"堪察加"号、"阿纳德尔"号和"额尔古纳"号，应避免与敌军接战，但在敌军进入港口时例外。同时，各雷击舰艇应当隐藏在港湾入口的岛屿背后。舰载鱼雷艇则肩负着特殊任务：撞沉敌军的潜水艇。[16]

正如我们所见，这些命令几乎与日本海军在黄海采用的战术针锋相对。另外，就在涅博加托夫加入主力的前一天，罗杰斯特文斯基还签署了一套战术指南。这些指南实际是上述命令的补充，它针对的是有运输船跟随但舰队又被迫应战时的各种情况。这份起草于 5 月 8 日的文件内容如下[17]：

舰队司令命令第 227 号

从此时起，无论舰队本身阵型如何，运输船队除非有特殊命令，都将按照如下规范采取行动：

1. 如果敌人从我军右前方出现，我方将挂出"Ｏ Ｑ 0557"信号旗，随后，主力舰队将前去迎战。期间，第 3（战列舰）支队、巡洋舰支队和侦察支队将根据情况独立行动，以便支援主力舰队。

运输船队需要根据"金刚石"号挂出的信号，朝敌军左侧 8 个罗经点处转舵。换言之，如果敌军在我右前方 3 个罗经点处现身，运输船将左转 5 个罗经点。

如果敌我相距 5—6 海里，运输船将根据"金刚石"号的指示调整航向和航速，以便保持在距离我军舰队 5—6 海里的非迎敌一侧。

2. 如果敌人在我左前方出现，我方将挂出"Ｏ Ｑ 0558"信号旗，并依照第 1 条的具体要求采取行动。

3. 如果敌军在我侧面正横方向出现，我军运输船首先应保持航向，随后根据第 1 条的规定，视情况调节航向和航速。

4. 如果敌军在我后方（无论左右两侧）出现，此时会挂出"Ｏ Ｑ 0556"信号旗，运输船队需保持航向不变，并撤出舰队的作战范围，直到敌舰消失在后方。届时，运输船队将与舰队保持 5—6 海里的距离。

5. 如果敌军从正前方出现，我军运输船队应当伺机减速，并按照第 4 条的指示行动。在交战状态下，如本人发现有必要命令某艘运输

船占领特定阵位（比如接近到 6 海里内，或撤出 6 海里外）或是前往
某集结点，此时我将发出相应的信号。这些信号都刊载在了 1904 年 11
月 19 日的指挥官命令和 1905 年 1 月 21 日的第 24 号命令中。

——罗杰斯特文斯基 [18]

5 月 10 日，在涅博加托夫支队一边加煤、一边研究上述命令的同时，俄军
又签署了一条新训令，其主要内容与该支队在战时可能面对的状况有关，从措
辞上看，司令似乎是在阐明作战方针中的疑点。其中这样写道："第 3 战列舰支
队将根据其指挥官的命令展开行动，无论什么情况，它们都应当跟随主力。"[19]
换言之，司令给了他完全的行动自由，并让他尽力提供支援，但另一方面，司
令又没有事无巨细地规定行动细节——这种情况之所以出现，是因为罗杰斯特
文斯基认为，为其制订一种具体方针毫无意义。[20]

以上就是俄军战列舰队收到的训令，在远航的最后阶段，他们并未再获得
更多战术指示。此时，俄军已经完成了最后一次停留，时间并不是很长：经过
千辛万苦，他们最终在 5 月 14 日离开了法国水域，法军司令也最后一次见证了
他们的离去。此时，俄军得到的消息是，在 2 支舰队会合时，有部分日军驱逐
舰正在南部水域活动，至于"香港丸"和"日本丸"，则运载着潜水艇——俄军
相信，这些情报"非常可靠"，同时他们还获悉，随着不断接近战区，日军显得
有些不知所措。当涅博加托夫舰队出现在马六甲海峡后，他们便很快在澎湖列
岛露面；之前，日舰还一度在镇海湾集中。[21]

当时，围绕澎湖列岛的传言很多，它可能和俄军最高司令部摇摆不定的作
战计划有关。根据罗杰斯特文斯基从金兰湾发回的报告，高层已经意识到，通过
决战夺取制海权，进而打赢战争的想法是不现实的，这也催生了一种朦胧的幻
想：也许他们可以在战场边缘建立一处基地，以此让舰队获得一条退路。但同
时，国际法的约束让罗杰斯特文斯基又只能将目光投向澎湖：首先，俄军已经
不能再利用法国海域，原因已无须我们赘述。在将军自己看来，舟山群岛（Chusan
Archipelago）固然非常适合这项计划，但当地靠近长江入海口，这种侵犯中国中
立的行为会招来英国的干涉，其后果要比破坏法国的中立更为严重。在抛弃了

侵占中国水域的想法后，他的选择便剩下了一个：夺取日本控制下的港口。但在南方列岛，只有一个地点能满足需要，它就是澎湖列岛中的马公。

显然，日军对这种举动也有所警惕。事实上，在法国政府转变立场、严守中立后不久，日军大本营似乎也注意到，如果俄军试图抢占一个先遣军事基地，那么，马公将成为他们的唯一选择。大约正是在这个时候，他们将辅助巡洋舰"备后丸"派往了当地[22]，该舰上很可能运载有水雷，因为在 5 月 8 日，日方曾对所有船只发布通告，表示驶往澎湖列岛存在危险；同时，我国也得知，是"宏观战略层面的考虑"令日方如此行事。鉴于该通告还划定了近海 6 海里的"安全区"，我国要求驻日公使询问日方：他们否定在领海以外也布设了雷区。日本海军省在回复中表示，为了中立船只的安全，6 海里的安全区只是一种预防措施。另外，我国公使还在回电中补充说："他们并不否认，这也是引诱俄军到对马海峡的一种举动。"[23]

这种措施如何影响了俄军司令的决策？目前我们尚无从得知，但有一点可以确定：在警告各国船只的同时，13 日，日方还将台湾宣布为战争禁区，并表示该岛已经陷入封锁。同时，罗杰斯特文斯基将军也得到情报，马公港得到了重炮的增强，同时还有驻军镇守。[24] 因此，他得出结论，舰队只有强攻才能夺取当地——他们不仅将为此蒙受损失，还会加剧弹药的消耗。另外，即使能占领当地，俄军也要考虑守备问题，为此，他们只能动用第 3 支队，但这和上级的命令又相互抵触。对这支部队，罗杰斯特文斯基曾指出它们毫无作战价值，此时，虽然俄军高层已允许他自主决定是否让该支队跟随，然而他和高层之间不仅关系紧张而且缺乏信任。此时，他认为这种许可不过是一个陷阱。我们至少知道的是，这种许可被将军当成了一种诡计，意在向他推卸失败的责任——按照将军的看法，如果灾难不可避免地发生了，上级会责备他分兵的举措，并让他背上抛弃战友的骂名。为摆脱这个陷阱，他决定将命令贯彻到底，带领全体舰队直奔海参崴而去。

考虑到将军本人的尴尬处境，我们其实不必对这一决定大肆抨击。但从纯粹的军事角度，夺取马公很可能是俄军的最佳选择。而且正如我们将在后文中所见，有理由相信，这种情况很可能是日军最怕看到的。对日本海军来说，单从海上局势看，由于台湾海峡（Pescadores Channel）就在通往欧洲的主航线上，当地的价值不言而喻（其意义仅次于对马海峡）；而且只要俄军在马公站稳脚跟，他们便能控制这条水道，破坏日本的海上交通。虽然他们的煤炭和供给可能出现短缺，但与海参崴相比，这些问题并不会十分严重：至少当地通往欧洲的航线是敞开的，而且中立船只也愿意冒险。如果日军想阻止物资运入，就必须展开封锁，但鉴于该港口位于战场南部边缘，并且有波罗的海舰队驻扎，如果日军想要封锁当地，就必须把全部舰队调集至此——届时，他们将被迫敞开通往满洲的交通线，并解除对海参崴的封锁。

这一设想为何没有落实？其原因依旧不得而知。不过至少可以肯定，日军必然不会守株待兔，而是会主动出击，设法把当地的俄军逼入绝境。此时，和平的曙光已经显现：在满洲，日军的攻势已近强弩之末，他们急于谈判。在我国以往的海上战争中，类似的阶段通常会出现一类难题，它们也被称为"篮子里的鸡蛋"（eggs in the basket），宛如日俄双方处境的缩影：虽然日本同意俄国来到市场上讨价还价，不过，它的篮子里却有一枚鸡蛋是日方从未料到的——这枚鸡蛋就是攻击马公。正因如此，夺取当地将极有可能打破日军无懈可击的态势，让俄军掌握主动权。至于东乡，则必须离开控制最严密的海域，主动前去搜索俄军的藏身地点。

对俄军来说，他们能期待的最好情况，就是避免在海战中一败涂地，而最坏局面就是日军大获全胜；在这种情况下，他们该选择哪种办法，才能让战争体面结束呢？答案似乎已不言自明。

鉴于俄国国内和平呼声高涨，我们尤其震惊的是：这种政治需求竟然没能影响俄军的战略判断，至少在罗杰斯特文斯基这边，他从未考虑过这种对策。不过，其原因也并非不可理解——此时，个人恩怨早已淹没了战略和政治层面的考虑。期间，所有主事者都在寻找一位替罪羊，以求推卸自己的责任。就笔者所知，这种耳熟能详的状况也在早年英法两国的历次战争中出现过，只不过当时，政治家们娴熟地将其化解了，但罗杰斯特文斯基的情况不同，他只能去执行那绝望的任务。[25]

但即使如此，罗杰斯特文斯基仍然可以巧妙利用第3战列舰支队，用它们施展声东击西之计。此举不仅能让他摘掉"脖颈上的磨盘",还有可能拆散集结的日军。正如我们所见,罗杰斯特文斯基认定:要想行动成功,最好的办法就是冲过朝鲜海峡。而且他也一直认为,只有舰队行动迅速、各舰性能整齐划一时,上述目标才能实现——事实证明,这一想法本身并无太大问题。同时,我们也可以清楚看到,他相信,随着涅博加托夫支队的编入,他成功的希望变得更渺茫了。为更好地执行原计划,将这支部队剥离出去是完全必要的。既然他想要甩脱这一负担,那么,他为何不将其派往东京外海牵制敌军,并且让该舰队装出一副要通过北方海峡的样子呢?

鉴于7月份耶森将军突袭日本东海岸期间发生的一切,可以肯定,面对这种大张旗鼓的威慑行动,日军大本营绝不会坐视不管。即便东乡大将不会像以前那样,被迫派出部分舰队前去保护首都,他仍然要向津轻海峡的入口处调遣可观的兵力。此时,如果牵制行动的时机把握得当,罗杰斯特文斯基完全可以在审时度势后抓住有利机会发起冲刺。此时,他麾下的舰队是精干和快速的,而海峡守军则已被调往别处,日军的巡洋舰警戒网也遭到了削弱——总之,鉴于敌人兵力不足,将军的行动似乎势在必得。

不可否认,该计划将导致分兵,并从理论上产生被日军各个击破的可能,但将军一直认为涅博加托夫支队削弱了舰队的内在实力,既然如此,他就更应当顺理成章地用它拆散集结的敌军,而不是继续让其扮演原本的角色。而且显而易见,即便该计划的意图落空,2支舰队都与敌军相遇,其局面也不会比后来更糟。至少按照我们手头的资料,将军自己也意识到,如果自己带领全体舰队在朝鲜海峡卷入战斗,局面将对敌人极为有利。考虑到日军舰队更为精干,在俄军合兵一处时,他们的优势将不言而喻——甚至可以说,如果俄军舰队集中起来在日军控制最严密的海域与其交战,他们就不会有胜利的可能性。

此时,俄军唯一能期望的,就是挫败对手的企图,令大部分舰船能顺利前往海参崴。而在当时的态势下,如果俄军想争取有利局面,抽出第3太平洋舰队也不失为一条妙计。对他们来说,虽然胜利是不可能的,但考虑到和平即将来临,此时,他们的目标应当是争取条件,以便在未来的谈判中获得最有利的结果。

　　基于这一点，他们当时的上策，自然是让一支舰队在海参崴站稳脚跟，此时，如果日军想再次让处境无懈可击，就必须对当地展开一次类似旅顺战役的围攻。在这种情况下，如果俄军给了日本海上决战的机会，就必然是一种糟糕的做法；真正的最佳选择应当是：让尽可能多的舰只抵达海参崴，并在此前极力避免接触敌军。针对这一目标，下策是带领舰队穿过敌军戒备最严密的海域；上策则是让舰队兵分两路，并保证每一路的兵力都足以引起日方的重视——即便其中一路被优势敌军击败，另一路也将获得更多机会逃脱。而且我们得到的资料显示，由于通往海参崴的航路不止一条，日军对这种情况倍感担忧。事实上，这一点正是他们真正的海上弱点，俄军则可以趁机将舰队分开部署，令对手无法只守卫一地。

　　顺着这种假设，我们不妨推测一下俄军分兵带来的影响：此时，日军势必在战略上陷入一种两难困境。由于他们的处境将直接影响到体面的和平能否迅速降临，此时，他们必须全力阻止敌军开入海参崴。由于俄军兵分两路而来，此时，日军要么需要把舰队分开部署在朝鲜海峡和北方诸海峡，要么必须把舰队向北部署，占据通往海参崴各航线的内线阵位。但无论哪种选择，日方的困境都很明显。

　　假设日方选择了第一种方案，此时，他们将在分派舰队时遭遇难题。首先，关于俄军舰队的实力和编成，他们得到的情报可能不确切；另外，针对2支敌军，他们还需要当机立断，为其分派相应的迎战舰队。面对这种难题，如果他们采取的策略是把一条海峡交给轻型舰艇，而另一条海峡交给主力舰队，此时，局面将并不会得到缓解：首先，为了给轻型舰艇提供必要的支援，他们必须从主力舰队中抽调巡洋舰，这将增大主力舰队发现敌军的难度；另外，将轻型舰艇剥离出去的做法，还将彻底剥夺日军主力发动夜间攻击、谋求决战决胜的能力。

　　面对上述不利因素，日军舰队或许会向北集结，寻找一处内线阵位，但此举将正中罗杰斯特文斯基的下怀。届时，日军为确定俄军行踪所做的努力，都将在最后时刻付诸东流，不仅如此，这场战斗还将受到诸多不利因素的干扰，因为日军只能前往浓雾弥漫的，同时也是俄军控制最严密的海参崴外海。此时，即使俄军被迫接战，他们也有很大机会把一大部分舰队开进港内。

　　既然上述计划明显可行，那罗杰斯特文斯基为何没有采用？事实上，上级的命令虽然没有强行要求他集中兵力，但也只允许他把涅博加托夫支队留在后方。同时，罗杰斯特文斯基也只是被动地根据这一要求将兵力集结在一起，而没能思考其背后的指导纲领；同样，在面对棘手问题时，他也从没有考虑过如何变通处理命令中的规定。对俄军来说，要想达到战略目标，就必须最大限度地给敌军造成损失，这一点并没有错，而且完全可以被视为一种终极指导原则，但问题在于，他们眼前最关键的战略任务，实际又是避免接触敌军舰队——两者之间实际存在着矛盾。但对这种问题，罗杰斯特文斯基的考量却非常草率，因为我们将在后文中看到，在给舰队的最后命令中，他向各支队指挥官强调称，舰队的主要目标是穿过海峡、抵达海参崴，要想完成任务，唯一的办法就是保持舰队集中。

　　不过，这种情况还有一种可信的解释，但它和战略问题全然无关。在前文中，我们或许已经看到，将军成了替罪羊，他如今的这些举动，也正是为了不给放肆的批评者们留下"分散兵力"的把柄。在这种处境下，只有超人的毅力才能让他排除"正确观点"的干扰。而此时他也许和圣地亚哥（Santiago）的塞维拉①将军（Cervera）一样，心中只想着一件事：既然上级的拙劣部署已经让舰队在劫难逃，那么面对失败，他现在所能做的，也就是全力彰显俄国海军的尊严——如果俄国国旗注定要在远东海域落下，那么，他的每艘舰船将战斗到最后，并与之一同毁灭——问题是，它成全了将军的私德，却对战局于事无补。

　　不管将军动机如何，理由是好是坏，俄军舰队都将合为一体。此时，问题便剩下了一个：他们该选择哪条航线？台湾海峡当然不能考虑。在开赴战场期间，将军必须转而从台湾和吕宋岛之间的海峡进入太平洋。接下来呢？有三条航路可以通往目的地。一是宗谷海峡；二是津轻海峡；三是朝鲜海峡——另外，在朝鲜海峡，俄军还必须在两条水道中选择其一。从战略角度看，津轻海峡都是三者之中最好的选择：虽然镇海湾处在它的内线位置上，但根据推算，波罗的

---

① 译注：帕斯夸尔·塞维拉（1839—1909年），他是美西战争期间、圣地亚哥海战的西班牙舰队司令官，当时，上级曾要求他面对优势敌军强行出战。

海舰队只有在抵达时才会被发现，届时，东乡将只能来得及带领航速最快的战队在海参崴港外设置一条封锁线——由于麾下没有水雷艇和缓慢的第5、第7战队随行，届时，东乡很可能陷入危机。[26] 至于俄军，此时不仅实力与敌人旗鼓相当，还能在靠近基地的公海上作战。另外，当地弥漫的海雾也能帮助他们突破拦截。

正是因为这些情况，没有选择津轻海峡的罗杰斯特文斯基遭到了国民的猛烈抨击，而批评的理由恰恰在于：如果日军被迫在靠近海参崴的海域实施拦截，局面将对俄方有利。宗谷海峡也可以提供类似但相对有限的优势，不过，由于当地路途遥远、通航不便，这一选项其实需要排除。

虽然从战略角度，批评者们确实可以认为罗杰斯特文斯基该选择津轻海峡，不过他们忽视了一个问题，这个问题不是源自战略角度，而是与当地的通航条件有关。将军麾下的舰船数量众多、型号庞杂，军官经验不足、神经紧绷，水兵则大多缺乏训练，甚至连性能最好的舰只都无法保持阵型——受这些问题的影响，将军对未来的展望，与端坐在圣彼得堡司令部内用海图、两脚规和航速表审视战局的人完全不同。根据之前的惨痛教训，尤其是整合舰队时的种种尝试，将军认为，除了执行最简单的机动，他实在不能指望太多。他的一位幕僚后来回忆道："甚至在天气晴朗、航海条件最优良时，我们也只能勉强保持阵型。"[27]

除了这一不利因素，俄军间谍也发来报告：津轻海峡水雷密布、守卫严密。这条情报是否交到了将军手中？目前我们尚不清楚。[28] 不过，即使抛开这一因素，将军也相信：穿越这样一条狭窄多雾的海峡注定会带来灾难，更何况当地海流湍急、航道弯曲，还有鱼雷艇守卫。假如他的舰队能像原本那样紧凑精干，行动也许可以成功，但现在，他带领的却是一群乌合之众，这令穿越津轻海峡成了一件不可能完成的任务。[29]

以上就是罗杰斯特文斯基的辩解——至少我们了解的情况是如此。但另一方面，如果原因诚如他所说，有一点就尤其让人惊讶，他并未主动反对过错误的部署，或是命令舰队分兵行动，相反，他选择了将错就错下去。

如果俄军要直接从朝鲜海峡开往海参崴，此时，他们就需要在2条航道中选择一条。西水道并不值得推荐：它不仅紧邻着镇海湾和竹敷这2座日军基地，同时也是 2 条水道中最窄的——其北部出口更是极为逼仄。东部水道则远离日军基地，同时，一旦舰队驶过壹岐岛—对马岛南端一线，开阔的日本海将呈现在他们的眼前。在水道两岸之间是一条畅行无阻的大航道，根本不存在任何航行困难。如果运气好，当天能见度不佳，俄军甚至可以大体无损地穿过去。除此以外，该航道也有足够的空间让俄军逃脱。也正是这些原因，俄军最终选择了东航道。剩下的任务就是掩盖行踪和实施佯动，它们将持续到舰队在海峡现身的那一刻。

带着这一计划，罗杰斯特文斯基从北面驶过了吕宋岛，期间各舰保持着紧密队形。最前方是所谓的"侦察支队"，该支队由"斯维特兰娜"号和 3 艘辅助巡洋舰——"库班"号、"捷列克"号和"乌拉尔"号——组成；由于他的计划是让舰队尽可能聚拢，因此，上述舰船并未与舰队保持常规的侦察距离，而是只位于舰队前方 4—5 链。随后是第 1 和第 2 战列舰支队，它们分为 2 列齐头并进；紧随其后的是运输船队，它们分成 2 列；运输船的侧翼是剩余的巡洋舰；第 3 战列舰支队则排成横阵位于队列末尾。以上是昼间阵型，在夜间，唯一的变化是 2 个前方的战列舰支队将拉开距离，以便运输船队靠近并在 2 个支队之间占据阵位。

这一阵型的最大特点是没有安排远程侦察兵力：在前方和侧翼都是如此。由于这项疏忽，罗杰斯特文斯基遭到了批评：如果敌军出现，俄军将没有组织战斗队形的时间。不过，此时的他似乎非常确信，日军主力不会错误地离开优势位置前来迎击他的舰队。他唯一需要担心的是敌军巡洋舰或驱逐舰的突袭，为此，他必须保护好运输船队。现在，他也清楚地意识到，一切都将取决于如何冲过日军的封锁：此时，只有出其不意，他才有希望成功。具体地说，只有舰船越集中，它们才能愈加隐蔽，进而实现出其不意。除此以外，选用该队形还有另一个考虑因素：当时，因为他们采用的斯拉比 - 阿尔科无线电报系统（Slaby–Arco system）极不可靠，俄军舰队的通信只能依靠可视信号。因此，只有在将军计划加煤前 24 小时，才会派遣巡洋舰前往前方 30 海里处查看附近有无异常。

随着航程继续，频繁的机械故障令俄军走走停停：直到 19 日，他们才驶过吕宋岛的北部。前一天晚上，他们捕获了英国汽船"奥尔德米亚"号（Oldhamia），由于涉嫌运送违禁品，俄军决定派人经过宗谷海峡将其押往海参崴，至于部分英国被俘船员则转移到了医院船"奥廖尔"号上。这也是将军向法国政府承诺，不派巡洋舰在其领海内展开类似活动以来，俄军实施的首次拿捕行动。不过，此时的他却又让一艘红十字船执行了军事任务。"奥尔德米亚"号后来没能到达目的地：在试图通过择捉水道期间，该船不幸触礁，最终只能由俄国船员付之一炬。

21日，俄军仍在太平洋时，"奥尔德米亚"号离开舰队，次日清晨，俄军转向北偏西20度，试图从宫古（Miyako）和琉球（Liu-kiu）之间进入中国水域。就在舰队2天前即将进入战区时，为应对可能遭遇的危险局面，罗杰斯特文斯基签署了一道特别命令。其内容如下：

舰队司令命令第240号

在夜间穿越日本南延的岛链时，我军驱逐舰将组成横队（第1支队在右，第2支队在左，"辉煌"号居中），上述舰只应前往侦察舰只的阵列前方1海里处，同时点亮两舷灯光（亮度保持最低），但最外侧舰只的外舷灯光应保持关闭。所有驱逐舰将由"辉煌"号舰长统辖。如果驱逐舰前方出现船只，距离最近的驱逐舰应上前辨明对方的身份；如果在右侧，此时应派遣右翼驱逐舰前去；如在左侧，我军将派遣左翼舰只；如果恰好在正前方，"辉煌"号舰长将自主决定从右侧或左侧派遣合适的舰只。这种行动的信号将用连续3次闪光表示，闪光指向的驱逐舰即为任务舰只。

如果有理由相信，我军遭遇的舰只正在布放水雷，除非情况禁止，此时，各舰应立刻开启探照灯，搜索海面的漂浮物体。

如果有驱逐舰发现漂雷，该舰应将探照灯光束扬起至45度，以此命令舰队停船。最近的驱逐舰应采取措施将漂雷击沉。至于其余发现水雷的舰只应用探照灯搜索附近海面。

在看到上述预警信号（即探照灯光扬起45度）后，所有舰只和运输船必须停车待命。

如果旗舰左舷或右舷发出"5"的信号，侦察舰队将首先顺次改变航向，随后是全部主力舰——届时，按照指令，整个舰队将向左或右转舵8个罗经点。期间，指挥官需要保持高度警觉，避免妨碍后方各舰行动。转舵时，各舰还应尽量避免切入搜索水雷的驱逐舰队列。完成转向后，战斗舰队应当同步减速，接着驱逐舰也应一起转舵8个罗经点，进入与舰队相同的航向，而后再全速前进。

此后，当"辉煌"号抵达与侦察支队领舰平行的位置时，该舰将发出信号，此时，全部驱逐舰将一齐转舵8个罗经点回到原本航向。当各驱逐舰返回原航向并且驶过15链后，侦察支队和舰队主力也将转回最初航线，届时，它们应参照中央驱逐舰的舰尾指向为轴线继续前进。如果某艘驱逐舰正在转向的舰队前方忙于摧毁另一枚水雷，此时，靠近该舰的驱逐舰必须用探照灯照射水面，并用光柱圈定出危险区。

除非绝对必要，驱逐舰不得靠近舰队主体。如果此举在所难免，接近的驱逐舰应用探照灯照亮其舰旗和烟囱上的识别标记，并在发出规定的夜间识别口令后才能驶近。

1905 年 5 月 19 日

于中国海域

（签名）罗杰斯特文斯基[30]

此外，罗杰斯特文斯基便没有再签发更多的战术指示。这种情况之所以出现，有一个解释至少比较可信：此时，他已经决心根据日军的攻击方式随机应变。因此，他将击退敌军的重担放在了先导舰上面。

自然，该思路也催生了他的最后一份作战指令——只要先导舰不出现意外，俄军便会据此行事。该命令发布于 5 月 23 日，即他们进入中国海域的当天。命令这样写道："在战斗中，如果有舰只受损或无法保持阵位，战列线上的其余各舰将从旁经过。如果'苏沃洛夫公爵'号受损失控，舰队将以'沙皇亚历山大三世'号为先导保持阵位，如'亚历山大三世'号瘫痪，各舰需跟随'博罗季诺'号，如'博罗季诺'号出列，舰队应唯'鹰'号是从。与此同时，'亚历山大三世'号、

'博罗季诺'号和'鹰'号均应依照'苏沃洛夫'号的信号行动——除非总司令的将旗转移，或是一位军阶较低的将官接过了指挥权。"随后是一条给第 1 驱逐舰支队的命令，要求该支队靠近瘫痪的旗舰，接走将军和他的参谋人员："为此，'大胆'号和'迅速'号应随时准备好靠近'苏沃洛夫'号，'猛烈'号和'威武'号则负责照应其他旗舰。"另外，第 2 驱逐舰支队也将为各巡洋舰队的旗舰提供类似协助。

该命令最后总结道："各主官的将旗也需一并移往相应的驱逐舰，待时机适合后，它们将再转移到另一艘战列舰或巡洋舰上。"[31]

给全体舰队的最后一道命令也于当天签署，其中强调了舰队的真正目标以及该如何全力以赴。命令显示，将军把逃脱的希望寄托在了恶劣的天气和紧凑的队形上。因此，他在命令中写道："假如遭遇大雾，各支队司令应尽量避免各舰失散。先头的运输船亦然。所有驱逐舰应紧跟在配属舰船附近，并协助 2 支战斗舰队保持联系。舰队的主要目标是抵达海参崴，在指挥时，各支队的司令都应以此为方针。同时，我还要对他们强调一点——本目标只有全舰队齐心协力才能实现。"[32]

此时，罗杰斯特文斯基已做好了坦然迎接战斗的准备，同时还试图用上述措施减轻整个舰队的压力（当然，这些措施并不完备）。正如我们所见，在出其不意和迷惑敌军这方面，他的部署存在问题，不过，他也不打算让舰队直奔封锁线而去。他心中仍暗暗期望着分散敌军的注意力——现在，也是他该落实想法的时候了。

他想到的第一种办法，就是像耶森将军一样展开破袭作战。2 艘辅助巡洋舰"库班"号和"捷列克"号奉命离队，它们将开赴日本东海岸，在东京湾外海一带游猎。虽然这一部署不可能达成将军期待的效果，但考虑到耶森舰队引发的震动（如果罗杰斯特文斯基真的意识到了这一点的话），这一备受耻笑的行动其实也合乎情理。

他的第二步是率舰队前往长江口外的马鞍列岛（Saddle Islands），期间，他们也将径直穿过商业航线并暴露自身。事实上，这也成了整个战役的最大谜团——关于其意义及企图，我们从来没有得到过可靠解释。虽然外界猜测，将军绕行台湾外海的举动纯粹是个幌子，但这一假设不足以供我们追根究底。如果我们做出另一种猜测——他绕道进入太平洋只是为了避开马公这个危险区，那么，他的另一个目的便会浮出水面。事实上，这一举动不止是为了掩护他开赴战场，也是为了掩饰他的真正目的。正如我们所知，罗杰斯特文斯基并不愿像上级要求的那样，大胆带领疲敝的舰队与日军决战，为此，他曾打算在长江口外的岛屿上建立一处先遣基地，以此展开后续行动。由于该计划曾在俄国引发过公开讨论，日方或许也对此有所耳闻。因此，将军的这种行动很可能是为了引发日本人的联想，并带着一丝侥幸，诱骗他们离开无懈可击的阵地。

但需要承认，这种做法也违背了一个公认的战略原则：即同一类牵制行动不能施展两次。如果牵制行动真的要实施，将军投入的兵力应当足以引发敌军的注意，不仅如此，将军还必须竭尽全力掩藏其佯动的本质。从这两个方面看，他的错误是不言而喻的：在佯动时，他派出的兵力太弱，不足以给敌人造成实质性的损失，换言之，此举是在直白地告诉敌军——自己所做的一切只是一种牵制。这种错误为何出现？其唯一的解释可能是，为引诱日军出动，将军试图营造一种在战区内建立前进基地的假象，并试图通过抵达目标区域，让威胁看上去更为可信，从而让敌人误判他的真实目的。

5月23日，俄军舰队最后一次停船加煤，将军在命令中要求，各舰应当尽可能装载燃料，并保证在5月26日前都处在满载状态。加煤期间，将军又签署了一道全体命令，要求各舰随时做好战斗准备。次日，俄军舰队启程，穿过贸易航线。5月25日，他们来到了马鞍列岛外海。

在那里，罗杰斯特文斯基命令2艘声名狼藉的辅助巡洋舰——"第聂伯"号和"里翁"号——护送运输船前往90海里外的上海，只有6艘性能最好的运输船继续随行。完成这项任务后，俄军舰队继续向黄海前进，他们试图佯装在当地建立新基地，以挑动日本警戒体系中最敏感的那根神经，即满洲军的补给线。

在罗杰斯特文斯基进行最后的部署时，舰队上下的士气可谓异常低落；自从离开贝岛之后，他原本精明强干的副手——费尔克萨姆——身体便愈发不佳，最终在24日去世。鉴于这一损失如此严重，为了不影响士气，罗杰斯特文斯基决定秘不发表：费尔克萨姆的战旗依旧飘扬在"奥斯利亚比亚"号上，其舰长则接过了支队的指挥权。罗杰斯特文斯基将军还知道，通过灵活机动取得成功的概率已微乎其微——运气将决定一切，但问题在于，没有迹象表明运气站在俄军这边，第2战列舰支队司令兼副手的死更是重创了这位指挥官。

虽然种种预兆都预示着失败，罗杰斯特文斯基仍迎着愁云惨雾向海峡驶去。期间，他对阵型做了些许调整：先头分队被部署在主力前方3—4链的位置上，由"斯维特兰娜"号领航，"金刚石"号和"乌拉尔"号分别位于两侧，紧随其后的是"珍珠"号和"绿宝石"号，它们构成了舰队前方的雁行阵（double quarter line）的外延。2艘巡洋舰后面，还各有2艘第1驱逐舰支队的舰只，其掩护的舰队主力则以单纵阵排成了2列：其中，第1和第2战列舰支队位于右侧，第3战列舰支队和第1巡洋舰支队在左侧，剩余的6艘运输船在2个殿后的支队之间，同时，第2驱逐舰则以单纵阵在左侧阵列的正后方就位，另外还有2艘医院船位于舰队的末尾。

经过这番调整，俄军不仅没有分派远程侦察兵力，反而采用了比以往更紧凑的阵型——它表明，直到此时，将军最关心的都是如何保持出其不意。因此，甚至到晚间能感应到日本无线电信号时，他都禁止进行干扰，同样，侦察对他来说也毫无意义。他确信东乡就在附近某处，如果天气晴朗，他迟早会与日军遭遇。所以，他现在唯一可以采取的措施就是，尽量减少舰队暴露的机会，撑到最后关头，然后集体冲过海峡。

愈发恶劣的天气对罗杰斯特文斯基无疑有利，剩下的就是选择接近海峡的时机。由于当地有大量敌方雷击舰艇出没，因此，虽然这些敌人从未取得过重大战果，但夜间通过的设想也断不可行。假如在白天穿越海峡，这些危险至少是可以避免的，进一步说，如果俄军舰队能在正午时分抵达，再加上一丝运气，它们将在入夜时分进入开阔海域，此时，其成功的机会也将大大上升——综上所述，将军决定采用这种计策。

由于时间充裕，26日，针对遭遇日舰时的可能情况，俄军按照现有的战斗命令展开了多项演习。在项目上，他们耗费了数小时的时间，同时，俄军接收设备中的无线电信号也变得愈发强烈。随着准备工作全部就绪，罗杰斯特文斯基在演习结束时发出信号："准备战斗，明天升起国旗和战旗。"同时，他还再

"斯维特兰娜"

"金刚石"　　　　　　　　　"乌拉尔"

"尼古拉一世"　　　　"苏沃洛夫公爵"

"绿宝石"　　　　　　　　　　　　　"珍珠"

"阿普拉克辛
海军元帅"　　　　"亚历山大三世"

第1驱逐舰支队　　　"谢尼亚文
海军上将"　　　"博罗季诺"　　第1驱逐舰支队

第1驱逐舰支队　　　"乌沙科夫
海军上将"　　　　"鹰"　　　第1驱逐舰支队

"奥列格"　　　　　　　"奥斯利亚比亚"

"曙光女神"　　　　　　"伟大的西索伊"

"迪米特里·顿斯科伊"　运输船队　"纳瓦林"

"弗拉基米尔·莫诺马赫"　　"纳西莫夫海军上将"

第2驱逐舰支队

"奥廖尔"（医院船）

"科斯特罗马"（医院船）

俄军舰队阵型

次强调，舰队应禁止进行无线电干扰和侦察。对于这一决定，他有着令人信服的解释。他之所以不愿干扰，是因为远方的日本巡洋舰正在通信中透露出他想要的一切，期间，他分辨出敌军巡洋舰至少有 7 艘，如此庞大的数字只意味着一件事——他之前的判断完全正确。另外，将军还提道："我之所以不派遣侦察舰只，是因为非常清楚自己将在朝鲜海峡遭遇整个日军舰队。"[33]

注释

1. 参见 4 月 24 日窦纳乐（C. Macdonald）发来的通信函，摘自海军部情报局日志第 238 页。

2. 参见窦纳乐爵士 4 月 24 日从东京发来的公函，他宣称这一消息的来源"非常可靠"。

3. 这一说法来自斯米尔诺夫的陈述。

4. 这一说法来自斯米尔诺夫转引的官方事件纪要表和所谓的"档案文件"。

5. 出自西蒙诺夫《代价》第 431 页，相关情况在本书后续内容中也有提及。

6. 关于这些命令的内容，本书后续部分也有提及。

7. 参见西蒙诺夫《代价》一书第 431 页。

8. 按照西蒙诺夫中校的说法，当时有命令要求俄军等待第 3 太平洋舰队，同时，这一说法也得到了"奥廖尔"号日志的证实。不过，该船的日志并没有写明命令的存在，只是提道："很明显，我们之前没有等待涅博加托夫舰队的计划，现在也不知道它们会何时到来。"根据日志的上下文，这句话的意思显然是俄军得到了等待友军的命令，但上级并未告知具体的会合点。斯米尔诺夫则表示，当时罗杰斯特文斯基从圣彼得堡方面得到了暗示，要求他继续等待涅博加托夫舰队。

9. 5 月 1 日，路透社驻西贡的消息来源报告说："波罗的海舰队正在门池港外海停靠，其地点在金兰湾以北 40 海里处，位于法国领海以外。"它意味着，俄军的位置实际在 3 海里领海界线之外。

10. 参见舒伯特《关于战争的新资料》和西蒙诺夫《代价》一书的第 433 页。

11. 该说法来自斯米尔诺夫援引的官方资料，但"尼古拉一世"号上一名军官指出，早在召开于吉布提的一次会议上，司令便已经决意从马六甲海峡穿过。不过，考虑到有新情报传来，俄军的意志曾有所反复，因此，这一说法和斯米尔诺夫的记录并不矛盾。

12. 巡洋舰"金刚石"号也隶属于侦察支队，当该舰在支队旗下时，运输舰分队由"阿纳德尔"号领航。

13. 参见《武官报告》第 4 卷第 247 页。

14. 参见舒伯特《关于战争的新资料》。

15. 小浦湾实际是文峰湾的一部分，并构成了该港湾的东部出口，有 2 处锚地分别位于湾口的南北两侧，并被一座狭长的小岛分开。

16. 这就是所谓的"182 号命令"，其全文可以参见《武官报告》第 4 卷第 236—237 页。

17. 参见《武官报告》第 4 卷第 245 页。上述内容实际转译自日本人的译稿，而斯米尔诺夫只给出了缩略版。

18. 参见"奥廖尔"号的日志（摘自《武官报告》第 4 卷第 245 页）。相关内容来自原作战日志的日文版翻译，该日志系日军在"奥廖尔"号被停后获得。

19. 参见斯米尔诺夫引用的第 230 号命令。

20. 此外，俄军还下达了 2 份与战斗有关的次要指示：一份在 1 月 23 日签发于贝岛，另一份则下达于 3 月 27 日。第 1 份与火控有关，要求各舰禁止在开火时自行其是，并将火力集中在指定的敌舰上，同时，该指示没有做出向其他敌舰发射干扰炮火的要求，至于极限射击距离，则被定在了 30 链（参见《武官报告》第 4 卷第 215—216 页）。第 2 份报告与救助遇难友舰有关，其中规定了各支队在执行此任务时应当遵循的原则（参见《武官报告》第 4 卷第 225 页）。

21. 参见西蒙诺夫《代价》一书第 443 页。该说法的来源尚不得而知，不过，在 2 月，一名俄国间谍曾报告说日军舰队已集结于佐世保，并意图将波罗的海舰队诱入朝鲜海峡的雷区。

22. 参见《日本战史发行版》，出自《海事评论》第 188 期第 408 页附注部分。

23. 参见英国皇家海军情报局日志第 164 页和第 166—167 页。

24. 参见谢苗诺夫《代价》一书第 442 页。至于日军划定的"禁区"或"防区"，相关内容可参见本书第一卷。

25. 罗杰斯特文斯基对此事的评论清楚地表明，他本人并不在乎政治问题。在报告的开头，他这样提道："无论是正规巡洋舰还是辅助巡洋舰，日军都拥有压倒性的优势，在英军的配合和指引下，他们可以轻松在我军舰队北上期间摧毁为我军运送物资的船只……为此，我们只能放弃在日本离岛上建立临时基地的想法……并设法直接突破封锁向海参崴驶去。"

26. 从镇海湾到海参崴的航程是 550 海里，从津轻海峡到海参崴是 430 海里，如果日军以 15 节的航速行驶，他们将在 37 小时后抵达海参崴港外，而以 10 节航速（即队内最慢舰只的既定航速）前进的俄军舰队则会在 43 小时后抵达海参崴。

27. 参见西蒙诺夫《代价》一书第 463 页。

28. 参见本书后续章节的描述。

29. 这种说法唯一的记载来自西蒙诺夫（参见《代价》一书第 161 页等）。他是将军的幕僚之一，但在书中并未提到这种观点究竟是出自将军本人还是他自己。他只是表示，根据本书中所述的原因，"舰队从来没有考虑从津轻海峡通过"。

30. 该文件由日军缴获自"奥廖尔"号医院船，文中的内容由日文版转译而来。

31. 参见斯米尔诺夫的著作，其中引用了 5 月 23 日下达的第 243 号命令。

32. 出自俄军的第 244 号命令，内容系由日文转译而来。斯米尔诺夫并未在作品中引用命令全文，而是对其进行了简单总结："鉴于我军舰队的目标是驶向海参崴，各支队司令必须铭记一点——本目标只有全舰队齐心合力才能实现。"

33. 参见将军在海军部批准下寄给《新时代报》的官方通信原文，刊登时间为 1906 年 1 月 3 日（出自《武官报告》第 4 卷 135 页）。

〈 这张不甚清晰的照片展示了停泊在文峰湾内的俄军舰队，由于人烟稀少，且照片大多在战斗中损毁，这段时期保存下来的照片可谓寥寥无几

〈 "曙光女神"号的舰员在文峰湾加煤，航行期间，各舰几乎都添加了超载的煤炭

〉 在俄军舰队滞留于文峰湾期间，海参崴巡洋舰队并非无所事事。5月初，装甲巡洋舰"俄罗斯"号曾带领鱼雷艇前往北海道进行了一轮袭扰。照片中可以看到该舰和1艘俘获的日本帆船，另外可以看到，该舰还使用了一种新装备——海军观测气球

〈 1905年春天，停泊在镇海湾锚地的日本舰队

276

〈 在之前的战斗中，日军的最大问题在于命中率有限。1905年年初，他们专门从英国引进了内膛炮，用于大口径主炮的模拟射击训练，并因此大幅改善了炮术表现。照片中就是日军进行内膛炮模拟对抗时的景象

〈 在镇海湾进行装填训练的日本炮手

〈 进行机动训练中的日本战列舰队，摄于"朝日"号上

∧ 1905年5月中旬，驱逐舰"霰"号进行鱼雷发射训练时的景象，该舰隶属于第1驱逐队

278

运输船

辅助巡洋舰

"斯维特兰娜"　"顿斯科伊"

"绿宝石"

"奥斯利亚比亚"　　"奥列格"

战列舰队　"曙光女神"　"珍珠"

"苏沃洛夫"

平巴岛　　防材

驱逐舰

防材　　驱逐舰警戒线

驱逐舰

巡洋舰警戒线

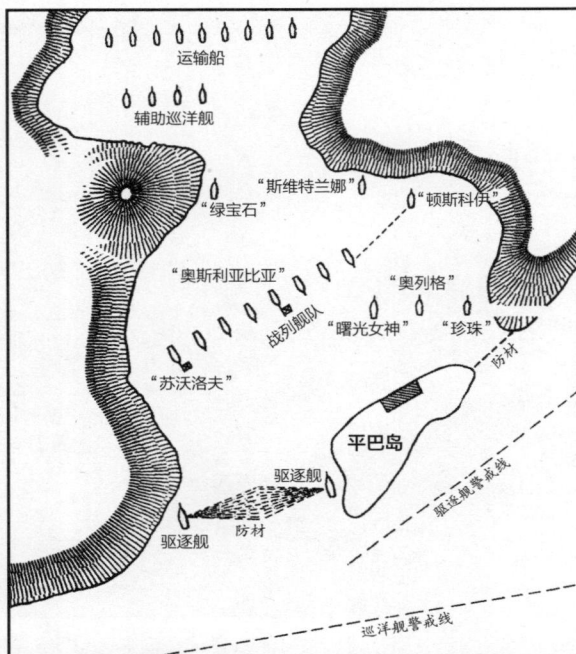

〈 金兰湾俄军锚地
　布置示意图

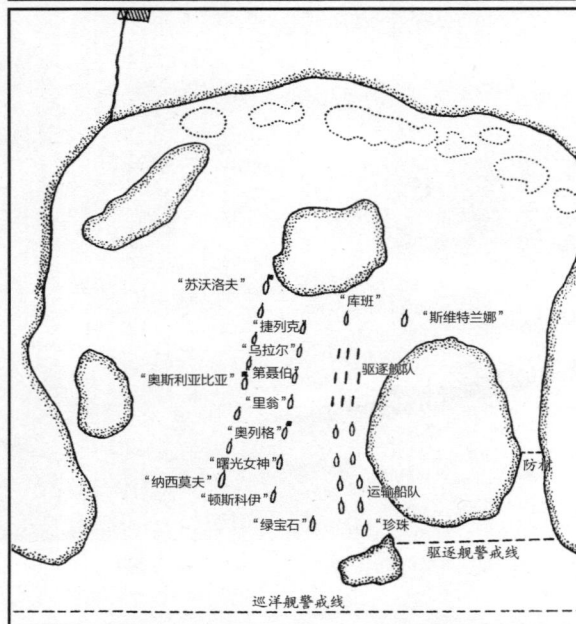

"苏沃洛夫"　　"库班"　"斯维特兰娜"

"捷列克"

"乌拉尔"

"奥斯利亚比亚"　第聂伯　　驱逐舰队

"里翁"

"奥列格"

"曙光女神"

"纳西莫夫"

"顿斯科伊"　　运输船队

"绿宝石"　　"珍珠"　防材

驱逐舰警戒线

巡洋舰警戒线

〈 文峰湾俄军锚地
　布置示意图

第十四章

波罗的海舰队接近战场，接触日军

虽然罗杰斯特文斯基采取了佯动，但并未给日军指挥层造成任何影响。在危机来临时，他们甚至对这些行动一无所知，同时，他们还满怀信心地维持着海峡的阵势。即使如此，随着时间流逝，他们的心中仍然弥漫着焦虑。

早在5月18日，日军便可能得知涅博加托夫舰队已经与主力会合，并于14日从文峰湾向东行驶。[1] 同时，他们也知道，海参崴的巡洋舰和鱼雷艇也变得活跃起来，并且时常从该港出动。5月21日，一份报告更是抵达了坐镇镇海湾的东乡大将手中，报告显示，有6艘酷似驱逐舰的船只于当天清晨在冲之岛（Okinoshima）外海出现。由于去年海参崴巡洋舰队正是在此处突袭了日军运兵船，因此，一次类似的行动很可能正在上演。有鉴于此，上村立即率领战队中的3艘军舰在16点启程。不久之后，东乡又下达了一份命令，要求舰队集体做好出海准备，另外，所有汽艇也将前去搜寻运输船，并在舰队离开时照顾它们的安全。[2]

但在次日，上村将军却回报说，他并未发现敌人的踪迹，事实上，由于一次突发事件，俄军已经丧失了从海参崴袭扰日军交通线的能力。当时，该舰队由耶森海军少将指挥；此前，该舰队指挥官一直是斯克鲁伊德洛夫海军中将，但在旅顺陷落，第1太平洋舰队在港内被全歼后，斯克鲁伊德洛夫便被召回国内，并在海军将官委员会（Admiralty Council）获得了一个席位作为补偿。取代他的比里耶夫海军中将已获得了任命，他正在赶来途中，准备接过太平洋舰队总司令的职位——当然，由于海参崴的舰船已所剩无几，这支"太平洋舰队"不过是波罗的海舰队换了一个名字而已。

前述的突发事件发生于5月21日，当时，俄军在港外发现了一枚漂雷，他们为此下达命令：除非在沿海35海里内有扫雷舰艇陪同，否则任何舰只都不得擅自出海。在扫雷艇的保护下，耶森本人带领"雷霆"号在23日（即上村返航的第 2 天）出航，以测试该舰的无线电设备，但由于不明原因，他在出港 12 海里后便遣散了随行舰艇。结果，该舰触发了 1 枚水雷，导致侧面被撕开一个 33 英尺宽、16 英尺高的破口。由于防水隔壁受损并不严重，该舰最终设法驶回了港内，可即使如此，该舰还是长期失去了战斗力。

当这场灾难发生时，镇海湾日军的备战工作也在紧张进行。上午 9 点时，日军接到无线电警报，表示波罗的海舰队已在日本外海 120 海里处现身，并且正向着海峡驶来。这条消息很可能发自其中一艘辅助巡洋舰——如前所述，它们在西面、济州岛和五岛列岛之间占据了前哨阵位。随后一段时间，济州岛附近变得波涛汹涌起来，与此同时，日军也收到了另一条电报，表示之前的消息有误，来者很可能是一艘使用劣质煤炭的日本商船。但即使如此，将信将疑的东乡仍然决定带领舰队出海。所有舰只都做好了战前准备，并排成了战斗队列，但到中午，该消息已被确定是虚惊一场，日军舰队于是开始返航，并停泊在了镇海湾入口处的加德水道（Douglas Inlet）。

此时，正是俄军周围"战争迷雾"最浓的时刻。自从它们离开文峰湾后，日方便没有收到任何情报，24 日的情况亦然。由于敌人迟迟没有现身，日军不仅陷入了困惑，还对作战计划感到愈发不安。直到 25 日，他们才设法获得了一些关于敌人行踪的蛛丝马迹，但这些消息却为局势增添了更多谜团：当天，一艘挪威船只报告说，19 日，该船在巴坦群岛（Bashi Group，位于吕宋岛和台湾岛之间）中的巴坦岛（Batan/Grafton Island）附近发现过俄国舰队，还遭到了后者的临检。我国驻日公使发回的消息显示，日军司令部判断，如果在未来 36 小时内，其先遣巡逻舰未能发现俄军，那么，对方必定前往宗谷海峡。于是，东乡开始在当晚起草新命令，以便在远离基地的海域作战，出动的汽艇也被召回并拖曳上岸。同时，所有单位都必须在甲板上额外装载燃煤——甚至水雷艇也不例外，大将本人则率领旗舰开进了镇海湾内。

在俄军随时可能现身的时候，东乡为何会做出这一奇怪的举动？其原因目前不得而知。但显而易见，迟迟没有露面的波罗的海舰队正让日方愈发疑惑：敌人是否真的在向朝鲜海峡驶来？毕竟，他们无法排除一种可能性——罗杰斯特文斯基也许正绕过日军的封锁线向北方的某条海峡前进。如果情况真的如此，那么东乡的部署便是错误的，此时，日军就必须抓紧时间前往日本海北部占据一处内线位置。按照后来出现的一些传言，当时的大本营险些命令他转移阵地，不过，按照我们手头的资料，这一点并没有刊登在官方战史中。我们唯一可以确定的是，因为"战争迷雾"，司令忧心忡忡——为此，他必须同东京的司令部保持密切联络，这也可以解释他为何进入了镇海湾。

但在次日（即 26 日）清晨，日军舰队并没有出动，东乡也没有从镇海湾内返回。因为夜间传来消息，1 艘俄军辅助巡洋舰带领 3 艘运输船抵达了吴淞口，另外，还有 1 艘同型巡洋舰也在长江口外现身。[3] 当时，日军的总体印象是，这些舰船意图展开佯动，掩藏主力的真实行踪，至于日军舰队，则继续停泊在加德水道，完全不知道敌军的所在地点。但当天晚些时候有消息传来，有人看到俄军舰队停泊在距日军警戒线不足 400 海里的马鞍列岛附近。鉴于俄军的消息可能随时传来，当天，日军一反前几日的常规，第一次没有在敞开的锚地外布设防雷网。

这一举动，很可能是为了让舰队在接到命令的瞬间尽快出发，因为此时陷入疑虑的日军正蒙受着超乎寻常的压力。由于手头的快速巡洋舰数量不足，他们的部署存在着难以弥补的重大缺陷：具体而言，他们无法把侦察哨位部署得足够靠前，如果俄军到来，他们的预警时间将远远不够，很难确定敌人的行动路线。不过，日军确实设立了一道掩护集结点的近程警戒网，该警戒网有巡洋舰驻守。在 5 月 26—27 日夜这个关键的时间点上，日军对该警戒区做了如下部署。

在白濑礁正西北至白岛群岛的"第 4 警戒线"上，当天占据阵位的是出羽将军的第 3 战队[4]，期间，他的部署似乎是要求各舰在夜间向警戒线中心（即"246地点"，方位为北纬 33 度 40 分、东经 128 度 10 分）靠拢；同时，他还有 2 艘第 6 战队的巡洋舰配置在左右两翼，其中，"秋津洲"号在白岛群岛方向，而"和泉"号靠近白濑。按照日方所述，这 2 艘巡洋舰的任务是支援海峡西部哨区（位于五岛列岛和济州岛之间）的辅助巡洋舰，并协助出羽将军在海峡展开警戒；到夜间，它们会撤回，并在"第 4 警戒线"上占据侧翼阵位。[5] 日军部署在西部哨区上的辅助巡洋舰一共有 4 艘，它们是"亚美利加丸""佐渡丸""信浓丸"（Shinano

Maru）和"满洲丸"（Manshu Maru），它们的搜索线起于五岛列岛南缘，并朝着济州岛方向延伸而去——其中，"亚美利加丸"位于最西端，"满洲丸"则最靠近五岛列岛。[6] 根据行动记录推断，这些辅助巡洋舰的例行任务是白天向外海搜索，日落时分返航，并在黎明时分抵达"第4警戒线"前方约10海里左右的指定地点，接下来，它们将再次转舵前往西面。

为使封锁线严密完整，日军还将1个驱逐队部署到了警戒线上。26日当天，第4驱逐队预定和出羽战队携手出动，但因为天气恶劣，该驱逐队只能前往尾崎（Osaki）暂避。在警戒线后方，日军部署的兵力非常薄弱：夜间，只有山田将军第3舰队旗下的1个水雷艇队在壹岐岛附近留守，监视着东部水道的入口，但在27日，按照惯例，它们开始向竹敷返航。山田将军本人则乘旗舰"扶桑"号在对马岛以南约15海里处巡逻，此举可能是为了保证警戒线和镇海湾之间的联络——事实上，早在封锁旅顺期间，该舰就承担过类似的任务。

关于日军具体的侦察部署，我们同样只能做出推断。虽然他们详细规划了各舰的位置，但具体内容还没有公开。从现有事实看，他们的总体思路是明确的，而这种思路又建立在一种假设之上，即俄军只会从一条航道穿越朝鲜海峡。

正如我们之前所见，日军派遣了1个巡洋舰战队，该战队正和另外半个战队的巡洋舰共同把守着"第4警戒线"。另外，如果发现了敌军的行踪，一支同等规模的部队将前往对马以南海域，并根据情况向司令长官提供详细情报，如对方的航向、航速、舰船的数量和队形等。最终，这一任务由第5战队接过——此前，按照黄海海战时的部署，该战队一直扮演着战术预备队的角色，但现在，他们已经把后一种任务交给了第7战队。具体来说，一旦战斗打响，第7战队便会前往另一条航道，并将其守住。同时，为尽快查明局势，相关巡洋舰需要把侦察当作最优先的任务，随后，东乡将带领战斗舰队（即第1、第2战队和其余的巡洋舰）前往对马岛以北，并根据报告展开截击。

以上就是日军的作战方针。27日早些时候，海峡封锁线上的情况如下：凌晨2点45分，根据前进哨位上的例行部署，五岛列岛方向的第2艘辅助巡洋舰"信浓丸"正和其他舰船一道向"第4警戒线"返航。为此，该舰一路向东北前进，并来到了白濑礁以西约40海里的"186地点"上。此时，该舰在左后约2个罗经点的方向发现了1艘陌生舰船——该船的灯光非常可疑。由于月亮从东方升起，"信浓丸"的观测位置极为不利。很快，该舰便开始加速，绕过了目标船尾，并在4点30分时开始从目标左侧向对方靠近。该舰的舰长成川大佐①（Morikawa）发现这艘陌生船只没有搭载任何武器，明显是1艘医院船——事实上，这艘船正是"奥廖尔"号，其位置在主力舰队的右后方，很明显，此时俄军主力舰队已经在毫无察觉的情况下通过了日军的辅助巡洋舰警戒线。[7] 由于在被日军发现时，"奥廖尔"号正在私下发送信号，成川大佐推测附近肯定还有其他俄舰。由于天色还未破晓，月夜中的薄雾干扰了他的视线，因此，他决定继续监视这艘孤单的船只，并靠近探查一番，但此时他突然注意到，在他左舷外不到1海里处还有6艘其他舰只，不仅如此，大量的烟雾显示，还有更多舰只在这附近。看到自己身陷敌军之中，成川大佐立刻转舵16个罗经点，并在4点45分发出无线电信号："发现敌舰队煤烟。"随后，他又在4点50分发出另一条电报："敌第2舰队出现在203地点（即北纬33度20分、东经128度10分）。"

事实上，敌舰现身的位置距离警戒线中心已不到15海里，此地恰好位于"和泉"号和第3战队的缺口之间。这一缺口原本应由不在场的日军驱逐舰填补，但现在，此处却敞开在了俄国舰队面前。事实上，俄军正是打算从此处穿越海峡，但问题在于，"信浓丸"报告的位置存在偏差。这种情况要么是由于恶劣天气的干扰，导致该舰误判了自身的方位（其实际位置要比想象的更为偏东）；要么是因为"奥廖尔"号的实际位置更为靠后，令"信浓丸"误以为自己已经接近了俄军主力舰队。这两种问题很可能同时存在，并险些酿成了严重后果。因为此时，俄军主力的实际位置极可能在203地点前方10—20海里处，并即将从毫无戒备的缺口穿过警戒线。

既然这一缺口是确实存在的，那驻守警戒线的第3战队又位于何方？对此，我们没有明确信息。不过，所有资料都指出，它们正集结在警戒线中心附近，

---

① 译注：即成川揆（1859—1919年），他在1905年前曾历任"扶桑""须磨""高砂"和"金刚"等舰舰长，1905年成为"日本丸"舰长，不久即被调往"信浓丸"，因最先率舰发现敌情而得到嘉奖，1906年以海军少将军衔转入预备役。

似乎是要为率先发现敌军的辅助巡洋舰提供支援。但另一方面，由于充当"昼间执勤舰船"的"和泉"号不在警戒线上，警戒线缺口的问题变得更严重了：虽然其原因尚不清楚，但当时该舰实际位于警戒线东北约8—9海里处，即宇久岛（Ukushima，五岛列岛最北端的岛屿）西北偏西约13海里。该舰在2分钟内接到了"信浓丸"的电报，并立刻开始朝西北偏西转舵，这一航向最终会令该舰驶往第3战队的所在地，并穿过俄军当前的航线。即使如此，在接下来的1个小时，该舰并未获得敌军行踪的后续情报，因为"信浓丸"已经在雾中与对方失去了联络，同时，"和泉"号则开始转舵向北，但仍然没有发现任何敌情。

然而，6点05分，"信浓丸"又重新与敌舰恢复了接触，但为了避开1艘驱逐舰，该舰不得不与目标保持距离。随着更多的浓烟在船尾出现，"信浓丸"开始改变航向：期间，该舰一方面与敌人保持着4—5海里距离，同时也在不断报告敌舰的数量和航向。在执行这项任务期间，该舰并没有被敌军打断。虽然一些俄军军官要求干预，但罗杰斯特文斯基将军驳回了他们的请求，此时，他仍然保持着无线电沉默，以尽力隐藏自己的位置和航线。

其他辅助巡洋舰的活动也非常有趣，因为每位舰长都必须自行做出判断。其中，"佐渡丸"的哨区在西面紧邻着"信浓丸"，并照例开始向夜间警戒线靠近。大约4点30分时，该舰已抵达"221地点"，其位置离第3战队的"警戒线中心"只有不到12海里。按照部署计划，该舰开始向外海转舵，但在接到"信浓丸"的消息后，便立刻向东北微东方向转舵驶去，试图接近第3战队。但该舰发现，第3战队其实不在此处：相反，受到"信浓丸"的误导，出羽将军已经匆匆离开警戒线驶向了东南方，试图在当地接触敌军。

"亚美利加丸"的位置则在最西面，该舰的表现更为优异。在接到警报时，它刚刚来到了指定的黎明转舵点附近，此时，该舰并没有像往常一样继续前进，而是留下"继续关注敌情"。稍后，随着后续消息显示俄军正驶向东部水道，该舰舰长判断，如果敌军主力舰队试图从当地通过，那么，其运输船和小型舰只就有可能偷越西部水道。因此，他决定直接前往鸿岛（Sentinel Island）并看守当地的海域。

"满洲丸"的警戒位置则离五岛列岛最近，其舰长表现得极为积极。按照计划，该舰的哨位将在清晨被来自竹敷的"八幡丸"接过，因此，"满洲丸"没有像其他友舰一样转向，在接到警报时，该舰已经抵达了远至警戒线附近的海域（即白濑礁西北约 10 海里处）。鉴于后续情报还没有传来，该舰决定航向西北，即沿着警戒线向敌人接近。随后，该舰保持着这一航线，直到发现了南下的第 3 战队。这一切让该舰得出结论：敌舰不可能在这一方向上，并开始转舵向西南搜寻。

事实上，5 点 30 分，出羽战队已经抵达了警戒线上的 223 地点，并在东面紧邻当地的 224 地点发现了一艘医院船。如果此时他决定跟踪目标，俄军舰队很快将映入他们的视野。但随着烟雾在南面出现，出羽却决定向那个方向追逐而去——他看到的烟雾可能来自"满洲丸"，也可能是接替该船的"八幡丸"，但无论情况如何，此举都令他从俄军舰队后方 12—14 海里处驶过，并与这些目标失之交臂。

但不久之后，出羽便意识到了错误：6 点 50 分，一则电报显示敌军正在 225 地点——宇久岛（即五岛列岛最北端的岛屿）西北约 25 海里处，这也意味着，此时对方已经越过警戒线约 10 海里。为此，出羽立刻下令加速到 16 节，开始朝东北追逐而去。虽然不清楚"满洲丸"是否收到过上述电报，但鉴于第 3 战队的行动，该舰舰长决定有必要转舵搜索，并向西面驶去。随后 1 个小时，因为毫无收获，他又掉头向对马返回。

至于接替该舰的"八幡丸"行动大体与之接近。在最初接到警报时，该舰刚好抵达指定哨区，不过，该舰舰长相信，他们发现的船只或许并非俄军主力，很可能只是一支先头分队。因此，他相信有必要沿着原定部署继续前进，为此，他开始向西南航行，试图在外海搜索到更多敌军舰艇。

在俄军消失在雾霭中的这段时间，其余的日军舰队正匆忙备战。此时，位于尾崎的片冈将军已经收到了"信浓丸"的电报，在将其转发出去的同时，他立刻命令第 3 舰队"前往指定地点"。[8] 其中，东乡正路少将带领第 6 战队余部（即不在警戒线上的旗舰"须磨"号和"千代田"号）和 2 个水雷艇队（第 10 和第 16 艇队）在 5 点 44 分出航，同时，他还向"秋津洲"号和"和泉"号发出电报，要求2舰在对马最南端的神崎(Kozaki)外海加入战队。片冈将军则在15分钟后（即清晨6点）带领第5战队出发，期间有5个水雷艇队与之同行，他们最初的目标同样是对马岛以南海域，豆酘崎（Tsutsu Misaki）则被定为集结点。

5点后不久，正是从片冈这里，加德水道的主力舰队（即第1、第2和第4战队）接到了警报。当时，东乡仍然留守在镇海湾内的电报终端旁，由于这条消息证明了他的判断，此时他一定感到如释重负。不过，东乡的暂时离开还是导致了些许耽搁——而在另一边，一接到巡洋舰的报告，上村便命令麾下各舰准备出海，并在6点完成了起锚准备。

虽然此时俄舰的准确位置和航向仍然扑朔迷离，但不久之后，局势又重新明朗起来，因为"信浓丸"已经与敌军恢复接触，6点05分，该舰报告称俄军正保持着最初接触时的航向，并且显然正向着东部水道驶去。在接下来的半个小时内，与其保持接触的日舰只有"信浓丸"，该舰报告的位置依旧较实际情况落后了15海里左右。该舰还表示，有2艘俄军驱逐舰曾经摆出架势，要驱逐其离开，但该舰依旧与之保持着距离，并继续在后方跟踪。6点40分，该舰得到了"和泉"号的协助。

"和泉"号的搜索始于警戒线末端，由于白濑礁灯塔位于视野内，该舰可以确定自身的位置。6点10分，该舰开始从原先的西北偏西航向转舵向北，并抵达了白濑位于北微西约26海里的地方，即225地点和226地点的中间线上[9]——在当地，它看到右前方有敌军前卫舰只喷吐的烟雾，而其殿后舰只则位于左前方向上。[10]由于能够准确判定敌人的航向和方位，不久之后，该舰便从"信浓丸"手中接过了监视职责：在靠右约4—5海里外的位置上，"和泉"号与敌人平行前进，不断报告着对方的数量和活动。此时，出羽将军终于意识到了因"信浓丸"误报产生的错误。他们的错误部署在多大程度上要归咎于此？因为出羽战队的行动记载非常简略，我们暂时还无法确定。然而，有一点似乎很清楚，出羽并没有命令战队分散行动，而是带领他们排成单纵阵，从中央阵位一路沿警戒线向南驶去。[11]

无论如何，当时的实际情况是：作为警戒线上的主力，尽管该战队曾发现了1艘敌军殿后船只，但他们不仅没能接触到敌舰，还因为一次严重的误判，从后方 10—12 海里处与敌人失之交臂。由于《日本战史极密版》对此语焉不详，可以推断，对当时的情况，日方显然是不满意的。

事实上，如果不是"奥廖尔"号掉队，以紧凑队形航行的俄军必然能穿过漏洞百出的封锁线。"信浓丸"也不可能误打误撞发现"奥廖尔"号，并随之采取机动，进而碰巧发现了俄军的主力舰队——随后，俄军将继续隐蔽前进，从警戒线到东部水道，那里都没有一艘日舰阻拦。在东部水道负责的巡逻"扶桑"号正在西行，其航向愈发远离俄军的航线，而壹岐岛海域的水雷艇队则正前往竹敷。事实上，只是因为好运，东乡大将才及时了解了敌情，并得以在预定海域抓住了敌人；而另一面，这次意外也导致了波罗的海舰队的失利——虽然有浓雾作为掩护，他们的行踪还是被日军发现。根据俄军选择的航线，即便日军巡洋舰队布置更为妥当，东乡也必定会措手不及，正因如此，当战斗结束后，挽回局势的"信浓丸"收到了一份"感状"，以嘉奖该舰及时发现了敌情。我们甚至可以断言，根据当时的情况，罗杰斯特文斯基将军采用密集阵型是完全合理的。

随着时间流逝，局面开始倒向日军。6 点 30 分之后不久，"三笠"号驶出镇海湾，并在加德水道加入了主力舰队。几分钟后，"和泉"号再次发来电报：敌军正在 225 地点，而且仍在按原航向朝东部水道前进。东乡闻讯后一马当先，开始带领舰队向对马岛以北驶去，他选定的战区则在冲之岛附近。考虑到大约 1 年前，这里曾发生过震撼日本全国的运兵船蒙难的悲剧，此举实际也是刻意为之：他试图利用那些死不瞑目的同袍，来鼓起部下心中的复仇火焰。

7 点 45 分时，日军舰队已经驶过了南兄弟岛 [12]（Craigie Island）附近，并一路向着对马以北海域赶去。此时，作为唯一接触敌军的舰只，"和泉"号接到了东乡正路少将的命令，要求其加入战队主力。但该舰并没有遵循指示，而是继续和俄军保持着接触，同时，第 3 舰队司令片冈将军也发来回电，要求该舰继续执行监视任务。当时，该舰的使命可谓困难重重：雾气仍然飘荡在海面上，视野只有 5—6 海里，5—7 级的大风正从西南偏西方向吹来，整个海面波涛汹涌。当时的海况如此恶劣，以至于在 1 个多小时后（即 8 点 50 分），东乡司令长官被迫向所有水雷艇发出信号，要求它们前往竹敷东部出口的三浦湾暂避，并等

288

待时机重新加入舰队。

这一不得已之举也令日军相当无奈，因为局势可谓扑朔迷离。战斗舰队该前往何方？对此，东乡有些举棋不定。此时，他已经抵达了西部水道的中央，但"和泉"号和"信浓丸"彼此矛盾的消息让他明显注意到，这些情报还是不太确切，更无法据此判断出敌人将通过哪条水道。于是，他在8点40分时向负责看守警戒线的出羽将军发去电报，询问敌军的航线和方位；但出羽的回答仅仅是：他还没能同敌人建立接触。8点47分，东乡再次发出电报，而出羽依旧无能为力。但9点时，一条来自"和泉"号的电报令局势豁然开朗，因为该舰一直在全速跟随敌军。[13]

此时，其他奉命搜索的巡洋舰也在竭尽全力。期间，第5战队已与第6战队的"须磨"和"千代田"（由东乡少将指挥）一起抵达了对马岛最南端，并开始在当地减速等待敌人。"和泉"号则在俄军舰队的南面，航向与之平行。期间，该舰还在继续报告敌军的方位，这些消息令片冈将军相信，俄军试图从东部水道直穿过去。虽然情况还无法确定，但他仍决定继续向这个方向搜寻，另外，他还未雨绸缪，命令山田将军率领第7战队前去守卫西部水道。接下来，他又将麾下的艇队交给"八重山"号照料，让该舰护送它们前往豆酘湾（Tsutsu Bay）避风，分队主力则径直向着东南而去。

山田将军报告中的行动似乎表明了一个问题：至少在当时和稍后一段时间，日方都颇感疑惑，认为对方并不是俄军主力。6点10分，片冈这样记录道，俄军舰队确定已经现身，战队开始在海峡巡逻。然而，8点10分，他又收到了如下电报："2艘据信属于敌军前卫的'珍珠'级军舰，正在251地点（即对马岛南微西外海27海里处）独自向北行驶。"有鉴于此，俄军主力一定是在7点30分至8点30分之间通过了此处。如果选择偏北的航线，那么，这些舰船必然会从西部水道驶过。为攻击这2艘俄军巡洋舰，山田将军表示，他立刻率部赶赴280地点——壹岐岛正西面的海域。虽然山田没有说明当时的位置，但他一定率部穿过了东部海峡的入口，但在航行了半个小时（即大约9点时）后，他又收到了一份片冈将军发给"高雄"和"筑紫"两舰的电报，其中要求第7战队继续在鸿岛和尾崎之间守卫西部水道。[14]闻讯后，山田立即率部掉头，并在9点

30分时遇见了片冈舰队，从后者手中，他又接到命令："继续在鸿岛和尾崎浦（Osaki Bay）之间警戒，尽力搜索敌军主力舰队的行踪。"

从这道命令可以推断，当时，片冈将军仍然无法确定俄军战斗舰队的航向或方位。不过，从此时开始，守卫西部水道就成了第7战队的任务。在抵达指定的警戒线后，山田将军发现了麾下的第2小队，在他率部离开期间，这些舰只一直在当地充当警卫。随后，山田将它们派往了大口湾（Oguchi Bay），而自己则在"亚美利加丸"的伴随下开始在鸿岛至神崎之间来回巡逻——直到夜幕降临前，他都在执行这一任务。

与此同时，东乡司令并没有改变航向，显然，他对敌情还没有把握，到9点39分，他已经行驶到了对马岛北面，此时，该岛最北端的三岛灯塔（Mitsu Sima lighthouse）正位于其西南偏南又偏西1/4个罗经点方向（S. S. W. 1/4 W.），两者之间相距大约10海里。虽然按照日军的记录，各巡洋舰并未传来更多情报，不过，东乡还是可能察觉到了事态的发展。无论如何，此时他都决心前往东部水道：于是，舰队开始右转向冲之岛驶去。

真正让他下定决心的，或许是对局势的推测：如果敌军试图前往西部水道，那么，对马南部的巡洋舰肯定会预先发现它们的踪迹。无论如何，他的怀疑很快就将烟消云散，因为在9点50分，片冈将军已经可以透过薄雾看到12艘敌舰，而且这些敌人还排成了双纵阵。[15]为"把敌军引向主力舰队"，片冈升起了战旗，并开始朝东北微东方向转舵，紧随其后的是东乡正路海军少将，稍后，"秋津洲"号也加入了后者指挥的分队。到10点15分，片冈将军已经非常确信，出现在他眼前的正是敌军主力，西部水道的危险可以排除。为此，他决定在当时降下战旗，并命令"八重山"号率领艇队返回，同时，他还向"三笠"号发去一条电报，表示"敌军似乎试图穿过东部水道"[16]。

此时日军已经确定了战斗将于何时何地展开。但由于雾气干扰，巡洋舰的观察并不准确，这导致他们对俄军的兵力和阵型所知有限。事实上，罗杰斯特文斯基舰队仍然保持着原先的队形，从日军无线电中得知行踪暴露后，他才命令前方的第2巡洋舰支队（即"侦察"支队，包括"金刚石"号、"斯维特兰娜"号和"乌拉尔"号）后撤保护运输船队。6点50分，"绿宝石"号和"珍珠"号奉命前往舰队前方，并在旗舰左前和右前 4 个罗经点处占据了阵位[17]，也正是这种安排，令它们与"扶桑"号发生了接触。

但此时的罗杰斯特文斯基别无选择，由于不清楚日军战斗舰队的下落，他根本无法在 5 种备选战斗阵型中做出选择，只能保持阵型继续前进。快到 10 点时，报告显示其左后方正浮现出模糊的舰影（即片冈战队），为此，将军立刻下令准备好迎接来自后方的进攻：根据他的作战思路，如果敌军战列舰在这一方向出现，俄军战列舰将朝左右两翼展开并组成横阵，巡洋舰和运输船将保持航向。[18]但同时，鉴于左舷还有敌军巡洋舰与之齐头并进，罗杰斯特文斯基又开始认为，敌军很可能即将从这个方向发动攻击。此时的他似乎非常确信：维持现有的阵型将会带来巨大危险，因此，他决定立刻转入战斗队形——至少要组成单纵阵。然而，他没有按照原先的安排向运输船队发去"左翼将遭遇攻击"的信号，而只是预先发布了一道指示："第 1 和第 2 战列舰支队以 11 节航速行驶，左舷各舰和运输船以 9 节航速前进。"[19]

此时，位于左舷的日军巡洋舰已几乎消失，不过，在俄军右舷，"和泉"号的身影依旧清晰可辨，由于它的存在惹人注目，罗杰斯特文斯基甚至发出信号，准备向该舰发射一枚 12 英寸炮弹。不过，他最终没有如此行事，因为当时有更多巡洋舰出现在了左后方。这些巡洋舰来自出羽将军麾下，即俄军所谓的"猎犬"。此时，掩饰行踪已毫无意义，11 点 30 分，罗杰斯特文斯基发出信号，要求右侧阵列一齐转舵 2 个罗经点。[20]

同时，在第 3 战队的威胁下，他还从左舷撤回了"绿宝石"号，并命令该舰在"珍珠"号后方——非迎敌的一侧——就位。同时，他还命令第 1 巡洋舰支队的 2 艘老舰（即"迪米特里·顿斯科伊"号和"弗拉基米尔·莫诺马赫"号）出列，以增强运输船队的护卫兵力。这种部署意在抵御日军主力对左舷的进攻，并保护薄弱的殿后部队免遭巡洋舰的攻击。[21]

罗杰斯特文斯基相信，这是他当时能采取的最好对策。如前文所述，他既没有制订 3 个战列舰支队的详细作战计划，同时也没有向麾下的指挥官们阐述作战意图，不过，从历次的命令中可以看出，将军的思路是让舰队作为一个整体行动。我们还记得，这些命令有一个共通之处：如果敌人出现，俄军主力（即第1、第2战列舰支队）将根据信号径直迎向敌军，以便与之交战，同时，第3战列舰支队、巡洋舰支队与侦察支队（第1和第2巡洋舰支队）将独立行动，并根据战况支援主力。[22] 其中，第3战列舰支队将听从"尼古拉一世"号上涅博加托夫将军的指挥，其麾下各舰需要尽力克服不利条件，在战斗中跟上主力舰队。而在巡洋舰方面，"绿宝石"和"珍珠"号将联合驱逐舰保护战列舰队，使其侧翼免遭鱼雷攻击；至于侦察支队，则应独自保护运输船队的安全，并为其提供引导。第1巡洋舰支队则需要前往战列舰队的非迎战面，并在靠后的海域占据阵位，他们的任务有两个：第一，对抗妄图迂回的敌军巡洋舰；第二，为陷入危机的战列舰提供掩护和支援。但正如我们所见，随着慢速巡洋舰"迪米特里·顿斯科伊"号和"弗拉基米尔·莫诺马赫"号前去为运输船护航，这一部署已经发生了变化。运输船队接到的指示则是朝远离敌军的方向顺次转舵8个罗经点，并与5—6海里外的主力舰队保持行动一致。

有人也许会认为，该计划实在太草率了。正是因为策略模棱两可，将军遭到了某些人士的批判。但问题在于，它仅仅是一个防御计划，另外，将军后来也解释了这一决策，他提到，这种部署根据的是俄军的状况和战略态势："众所周知，敌人装甲舰的数量与我军主力基本相当，但在航速和武器上有优势；其巡洋舰的数量是我们的2倍，轻型舰艇的数量更是压倒了我军的驱逐舰。另外，鉴于日军战列舰的速度更快，其主力可以任意选择与我军开战的相对位置和距离，无论开战前后，情况都将如此。期间，我们预计敌军将以单纵阵展开机动，并相信他们会利用航速优势朝向我军阵列一端集中火力。也正是由于主动权在日军手中，为战斗的各个阶段制订事无巨细的作战计划其实是毫无意义的，不仅如此，我军甚至连战斗何时开始都无法决定。"[23] 另外，和100年前（特拉法尔加海战中法军统帅）维尔纳夫的情况一样，罗杰斯特文斯基还面临着另一个问题：他的舰长们能力不足，无法实施复杂精巧的机动——这更为他的说辞提供了支撑。总而言之，他的看法是：无论战术设计得多么巧妙，面对一个航速更快、机动性更强的敌人，俄军都注定不会有施展战术的可能。此时，他唯一能做的就是根据敌军的运动见机行事、保持警惕，同时不放过任何机会。

上述结论无疑是令人沮丧的，不过，我们也必须记住一个事实：如果一支

292

舰队行动笨拙、训练水平低下，而且有运输船队的拖累，哪怕是最优秀的海军战术家都注定不会有更好的表现。从这个角度看，对罗杰斯特文斯基的严厉批评显然是不妥当的，批评的人并没有考虑到一个问题：受制于种种不利因素，将军发挥能动性的空间非常有限。无论这种部署是对是错，当时，他都继续保持航向，朝着东部水道驶去，并准备好与来自左舷的敌人交战。

以当时的情况看，罗杰斯特文斯基仍有机会穿过海峡并避免惨败，因为当时，日本巡洋舰并未观测到它们的阵型变化。事实上，此时东乡接到的情报非常混乱。比如在 10 点 55 分，"和泉"号曾报告说敌人正呈两路纵队前进：其中俄军第 1 和第 2 战列舰支队居右，第 3 支队居左。[24] 但 5 分钟后，出羽将军报告称，敌军的 28 艘舰船正在以单纵列前进。有鉴于此，东乡司令立即在电报中询问片冈将军："敌军主力在哪一面？"传来的回复是："明显在右侧。"11 点 30 分，这一情况也得到了"和泉"号的证实[25]——此时，出于巧合，该舰已离敌人非常之近。事态的发展则再度证明，俄军的出现确实是日军未曾料到的：大约 11 点 10 分，"和泉"号发现，俄军的"珍珠"号貌似正在朝附近的一艘日本商船扑去，为保护它，"和泉"号只得插入该船和俄舰之间，以便掩护其向南逃脱。事实上，此时俄军舰队已开上了满洲陆军的主要航线，但各运输船却对危险一无所知。在接下来的 2 个小时，"和泉"号又设法让 2 艘船只摆脱了厄运：其中 1 艘是陆军的医院船，该船当时正径直向着敌军舰队驶去；另 1 艘则是满载部队的运兵船——它同样离危险近在咫尺。几经周折之后，该舰终于设法向 2 船发出信号，要求它们向南逃离。事实上，只是因为"和泉"号恰好位于俄舰的右侧，日军才避免了灾难重演。[26]

与此同时，出羽将军也在朝指定战位驶去，一路上，他始终在试图获得确切情报。11 点 40 分，即"和泉"号忙于拯救医院船的同时，他的战队已经逼近到了敌军左舷外不足 8000 米处，并分辨出对方正在以两路纵队行驶（虽然俄军已开始机动，但由于变阵未能完成，它们呈现出的阵型确实如此）。但出羽并不满意，此时，他没有重演第一次侦察旅顺时犯下的错误，而是率部继续逼近，直到 11 点 45 分敌军炮火袭来时才转舵离去。他后来表示，这一轮机动相当成功——最初，鉴于炮弹落点很近，他立刻率部一齐左转 4 个罗经点，并匆忙加速至 18 节驶出了敌方射程，不过，在此期间，他仍清楚观察到了俄军的实际阵型。

在俄军这边，他们的开火实际违背了罗杰斯特文斯基的命令。鉴于双方距离过远，完全不值得消耗有限的弹药，将军立刻下令停止射击。而心满意足的出羽则一路高速向着主力舰队返航。

由于出羽已转舵离开，再加上雾气逐渐变浓，到正午时分，俄军旗舰上已看不到日军巡洋舰的踪影。此时的罗杰斯特文斯基相信，既然队列曾被敌人一览无余，现在他变阵的最佳时机已到，一旦机动完成，他就能以不变应万变、应对敌人的任何攻击。此时，他刚刚穿过海峡最窄的地段，并抵达了壹岐岛以北约 12 海里处，根据原定计划，此时的舰队应开始转舵朝海参崴行驶。此外，鉴于先前现身时，出羽仿佛想截断俄军的去路，将军很可能据此认为，日军可能会从该方向——而非左舷——发动进攻。不管实际原因是否如此，他都决定在此时组成横阵。他发出信号，要求各舰顺次右转 8 个罗经点。然而，就在机动刚刚开始时，雾气有所消散，日军的第 5 和第 6 战队突然在他的左前方现身。由于不愿意把新意图暴露给日军，他立刻向第 2 战列舰支队发出信号，表示命令已经作废，同时，他本人也率舰重新向左转舵 8 个罗经点。于是，整个舰队实际变成了 2 行。其中，罗氏率领的支队位于右侧，后方是巡洋舰和运输船队，而第 2 和第 3 战列舰支队则处于左侧。或许由于将军期待能在雾气变浓后重新变阵，这一阵型随后没有改变。

由于天气情况不佳，对这些机动，东乡得到的报告都不准确。正午时分，他继续朝着预定的战场驶去，根据他的计算，此时舰队已经抵达了冲之岛北微西再偏西 1/2 个罗经点方向，距冲之岛大约 12 海里；但此时，他依旧保持着东南航向，只是把航速从 15 节降低到了 12 节。同时，他还从片冈将军处得到了敌军兵力和阵型的准确情报。该报告最终确认：俄军排成了 2 队，2 个最强大的支队位于右侧。虽然此时俄军正在编组单横阵，但日本巡洋舰并未发现这一事实。同样，12 点 25 分，东乡还从"和泉"号接到报告：正午时分，敌军已抵达若宫岛（Wakamiyajima，在壹岐岛西北角附近）以北约 18 海里处[27]，航向据称为东北微东。在接下来的约 15 分钟，东乡将军保持着原有航向，但在 12 点 38 分，他开始朝着西南偏西 1/2 个罗经点的方向转舵。虽然日方资料没有说明原因，不过可以确定，如果俄军如同日军所料，从正午时分的位置继续朝东北微东前进，东乡转舵时的位置刚好处在了其去路的正前方，而在转舵后，日军实际是直冲向了敌人，两者的航向只有 1/2 个罗经点的偏斜。最终，日军将如东乡的期望，出现在敌人的左方海域。

但问题是，东乡得到的消息并不准确："和泉"号通报的敌舰正午方位要比实际情况更为靠北，不仅如此，12 点 20 分，即"三笠"号收到误报之前，罗杰斯特文斯基已经开始向左转向，试图直接沿着北偏东 23 度的真航向朝海参崴前进。不过，东乡也很快得到了消息：只过了 2 分钟，片冈将军便在电报中表示，敌军已经转向东北，5 分钟后，他又将报告中的俄军航向修正为东北偏东[28]（俄军的真实航向则还要再偏东 1/2 个罗经点）。12 点 47 分时，东乡抵达了一处新位置——具体来说，在那里，日军可以看到，冲之岛正处在其南微西再偏西 1/2 个罗经点的方向上，距离东乡大约有 10 海里。正是在此时，他根据情报决定向西转舵。[29] 按照战斗详报中的说法，此举意在攻击敌军较弱的左侧梯队，同时，他还指出，根据"侦察舰船准确而频繁的报告"，他已经非常清楚敌情——事实并非如此，东乡根本不知道敌军正在组成单线阵；另外，他的战术决策也完全参照的是错误的信息。如前所述，由于俄军意外地停止了机动，到两军即将接战时，东乡才发现他本人的判断才与实际情况更为接近。

当然，另一种可能的情况是，东乡后来又收到过一些关于俄军阵型的情报，但它们没有出现在日方的记录中。13 点 06 分，片冈将军汇报了自身的位置，还有敌我距离和相对方位，但没有提供其他信息。[30] 然而，13 点 15 分，随着视距增加到 7—8 海里，第 3 战队开始在西南微西方向现身，不到 15 分钟，第 5 战队和第 6 战队也相继驶入了视野。[31] 现在，日方采取了一次有趣的机动，其原因却令人费解。按照我们得到的资料，此时出羽将军相信，第 3 战队已经抵达了敌人的正前方。尽管俄军只是隐约可见[32]，他还是在报告中表示：自己已位于敌人前方 5 海里处（但按照官方的航迹图，双方的实际距离大致不到 8 海里）。这条情报显然令东乡相信，他已经从敌军的正前方穿了过去。[33] 不管具体原因如何，13 点 31 分时，东乡都开始朝西南偏南转舵，为此，出羽也被迫命令战队一起转舵 8 个罗经点，以便为东乡闪开航道。此时，东乡很有可能认为，此举将令他驶往敌军的左舷，但出羽的看法并非如此，他此时一定相信，司令将用右舷迎向对手，因为在闪开的同时，他也开始右转，以便前往战斗舰队的左舷，即他假想的非接敌一侧。此时，日军犯下的错误已非常明显：几分钟后（即 13 点 39 分），敌舰在"三笠"号右前方（西南方）露出身影，而不是东乡预想的左前方。意识到这种情况后（即 13 点 40 分时），他迅速率领各舰相继向西北微北转舵，并在 13 点 50 分左右加速至 15 节。据推测，东乡可能意识到：对战术形势的误判已经无法让他按计划实施攻击，为此，他只能试图和敌人拉开距离，重新寻找一个更有利的位置。

由于双方的战斗舰队已发现彼此，巡洋舰队的侦察任务也告一段落，接下来，各舰需要执行战斗使命。由于日方没能留下舰队集体行动时的战术指示，我们仍对它们在战斗中肩负的具体任务一无所知。但根据战前的"联合舰队战策"，我们可以知道对马海战中日军战术的基础：在第 1 和第 2 战队组成战斗舰队的同时，第 3 和第 4 战队将组成一支别动队，"攻击敌军的弱舰和驱逐舰，歼灭和俘获其受损舰和孤立舰"。同时，它们还需要保护己方驱逐舰免遭敌军快速巡洋舰的进攻。另外，由于其他 3 个战队属于第 3 舰队，不由东乡指挥，因此，他便没有另外规定。[34]

但一份 1904 年 7 月发布的后续指示显示，第 5 战队将成为总预备队，第 6 战队则应攻击敌军的轻型舰艇、孤立舰，并掩护友军雷击舰艇抓住时机发动进攻。[35] 如果日军后来还签署了针对舰队集体行动的新指示，有一点似乎可以肯定——新指示只会以前两套指令为基础，采取一些相应调整。

以日军的实际行动看，当时，第 3 战队首先是开始向右大幅回转，然后从后方绕过战斗舰队，前往北面占据阵位，随着机动完成，该战队将在主力右舷外 1.5 海里处与之平行前进；同时，一直伴随战斗舰队的第 4 战队则开始向左回转，并根据"作战计划"与主力分开，最终，该战队将转向西北，前去与"第 3 战队协同行动"。[36] 与此同时，第 5 战队则和第 6 战队向北行驶，尔后开始转舵向东，朝战斗舰队的非迎敌一侧驶去。在这些机动还没有完成时，日军也按照惯例停止了无线电通信。13 点 55 分，东乡升起战旗，并向舰队打出了一条纳尔逊式的旗语："皇国兴废在此一战，各员一致奋勇努力！"[37]

注释

1. 路透社在 5 月 18 日报道了此事。

2. 以下是当时待命的日军舰只，特此列出，以备查考：

第 1 舰队

第 1 战队："三笠"号（东乡大将旗舰）、"敷岛"号、"富士"号、"朝日"号、"春日"号、"日进"号（三须中将旗舰）、"龙田"号（通报舰）

第 3 战队："笠置"号（出羽中将旗舰）、"千岁"号、"音羽"号、"新高"号

第 2 舰队

第 2 战队："出云"号（上村中将旗舰）、"吾妻"号、"常磐"号、"八云"号、"浅间"号、"磐手"号（岛村少将旗舰）、"千早"号（通报舰）

第 4 战队："浪速"号（瓜生少将旗舰）、"高千穗"号、"明石"号、"对马"号

第 3 舰队

第 5 战队："严岛"号（片冈中将旗舰）、"镇远"号、"松岛"号、"桥立"号（武富少将旗舰）、"八重山"号（通报舰）

第 6 战队："须磨"号（东乡正路少将旗舰）、"千代田"号、"秋津洲"号、"和泉"号

第 7 战队："扶桑"号（山田少将旗舰）、"高雄"号、"筑紫"号、"鸟海"号、"摩耶"号、"宇治"号

特务舰队

辅助巡洋舰："亚美利加丸""佐渡丸""信浓丸""满洲丸""八幡丸""台南丸""台中丸"

水雷母船："熊野丸""日光丸""春日丸"

轻型舰艇

（a）驱逐舰

第 1 驱逐队："春雨"号（藤本大佐旗舰）、"吹雪"号、"有明"号、"霰"号、"晓"号（第二代）

第 2 驱逐队："胧"号（矢岛大佐旗舰）、"电"号、"雷"号、"曙"号

第 3 驱逐队："东云"号（吉岛大佐旗舰）、"薄云"号、"霞"号、"涟"号

第 4 驱逐队："朝雾"号（铃木中佐旗舰）、"村雨"号、"白云"号、"朝潮"号

第 5 驱逐队："不知火"号（广濑大佐旗舰）、"丛云"号、"夕雾"号、"阳炎"号

（b）水雷艇

第 1、第 10、第 11、第 9、第 14、第 15、第 20 水雷艇队配属于舰队（共 27 艘）

第 5、第 16、第 17、第 18 艇队配属于海峡各哨位（共 15 艘）

3. 这 2 艘巡洋舰实际是"第聂伯"号和"里翁"号，它们当时正护送着于 25 日奉命前往长江口的 6 艘运输船。

4. 即"笠置"号（旗舰）、"千岁"号、"音羽"号和"新高"号。

5. "秋津洲"号的哨位是"位置 JE"（即白岛群岛东南 20 海里处），"和泉"号的哨位是"位置 JU"（即白濑西北 20 海里处）。27 日黎明时分，"秋津洲"号抵达了"270 地点"（白岛群岛东南 16 海里处），"和泉"号则处在"205 地点"（白濑西北 18 海里处）。上述地点都靠近警戒线，其中，"位置 JE"在"270 地点"周边区域，"位置 JU"与"205 地点"的关系同样如此。

6. 这些辅助巡洋舰都是英国建造的商船，平均排水量约 6000 吨，船龄较新。

7. 根据俄军在 26 日和 27 日中午所在的位置推算，最前方的俄舰此时应刚好抵达"203 地点"所在区域，即日军"信浓丸"的"186 地点"东北方的临近海域。当时报告的俄军航速是 9 节，不过由于海流的影响，俄军的真实航速应当在 10 节左右。

8. 关于这些"指定地点"，我们并没有确切资料，不过仍然能根据日军后来抵达的位置推断。详情可见本书后续内容的备注部分。

9. 《日本战史极密版》的"概要"部分显示其 6 点 40 分位于"226 地点"，而该舰的报告则显示其在 6 点 45 分时抵达了"225 地点"。

10. 根据 26 日正午时分俄舰所在的位置，我们可以进行航位推算，其结果与这一情况完全吻合，也同日军在战斗开始时的观测完全一致。根据上述 2 个方位数据，可以判断在 6 点 40 分时，俄军的队首一定在"226 地点"，而队尾则位于"225 地点"附近海域。

11. 这一点可以从出羽战队机关长的报告推断得知，报告提到，战队在清晨 5 点时以 6 节航速前进，这也意味着各舰实际是在拉近间隔结伴而行。在 5 点 10 分收到"信浓丸"的警告后，各舰将航速增加至 10 节，随后又调整为 12 节，6 点时增至 14 节，到 11 点 46 分时，战队已经开始以 16 节速度行驶。本书中的出羽战队航迹也是根据这份报告标定的。

12. 南兄弟岛是附近朝鲜岛礁中最靠外海的一座，其地点在嘉德水道入口以南约 10 海里处。

13. 机关长报告显示，从 7 点 15 分到正午，出羽战队的航速在 15 节左右，"和泉"号的电报内容则不甚清楚。而翻译版的"吾妻"号无线电通信记录（参见《武官报告》第 3 卷第 101 页）则记录道："9 点，'和泉'号致'三笠'号，敌舰的位置在北纬 33 度 50 分、东经 128 度 50 分，位置偏东南，航向为东北偏东。"即"276 地点"的东北方向。但根据航位推算法，9 点时，俄军理应刚刚越过"278 地点"的南缘，同时，此时位于"276 地点"的"扶桑"也没有发现敌军的行踪。因此，这里一定出现了误记或翻译错误，这一论断也可以得到另一项证据的支持，在同一本通信记录中，"和泉"号在 7 点 55 分报告自己在"276 地点"，不过可以确定此时该舰的实际位置是在当地西南 15 海里处。因此，"和泉"号发送的真实信息可能是："敌军在 278 地点的东南方向，航向为东北偏东"——毫无疑问地表明敌军正在向东部水道行驶。

14. 鸿岛和尾崎之间曾是海峡舰队"D 哨区"所在地，现在，"第 1 警戒线"可能也位于此处。其中，"高雄"号刚刚从哨位上返回，地点在尾崎浦附近，和该舰及"扶桑"号同属第 7 战队第 1 小队的"筑紫"号则在尾崎浦湾内。同时，日军资料还显示，自早上接到警报之后，"高雄"号便和"筑紫"号一道，"根据作战计划驶向豆酘崎与'扶桑'号会合"。同时，由"鸟海"号和"摩耶"号组成的第 2 小队则奉命在大口湾警戒。在该战队麾下的其余炮舰中，"宇治"号正停泊在宇久岛，与此处的临时瞭望台保持着联络，但由于海雾太浓，该舰在当地没有发现任何敌情。

15. 根据航位推算，此时的俄军应位于片冈所在位置东南约 8 海里处。

16. 参见《武官报告》第 3 卷第 101 页。

17. 参见《武官报告》第 3 卷第 213 页。

18. 参见《武官报告》第 3 卷第 213 页。

19. 由于未能尽早组成战斗阵型，罗杰斯特文斯基后来遭遇了无情的批评。对我们来说，确定他下令做好战斗准备的时间无疑非常关键，但这一点十分困难。27 日正午时分，俄军使用的当地时间较日军晚大约 34 分钟，在 28 日时则大约晚了 20 分钟，不清楚俄军舰队是否专门调整过计时标准，关于相关情况，俄方资料也莫衷一是。西蒙诺夫表示，这道命令的下达时间是在"10 点后"，舒伯特给出的时间是"10 点 30 分"，《第 2 太平洋舰队的末日》（Last Days of the Second Pacific Squadron）一书作者给出的时间是 9 点 45 分——换言之，其时间跨度几乎达到了 1 个小时，至于中间点——10 点 05 分，对应的是日本时间 11 点 04 分。

20. 参见《第 2 太平洋舰队的末日》。这份资料和其他俄国资料存在少许出入，但"11 点 30 分"的说法又和日军第 3 战队发现敌情的事实一致。"吾妻"号的无线电通信记录中有这样的记录："11 点 14 分，'笠置'号经'严岛'号致'三笠'号，我舰位置在北纬 34 度、东经 129 度 30 分，在东南 7 海里外发现敌军。"（出自《武官报告》第 3 卷第 102 页）

21. 这种做法根据的是俄军在 4 月 16 日发布的第 182 号命令（即"巡洋舰的作战指示"，相关内容可见本书前文）。其中专门提到由于"迪米特里·顿斯科伊"号航速迟缓，该舰将和新加入的"弗拉基米尔·莫诺马赫"号结伴行动。

22. 参见本书前文中的叙述。

23. 参见斯米尔诺夫著作的第 2 章。

24. 参见"吾妻"号的无线电通信记录（摘自《武官报告》第 3 卷第 101 页）。

25. "吾妻"号的无线电通信记录中有这样一则记录："11 点 29 分，'和泉'号致电'严岛'号，敌军主力正在向左路纵队靠拢。"（摘自《武官报告》第 3 卷）

26. 参见《日本战史发行版》，出自《海事评论》第 189 卷第 352 页。

27. 但根据俄军的估测，他们实际位于若宫岛以北不到 10 海里处。

28. 参见"吾妻"号的无线电通信记录（摘自《武官报告》第 3 卷第 102 页），其中"东北偏东"可能是"东北偏北"的误记，因为如果以东北偏东的方向前进，东乡将很难展开当时的机动。

29. 按照当时记录的航向和航速，日军将抵达离冲之岛不到 9 海里处。

30. 参见"吾妻"号无线电通信记录。但不幸的是，其中再次出现了一处明显的笔误，当中给出的方位是北纬 30 度 20 分、东经 130 度，俄军舰队则位于该舰西南偏南又偏西 1/2 个罗经点处，双方相距约 5 海里——这种情况是不可能的。

31. 参见第 1 战队战斗详报和日本官方描绘的作战态势图，但东乡正路少将却在报告中表示，在 12 点 10 分，他接到片冈将军的命令开往敌军前方与其保持接触，为了完成使命，他率领舰队从第 5 战队的右舷出列，并接近了敌军的前队。

32. 参见《武官报告》第 4 卷第 3 页。

33. 参见《武官报告》第 4 卷第 3 页。

34. 参见本书第一卷附录 B。

35. 参见本书第一卷相关内容。

36. 参见《日本战史极密版》第 5 节第 4 战队的战斗详报。

37. 作为第 3 舰队的司令，片冈将军也在向战斗舰队靠拢时下达了一条类似的指令："雾晴海静，笃信天佑。成败在此一战，诸君奋勇努力！"

∧ "信浓丸"原为1900年竣工于英国的客货两用船，最高航速15.4节，因为船况较好而在日俄战争中被军方征用，1905年改为辅助巡洋舰，武器为1门15厘米炮和3门12磅（76毫米）炮。该船在二战中幸免于难，一直幸存到1951年

∧ 触雷受损后、进入海参崴船坞修理的装甲巡洋舰"雷霆"号，这次意外事件不仅断送了分舰队指挥官耶森将军的前途，还令当地俄军彻底失去了干预局势的机会

∧ 接到消息后，镇海湾的日军舰队主力立刻出发，照片中大型军舰从右至左依次为"吾妻"号、"浅间"号、"日进"号、"春日"号、"朝日"号、"富士"号、"敷岛"号、"三笠"号

∧ 1905年5月25日，在镇海湾待命的第2战队和第4战队各舰。本照片由第2战队参谋山本英辅大尉拍摄

∧ 和"信浓丸"号一道率先发现俄军舰队的"和泉"号，这是该舰接受改装前的形态，改装后的照片可以在本书第一卷找到

∧ 日本海海战前夕拍摄的战列舰"三笠"号

∧ 向对马海峡奔去的日军舰队，该照片由日军的关重忠大尉拍摄于"朝日"号上

∧ 清晨出动的日军舰队。由英国海军观战武官威廉·帕肯汉姆（William Pakenham）海军上校拍摄

∧ 27日清晨，高速航行中的第2战队

∧ 装甲巡洋舰"浅间"号在开赴战场途中的特写

∧ 在风浪中疾行的驱逐舰"晓"号，该舰隶属于第1驱逐队，原为俄军驱逐舰"果敢"号。按照日军的作战计划，该舰将负责在战斗中冒充俄军驱逐舰，在敌人前方布设水雷，但这一计划因为风浪太大未能实施

图例：
● 哨舰位置
— 海底电缆
⚓ 临时望楼（有目视信号装置）
⚓ 临时望楼
⚓ 海军望楼（有无线电）
⚓ 临时望楼
⚓ 海军望楼（有无线电）
⚓ 海军望楼（无无线电）

36°
35°
34°
33°
32°

127°   128°   129°

镇海湾
加德水道
北兄弟岛
南兄弟岛
巨济岛
420
400
鸿岛   380
釜山港
480
450
440
第二警戒线
西航路
西水道
东航路
大河内
对马
竹敷
360
TN
白岛群岛
350
330
300
豆酸崎
神崎
水雷艇队
"扶桑"
4:40
巨文岛
290
270
"亚美利加丸" "秋津洲"
4:40   440
240
第四警戒线
250
N58E 右干线
"佐渡丸"
420
200
"和泉"   440   "八幡丸"   4:40
济州岛
180
中央线
"信浓丸"发现医院船
2:45 "信浓丸"   发现敌舰队   "满洲丸"   4:40
宇久岛
160
白濑
190
210
平户岛
第六警戒线
140
五岛列岛
170
120
90
大濑崎
100
70
40
肥前鸟岛   50

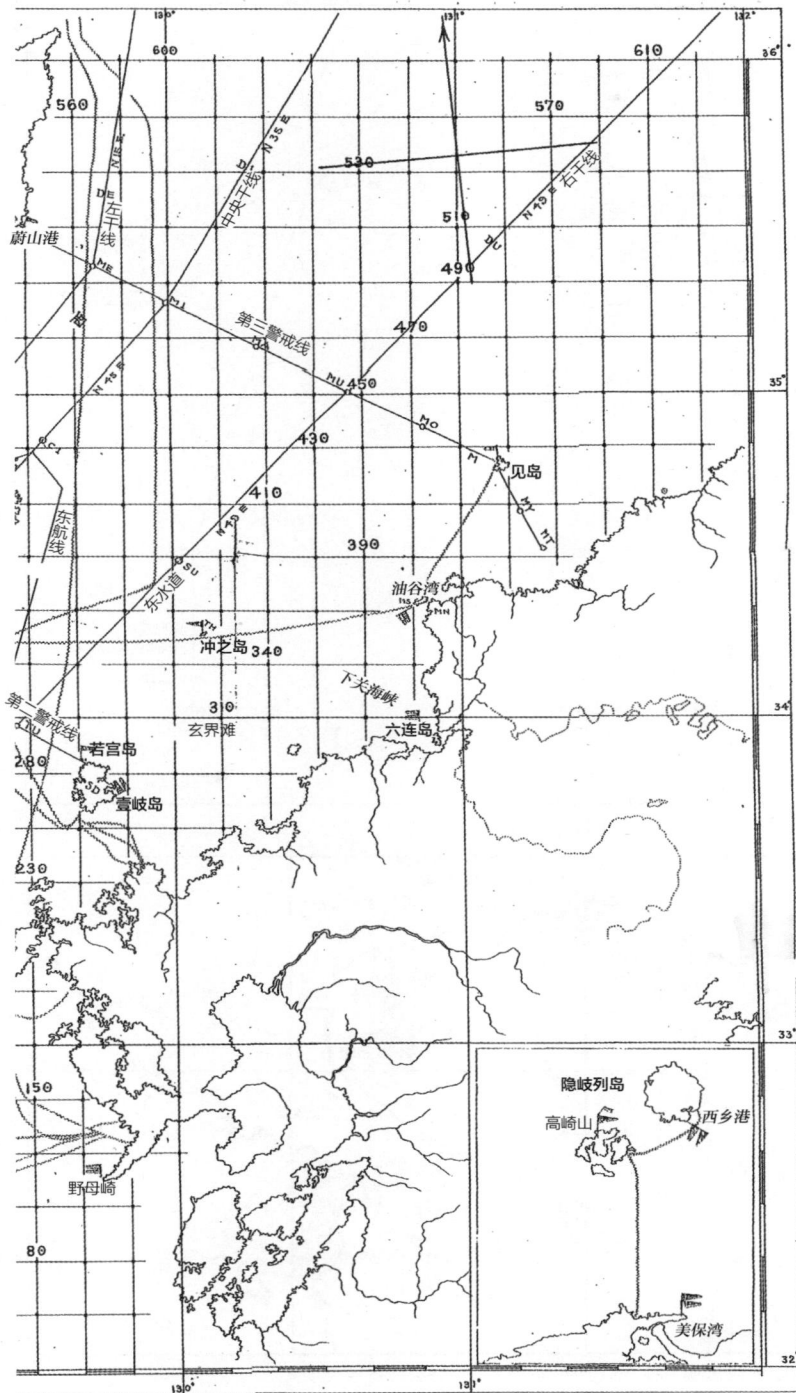

对马海战当天，日军的哨戒配置示意图

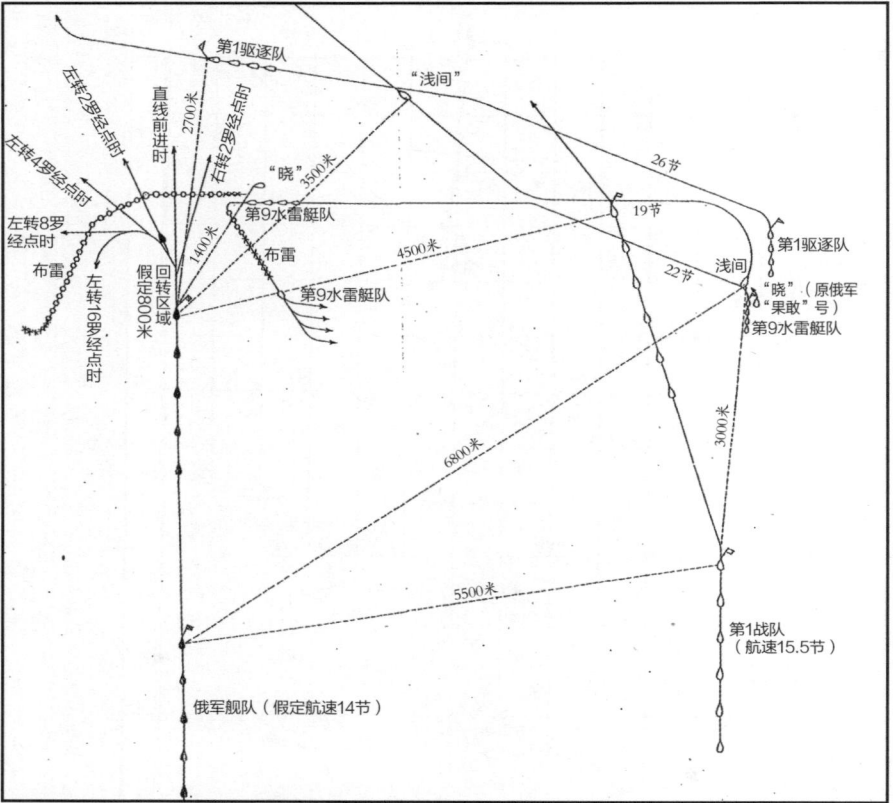

∧ 5月17日对马海战前夕制订的日本联合舰队战策附图

图中文字：

第1驱逐队
"浅间"
26节
19节
第1驱逐队
"晓"（原俄军"果敢"号）
第9水雷艇队
22节
浅间
3000米
直线前进时
右转2罗经点时
左转2罗经点时
左转4罗经点时
"晓"
第9水雷艇队
3500米
2700米
1400米
4500米
布雷
第9水雷艇队
左转8罗经点时
布雷
回转区域
假定回转800米
左转16罗经点时
6800米
5500米
第1战队
（航速15.5节）
俄军舰队（假定航速14节）

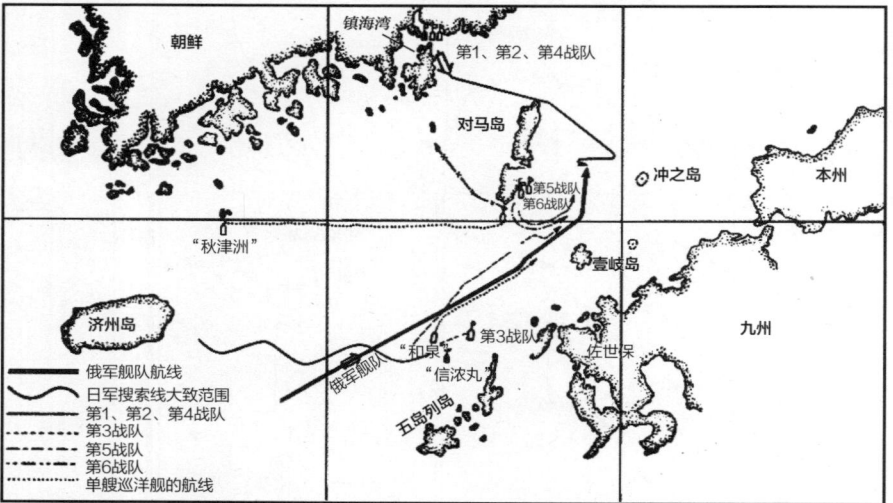

∧ 对马海战接战阶段态势图

图中文字：

朝鲜
镇海湾
第1、第2、第4战队
对马岛
冲之岛
本州
"秋津洲"
济州岛
第5战队
第6战队
壹岐岛
本州
九州
佐世保
"和泉"
第3战队
俄军舰队
"信浓丸"
五岛列岛

图例：
俄军舰队航线
日军搜索线大致范围
第1、第2、第4战队
第3战队
第5战队
第6战队
单艘巡洋舰的航线

第十五章

日本海海战：第 1 阶段

　　自从我国与荷兰的战争以来，还没有哪场大规模海战能像对马海战（在日本官方的提法中为日本海海战）一样如此漫长和混乱。在打响后 1 个小时，它便演变成了一场追击：在弥漫的晨雾中，各个单独行动的日本战队开始大肆猎杀支离破碎的敌人，并朝视野内的一切目标开火。在这种情况下，任何精确还原战况的努力注定会成为徒劳：不仅其重现的景象缺乏可靠性，而且现实指导价值也必然极少。最初几轮机动后，这场战斗的战术研究意义便不存在了，剩下的时间则是一边倒的追逐战，根本无法为读者带来启示。因此，对于下一步的叙述，我们不仅将专注于描绘可靠的事实，还将阐述东乡的作战方案、战术思想，以及他为贯彻方案采取了哪些行动。[1]

　　然而，关于上述内容，我们并没有得到任何直接和权威的资料。其中最好的概述也许来自俄军巡洋舰队的司令恩克维斯特。战斗结束 1 周后，他在发自马尼拉的一份电报中提道："日军的战术意在阻止我们前往海参崴。也正是因为这一点，每当我军舰队改变航向、转舵向北时，他们都会利用航速优势横越我军战列线，集火重创我军的先导舰。"[2]

　　他的这一论断非常准确。虽然日军的战术指南只能根据原有文件推测，但正如我们所见，其思路和将军的描述几乎完全一致。同时，根据战斗中查明的事实，这些指令还向我们揭示了一些情况。首先，在指挥体系上，日军的基本思路仍然是分头行动，但同时又没有在细节上多做要求。举个例子，按照前文所述，日军曾命令某些战队两两一组，其中先任司令拥有一定程度的最高指挥权。于是，战场上便出现了这种情况：第 4 战队（瓜生）负责为第 3 战队（出羽）提供支援，第 6 战队（东乡正路）按照片冈将军的指示跟随第 5 战队行动。同样的情况也适用于由第 1 和第 2 战队组成的"战斗舰队"或"主力"，它们都统一接收来自"三笠"号的战术指示。[3]

308

　　与原有的战术指南相比，这种部署似乎更强调排成单一纵列（而不是像原战术指南那样强调分进合击）——至少对战斗舰队来说是如此。毫无疑问，这主要是由于俄军的战列舰数量较多，在这种情况下，日军便采纳了"战列线上兵力均等"（equalising the line）的古老原则。按照原先的指示，日军计划集中火力攻击敌军舰队的一部分，为此，在第 1 战队试图横越敌军先导舰的同时，上村将军将率领第 2 战队脱离阵列，并对敌军后展开攻击。但在这一时刻，日军可能并没有采取这种思路。不可否认，在战斗中，总司令仍保留着调遣所有分队和战队的权力，但不管在尾随东乡司令或是单独出列作战时，上村仍可能拥有很大的自主权。也许我们可以得出推论：在每个分队中，只要"先任司令"没有做出明确要求，"后任"的战队指挥官便可以独立行动。

　　根据种种证据，我们也许可以放心地接受上述论断，但它改变不了一个事实：我们对日军的计划一无所知。不过，我们可以据此做出一些推论：不难发现，恩克维斯特将军描述的情况，实际和日军 8 月 10 日制订的作战计划非常接近。在战略目标方面，8 月 10 日和后来的计划都旨在"阻止俄军逃往海参崴"，实现目标的手段也大体相似，都是集中火力压倒敌军前卫。

　　除了这些相同点，2 份作战计划的差异也同样明显。在前一次战斗[1]中，东乡根本没有受到其他因素的干扰——只要把对手赶回旅顺这个陷阱，他就能完成使命。因此，他只需要在 2 种带风险的方案之间做出权衡：方案一是把俄军赶回旅顺，此方案进展缓慢但结果明确；而另一种则是以整个舰队作为赌注，直接与俄军展开决战。但在现在这场战斗中，他需要关注一个高于战略层面的问题：由于战况陷入胶着，日本国内的资源已濒临枯竭，而在地面战场，其陆军的攻势也是强弩之末——对一场决定性的海上胜利，来自政府的呼声更迫切了，也只有如此，国家才能达成体面的和平。为了这场决定性胜利，日军必须准备好承担一切风险，任何逃避的态度都是不可取的——而这也充当了 2 份计划的第 2 个重大区别。换言之，当时的日军舰队已经不需要瞻前顾后。既然俄军已经把

---

[1] 译注：即黄海海战。

所有的好牌摊上了牌桌，那么日军也必须投入所有军舰。因此，东乡将军要打的实际是一场终焉之战——将为整个战争画上句点。

如果这场战斗无法在一天内完结，日军将在第 2 天继续与敌人拼杀。但他们的具体作战方案如何？我们没有确切的信息。正如我们所见，日军原计划在冲之岛海域迎战。这片战场不仅是日军控制最严密的海域，同时还会极大振奋官兵们的士气。有证据显示，日军不仅将投入正规舰只，轻型舰艇也将在白天大举出动和舰队一道发动进攻。在与舰队共同出海的雷击舰艇中，似乎还包括 1 支特殊分队，它们将在"浅间"号的掩护下，在敌军的前方航线投放机械水雷和诡雷。[4]

然而，由于天气恶劣，该计划并没有得到贯彻。至于战斗的第 2 阶段，日军将用大量的轻型舰艇展开夜袭；第 3 阶段则是另一场舰队战——此时，其行动将根据战况决定。之前，日军已在郁陵岛（Matsushima）建立了一个设备完善的情报中心，它们将为舰队提供必要的信息，另外，当地也将成为舰队次日的集结点，其意义和 8 月份东乡在黄海南部选定的集结点大体相近。更进一步的部署计划我们不得而知，因为到那时，日军已经大获全胜，继续作战已毫无必要。总而言之，当前的信息足以推测出俄军从雾中出现时东乡的大体思路。接下来，我们将介绍他围绕着行动目标，对战术做了怎样的调整。

正如我们之前所见，在双方接触时，东乡的处境可谓相当危险，这需要他当机立断。按照东乡当时的看法，敌军仍在以两路纵队前进，其中主力舰船位于右侧。为此，他一直在进行机动，以便在对手完成战斗部署前以左舷接敌。这种做法也符合他在战术指南中的构想，即集中火力攻击敌军一部；另外，如果俄军的主力舰只射界未遭遇遮挡，它们就一定会匆忙变阵，此时，日军的优势也将更为明显。不过，由于视线不佳，在敌军接近战场时，日军巡洋舰并未提供准确报告，东乡最终发现，敌人居然出现在了右前方——这和他的预想自然大相径庭。

此时，俄军已经解散了航行队形。罗杰斯特文斯基正率领第 1 战列舰支队改变航向，并开始加速，以求前往舰队前方，重整暂时陷入混乱的战列线。此时的东乡很可能对上述情况一无所知，当然，另一种可能的情况是，他虽然注意到了俄军的行动，但认为对方正在集体向左接近自己。如果事实真是如此，那么，日军接下来的行动就得到了解释——东乡一定是认为必须与敌军脱离接触，才开始猛然向右机动。无论具体情况如何，有一点是可以确定的，东乡认为现在是抓住机会的时刻：他立刻开始向右转舵，并加速到"战斗航速"——15 节，试图从前方越过敌军的航线。不过，此时的他并没有打算直接横越对手，而是沿着西北微北方向试图从敌军前方斜切过去。同时，由于距离不断拉开，他也有充分的时间按计划攻击敌军前卫。这一航向保持了大约 1 刻钟，在 13 点 55 分第 2 战队的殿后舰即将穿过敌军航线前方时，东乡转舵向西并升起了战旗。

此时，俄军大约在"三笠"号南微西 7 海里外，根据在雾中观察到的情况，俄军恰好处在该舰的侧后方。接着，东乡还能看到俄军右侧队列要比左侧队列更为靠前，且只有 4 艘"苏沃洛夫公爵"级战列舰，但到此时，他还没有意识到正在发生的一切。事实上，13 点 50 分，即日军左转之前 5 分钟，罗杰斯特文斯基已经命令第 1 战列舰支队加速到 11 节，第 2 战列舰支队则斜向靠拢过来，在第 1 支队后方占据了阵位。当东乡于 14 点 02 分开始下一个机动时，俄军重组单线阵列的过程已进行了 10 分钟之久。

现在把视线转向日军，东乡此时做出了一个冒险之举：他并没有立刻转向压迫敌方先导舰，而是将航向改为西南微西，关于原因，我们始终没有得到满意的解释。《日本战史极密版》中这样写道：此举乃是"装作对敌反转"。东乡在战斗详报中也表示，此举"是为了令敌军相信：我军准备以相反航向驶过"。毫无疑问，它是一个假动作，但日军想制造的有利条件尚不清楚。无论如何，我们没有任何证据显示这次冒险的时机是恰当的：在进行 14 个罗经点的大转向时，日军不仅将遭遇俄军左侧队列的猛轰，同时，由于俄军右侧的第 1 战列舰支队摆脱了左侧各舰的遮挡，它们也即将加入炮击的行列。

日军的新航向大约维持了 3 分钟，随后，他们开始在 14 点 05 分朝东北偏东转舵，以便斜向"压迫敌军前卫"。这一显眼的举动令俄军极为惊诧——在他们看来，日军似乎是在惊慌中犯了大错，俨然如同自投罗网一般。罗杰斯特文斯基将军冷静地抓住了这个机会。在"三笠"号首先转向、其他日舰准备效仿时，7000 米外的"苏沃洛夫公爵"号在 14 点 08 分开火，接着，除却射界被第

2 支队遮挡的"鹰"号（位于第 1 支队末尾）之外，其他先头舰只也加入了炮击。密集而精准的炮火飞向转向点，落在"三笠"号和跟随的日本军舰周围。最初，日军没有回击，但在 14 点 10 分，随着双方距离缩短到 6000 米，日军也进入了"战策"中的射程上限。此时，"三笠"号首先开火，在后方各舰稳稳地进入了新航向后，日军也开始针锋相对朝着俄军 2 条战列线上的先导舰——"苏沃洛夫公爵"号和"奥斯利亚比亚"号集中火力。

事实上，日军的做法与纳尔逊在特拉法尔加海战中的行动一样冒险，而且就像纳尔逊一样，东乡可能也将希望寄托在了敌军拙劣的远程炮术上。如果事实果真如此，那么这一预判可谓正中对手的软肋，尽管当时"弹如雨下"且日军 12 艘军舰用 20 分钟才完成了大转向，但仿佛奇迹一般，2 个日军战队都没有遭遇重大损失。

装甲巡洋舰的死里逃生部分要得益于第 1 战队的还击，但另一方面，上村将军的个人决断也似乎功不可没。关于他的行动，相关记录依然存在许多疑点。他本人的战斗详报显示，14 点 09 分，即其前方的"日进"号完成转向将炮火对准俄军的"奥斯利亚比亚"号时，他又命令部下朝远离敌军的方向再右转 1 个罗经点，从而"与第 1 战队拉开距离"。按照官方提供的航线图，此举令他的转弯幅度明显超过了上级。同时，按照航迹图，他们的转向点也较第 1 战队远离敌人约 1500 米。14 点 15 分，随着转向完成，上村记录道：他和"奥斯利亚比亚"号的距离在 8000 米左右。同时他还表示，在"三笠"号开火时，该舰与"苏沃洛夫公爵"号相距只有 6400 米。不过，另一方面，根据我军在第 2 战队上观战武官的记录，在"浅间"号开火时，其距离目标只有 4800 米（"浅间"号自身的报告则显示该舰在 14 点 17 分时距敌军大约 4600 米）。同时，我军武官也注意到，由于"日进"号和"春日"号（即第 1 战队的殿后两舰）转舵不灵，第 2 战队实际来到了第 1 战队内侧——接近敌军的一面。同时他指出，上村将军还发出了"一齐转舵 4 个罗经点"的信号，以便重新跟随东乡战队行动——不过，此时的他突然看到，敌军炮弹正纷纷落在远方一侧，他不用多此一举也可以痛击眼前的敌人，因此，他立刻收回了打出的信号旗，并带领各舰按原航向前进。最终，直到第 1 战队完成大转弯出现在其右舷后，上村才开始跟进。一言蔽之，在上村即将转舵时，他进一步向右调整了航向，较东乡拐了一个更大的弯，并因此在战列舰队内侧卷入了与敌军的交战。[5]

事实上，这一插曲几乎是 1904 年 2 月旅顺港外第一场战斗的翻版。当时，东乡也被迫在炮台和敌舰的火力下进行了一次类似的大转弯，并由此避免了重大损失。如果我们根据这 2 个案例直接得出结论：在实战中，类似的转向也许不像表面上那样危险，那就不免有些轻率。它真正该给我们带来的启发也许是：它更可能是一种个人色彩浓厚，且具有一定实际意义的战术机动——在机动期间，这种张扬的举动将令敌军炮手（甚至火控军官）失去耐心，届时，他们将朝一个大概的目标全速开火，而不是认真地朝一艘军舰准确集中火力。[6]

虽然这种机动大胆得近乎鲁莽，但它的回报却是丰厚的。战斗一开始，东乡便进入了关键射程，此时，他可以施展最青睐的战术——朝敌军的前卫舰集中火力，它的效果很快将显现出来。此时，敌军的阵型终于映入了东乡的眼帘：原来，这些俄舰正在司令的后方组成单线阵。面对这种情况，他立刻下令攻击"苏沃洛夫公爵"号战列舰。战队内的 3 号舰"朝日"号也开始如此行事，但其他舰船和大部分巡洋舰都在朝原来的目标——"奥斯利亚比亚"号集中火力。与此同时，殿后的日舰"磐手"号先是以左舷火炮轰击"奥斯利亚比亚"号，但在完成转向后，它便将炮口对准了涅博加托夫将军的旗舰"尼古拉一世"号——当时，双方的距离大约为 6800 米。

罗杰斯特文斯基将军回忆道，在最初的 10 分钟，日军的试射和校射非常缓慢，这让他产生了一种感觉：日军的行为非常谨慎。但随着双方距离缩短，"近弹"和"远弹"不断减少，日军的炮火开始变猛和变准。随着在 14 点 12 分，"三笠"号和"苏沃洛夫"号的距离下降到 5500 米，双方似乎已经进入了东乡认定的最佳交火距离。但就在此时，俄军开始略微右转，航向也渐渐和日军平行[7]——此时，由于日军航速更快，双方的距离也在重新拉开。因此，14 点 15 分，东乡的殿后舰完成转向时，他再次向右转舵，以东微南航向航行了约 3 分钟，直到双方再次接近到 5400 米，接下来，东乡又将航向调整到了东北微东又偏东 1/2 个罗经点（N. E. by E. 1/2 E.）。此时，按照日方的航迹图，由于上村战队的转弯幅度更大，他们并未直接跟随在东乡的后方，而是略微处在第 1 战队的左后方向，但经过这轮机动，双方又大体重新开始齐头并进。[8]

此时，日军的 12 磅炮也加入了战斗，同时，他们的大口径炮弹也接二连三飞向俄舰，令后者原本准确的火力变得愈发凌乱。不久，"奥斯利亚比亚"号便率先成了这场可怕集火的牺牲品。在日军转舵完成但俄军尚未重整好阵列时，人们看到该舰上发生了一次大爆炸：当时，1 枚重型炮弹洞穿了其前方水线以下的部分，导致船体侧倾和船头下沉。此时，该舰的甲板上已遍布死伤者，舰内腾起熊熊烈焰，几分钟后，其前炮塔也宣告瘫痪，跟随的另 1 艘战列舰也发生了火灾。

同时，"苏沃洛夫"号也遭受了沉重打击，但伤势并不像"奥斯利亚比亚"号那样严重，不过，按照一份俄方记录，在 2—3 次远弹和若干次近弹之后，日军的炮火几乎弹无虚发，弹片横扫过没有防护的区域，甚至是指挥塔的观察口，导致人在里面根本不敢直立。[9]

事实上，在海战中，俄军遭遇了一种令人瞠目的新武器。战前，他们曾假想了各种可能的不利因素，但并没有把日军的新式炸药包括在内。他们惊恐地看到，最轻微的接触都会令炮弹爆炸——哪怕是掠过绳缆或者刚刚入水。它们已经完全不属于穿甲弹的范畴，而更像是直接把炸药抛射过来，让它们横扫沿途的一切。其威力不仅前所未有，而且还会在炸裂后化作无数细小的弹片，穿透每一处孔洞和缝隙。在炮弹的后效中，尤以毒烟和烈火最为可怕，罗杰斯特文斯基后来写道："在钢铁表面的油漆上腾起明亮的火焰，小艇、绳索、吊床和木材全部起火，备弹架上的炮弹殉爆，上层建筑和轻型火炮被炸飞，炮塔卡住无法运转。"他麾下的参谋中曾有一人亲历过黄海海战，他发现与现在俄军经历的恐怖场面相比，过去的情况简直如同儿戏一般。这位参谋后来写道："上甲板处的钢板和上层建筑已经支离破碎，破片导致了许多伤亡。铁质的扶梯被拧成了环状，炮管直接从炮座上被炸飞。这种破坏根本不是炮弹的撞击导致的，更不可能来自弹片，炸药爆炸才是罪魁……此外，爆炸还产生了可怕的高温和涌动的烈火，它们似乎要把一切吞噬掉。我曾亲眼看到一块钢板被爆炸点燃的景象——当然，起火的不是钢铁本身，而是上面的油漆。浸过水的吊床和木箱原本不能算作易燃品，但它们起火很快。有时，戴着眼镜的我什么都看不清，因

314

为一切都被滚滚热浪扭曲了——不！它根本不是 8 月 10 日的情况。"[10]

此时，罗杰斯特文斯基仍然努力保持着航向，他坚信，只有在近距离，这支未经历练的舰队才有机会痛击对手，但问题在于，他已经很难承受这种毁灭性的打击。在这令人难熬的 15 分钟，他仍然迎着愈发密集的炮火前进，没有表现出一丝动摇，但在 14 点 25 分，他还是被迫稍微向右转舵 2 个罗经点。[11] 战斗到了关键阶段——此时，"三笠"号正在以 15 节的航速前进，并来到了只有 9—10 节航速的俄军舰队前方。接下来，该舰开始向右转弯，试图包抄俄军的前卫舰只，期间双方的距离大致为 5000—6000 米。随着射距增加，日军在 14 点 28 分停止了快射（rapid firing），但"苏沃洛夫"号并未获得解脱。[12] 此时，弹片仍在横扫着舰面，甚至飞入了指挥塔。安装在观察口外层的钢板（shelves）完全抵挡不住细小弹片，伤亡很快在塔内出现——到 14 点 35 分时，罗杰斯特文斯基将军、旗舰舰长和其他人员都已负伤。在意识到无法直接达成突破之后，旗舰舰长恳求他下令右转 4 个罗经点。最终，14 点 40 分，将军同意了这一点。[13]

现在，战斗已到了高潮。以"正常速度开火"（ordinary firing）的整个日军战列线仍在集中炮击"苏沃洛夫公爵"号和"奥斯利亚比亚"号，但有些舰长也自行做出决定，用一部分火力还击其他的俄舰。当时的情景是如此惨烈，以至于我们必须向参战者们的坚韧致敬。日军第 1 战队在报告中写道："敌我双方的炮弹或在水面炸裂，或在舷侧化为碎片；海上被广漠的黑褐色硝烟笼罩，这层硝烟又经常被半空中不时迸发出的紫色电光击穿。阵阵雷鸣般的炮声和怒涛相互唱和，让每个看到这种景象的人不寒而栗。"到 14 点 40 分，即"苏沃洛夫公爵"号转舵远离时，海面的烟雾已经遮挡了视线。烈火产生的浓烟正在俄军旗舰和部分僚舰上升腾，不仅如此，按照一些当时的报告，爆炸的炮弹几乎令俄军旗舰"桅顶以下部分被完全遮蔽，除了在最上方飘扬的战旗以外，我们几乎一无所见"。此时，日军的测距仪已有一段时间无法使用，他们甚至无法进行瞄准，其中，第 1 战队显然都不约而同地停止了射击，第 2 战队则将目标对准了其他俄舰。正是在此时，俄军旗舰得到了几分钟的喘息时间。

在日军的战列线上，各舰也曾多次中弹，其中有些带来的破坏极为严重，人员伤亡也在持续上升，但每艘舰只都保持着原有阵位，只有"浅间"号是个例外。作为第 2 战队的 5 号舰，"浅间"号在 14 点 28 分——开始转舵后不到 10 分钟——被 1 枚 12 英寸炮弹击中，导致舰上的舵机失灵，并脱离队列转向左舷。该舰虽然只用 10 分钟便修理好了损伤，但此时，其所在的战队已经消失在了烟雾中，该舰发现自己被孤立，并暴露在了俄军殿后舰的集火攻击下。在接下来的 45 分钟，该舰都只能单独行动，期间虽然没有受到致命损伤，但它的上层建筑严重受损，这主要是因为敌军 12 磅炮的射击所致。上村将军的旗舰的损伤则仅次于"浅间"号。在它上面，1 门 6 英寸炮被敌军的 6 英寸炮弹命中，整个炮组全军覆灭，不过，由于没有 12 英寸炮弹的打击，该舰的火力和机动性依旧完好。遭到 12 英寸炮弹重创的只有"日进"号。这枚炮弹于 14 点 40 分在前炮塔上炸开，"令其完全损坏"，这次中弹导致该舰 19 人伤亡，阵亡者包括 2 名水兵和 1 名军官；不过，这也是它在该阶段蒙受的唯一损失。

3 分钟后，随着烟雾略微散去，右转的"苏沃洛夫公爵"号也暴露在了日军面前，在东乡的带领下，日军朝着东偏南又偏东 1/2 个罗经点的方向继续转舵，"试图穿越敌军航线，以此抢占 T 字阵头"。[14] 战斗于是重新开始，"由于第 2 战队的加入，炮击敌军的成效颇为可观"。此时，俄国人已是伤痕累累、摇摇欲坠，日军又开始有所斩获。大约 14 点 50 分，他们看到"奥斯利亚比亚"号右转脱离了队列。此前，该舰水线以下几乎同时被 2 枚大口径炮弹命中，其中 1 枚在第 1 次重创的伤口附近撕开 1 个破洞，海水迅速从中涌入，所有试图堵漏的舰员都被冲走。几分钟后，"苏沃洛夫公爵"号也被迫向右出列。司令本人头部和腿部再次受伤。不仅如此，在转向时，火灾产生的毒烟还灌入炮塔，让炮手濒于窒息，火焰还涌入了指挥塔，令军舰无法驾驶。此时，罗杰斯特文斯基和其他幸存者被迫进入更下方的战斗位置，甲板上到处是支离破碎的上层建筑残骸，已经无法供人通过，此时，他们发现船舵已经被卡死在了左面，因此之前 4 个罗经点的转向已无法停下，该舰只能继续向右转弯。

"亚历山大三世"号位于旗舰后方，最初选择了跟随行动，但很快它便察觉到了异常，根据原有命令，该舰开始领航，并带领舰队沿新航向朝东驶去。随着 2 条针锋相对的战列线再次齐头并进，"亚历山大三世"号顿时遭到了日军的集火攻击，蒙受的损失也尤其严重；与此同时，该舰后方的"博罗季诺"号也被迫离开了队列。一时间，"博罗季诺"号、"奥斯利亚比亚"号和"鹰"号的射界被相互挡住，这给了日军后方各舰一个绝好的机会。"博罗季诺"号迅速修复了损伤，并在 14 点 50 分再次来到了"亚历山大三世"号的身后。[15] 另一方面，俄军第 2 战列舰支队却遭遇了沉重打击，它们不仅无法进入指定阵位，还与第 1 支队拉开了间隔——正因如此，俄军的战列线事实上已经瓦解了。[16] 此时，"苏沃洛夫"号正无助地在海面上打转，显然已经失去控制。

根据将军的命令，在配属该舰的 2 艘驱逐舰中应当有 1 艘立刻赶来接应并转移将旗。但此时它们无一上前；同时，由于舰内联络中断，"苏沃洛夫"号同样无法依靠引擎差速改变航向，在这种情况下，该舰只能继续徒劳地在原地转圈。

此时，那 2 艘俄军驱逐舰早已去往别处。在俄军殿后舰只乱哄哄经过的海域，"奥斯利亚比亚"号正在奋力挣扎，它的惨状较"苏沃洛夫公爵"号有过之而无不及。虽然舰上的火炮还在不时发出轰鸣，但这艘战列舰已经瘫痪在了海面上，其倾斜的船身则预示着末日的临近。一名俄军亲历者回忆道："当我们从旁边驶过时，该舰整个右舷一直到龙骨的部分几乎全部露出水面，它光亮的船壳让人想起了海怪身上潮湿的鳞片；突然，所有挤到右舷的人仿佛是接到了命令一般，纵身跳到了这些'鳞片'上……随后，他们径直滑向舭龙骨，撞在上面，然后受伤掉入海中，形成黑压压的一片——这景象简直让人难以想象……期间，敌军的炮火一刻不停地在他们头顶上炸开。只过了几秒，'奥斯利亚比亚'号便从海面上消失不见了。"[17]

此时的俄军舰队败象已现。由于这场灾难发生在众目睽睽之下，它也给其他官兵带来了不小的心理冲击。日军第 1 战队最初对这一切毫无察觉；由于视线被浓烟遮挡，殿后的"磐手"号相信沉没的不过是 1 艘"珍珠"级巡洋舰，然而，作为致命一击的发起者，其他装甲巡洋舰却真切地见证了这一幕。在另一边，3 艘俄军驱逐舰不顾日军的炮火赶来了，试图尽力救起每一位落水舰员。他们的行动是如此干净利落，以至于甲板上很快便挤满了生还者，已经很难再有效展开战斗，也正是这种情况令罗杰斯特文斯基无法从燃烧的旗舰上转移。[18] 事实上，他不久便几乎被友军抛弃了；现在，战斗进入了新阶段。直到此时，除了向内侧转向外，俄军根本无法尝试任何机动。正如我们最初看到的那样，跟随"苏沃洛夫公爵"号的其他俄舰都认为，旗舰持续向右绕圈不过是之前机动的延续。[19] 但"亚历山大三世"号舰长布赫沃斯托夫①（Bukhvostov）海军上校却意识到了一个问题：旗舰已经失控。同时，他还意识到，随着敌军第1战队再次出现在左前方，炮火正在渐渐向他集中。在这种情况下，他决定不再被动地继续向南，并且决定抛开瘫痪的旗舰。[20] 罗杰斯特文斯基于5月23日发布的最新战斗指南——第243号命令，更是让他对该采取的行动不再有任何疑问。第243号命令这样写道："在战斗中，如果有舰只受损或无法保持阵位，战列线上的其余各舰将从旁经过。如果'苏沃洛夫公爵'号受损失控，舰队将以'沙皇亚历山大三世'号为参照保持阵位，如'亚历山大三世'号瘫痪，各舰需跟随'博罗季诺'号，如'博罗季诺'号出列，舰队应遵循'鹰'号的指令。与此同时，'亚历山大三世'号、'博罗季诺'号和'鹰'号均应依照'苏沃洛夫'号的信号行动——除非总司令的将旗转移，或是一位军阶较低的将官接过了指挥权。"[21] 此时，由于旗舰无法发出信号，"亚历山大三世"号的舰长便成了理所当然的指挥官，在接过指挥权之后，布赫沃斯托夫上校没有表现出一丝犹豫。在不到15点时，即"奥斯利亚比亚"号突然沉没的5—10分钟之前，他下令左转8个罗经点，开始带领舰队朝北前进——就像"三笠"号在报告中描述的那样："径直冲向了我军舰队的中央。"

　　这一大胆的举动令战斗变得更加混乱，也让我们更难以阐明局势。不管布赫沃斯托夫海军上校真正的意图是什么，从这一机动中都能看出，他对局势认识非常清晰。由于当时日军处在下风向上，俄军的机动至少得到了一些烟雾的遮蔽。同时，它还给了瘫痪的旗舰一个归队的机会，并让它获得了从敌军后方穿过的可能性。[22] 而在日军方面，东乡也很快意识到了这次反戈一击的危险。对日军来说，当时的局势如此紧迫，他们已经来不及相继转舵。面对这种困境，

---

　　① 译注：尼古拉·布赫沃斯托夫（1857—1905年），他出身在一个文官家庭，祖先是在彼得大帝麾下服役的士兵，他之前指挥主力战舰的时间不长，只在1903年短暂担任过"纳西莫夫海军上将"号装甲巡洋舰的舰长。在出航前，布赫沃斯托夫曾经公开对报纸表示："……我们都会死，但我们决不投降。"

东乡立刻在14点58分带领战队一齐左转8个罗经点。他后来在战斗详报中写道："此举既是为了不让敌军有机会发射鱼雷，同时也是为了阻止他们绕过我军后方向北逃逸。"

据推测，当时东乡的想法可能是，在一齐转舵、规避可能的鱼雷攻击后，他将再转舵8个罗经点，从而完成16个罗经点的大转向。最终，舰队将以逆序排列继续前进，从而在尽快堵截敌军的同时，跳出对方的鱼雷射程。而且可以确定，第2战队也将采取相同的机动。当时，该战队曾遭到了猛烈打击——按照"磐手"号的报告，当时它与敌舰的最近距离已经缩短到了3100米。期间，1艘"珍珠"级巡洋舰甚至要逼近实施雷击，但最终，该舰还是被日军的集火攻击逐退了。

期间，第2战队的舰只都或多或少地遭遇了沉重打击——其损失也非常惨重。"浅间"号的后炮塔有1门主炮完全毁坏，但与此同时，在近距离上，他们的炮火也重创了俄军。该战队在战斗详报中写道："随着每分钟过去，我方的射击变得愈加准确。巨型炮弹不断命中目标并炸裂开来，此时的景象堪称凄壮至极。同时，敌军也在继续奋战，大大小小的弹丸从我舰上飞掠而过，各舰周围一时水柱林立。"当时，日军仅有5艘装甲巡洋舰仍在队列中，"浅间"号则在1海里外的后方，正一面与殿后的俄军战列舰交战，一面试图重新归队。由于受损严重，该舰不仅未能赶上，反而在后方越落越远。[23]

在这种形势下，上村将军便带领装甲巡洋舰同敌军战列舰厮杀起来，双方的距离十分接近。此时，他一度试图跟随东乡司令前进。同一份战斗详报写道："第2战队意欲效而仿之（即效仿第1战队），但此时，敌先头部队已阵型大乱，仿佛要想右侧转舵。有鉴于此，为避免敌军南逃，第2战队并未改变航向，而是径直加速到17节，直接驶过了组成单横阵的第1战队后方。"对这一机动，东乡在相关的战斗详报中评论道："此时，第2战队没有改变航向，而是径直来到了第1战队的后方。鉴于射界被遮挡，第1战队只能暂时停火。"

东乡是赞同这一举动，还是认为它妨碍了自己？我们没有任何证据，不过，它确实能启发我们思考一个问题：何处才是分队指挥官自主指挥权的边界？具体点说，这个问题其实是，像上村将军这样的将官，是否可以仅凭借主观判断，便选择与战斗舰队分离？对他的举动，我军派往该战队的观战武官表示："当时，他们（敌军）究竟是左转还是右转，第2战队很难看清。"[24] 而"出云"号能看到的状况仅仅是，有1艘1根烟囱折断的俄舰——据信是俄军舰队中的2号舰——正在开始右转。此时，上村无疑清楚地意识到：既然可供判断的敌情有限，而且跟随东乡司令（即分队最高指挥官）也不会改善局势，那么，他还不如自行其是——何况敌军的阵列已经瓦解。于是，上村将军果断选择了这种上级不敢采纳的冒险举动，并径直从敌军前方横越而过。和他的上级一样，上村可能也曾想到敌军会实施雷击，但他把希望寄托到了各舰的高速上，并认为这可以帮助他尽快逃出危险海域。

此时，第2战队与敌军已经接近到了约3000米，他们开始充分发挥火力。上村在报告中写道："敌军不时腾起火焰，并且被大火和弹药爆炸产生的浓烟笼罩，开始渐渐右转遁去。因此，第2战队也开始右转并朝东南方前进，试图绕过敌军前卫并从侧翼展开进攻。"由于双方极为接近，配属的通报舰"千早"号发现，在"远弹"的影响下，自己的阵位已不再安全，于是，它大胆地来到殿后舰后方，并一面冲刺，一面全力开火，在2500米距离上，该舰还将2枚鱼雷射向了"博罗季诺"号。

但在东乡将军的报告里，他对这一切倍感迷惑——根据表述，就在上村将军坚称自己正在包抄俄军前卫的同时，第1战队也在以相反方向压迫俄军先导舰只。直到15点05分，东乡才真正看清了第2战队的动作，此时，他又再次一齐转舵8个罗经点，并组成了由"日进"号为首的逆序单线阵，于是，第1战队开始朝西北偏西前进，"压迫敌军前卫舰只"。对此时的情况，"三笠"号的战斗详报继续写道："15点07分，我军开始以左舷炮火攻击混乱中的俄军舰队，并猛击了3000—5000米外的各舰。"显而易见，由于炮火的硝烟和俄舰燃烧产生的滚滚烟雾，他们已经完全无法查明敌情，只能假定其领头舰是"亚历山大三世"号。同时，还有一种因素加剧了日军的迷惑，并令俄军的混乱雪上加霜。按照涅博加托夫将军在军事法庭上的证词，此时俄军的战斗序列似乎已是一片混乱。问题恰恰出在第2战列舰支队身上，按照他的说法，随着"奥斯利亚比亚"号瘫痪，该战队顿时队形大乱，其悲惨的结局，更是让官兵们的士气愈发颓丧。

320

将军后来回忆说："'奥斯利亚比亚'号的灾难显然沉重打击了第2战列舰支队……当时，它们落在第1支队身后，两者之间有个巨大的缺口。意识到情况后，我立刻带领'尼古拉一世'号全速赶去填补空缺，各舰舰长紧跟着我，最终成功完成了这一任务……期间，我们穿过了最靠近敌人的一侧。"

这一机动不仅完全遵照了俄军作战指南的要求[25]，或许也成了令上村将军猛然醒悟的原因——此前，他很有可能把敌人的"集体右转"当成了另一种情况，即第2战列舰支队正在逃窜，但后来，随着第3战列舰支队开入第2支队前方，他终于认清了局势。

以上只是猜测。15点05分，在上村继续向东南迂回与东乡战队拉开距离的时候，1枚后方飞来的俄军12英寸炮弹命中了"出云"号，这枚炮弹从右舷后方、水线以上7.5英尺处斜插进舰身，最终在侧面靠近下甲板的区域炸开，士官病室① 被摧毁，有4名舰员受伤。2分钟后，即15点07分，紧随该舰的"吾妻"号发现敌人已经完全消失在了烟雾中，于是停止了炮击。此时此刻，俄军已失去了下落，而命中"出云"号的炮弹方向似乎是在告诉上村，敌军正从他的后方驶过——换言之，第2战队已经完全把敌人抛在了后面。稍早前，只有"奥斯利亚比亚"号还在"出云"号的有效射程内，随着该舰沉没，日军相信其他俄舰已经向北逃走。于是，15点10分，上村决定跟随"前续舰的踪迹"行动，并开始转向东北。[26] 7分钟后（即15点17分），由于沿途一无所获，他又转舵向西北驶去，一次16个罗经点的大转向就此完成。稍后，他开始向西北偏西前进，回到了与第1战队分道扬镳的地点，但此时，第1战队早已消失在了远处。

不管东乡最终对此做何评价，上村的举动都充当着一个反面案例：它提醒着人们，在天气恶劣时，不管一名谨慎的分队指挥官如何自主思考和判断，他都应当避免做出与上村类似的决定。在敌军遭受沉重打击，即将全军覆没的关键时刻，他脱离了大部队。此举不仅和东乡苦心孤诣的谋划背道而驰，还令后者失去了对战局的绝对控制。于是，战斗进入了一个新阶段，在这个阶段，巧

---

① 译注：即军官病室。

合将主宰一切。

　　除此之外，这场战斗还告诉我们，对一支航速和火力都更弱的舰队，如果当时天候恶劣且敌军一开战便占据了有利阵位，此时，根据敌方行动被动应战无疑是下策。正如我们所见，直到布赫沃斯托夫上校做出了咄咄逼人的大胆反击，俄军才摆脱了全军覆灭的命运。现在，一个宝贵的喘息机会终于降临了。

注释

1. 此战，本书参考的日方资料有：

（1）《日本战史极密版》第2卷第2篇第2节，其中包含：（a）各战队的行动概要——它们在文中将被称为"某战队司令的报告"；（b）各舰的详细战况——它们在文中将以"'三笠'号的战斗详报"等表示。

（2）《日本战史发行版》，该资料系从《海事评论》杂志转引而来，是对法译日文原版的转译。

（3）英军观战武官的报告（出自《武官报告》第3卷和第4卷）。

（4）东乡将军的正式通报（出自《武官报告》第3卷第185页）。

（5）日本官方绘制的航迹图和相对位置示意图，但其内容和各个报告并非完全吻合，另外，由于没有更好的替代品，我们只好采用这个目前质量最佳的版本。

本书参考的俄方资料则包括：

（1）1906年，俄国海军青年团主席别克列米舍夫先生在一次讲座中引用的由罗杰斯特文斯基撰写的两份报告。其中一份完成于将军羁留在日本，伤势还未痊愈期间；另一份完成于晚些时候，本质是前者的补充，其中还增补了一些军官的回忆，部分内容还根据外国媒体上刊登的日方资料进行了修正。这部分资料将以"罗杰斯特文斯基的第1份/第2份报告"表示。

（2）《第2太平洋舰队的末日》，该书的匿名作者参与了对马海战，并给出了许多舰只上的战斗细节，作者表示，这些细节是在被日军俘虏的6个月期间向多位军官和水兵搜集的。

（3）西蒙诺夫海军中校撰写的《对马之战》（The Battle of Tsushima），该书由陆军上尉 A. B. 林赛（Lindsay）翻译，并由莫里出版社（Murray）于1912年出版；但在技术细节上，皇家海军战争学院 C. J. 艾尔斯（Eyres）海军上校翻译的版本要比该书更为准确。

（4）M. 斯米尔诺夫编写的《朝鲜海峡海战》（Naval Action in the Strait of Korea），作者接触了官方档案。内容出自《海军文集》1913年4月号。

（5）《关于战争的新资料》，作者是鲍里斯·卡尔洛维奇·舒伯特中尉——他最初在"里翁"号（即"斯摩棱斯克"号）上服役，后来被调往"奥列格"号。

（6）1905年6月5日，恩克维斯特海军少将发自马尼拉的电报（出自《武官报告》第3卷第200页）。

（7）涅博加托夫将军在军事法庭上的证词，摘自《武官报告》第 4 卷附录 5，但内容并不完整。

（8）各舰军官为俄国媒体撰写的报告。

2. 参见《武官报告》第 3 卷第 200 页。

3. 日军"战斗舰队"的序列为：

第 1 战队："三笠"号（总旗舰）、"敷岛"号、"富士"号、"朝日"号、"春日"号、"日进"号（三须海军中将旗舰）；

第 2 战队："出云"号（上村海军中将旗舰）、"吾妻"号、"常磐"号、"八云"号、"浅间"号、"磐手"号（岛村海军少将旗舰）。

4. 这支特殊分队的任务不详，目前我们只有如下证据。提到舰队在 23 日接到警报出海时，我方派往第 2 战队的观战武官写道："出港后，'浅间'号出列，在第 1 战队后方就位。该舰接到了某种需要在战斗舰队序列外独立执行的特殊任务，因此，它被暂时配属给了第 1 战队。"（参见《武官报告》第 3 卷第 54 页）

关于"浅间"号在 27 日的行动，我国观战武官是这样记录的："该舰最初被派去带领一支类似的部队（即 2 个配属的驱逐队之一），职责是在敌军的必经航线上布设诡雷和水雷干扰对方的行动。但由于天气不利等原因，这个计划并没有得到执行。"（参见《武官报告》第 4 卷第 11 页）

上述情况也得到了"吾妻"号通信记录的证实，其中有这样的条目："10 点 08 分，'三笠'号致'浅间'号、特务驱逐舰和水雷艇，离队返回原序列。"（参见《武官报告》第 3 卷第 100 页）

同样，在《日本战史极密版》相关内容的第 1 小节中也有一份记录，表示"由于需要从医院船'西京丸'上接纳部分官兵，该舰的出航出现了迟延"。——它显然是暗示"浅间"号是在等待一个特殊分队登船。至于第 4 驱逐舰队，也是单独出航前去与"第 4 警戒线"上的第 3 战队会面。关于这些驱逐舰携带水雷的情况可参见后续章节，不过，证据显示，它们并没有和"浅间"号共同组成一个分队。①

5. 参见《武官报告》第 3 卷第 93 页。在最初的 10 分钟，"三笠"号被命中 10 弹，但"出云"号毫发无损，按照观战武官的观察，后者之所以未受损伤，一个原因是"奥斯利亚比亚"号正在奋力转舵。为此，武官在笔记中提道："在战斗开始后，我看到'奥斯利亚比亚'号右转进入了第 1 战列舰支队的序列，并几乎将舰尾暴露给了我们。"（内容来自武官的原始笔记本）

6. 我方报告显示，与日方慢条斯理地开火不同，此时的俄军射速极快（参见《武官报告》第 3

---

① 译注：后来公开的日方资料显示，负责在敌军航线上布雷的不只有第 4 驱逐队，还有驱逐舰"晓"号带领的第 9 水雷艇队。

卷第 104 页）。直到 14 点 20 分，日军才开始"快速射击"，此时双方的距离已拉近到了 4600
米（参见"三笠"号的战斗详报），12 磅炮的炮手也奔向了战位。

7. 关于这一机动，可参见本书后文中的一处附注。

8. 我们怀疑航迹图准确性的另一个原因是，此时它描绘的战况和第 2 战队的报告存在冲突。14
点 20 分时，"出云"号报告自己距"奥斯利亚比亚"号 6500 米；"吾妻"号（该舰在 14 点 15
分完成了转向）表示自己距"苏沃洛夫公爵"号 6000 米，并在 14 点 17 分时距目标敌舰 4600 米。
作为战队的 3 号舰，"常磐"号报告自己在 14 点 17 分向 5000 米外的"奥斯利亚比亚"号开火。
因此，航迹图上双方相距约 8000 米的提法明显是不准确的。

9. 参见《第 2 太平洋舰队的末日》。

10. 参见西蒙诺夫《对马之战》第 63 页。

11. 这种说法有部分证据支持，但关于罗杰斯特文斯基实际采取的行动，有一些疑点仍然无法消除。
他在第 1 份报告中写道："有 10 分钟，日军都未能找到准头……但在 14 点（即日本时间 14 点 20 分），
敌人开始接连取得命中……为了改变敌我距离，我向左转舵 2 个罗经点，但这一航向没有维持
超过 5 分钟，因为敌军的'三笠'号和随行的其他 5 艘战舰正在前方超越我军，并且一直在向'苏
沃洛夫公爵'号和'亚历山大三世'号集中火力。14 点 05 分，我再次命令右转 4 个罗经点。"
他的第 1 次左转机动后来遭到了严厉批评【可见《战斗中的战列舰》（The Ship of the Line in
Battle）一书第 175 页，海军上将 R. 卡斯坦斯爵士著】。但我们也有很多理由怀疑，这一机动在
当时并未付诸实施：除了上述报告，其他俄方和日方资料都未提到过这次转舵，同样，它也没
有体现在任何权威可信的态势图中。西蒙诺夫回忆说："敌军赶超的速度很快，并且不断朝右
侧逼近，似乎是想抢占 T 字枕头，但我军同时也开始向右转舵，最终让敌人处在了接近我军正
横方向的位置——此时是下午 14 点 05 分（即 14 点 25 分）。"
随后，在指挥塔内，将军和舰长讨论了改变交战距离的问题。
对此，西蒙诺夫这样写道：

　　　"我们必须改变交战距离，"舰长说："敌人现在打得非常准，我们简直是在送死！"
　　　"再等等，"将军回答说："我们的炮火现在也很准。"

这段内容清楚地表明，将军根本不愿转舵，但在该书末尾的航迹图中却显示俄军进行了 2 次转向。
不过，该图并不是由西蒙诺夫自己绘制的，具体出处尚不清楚，不仅如此，其中还有许多错误，
与西蒙诺夫本人的记录也颇有冲突，另外，也没有任何证据表明，该图参照了罗杰斯特文斯基
第 1 份报告中的内容。
在俄军方面，他们最新的航迹图是斯米尔诺夫的作品，在这份半官方的记录中，同样对俄军舰
队的左转只字未提。《第 2 太平洋舰队的末日》则写道："14 点 05 分时，'苏沃洛夫'号右转

了 2 个罗经点……14 点 10 分，'苏沃洛夫'号又左转了 2 个罗经点。"但在咨询了其他在日本的战停后，他又将说法改成了："苏沃洛夫"号在 14 点 05 分右转了 2.5 个罗经点，并删去了 14 点 10 分的左转机动。

舒伯特则写道："为了避免被敌军横越（或是截断去路），我军的战列舰开始右转朝东方前进。"至于毫不留情批判将军的斯米尔诺夫，则根本没有提到左转一事。因此，在撰写第 1 份报告时，由于伤势严重，罗杰斯特文斯基的记忆可能出现了一些差错。

12. 关于"快射"和"正常速度开火"的记录取自"三笠"号的战斗详报。其他舰船虽然没有在详报中给出类似的细节，但在敌我距离拉近到 5000 米内后，它们显然跟随了"三笠"号的引导。上村将军则在 14 点 43 分双方距离拉近到 4300 米时，让 12 磅炮加入了战斗。

13. 在第 1 份报告中，罗杰斯特文斯基可能将这次转舵和 14 点 25 分的转舵混为一谈了。

14. 参见日军第 1 战队的战斗详报第 1 节。

15. 参见《第 2 太平洋舰队的末日》。

16. 参见涅博加托夫将军的法庭证词。

17. 参见《第 2 太平洋舰队的末日》。

18. 在"奥斯利亚比亚"号上的全部 35 名军官和 865 名士兵中，有 23 名军官和 491 名士兵阵亡或溺亡，5 名军官和 188 名士兵被日军俘房，另外还有 6 名军官和 186 名士兵搭乘驱逐舰"威武"号和"朝气"号分别逃到了海参崴和上海。

19. 参见罗杰斯特文斯基的第 2 份报告。

20. 关于"亚历山大三世"号的领航时间存在一些疑问。《第 2 太平洋舰队的末日》说该舰在 14 点 40 分（即日本时间 15 点）时将头位置让给了"博罗季诺"号，随后，下一轮机动便由"博罗季诺"号展开。《日本战史极密版》却表示俄军先导舰在 14 点 50 分转舵，而罗杰斯特文斯基的第 2 份报告则明确指出，直到 15 点 20 分（即日本时间 15 点 40 分），"博罗季诺"号都未开始领航。西蒙诺夫同样在著作的第 113 页认为这一壮举是"亚历山大三世"号做出的。因此，我们可以推断，当时带领舰队的是"亚历山大三世"号。

21. 参见斯米尔诺夫作品的第 78 页。

22. 西蒙诺夫在著作的第 113 页指出（更确切地说，是暗示），他本人的想法正是如此。罗杰斯特文斯基则在第 2 份报告中提道："此举或许是为了回到'苏沃洛夫'号离队的海域。"

23. 参见"浅间"号的战斗详报和《武官报告》第 3 卷第 106 页。

24. 参见《武官报告》第 3 卷第 106 页。

25. 参见前文中提到的第 243 号命令。

26. 当时没有证据显示他看到了第 1 战队。相反，这一表述更多是技术层面上的，并似乎仅意味着他是想沿着上次目视接触时第 1 战队的航向——东北方向——转舵驶去。

第十六章

日本海海战：第 2 阶段

　　在战斗的第 1 阶段，日军事实上已经在 1 个小时内击败了对手。第 2 阶段则大致持续了 2 个小时，即从 15 点持续到了 17 点过后不久。但由于这场战斗几乎就发生在之前双方以反航向拼死激战的海域，只是地点稍微偏北，且处在下风向，因此，整个战场也被裹挟着浓烟的雾气笼罩。同时，由于俄军的队列被打散，而且先导舰无一幸免，他们无法描述当时的行动。正是因为这些原因，我们无法准确还原战况，只能推测出战局发展的大致脉络。

　　在东乡率部一齐转舵后的数分钟，他们再也无法清晰地看到敌人，更无法查明敌军的行动。在他第 2 次转舵 8 个罗经点、令战队重新以逆序单纵阵前进时，他们只能通过左舷雾中飞来的炮弹感受敌人的存在。但就在东乡率部朝西北前进、试图拦截可能逃往海参崴的俄军时，突然，敌人的先导舰隐约出现在了视野中。第 1 战队见状，立刻转动左舷火炮，朝这些 3000—5000 米外的目标射击。

　　关于当时俄国人的行动，目前我们已无法查明。不过，情况似乎是这样的：在"亚历山大三世"号的带领下，他们向北航行了一阵，随后因为上村舰队的拦截被迫向右转舵，在绕了一个大圈后才最终重新开始向北行驶。不过，按照我们得到的资料，该舰的机动可能不是为了突往海参崴，而是为了掩护"苏沃洛夫"号。此时，后者依然停留在脱队位置的不远处，舰上火焰升腾，但几门副炮还在不屈地开火，同时，它还实实在在地恢复了一部分控制能力：之前，在被迫从右侧脱离阵列后，该舰便一直在向右拐弯，并几乎旋转了一周，现在，它正在向北前进，并从 2 支舰队的航迹上横穿而过。结果，就在东乡战队转完 16 个罗经点，用左舷火炮轰击俄军各先头舰只时，俄军旗舰进入了他们的射程。

　　当日军第 1 战队重新朝俄先头各舰开火时，钟表指向了 15 点 07 分（期间，上村战队仍在以 17 节朝几乎相反的方向行驶）。经过上述机动，"日进"号成为该战队的领舰，同时，按照我们得到的资料，整个战队保持着"战速"从敌人旁边——而不是前方——驶过。接下来，东乡开始重新掉头向南前进——这也是我军驻第 1 战队的观战武官报告的情况。期间，在俄军第 1 支队的 3 艘军舰中，有 1 艘勇敢地冲到了最前方（该舰据他判断，是"亚历山大三世"号），随后，全部 3 艘军舰开始径直冲向日军。观战武官这样记述道："15 点 18 分时，双方的距离已经下降到了 2500 米（即 2734 码）[1]，期间，位于日军侧后 1 个罗经点方向的俄军先导舰遭到了猛烈炮击，之前，这艘战列舰已经受到了火灾的折磨，此时，其局面更是急转直下。在一段时间，日军舰队还见证了一种似曾相识的场面：就像（8 月 10 日黄海海战中的）'列特维赞'号一样[2]，这艘俄舰俨然试图进行撞击。"但和上次一样，该舰遭到了暴风骤雨般的猛轰，并被迫掉头撤退。不过，这些炮火的损害并不致命，该舰最终继续向右侧转向。其他军舰则没有效仿该舰的行动，同一份报告继续描述道："要么是因为不够坚决，要么是因为谨慎，'亚历山大三世'号的僚舰（其中一艘发生了严重爆炸）选择左转，其航向先是向南，然后向西，最终踏上了与先导舰相同的航路。"[3]

在罗杰斯特文斯基的幕僚中，有一位军官生动地描述了"亚历山大三世"号和僚舰拯救旗舰时功亏一篑的举动。他首先称赞了布赫沃斯托夫上校的英勇："从右舷炮位的开口上，我们可以清晰地看到'亚历山大三世'号的身影，当时，该舰几乎就在我们的正右舷，并且正在笔直地向着'苏沃洛夫'号的方向行驶，其他舰只则紧随其后。随着双方迅速接近，我能清楚地看到它伤痕累累的侧舷，它的舰桥残破，海图室和吊艇杆正在熊熊燃烧，但烟囱和桅杆仍然屹立着。紧随着该舰驶过的是熊熊燃烧的'博罗季诺'号。敌人成功在前方抢占了位置，并试图斜向横越我军航线。与此同时，我军舰只纷纷从右舷驶来，敌舰的身影则出现在'苏沃洛夫'号的左舷一侧。[4]这些敌舰向我们开火，还从我们前方横越而过。此时，我舰的前方炮塔（即当时唯一可用的炮塔）奋勇加入了战斗……所有人都在等待，并屏住了呼吸。显然，日军的火力都集中在了'亚历山大三世'号上，此时，该舰已被包裹在了火焰和厚重的烟云之中，周围的海水如同沸腾了一般，巨大的水柱此起彼伏。随着愈发接近，两军已经逼近到了 2000 码以内。我们可以看到成串的炮弹接二连三飞来，落在该舰的前舰桥和左舷 6 英寸炮塔上。在这种情况下，'亚历山大三世'号只能猛然右转，沿着相反的航向转舵远去。

该舰后方的'博罗季诺'号、'鹰'号和其他战列舰匆忙转舵，并艰难地保持着单纵阵，但他们的机动既不是'顺次转舵'，更不是'一齐转舵'。此时，炮位上传来窃窃私语：'它们还是放弃了，它们离开了！'"[5]——事实上，这些俄舰遭遇的打击已经超过了忍耐的极限。其中，"亚历山大三世"号的损伤极为严重，已经无法保持航速，在这种情况下，"博罗季诺"号根据作战命令成了整个舰队的先导舰只。[6]

此时，"苏沃洛夫"号又完全暴露在了日军面前，当该舰试图从日军后方穿过时，遭到了第1战队的集火攻击。此时，该舰依然笼罩在浓烟和烈火中，只能在海上蹒跚前进，友军的另一次支援尝试也宣告失败。按照"日进"号和"春日"号的报告，1艘"珍珠"级的巡洋舰曾依照指示前来为该舰解围："这艘军舰全速接近，仿佛是要发射鱼雷"。但随着2艘日舰上的轻型火炮调转方向，最终，该舰在"亚历山大三世"号和僚舰们放弃救援之际转身离去。

大约在同时，即15点15分，日军的战列线得到了"浅间"号的加强。如前所述，就在半小时前，该舰一直在努力归队，并独自与涅博加托夫支队展开了厮杀。尽管该舰已经修复损伤，但这场不对等的较量还是令它再次伤痕累累。看到第1战队从东面驶来，该舰立刻抓住了这个摆脱困境的机会，并在"日进"号前方占据了阵位，就这样，该舰脱离了涅博加托夫将军的视野——当时，后者正带领第2和第3支队紧跟着幸存的"苏沃洛夫"级战列舰。

当上述7艘日舰在2000—3000米外集火炮击燃烧着的俄军旗舰时，涅博加托夫麾下的几艘军舰也遭到了日军的火力打击。[7]另外，15点21分，"三笠"号已经来到了离一艘"苏沃洛夫"级战列舰极近的位置，还向其发射了1枚鱼雷，只是这枚鱼雷并没有命中，同时，日军的"战速"也没有减缓——于是，在未能结果"苏沃洛夫"号的情况下，整个战队最终从该舰身旁匆匆驶离。最终，15点28分，面对消失在雾中的俄舰，"三笠"号停止了射击。

期间，日军徒劳地搜索着己方的装甲巡洋舰，试图用它们来完成对"苏沃洛夫"号的最后一击——对这些军舰来说，现在正是它们发挥作用的最好时机。[8]然而，尽管上村全力试图归队，但此时的他仍然与上级相距遥远。

我们知道，15点15分，"浅间"号加入第1战队时，上村便完全失去了与敌军的接触，此时，他只好转向西北，试图重新与司令恢复联络。这一举动令部分敌军进入了他的视野。在上村看来，这些俄军很像是敌军主力，它们正在以"混乱的队形向北行驶"。虽然其麾下各舰在报告中表示，当时他们最多只能清晰辨认出 2—3 艘舰船的轮廓，但如果俄军真的在约 10 分钟前面对东乡战队改变了航向，那么，上村的推测便很有可能是正确的。

此时，他看到的俄舰正在左前方大约 6000 米外。他立刻开火，时间是 15 点 20 分——此时第 1 战队对"苏沃洛夫"号的集火攻击也达到了高潮。按照上村的描述，接下来的战斗非常激烈。到 15 点 26 分，双方的距离已经逼近到了 3000 米，期间"出云"号甚至发射了 1 枚鱼雷。但这种态势没有保持多久，很快他便意识到，之前的擅作主张让他陷入了困境。随后，双方的距离开始再次拉开，在浓雾中，左前方隐约传来第 1 战队的炮声，但根据这些声音，上村还不足以判断双方的距离，因此，他只能暂时停止炮击，以免误伤友军。他在战斗详报中写道："期间，雾气不时变浓。由于这种情况以及浓烟的存在，我战队无法确定敌军的航向。鉴于一时间敌我难辨，我们一度放慢了射速，并只对能分辨出桅杆顶旗帜的舰只开火。"结果，一个给予敌方决定性打击的机会再次化为乌有。这段时间，俄军必然已经向右转舵，通过反方向前进化解了日军的进攻，因为上村将军曾经提道："敌军主力舰队已经从烟雾中消失，并从第 2 战队的后方驶过，显然试图向北逃逸。"当然，他很可能没有立刻得出这一结论，因为在一段时间，他仍然保持着原有的航向，直到后来的一次事件才让他摆脱了独立作战的处境。

在 15 点 30 分后不久，即东乡将军停火时，俄军的主力只是隐隐地在日军左后方露出身影——这些舰只显然正在向东北航行，试图从他的后方通过。但出于某种原因，东乡没有立刻做出反应，俨然如同他不知道俄军战列舰的所在。按照记录，15 点 30 分，他对先头的"日进"号发出命令，要求该舰左转 4 个罗经点，带领舰队航向西南，之后约 10 分钟，日军始终保持着新航向，但并未发现意图寻找的敌军。期间，日本人相信，敌军已经向南逃窜，不过显然，罗杰斯特文斯基更有可能已经再度转舵向北，并从后方日军横穿了日军的航线。察觉到异样的东乡此时终于决定迅速掉头。通过连续 2 轮左转（时间分别在 15 点

42 分和 15 点 49 分)，日军恢复了原本的航行序列，同时，"三笠"号也再次作为先导舰带领舰队朝东北方向驶去。

而在上村舰队方面，无论此时他是否意识到了上级的位置，有一点是明确的：他做了一件上级愿意看到的事。在这场令他提心吊胆的混战中，他一直在率领战队缓缓左转，直到进入了西微北航向——正因如此，他们靠近了"苏沃洛夫"号，并在 2000 米内把全部火力都倾泻到了这艘被俄军抛弃的军舰上。[9] 当时，日军的炮击效果必定相当骇人。上村在报告中写道："在如此近的距离上，这艘重伤敌舰的桅杆、烟囱、舰桥和上甲板结构都被我方炮火打得支离破碎。"这时，他还发现麾下的通报舰"千早"号正带领配属的驱逐队（即第 5 驱逐队）赶来，试图结果掉这一敌人。他的报告接下来提道："该舰已经失控，除了一些小口径火炮还在不时开火外，它几乎已完全丧失了作战能力，我们于是停止了炮击。"

此时（即 15 点 39 分），"千早"号也抓住机会开始进攻。在接近到 1600 米后，该舰降低到半速状态，从左舷发射了 2 枚 14 英寸鱼雷。敌舰上腾起的浓烟和水柱似乎表明，其中有 1 枚正中目标。但即使如此，"苏沃洛夫"号依旧纹丝不动。这让"千早"号开始转舵发射舰首鱼雷，不过，由于开炮的震动和波浪的冲击，这枚鱼雷不幸卡在了发射管里。

不久，一些俄军舰只纷纷前来救援，它们可能来自涅博加托夫的麾下——此时，这位将军或许记起了罗杰斯特文斯基最后一道指示中的内容：战斗的成败将取决于舰队能否集体行动。因此，他决定再次向"苏沃洛夫"号靠拢。这一举动也令"千早"号遭受了猛烈打击：最初，有 2 枚炮弹命中了桅杆及附属设备，后来，有 1 枚炮弹在水线上撕开大洞。经历了这番打击之后，这艘英勇的小舰被迫在接下来的 2 小时内撤出战斗，以便展开紧急抢修。

第 5 驱逐队也紧随着"千早"号投入了攻击，他们之前一直在等待机会。在第 1 轮攻击中，他们先是从非接敌面超过了装甲巡洋舰队，然后又以 20 节航速从其前方横穿而过。此时此刻，它们开始"迎着澎湃的海浪，径直向'苏沃洛夫'号冲去"，并从目标左舷以平行航向发动了进攻。在 400—800 米外，这 4 艘驱逐舰一共发射了 5 枚鱼雷，据称其中有 2 枚命中，只是"苏沃洛夫"号的记录均予以否认。[10] 另一方面，这些驱逐舰未能全身而退：此时，"苏沃洛夫"号虽然已经沦为燃烧的残壳，但它仍在奋勇还击，而且表现异常出色——它的 2 枚 12 磅炮弹重创了驱逐队的旗舰，令该舰 1 个锅炉损毁，舰上有 4 人阵亡、6 人受伤。虽然日军的这次抵近攻击组织良好，而且环境也对雷击舰艇极为有利，可以充分彰显它们在舰队作战中的关键价值，然而，攻击仍然以彻底失败告终，因为俄军旗舰的英勇抵抗仍未停止。当时，火焰和浓烟就像裹尸布一样紧紧缠绕着它，但这艘战列舰仍然在不停射击，迫使日军驱逐舰只好撤退。

在轻型舰艇实施雷击期间，上村将军仍保持着航向——在攻击结束前，透过船头前方涌动着的雾气，他隐约可以看到东乡战队，当时，后者正在进行第一轮 8 个罗经点的转舵。几分钟后，他意识到，东乡的第二轮转舵已经完成，而且正在向自己这边靠拢。为了在其左前方占据阵位，上村继续保持着原有航向，并横穿了第 1 战队的航线，在殿后舰远离第 1 战队的前方后，他开始率部缓缓转向，直到航向与上级大体平行。这次的行动让"浅间"号进入了他的视线——在东乡战队集体转舵后，该舰已经来到了殿后位置。看到当时的情况，"浅间"号立刻加至全速，试图从第 1 战队的非迎敌一侧回归第 2 战队的序列。但此时，噩运再次降临，它还没来得及进入阵位，便再次遭遇了炮火攻击：16 点 10 分时，1 枚不知来自何处的 6 英寸炮弹命中了它后烟囱的根部，它的速度一下子降低到 10 节，只好再次落在后面展开抢修。

这一不幸着实出乎日军的预料。完成最后一次转弯后，有几分钟的时间，他们都看不到敌军的踪影。我们手头的资料显示，当时，他们只能透过浓雾从炮弹落下的海域听到低沉的轰响声——也只有这些声音才能让东乡大致判断敌人的位置。[11] 然而，15 点 55 分，这位海军大将终于再次发现了敌军的主力——这些敌人在其东微南方向 7000 米外。在俄军的先头舰只中，他隐约可以辨认出"亚历山大三世"号、"博罗季诺"号和"鹰"号的身影，涅博加托夫支队则紧随其后，而后面则是第 2 战列舰支队仅存的 3 艘舰只。当时雾气很浓，只有"三笠"号能清晰辨认出俄军的先头舰只——当时，俄军显然在向东北偏北前进，似乎是要重新靠近"苏沃洛夫"号并提供掩护。同时，日军第 2 战队也从右前方观察到了"苏沃洛夫"号的踪迹。16 点时，2 个日军战队向俄军主力开火。其中，第 1 战队距敌人约为 6500 米，第 2 战队为 5000 米。随着日军的位置愈发向东，双方开始迅速接近，但鉴于敌军的先导舰位置较日军更为靠前，东乡又决定再稍微向左转舵，并在接下来的 3—4 分钟内开始向东北方向航行，试图以此进入有利阵位，从北面截断俄军航线。大约同一时间，感受到日军炮火的俄军突然右转。也正是这一举动，令他们没有按照预想从"苏沃洛夫"号北面穿过，而是驶过了其未遭受日军打击的一面。于是，"苏沃洛夫"号实际陷入了类似蔚山海战中"留里克"号一样的境地：挡在敌军和友军之间。上村将军回忆说，鉴于该舰受损严重，他已经不打算浪费更多弹药——只是在从该舰身旁驶过时，他才发射了几发炮弹。紧接着，第 2 战队便开始徐徐右转，以求全力配合正在压迫敌军的第 1 战队。这个时候，俄军的阵型似乎出现了混乱，俄军似乎开始慌张地向右转舵，意图俨然是向南逃窜。

但由于某种原因，东乡海军大将并没有立刻抓住机会。16 点 08 分，他同样意识到了"苏沃洛夫"号的存在，其炮口也从之前一直攻击的俄军先导舰转向了该舰，双方的距离从 5600 米不断拉近。16 点 15 分之后，两军接近的速度更快，此时，东乡又开始向右转舵，不久便将射程缩短到了 3000 米以内。此时，"三笠"号发射了第 2 枚鱼雷，10 分钟后又在 2000 米外发射了第 3 枚，但都没有命中目标。同时，紧随该舰的"敷岛"号也进行了一次雷击。

其他舰只曾如何对付这个瘫痪的敌人？目前的信息还不明确。但有一点可以确定，当时，殿后各舰仍专注于攻击俄军的后方队列。"朝日"号（即 4 号舰）的报告显示，最初该舰的目标是"纳西莫夫海军上将"号，稍后则攻击了"苏沃洛夫"号；"日进"号（5 号舰）则将"纳西莫夫海军上将"号和"纳瓦林"号当成了目标，但其中没有一艘提到曾与"苏沃洛夫"号展开过近战。即使如此，东乡本人的注意力还是被这艘俄军旗舰吸引了。第 1 战队在详报中写道："此时，该舰遭到了我军诸舰的集中打击，其烟囱、舰桥、桅杆等上甲板以上的构造物被破坏殆尽。滚滚浓烟在甲板上激荡，甚至连炮门都向外喷出火焰。整个光景可谓惨淡非常——就像是火山岛爆发了一般。"

然而，"苏沃洛夫"号依旧在前进和开火。尽管该舰已身受重创，但乘员仍在坚定地保卫着它，他们的忠诚和坚韧都堪称典范，在海战史上更是前所未有。一份英国方面的报告这样写道："该舰的后炮塔[12]仍在绝望地战斗着，并且不时朝敌人还击，但这种英勇行为最终没有得到回报，可能是由于倾斜严重，它发射的炮弹都离目标太近……此时，该舰上的景象是恐怖的，而且注定令人难忘。虽然它一直被浓烟笼罩，但我们仍能从烟雾中看到，该舰上挺立着一根桅杆。期间，该舰仍在缓缓地挣扎着、前进着，尽管船头下沉的情况得到了一点缓解，但其舰身还是在继续向左倾斜。期间，我们不时能看到炮弹的爆炸，它们伴随着异常刺眼的闪光，其上层建筑中似乎已经不可能有人幸免。" [13]

不顾俄军主力的存在，2个日军战队一直在围攻"苏沃洛夫"号，但距离越来越远。另一位英国军官在报告中写道："大约16点30分时，该舰遭到了连续命中，1枚12英寸炮弹击中了后部6英寸炮塔附近、甲板之间的位置，爆炸喷出的火焰高达50英尺，随后，透过船体上巨大的裂缝，我们能看到该舰内部新腾起的熊熊火光……它的前桅很早便已倒下，现在，伴着可怕的爆炸，它的主桅杆也轰然折断……大家都认为该舰的末日即将降临……然而，'苏沃洛夫'号还是在众寡悬殊中继续作战。" [14] 这种情况让人难以置信，因为如此的摧残几乎不可能让一艘军舰继续浮在水面。

另一方面，虽然日军努力想置该舰于死地，但他们却浪费了一个更好的机会，其目标依旧在海面上苟延残喘。此时，随着上村继续缓缓右转，俄军实际陷入了包围——他们的炮火几乎沉默，队列也离散瓦解。"亚历山大三世"号的损伤是如此严重，以至于再也不能进行领航，同样，"博罗季诺"号也因为受损无力上前，整个舰队只能在一片混乱中南逃，根本无法做出协同一致的机动或是战术部署。

以事后的观点看，现在正是日军使出全力奠定胜局的时刻。然而，东乡却将精力用到了解决"苏沃洛夫"号上，这让他错过了一个大好机会。之所以出现这种情况，也许是因为日军过于注重一项原则，即在战斗时保持劳逸结合——这一点，或许也充当了他们能连续战斗2个小时但又没有筋疲力尽的原因。不过，其中还有一种更可能的解释：他们不清楚被烟雾遮蔽的敌人主力位置何在。由于天气恶劣，在敌军完成机动前，他们都没能查清其行踪，甚至分不清一艘敌舰究竟是在左转还是右转 [15]，按照第2战队的报告，正是这些让日军失去了接触。"出云"号的战斗详报中写道："敌军显然已经改变航向，并消失在了雾气里。"

16 点 30 分，俄军逃离时，整个战场的局势大体如下：上村将军正带领各舰朝东南行驶，其所在地点与第 1 战队非常接近，但位置稍微靠前；东乡司令则继续带领第 1 战队向东前进，还没有跟随第 2 战队进行转向。"三笠"号几乎很难看到敌军主力，但按照东乡的判断，对方似乎仍在右转，并准备从日军的后方绕过。因此，他立刻下令一齐转舵 8 个罗经点，以便前往北方，重新展开类似之前的机动，以求截断敌军航线。[16] 而另一面，完全失去俄军下落的第 2 战队则在继续缓缓右转，并在转入正南航向后开始发起追击。然而，不到 10 分钟，上村还是意识到第 1 战队已经消失在了北面：16 点 47 分，在发现与友军失去接触后，上村又率部向右急转，沿着西北方向前进，试图重新归队。

对上村来说，第 1 战队在远离敌军的方向上消失，这件事情着实超出了他的预料。而在东乡这边，在一齐转舵向北行驶之后不久，他便重新意识到，敌军其实已经向南逃窜了。因此，他发出信号：各舰需再次一齐右转 8 个罗经点——此举将令舰队重新变成单纵阵，并恢复之前的航向，从而令第 1 战队跟随在第 2 战队后方。但由于某些原因，各舰的应答信号旗迟迟没有升起，直到 16 点 43 分，该战队才开始转向。同时，由于局势使然，第 1 战队现在只能把"苏沃洛夫"号丢在一边，东乡只好盲目地向雾中发出信号："驱逐队发起攻击。"由于航线不断变化，他对驱逐舰的下落一无所知，显然双方已经彻底失去了接触。但此时，这是他唯一能采取的措施。16 点 51 分，各舰开始匆匆南行，向着上村战队方向赶去。

然而，负责引领驱逐舰的"千早"号还在，它的位置并不遥远。在对"苏沃洛夫"号实施过雷击后，该舰停了下来，以便修复损伤、清理卡死的前部鱼雷发射管。经过 45 分钟的维修，该舰终于回收了鱼雷，但要想修复之前蒙受的炮火损伤，恢复作战能力，该舰还需要再额外花费约 1 个小时。在此期间，该舰仍然能够传送无线电信号，很快，第 4 驱逐队便接到了东乡的指令。

当时，第 4 驱逐队由 4 艘驱逐舰组成，原本属于出羽将军麾下，其中有一些搭载的是水雷，但在出羽同俄军巡洋舰交战时（相关内容本书将在后续章节详述），由于各巡洋舰航速极快，再加上海况恶劣，这些驱逐舰根本没法跟进，只好转而暂时跟随第 2 战队一同行动。接到命令后，它们立刻加速到 18 节，"向敌军突进"。

该驱逐队在报告中写道，"全舰起火并被浓烟包裹"的"苏沃洛夫"号依旧保持着10节的航速，在驱逐舰逼近时，它立刻右转做出规避机动。但17点05分，"朝雾"号（Asagiri）和"村雨"号（Murasame）还是进入了与该舰平行的航线，并在800米外①各发射了1枚鱼雷，然而这2艘驱逐舰随后发现，"由于侧面遭到了汹涌波浪的拍击，自己发射的鱼雷全部失效"。接下来，所有日军驱逐舰开始向右转弯，企图以相反的航向再次攻击：紧紧跟随的"朝霜"号（Asashimo）有充足的时间发射2枚鱼雷，不过都没有命中；4号舰"白云"号（Shirakumo）则根本没能展开雷击，按照该舰的报告，虽然它和其他舰只共同靠近了目标，"但鉴于敌舰已经失去航行能力，便没有发射鱼雷"——根据报告我们可以推断，该舰接到的命令一定是：前2艘驱逐舰完成雷击后，该舰才会作为第2波向"苏沃洛夫"号扑去。

在这2次攻击的间歇，"苏沃洛夫"号停了下来。当"白云"号2艘僚舰右转折返，进入与敌军相反的攻击航向时，它们又在300米外各发射了1枚鱼雷。这次，"朝雾"号的鱼雷由于电路故障提前走火，不过"村雨"号却据称取得了命中——他们看到敌舰的左后方发生了爆炸，同时，其倾斜也超过了10度。

第3驱逐队是专门配属给东乡大将的3个驱逐队之一，此时，它们也赶来寻找机会，但在第4驱逐队完成攻击撤离前，一个意想不到的变化迫使它们掉头离去。在"苏沃洛夫"号上的俄军看来，日军驱逐舰已被他们用仅存的2—3门火炮击退。实际上，这些日舰还遭遇了更大的威胁：攻击它们的不只有"苏沃洛夫"号，还有位于附近的其他俄舰。期间，驱逐队旗舰"朝雾"号也被2枚炮弹击中。虽然第3驱逐队不顾雨点般落下的炮弹试图展开攻击，但他们突然发现，部分俄舰突然从东南方的海雾中露出身影，而且正在向旗舰靠拢，试图展开援救。此时，双方彼此相距只有大约3000米，而且交火相当炽烈，日军驱逐舰别无选择，只好把不屈的"苏沃洛夫"号留在海面上，自己一路高速逃

---

① 译注：《极密·明治三十七八年海战史》中为600米。

离了险境。

　　俄军为何会在日军始料未及的地方出现？为讲解其原因，我们有必要先叙述东乡战队的行动。在向驱逐舰发出信号后，他率部向南行驶，最终与第2战队恢复了接触。同时，为避免2个战队再次分头行动，他也采取了相应措施。此时，他发出信号，并以"联合舰队司令"的身份明确要求上村在自己前方占据阵位，并以该阵型一路向南紧追而去。至此，所谓的"海战第2阶段"也落下了帷幕。受到视线不佳的影响，日军没能取得决定性的胜利，而战斗的最后一个阶段则在暗中酝酿。俄军则获得了看似一个毫无意义的喘息时机，不过，正如我们将在接下来所见，它还是险些酿成了严重后果。

注释

1. 这份记录似乎低估了双方的距离。"三笠"号的报告显示，15 点 12 分时双方的距离在 3000 米左右，该舰的 12 磅炮也在此时重新开火。15 点 15 分，该舰将目标对准了"纳西莫夫海军上将"号——涅博加托夫支队的殿后舰只，此时双方相距约 3300 米。15 点 21 分，双方的距离则增加到了 3900—4200 米。

2. 参见本书第一卷中《黄海海战》一章的内容。

3. 参见《武官报告》第 4 卷第 9—10 页。

4. 这里指的可能是日军的先头各舰。

5. 参见西蒙诺夫作品的第 116—118 页。这里采用的是皇家海军军事学院 C. J. 艾尔斯海军上校的译本。

6. 参见罗杰斯特文斯基的第 2 份报告。

7. 日军的各个战列舰曾在报告中提到炮击过"纳西莫夫海军上将"号和"伟大的西索伊"号，开火距离则在 3300—6400 米之间。

8. 参见《武官报告》第 4 第 10 页。

9. "出云"号报告当时该舰距其 1700 米，"吾妻"号报告为 1400 米，"常磐"号为 2000 米，发射鱼雷的"八云"号同样为 2000 米，"磐手"号报告的距离为 1500 米。

10. 西蒙诺夫表示在知晓日方的记录前，他根本不知道日军驱逐舰曾发动过进攻。

11. 参见《武官报告》第 4 卷第 12 页。

12. 根据西蒙诺夫的说法，该舰的后主炮塔此时已经瘫痪，该报告中所指的可能是一座 6 英寸炮炮塔。

13. 参见《武官报告》第 3 卷第 108 页。

14. 参见《武官报告》第 4 卷第 14 页。

15. 参见《武官报告》第 3 卷第 106 页。

16. 对这个异乎寻常的机动，至少日本官方的解释是如此，但无论如何，此举只会令东乡丢失敌人的下落。第 1 战队的战斗详报中写道："敌军开始更剧烈地向右转弯，直到最终航向朝南，于是，我们也在 16 点 35 分右转了 8 个罗经点。"——尽管我们得到的手稿副本确实如此，但日本官方的航迹图和"三笠"号的战斗详报都显示，"右转"明显是"左转"的误记。随后，第 1 战队的详报中提到，此次机动的目标是"妨碍敌人的任何机动"，尤其是"绕过我军战线的后方向北逃逸"。（参见《日本战史极密版》第 2 卷第 227 页）

第十七章

日本海海战：第 3 阶段及巡洋舰作战

东乡一波三折的追击，也令日军巡洋舰遭遇了危险。我们也许记得，在战斗开始时，这些军舰曾被编组为 2 个分队，任务是攻击敌军的殿后舰船。当时，整个海战大致是围绕一片半径约 10 海里的区域展开的，该海域以"奥斯利亚比亚"号沉没的地点为圆心，其北半部分是双方战斗舰队的战场，在这里，日军从一开始就确立了绝对优势；在这个假想的圆形区域南部则是巡洋舰的竞技场。在电报中，恩克维斯特将军曾对当时的情况总结道："面对日军舰艇的压迫，我方只能围绕着一个圆圈进行机动，它的中心正是我军的运输船和驱逐舰，日军则在作战时绕着一个更大的圈。"[1]

当 13 点 50 分，俄军最初发现日军战斗舰队时，罗杰斯特文斯基也向巡洋舰和运输船发出信号，要求他们依照作战命令的要求向右侧展开。恩克维斯特将军迅速执行了这一指示，结果，4 艘运输船——"阿纳德尔"号、"额尔古纳"号、"堪察加"号（修理舰）、"朝鲜"号——和舰队拖船"罗斯"号及"斯维里"号一道在战列线右后方组成了单纵阵，同时，老式装甲巡洋舰"弗拉基米尔·莫诺马赫"号则在正右侧占据了阵位。在运输船的左面，是由恩克斯维特将军坐镇的"奥列格"号，该舰后方有"曙光女神"号和"迪米特里·顿斯科伊"号跟随，薛宁海军上校率领的"侦察支队"（即"斯维特兰娜"号、"金刚石"号和"乌拉尔"号）则被派往了运输船队列的末尾。[2]但在战斗打响 10 分钟前，随着"和泉"号从右侧逼近，"莫诺马赫"号开始远距离炮击日军，同时，为抵抗来自该方向的进攻，恩克维斯特决定将支队的位置前推，以便从右前方保护运输船队；"侦察支队"也将转而在此处就位。[3]"和泉"号顿时遭到了猛烈的火力打击，由于局势危急，该舰只好匆匆向南撤退，并在此期间截断了 2 艘俄国医院船（这 2 艘船正根据作战计划在后方 3—4 海里处跟随着舰队）与舰队的联系。[4]然而，无论是刻意保持的距离，还是非作战舰只的身份，都没能让这 2 艘船免遭厄运：

日军早已知道，虽然船身上涂着红十字标志，但它们多次为俄军进行过情报搜集。

14 点 25 分，即"和泉"号离开，日军全力猛轰俄军先头舰只时，出羽将军也离开了战斗舰队所在的海域，开始带领所辖分队[5]向南前进——按照日军战策中的要求，他们将对敌军的后方发动攻击。同时，瓜生将军也带领第 4 战队跟随在左后方，它们离敌人如此接近，以至于俄军战列线的后半部分都在朝这些反向前进的日军射击。到 14 点 45 分，瓜生终于跳出了敌军战列殿后舰的火力范围，同时，出羽将军也看到，俄军的巡洋舰已经在俄军舰队的右侧占领了阵位。为此，他下令转向西南，以便从后方横越敌军航线。在 7800 米的距离上，出羽战队开始向"奥列格"号、"曙光女神"号、"迪米特里·顿斯科伊"号和"弗拉基米尔·莫诺马赫"号开炮。但在瓜生战队这边，或者是由于距离超出了轻型火炮的射程，或者是将精力集中到了虚弱的"侦察支队"身上，他们选择了转弯拉近距离——直到位于上级内侧、敌我距离 6500—6000 米时，他才开始炮击。但此时此刻，俄军的火力出乎意料地准确，不仅如此，对日军来说，当天的气象条件也对炮击极为不利。第 3 战队在战斗详报中写道："当天风急浪高，各舰摇晃严重，怒涛不时打入船内；当各舰迎风行驶时，前方各炮都无法正常开火，炮组成员只能在作战时身着雨衣。"第 4 战队对恶劣天气的感受必定更为深刻。或许正是这一点，再加上敌军的猛烈炮火，令瓜生迅速右转了 4 个罗经点，完成转舵后，其新位置也更靠近第 3 战队的航迹——但其航线依旧在第 3 战队内侧。同时，由于俄军巡洋舰也随着战斗舰队向右转舵，2 个日军巡洋舰战队不久便发现：自己正在与对手平行航行。以这样的航行状态，双方在 5000 米距离上爆发了有规律的交战。

片冈分队的表现则不尽人意。[6]当 14 点 10 分他们接到攻击敌人后方的命令时，片冈和东乡正路少将正位于西面很远处，根本无法在雾中发现俄军舰队。此时，他们唯一能做的就是根据炮声修正航线。直到 14 点 20 分，他们都在大致朝东行驶，但 5 分钟后，鉴于南方可能有"敌军运输船"，片冈又命令东乡少将发起追击，他本人则开始转向东南。闻讯之后，第 6 战队立刻开始加速赶去，但发现对方不过是 2 艘辅助巡洋舰——"佐渡丸"和"满洲丸"。此前，这 2 艘军舰一直在监视俄军的动向，并一路向北试图与片冈分队会合。面对这种情况，

340

东乡少将立刻率舰右转，以求重新与第 5 战队取得联系，而片冈则在搜索已经右转正在向南微西航行的敌人。很快，对方便进入了视线。于是，片冈随即发出信号："第 6 战队可见机行事。"获知自己能够自由行动后，东乡少将立刻开始独自搜寻敌军的殿后舰只，期间，他们还有 2 艘辅助巡洋舰和配属的水雷艇同行。同一时刻，他们几乎便发现了一个目标，后来经查实，该船实际是"奥廖尔"号——被"和泉"号切断联系的 2 艘俄国医院船之一。于是，东乡少将决定把 2 艘辅助巡洋舰留下，自己继续前进。由于麾下的轻型舰艇无法在恶劣海况中跟上，他决定将其调走，命令他们加入随第 5 战队行动的艇队。接到命令后，2 艘辅助巡洋舰一路向着陌生船只驶去，不仅如此，他们还发现了另一个目标，即"奥廖尔"号的僚船"科斯特罗马"号。由于海况恶劣、小艇无法下海，日军辅助巡洋舰只好发出信号，要求 2 船在后方跟随。最终，这 2 艘船被押入了三浦湾（Miura Bay），根据"奥廖尔"号上关押"奥尔德米亚"号乘员的事实，日军认定，这 2 艘船曾从事过"准战争行为"。

当片冈分队加入战斗时，第 3 和第 4 战队始终在斗志昂扬地与敌人厮杀。此时，俄军的运输船已落在巡洋舰之后，整个后方已是阵型大乱。在日军方面，15 点 10 分时，出羽的旗舰"笠置"号水线附近被炮弹重创。但在胜利的鼓舞下，他仍然继续向敌人逼近，接下来不到 10 分钟的时间内，他的行动已成功迫使"奥列格"号和"曙光女神"号回头救助运输船队，于是，双方的巡洋舰顿时展开了一场反航向交战。[7] 另外，大体向南航行的恩克维斯特将军此时也进入了片冈将军的视野。在发现敌舰后，片冈迅速从东南航向改出、左转并冲向俄军，从 10000 米外，他们的重炮开始轰击敌舰。

但一段时间后，出羽才意识到局势。他在 15 点 30 分时注意到了俄军的转向，并在报告中表示："根据敌军的这一机动，同时为了不影响我军主力在北方的行动，第 3 战队在大约 15 点 35 分右转 18 个罗经点，以遏止敌人的前进。"[8] 第 4 战队也采取了相同的机动，但在转向期间，"高千穗"号右后方水线以下位置被 1 枚大口径炮弹击中。虽然这枚炮弹并未撕开破口，但猛烈的震动导致舵机失灵，令该舰只能脱离队列停船抢修。

然而，这次机动却和片冈将军的攻击一道，为日军创造了有利形势：它成功遏止了2艘向右侧做大幅度转向的俄舰，并令日军的4个巡洋舰战队成功会合。与此同时，他们还成功抵御了恩克维斯特将军所辖驱逐舰发起的攻击，部分日舰还炮击了被俄军抛弃的"苏沃洛夫"号。15点45分，随着"和泉"号归队，第6战队的成员终于到齐，同时，他们也发现了瓜生指挥的第4战队，于是开始掉转航向，进入了其后方的阵位。而在俄军这边，随着"珍珠"号和"绿宝石"号与恩克维斯特将军会合，他们的巡洋舰也集结起来。[9]

在进行大转向时，俄军航线愈发朝右偏移，同时上村也在做相应的机动，16点后不久，日军3个轻型巡洋舰战队（即第3、第4和第6战队）都开始面向北方。片冈将军的第5战队则仍在朝东航行，他们无法看到友军的行踪，而是在南面3海里处穿过了它们的航线；但在16点10分，片冈终于在西北方（即其麾下各舰的左后方）发现友军，并立刻转向前去与之会合。与此同时，出羽将军也采取了一项有利于会合的举动：此时的他发现，凭借航速优势，自己已经完全绕过敌军，并抵达了对手的西南方向，接着，他开始转舵向东，并以左舷火炮朝对方猛烈开火。同时，第4和第6战队也不约而同向右转舵，与出羽的行动形成了呼应。至于第5战队，则保持着航向，继续前去与上述友军会合。

当时，恩克维斯特将军眼前呈现出了这样一幅景象：俄军的巡洋舰和运输船陷入了一个"火之圆环"的中央，威胁它们的不仅有敌军巡洋舰的炮火，还有北面日军战斗舰队的直射和飞越过来的远弹。"奥列格"号上的一名军官回忆说："这些炮弹从我军运输船的头顶越过，令运输船在我军航线的右侧乱成一团。我们注意到'乌拉尔'号上扬起了信号，'我舰水线洞穿，堵漏失败。'"[10]

在混乱中，"乌拉尔"号还遭到过一艘僚舰的撞击，该舰可能是"弗拉基米尔·莫诺马赫"号或"绿宝石"号，它们都试图穿过舰群前去与恩克维斯特会合。[11]同时，2艘拖船则不顾猛烈的炮火前去援助，但在混乱中，"罗斯"号和"阿纳德尔"号相撞，所幸双方都受损轻微。2艘拖船随后接走了"乌拉尔"号的船员，但在尝试拖曳这艘辅助巡洋舰期间，"罗斯"号被1枚12英寸炮弹击沉。[12]

俄军巡洋舰只能用6英寸舰炮回击，它们对日军几乎毫无效果。当时的海况和视线同样不利于俄军，尽管大海上波浪涌动、战场上雾气弥漫，但阳光却格外刺眼。"奥列格"号上一名军官写道："我们当时是在迎着阳光作战，同时，由于是逆风航行，海浪从炮门涌入舰内，倒灌到光学设备上，一度令它们完全失灵。火炮射击指挥仪和后舰桥的距离传送装置也都无法运转。炮组成员逐渐伤亡殆尽……"这位军官还补充说："当时几乎看不到日军，但可以确定，敌人就在远方某处，隐藏在一堵无法穿透的、烟雾组成的墙壁后。海面上，日军炮弹的爆炸此起彼伏，放出阵阵闪光，紧接着，海水像煮沸一样在我军舰列的周围涌起。"期间，修理舰"堪察加"号完全中弹瘫痪；巡洋舰"斯维特兰娜"号因为舰首破损迅速进水。一片混乱中，日军用密集的火力压制了对手，但不久之后，局势便发生了重大转变。

此前，俄军保持着东微南航向，日军各战队也在平行前进。但这种对日军大为有利的举动实际是俄军在不得已之下做出的——他们之所以如此，是为了避免干扰己方的战列舰。此前，日军对俄军战列舰的南下一无所知，但现在，它们却逐渐注意到，俄军舰队正从北面的浓雾中径直驶向自己。日军巡洋舰顿时陷入了险境——行动迟缓的第 5 战队尤其如此，该战队正在其他战队后方约 5 海里处，其指挥官片冈将军刚开始尾随其他舰只前进。另一方面，东乡的战斗舰队仍然远在 10 海里外，直到 16 点 50 分，他才开始对这些阵脚大乱的逃脱之敌展开追击。

当时战斗的详细经过已很难还原，其过程似乎是，在抵达己方巡洋舰的正横方向后，队列前方的俄军主力舰开始右转，这一举动也许是为了插入双方巡洋舰之间，也许是为了再次试图向北前进。见状，出羽将军立刻带领第 3 战队朝东北方向左转，其他 2 个战队也跟随了这一行动，至于片冈将军的第 5 战队，则保持着航向，以便与友军会合。

因此，在不到 5000 米的距离上，这 4 个战队全部卷入了同逆向航行的敌军主力舰队的厮杀。日军的处境很快开始恶化。此时，在出羽将军的旗舰"笠置"号上，海水仍在从之前的破口中迅速涌入，煤灰堵塞了水泵，令该舰既无法堵漏，又无法将进水排空。因此，出羽只好直接向东转向，以求驶出敌军射程，瓜生也按照这一做法带领战队一齐转舵。但后者还没来得及开始机动，其旗舰"浪速"号水线附近便被炮弹撕开。在后方替补"高千穗"号的"明石"号也接连中弹，只是因为其中大部分是哑弹，该舰才侥幸免于重创。第 6 战队的逃脱则可以用奇迹形容：面对雨点般落在周围的大口径炮弹，该战队只有"和泉"号和"秋津洲"号中弹受损。

在这一危急时刻，上村将军及时以高速赶来，并且带来了麾下的整个战队——当时，"浅间"号已经将烟囱上的损伤修理完毕，并成功与部队会合。抵达战场后，他们立刻向双方战线之间的海域奔去，以便为轻型巡洋舰提供掩护。在转向西南期间，他看到片冈战队已陷入激战，于是便径直赶去提供支援。因此，第5战队得以在大体安全的情况下成功撤离，期间只有"松岛"号因舵机失灵被迫离队。

至于落单的"高千穗"号，其逃生同样惊心动魄。当时该舰刚刚修复好损伤，正在全速追赶战队的途中。突然，该舰发现自己身处险境——前方的俄舰已经切断了它的航路。17点11分，"高千穗"号在报告中写道，在左前方约5海里外，有3艘对方的战列舰和若干巡洋舰正径直向它扑来。该舰尽管立刻转舵向南逃离，但还是遭遇了炮火攻击，只是因为上村舰队的掩护，该舰才最终安然远去。

在这一轮战斗结束时，只有"笠置"号蒙受了严重损伤。所有堵漏的努力都毫无作用，海水很快涌进了动力舱，一组锅炉被迫停止工作。见状，出羽将军决定转移座舰，他选择了"千岁"号，同时命令麾下另外2艘军舰继续前进，跟随第4战队行动。他最初的想法是在转移完毕后立刻跟进，但此时，"笠置"号的伤势如此严重，让他无法置之不理。另外，由于海况恶劣、人员转移异常危险，最终，出羽还是决定将"笠置"号带往最近的海岸，"千岁"号则在一旁保护。他们的撤退最终圆满成功——当晚21点，2艘巡洋舰都进入了角岛附近的油谷湾（Aburatani Bay）。

第1战队并未在这个特殊阶段卷入交锋，相反，它们始终落在装甲巡洋舰后方，赶到时，交火已经结束。然而，该战队也在某种程度上"参与"了战斗：17点05分，即上村率先开始追击之后的第5分钟，他们在西南方发现了2艘"博罗季诺"级战列舰的行踪。虽然东乡大将幕僚们编纂的报告和"三笠"号的战斗详报都未提及此事，但除殿后舰"日进"号外，战队的其他舰只都曾向这些逆行的敌舰射击——他们的攻击持续了约10分钟，开火距离则不到5000米。期间，俄军想必也进行了还击，因为在17点20分，"日进"号的后炮塔曾被一枚 12 英寸炮弹击中，导致主炮完全断裂。当时的情况很可能是：东乡本人并未从旗舰上注意到这股敌军的存在，因此，不顾这些渐渐消失在北方的俄舰，他仍在沿着原有的航向一路南行。

然而，17 点 15 分后不久，另一大群舰只也出现在了第 1 战队眼前，它们正乱作一团向西北前进。从这些舰只中，日军辨认出了"乌拉尔"号和"纳西莫夫海军上将"号。虽然前一艘俄舰上已空无一人，正在海上随波漂荡，但它们还是遭到了猛烈的炮击。直到 10 分钟后，即大约 17 点 25 分，东乡才意识到必须改变战术。在他看来，率领全体舰队向南追击的做法并不十分妥当，同样，命令转舵的各舰重新北上，追击失之交臂的敌舰也不现实。因此，尽管他之前曾经严禁第 2 战队单独行动，但现在他发现，如果要歼灭分散之敌，他就必须选择兵分两路。

按照幕僚们编纂的战斗详报，此时的东乡仍然没有意识到部分敌舰已经向北驶去，不过他还是相信，如果要搜索敌军，北面将成为他的最佳选择。战斗详报这样写道："受海雾和浓烟的干扰，第 1 战队有半小时都未能发现敌军战列舰的行踪，他根据这一点判断，必须与第 2 战队分离，并向北展开追击。为阻止敌军逃向日本海，17 点 28 分，他开始转舵向西北偏北行驶。"

为何他没有在 20 分钟前（即在"敷岛"号和其他舰船看到有俄舰正明显向北移动时）得出结论？该报告没有给出解释。唯一可以确定的是，日军舰长们的观察非常准确，恰好与俄方对舰队溜走的记录不谋而合。

视线转向俄军这边。17 点之前不久，他们南逃的舰只终于脱离了日军的视线，接下来，他们开始向西南转舵，并正如我们所见，掩护了己方的巡洋舰。后来，由于上村战队出现在左后方，他们只能继续转向，整个过程极为混乱，其航线先是朝向西北，但最终定在了北偏西 23 度（真航向）。于是，俄军实际绕了一个大圈后再度驶向海参崴。[13]

这恰恰对应了"高千穗"号陈述的情况，该舰曾经报告，敌人试图切断该舰与主力的联系。当时，威胁该舰的很可能是俄军舰队中的殿后舰只——它们正在向北进行大转弯；至于东乡麾下舰长们早先见到的，很可能是已经完成转向的先头战列舰。

俄军的这一行动，也令正在攻击"苏沃洛夫"号的日军驱逐舰遭到了炮击。上村将军的冲击又迫使俄军调头折返，及时来到旗舰附近，令其暂时摆脱了毁灭的命运。14

现在，俄军的巡洋舰、运输船和战舰都混杂在了一起。对于此时此刻的情况，第2战队在报告中写道："约17点30分，敌军的队形已经四分五裂，其中一部分向北逃窜，一部分向西行驶，还有一部分向西南方向奔去。此时的俄军舰队宛如惊弓之鸟一般，根本不存在任何的配合和协同。"虽然在上村将军的陈述和第1战队的战斗详报中，都未提及他接到过"可以自由行动"的信号，但实际上，他所做的是继续前进，并试图阻击似乎正在航向西南的敌舰。

毫无疑问，上村的果断行动不仅拯救了己方的轻型巡洋舰队，还让敌军陷入了更彻底的混乱，不过，不论这一行动是否得到了上级批准，它都产生了一个副作用——2个战队再次分开。17点27分，东乡决定转舵返回，试图前往俄军消失在烟雾中的右后方海域。为此，他选择了转舵14个罗经点，完成转向后，第1战队开始向着西北偏北行驶。

巡洋舰方面，第5战队仍在向东南方前进，但在17点30分，由于没有发现俄军舰队的踪迹，该战队又转向东北。另外，第3、第4和第6战队基本上在携手行动。为了重新对敌军后方发动攻击，这些战队选择了向西南转向，不过，敌人的实际位置却在他们西侧。正因如此，在战斗第3阶段结束时，日军舰队实际分散成了4个部分，俄军主力舰队则位于他们的北面某处，在向着海参崴驶去。

注释

1. 参见《武官报告》第 3 卷第 200 页。

2. 参见《关于战争的新资料》和《武官报告》第 3 卷第 212 页。

3. 参见斯米尔诺夫的著作、"出云"号的战斗详报、《关于战争的新资料》和《武官报告》第 3 卷第 214 页。

4. 斯米尔诺夫引用的俄军下达于 5 月 17 日的第 239 号命令指出，"医院船将见机行事、远离敌舰射程，并保证不干扰作战"。

5. 即第 3 和第 4 战队，分别由出羽本人和瓜生将军担任司令。

6. 即第 5 和第 6 战队，司令官分别为片冈和东乡正路少将。

7. 出羽将军的战斗详报显示，"迪米特里·顿斯科伊"号同样改变了航向。但舒伯特在《关于战争的新资料》中称该舰在后方，"奥列格"号和"曙光女神"号正是收到了该舰发出的"运输船遇险"的信号后才开始转舵。

8. 关于"影响主力行动"为何意尚不清楚。但按照日本官方的航迹图，当时的第 1 战队在第 3 战队西北 12 海里外，第 2 战队则在其西北偏北 9 海里处。因此，此时的出羽可能只听到了友军的炮声，并不知道后者已经转舵向西，这种情况让他选择了转向，以避免挡在假想中的友军航线上。

9. 如前所述，在大约 15 点 15 分时，这些俄舰中有 1 艘试图雷击"日进"号和"春日"号，之后便转舵向南逃遁。

10. 参见《关于战争的新资料》。

11. 参见罗杰斯特文斯基的第 2 份报告和斯米尔诺夫的著作。

12. 这是俄方资料的说法。16 点 20 分至 16 点 35 分，日军的第 6 战队和第 4 战队都宣称自己在朝 1 艘双桅杆、双烟囱的汽船开火，该船据信就是"罗斯"号。最终，第 6 战队宣称将其击沉，但该战队的火炮最大口径不过 6 英寸。拥有 12.5 英寸火炮的第 5 战队则并未宣称击沉了该船。

13. 参见《第 2 太平洋舰队的末日》和罗杰斯特文斯基的第 2 份报告。本段中采用了后者记录的时间，前者给出的时间过晚，无法和日军的记录相互印证。

14. 《第 2 太平洋舰队的末日》中指出，东乡的回转是因为接到了冲之岛无线电站的电报。在他转舵时，该岛也处在俄军的视野内，但日方战史却并未提到这样的电报。

第十八章

日本海海战：第 4 阶段——追击

对日军来说，当东乡大将转舵向北前去追击敌军时，其局势可谓极为不利。诚然，他们已经打破了敌军的队形，并且制造了严重损失，但战局依旧不甚明朗；不仅如此，俄军还有 2 艘战列舰不知去向，幸存的俄军舰队实力也不容小觑。考虑到在黄海海战和蔚山海战中，处境类似的俄军舰队都成功逃脱了，因此，日军显然没有打赢这场战斗。不仅如此，日军的处境甚至要比之前更为危险，因为敌军的战斗舰队依然行踪不明，而且随着天色变暗，海雾变得愈发朦胧，这进一步降低了再次发现敌人的机会。

令日军更为紧张的是，尽管他们宣称一直维持着 15 节的"战速"，但由于船身中弹，维持这种航速只能依靠透支锅炉工的体力。不仅如此，猛烈拍打着各舰左前方的海浪也带来了更多麻烦：对"日进"号和"春日"号尤其如此。[1]

同样，日军战斗舰队的战斗力也蒙受了损失。其中，"三笠"号被命中 29 弹，虽然武器损失十分轻微，但烟囱和冷凝器遭到了严重破坏，装甲也被多次洞穿，其舰员的总伤亡接近 100 人，伤者包括 5 名军官。该战队的另一艘旗舰——"日进"号同样损失惨重，舰员的伤亡人数接近 50 人，其中包括三须将军和麾下的 2 名参谋，同时，该舰的前后炮塔各有 2 门和 1 门主炮损坏。"富士"号和"敷岛"号则各自损失了 1 门 12 英寸舰炮（后者系炸膛所致），但其他各舰的受损并不严重。

此时此刻，挡在俄国人和目的地之间的，只剩下了屡次失手的轻型舰艇；即便日军发起追击，也很难把目前的成功演变为一场久违的决定性胜利。同样，各舰的弹药消耗也达到了约三分之一到一半不等，正因如此，即便他们能在次日重新发现敌军，想要全歼敌军几乎是天方夜谭。[2]

在朝西北偏北追击敌军期间，东乡发现的第一个目标是"乌拉尔"号。由于没有意识到俄军已经弃船，东乡命令部下改变航向，并接近到了离对方 2000

米左右，在接下来的 10 分钟，日舰朝这个目标浪费了更多弹药，期间，"三笠"号甚至朝目标发射了 1 枚鱼雷（这也是该舰发射的第 4 枚鱼雷），"敷岛"号也采取了同样的行动，并宣称取得了命中。同时，日军还使用了 47 毫米炮（即 3 磅炮），他们在报告中写道："该舰是一个理想的靶标，炮弹爆炸放出刺眼的闪光，并点燃了熊熊烈火。"此时是 17 点 45 分，日本人还可以看到，东乡正路少将正带着第 6 战队赶来。之前，在 17 点 25 分，即俄军主力消失时，东乡少将便从东北航向上改出，转舵 16 个罗经点朝敌军殿后舰只接近，也正是在此期间，"乌拉尔"号进入了他的视野，少将见状立刻左转，以便给这个目标最后一击。不过，在 17 点 51 分少将开火之前，该舰便自己沉入了海底。

为继续追击俄军，东乡大将仍在向西北偏北行驶，期间，他们将炮火投向了无助的"堪察加"号，"苏沃洛夫"号则依旧不见踪影，但该舰据信就在附近。在这艘随波漂流的修理舰附近不到 0.5 海里处，驱逐舰"猛烈"号已经发现了燃烧的旗舰，凭借着精湛的驾驶技术，该舰最终接走了受伤的舰队司令。由于头部受伤，罗杰斯特文斯基已是神志不清，但不顾他本人的抗议，属下还是把他转移到了驱逐舰上。在此期间，他用一种几乎无法分辨的声音低声说道："向涅博加托夫下令——前往海参崴——航向北偏东 23 度。"17 点 50 分，"猛烈"号离开了旗舰，并挂起这样的信号旗："司令向涅博加托夫转交指挥权。"此时，其余俄军舰队刚刚从旗舰的北面驶过，日俄舰队则在相互靠近，距离刚好足够发现彼此。

在搜索敌军旗舰期间，17 点 52 分，东乡又将航向调整为西北偏西，但就在 1—2 分钟后，鉴于敌军驱逐舰有发动进攻的迹象，他又只能向东北方向转舵，并开火将驱逐舰驱离。在炮击期间，他又在 17 点 57 分辨认出 2 艘"博罗季诺"级战列舰的身影，这些军舰与日军相距 6300 米，位置在西北偏西。由于这 2 艘战舰似乎在向北行驶，东乡又在 18 点转舵恢复了之前的西北偏北航向并重新开火。"三笠"号在报告中写道："由于双方平行航行，我军很难拉近距离。"

事实上，东乡很快发现，日军正在重蹈 8 月 10 日和 14 日的覆辙。不仅如此，他在最初的几分钟内还注意到，在率先映入视野的 2 艘战列舰身后有更多的俄军战列舰正在远方，而且这些军舰还可以继续战斗。这也让东乡意识到，交战的间歇实际给了俄军一个绝佳的喘息机会。在此期间,对手事实上已经重组了阵型。现在领航的是"博罗季诺"号,该舰刚刚打出信号:"运输船以北偏东23度航向驶出朝鲜海峡。航速8节。"³ 紧随该舰的是"鹰"号,而在其后方一段距离的是涅博加托夫将军的座舰"尼古拉一世"号,该舰引领着支队内的其他舰船——"阿普拉克辛海军元帅"号、"谢尼亚文海军上将"号和"乌沙科夫海军上将"号。受到重创的"亚历山大三世"号,已无法保持阵位,目前正在"谢尼亚文海军上将"号正右舷方向蹒跚前进。紧随其后的是第2战列舰支队的幸存舰只,即"伟大的西索伊"号、"纳瓦林"号和"纳西莫夫海军上将"号。由于日军战列舰队已经出现在东南方,俄军巡洋舰和驱逐舰可能正遵照着"博罗季诺"号的最新命令,试图前往战列舰队的东侧(即非迎敌面)占据阵位。此时,这些舰船正在分成2列前进,其中,3艘运输船("阿纳德尔"号、"额尔古纳"号和"朝鲜"号)与"金刚石"号和"斯维特兰娜"号一道位于右侧,而左前方则是恩克维斯特将军带领的舰列,其中包括其余的巡洋舰,这些舰只的航行顺序是:"奥列格"号、"曙光女神"号、"迪米特里·顿斯科伊"号、"弗拉基米尔·莫诺马赫"号、"珍珠"号和"绿宝石"号。一部分驱逐舰在"奥列格"号附近,另一部分则跟随运输船行动。⁴ 除了日军的位置稍稍靠后之外,此时的局势几乎是战斗打响时的重演,也正是在这种态势下,双方又重新爆发了战斗。

最初,日军的炮击效果不佳,俄军的弹着点却非常密集。事实上,俄军充分利用了背对阳光的优势,而在日军这边,由于阳光刺眼,他们几乎无法瞄准或是判断炮弹的落点。和之前的情况一样,他们最初都在朝俄军的先头舰集中火力,但在18点12分时,双方的距离接近到了6000米内。几分钟后,一直在向北航行的"博罗季诺"号向左转舵2个罗经点,试图躲避日军舰队(已于18点整转向西北偏北)愈发猛烈的炮击。⁵ 俄军的这一举动,似乎令"亚历山大三世"号陷入了猛烈的火力攻击之下。正如我们之前提到的那样,由于早已被日军密集的炮击重创,此时的它已经向右离开队列,落后愈发严重,扬起的信号旗显示舰上局面危急,船体左倾的状况也异常醒目。一名亲历者写道:"骇人的大火在该舰短艇甲板肆虐,其舰尾完全扭曲变形,在船身左前方,一个直径20英尺的巨大破口清晰可见。我一度相信,只需要几秒钟,该舰便将步'奥斯利亚比亚'

号的后尘，但显然，该舰还是从死亡线上挣扎了过来——它从'谢尼亚文海军上将'号后方缓缓地回归队列，并重新开始与日军交战。"[6]

虽然天色渐暗，但日军的炮火却变得愈发准确。到 18 点 25 分时，双方已接近到 5500 米，在位置上，俄军仍然较"三笠"号领先，但炮术表现愈发拙劣。日军第 1 战队在报告中写道："在对方将战列线拉直后，我军获得了一个绝佳的炮击机会。战斗变得极为激烈。所有战舰先是向着俄军领舰射击，并多次取得命中。该舰旋即被浓烟笼罩，导致我方瞄准困难。值得一提的是，敌军的 2 号舰（据判为'鹰'号）表现十分优异，其炮弹落点密集，离我方军舰极近，水花不时溅入舰桥。因此，我军后来把敌军 2 号舰当成了目标。"这一案例也充分证明：片面将火力集中于一点，不进行干扰射击的做法其实很危险。

但幸运的是，日军的损失并不严重。一颗 12 磅炮弹在"敷岛"号主桅附近爆炸，造成 1 名舰员阵亡，另有 2 名军官和 3 名水兵受伤。"三笠"号的第 10 号炮廓被一枚 6 英寸炮弹洞穿，它也是该舰经历的第 30 次命中；该炮弹导致 1 名一等兵曹阵亡，1 名军官和 6 名炮组成员受伤。后方各舰则没有被炮弹击中。

尽管俄军很可能已在 18 点 30 分之前转舵逃离[7]，但直到 18 点 42 分，东乡将军才有所察觉，此时，双方的距离已经增加到 7000 米。3 分钟后，东乡开始左转朝西北航行。他在战斗详报中这样写道："然而，由于敌舰的左转幅度更大，我军还是很难接近。"但日军不向敌人靠拢的原因远不止于此：在转舵时，1 枚俄军的 12 英寸炮弹在"三笠"号后方医务室的天窗附近爆炸，导致室内的设备和周围的舰体结构毁坏，1 名军曹受伤。日军的战斗详报继续写道："此后，双方的距离再次拉开，18 点 59 分时，敌军先头舰已经位于 7200 米外，但我军的主炮仍在开火。"随后，双方的距离继续增加，对此时正在赶超敌军的东乡大将来说，如果保持当前的航向，他将抵达位于郁陵岛以北的集结点。接下来的 5 分钟，双方都在不时取得命中：19 点时，1 枚 12 英寸炮弹命中了"日进"号的前炮塔，令该舰的最后一门 8 英寸主炮损毁，连同另外 2 枚口径较小的炮弹在内，以上损伤共导致该舰 2 名舰员阵亡，另外还有 2 名军官和 6 名士兵受伤。到 19 点时，随着太阳渐渐隐没在海雾背后，"三笠"号停止了射击，战队的其他舰只也是如此。

再次截断敌军的航线后，东乡似乎很是满意，他一定认为，继续逼近已毫无意义，并准备把全歼敌军的使命交给轻型舰艇；即便还有漏网之鱼，他也可以在明天白天的战斗中将其击沉。同样，由于巡洋舰战队正在跟踪敌军，他也毫不怀疑自己能在明天清晨重新拦住敌军，另外他还相信，麾下的装甲巡洋舰战队正从南方步步逼近。18点，即东乡与敌军主力交战时，上村事实上已经放弃了对俄军巡洋舰的追击，具体原因则非常有趣。他后来表示："由于敌军航速更快，双方的距离不断拉大。"但这并不正确，尽管他的第2战队已无法保持全速，但双方拉开距离的真正原因可能是：此时的俄军已转舵向北，前去追赶主力，日军战队的追击完全搞错了方向。该报告继续写道："由于追之不及，加上时间已近日落，第2战队离开了第1战队的视线。这一点也左右着上村将军的决策——如果他们在后续的战斗中和第1战队分开，届时，其处境将极为不利。正因如此，18点03分，他放弃了追击并向左转舵，试图前往一处足以发现第1战队和敌军主力的海域。" 8

然而，他对目的地的判断却出现了失误。此时的上村并没有右转北上，而是选择了带领舰队向左掉头，并在18点07分开始朝东南偏东方向前进。他后来表示："这是为了与第1战队会合。"但很明显，他并不知道东乡大将已经转向北方——上述判断实际不正确。除了第一次战斗的残迹之外，这些日军实际一无所见，随着航线穿过战斗达到高潮的海域，上村报告说，他的船边"飘过大量残破的小艇以及烧得半焦的舾装物，而且有很多士兵正在波浪中挣扎，据信，他们可能是'奥斯利亚比亚'号上的战士，只能借着一些残骸和碎木片勉强漂浮。他们挥手示意，向我们大声呼喊求援。这些所见所闻让每个人的内心都大为震恐。" 9

然而，日军却并不打算为俄军提供救援，因为他们仍在盲目地寻找东乡战队。此时，他们只能在左前方看到第6战队，该战队的巡洋舰正在朝"堪察加"号和"苏沃洛夫"号开火。日军的战斗详报对此记载道："上村将军在18点15分转舵向北，以避免妨碍友军小型巡洋舰的机动。"但毫无疑问，他的主要目标仍然是搜寻第1战队，幸运的是，他刚好遇到了一个能提供消息的人。之前，在各巡洋舰战队的司令中，只有第6战队的东乡正路看到总司令消失在了北面。事实上，我们可以毫无疑问地说，与第6战队的相遇，令上村回归了正确的判断——而且也正是这次巧合，令他参与了战斗中最关键的阶段。[10] 在找到与主力会合的办法后，上村便一路向北前进。沿途，他看到 2 艘千疮百孔的俄舰正好处于正横方向，于是只发射了几枚炮弹，便心满意足地离去了。

东乡正路战队之所以出现在当地，是因为它是巡洋舰战队中最早掉头向北的一个。从看到"乌拉尔"号沉没到 18 点，该战队一直在向前面提到的 2 艘掉队俄舰射击。半小时后，瓜生战队也加入了攻击的行列：此时，"秋津洲"号已经回归，同时，他还得到了第 3 战队的"音羽"号和"新高"号的加强——这 2 艘巡洋舰都是在"笠置"号遭遇重创后奉命赶来的，它们令瓜生拥有了 6 艘军舰。15 分钟后，带领剩余 3 艘战舰抵达的片冈将军也用重炮加入了战斗。也正是此时，瓜生看到了敌军战列舰的炮口闪光，并在 18 点 30 分朝"苏沃洛夫"号停火，接着，他像上村一样追踪了过去，第 5 战队则接过了摧毁瘫痪敌舰的任务。

就在驶过"苏沃洛夫"号继续北行后不久，上村战队很快有了收获：在左前方大约 11000 米外，他们看到了一些俄舰的行踪。其中，他可以辨认出最末尾的"纳西莫夫海军上将"号，同时还认为这些军舰似乎"正在向南驶来"。[11] 根据这一推断的航向，或许还有炮声传来的位置，上村得出结论，这些俄舰在第 1 战队的打击下逃走。事实上，正是在此时，面对东乡战队的炮击，"博罗季诺"号被迫左转出列，另外一些舰船也显露出了类似的迹象——至少它们是在向西南转舵。一份俄方的记录写道："在右舷接敌的同时，舰队开始不断徐徐左转，当'亚历山大三世'号沉没时（约 18 点 55 分），舰队再次朝着对马岛驶去。"[12] 这些机动显然印证了上村将军的判断。随着敌情得到确认，上村开始转舵向西北前进。[13] 他后来表示，这一举动是为了"逼近俄军"，但很明显，他也能因此重新与上级会合。不过，几分钟后，透过海雾和渐浓的夜色，他便在右前方看到了第 1 战队的炮口焰。为了贯彻行动意图，尽快与上级会合，他在 18 点 40 分改为朝北偏东 1/2 个罗经点的方向前进。随后，他意识到，自己的正前方还有更多俄舰。18 点 46 分时，他开始遭到这些俄舰的炮击。此时的上村决定向左微转半个罗经点，以便把敌军纳入射界，尽管当时的距离超过了 7000 米，但他还是开始对朝西北偏北行驶的 4 艘俄军大舰实施了炮击。几分钟内，俄军的炮弹也落在日舰周围，但随着天色迅速变暗，炮手很快便无法准确攻击如此遥远的目标。随着交火渐渐平静，19点04分，上村率领战队左转4个罗经点，以便继续接近若隐若现的敌军。

这段时间，第5和第6战队始终在近距离轰击不幸的"苏沃洛夫"号，但它们不仅无法将其击沉，连零星的还击火力都未能扑灭。随着片冈战队的12.5英寸炮弹不断落在该舰身上，该舰的状况已是惨不忍睹。片冈将军后来表示："该舰根本不成舰形，内部火光熊熊，炮门和舷窗喷吐着赤红的烈焰。浓重的黑烟紧贴着甲板翻滚——这一光景着实惨淡至极。但即使如此，这艘军舰还是左转右回，一心试图逃脱，与此同时，其仅存的2—3门尾炮仍在英勇奋战。"19点时，"堪察加"号倾覆沉没，随后，东乡少将决定派遣配属的水雷艇击沉俄军旗舰。然而，第5战队仍然在开炮，令水雷艇根本无法找到机会。日方后来这样写道："为避免在黑暗中与敌军主力失去接触，他命令配属的艇队跟进，全速向俄军战斗舰队所在的方向驶去。"

在他离开后没多久，片冈将军也停止了射击，"考虑到天色渐暗，也为了节省弹药，他命令第11水雷艇队实施攻击。"[14] 接到命令后，这些水雷艇以20节航速冲过遍布"堪察加"号溺亡舰员的海面，绕过了身陷绝境的俄军旗舰的舰首，并于19点20分在300米外发动了攻击。它们一共发射了7枚鱼雷。该艇队在报告中写道："其中3枚引发了猛烈爆炸，目标舰只迅速向左舷倾斜。其中，第3枚鱼雷明显引爆了弹药库，因为在该鱼雷击中后，'苏沃洛夫'号顿时喷涌出黑黄色的浓烟。不久，其舰身便被烟雾笼罩，还喷吐出许多火舌，并最终在海面上倾覆。在一段很短的时间内，该舰曾舰底朝天漂浮在海上，但很快便没入水下，消失得无影无踪。"该舰上的官兵无一人幸存，但在没入水面前，它的最后一门舰炮仍在持续射击。事实上，单凭文字已不足以表现该舰的顽强和无畏。如果海军史上存在过某种不朽的功勋，那它一定非"苏沃洛夫"号及其全体官兵莫属。[15]

与此同时，类似的悲剧也开始在俄军主力中接连上演。随着上村战队排成斜线阵渐渐接近，他们很快便目击到了其中一幕。18点50分，一直挣扎着跟随在"谢尼亚文海军上将"号身后的"亚历山大三世"号开始急剧左倾，在打出遇难信号旗后，该舰开始左转离队。就在其他舰只前来支援前，这艘军舰突然倾覆，除了 4 人之外，该舰的所有舰员都随船沉入海底。[16]

在这场灾难发生后，交火沉寂了大约 5 分钟。此时，东乡失去了与俄军的目视联系，第 2 战队仍然以斜线阵接近，极力试图与俄军拉近距离。在这段交战间歇，为了搭救幸存者，"珍珠"号迅速冲向"亚历山大三世"号的沉没地点，但上村将军也看到了这一幕，19 点 10 分，看到"珍珠"号和 2 艘驱逐舰赶来后，他开始以横阵朝西北偏北前进，同时朝俄舰开炮射击。很快，这艘巡洋舰便隐没在了炮弹爆炸的硝烟中，当它再次被日军发现时，该舰正在匆忙朝着主力舰队赶去。

然而，俄军的灾难远没有就此终结。19 点 20 分，日军注意到"博罗季诺"号同样伤势严重——之前，正是该舰和"鹰"号经历了第 1 战队的最后一波集火射击。现在，它的后半段火焰升腾。[17] 几分钟后，"富士"号为该舰送上了致命的一击，其景象相当骇人。炮弹命中了"博罗季诺"号的前半部分，伴随着爆炸，一团巨大的浓烟腾空而起，在 2—3 分钟内，整个军舰便被浓烟和火焰笼罩。[18] 但即使如此，该舰的 6 英寸炮还在持续射击。突然间，该舰便翻转过来，仰面朝天倒伏在了水面上。最近的俄军舰船上有人看到一些该舰的舰员正在龙骨上挥手求助，但他们无能为力。很快，这些幸存者便被吞没在了其他舰艇的波浪里，"博罗季诺"号有段时间还像怪鱼的脊背一样漂浮在海面上，但还是渐渐消失在了海面以下——没有人记录下它最终沉没的时间。[19]

在战斗打响的第 11 个小时后，日军终于毋庸置疑地取得了决定性胜利——他们击碎了俄军舰队的核心。"奥列格"号上的一名军官写道："'博罗季诺'号在众目睽睽下沉没得如此突然，令每个人都目瞪口呆；在惊魂未定之中，我们目送着这艘英勇的军舰朝着泡沫喷涌的墓地滑去……太阳落了下来，从西南方洒下金色的光芒，映照着西面和北面的海域，也映衬着无数日军鱼雷艇的黑色轮廓，这些鱼雷艇正在我们的必经之路上等待。"此时的战斗已经平息，"鹰"号绕过"博罗季诺"号消失的地点开始向西南逃离，并迫使该舰左后方的巡洋舰和运输船也向该方向转舵前进。此时，由于敌军已在西方消失，日军第 2 战队也停止了开火，并沿着现有航向前去加入主力。东乡则向北航行了一阵；约19 点 30 分，他派遣通报舰给各个战队发去命令，要求他们前往郁陵岛以北海域，他自己则转舵向东航行，直到第 2 舰队在 20 点时赶来。随后，2 个战队一道向集结点驶去。在接到命令后，4 个巡洋舰战队也立刻抛下轻型舰艇并采取了相同的行动。因此，随着夜幕降临，大战终于迎来了尾声，至于波罗的海舰队的残部，则将由尾随而来的雷击舰艇解决。

注释

1. 参见《武官报告》第 4 卷第 16 页。当时日军的航向为西北偏北，风向则为南稍偏西。

2. 参见《武官报告》第 3 卷第 115 页。但日军认为与 8 月 10 日和 14 日的情况相比，当时耗费的弹药实际不多，并将这种情况归结于开火纪律改善的缘故。《武官报告》中写道："日军的开火速度有时慢得令人懊恼，这并不是因为他们到达了射速的极限，相反，这似乎是因为每个人都估计战斗将持续至少 2 天，于是都打算把一些弹药留到最后阶段。因此，日军显得相当慎重……并在这方面表现出了出色的开火纪律。在远距离上，除了有些时候，上级根本不用下命令，炮手们自己便主动减慢了开火的速度。"

3. 参见舒伯特《关于战争的新资料》。

4. 参见《第 2 太平洋舰队的末日》和罗杰斯特文斯基的第 2 份报告。

5. 根据罗杰斯特文斯基的第 2 份报告，在 18 点（即日本时间 18 点 20 分）时，双方距离并未超过 7000 码。报告中还宣称，日军在 5 分钟后也有针对性地进行了机动，但日方的报告却对此只字未提。另外，日方绘制的航迹图上则没有显示俄军在 18 点 30 分前进行过这种机动。

6. 参见《第 2 太平洋舰队的末日》。

7. 在斯米尔诺夫著作的航迹图上，俄军转舵的时间被标成了 18 点 30 分。

8. 参见第 2 战队的战斗详报（"第二合战"部分），亦参见《武官报告》第 3 卷第 110 页。

9. 参见第 2 战队的战斗详报和《武官报告》。

10. 上村旗舰的战斗详报中这样写道："18 点 11 分与第 1 战队（原文如此）相遇后，'出云'舰转舵向北。"可以肯定，其中提到的战队其实是第 6 战队。

11. "常磐"号的战斗详报指出，该舰当时可以辨认出 1 艘"博罗季诺"级战列舰和"伟大的西索伊"号、"纳瓦林"号以及"纳西莫夫海军上将"号。

12. 参见《第 2 太平洋舰队的末日》。

13. 此时是 18 点 29 分，参见《武官报告》第 3 卷第 111 页。

14. 第 11 艇队（司令富士本梅次郎少佐）装备的是日本制造的二等水雷艇，各艇排水量均为 88 吨，航速 24 节。该艇队是 5 个随第 3 舰队（由片冈将军指挥）行动的水雷艇队之一。

15. 该舰的阵亡者共计 40 名军官和 888 名士兵。

16. 该舰的阵亡者共计 30 名军官和 806 名士兵。[①]

17. 据称当时命中该舰的是"敷岛"号。

18. 参见《武官报告》第 4 卷第 19 页。

19. 参见《第 2 太平洋舰队的末日》和涅博加托夫将军的证词。该舰只有 1 人生还，阵亡者总数为 32 名军官和 822 名士兵。

---

① 译注：现代资料显示，该舰的乘员全部阵亡，书中"4 人生还"的说法实际有误。

第十九章

日本海海战：轻型舰艇出击

当日落时分东乡大将停火时，日军舰队大致处在与对马岛北端平行的位置上，离北面的郁陵岛集结点大约有 200 海里。在他前方是 3 个配属的轻型舰艇分队（即第 1、第 2 驱逐队和第 9 水雷艇队）。过去一段时间，它们已经按计划前进到了预定位置，准备在入夜后迎头对俄军实施攻击。白天，2 个驱逐队一直在冒着风浪陪同战斗舰队，不过，与它们相比，第 9 水雷艇队的表现最值得称道。[1] 当天清晨，东乡下令命令各艇队暂避时，该艇队和友军一道开入了三浦湾。但在 14 点 52 分，随着战斗打响的消息传来，它的指挥官立刻决定重新出海参战。尽管天气依旧恶劣，他们还是全力向着战场赶去。凭借坚定的意志，他们最终在 19 点前不久发现了战斗舰队，并及时进入了正确的位置。

在更南方是日军的 3 个驱逐队——第 3、第 4 和第 5 驱逐队，因为对"苏沃洛夫"号的攻击，它们暂时滞留在了更靠南的区域。为躲避突然现身的俄军战列舰，第 4 驱逐队与友军失去联系，随后一直在单独作战，另外 2 个驱逐队则一直在伴随第 2 战队。

虽然第 4 驱逐队并未直接对"苏沃洛夫"号实施攻击，但它的行动却值得一提。如前所述，26 日，该驱逐队曾被调往出羽将军麾下守卫第 4 警戒线，但由于天气恶劣，它们一度只能前往神崎暂避。27 日，该驱逐队又重新与出羽会合，直到下午 14 点 35 分都在伴随行动。随后，由于出羽需要加速赶往战场，但驱逐舰又无法跟上，因此，他便下达了自由行动的命令，但这道命令从未传到，最终，第 4 驱逐队加入了上村的阵列。[2]

第 4 驱逐队攻击"苏沃洛夫"号的案例尤其值得我们注意。因为按照《日本战史发行版》的说法，该队还肩负着一项特殊使命，这项使命要到其他雷击舰艇大举出击之后才能开始。关于这项使命的内容，《日本战史极密版》只字未提，但根据我国驻日海军武官提供的情报，他们似乎是要布设一个攻势雷区。按照他得到的说法：“第4驱逐队各舰均奉命在战前携带8枚100磅重的水雷，如果时机有利，他们将把这些水雷布置在敌人的必经之路上。”对日军是否打算将水雷用于第4警戒线，我们一无所知，但无论如何，因为天气原因，这项行动已无法进行，不过即使如此，该驱逐队仍然携带着上述负载；由于其本质更像是布雷舰而不是雷击舰，因此，它们对“苏沃洛夫”号的攻击就显得更为英勇无畏。

日落时，第4驱逐队同俄军基本处在平行线上，但随着第3和第5驱逐队从东面不断驶近，该驱逐队开始绕过装甲巡洋舰队后方，似乎准备在折返的敌军前方寻找一处有利的布雷阵位。

其他水雷艇队的位置则大多不利：它们中大部分都在三浦湾或神崎附近避风，只有配属给第3舰队的第10和第15艇队正在跟随第6战队作战；但即使如此，它们还是千方百计试图出航，只是因为海况恶劣、局势不明，再加上离北方的敌军过于遥远，才最终未能抵达战场。不仅如此，其艇员也大多疲惫至极，注定无法完成使命。

当这些水雷艇从三浦湾启程赶往战场时，从西南偏南吹来的狂风猛烈地拍击着它们的侧舷。在总司令看来，这种恶劣海况对水雷艇十分危险，可即使如此，各艇队还是挣扎着前进了4—10个小时。关于出海攻击时的情景，日军在战斗详报中生动地描绘道：“大风猛烈地吹袭了一整天，尽管现在稍微减弱，但海上仍然是巨浪滔天。各艇的横摇达到了50—60度，螺旋桨飞转，大浪重重地拍打过来，仿佛要把艇身撕成两半。导航罗盘完全失灵，磁罗经的指针漫无目的地旋转；望远镜和挡风玻璃都被浪花浸湿，透过镜片，人们的视线一片模糊。与恶浪进行的昏天黑地的搏斗，让水雷艇的艇员两眼充满血丝，视力受到了严重损害。”[3]其他很多报告也显示，由于整个白天都暴露在如此可怕的环境下，视力损伤最终给他们带来了灾难性的后果。

但危险远不止于此：有时，这些水雷艇几乎要被海浪吞没。第10和第15艇队一直在跟随东乡正路战队行动，它们报告说巨浪甚至会不时涌过桅杆，面对这种海况，“连航行都会遭遇巨大的困难”[4]。

日军轻型舰艇无法使出全力，另一方面，他们的敌人也是遍体鳞伤。在4艘第1支队的战列舰中，只有“鹰”号还没有沉没，但该舰受损严重，大部分火炮被毁，烟囱千疮百孔，已无法快速行驶。在第2支队中，旗舰"奥斯利亚比亚"号早已沉没，"伟大的西索伊"号水线位置受创严重，航行出现了严重困难，"纳瓦林"号的情况则更为糟糕。在涅博加托夫支队中，"乌沙科夫海军上将"号水线以下同样受损严重，但另外2艘——"阿普拉克辛海军元帅"号和"谢尼亚文海军上将"号——尽管多处中弹，但战斗力仍大致完好。在巡洋舰中，唯一一艘遭遇重创的是"斯维特兰娜"号，由于前方水线以下被多处洞穿，该舰的舰首出现了下沉迹象。其他巡洋舰则仍然可以高速航行，火炮也基本没有受损。

在接下来8、9个小时的夜晚，俄军将面对一片开阔海域，这给他们抵达目的地带来了希望，但此时此刻，日军雷击舰艇却挡住了去路，一看到敌方驱逐舰从北面和东面驶来，为躲避这些威胁，俄军只好匆忙朝南方转向。虽然他们大都清楚涅博加托夫接过了指挥权，但这位将军无力调遣斗志消沉的舰队，在规避轻型舰艇期间，俄国人的机动出现了混乱和误解。对于集体转向还是相继转向，各舰都在自作主张，巡洋舰则没有担负起掩护战列舰的职责，相反，它们逃向了非迎敌的一面。当然，从某种程度上，当天的混乱也帮助了俄国人，因为海浪正劈头盖脸地拍打着南下的日军舰艇，让后者既无法分辨俄军的队形，更无法决定该如何进攻。不到20点时，随着天色变暗，俄军视线中已是一片漆黑，于是，他们打开探照灯，但也迅速暴露了自己。此时，日军的第2驱逐队已从北方赶来，见状，它们决定径直向敌军主力的前卫冲去。与此同时，俄军的阵型则有所恢复。

期间，涅博加托夫将军亲自带领着战列舰，"鹰"号在他后方占据了阵位，"阿普拉克辛海军元帅"号和"谢尼亚文海军上将"号紧随其后。由于受伤，"乌沙科夫海军上将"号正愈发落后，但仍然可以得到"伟大的西索伊"号和"纳瓦林"号的援助。同时，"绿宝石"号已于不久前归队，受损的"斯维特兰娜"号、慢吞吞的装甲巡洋舰"弗拉基米尔·莫诺马赫"号和"迪米特里·顿斯科伊"号也没有脱离视野。然而，恩克维斯特将军已经带着快速巡洋舰"奥列格"号、"曙光女神"号和"珍珠"号消失得无影无踪。

在队列大体得到重整后，涅博加托夫将军开始右转，以便重新向北前进。

当日军驱逐舰再次现身时，整个舰队船首朝向正西。[5] 根据日军的描述，恩克维斯特将军的分队正位于其主力的前方。另外，恩克维斯特也宣称，当第 1 批日军驱逐舰迎面冲来时，他正准备转舵向北。结果，一拥而上的日军驱逐舰顿时陷入了俄军战列舰和快速巡洋舰的交叉火力，落在周围的炮火密集而猛烈，但它们毫不退缩，依旧对战列舰发动了反航向攻击。这些日舰保持着严格的单线阵，在 400—500 米外相继将鱼雷射出，但即使如此，它们还是未能全身而退——俄军的小口径舰炮火力猛烈而准确，尽管先头舰成功发射了 2 枚鱼雷，但甲板和烟囱依旧多处中弹，舰员中有 1 人死亡、5 人受伤。2 号舰则还未来得及发射鱼雷，其主蒸汽管便被炮弹切断，随后 10 分钟都几乎静止不动地暴露在了敌军的炮火之下——在成功逃脱前，舰上共有 1 名军官阵亡、12 名士兵受伤。鉴于损伤严重，该舰只能蹒跚着向竹敷返航。其他 2 艘驱逐舰共有 4 名乘员受伤，但战斗力依然完好，至于它们发射的 4 枚鱼雷，则无一命中。

由于手头的鱼雷全部用尽，这些驱逐舰只好撤往郁陵岛集结点。沿途，它们还将把备用鱼雷重新装好，按照日军的描述，因为海况恶劣、天色昏暗，这项高难度作业全程险象环生。

当这轮进攻在 20 点 20 分画上句号时，俄军似乎已经再度转向西南——至少在遭遇日军的下一轮集群攻击时，它们的航向是如此。接下来出现的是第 5 驱逐队，它们之前曾攻击过"苏沃洛夫"号，现在正从东面驶来。但由于狂风从左前方吹袭而来，它们的队列已在海浪的拍打下四分五裂。它们的战斗详报这样写道："海浪浸透了舰桥，扬起的浪花抽打着甲板上舰员的面颊，随着太阳落下，各舰的视野很快一片模糊。各舰渐渐分散开来，只能单独发动进攻。"[6]

其中，先头舰直到 22 点 30 分都一无所获，但此时，1 艘孤立的敌舰突然出现在视野中。在朝目标发射完最后一枚鱼雷后，该舰被迫返回三浦湾装载鱼雷。2 号舰则突然闯入了探照灯的照射下，此时，由于担心猛烈的摇晃造成故障，该舰固定发射管的设备还没有解开。在这种情况下，该舰只好逃出敌人的搜索范围，期间，命中煤舱的炮弹还引发了火灾。4 号舰则在 500 米距离上发射了 2 枚鱼雷，但没有观测到命中，随后，该舰只得开往釜山进行再次装填。

3号舰"夕雾"号（Yugiri）则最为不幸。发射完1枚鱼雷后，该舰错失了再次发动雷击的机会。为寻找下一个时机，该舰只好撤退。此时，另1艘驱逐舰驶入视野。由于将其当成了某艘失散的僚舰，"夕雾"号于是前去与之会合。但该舰实际是"春雨"号，即第1驱逐队的旗舰。当时，该舰正在带领部下一路从北面驶来。该分队由5艘驱逐舰组成，为了发动进攻，它们又被司令藤本大佐分成了3组。[7] 按照藤本大佐的报告，当20点40分，第1组正准备全速开始进攻时，他突然发现另一队友军（即第5驱逐队）正在右前方2个罗经点外向他们冲来。虽然他设法猛然躲开了第1艘驱逐舰，但紧随在该舰后面的"夕雾"号却在其前方水线以下位置撞开了一个1码宽的破洞。为此，其僚舰只得放弃攻击并在原地守候。"春雨"号很快用毡毯填补了破口——它不仅保持着浮力，而且还冒着与其他分队再次相撞的危险与僚舰一道重新开始搜索敌军，该舰在报告中形容道："四面八方都有友舰高速驶过波涛汹涌的海面。"[8]

"夕雾"号舰首已经向右弯折，舰员正在奋力抢救军舰以求避免沉没。他们花了1个小时才摆脱危险，最终只能以3节的航速向佐世保驶去。

这次尝试的失败，极大影响了轻型舰艇的整体攻势：就在它们行动前，涅博加托夫将军刚奉上级之命沿北偏东23度航向朝海参崴驶去。在这轮攻击后，他还熄灭了探照灯，令舰队摆脱了日军轻型舰艇的威胁。一份俄国记录中写道："最初，全速前进的日军雷击舰艇似乎没有注意到它们的存在，并径直从旁驶过，至于发射的鱼雷则全部失的。"[9] 这种情况也得到了日方记录的证实，其中显示：在搜索敌军时，其轻型舰艇分队只能借助探照灯的引导，但当时，俄军只有落后的二等战列舰和老式巡洋舰上才有灯光亮起。也正是利用后者，从东面接近的第3驱逐队发现了这些目标，并在21点至21点15分时有惊无险地插入了俄军战列舰和巡洋舰之间的海域。

在这些驱逐舰中，有1艘一度离敌军非常接近，但由于俄军队列不整，它并未找到一个理想的目标。不过即使如此，冒着来自舰炮和步枪的猛烈火力，该分队还是发射了7枚鱼雷，事后只有1艘军舰被迫返回釜山接受修理。

这个阶段，日军的袭击进行得相当混乱——当时，还有至少6个分队试图逼近。它们包括第1驱逐队剩余的2个小队，第1、第17、第18水雷艇队（第

1 艇队来自西南方向），以及从北面赶来的第 9 艇队。其中，21 点 10 分，藤本驱逐队的第 2 小队在探照灯的照射下进行了一次干净利落的攻击。期间，2 艘驱逐舰都在极近的距离上发射了 2 枚鱼雷，并毫发无损地逃脱了，但由"晓"号单独组成的第 3 小队情况则截然不同。在第 1 水雷艇队不断接近期间，该舰突然插进了该艇队的航线。为避免发生碰撞，艇队领头的第 69 号艇被迫紧急转舵，这导致其艇身严重扭曲变形。海水迅速涌入船舱，导致航行和机动困难——最终，该艇在不到 2 个小时后沉入海底，其艇员则被 1 艘在附近待命的友军水雷艇（来自第 9 艇队）救起。该艇队的其余部分也在"晓"号闯进航线后阵脚大乱，只有 2 艘成功发起了攻击。其中 1 艘遭遇了重创，在付出 3 人阵亡、5 人受伤的代价后勉强支撑到了竹敷港；另 1 艘则只发射了 1 枚鱼雷便匆匆逃离。

同时展开进攻的第 17 艇队表现也不理想。其先导艇还未曾来得及发射鱼雷，右侧锅炉便被 1 枚炮弹命中，前部发射管和操舵链也被彻底炸碎。在无助中，它发现自己正在渐渐向 1 艘瘫痪的俄国军舰——该舰或许是在首轮攻击中中雷的"纳西莫夫海军上将"号，也有可能是在 9 点时船尾已经严重下沉的"纳瓦林"号——靠近。由于战斗中的损伤，该舰的航速越来越慢，并渐渐开始掉队。[10]

不管该艇遭遇的敌舰是哪一艘，对方都还有自卫能力。这艘随波漂流的鱼雷艇在逃离前一共付出了 7 人阵亡、1 名军官和若干士兵挂彩的代价。所有拯救该艇的尝试都宣告失败，22 点后不久，它便舰尾朝下沉入了海底，除 7 名阵亡者外的所有艇员都被另 1 艘水雷艇救起。另外 3 艘水雷艇则设法发起了进攻，但最后行动的 1 艘依然受创严重，只能和其他 2 艘友艇一道返回竹敷修理。

在进攻时，第 18 水雷艇队同样遭遇了某艘从前方闯入航线的船只干扰，为避免发生碰撞，它们只能改变航向，并因此相互失散。当各艇重新完成集合时，恶劣的海况已经令它们无法准确实施雷击。即使如此，它们还是发射了 1 到 2 枚鱼雷，但是，它们也遭遇了严峻的考验。其殿后艇上有 2 人死亡、9 人受伤，最终只得在濒于沉没时被船员放弃。

当时，干扰它们进攻的可能是第 9 艇队。该艇队从北面分成 2 个小队南下，由于装备的是一等水雷艇，它们更能适应恶劣的海上环境。其麾下各艇向着后方俄舰发射了 2 枚鱼雷，还搭救了第 1 艇队中第 69 号艇的艇员。尽管遭遇了猛烈炮击，它们最终还是全身而退，只有艇身和设备上留下了一些弹片划伤的痕迹。

直到此时，日军轻型舰艇的攻击效果都不甚理想。俄军最强大的3艘战列舰已经向北逃脱，此时完全不知去向。同样的情况也发生在了恩克维斯特将军率领的3艘性能最优良的巡洋舰身上。今天，恩克维斯特的实际航线已无法确定。按照将军本人的说法，他自己曾多次试图跟上北方的涅博加托夫舰队，但每次都被鱼雷攻击逼退，最终，他只得放弃尝试转舵前往南方，希望能在清晨与舰队会合，并从留下的运煤船上补充煤炭。[11] 其旗舰上的1名军官则给出了更详尽的报告，按照这位军官的说法，大约21点30分之前，将军一直在朝西南偏南前进，随后再次从西面转舵北上。[12] 接着，他表示舰队再次遭到了攻击，鉴于前方出现了敌军的灯光，它们只能向西南方撤退。这份资料还显示，为了向北前进，他们后来又进行了数次尝试，但期间总是被鱼雷攻击阻止——按照它的说法，这些鱼雷攻击一共发生了17次，直到次日凌晨1点俄军掉头朝朝鲜海峡前进时才最终结束。但日方宣称，他们不仅没有进行过这种攻击，更没有发现过与之类似的舰船。在星光下，由于3根烟囱的特征很好辨别，因此日军猜测，吓退俄军的一定是他们自己的驱逐舰。

无论如何，恩克维斯特都逃离了战场，日军则对他们的下落一无所知。对日军来说，令情况更为尴尬的是，尽管发射了大量的鱼雷，但取得的命中极为有限，而且中雷的俄舰本身就濒临瘫痪。大约20点30分，即行动开始后不久，由于误把来袭之敌当成了友军，老式巡洋舰"纳西莫夫海军上将"号前半段被1艘驱逐舰击中。在离队展开堵漏作业期间，该舰又遭遇了多次攻击，但并未再次受创。

由于同样的误判，"弗拉基米尔·莫诺马赫"号也在1小时后被鱼雷击中。事件发生之初，驱逐舰"洪亮"号正在向该舰靠近，并且打出了身份识别信号。但就在此时，另1艘身份不明的驱逐舰也发送了类似的信息，并骗过了"弗拉基米尔·莫诺马赫"号。很快，该舰便骤然逼近并发射了1枚鱼雷。这枚鱼雷不仅正中目标，还诱发了猛烈爆炸，据说，1门6英寸舰炮的全体炮组都因此从炮门落入了海中。堵漏期间，该舰又遭到了反复攻击，但并未再次受损。

最后 1 艘中雷的军舰是瘫痪的"纳瓦林"号。根据其生还者中唯一一份前后矛盾的陈述，在完全停船前，还没有鱼雷命中该舰。不过，随着它陷入孤立，日军雷击舰艇的袭击也随之来临。这位生还者表示，有一大群雷击舰艇从四面八方扑来，其中 1 艘悄然从后方驶近，用鱼雷击中了该舰。在随之而来的混乱中，另 1 艘敌艇击中了该舰的中部，但该艇也在逃脱过程中被击中沉没——考虑到前文提供的日方记录，这一描述很可能是真实的。[13]

在日军方面，他们当时有 3 艘水雷艇沉没，另外还有几艘因为中弹和相撞而完全瘫痪。第 10 水雷艇队的报告对当时的景象做了一番描述，白天，他们一直和第 15 艇队跟随东乡少将的第 6 战队。21 点 20 分，他们发现"有至少 5 艘俄舰正在向东北方前进"，随后开始转舵向自己驶来。这份报告写道："此时，我军雷击舰艇的进攻达到了高潮。许多驱逐舰和水雷艇从四面八方包围了敌人，有些舰艇甚至直接穿过了扫视海面的探照灯光柱，抵达了极为靠近敌人的海域。随后可以看到一些舰艇喷吐着白烟，从敌人密如雨点的弹雨下穿过；另一些则失去了行动能力，正在惊涛骇浪中翻滚颠簸。在黑暗中风驰电掣的舰艇可谓不计其数，它们的船舷和船首相互擦过，俨然有彼此碰撞的可能。"[14]

对于这种危险，该艇队的感受也颇为真切。大约 21 点 30 分，其先导艇开始向目标逼近，就在准备发动攻击时，另一艘水雷艇突然横在了前面。见状，先导艇被迫急剧转舵，但为时已晚，最终，它与对方撞在一起，自己艇首严重受损，基本陷入瘫痪。与之相撞的友艇是"鹭"号（Sagi），这艘来自第 15 艇队的一等水雷艇当时正同样在向敌舰逼近。尽管受创十分严重，该舰还是通过抛弃燃煤保持住了浮力，其右侧引擎浸水，"海水淹没了引擎兵的脖颈"，最终在次日清晨返回了对马。因为海况恶劣和相互干扰，第 10 艇队的另外 3 艘水雷艇都没有射出超过 2 枚鱼雷；而第 15 艇队只有先导艇在半小时的作战中发射了 3 枚鱼雷，另外 2 艘则因为敌军探照灯熄灭而未能发现目标。

同样的情况也发生在了第 14、第 19、第 16 和第 20 艇队身上，或者因为航向偏差，或者因为未能在俄军熄灭探照灯前赶到，这 4 个从对马驶来的分队都未能发现目标，更不用说成功发动进攻。剩余的另一个驱逐队——第 4 驱逐队同样不走运。正如我们之前所见，他们的任务是在主要战斗结束后在俄军舰队的去路上布雷,但他们开始攻击时已是21点40分,此时正值俄军熄灭探照灯——此后，虽然它们曾焦急地向东西两侧发起搜索，但还是一无所获。在之前的交战中，其中1艘驱逐舰曾被1发水面跳弹击中，到11点30分时，该舰已经严重进水，只得返回竹敷进行修理，至于其他3艘，则向西北前往釜山，以便补充淡水和煤炭。

但此时，他们的好运降临了。大约凌晨2点，驱逐队剩余的3艘军舰均抵达了韩崎（Karasaki，在对马岛北端）东北微东外海27海里处。由于遭遇敌军的机会已微乎其微，此时，其所有舰员都"斗志消沉"。但就在此时，他们清楚地看到右前方600米处浮现出1艘俄军战列舰的身影。由于身份识别信号没有应答,这些日舰立刻从旁边驶过,并在其前方300码外投下24枚水雷后加速逃走。按照他们的报告，在1—2分钟过后，"便有沉闷的重击声传来，随后是一声巨响；在触雷的敌舰上，空气中充斥着舰员们慌乱的叫喊。当时远方正传来隆隆炮响，各驱逐舰正顶着大风和恶浪全速前进，很难听到或注意到发生的一切，但有一件事情可以确定，俄舰已经沉入了大海"[15]。

他们的报告并无差错。这艘俄舰是"纳瓦林"号，由于损伤，该舰只得减速保持浮力，此时，它更是完全陷入了孤立。其为数不多的生还者相信，是鱼雷命中了该舰。他们描述道，当时发生了一次剧烈的爆炸，几乎将整个舰尾抛上了天空；随后，另一轮爆炸降临到了该舰右舷中部，导致其迅速倾斜和倾覆。沉没时，所有人从朝向天空的龙骨上纷纷跳入水中。在674名船员中，只有3人生还：1人被1艘日本水雷艇救起，另外2人则在次日清晨得到了1艘英国商船的搭救。[16]

此时，布雷驱逐队可谓获得了一场圆满的胜利，但他们的好运还没有结束。听到爆炸声后不久，该驱逐队又继续航行，不久，他们便在右前方发现了1艘"伟大的西索伊"级战列舰。这些驱逐舰一路高速前进，很快便超越了目标——沿途，它们发射了3枚鱼雷，随后不待确认战果便驶向了釜山港。事实上，它们又赢得了另一次胜利：该舰正是"伟大的西索伊"号。其中1枚鱼雷正中舰尾并摧毁了船舵。最初，它的损伤看上去并不致命，航向也可以通过引擎差速改变。

因此，其舰长奥泽洛夫^①（Ozerov）继续指挥该舰向北行驶。然而，一段时间后，其船尾开始大量进水，到黎明时分，俄军已经清楚地意识到：该舰已经没有了抵达海参崴的可能。此时，搁浅就成了这艘军舰的唯一出路，奥泽洛夫舰长下令转舵前往对马岛沿海。但很快，他又开始怀疑这一目标。6 点，奥泽洛夫终于稍稍如释重负：在熹微的晨光中，他看到"弗拉基米尔·莫诺马赫"号正在 1 艘驱逐舰的伴随下接近，他立刻发出信号求援，但对方无能为力。"莫诺马赫"号在回答中表示，自己也面临着沉没的危险，见状，"伟大的西索伊"号只好与之分别，继续独自向海岸行驶。

当时，"莫诺马赫"号确实无力施以援手。正如前文提到的那样，由于日军驱逐舰用诡计模仿了"洪亮"号的识别信号，该舰早在日军大举来袭时便已经中雷受损。不过，该舰后来还是设法填补好了破口，并在"洪亮"号的伴随下，冒着无数的攻击驶向北方。

最初，一切都有惊无险地过去了，但在午夜时分，1 艘落单的日军水雷艇突然现身，在急剧规避时，"莫诺马赫"号上填补破损的材料骤然被海水冲破。现在一切都无可挽回，在命令"洪亮"号继续单独前往海参崴的同时，该舰也开始调转方向，朝着对马岛行驶。

但"莫诺马赫"号一路上并不孤单："洪亮"未能理解独自行动的命令，一直继续跟在其周围。离开"伟大的西索伊"号后，倾斜愈发严重的"莫诺马赫"号认为自己已经离海岸很近，足以保证全体舰员脱险。于是，该舰便在 8 点时命令"洪亮"号前去为"伟大的西索伊"号提供支援。不仅如此，位于南方的"纳西莫夫海军上将"号也进入了该舰的视野。这艘友舰同样已靠近海岸，但附近有日本军舰逡巡，另外，还挂着日本旗的"纳西莫夫海军上将"号也即将沉没。

此前，由于航速缓慢，无法跟随恩克维斯特将军一同行动，"纳西莫夫海军上将"号便驶入了战列线，后来又最早被鱼雷命中。按照俄方的说法，和"莫

---

① 译注：即曼努埃尔·奥泽洛夫（1852—1919 年），出生于特维尔省，一个贵族家庭，早年担任过装甲巡洋舰"海军元帅"号和战列舰"波尔塔瓦"号的舰长，他于 1898 年晋升为海军上校，从 1902 年开始指挥"伟大的西索伊"号。在对马海战结束后，奥泽洛夫基本被勒令赋闲，1909 年以海军少将军衔退休，1919 年冬天，奥泽洛夫在图拉地区的别廖夫（Belev）去世。

诺马赫"号一样，俄军误判了袭击者（1艘日本驱逐舰）的身份，导致鱼雷命中了该舰的前半段。尽管该舰在后来的攻击中毫发无损，还修补了舰首的破口，但夜间还是有大量海水涌入舰内，其舰首倾斜如此严重，导致到黎明前，该舰也被迫转舵向对马行驶，随着离海岸越来越近，舰上的金氏通海阀（Kingston valves）开启了，小艇也被放下；但就在转移伤员和准备自爆时，日军第5驱逐队旗舰"不知火"号突然出现。此时的"不知火"号已与其他僚舰失散，正在前往三浦湾补充鱼雷。面对日舰的警告射击，"纳西莫夫海军上将"号小艇上的水兵挥舞起了白旗。"不知火"号见状靠近俄舰，它不仅要求该舰投降，还威胁说如果有人试图自沉，本舰便会拒绝救助落水人员；然而，情况很快显示，该舰的状况已无可挽回，这让日方最终放弃了咄咄逼人的要求。就在此时，"佐渡丸"也出现在附近——在和"满洲丸"一道将2艘医院船押送到三浦湾之后，该船又再次出海前去搜索舰队的踪迹。看到当时的情况，该船立刻呼叫"满洲丸"带领医院船前来收治伤员，同时也和"不知火"号一道前去俘虏敌舰和救助落水的敌军。登舰的军官在"纳西莫夫海军上将"号上升起了日本旗帜，但似乎未能将俄军军旗降下。即便几经劝诱，他们也未能说服舰长罗季昂诺夫①（Rodionov）和航海长离开沉没的军舰。

就在上述日舰进行这项任务期间，另一艘俄国军舰的到来让他们大吃一惊。该舰正是"莫诺马赫"号，它几乎是在跟着"纳西莫夫海军上将"号的航迹前进。看到有敌方援军前来，日军立刻召回了小艇，其官兵也返回了战位。在"不知火"号驶向新敌舰的同时，"佐渡丸"一边用电报命令僚舰转舵，将医院船带往佐世保，一边在收容完登船队之后朝着"莫诺马赫"号驶去。随着俄舰的轮廓渐渐清晰，

---

① 译注：亚历山大·罗季昂诺夫（1854—1906年）于1873年从军官候补生转入现役，他担任大型战舰指挥官的经历不长，事实上，"纳西莫夫海军上将"号是他第一艘指挥的大型战舰，在开往远东途中，该舰的军纪据说十分松懈。在对马海战期间，"纳西莫夫"号因为炮击和中雷遭到了严重损坏，在被日军发现前，罗季昂诺夫试图炸毁该舰，但可能是因为下属的破坏，这一尝试因引爆器电池失灵而宣告失败。在日本人从下沉的军舰上撤走船员后，罗季昂诺夫和航海长科罗赫科夫斯基（Klochkovsky）躲在船上，并从旗杆上撕下日本国旗，升起了俄国海军旗。有人说他们试图与军舰同沉，也有人说他们当时都带着救生圈。唯一可以确定的是，在"纳西莫夫"号沉没后，他们都被水流推到了海面，并在晚上被日本渔船救起，后来，日军在一个渔村中捕获了他们，并将其送往舞鹤。1905年，罗季昂诺夫回国，但不久之后便在喀琅施塔得基地被叛乱水兵用刺刀杀害。

日方看到该舰也已经严重受损。在 10000 米距离上，他们用 1 发炮弹做试探，查看对方是否试图抵抗到底。见状，"莫诺马赫"号立刻转舵北上，"佐渡丸"则在后面紧追不舍，并在 6000 米外开始猛烈炮击。这场追逐持续了 1 个多小时，10 点前不久，"莫诺马赫"号在 2 次中弹后停了下来，并降下了舰旗。此时，"满洲丸"也在将 2 艘医院船送往佐世保后赶回了，显然不愿错过这个参战的机会。见状，日军决定立刻上前实施拿捕。此时，一部分"莫诺马赫"号的船员已经开始乘小船向岸上逃去，但大部分在看到"佐渡丸"上的俘虏后，便待在舰上静静听候日方发落。虽然日方做了拖航准备，但由于"莫诺马赫"号舰首下沉严重，最终日军只能放弃尝试，任凭该舰沉没。于是，"莫诺马赫"号上的日本旗帜再度降下，舰上的官兵则被押往"满洲丸"，下午 14 点 30 分，该舰最终沉入海中。

与此同时，被遗弃的"纳西莫夫海军上将"号也被大海吞没，该舰的舰旗飘扬到了最后一刻，如前所述，它的舰长和航海长一心想随舰沉没，但这两位忠诚的军官最终得到了当地渔船的搭救。在该舰的其他乘员中，有 2 名军官和 99 名士兵自己乘小艇抵达了对马，其余包括 26 名军官和近 500 名士兵在内的舰员则登上了"佐渡丸"。"莫诺马赫"号共有 32 名军官（含候补军官）和 374 名其他乘员被"满洲丸"收容，在该舰消失前，他们已随日舰一道被运往佐世保。[17]

与此同时，作为在对马岛近海受创的 4 艘俄舰中的最后 1 艘，"伟大的西索伊"号也上演着类似的场景。如前所述，该舰曾遭到日军第 4 驱逐队的重创。在用堵漏垫填补好破口后，该舰继续向北前进，并在黎明时分得到了驱逐舰"洪亮"号（这艘驱逐舰刚刚离开"莫诺马赫"号）的陪同。但就在双方会合后不久的 6 点 30 分，3 艘日本辅助巡洋舰从南面出现，并开始朝 2 舰靠拢。它们是"信浓丸""台南丸"和"八幡丸"，随着战旗升起，这 3 艘军舰的追击立刻开始。此时，"洪亮"号立刻开始向西南方向逃去，显然是为了重新与仍在视线内的"莫诺马赫"号会合。"八幡丸"立刻转舵前去追赶该舰，另外 2 艘则继续向着"伟大的西索伊"号前进。7 点 30 分，双方距离已经缩短到 6000 米，就在日舰即将开火时，该舰发出信号："我舰即将沉没"，随后是"请求援助"。日军回复道："贵舰是否投降？"

鉴于自身已失去战斗力，"伟大的西索伊"号升起了白旗。虽然该舰很快便被登船队接管，但和"莫诺马赫"号一样，拖航的尝试都归于失败。不仅如此，该舰还开始迅速下沉，令日本人只能选择弃船。10 点 50 分，日军降下旗帜，并将该舰的舰长和所有军官带走，"之后仅仅 5 分钟，它便向右倾覆，在巨大的漩涡中沉入海底"——此时，"伟大的西索伊"号上仍有超过三分之一的舰员没有转移，但由于日军的全力搭救，在其 660 名乘员中，最终仍有 42 名军官（含军官候补生）以及 571 名各级士兵成功脱险。

此时，附近海域的俄舰只剩下了驱逐舰"洪亮"号，此时的它已经陷入激战。在离开"伟大的西索伊"号，准备重新与"弗拉基米尔·莫诺马赫"号会合时，该舰发现日军辅助巡洋舰"满洲丸"正在朝"莫诺马赫"号驶来。见状，"莫诺马赫"号立刻发出命令，要求"洪亮"独自设法逃往海参崴。

尽管剩余的煤炭只够以经济航速抵达目的地，但"洪亮"号舰长却决定全速前进。当时，该舰周围有不少日本水雷艇出没，它们正在单独或三三两两地前往釜山、蔚山和其他基地——这对"洪亮"号构成了严重威胁。但根据舰上一些军官的说法，这些敌人都没有接近的意图，更不打算上前袭扰，仿佛对俄军的存在毫无察觉。在其身后，只有"不知火"号依然穷追不舍，但其追上的希望微乎其微。此时，"洪亮"号能保持 24 节的航速，"不知火"号由于有一个锅炉在夜战中受损，其速度只能达到 20 节。然而，就在俄舰即将驶出射程时，"不知火"号上的 2 门 12 磅炮却侥幸命中了一弹，这令"洪亮"号航速下降到了与该舰一样的水平。随后，双方展开了一场态势胶着的追逐，它们在 4000—5000 米外彼此交火，但成效都非常有限。直到 11 点 30 分两舰抵达蔚山外海时，1 艘在前方出现的雷击舰艇才改变了局势，当时，这艘雷击舰艇正从东面驶来，并被"洪亮"号当成了 1 艘驱逐舰。但实际上，来者是日军的第 63 号水雷艇，即第 20 艇队的司令乘艇：在回港补充鱼雷时，由于与友军失散，该艇只好独自驶向蔚山。[18]

在前一个小时，第 63 号水雷艇一直在向着烟雾驶去，此时已经拦在了俄军的前方。而在"洪亮"号这边，由于误判了对手的实力，再加上躲避不及，该舰决定转向追击的"不知火"号，试图用鱼雷击沉该舰。期间，"洪亮"号大胆而娴熟地进行着机动，一路向"不知火"号高速驶去。在 3 链距离上，2 枚鱼雷破膛而出，但由于发射出现问题，有 1 枚直接沉入海中。另 1 枚则冲向"不知火"号，后者猛然转舵才将其躲开。这场大胆的赌博也令"洪亮"号失去了任何逃脱的机会：此举不仅没有令它解决掉这个危险的对手，而且还在近距离陷入了交叉火力的打击——该舰只有 1 门 12 磅炮和 5 门 6 磅炮，与对手相比完全处于劣势。在围绕自己不停开炮的"不知火"号打击下，该舰的锅炉和火炮逐一瘫痪。

在接下来的 45 分钟，"洪亮"号仍然英勇地抵抗着敌人，尽管弹药因为进水无法取用，武器也只剩下了 2 门轻型火炮，但在最后关头，该舰仍然对敌人发起了撞击。可是，由于下沉速度极快，这一努力最终化为泡影。弃船开始了，舰员纷纷登上小艇、跳入海中，并向靠近的日军投降。虽然登舰的日本水兵竭尽全力填补破口，试图将其俘获，但此时海浪依旧汹涌，海水仍在不断涌入舰体。最终，12 点 43 分，该舰宣告倾覆，它勇敢的舰长科恩①（Kern）海军中校也在阵亡者之列。[19]

于是，一场声势浩大的鱼雷攻击落下了帷幕。除却 4 个未能发现敌军的水雷艇队，日军一共投入了 53 艘各种舰艇，其中包括 32 艘水雷艇和 21 艘驱逐舰，但其中有 14 艘根本未发一雷。这些轻型舰艇射出的鱼雷一共有 87 枚，其中 50 枚来自驱逐舰，37 枚来自水雷艇。[20] 除却白天对"苏沃洛夫"号的攻击，日军已知的命中只有 4 次，而且未能当场击沉一艘敌舰。尽管与 8 月 10 日的战斗（需要指出，当天的天气条件更为有利）相比，这一结果已经有了相当改善，但仍然无法令人满意，我们甚至不由得怀疑，这些英勇果敢的攻击行动是否真的推动了日军的决定性胜利。在 4 艘被击中的船只中，除了贫弱的装甲巡洋舰"莫诺马赫"号外，其他 3 艘在白天水线以下部分都被炮弹重创，失去了继续参与舰队作战的能力；同时，它们航速也严重下降，摆脱雷击舰艇的机会微乎其微。但与如此有限的战绩相比，日军的损失却极为可观：2 艘水雷艇被炮弹击沉，1

---

① 译注：格奥尔基·科恩（1864—1905 年）早年曾在"塞瓦斯托波尔"号战列舰上担任过分队长，并参与调试了最新的火控设备，在日俄战争爆发前，他相继在炮舰"骑手"号和"巡航者"号上担任大副。俄军后来有一艘驱逐舰以他的名字命名。

艘与友艇相撞沉没，另外还有3艘驱逐舰相撞瘫痪，4艘中弹退出战斗，阵亡者则包括2名军官和30名士兵，另有17名军官和69名士兵受伤。

这次战斗，从两方面再次印证了日军从历次轻型舰艇攻击（尤其是黄海海战之后的夜袭）中得出的经验。首先，对防守方来说，作为一种防御手段，探照灯的价值值得怀疑。在俄军舰队中，那些打开探照灯的单位都承受了最猛烈的攻击，未开探照灯的先头舰只则几乎没有遇到危险。这场战斗也印证了日军总结过的教训：对一支在航行中熄灭灯光的舰队，夜袭的影响注定非常有限。即便目标舰船被袭击者发现，它也可以依靠改变航向轻易逃离。

但必要的规避战术往往会导致一个问题，这也引出了我们要介绍的第2条经验：如果一支舰队进行了规避，其队形最终将变得散乱，而在之前的历次战斗中，其后果都得到了清楚地展现。在所有案例中，遇袭舰队都分散成了几个彼此失去联系的小群，根本无力对抗一支集结起来的大舰队。而这一点又可以带出一个结论：虽然鱼雷很难解决掉一支落败的舰队，但在炮击战开始前，它们无疑可以发挥更大的用处。

诚然，在这次尝试中，日军的表现并不理想，但这不是因为他们缺乏进攻主动性。相反，按照交战双方的记录，他们已经非常靠近目标，大部分鱼雷的发射距离都在300—400米之间。在一拥而上发动攻击时，各舰艇甚至不顾一切。日军之所以失败，除了海况恶劣，较小的水雷艇难以操控外，更多是因为舰艇间的相互干扰，这导致它们的攻击显得毫无章法可言。正如日军轻型舰艇部队在报告中的描述："在当夜的进攻中，几乎所有的驱逐队和艇队都同时冲向了敌人。它们就像蜜蜂从四面八方聚到俄军身上，如果敌军对左舷保持警惕，它们就会从右舷和前后同时进攻。同时，在友军逼近时，各驱逐队和艇队都在展开佯动，令敌人一度极为焦虑。但在黑暗中疾驰期间，尽管竭力避免意外，我军还是出现了很多碰撞，不少舰艇因此没能得手。"

可以直言不讳地说，在这场战斗中，各分队依旧是在自行其是，并没有具体的计划可循。同样，即便仔细分析了当时的战况，我们还是不禁怀疑：在这场战斗中，日军可能从未根据作战目标，对如此多的雷击舰艇进行统一引导。甚至在白天跟随舰队行动期间，各舰艇都遭遇了彼此干扰的危险；而在随后这个风急浪高的漆黑夜晚，当 50 艘雷击舰艇从 3 个方向混乱地（当然，它们也可能遵照了某种既定顺序）突入时，这种危险更是被暴露得淋漓尽致。当时，日军明显是准备用佯动来迷惑敌军的防御，但按照我们得到的情报，他们的指挥机构从未制订过方案，以求协调各部队的行动。各驱逐队或艇队的司令都在自由选择攻击时机，完全没有顾及其他分队的行动，更没有考虑到相撞的危险。这种局面又反过来导致一个问题：他们的牵制大都收效甚微——至少按照现有记录是如此。也许他们确实扰乱过敌人的阵脚，但代价却是引发了更大的混乱，让日军难以取得决定性的战机。考虑到他们的攻击规模是如此庞大，行动又是如此积极，敌人则处于一败涂地之中，这就更显得令人惋惜。

注释

1. 该艇队下辖有"苍鹰"号、"雁"号、"燕"号和"鸽"号，指挥官为河濑（Kawase）中佐。各艇均为一等水雷艇，其排水量为137吨、航速29节，建造于吴港，采用了诺曼船厂的设计。

2. 根据编制，东乡舰队配属的轻型舰艇包括有第1、第2、第3驱逐队和第14水雷艇队；上村麾下则配有第4、第5驱逐队，第9、第19水雷艇队。但由于第4驱逐队需要执行特殊任务，第3驱逐队便转移到了上村旗下，第9水雷艇队则转移到了东乡旗下作为补偿。

3. 参见《日本战史极密版》第2卷第2章第1节《概要》。

4. 参见《日本战史极密版》第2卷第2章第9节。

5. 参见《第2太平洋舰队的末日》，其中提及"舰队于19点50分（日本时间20点10分）转舵西行"。

6. 参见《日本战史极密版》第2卷第2章第6节。

7. 该驱逐队司令为藤本秀四郎（Fujimoto Hideshiro），请勿将此人与第11艇队司令富士本梅次郎（Fujimoto Uruijiro）搞混。

8. 参见《日本战史极密版》第2卷第2章第2节。

9. 参见《第2太平洋舰队的末日》。

10. "纳瓦林"号水线附近有4处损伤，其中2处来自日军的12英寸炮弹。该舰的舰长身负重伤，此时已交出了指挥权。《第2太平洋舰队的末日》一书作者这样写道："在21点前，该舰还能勉强跟上舰队并击退了所有的鱼雷攻击，但到21点时，该舰已经严重落后，漫过上甲板的海水没到了12英寸炮塔处。"这份记录来自该舰少数幸存的水兵之一。关于此人对军舰中雷时的记录，我们还可以在本书后续部分找到。

11. 参见《武官报告》第3卷第201页中恩克维斯特将军的电报。

12. 参见舒伯特《关于战争的新资料》。

13. 所有这些细节均来自《第2太平洋舰队的末日》。

14. 参见《日本战史极密版》第2卷第2章第9节。

15. 相关记录由一位在场军官向我国驻东京武官提供。

16. 这份生还者的记录出自1905年8月9日（出自《武官报告》第3卷第221页）和1906年1月5日（出自俄语原版）的《新时代报》，另外还有《日本战史极密版》第2卷第2章第14节《俄军舰队的行动》。但按照《日本战史极密版》的说法，在瘫痪之前，该舰仿佛已在白天的战斗中被鱼雷击中，而我们得到的副本中，所有关于水雷的记录都被删去了。不过，在涉及第4驱逐队战斗详报的第5节中，日方作者显然忽略了删去一些相关的内容。其中提到，在确定不明舰只是1艘俄军战列舰之后，"他们加速到15节抵达了目标前方，但就在超越敌军并抵达目标前方2000米时"，另一艘敌舰映入了这些驱逐舰的视野，"这是1艘'伟大的西索伊'级"，于是，该驱逐队立刻用鱼雷发起了攻击，至于他们对第 1 艘敌舰采取的行动，则被此书的编者刻意隐去了。不仅如此，日军甚至没有提到该舰的名字，不过，该舰除了"纳瓦林"号之外不可能是其他舰只。而且按照我国武官的说法，日军之所以没有掉头前去营救该舰的幸存者，一个原因是害怕误入己方布设的雷场。

17. "纳西莫夫海军上将"号上共有 637 名军官和士兵，其中 45 人随舰身亡，另外还有 1 名军官和 25 名士兵受伤。而"弗拉基米尔·莫诺马赫"号的 514 名舰员只有 8 人阵亡、5 人受伤。

18. 该艇队的其他水雷艇也驶向了相同的地点，其他各个失散的艇队情况也大体如此：从中可以推断，各艇队都事先在三浦湾、釜山和蔚山之中选择了一个地点作为补充鱼雷的基地。

19. 这一记录摘自《日本战史极密版》。按照《俄国国家报》（Russkoe Gosudarstvo）在 1906 年 3 月 26 日号上刊登的波特金（Potemkin）海军中尉的说法，他们遭到了至少 3 艘驱逐舰的追击，并击退了一些日军水雷艇，但事实上，当时在场的只有日军的"不知火"号和第 63 号水雷艇。

20. 此处采用的是《日本战史极密版》中的官方统计数据，其中包括射向"苏沃洛夫"号的鱼雷，但与各驱逐队或艇队报告的汇总存在出入。

第二十章

涅博加托夫将军投降

如前所述，为了自救，一部分俄舰试图驶向对马岛海岸。随着它们纷纷沉没或投降，第2轮战斗（即轻型舰艇的突袭）也迎来了尾声。按照日军的构想，第3轮战斗将是另一场舰队战，其战场将位于更靠北的海域。

整个夜间，东乡一直以15节的航速向预定的舰队集结地（即郁陵岛北部）前进。为防范俄军驱逐舰的攻击，在穿越漆黑的夜幕时，他一直命令舰队保持高度警惕：他相信，这些驱逐舰仍然构成了巨大的威胁。同样，他不清楚自己取得了怎样的胜利。这一点也完全体现在了他在午夜时分发给大本营的电报。这份电报写道："联合舰队已于今日在冲之岛附近与敌军交战。目前，我军已将其击败，其中4艘被我军击沉，其余则严重受损。我军舰队受损轻微。我驱逐队和艇队已在日落后发起攻击。"

这份电报清楚地向我们展示了东乡对战果的判断，他当然知道，1艘"苏沃洛夫"级战列舰已经沉没，但并不清楚对方实际是敌军旗舰，另外在宣称击沉的敌舰中，他认为有2—3艘是辅助船只，更不了解敌军第1战列舰支队已经覆灭的事实。直到次日清晨，他才获悉了"奥斯利亚比亚"号和"博罗季诺"号的命运。[1] 此外，他唯一可以确定的是，俄军的航速不及自己，接下来，战斗的走向将取决于日军能否在次日清晨重新开战，拦住俄军的去路。按照《日本战史极密版》的说法，他当时的意图正是如此，即"抵达敌军前方，并在次日清晨对方北上时攻击之"。但在28日上午5点天色破晓时，他离郁陵岛仍有30海里，一路只有上村战队伴随在左右。

期间，除了在3点15分给山田将军发送过一份电报外，东乡并未向其他战队下达后续指示。此前，山田一直在带领第7战队守卫西部水道，在命令中，东乡要求他"前往昨天的战场，摧毁敌军残部"。因此，山田立刻带领"扶桑"号、"高雄"号和"筑紫"号前往冲之岛海域，同时还命令"鸟海"号和"摩耶"号在海况允许时跟进。

至于各巡洋舰战队，他们的任务依旧是跟随东乡将军前进。但在黎明时分，其最近的第 6 战队仍在东乡左后方——西南微西的方向上，距离则有 25 海里。在该战队东南 6 海里处（即东乡后方 30 海里处）是瓜生指挥的第 4 战队，与之同行的是第 3 战队的半数兵力，行动迟缓的第 5 战队则位于瓜生后方 26 海里。[2]

在护送进水的"笠置"号进入油谷湾后，出羽把将旗转移到了"千岁"号上，并在前一日 21 点 30 分开始动身前往集合点。黎明时分，该舰与俄军驱逐舰"无瑕"号狭路相逢，尽管有第 1 驱逐队的"有明"号（Ariake，该舰与僚舰失散，正独自前往集合点，并在听见炮声后赶到战场）协助，但日军击沉该舰还是花了超过半个小时。[3] 由于这一延误，它们仍落后东乡超过 100 海里。

除了上述单位之外，还有 2 艘日舰也在北上。其中 1 艘是"亚美利加丸"，该舰正在主动向着郁陵岛集结点前进——之前，该船已几乎被日军遗忘，而且没有接到任何后续指示。另 1 艘则是水雷母船"熊野丸"（Kumano Maru）：按照日军的作战计划，它在 27 日早些时候赶到了三浦湾海域。在那里，该船一整天都在忙于补给和维修入港的鱼雷舰艇，但入夜后，其舰长发现战场已经北移，考虑到三浦湾位置过于偏南，已无法对战斗有所贡献，因此他决定前往北方集合点。[①]一路上，他以 15 节的航速前进，并用电报请求获得"三笠"号和片冈将军（即该舰的直接上级）的批准。对这一行动，后者表示同意；随后，双方始终保持着联络，午夜时分，片冈曾命令该舰前往大河内望楼（Oura Signal Station）附近，以便将东乡将军的战报转交给大本营。在完成该任务后，该舰继续向集合点前进，但此举也导致部分水雷艇队无法按计划准备下一轮进攻——可能是由于缺乏通信手段，日军并没有把母船的去向通报给水雷艇。因此，当它们清晨抵达三浦湾试图获得补给时，只能最终转道前去竹敷，以便从当地的军需仓库获得所需的物资——这导致它们再也未能参加后续的作战。

总体而言，28 日清晨，日军并没有采取举措搜索消失的敌军，他们的轻型

---

① 译注：值得一提的是，"熊野丸"的舰长正是开战之初指挥驱逐舰袭击旅顺的浅井正次郎大佐，由于作战失利，他在 1904 年 6 月被调任这个二线职务，因此不难想见他为何会对建功如此热忱。

巡洋舰基本都跟随着东乡的装甲舰分队，这些舰只也没有散开，更未能主动扩大搜索范围。另外，可能是为了避免被敌军驱逐舰发现，东乡带领的2个战队都排成了单纵阵，2艘通报舰则被布置在了队列后方。因此，黎明时分，尽管阳光格外灿烂，但日军还是未能发现敌情。面对这种情况，东乡一面减速至13节，一面将航向调整为北微西，以便绕过郁陵岛西侧。[4]按照我们得到的说法，接下来，由于未能发现敌军行踪，他准备"让巡洋舰从东西两侧散开，组成一道搜索线，截断敌军的退路"。

大约5点20分，位于60海里外的第5战队发回电报："在东方发现数道敌军的烟柱。"5点30分，该战队表示，他们可以辨认出"4艘战列舰和2艘二等或三等巡洋舰，这些军舰正在向东北方行驶"。但在不久之后，即东乡仍在以单纵阵向北前进时，第5战队又发来了另一封电报："敌军包括2艘战列舰、2艘岸防舰、1艘'绿宝石'级巡洋舰，所有舰只均航向东北。"5点50分，这条情报也得到了第4战队的确认——考虑到该战队还未发现敌军，因此他们很可能只是转发了第5战队的电文。但即使如此，这条情报也足以让日军确定敌人的行踪；在确定目标身份后，东乡命令瓜生继续与敌人保持接触，在不到6点时，他本人也开始转舵南下，并且保持着13节的航速。[5]

事实上，日军发现的正是涅博加托夫舰队，其中有"尼古拉一世"号、"鹰"号、"阿普拉克辛海军元帅"号和"谢尼亚文海军上将"号，"乌沙科夫海军上将"号则落在后方15海里处，"迪米特里·顿斯科伊"号更为遥远，"绿宝石"号成了唯一一艘仍在伴随它们的轻型巡洋舰。在5点前看到它们的烟柱后，第5战队立刻向东北方向转舵，以求逼近目标，但直到5点30分，它们才最终辨明了俄军的身份，而"三笠"号接到电报则至少要10分钟以后。

总而言之，瓜生将军6点后才收到总司令的指示。为和敌人保持接触，他在10分钟后转向东南偏东——他相信，这一航向将能够保证他完成任务。至于第6战队，他们早在5点时便接到了发现敌军烟柱的警报，但由于警报没有给出具体位置，因此，它们决定减速以等待后续情报。由于没有新消息传来，大约半个小时后，它们开始向东南方向转舵。到6点时，该战队依然没有收到敌军的新动向。[6]但在6点10分时，它们也一定看到了第4战队的烟柱，也许正因如此，它们随后选择了朝东调转航向，前去与该战队会合。这是一个阳光明媚的早晨，郁陵岛的顶峰在 60 海里外清晰可见。[7] 另一方面，尽管自身的位置早已尽在"三笠"号的掌握下，但有整整半个小时，俄军都无法判断附近的第 5 战队究竟是敌是友。

在随后的一段时间，局势并未发生太大变化。期间，只有"亚美利加丸"在郁陵岛西南偏南 35 海里处发现了向北行驶的"斯维特兰娜"号。[8] 此时，这艘俄军巡洋舰可谓处境狼狈：该舰前方的水线以下部分曾被重炮击中，令舰首严重进水。其倾斜如此严重，导致左舷的 6 英寸舰炮完全无法开火。在夜幕降临后，即日军开始鱼雷攻击时，该舰曾试图跟随随克维斯特舰队，但由于将军在尝试北上的过程中频繁改变航向，该舰很快被甩开，不久便陷入了孤立。此时，其舰内的发电机都已被摧毁，无线电设备也无法使用，在不知所措的情况下，它决定沿着那条致命的航线——北偏东 23 度——前进。沿途，许多雷击舰艇曾进入视线，但它们并未进攻该舰。当曙光初绽时，"斯维特兰娜"号发现自己正在和第 5 战队同行，于是开始悄悄逃离，因此，它后来闯进了"亚美利加丸"的视线。

面对敌人，"亚美利加丸"不敢逼近：它只能悄悄跟踪，并用无线电报告该舰的航向和方位。然而，似乎没有一艘舰船注意到了这条情报——此时，日军正忙着追踪俄军主力。它们都全神贯注，令第 5 战队根本没有察觉到"斯维特兰娜"号的存在，相反，该战队只是继续前进，试图追赶俄军主力。

而在"千岁"号上，出羽将军同样卷入了一些不容分神的事件。在击沉驱逐舰"无瑕"号后，他继续朝主力所在的方向赶去，大约 6 点 30 分，他遭遇了"迪米特里·顿斯科伊"号和"乌沙科夫海军上将"号——当时，这 2 艘军舰正分别在他的正左侧和右前方航行。"千岁"号在报告中写道："然而，鉴于本舰最紧迫的任务是与主力会合，于是，我们便向'三笠'号报告了 2 艘敌舰的位置，然后沿着当前航向继续北上。"不到半小时，"顿斯科伊"号的身影消失在了左后方，但岸防舰"乌沙科夫海军上将"号却无视出羽将军和"千岁"号的存在，继续沿原航向行驶。双方相安无事地航行到了 8 点 25 分，随后，该舰开始缓缓向东转舵，最终在北微东方向消失。

然而，命运注定"斯维特兰娜"号不会轻易逃脱。该舰赖以摆脱第5战队的航线，最终将它带向了不断逼近的第4战队。在意识到危险后，该舰立刻全速向北逃逸。大约7点时，虽然"亚美利加丸"被迫掉头避开"斯维特兰娜"号的航线，但瓜生派出了第3战队的2艘军舰——"音羽"号和"新高"号——进行追击，而他本人的第4战队则以原航向继续前进。

直到此时，或许是由于属下通报的海上方位存在问题，东乡仍未能确定敌军主力的位置。6点40分，有报告宣称俄军在南方40海里处，但在7点30分，日军开始向东南微东转舵。[9]因此，他们想必是发现这条消息不够准确。同时，他们也将航速提升到了15节，在接下来的1个小时，资料显示2个战队曾频繁地"改变航向，以便采取机动阻碍敌军前进"。期间，无法加速的"浅间"号再次离队，以便对昨日的损伤进行修理。

在努力接触敌军期间，东乡大将的行动细节尚不明确。显然，他们还是在确认敌军位置时遭遇了问题——这种情况之所以出现，在很大程度上与日军多次改变航向有关。另外，在发现第5战队后不久，涅博加托夫将军似乎有意与之交战。在询问过舰队的武器状况并收到令人鼓舞的回复后，他示意舰队做好战斗准备，同时左转了8个罗经点。大约在8点后不久，即"音羽"和"新高"前去追击"斯维特兰娜"号大约1个小时后，瓜生将军指挥的第4战队也进入了俄军的视野。但由于"明石"号与"浅间"号一样，被迫离队填补破损，瓜生麾下只剩下了3艘巡洋舰。然而，他还是带领"浪速"和"高千穗"号来到了敌军正左侧，同时命令"对马"号自由行动，"以求与敌军全面保持接触"。他之所以采取这种应对措施，很可能是由于俄军已经开始转向并逼近第5战队，有鉴于此，第5战队开始转舵撤退——这一点至少得到了涅博加托夫本人的证实。

接下来，涅博加托夫继续保持着新航向，但对若隐若现的第4战队究竟是敌是友，他仍然有些举棋不定。于是，他派遣"绿宝石"号前去查探。该舰在涅博加托夫进入新航向大约10分钟后返回了，并带来了一份夸张的敌情报告。同时，日军的第6战队也进入了俄军的视野。俄军一度满怀希望地相信这些舰船属于友军，但按照"绿宝石"号的报告，它们是5艘日军的装甲巡洋舰。[10]

在此时的俄军眼中，3个日军战队俨然正在组成战列线。他们之所以产生这种印象，无疑是因为此时第5战队已经离开，并在大体上开始跟随瓜生的第4战队前进。但不论具体原因如何，在接到"绿宝石"号的报告后，涅博加托夫将军立刻发出信号，要求舰队恢复原始航向。他在军事法庭上作证说："我决定驶向海参崴，如果敌军与我接战，我便准备强行突破阻拦……我向能带来奇迹的圣尼古拉（Nikolas, the Wonderworker）祈祷，希望他能以某种方式保佑我们。"

虽然俄军舰队确实只能依靠奇迹来拯救，但涅博加托夫的垂死挣扎还是令东乡感到不安。到目前为止，他仍然在向着东南微东方向前进，但俄军还没有进入他的视野。此时，他突然意识到，如果维持现在的航向，自己可能将无法来到俄军前方。因此，大约8点40分，他开始向东微北又偏北1/4个罗经点（E. by N. 1/4 N）的方向掉头，随后向第2战队发出信号："全速接近、接触敌军"。上村随即以17节的航速出发，但他还没有驶出多远，东乡的担心便烟消云散。9点18分时，他们已经可以在东南微南方向看到第5战队的上层建筑；1刻钟之后（即9点32分），第4战队也在东南方的地平线尽头露出身影；不久，俄军也在同一方向（即"三笠"号的右舷正横处）出现，而且明显正在向东北方行驶。根据当时双方的态势，东乡大将可以依靠速度优势"压迫敌军前卫"，而且无须改变航向。于是，他继续前进，升起战旗，并发出了"作战"的命令。[11]

此时，无路可退的涅博加托夫将军似乎放弃了一切希望：日军的大舰正拦住他的去路，而在后方，3个战队的巡洋舰正在逼近，意图截断其撤退路线。涅博加托夫后来回忆道："很明显，它们正在围绕我军制造1个包围圈，由于日军有航速优势，他们可以选择最有利于作战的包围圈半径。"[12]

10点15分时，日军的第1战队已经逼近到了12000米处，由于俄军始终保持着东北航向，他们与第2战队的间隔开始急剧缩短，此时，后者与俄军的距离一定更近。到10点30分日军几乎抵达敌人的正前方时，双方的距离只剩下大约8000米。此时，"绿宝石"号开始直冲向前，仿佛是要发射鱼雷。见状，东乡带着一贯的警惕指挥第1战队向左微微转舵，以便实施规避。同时，上村将军也立刻（即在 10 点 33 分时）采取了类似的机动，并将航向调整为东北。在接下来的 1 分钟，"春日"号进行了一次试射，结果显示敌我距离在 7000—8000 米之间，几分钟后，几乎所有日舰都开始朝俄军射击。[13]

10 点 38 分，第 1 战队率先向"尼古拉一世"号开火，10 分钟后，第 2 战队开始向左采取更大幅度的转向，以求加速逼近敌军。俄军则没有任何还击的迹象。按照涅博加托夫将军的记录，他命令炮术长开火，但得到的回复却是距离太远。涅博加托夫后来强调说，正是这种情况迫使他选择投降：他麾下的 12 英寸舰炮大多型号陈旧，只有"鹰"号的主炮是个例外，但此时该舰俨然"与废船无异，而且弹药已经告罄，舰员也筋疲力尽"[14]。在日军的射程上，"阿普拉克辛海军元帅"号和"谢尼亚文海军上将"号的 10 英寸舰炮同样毫无用处，另外，由于航速居于劣势，俄军也无力主动将距离拉近。

涅博加托夫是否低估了舰炮的性能，这一点存在许多争议。可以确定的是，审判他的军事法庭拒绝接受这一说法；但他关于"日军刻意保持距离"的叙述却能得到事实的证明，因为在"绿宝石"号距离太近时，东乡选择了转舵躲避；而且日军第 2 战队还试图以更大角度右转，第 1 战队则跟随在后方，仿佛是要形成包围。不管对局势的判断正确与否，涅博加托夫都相信，他此时已无力抵抗，为避免更多生命凭空牺牲，出于责任感，他做出了投降的决定。

毫无疑问，他的决定也代表了舰队的普遍看法。至少按照他们亲眼所见，在经历过昨天的可怕战斗之后，再度出现的日军舰队依旧毫发无损——这沉重打击了他们的士气，并导致战斗意志完全崩溃。甲板下有谣言在流传：经过昨天的猛烈打击，日军舰队根本不可能如此完好；换言之，包围他们的舰队肯定有 2 支——其中 1 支正是赶来助战的英国舰队。一位军官生动地描述了当时的颓丧氛围："自 27 日下午 2 点以来，激战一直持续到深夜，期间，我军官兵都在以不减的斗志奋力迎战。所有人都估计战斗会在黎明时分爆发，并为此做好了全面准备，同时，我们也下达了各种必要的命令。但当黎明时分，我们发现自己正被一支 27 艘大型军舰组成的钢铁长墙包围，全体官兵顿时失去了希望……他们双膝跪地并抱头痛哭，认为一切都已结束。我们发现，日军的堂皇之阵中没有缺失 1 艘舰船，并且开始对我军残部实施包围。在这种情况下，每个人都陷入了茫然，仿佛灵魂被抽出了身躯……这也是为何在发布投降命令的时刻，没有一个人还有智慧或勇气站出来表示反对。"[15]

不管此事该如何评价，所有证据都清楚地显示，涅博加托夫本人并未突然崩溃。在他看来，后续的抵抗不仅毫无用处，还会令局面更加难以收拾。因此，日军一开火，他便命令将俄军旗帜降至桅杆的一半处，并用国际通用电码表达了投降意图。但有段时间，日军并没有意识到正在发生的一切。他们仍对昨天俄军的英勇抵抗记忆犹新，完全不敢相信战斗会以这样一种波澜不惊的方式结束。在接下来的 10—15 分钟，他们仍在继续射击。期间，他们的炮术表现并不理想，命中寥寥无几，但随着其炮火愈发准确，且完全没有理会发出的国际通用电码，涅博加托夫将军只得下令升起白旗。但即使如此，炮击仍在继续，直到俄军升起日本国旗，日军才在一阵错愕和狂喜后意识到了当前的情况，并随之发布了"停火"的命令。俄军的 4 艘战列舰都毫无异议地服从了司令的决定，但"绿宝石"号的舰长费尔岑①（Ferzen）却认为此举不可接受。一看到日本国旗在己方旗舰上飘扬的耻辱景象，他便暗自决定尽快逃离——此时，航速成了他唯一的依靠。当时，日军第 6 战队正在俄军的右后方展开包抄，第 2 战队刚从俄军航线前方横穿而过，并处在其北微东方向，意图封闭和第 6 战队之间的缺口。但这一缺口还处在敞开状态，费尔岑舰长立刻召集了麾下军官，并表明了突围的意图。虽然当时该舰的煤炭已所剩无几，蒸汽管道也中弹受损，但他的计划其实是突围前往最近的陆地——东南 70 海里外的隐岐诸岛（Oki Islands）。抵达后，他将命令舰员上岸，如果"绿宝石"号有落入敌手的可能性，那么，他就将炸毁战舰。这项大胆的决定立刻被付诸执行，刹那间，该舰猛地向右转舵，并以 20 节的高速向东南方扬长而去。当时，最靠近该舰的是第 6 战队，他们立刻发起追击，但由于双方速度相差

---

① 译注：瓦西里·费尔岑（1858—1937 年）出生于爱沙尼亚，一个日耳曼贵族家庭，早年担任过雷击舰"爆破"号（Vzryv）的舰长和巡航舰"非洲"号的大副，1902 年担任"绿宝石"号舰长，期间曾前往尼古拉耶夫海军学院进行深造，在对马海战的最后阶段，他没有遵守涅博加托夫的投降命令，并率舰摆脱了敌人。但在圣弗拉基米尔湾，这艘军舰却因慌不择路而触礁。战后，费尔岑并未遭遇法庭指控，他担任过海参崴港代理司令、"曙光女神"号舰长和波罗的海巡洋舰支队司令官等职务，1937 年在爱沙尼亚去世。

悬殊，这艘俄舰很快便在地平线上消失得无踪无影。

此时（即 11 点 30 分），双方舰队都停留在了独岛（Liancourt Rocks）西南偏南 18 海里处，围绕着俄军，日本人组成了一个严丝合缝的包围圈。正是在当地——距离战斗打响地点 180 海里的日本海开阔水域——日军完成了这场大捷的最后一步。而在正午前不久，也就是俄军在东部水道朝跟踪的日军巡洋舰随意开火整整 24 小时后，东乡接受了投降，并派遣军官前往"尼古拉一世"号展开磋商。整个交涉在一片肃穆的氛围中进行。我们得到的资料显示："当时没有人欢呼，每个与会者都保持着极端的安静；虽然他们都很兴奋，但没有人想制造出一点噪音。"[16]

然而，战斗还没有结束。在移交舰船的痛苦过程中，那些没有被"钢铁长墙"慑服的俄军展现出了不同于主力舰队的战斗意志。

首先要讲述的是受伤的"斯维特兰娜"号，我们曾经提到，黎明时分，该舰正在努力以能达到的最高速度向北逃逸，"音羽"号和"新高"号则在后方穷追不舍——在战斗力上，这 2 艘日舰都要较俄舰更胜一筹。到 8 点时，它们已经辨认出了目标，并且发现该舰已与 1 艘驱逐舰（"迅速"号）合兵一处。当时，日军 2 艘巡洋舰的实际航速是 18 节，而舰首进水 400 吨的"斯维特兰娜"号只能蹒跚着达到 15 节的航速。一场交战已在所难免，结局将注定只有一种。8 点时，薛宁海军上校在司令室召集了所有军官征求意见。所有人都支持战斗到最后一弹，然后自沉军舰；上校表示，他本人也赞同这种做法。于是，在绝望中，他指挥军舰转舵向朝鲜海岸驶去。

虽然该舰的轮机兵已经精疲力竭，但他们的工作仍然无可挑剔，在接下来的 1 个小时，"斯维特兰娜"号仍然领先日舰大约 10000 米。半个小时后，双方的距离拉近到 9000 米左右。在这个距离上，"斯维特兰娜"号率先朝日军开炮，对该舰来说，这一距离显然过于遥远了。而在日军方面，直到 9 点 40 分，"音羽"号才开始用 6 英寸炮回击敌人的炮火。"新高"号也紧随其后，由于射程过远，该舰最终决定停火。但前方的"音羽"号却在继续射击。大约 10 点时，它的 6 英寸舰炮幸运地命中了目标的尾部。这枚炮弹似乎瘫痪了俄舰的舵机，令后者在海面上只能或左或右地曲折前行。但按照俄军的记录，该舰仍然能控制方向，这些机动只是为了故意干扰日军的瞄准。即便使尽浑身解数，"斯维特兰娜"号仍无法避免距离迅速拉近。

此时，该舰中弹愈发频繁。日军巡洋舰也得到了驱逐舰"丛云"号（Murakamo）的支援。后者来自第5驱逐队，由于未能在昨天晚上发动雷击，当时，"丛云"号正在独自前往集结点。在追击中，它一马当先，避免了"迅速"号前来干预。[17] 10点20分，"新高"号也在8000米距离上重新开火；15分钟后，随着该舰逼近到6000米处，12磅炮也加入了炮击，令"斯维特兰娜"号很快笼罩在了火焰和烟雾里。不久，俄军巡洋舰的弹药便濒临耗尽，同时，其左侧引擎也完全瘫痪——显然，最后的时刻已经临近。该舰的一名军官这样写道："敌军巡洋舰不断逼近，倾泻的火力猛烈而准确，几乎每发炮弹都会取得命中，在此起彼伏的炮弹爆炸下，整个舰体剧烈地摇晃起来……火焰到处蔓延；所有弹药都被耗尽，根据之前发布的一道命令，工程师们开启了后部的抽水泵，并关闭了所有的水密门。"[18]

在俄军巡洋舰上，火力正变得渐渐稀疏；同时，"迅速"号则继续向北逃去。"新高"号和"丛云"号立即发起追击，"音羽"号则在"斯维特兰娜"号的鱼雷射界之外继续倾泻着毁灭性的火力——期间，其距离一度逼近到了1000米。在熊熊燃烧的"斯维特兰娜"号上，俄军官兵正冒着弹雨匆忙进行着弃舰准备。关于这艘战舰的结局，日方编纂的历史带着敬佩描述道："尽管一切已无可挽回，但它的成员们依然选择了慷慨赴死，始终没有升起投降的信号旗——他们沐浴在弹雨中，静静等待着战舰的沉没。舰长阵亡了，大副负了致命伤；船身渐渐倾斜；大部分舰员跳入了海中。到10点50分……我们看到该舰已濒临沉没，于是，'音羽'号停止了射击。"也正是在此时，涅博加托夫将军升起了日本国旗。

此时，日军收到了1条"亚美利加丸"发来的无线电报——在躲开"斯维特兰娜"号后，该舰再次转向，并和"音羽"号和"新高"号会合。这艘辅助巡洋舰在电报中表示，在视野中发现了1艘俄军炮舰和2艘其他舰船，闻讯，"音羽"号立刻前去解决这些敌舰。从旁边驶过时，该舰吩咐"亚美利加丸"前去击沉"斯维特兰娜"号，同时搭救后者的船员。最终，勇敢的"斯维特兰娜"

号在 11 点过后不久沉入大海,其位置在竹边湾(Chukupen Bay)以东约 20 海里。"亚美利加丸"及时赶来,救起了 11 名军官和 279 名其他舰员。[19] 而在"迅速"号这边,几分钟后,该舰发现自己根本无法摆脱 2 个追踪者,于是径直向朝鲜海岸驶去。11 点 50 分,它奋力冲上了竹边湾以北 5 海里处的礁石。船员则在爆破了部分船体后弃船登岸。他们穿越群山的行动以失败告终,最终只能向竹边湾电报站兵力单薄的警备部队缴械。[20]

但日军对"绿宝石"号的追击则没有那么成功。就在它从第 6 战队的视线中逃离后不久,搭乘"千岁"号的出羽将军就从南面高速追击而来。当时,"千岁"号的意图很明确,即切断该舰向北的逃亡路线。于是,"绿宝石"号只得放弃前往隐岐诸岛的尝试。但对追击者们来说,拉近距离的机会依然存在。见状,东乡正路少将立刻从第 6 战队派出"秋津洲"号,以便与"千岁"号共同展开追击,他本人则带领麾下的其他 3 艘战舰转舵重新加入主力舰队。尽管"千岁"号以 23 节的极速紧追不舍,但该舰还是被渐渐甩开,到 2 点时,该舰只得放弃,目送"绿宝石"号向着海参崴扬长而去。

此时,日军已经完成了对俘虏舰船的处置。按照约定,俄军军官可以保留佩剑和随身物品,但不得破坏投降舰船的舰体、武器和设备等。至于其他舰员,三分之二将留在舰上,以便配合押运官兵一道驾驶船只,抵达日本后,他们将获准保留所有私人物品。这些条款最终得到了涅博加托夫将军的正式同意——当时,他依照东乡大将的邀请登上了"三笠"号,以便磋商相关事宜。14 点 30 分,经过 1 小时的停留,他离开日军旗舰返回座舰,同时,接管工作也正式展开。

由于这项工作耗费时间,因此,在一切处理完毕前,东乡都必须令舰队保持集结状态,然而,这项必要的举措也引发了新的波澜:现在,东乡终于了解到自己给敌人制造了怎样的损失。但令他失望的是,俄军旗舰并不在投降的俄军舰队之列。直到此时,日军才获悉罗杰斯特文斯基的将旗飘扬在"苏沃洛夫"号上,但将军本人的下落没有人能说清。同时,日方还确定:"博罗季诺"号、"亚历山大三世"号和"奥斯利亚比亚"号均已沉没,因此,除了恩克维斯特指挥的巡洋舰队之外,俄军舰队已然是溃不成军。但问题在于,如果俄军巡洋舰队依旧完好，它们仍可以造成相当大的破坏——当时，日军无法消灭这股危险。《日本战史极密版》写道："大量时间被耗费在了接收投降的敌舰上，追击敌军残部的机会已不复存在。另外，在东乡将军看来，他们还需要为押送战列舰抽调一支强大的兵力，于是，他只得放弃了追击其余俄舰的想法，并决定将这些战列舰押送到佐世保去。"

当时，除了正在四下追踪敌军的各艘轻型巡洋舰外，东乡又刚刚调走了 2 艘装甲巡洋舰——也正是这种情况，让他只能按捺住纵兵追击的想法。事实上，就在接收工作刚开始时（即约 14 点 30 分时），日军发现"乌沙科夫海军上将"号正从南面驶来。正如之前所述，该舰曾被归队途中的"千岁"号发现，但它对这艘日军轻型巡洋舰的存在视若无睹，直到正午时分都保持着原有航线。此时，它发现视野内已没有敌军，于是便转舵向西北前进，试图沿着朝鲜海岸悄悄向海参崴逃去。

但该舰不久就发现，当前航线令自己进入了敌军主力的视野。于是，"乌沙科夫海军上将"号立刻掉头向南。一发现该舰，岛村将军便立刻请求上级允许他率旗舰"磐手"号和"八云"号发起追击。随着这一请求得到批准，岛村立刻率部离开，但由于"乌沙科夫"号的船身仍然隐没在地平线以下，这场追击注定将持续很长时间。

尽管 2 艘日舰已加速到 18 节，但直到快 17 点时，它们才最终在隐岐岛以西约 50 海里处追上了目标。当时，双方相距约 7 海里，根据司令的指示，岛村将军发出了国际通用电文信号："尔等的司令已经投降，本舰同样敦促贵舰投降！"但他发现，自己实际是撞到了一块铁板上。在态度上，他的对手和投降的司令截然不同。之前，"乌沙科夫海军上将"号的军官们已经在会议上决定，他们宁愿自毁战舰，也绝不降下旗帜。有段时间，由于无法解读电报内容，他们只是升起了"回答旗"（answering pennant）。但在 17 点 30 分，即日军逼近到 9000 米时，他们终于理解到电文是在勒令他们投降。"乌沙科夫海军上将"号没有犹豫，立刻用炮火回应了日军。[21]

接下来，该舰开始向西逃去。为拦截目标，"磐手"号和"八云"号将航向改为西南，并用左舷各炮朝俄舰猛烈射击。在还击的同时，"乌沙科夫"号渐渐向左转舵，最终将航向转为正南——期间，该舰原本准确的炮火也变得凌乱起来。此时，2 艘日军装甲巡洋舰一齐向左转舵，接下来 5 分钟，它们都在向敌舰靠拢。17 点 45 分，它们又重新转舵变回了单纵阵型。[22]

此时，"乌沙科夫"号的火炮已几乎嘶哑，而且仿佛已经无法继续航行。事实上，该舰的倾斜已十分严重，剩余的火炮都无法使用，而 2 艘日舰还在不断逼近，并从 2 个方向徐徐朝该舰射击。

此时，日军的位置恰好在隐岐岛正西 60 海里处，18 点 07 分，透过炮弹激起的硝烟，他们目睹了一轮巨大的爆炸。在烟尘散去时，呈现在他们眼前的景象是："乌沙科夫"号正在向右倾覆，仅仅 3 分钟后，该舰便消失了，海面上遍布着残片和生还者。当时发生的情况可能将永远无法查明。一些俘虏表示是日军的炮火引发了这场灾难，但同样毫无疑问的是，该舰的舰长米克卢哈[①]（Miklukha）不愿看到军舰落入敌手，采取了自毁手段。有俘虏表示，舰长在军舰瘫痪后打开了金氏通海阀，但也有人说，他还引爆了船底的硝化棉火药。[23] 无论实际情况如何，日军都对这艘顽强的老式岸防舰给予了极高敬意。在它爆炸后，2 艘日本巡洋舰立刻赶到现场放下小艇，救起了该舰 422 名乘员中的 339 名（其中包括12 名军官），但英勇的舰长米克卢哈不在获救者之列。

到 20 点 45 分时，战斗完全平息了下来，岛村将军掉头朝东北偏东方向回驶，试图回归缺少巡洋舰伴随的主力舰队。不过，虽然这 2 艘军舰的离去极大削弱了押送兵力，但根据俄军投降后俯首帖耳的表现，东乡相信自己还能再抽调兵力恢复对海峡的警备。为此，15 点 45 分，即岛村将军率部前去追击的一个半小时后，他命令第 5 和第 6 战队前往神崎，并在当地占据阵位：如果下落不明的恩克维斯特舰队选择南下，它们将负责歼灭这股敌军。此时，看守被俘俄舰的

---

① 译注：弗拉基米尔·米克卢哈（1853—1905 年）的祖先是来自乌克兰的哥萨克，后来在沙皇俄国成为世袭贵族，早年他曾参加过革命活动，但很快又脱离了与革命组织的关系，后来，他担任过驱逐舰舰长，还在"叶卡捷琳娜"号和"十二使徒"号战列舰上担任大副。在对马海战的最后阶段，他指挥的"乌沙科夫"号遭到了"磐手"号和"八云"号围攻，由于火炮严重磨损（该舰在波罗的海用于炮术训练），该舰的英勇抵抗根本无济于事。在沉没前，米克卢哈下令凿沉军舰，关于他的死亡，至今仍然没有定论，有人看到他带着救生圈跌入海中，但不久即死去；也有消息指他拒绝了日军的帮助，随后因失血和体温过低死去。后来，俄军有 1 艘驱逐舰以他的名字命名。

388

日军包括了第1战队、第2战队一部、第4战队，外加几艘落单归队的驱逐舰和水雷艇。

不久，这些日军又接到了新的使命。就在第5和第6战队离去后不到1小时，有报告宣称西北方向出现了1艘可疑舰只。日军立刻命令第4战队带领第2驱逐队的3艘驱逐舰前去追击。[24]但他们最终发现，目标实际是水雷母船"熊野丸"。之前，该船曾自作主张出发，并在13点时抵达了北部集结点。由于发现周围空空如也，它发出电报，请求上级给予后续指示。上级在回复中表示：它可以前往独岛[①]（Liancourt Rocks）海域——正是在航向当地期间，它进入了舰队主力的视野。

从该船处，瓜生将军获得了一些情报，虽然具体内容不得而知，但它们可能与"音羽"和"新高"2舰的行动有关；最终，这些情报让瓜生做出决定：应当前往郁陵岛方向搜索一番。

此时此刻，周围的海面上遍布着日军舰只，它们既有辅助船，也有追击的巡洋舰，还有根据作战计划匆忙赶去在第2轮战斗后发动夜袭的雷击舰艇，这令俄军几乎不可能逃出日军的视线。这些日军舰艇包括第1驱逐队的"涟"号（Sazanami）和第3驱逐队的"阳炎"号（Kagero），它们为日军的辉煌胜利增添了最后一笔。在昨夜的袭击之后，它们先是来到了蔚山，以便进行补充和修理，随后，2舰便在次日清晨结伴出航，一起前往郁陵岛集结点。[25]当天14点15分，2舰离该岛还有不到40海里的时候，它们看到几道烟柱正从东南方朝西北方飘散。到16点时，它们已经可以辨认出2艘俄军驱逐舰的身影，并因此加速至23节展开追击。事实上，这些俄舰是驱逐舰"大胆"号和"威严"号，运载着罗杰斯特文斯基将军和他的幕僚。

正如我们所知，在"苏沃洛夫"号沉没前运载一行人的是"猛烈"号，但该舰的引擎在夜间发生故障，并因此陷入孤立。清晨，该舰发现了"迪米特里·顿斯科伊"号，不仅如此，后者还有2艘驱逐舰伴随在周围。尽管众

① 译注：当地是今天日韩争议领土，日本将其称为"竹岛"。

人都希望登上"顿斯科伊"号，但将军本人却选择了引擎依旧良好的"大胆"号驱逐舰。随着将军被安全转移，"大胆"号便和"威严"号一起与巡洋舰分别，径直向着北方驶去，然而，这条航线又恰好与来自蔚山的 2 艘日军驱逐舰发生了相交。

经过半个小时的追逐，16 点 30 分时，日军已经明显拉近了距离。俄军的幕僚们命令"威严"号独自逃命——他们已经清楚地意识到，"大胆"号将注定不会有逃脱的机会。15 分钟后，随着双方的距离缩短到 4000 米，日军开始开火。"威严"号一边逃跑一边还击，但"大胆"号上一片沉默。事实上，此时的它已经停船并升起白旗。于是，"阳炎"号继续追逐"威严"号，"涟"号则停止炮击向"大胆"号接近，还派出官兵试图俘获俄舰。[26]

在舰上，日军发现了备受伤势折磨的罗杰斯特文斯基，俄国医生发出请求：最好不要移动司令。因此，日军决定先暂时将这艘驱逐舰缴械后拖走，但对如何处置这个宝贵的战利品，他们一时难以决定。对日本人来说，此时战斗的结果还不甚明朗，只有一件事情可以确定：他们可能随时需要抛弃被俘的俄舰。因此，他们决定返回蔚山港，以便就近获得指示——19 点 20 分，他们开始向这座港口行驶。此时，东方传来了隆隆炮声，但由于距离遥远，所有人都一无所见。随着夜幕降临，这位厄运缠身的指挥官也即将结束最后一段航程，此时的他正被敌人拖曳着，原先，他身边伴随着一支远东最强大的舰队，但现在，一艘残破的驱逐舰却成了他拥有的一切。

至于他们听到的来自东方的炮声，一定是"迪米特里·顿斯科伊"号的垂死挣扎。正如之前所述，大约 17 点时，瓜生将军正在带领第 4 战队扫荡这一海域。在 18 点前不久，该战队的努力得到了回报：他们发现"迪米特里·顿斯科伊"号出现在西微南方向，这艘俄舰正以高速朝西北航行。

很快，东乡便从无线电中得到了消息，他派出"浅间"号为这些轻型巡洋舰提供支援。由于上述各舰的航速与俄军装甲巡洋舰相差无几，他们无法强行与对方决战。因此，瓜生将军只能要求俄舰投降，并用无线电频繁发出信号："'顿

斯科伊'号、'顿斯科伊'号,涅博加托夫将军已经投降!"列别杰夫① (Lebedev)
舰长对此视若无睹,并保持着原有方向;但局面没有持续多久。不到半个小时,
日军便发现他正在转舵向北朝郁陵岛驶去。随着距离迅速拉近,战斗的结果很
快注定了。

列别杰夫舰长之所以改变航向,是因为西面出现了"音羽"号和"新高"
号的身影。当时,这2艘日舰已经结果了"斯维特兰娜"号,随后开始向着东
南偏东前进,以便重新与瓜生战队会合。在发现"顿斯科伊"号后,2舰立刻以
18节航速发起追击。面对难以逃避的命运,"顿斯科伊"号带着绝望冲向郁陵
岛,试图在当地搁浅。但在7点后不久,即该舰离郁陵岛不到20海里时,"音羽"
号已经逼近到了8000米以内,并开始朝俄舰开炮。几分钟后,"新高"号也紧
跟着开火射击,19点40分,整个第4战队都在7000米上加入了炮战。"顿斯科
伊"号顽强还击,但日舰的火力如风暴般猛烈——它们从左右两侧扫过该舰的
甲板,扰乱了俄舰的炮火。火灾在"顿斯科伊"号上爆发。随着日舰逼近,该
舰承受的打击也愈发猛烈。到20点时,第4战队已经驶近到4000米处,而"音
羽"号和"新高"号则只有3000米。它们的火力密集而可怕。当时,"顿斯科伊"
号还搭载了270名来自"奥斯利亚比亚"号和驱逐舰"猛烈"号(此时已沉没)
的官兵,由于这些官兵都拥挤在军舰的甲板上,因此死伤尤其惨烈。

另外,"顿斯科伊"号勇敢的舰长也死于战斗。②随后,该舰的舵机瘫痪,
蒸汽管道受损。日本人可以清楚地看到,这艘俄军装甲巡洋舰已处在奄奄一息
的状态。随着太阳落下,瓜生将军决定在天黑前将其结果,于是,他冲向该舰
的前方,以便截断其驶往郁陵岛的航线。然而,他低估了抵抗者的英勇:就在"浪
速"号跟随完成转向的旗舰向左转舵时,一枚6英寸炮弹命中了它的后部,造
成了严重损伤:几分钟内,"浪速"号的倾斜就达到了7度,只好被迫撤出作战。

---

① 译注:伊万·列别杰夫(1850—1905年)早年曾在圆盘战舰"波波夫海军中将"号和"诺夫哥罗德"
号上服役,后来和罗杰斯特文斯基一样在保加利亚海军中担任顾问,与第2太平洋舰队中的许多舰长一样,
他之前只指挥过一些老式巡航舰,对大型军舰的指挥经验严重不足。在对马海战中,列别杰夫有条腿被炮弹
打断,身躯被许多小弹片击中,后来伤重昏迷,6月初,他死在佐世保的一家医院。
② 译注:此处有误,列别杰夫后来于6月初死在佐世保的一家医院。

由于"浪速"号的受伤是如此突然，日军不得不放弃截击，并将作战任务交给驱逐舰。20点30分时，俄舰的身影消失在了愈发昏暗的夜幕中。此时，虽然"浅间"号已经赶到，但它来得太迟，已经无法发挥任何作用。

俄军想必会为"顿斯科伊"号的表现感到骄傲——得益于出色的指挥，1艘最陈旧的装甲巡洋舰居然挡住了1群轻型巡洋舰的进攻。不仅如此，面对对手的联合攻击，该舰还支撑了1个小时之久——当敌军被迫撤退时，它仍不屈不挠地在海面上行驶。此时，"音羽"号和"新高"号已被出羽将军召回，正在赶去同"千岁"号会合。至于瓜生将军，则被迫带领战队返回镇海湾锚地。

日军的鱼雷攻击同样以失败告终。在停火后，第2驱逐队立刻冲进"顿斯科伊"号的近海一侧，试图将该舰送入海底。但这些驱逐舰发现"顿斯科伊"号附近都是暗礁，只能从远海一侧发动攻击。最终，这些尝试全部以失败告终。此外，4艘属于其他分队的驱逐舰（它们之前一直伴随着"音羽"号和"新高"号）也试图在夜色降临后展开进攻，但其中3艘根本没有发现被岛屿阴影遮蔽着的敌军，第4艘——"吹雪"号（Fubuki）虽然得以逼近，但面对俄舰猛烈而准确的火力，其发射的鱼雷全部宣告失的。

"顿斯科伊"号最终静静地靠向了岸边，并安然完成了弃舰作业。次日6点，该舰的所有舰员均已上岸，只有一小队负责打开金氏通海阀的人员奉命驾驶着它驶向外海。黎明时分，日军驱逐舰注意到了这艘垂死的敌舰，"浅间"号也在附近监视。日军立刻做出登舰准备，但它们未能接近，"顿斯科伊"号的船体便翻转过来，沉入了海底。[27]

诚然，人们难免会对比"顿斯科伊"号等舰的行动和涅博加托夫将军的做法。但我们不能忘记：有些事情其实不能一概而论。当时，涅博加托夫已经失去了逃脱的机会；他们被日军发现是在清晨时分，周围没有可以避难的陆地。但对其他舰只来说，逃脱的机会仍然存在，即使目标无法实现，他们也至少可以抵达近海就地自毁战舰，让所有船员逃上海岸。而且有一点需要明确，涅博加托夫的决定完全是为了挽救下属的生命。在接受审判时，他根据对军法的理解指出，自己无权为了追求个人荣誉而牺牲数千名官兵的生命。

不管他投降的依据是对是错，在"顿斯科伊"号击退追击者的同时，他和麾下的 4 艘军舰都已挂起了日本旗帜，并在第 1、第 2 战队的押送下朝佐世保行驶。在航程途中，问题接连不断。由于机械故障等原因，他们直到入夜后很久才起航，沿途，由于被俘军舰状况不佳，再加上俘虏的蓄意破坏，事故此起彼伏。严重的问题很快令"鹰"号彻底瘫痪。舰上的引擎被动了手脚，锅炉水被排空，俘虏们还拒绝透露备用水的存放地点。该舰引擎停转，电灯熄灭，用无线电和信号火箭通知押送舰船的企图完全落空——这一事实有力地证明了，即便经过了长期的战斗，一部分俄军舰员仍然抵制投降的决定。

此时，东乡大将继续前进。"鹰"号很快发现：周围的日舰只剩下了驱逐舰"薄云"号（Usugumo）。鉴于俘虏的行为如此危险，"鹰"号的日本指挥官根本不敢派出"薄云"号向友舰求援。但在黎明时分，随着一些俘虏主动伸出援手，局面开始有所好转。此时，日军才安心地把驱逐舰派往郁陵岛电报站联络舰队主力，并请求获得拖船的支援。

早上 8 点时，日军终于发现了备用的锅炉水，8 点 20 分，位于独岛南微西 16 海里的"鹰"号开始向最近的港口——舞鹤缓缓前进。不到 1 小时，"浅间"号（当时该舰刚完成搜索"顿斯科伊"号的任务，正从郁陵岛海域返航）遇见"薄云"号，于是立刻动身前去支援。10 分钟后，东乡舰队也出现了：在黎明时分发现"鹰"号失踪后，他开始掉头返航，并命令这艘军舰向舞鹤前进。最终，在"朝日"号和"浅间"号的押送下，该舰于 30 日抵达了目的地。此时，另外 3 个战利品和驱逐舰"大胆"号均已安全抵达佐世保。

另外有报告传来，在郁陵岛登陆的"顿斯科伊"号舰员已经扎营——他们显然误以为这个岛屿上没有居民。同样，他们也没有去袭扰通信站，可能并没有意识到其存在。因此，该信号站得以成功与东乡将军取得联络，后者于 29 日派出"春日"号来应对这一事态。下午，该舰接受了岛上俄军的和平投降，显然，这些俄军已经满足于之前挽回荣誉的举动，并没有做进一步的抵抗。

在最后一幕出场的舰船中，只有一艘船只的下落还没有叙述，它就是"绿宝石"号。自从逃出"千岁"号的视野后，该舰便没有遭遇任何日舰。然而，一摆脱追击者，该舰便因为引擎受损被迫降低航速。同时，费尔岑舰长也考虑到，如果向海参崴驶去，自己将极有可能遭遇日军拦截，因此，他决定将目的地改为北方的圣弗拉基米尔湾（St. Vladimir Bay）。但这片海岸从未得到过妥善测量——在入夜后一路摸索时，"绿宝石"号突然触礁，种种脱困的尝试都无济于事。由于考虑到日军随时都会出现，该舰的舰员们只好弃船登岸，为避免日军俘获，他们还彻底炸毁了这艘巡洋舰。

至此，这场历史上最有决定意义，也最一边倒的海战落下了帷幕。日军的损失为 117 名官兵阵亡、583 人受伤，共有 3 艘水雷艇沉没，另有 2—3 艘轻型舰艇失去作战能力，但没有 1 艘大舰因伤势无法继续作战。俄军有 5000 名官兵阵亡或溺死，被俘的人数则接近 6000 人。[28] 另外，他们有 4 艘正规军舰和 1 艘驱逐舰被俘，12 艘正规舰、4 艘驱逐舰和 3 艘辅助船只或沉没，或被舰员自毁，其他舰只逃离了战场。最终，在波罗的海舰队全部 38 艘舰船中，只有巡洋舰"金刚石"号和驱逐舰"威严"号、"威武"号抵达了海参崴，并诉说了当时发生的一切。

注释

1. 参见《武官报告》第 4 卷第 21 页。

2. 当时各战队的实际位置如下：

　　第 1 和第 2 战队，郁陵岛南微西 30 海里；

　　第 4 战队（外加第 3 战队的半数兵力），郁陵岛南微西 60 海里；

　　第 5 战队，长䰇岬（Cape Clonard）以东 46 海里处；

　　第 6 战队，长䰇岬东北微东 56 海里处。

3. 为击沉该舰，"千岁"号消耗了 68 枚 12 厘米炮弹和 39 枚 12 磅炮弹；"有明"号则发射了 12 发 12 磅炮弹。"千岁"号的开火距离在 2000—5300 米之间，但只取得了 6 次命中。

4.《日本战史极密版》中给出的转舵时间是 5 点 30 分，但我国观战武官给出的时间是 5 点——收到巡洋舰队的电报之前，考虑到当时的情况，我国武官的说法可能更为可信。（参见《武官报告》第 3 卷第 112 页）

5. 在确定行动时间时，笔者遭遇了一些问题，不过大体可以确定，这次转舵正是根据电报的内容做出的。《日本战史极密版》并没有给出转舵的时间，但按照东乡大将本人的说法，他在 6 点 05 分时已经开始向南行驶了。我国派往第 1 战队的观战武官则宣称：他们在清晨 6 点郁陵岛位于正横方向时，接到关于俄军行踪的情报，随后舰队开始转舵。至于接到电报的时间，"三笠"号的战斗详报显示为 5 点 50 分。

6. 第 6 战队未查明敌军位置的原因着实令人费解，按照"千岁"号的报告，该舰在 5 点 30 分从片冈将军的通报舰"八重山"号上收到了相关电报，并得知俄军"正从 603 地点向东北航行"（参见《日本战史极密版》第 2 卷第 3 章第 3 节）。至于"亚美利加丸"，则在 4 点 50 分从"八重山"号得到了同一份报告，只不过该舰将敌人的位置记为"长䰇岬东微南 40 海里外"。

7. 从俄舰"斯维特兰娜"号上也可以看见该岛，早上 7 点，该舰仍处在郁陵岛以南约 50 海里处。出自《喀琅施塔得信使报》（Kronstadt Messenger），1908 年 9 月 2 日和 6 日号。

8. 其具体位置在"806 地点"，即北纬 36 度 50 分、东经 130 度 30 分。

9. 在第 2 战队朝东南偏东（磁罗经航向）转舵一事上，《日本战史极密版》与《武官报告》中的内容可以相互印证。

10. 参见涅博加托夫将军、文德尼科夫海军中校（Vedernikov，来自"尼古拉一世"号）、普鲁什金海军上尉（Polushkin，"绿宝石"号航海长）的证词。

11. 出自《武官报告》第 3 卷第 113 页。

12. 参见俄军军事法庭上的证人证词。

13. 当时双方的距离很重要，因为涅博加托夫决定投降的依据，正是日军始终在他的射程之外。按照《日本战史极密版》的说法，10点33分时，"春日"号与"尼古拉一世"号的距离为8000米，而"吾妻"号在10点36分时的距离则有7000码（参见《武官报告》第3卷第113页）。

14. 这种情况也得到了《日本战史极密版》第2卷第3章第2节下第2小节的证实。日军发现"鹰"号左舷被9枚12英寸、5枚8英寸、13枚6英寸炮弹命中，其中最大的破口长9英尺4英寸、宽6英尺3英寸，同时，该舰"甲板破裂，舰内景象凄惨"，有1门12英寸前主炮被从离炮口2米处炸坏。在该舰的30名军官和825名士兵中，有26名军官和779名士兵投降，伤员包括14名军官和若干士兵。在整个战斗中，该舰只有4名军官和46名士兵阵亡。

15. 这里可以同《第2太平洋舰队的末日》一书相互对照。在《第2太平洋舰队的末日》一书写道，直到此时，所有人都在冷静地等待着战斗重新打响，"并准备好了慷慨赴死……"，"但当敌人的主力舰队出现而且显然毫发无损时，我们的幻想破灭了，即使意志最坚定的同胞们也再次陷入了一种颓丧的状态，对当前发生的一切茫然无措"。

16. 参见《武官报告》第3卷第96页。

17. 该驱逐舰还试图为友军巡洋舰"校射"，但未能成功。

18. 参见《喀琅施塔得信使报》1908年9月2日和6日号。

19. 日方资料中，该舰沉没地点为北纬37度06分、东经129度50分附近。在"斯维特兰娜"号的20名军官和439名士兵中，共有11名军官和157名士兵阵亡，此外还有1名军官和22名士兵负伤。

20. 这批俘虏包括5名军官和77名士兵，其中10人是"奥斯利亚比亚"号的幸存者。

21. 上述细节来自俄文书《战舰"乌沙科夫"号：远航与覆灭》（The Battleship Ushakov: its Voyage and Loss）的，作者为ND，即尼古拉·迪米特里耶夫（Nikolai Dimitriev），他是该舰的一名炮术军官。

22. 迪米特里耶夫表示，日军不到10分钟便找到了准头，随后，他们几乎弹无虚发。

23. 迪米特里耶夫并未提到爆炸。按照他的说法，"乌沙科夫"号的沉没是因为金氏通海阀开启所致，另外，他还补充道，即便不打开通海阀，该舰也会被日军的炮火击沉。

24. 第2驱逐队在夜袭中遭到了俄军的沉重打击，"雷"号完全瘫痪，但即使如此，其他各舰依旧驶向了集结点。8点30分时，该驱逐队在长鬐岬以东50海里处发现了"顿斯科伊"号和2艘驱逐舰，由于认为当务之急是攻击敌军主力，各舰便没有发动攻击。最终，他们向独岛方向前进，并在15点找到了友军舰队。因此，他们与捕获俄军司令的机会失之交臂了。相关内容可参见本书后续部分的记录。

25. 在蔚山，2舰发现了另一艘水雷母舰"春日丸"。在作战计划中，该舰原本应驻扎于釜山，至于为何在蔚山，我们已不得而知。

26. "阳炎"号未能追上"威严"号，导致后者最终成功逃入了海参崴。

27. 在"迪米特里·顿斯科伊"号的 24 名军官和 496 名士兵中，3 名军官和 50 名士兵阵亡，5 名军官和 90 名士兵负伤，舰长列别捷夫在佐世保医院因伤势过重死去。

28. 俄国的官方数字为：216 名军官和 4614 名士兵阵亡或溺亡，278 名军官和 5629 名士兵被俘（其中许多负伤），被拘押于中立港口的共有 79 名军官和 1783 名士兵，乘舰船逃往海参崴和迭戈苏亚雷斯的有 62 名军官和 1165 名士兵。身亡、俘虏和被别国拘押者共计 573 名军官和 12036 名士兵。

∧ 和历史上大部分海战一样，对马海战的现场照片极少。本照片可能拍摄于当天上午，显示了一艘日军战列舰（可能是"三笠"号）进行大角度转舵时的景象

∧ 由英国观战武官帕肯汉姆拍摄的"苏沃洛夫"号的最后景象

∧ 在黄海海战中，虽然俄军遭遇惨败，但许多官兵依旧表现英勇。这是"亚历山大三世"号舰长尼古拉·布赫沃斯托夫海军上校的照片，在旗舰遭受重创后，他主动接过了带领舰队前进的职责

∧ "乌沙科夫海军上将"号的舰长弗拉基米尔·米克卢哈海军上校，在涅博加托夫投降后，他依旧指挥该舰进行了顽强的战斗

∧ "迪米特里·顿斯科伊"号舰长伊万·列别杰夫上校，他率领这艘老舰多次击退了日军的追击，但最终在战后伤重不治死去

〉在海战结束之后的5月28日上午，装甲巡洋舰"常磐"号的舰员在清洁主炮炮管。面对镜头，一些士兵显得十分兴奋

398

∧ 在日本海海战结束后回港的战列舰"敷岛"号，远处的另一艘战列舰可能是"朝日"号

〈 战列舰"富士"号的后主炮炮塔，上方可以看到俄军炮弹制造的裂口

〈 装甲巡洋舰"日进"号的前主炮炮塔，未来的海军大将山本五十六就是在这里失去了2根手指

∧ 虽然日军大获全胜，但各舰依旧蒙受了不小的损伤，其中尤以旗舰"三笠"号为甚。这两张照片摄于该舰右前方3号副炮炮位附近——在整个战斗中，该舰的死伤者达到了113人

400

∧ "日进"号后主炮炮塔受损情况特写，周围是展开清理作业的水兵和工人

∧ 被俄军炮弹击中后一片狼藉的"出云"号船舱

∧ 在海战中受损的"吾妻"号8英寸后主炮炮身

∧ "吾妻"号一门受损的15厘米阿姆斯特朗速射炮炮位，在战斗中，该舰有10人死亡，另有包括副舰长在内的30人受伤

∧ 装甲巡洋舰"磐手"号后部、舰长办公室附近的中弹位置特写

∧ 被俄军炮弹命中后"磐手"号舰长办公室内部的景象

∧ "千岁"号战后拆下的一门12磅炮。16点30分后，由于受到撤退中的俄军主力压迫，该舰所在的第3战队一度处境危急，各舰受损也颇为严重

∧ 从"和泉"号上拆下的一门完全损毁的6英寸火炮

︿ 入坞维修的驱逐舰"春雨"号，该舰在战斗中与友舰"夕雾"号相撞

︿ 与友艇"鹭"号相撞的第43号水雷艇，该艇右前方的破坏极为严重

∧ 战斗结束后，被日军押回港内的俄军战列舰"鹰"号。该舰也是4艘参战"博罗季诺"级的唯一幸存者，这主要得益于该舰的位置相对靠后，以及在战前采取的各种防火措施

∧ "鹰"号一片狼藉的上层建筑内景

∧ "鹰"号弹痕累累的侧舷特写,按照英国人进行的统计,该舰的两舷一共被至少10枚305毫米炮弹、2枚254毫米炮弹、9枚203毫米炮弹和39枚152毫米炮弹命中

∧ "尼古拉一世"号布满弹痕的烟囱

∧ 日军从"伟大的西索伊"号上取走的舰徽和救生圈

∧ 战列舰"尼古拉一世"号舰首12英寸主炮炮塔的特写

∧ "阿普拉克辛海军元帅"号的后炮塔

∧ 接洽投降事宜时的俄军舰队，右侧是战列舰"尼古拉一世"号，当时，搭载涅博加托夫一行的小艇正在返回该舰上

∧ 投降时的战列舰"鹰"号

∧ 被押解上岸的被俘俄军水兵

∧ 归航途中的日本驱逐舰"涟"号，该舰在战斗的最后阶段俘获了俄军司令罗杰斯特文斯基

∧ 这2张模糊的照片为我们展示了即将沉没的"伟大的西索伊"号，该舰曾在夜战中被日本驱逐舰的鱼雷重创。在第1张照片的右侧可以看到"八幡丸"正在向它靠拢

∧ "纳西莫夫海军上将"号的最后时刻，摄于辅助巡洋舰"佐渡丸"上

∧ 抵达海参崴后的"金刚石"号，该舰也是增援舰队中唯一一艘成功抵达目的地的大型舰只

∧ 进入佐世保港的俄军驱逐舰"大胆"号，在海战的最后阶段，该舰装载着罗杰斯特文斯基及其幕僚

∧ 俄军巡洋舰"绿宝石"号的残骸，由事后赶到现场的日本军舰拍摄

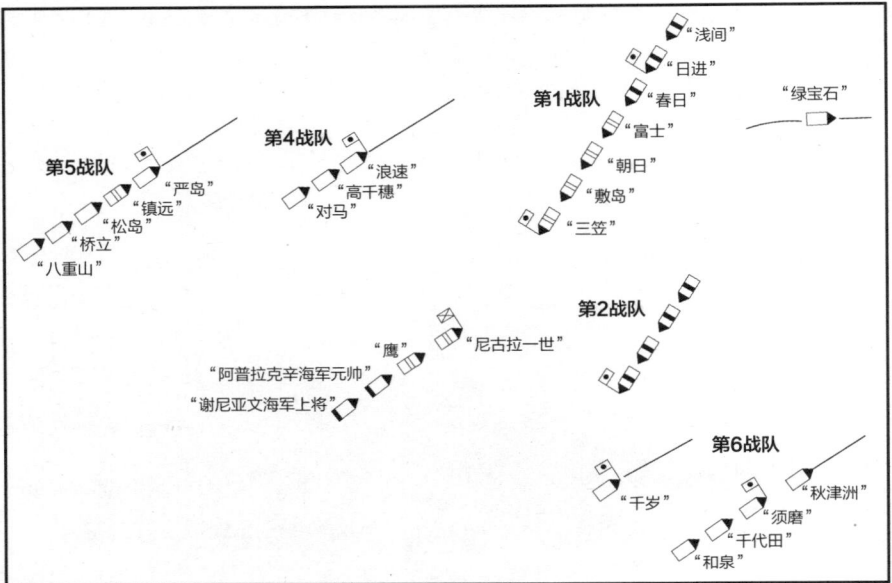

∧ "绿宝石"号逃脱示意图

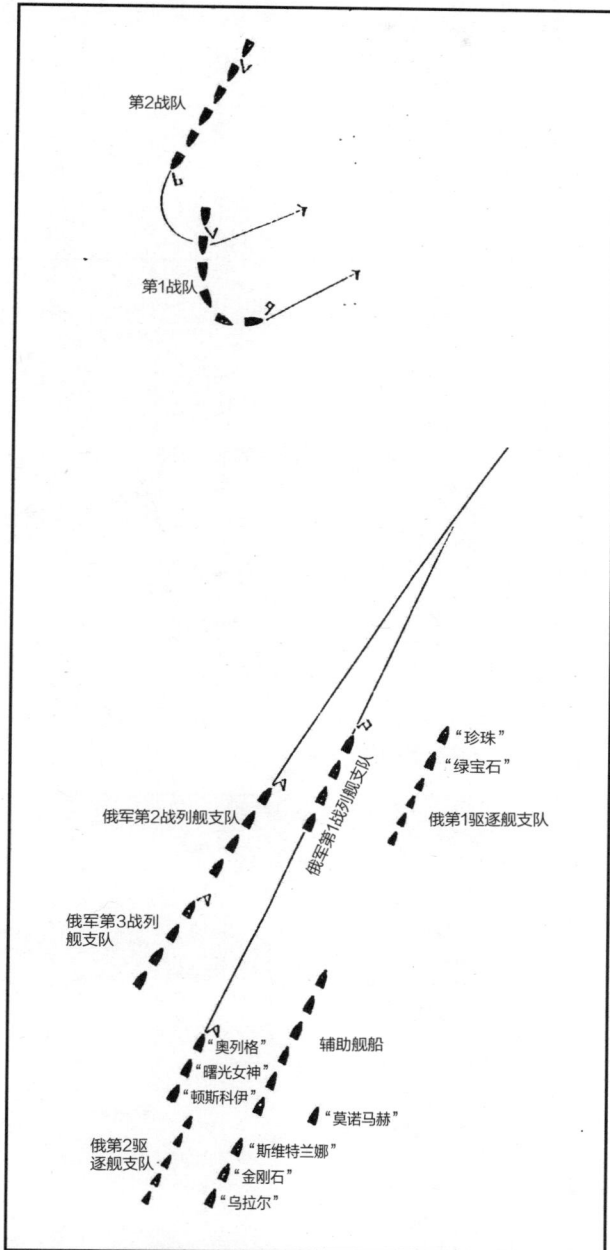

第2战队

第1战队

俄军第2战列舰支队

俄军第1战列舰支队

"珍珠"

"绿宝石"

俄第1驱逐舰支队

俄军第3战列
舰支队

"奥列格"

"曙光女神"

"顿斯科伊"

辅助舰船

"莫诺马赫"

俄第2驱
逐舰支队

"斯维特兰娜"

"金刚石"

"乌拉尔"

△ 日军进行敌前大转向时双方态势示意图

隐岐列岛

独岛

郁陵岛

"金刚石"（逃逸）

"乌沙科夫"（沉没）

"乌沙科夫"

第4战队（逃逸）

第6战队

第2战队

第1、2战队

"阳炎"

"白云"

"迅速"

"严岛"

"锦户科夫"

"锦户科夫"（沉没）

"新高"、第1战队

"音羽"

"亚美利加丸"

"新锦户兰姆"（沉没）

"新高"

"严岛"（沉没）

"千岁"

"猛烈"（沉没）

"八云"

"磐手"

"迅速"（沉没）

"共荣"（沉没）

*12:43

*12:00

*14:00

*17:00

*18:00

*10:00

*19:10

*16:45

*24:00

*10:45

*10:34

4:00（29日）

3:00（29日）

航迹范例

第1战队
第2战队
第3战队
第4战队
第5战队
第6战队
第7战队
特务舰队
驱逐队
特务舰队
驱逐队
俄军舰队
俄军驱逐舰
俄军推定航线

28日的时间，均用星号以示区分

"额尔齐斯"（沉没）

吴田

见岛

平户

*12:00 24:00

格涅

*16:30 "前卫"沉没 23:00 下关

"苏沃洛夫" "奥斯利亚比亚" 角岛

"亚历 比亚" 加"罗斯" 19:30

山大三世" "堪察加"（沉没）

24:00 博罗季诺 冲之岛 "（俘获俄军医院船2艘 19:00

第5战 "伟大的西索伊"（沉没） "滨洲丸"（佐渡丸） 带往三浦湾）

22:00 13:00

63号水雷艇 "伊吹丸" "驱逐舰阿卢奇 14:00 13:00

（沉没） 伊兹" 别祖普" 12:00 12:00

"洪吉" "台南丸" "纳瓦林"（沉没） 11:30

"不知火" 佐渡 12:00 12:00

丸 三浦湾 11:30

壹岐岛 佐世保

第1、2、4战队 对 13:00 11:00

第1、2、3、5驱逐队 马 宇久岛

第9、14、19水雷艇队 岛 竹 10:30

第9、14、19水雷艇队 敷 9:00

第3战队 宇久岛

第5战巡逻集 9:00 和歌 7:00

（27日） 9:00 "珍珠"（逃逸）

釜山港 "欧利格"（逃逸） 神户"奥罗拉"（逃逸）

"辉煌"（沉没） "明石"

镇海湾 "信浓丸"

三字浦岛 发现俄舰队 27日5:00

5:00

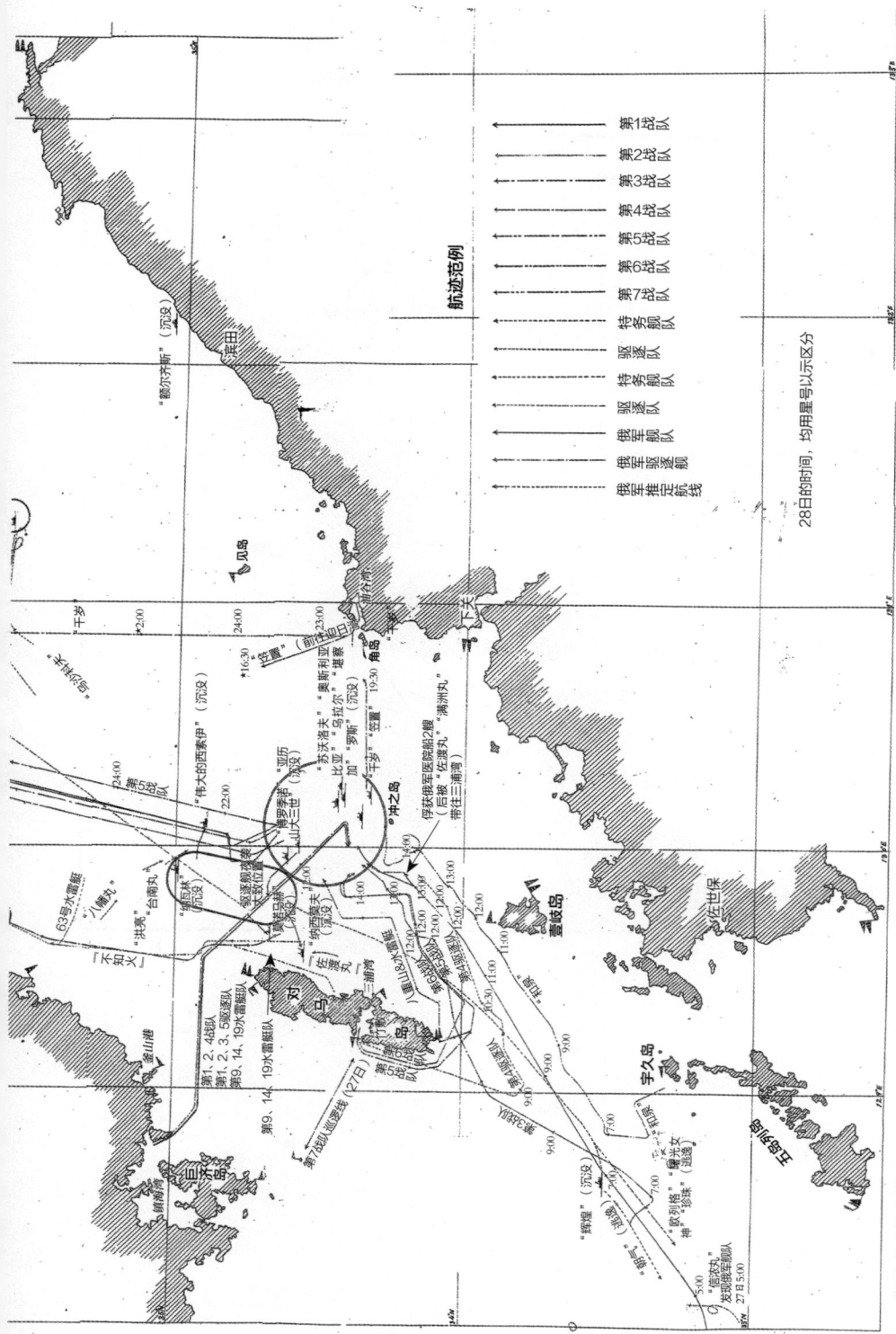

∧ 对马海战整体态势图

416

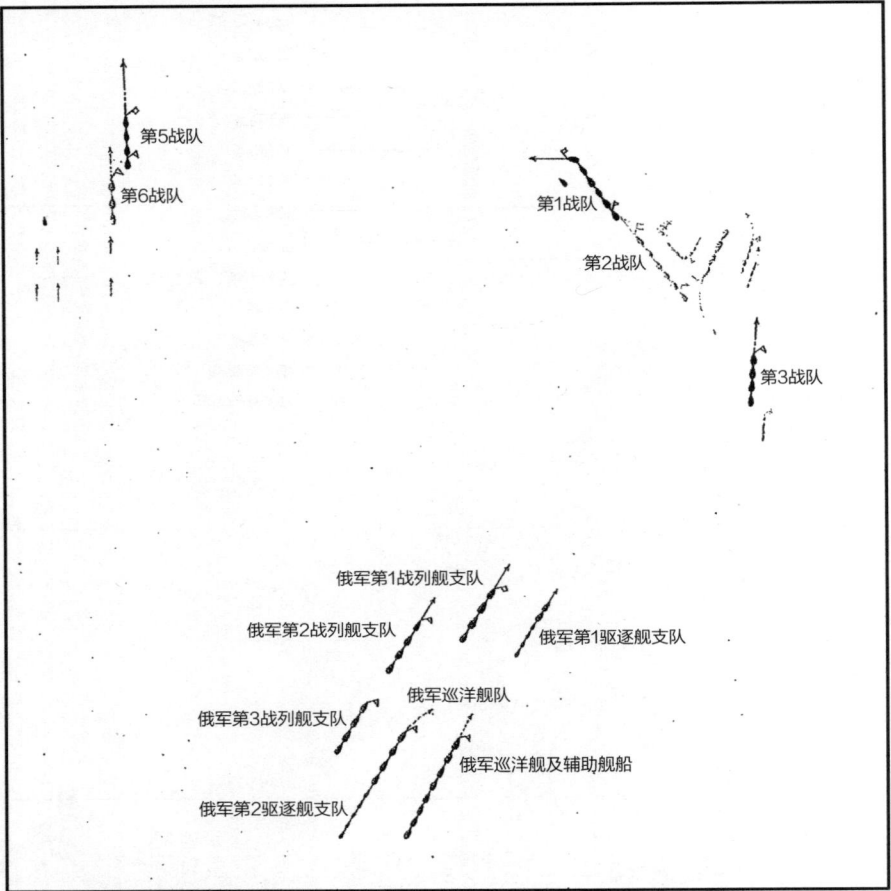

第5战队

第6战队

第1战队

第2战队

第3战队

俄军第1战列舰支队

俄军第2战列舰支队

俄军第1驱逐舰支队

俄军巡洋舰队

俄军第3战列舰支队

俄军巡洋舰及辅助舰船

俄军第2驱逐舰支队

︿ 27日14点 双方位置示意图

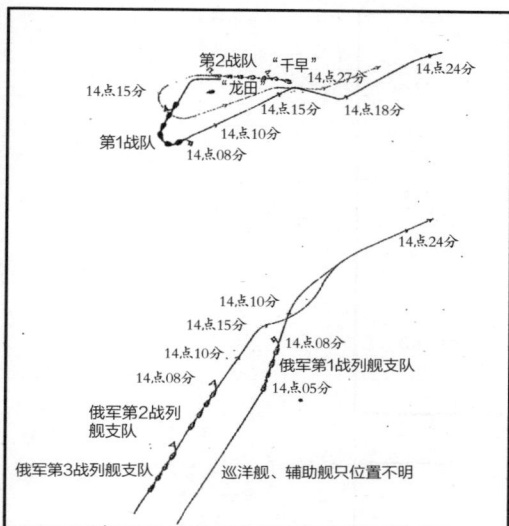

14点15分 第2战队 "千早" 14点27分 14点24分
"龙田"
第1战队 14点15分 14点18分
14点10分
14点08分

14点24分
14点10分
14点15分
14点10分 14点08分
14点08分 俄军第1战列舰支队
14点05分
俄军第2战列
舰支队
俄军第3战列舰支队 巡洋舰、辅助舰只位置不明

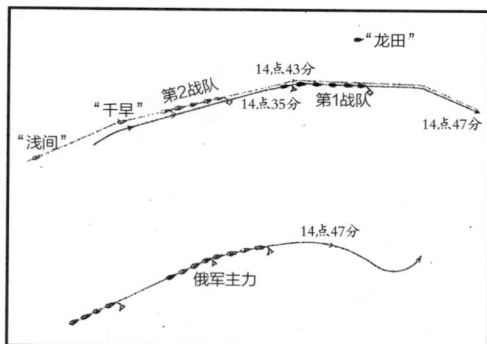

"龙田"
"千早" 第2战队 14点43分
"浅间" 14点35分 第1战队 14点47分

14点47分
俄军主力

∧ 27日14点40分双方交战态势示意图

〈 27日14点08分俄军炮击开始时态势示意图

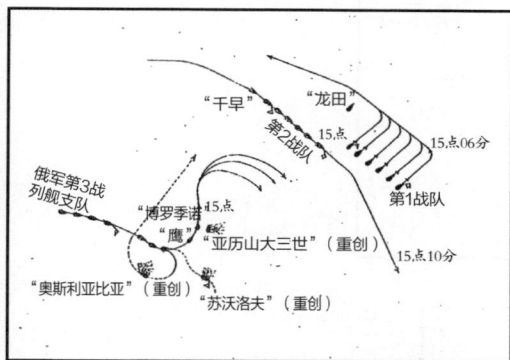

"千早" "龙田"
第2战队 15点 15点06分
俄军第3战 第1战队
列舰支队 "博罗季诺"15点
"鹰" "亚历山大三世"（重创） 15点10分
"奥斯利亚比亚"（重创）
"苏沃洛夫"（重创）

∧ 27日15点双方交战态势示意图（俄军阵型逐渐混乱）

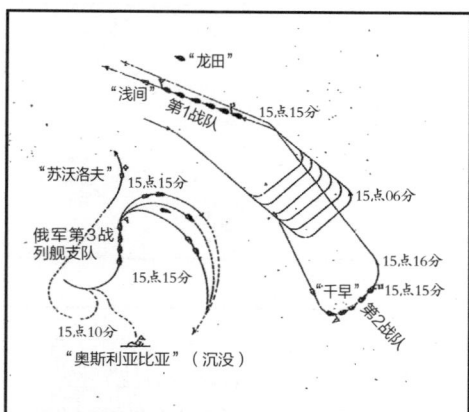

"龙田"
"浅间" 第1战队 15点15分
"苏沃洛夫" 15点15分 15点06分
俄军第3战
列舰支队 15点16分
15点15分 "千早" 15点15分
15点10分 第2战队
"奥斯利亚比亚"（沉没）

∧ 27日15点15分"奥斯利亚比亚"号沉没时、双方交战
态势图

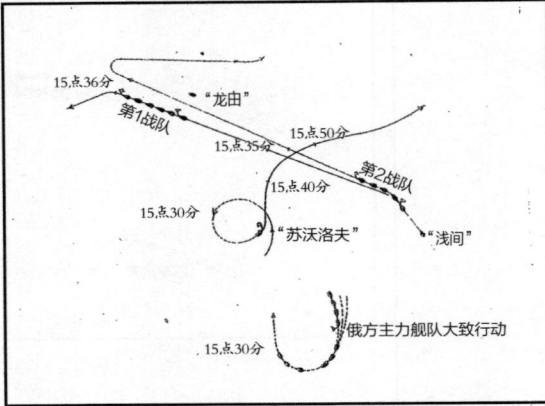

‹ 27日15点30分第1、第2
战队攻击"苏沃洛夫"号
示意图

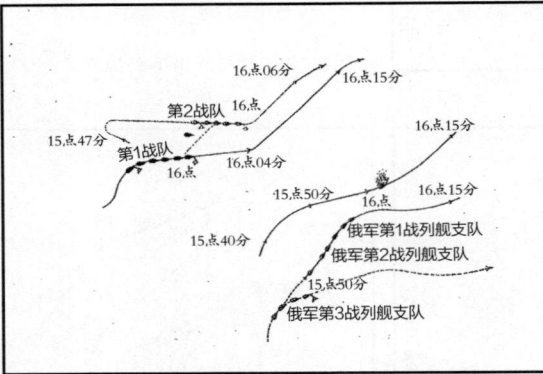

‹ 27日16点左右第2轮战
斗开始时的双方态势

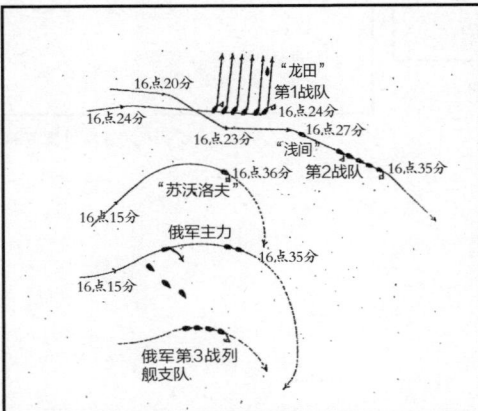

‹ 27日16点35分双方交战态势示意图

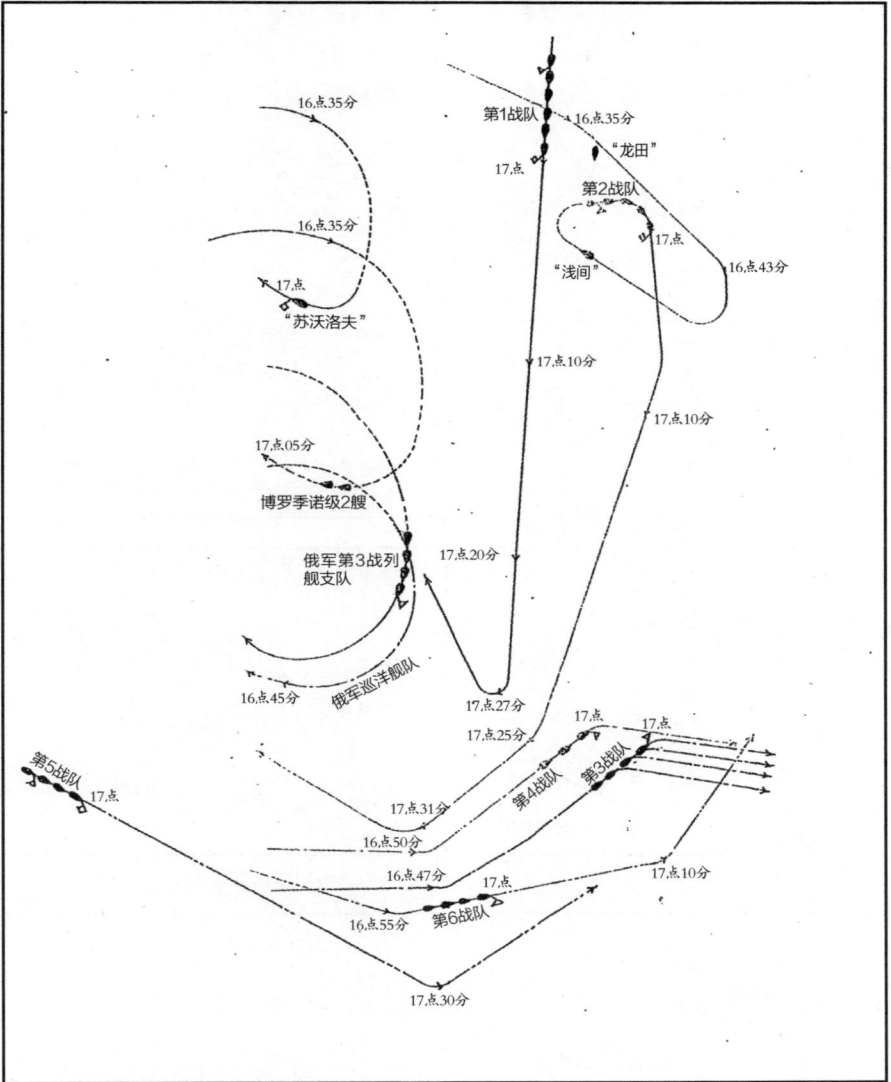

∧ 27日17点左右双方态势示意图

420

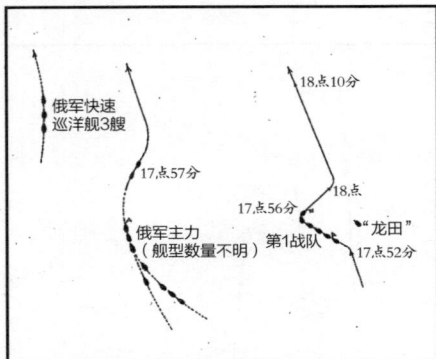

∧ 27日17点57分第3次战斗示意图

〉27日19点左右"亚历山大三世"号沉没时的战斗态势图

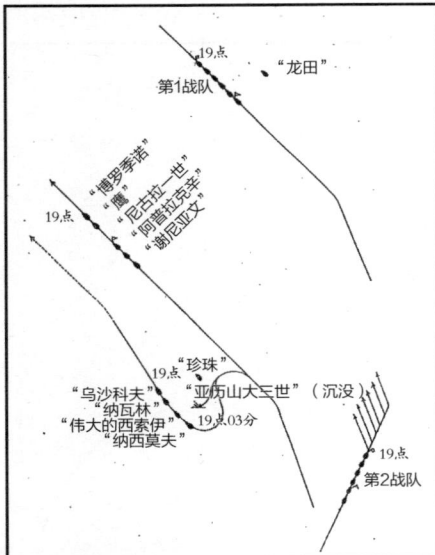

∧ 27日14点30分时各战队位置

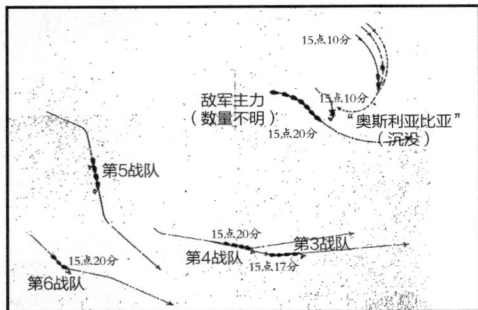

∧ 27日15点20分时第3战队以下各战队位置

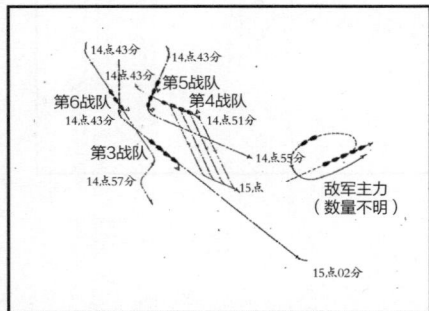

∧ 27日14点50分时第3战队以下各战队位置

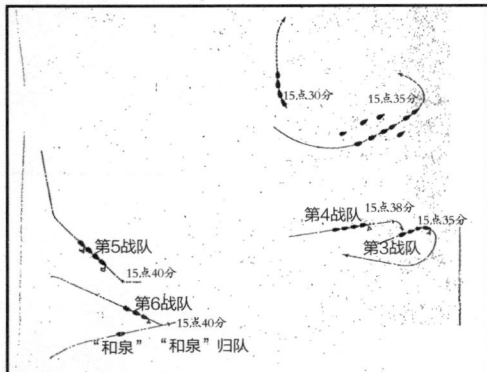

∧ 27日15点35分时第3战队以下各战队位置

16点05分
第2战队
"浅间"归队
16点04分
第1战队
第5驱逐队
15点50分
"浅间"
"干早"
"苏沃洛夫"
15点50分
16点
敌军主力
15点50分

16点09分
敌军巡洋舰队
和辅助舰船
敌军驱逐
舰若干
敌军阵型混乱
16点05分
16点
第3战队
第4战队
"高千穗"
(出列)
第6战队
15点53分
15点55分
16点10分
第5战队

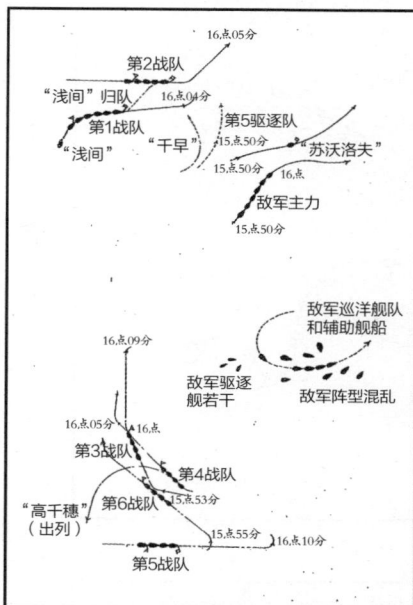

∧ 27日16点时各战队位置

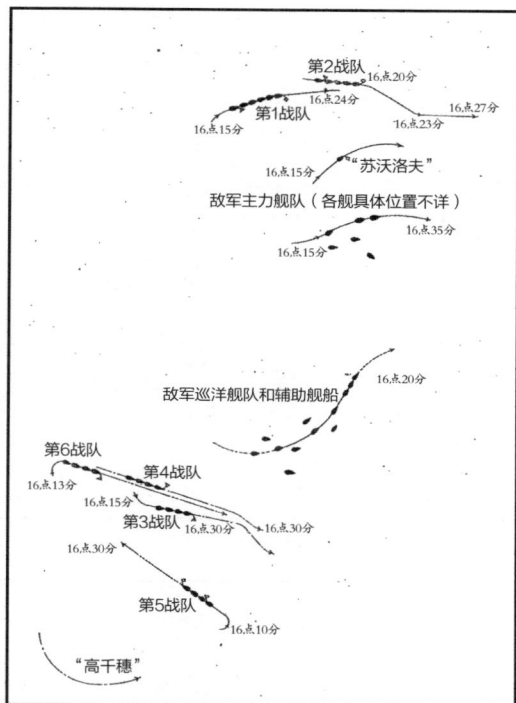

∨ 27日16点20分时各战队位置

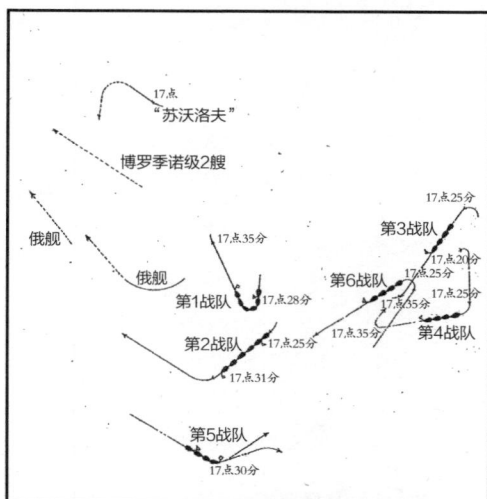

第2战队
16点20分
16点24分
第1战队
16点27分
16点15分
16点23分
16点15分
"苏沃洛夫"
敌军主力舰队（各舰具体位置不详）
16点35分
16点15分

16点20分
敌军巡洋舰队和辅助舰船
第6战队
第4战队
16点13分
16点15分
第3战队
16点30分
16点30分
16点30分
第5战队
16点10分
"高千穗"

17点
"苏沃洛夫"
博罗季诺级2艘
俄舰
17点35分
第3战队
17点25分
17点20分
俄舰
第6战队
17点25分
第1战队
17点28分
17点35分
17点25分
第2战队
17点25分
17点35分
第4战队
17点31分
第5战队
17点30分

∧ 27日17点13分时各战队位置

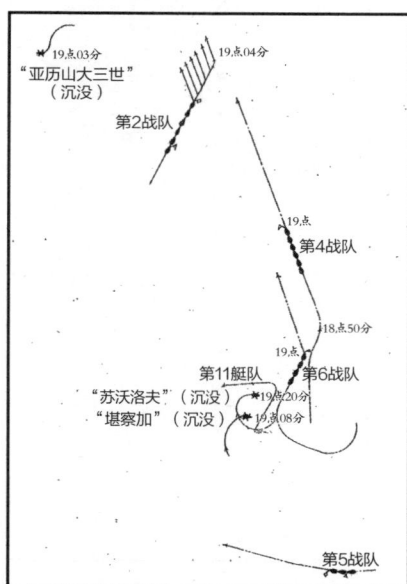

∨ 27日19点时各战队位置

19点03分
19点04分
"亚历山大三世"
(沉没)
第2战队
19点
第4战队
18点50分
19点
第11艇队
"苏沃洛夫"（沉没）
19点20分
"堪察加"（沉没）
19点08分
第6战队
第5战队

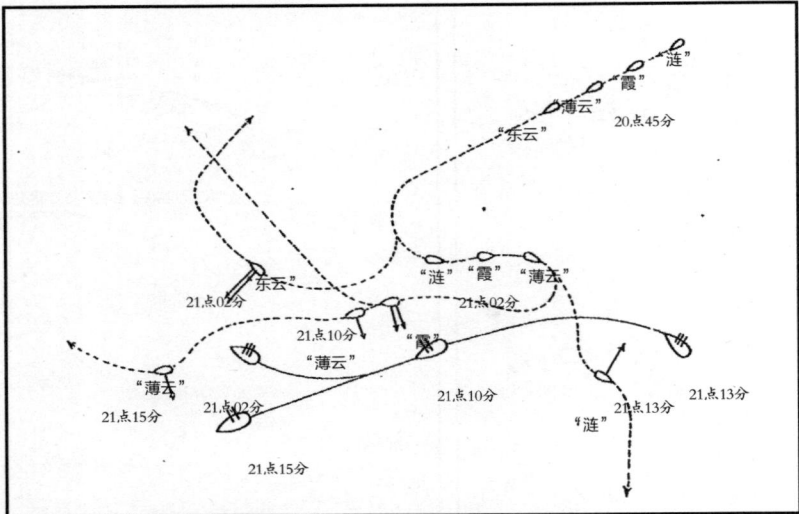

∧ 第3驱逐队攻击示意图

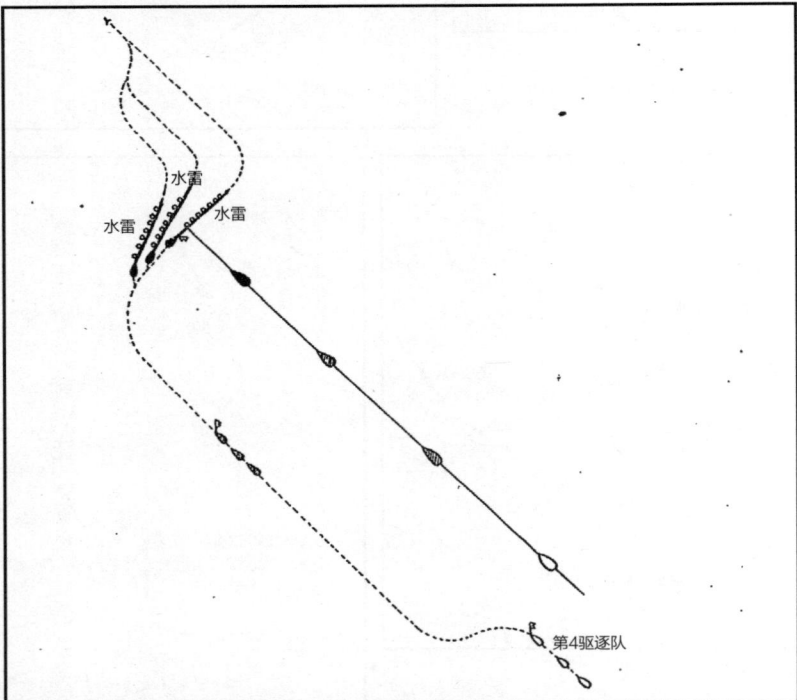

∧ 第4驱逐队水雷布放示意图

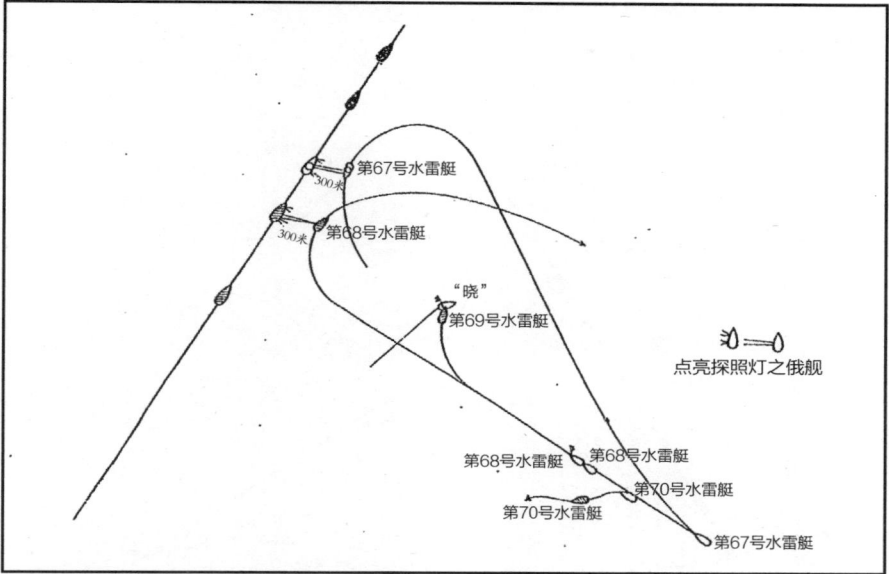

∧ 第1艇队攻击示意图

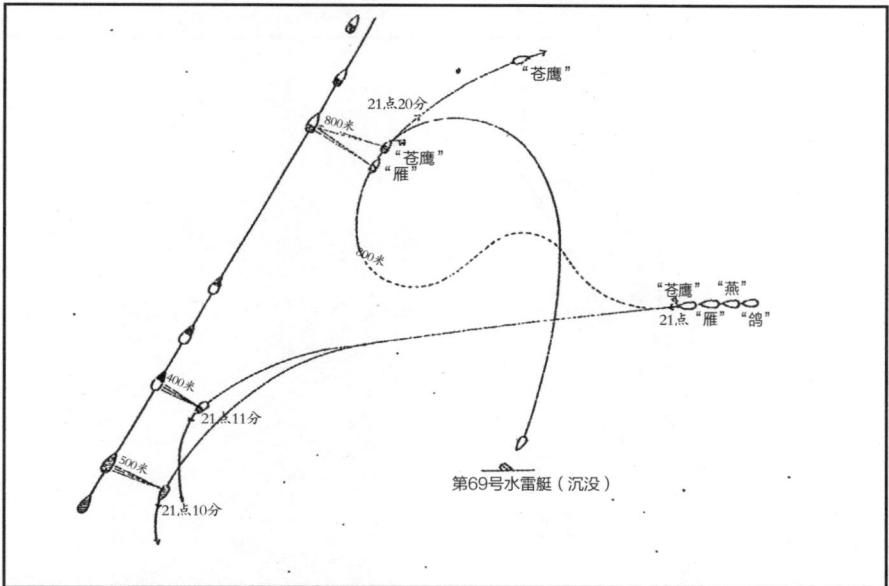

∧ 第9艇队攻击示意图

424

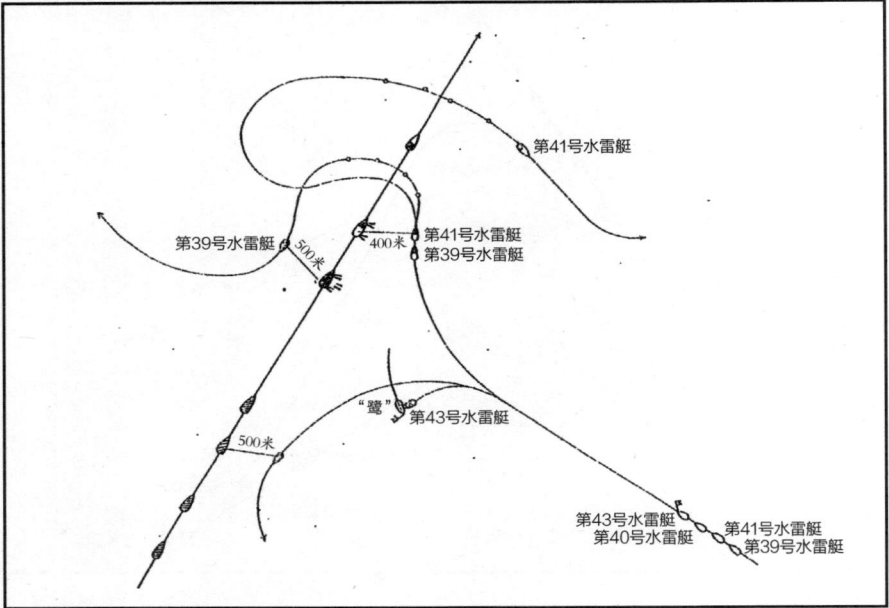

∧ 第10艇队攻击示意图

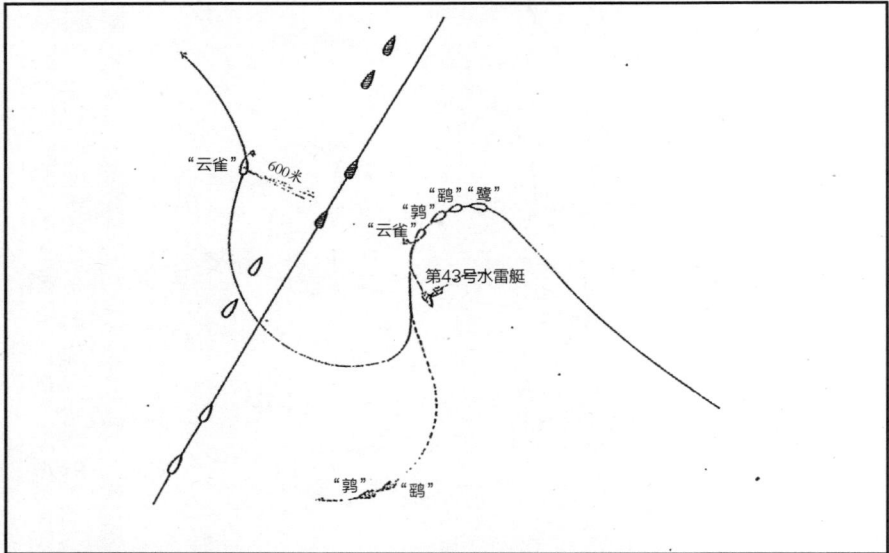

∧ 第15艇队攻击示意图

425

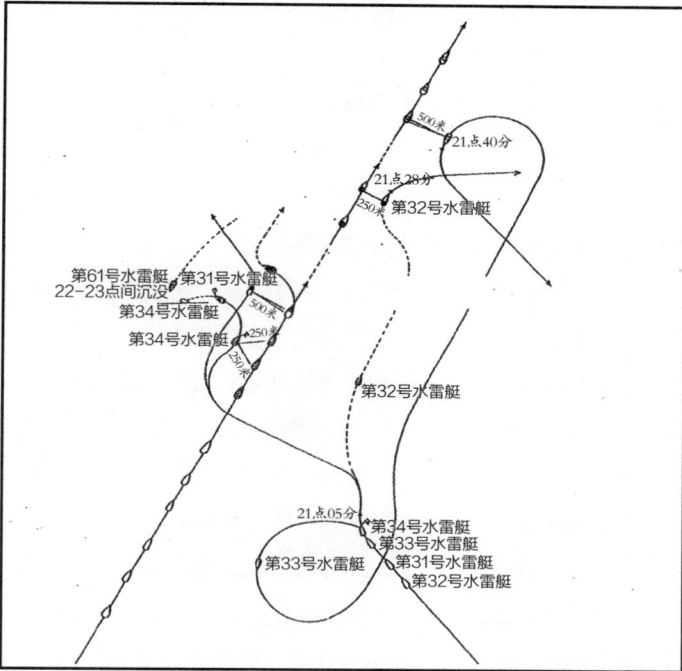

〈 第17艇队攻击示意图

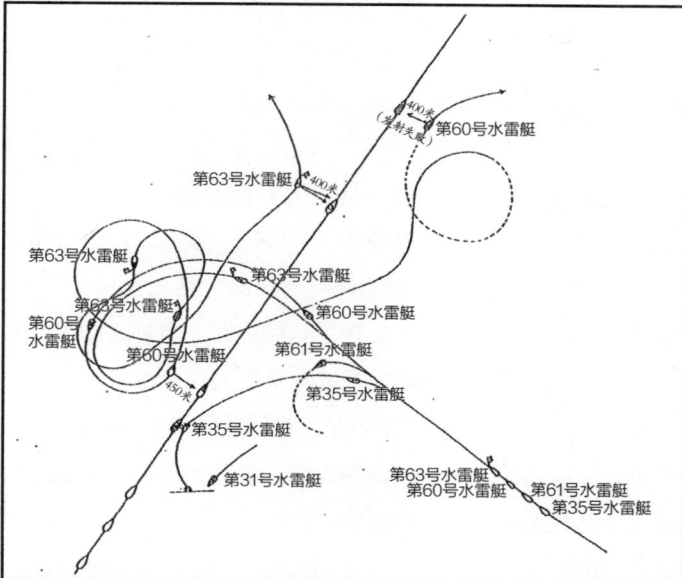

〈 第18艇队攻击示意图

第二十一章
战后行动

在被迫分兵押送 4 艘俄舰时，东乡的内心仍不免有些焦急：由于各舰都投入了押送行动，他已无法对逃脱的敌舰发动追击。30 日清晨，他依旧无法确定 5 艘俄军巡洋舰（即"奥列格"号、"曙光女神"号、"金刚石"号、"绿宝石"号和"珍珠"号）的下落，另外还有 4 艘驱逐舰和 4 艘辅助船只（即"阿纳德尔"号、"额尔齐斯"号、"朝鲜"号和"斯维里"号）不知去向。在它们当中，"金刚石"号沿着日本海岸悄然逃脱，最终抵达了海参崴；驱逐舰"威武"号的情况同样如此，而"威严"号则沿着朝鲜海岸摆脱了日军；"绿宝石"号已形同废船；"额尔齐斯"号在战斗中身负重伤，无力完成航行——于是，其乘员只好驶向横田（Yokoda，位于日本石见地区）以东约 5 海里处的海滩，并在当地弃船自毁。包括驱逐舰"辉煌"号和"朝气"号在内的其余舰船则纷纷向南逃走，跟随恩克维斯特将军的只有"奥列格"号、"曙光女神"号和"珍珠"号 3 艘军舰。

鉴于各舰已无法突向海参崴，恩克维斯特最初的决定是前往上海——此前舰队运煤船的目的地，在完成补给后，他准备让其中一艘船只随行，并再次尝试向海参崴航行。[1] 根据这一计划，他先是返回了东部航道，尽管各舰的舰况迫使他减速到 10 节，但到 28 日中午时分，他还是抵达了肥前鸟岛[2]（Torishima/Pallas Rock）以西 45 海里处。由于此地已经脱离了危险区，他得以停船为阵亡者进行海葬，并把将旗从"奥列格"号转移到伤势更轻的"曙光女神"号上。忙碌期间，英国汽船"多里克"号（Doric）发现了这些俄军，当时该船正前往长崎，目前在当地正西约 170 海里。但将军似乎没有察觉到该船的存在：完成上述工作后，他率部继续前进，只是目标已不再是上海。此时将军得知，"曙光女神"号因为进水严重，已经无法通过长江口的浅滩，于是他决定让该舰前往马尼拉，同时，他还命令其他 2 艘巡洋舰自由行动，听到这一命令后，这 2 艘军舰决定继续按照原计划行事。

大约 29 日 9 点时，它们与同样一路南逃的"斯维里"号相遇，并在接下来的整个白天结伴同行。但到了夜间，计划突然出现了变化：经过再三考虑，"奥列格"号的舰长相信，他们会在上海遭到拘留，更不可能被准许加煤；因此，他建议"珍珠"号继续跟随自己。但新问题很快诞生：虽然驶过朝鲜海峡后，俄舰的存煤理论上可以航行 1300 海里，但他们很快发现，由于"奥列格"号和"珍珠"号烟囱受损，其燃料的消耗速度极快，可能已经无法抵达新目的地。于是，将军决定改向吕宋岛西岸林加延湾（Gulf of Lingayen）的港口苏阿尔（Sual）前进——当地在马尼拉以北约 200 英里处。由于某些原因，将军还希望安置伤员，并为新计划获得必要的煤炭和补给。

在恩克维斯特舰队南行期间，日军一度对他们的动向一无所知，但不久之后便传来了警报，这令东乡的内心愈发忐忑不安：29 日早些时候，"多里克"号进入了长崎港，该船报告称，有 3 艘俄舰曾在长崎外海 50 海里处的肥前鸟岛附近排出积水。但这条情报在传送时出现了错误，因为误报的敌情，各个军港都接到了警报。2 艘驱逐舰也立刻从佐世保出发，前去侦察俄舰可能出没的海域。

由于这 3 艘巡洋舰似乎正在通往欧洲的航线上等待猎物，各个军港的日军似乎都陷入了恐慌，因为战斗结束后，他们的舰队仍然四散在各处，完全无力解决这股威胁。此时，押送战利品的东乡和上村还没有抵达佐世保，直到次日才进港；"朝日"号和"浅间"号正远在舞鹤。轻型巡洋舰虽然已经成队或独自向海峡警戒线返航，但它们中大多数已经放弃了搜索，并且依然远在北方。此时，有望抵达的只有第 3 战队，但其麾下各舰仍然散落在各个海域。11 点 30 分，"笠置"号在进入神崎时接到了无线电报：在把消息转发给出羽将军的同时，该舰还主动请缨前去追击。

此时，出羽正搭乘"千岁"号从西部水道南下，位置在三根湾①（Mine Wan）以北几海里处。他立刻决定带领整个战队追击敌舰，并向与"顿斯科伊"号交战后、归队瓜生麾下的"音羽"和"新高"2 舰发出了召回令。2 舰在 13 点接到命令，

---

① 译注：当地在对马岛以西。

并立刻加速到 16 节。另外，在不同地点完成维修的 2 艘驱逐舰和 3 艘水雷艇后来也在对马西南海域加入了出羽的分队。

后来，另一些舰船也加入了追击：快 15 点时，"亚美利加丸"和"佐渡丸"抵达了佐世保，船上装满了搭救的俄军俘虏。由于对其他舰只的行动全不知情，海军军令部向这 2 艘辅助巡洋舰发去了搜索敌舰的命令。但直到 18 点 30 分，"亚美利加丸"和"佐渡丸"才在卸载完所有俘虏后拔锚启程。

参与行动的还有岛村将军的"磐手"号和"八云"号——它们正运载着"乌沙科夫海军上将"号的幸存者驶往佐世保。16 点 30 分，2 舰已抵达了平户岛（Hiradoshima）以南海域。期间，它们也收到了"千岁"号给"三笠"号的汇报。闻讯之后，岛村决定带着这些俘虏加入追击行动，并以 15 节的航速向着五岛列岛最南端的海角——大濑崎（Osesaki）驶去。

与此同时，出羽将军也在呼唤竹敷要港部司令（Takeshiki Port Admiral），提供俄军舰只位置和发现者的确切信息。他得到的回复显示，这些俄舰在昨日 14 点 45 分进入了日军的视野，地点在肥前乌岛以西约 36 海里，航线和速度则无法确定。"鉴于无法追上敌舰"，出羽带领刚刚加入的"音羽"和"新高"2 舰掉头向神崎驶去。

岛村将军则更为坚持不懈。17 点 50 分，他也收到了竹敷发来的消息，其中给出了敌人的位置。他立刻意识到，即使俄舰只能以 10 节的航速前进，他也无法在一天半的时间内追上它们。但他也认为，如果敌舰受损严重，便会驶向最近的中立港口——上海。此外，他还猜测，在通往当地的航线上可能还有其他敌军舰只。于是，他决定继续一边搜索一边朝上海进发。但当天晚上海况极端恶劣，由于一处堵漏的椽子被海水冲开，旗舰"磐手"号只好暂停行驶，只有"八云"号独自继续前行。第二天早上，后者也在离长江口还有 200 海里时接到了召回指示。

因此，日军便只剩下辅助巡洋舰"亚美利加丸"和"佐渡丸"还在追击恩克维斯特舰队。但直到 30 日上午 8 点，它们才抵达 28 日报告中俄舰出现的海域。由于在当地一无所获，2 舰的舰长决定分头向上海海域展开搜索；但在当天中午，它们陷入了浓密的海雾中。"佐渡丸"被迫停船，不仅如此，该舰还发现舰上的无线电无法使用，只好向佐世保返航。然而，"亚美利加丸"仍在继续前进，并于次日（即31日清晨）开始搜索长江外海的各个岛屿。由于没有在当地发现敌情，该舰又进一步向南进发，最终在6月1日抵达了台湾最北端的基隆港（Keelung），试图获得更多的情报和指示。它在这里了解到：据说，有3艘俄舰已开入了上海。鉴于继续搜索似乎已没有必要，该舰开始掉头返航，并在6月4日抵达了神崎。

与此同时，鉴于警报和海参崴舰队的存在，东乡将军在5月30日对上村发出指示，要求他带领全部可以行动的舰只前往镇海湾，并在当地接过第1、第2战队和特务舰队中辅助舰只的指挥权。与此同时，部署在竹敷的片冈将军则奉命带领第3舰队出港，以防备敌军的残余兵力反戈一击，同时缉拿一切试图向海参崴运送违禁品的商船。但在海军军令部看来，这些举措还远远不够，伊集院将军更是私下在一份通知中表示，日军应当再派遣一个分队南下，以便在上海海域展开活动。[3]根据这一建议，东乡将军在6月1日表态："为了支援外交活动，我方有必要派出一支小规模分队……尤其是在需要使用武力时。"

随着这一提议得到大本营的批准，东乡又向上村发出了如下指令："你要组建1支分遣舰队，该舰队应包括1艘一等巡洋舰、2艘二等或三等巡洋舰和2艘驱逐舰。请将这些兵力转交至瓜生将军麾下，并将其派往长江口——此事不应有任何迟延。随后，瓜生将军应在舟山群岛（Chusan Archipelago）搜索残余敌军、威胁停泊于上海和吴淞口的俄军辅助巡洋舰和运输船，从而保障我方的外交手段能够奏效。如果时机适宜，该部还将巡航至中国南方的福建（Fukien）沿海，并威胁敌军的运输船只——据报告，这些运输船只正在西贡集结。"[4]

为此，这支分队被正式命名为"南遣支队"（Southern Detached Squadron），其麾下包含巡洋舰"常磐"号、"浪速"号和"高千穗"号。6月1日当天，瓜生将军在"常磐"号上升起了将旗，行动期间，他将直接从大本营和东乡司令处获得指示。就在该支队起锚的6月2日，东京方面传来了消息：6艘俄国商船在5月25日进入了吴淞口；同样到达当地的还有俄军的辅助船只"斯维里"号和"朝鲜"号，当地各方正在商讨上述舰船解除武装和扣押的事项。考虑到"斯维里"号曾奉恩克维斯特之命接应过运煤船，瓜生将军决定立刻行动起来，以便给"外交交涉"提供有力支援。

　　但当时，恩克维斯特舰队依然下落不明：关于他抵达上海的报道并不准确。事实上，当瓜生将军离开镇海湾时，恩克维斯特正率部开入吕宋岛上的苏阿尔港——很快，这股俄军就遭到了美国人的严密监视。他抵达该港是在 2 日 18 点，由于当地没有医院，将军感到非常失望。不仅如此，该港只有美国驻军拥有电报设备，但他们拒绝为俄军转发电报。由于天气依然晴好，煤炭也可以支撑舰队开往马尼拉，因此，恩克维斯特决定向新目的地驶去。当第二天他们靠近港口时，突然发现一支身份不明的舰队正向自己驶来，其中包括 5 艘舰船。将军立刻命令做好战斗准备，但他很快发现对方是一支美军舰队——由特莱恩（Train）将军指挥，旗舰是"俄亥俄"号（Ohio）战列舰。在互致问候后，恩克维斯特继续前进，而美军则转过头来跟踪前进。当意识到对方准备前往马尼拉后，美军便加快了速度，双方几乎是同时进入了港内，同时，美军还围着这些不速之客绕成了一圈。在这种情况下，俄军只能任由中立国当局的摆布，陷入了一种尴尬的外交状态。

　　最初，恩克维斯特大胆地要求美方允许他们修理舰只，并装运足够数量的煤炭——以便自己开往最近的本国港口兼舰队的目的地：海参崴。对此，美国总督立刻就此向华盛顿方面请求批准，特莱恩将军则检查了俄舰的状况，他在给华盛顿方面的报告中写道，"珍珠"号的维修需要 1 个星期，"奥列格"号需要 1 个月，而"曙光女神"号需要 2 个月。根据这些情况，美国当局命令菲律宾总督："鉴于马尼拉各艘俄舰的损伤完全由战斗导致，而我国政府的政策又是禁止交战方在中立港口活动，总统决定，除非俄军战舰在马尼拉被拘押到战争结束，否则，我方将绝不会为其维修提供便利。您必须将该声明转呈给俄军司令，并通知特莱恩将军严守中立。"[5]

　　事实上，美国政府的立场非常明确。他们认为，按照国际法，交战方确实有权在中立港口紧急修理，但战损不属于这一范围。为此，他们向俄军司令做了通报，同时，他们也希望就一个问题得到回复：如果俄方获得了足够前往海参崴的煤炭和补给，他们是否会在 24 小时内离去？这一问题似乎是总督自行提出的，因为在答复中，华盛顿方面要求总督严格遵守 24 小时的规则，并禁止在期限外给予俄军更多的补给和煤炭。总之，他们在命令中总结道："这一原则也符合我们在 6 月 5 日命令中的精神，即不给俄军时间修理战损。"

由此我们可以推断，美国政府的立场其实是：如果是战斗导致了交战方物资耗尽，此时，作为中立国，他们便不必提供足以抵达最近港口的煤炭和补给。考虑到当时日俄双方的战略目标，他们这种做法的正确性似乎无可置疑。

面对美国人的态度，恩克维斯特将军别无选择，只能请求圣彼得堡当局给出指示。6 月 8 日传来了答复，其中要求他带领 3 艘军舰停泊在马尼拉，并完全听从美国政府的安排。因此，他交出了军舰。由于华盛顿的命令只提到了"暂时扣留"，于是，这些俄舰便没有缴械。但消息传到东京，日本人变得惴惴不安起来，大约在 6 月 4 日，大本营得到了恩克维斯特舰队出现在马尼拉的消息，此时，瓜生将军的"南遣支队"刚刚抵达马鞍列岛，并开始着手搜索附近的水域。由于大雾导致航行困难，瓜生一度只好指挥旗舰前往大戢山岛（Gutzslaff Island），在当地，他发现 1 名日本领事派来的官员正在 1 艘英国船只上等待。瓜生将军从他这里了解到，3 天前，8 艘俄国辅助巡洋舰和运输船抵达了上海和吴淞口，随即便被当局拘留，其他敌军则依旧杳无音信。次日，瓜生集结了整个舰队（以及随行的 2 艘驱逐舰和运煤船），并将各舰派往了监视上海港的指定地点——此时他已得知，有 1 艘英国船只发现了形单影只的"朝气"号（与该舰同行的"辉煌"号已经沉没），并将这艘瘫在海上的俄军驱逐舰拖进了吴淞口。

同时，瓜生也了解到：恩克维斯特舰队已经抵达了马尼拉。然而，他并没有为此专门采取行动。同样，除了驱逐舰需准备好解决"朝气"号外，原先的计划也没有变更。但后来，由于得知该舰已经同意解除武装，这些举措已经变得毫无必要，不过，他还是没有前往别处。6 日，他从东京的海军军令部得到消息：4 日，在香港以南[①]80 海里处，有船只发现当地有俄军辅助巡洋舰出没；3 日，"里翁"号也在上海至门司之间的海域检查了 1 艘船只。同时他还了解到，扣押俄国船只的安排都已完成，然而，他还是在当地继续监视着敌情，并计划待没有其他事态发生后再在 6 月 9 日前往厦门。

---

① 译注：原文为"north of Hongkong"，即"香港以北"，实误。

　　然而，驻马尼拉领事发回的消息却让日本当局产生了怀疑：他们认为恩克维斯特将军可能即将出航。鉴于有必要未雨绸缪，东乡司令和军令部各向瓜生发去了一份内容相同的电报，并通报了在马尼拉谈判的情况。他们表示，只要俄军不解除武装，美国方面便不会提供修理。在电报的最后他们总结道："我国驻马尼拉领事认为，恩克维斯特……将不做修理，再次出航，美国政府也倾向于同意这种解决方式。贵官将首先前往马公，并在当地等待后续指示。"

　　根据这些命令，瓜生在晚上正式起航，但对日军的指挥机构来说，这些举措还远远不够。8日，他们得知俄军离港的最后期限已过。同时他们还获悉，尽管华盛顿当局下达了拘押俄舰的命令，但总督却向俄方表示，其中并没有额外要求他们解除武装。于是，当天夜晚，岛村将军立刻奉命带领"八云"号出发前去马公港与瓜生会合，并准备从他的手中接过整个"南遣支队"的指挥权。双方最终于12日会合，其后，瓜生将军搭乘"浪速"号返回了国内，但新任支队司令还未来得及上任，整个事态便得到了解决。

　　得知华盛顿当局的决定后，恩克维斯特将军依照国内指示，向美国政府做出了不再参与作战行动的明确保证。于是，剩下的问题就是舰船的武装是否应该解除。在呈交给华盛顿方面定夺时，他们给出的答复是：俄军必须如此。6月15日，俄军的火炮炮闩被移交给美国方面，并被存放在位于甲米地（Cavité）的兵工厂内。至此，"南遣支队"的使命也宣告结束，岛村将军得到命令，他在未来将根据东乡司令的指示行动，次日，他便接到了召回通知。

　　这份命令的内容显示，波罗的海舰队所有的南逃舰只都已被拘留或解除武装，另外，"之前出没于南中国海的辅助巡洋舰也似乎开往了新加坡以西的海域"。此处所说的"辅助巡洋舰"都是罗杰斯特文斯基在进入战场前为牵制对手而特意派出的，但在这方面，它们却是一事无成。其中，前往日本东海岸的"捷列克"号和"库班"号直到战斗一周之后都没有传来任何消息，具体行动更是无人知晓。外界首次察觉其行踪是在6月5日：当时，"捷列克"号在香港以北①150海里处

---

① 译注：此处有误，对照俄方资料，"伊霍纳"号的击沉地点应在神户以南150海里处。

击沉了英国汽船"伊霍纳"号（Ikhona，3382 吨）[6]，该船正满载着暹罗稻米前往日本。22 日，"捷列克"号又击沉了从新加坡前往日本的丹麦汽船"玛丽公主"号（Prinsesse Marie，3518 吨）——满载物资和五金器具[7]，并在 29 日将其乘员送往巴达维亚上岸。在当地，"捷列克"号要求获得煤炭和物资，但这一要求被拒绝，该船也被扣留于此。而"库班"号的行动则没有任何报告，我们唯一能知道的情况是：该船曾沿着日本东海岸巡航，后来由于得知波罗的海舰队已被歼灭，它只好返回金兰湾。6 月 14 日，该船抵达西贡，并从当地带着 2 艘运输船向俄国返航。

在黄海活动的"里翁"号和"第聂伯"号战果相对更为丰硕。5 月 28 日，"里翁"号在成山角东南偏南方向约 60 海里处捕获了德国汽船"忒塔托斯"号（Tetartos，2409 吨），该船当时正被日方租用从小樽开往天津。由于该船拖累了行动，俄军于是在次日将其击沉。[8] 但随后 4 天，因为从朝鲜出发的航船都已停驶，俄军在巡航中颗粒无收。直到 6 月 2 日，它才在吴淞口外 80 海里处遭遇了上海驶往门司的英国汽船"锡卢努姆"号（Cilurnum）。在搜查该船期间，俄军把船上的大豆和棉花扔进海中后才给予放行。6 月 14 日，"里翁"号再次在巴达维亚现身，并在当地释放了"忒塔托斯"号的船员。1 周之后，该船开始起航回国，因为他们已经收到了国内发来的严厉命令。

这份命令之所以出现，完全是因为僚舰"第聂伯"号的粗暴行动刺激了国际社会。和上级的要求不同，该舰似乎从未进入过黄海，而是立刻选择了向南行驶：6 月 1 日，该船在吕宋岛偏北海域搜查了 1 艘德国商船，后来，德国商船将"第聂伯"号驶来的消息告诉了恩克维斯特。4 日，该船又俘获了从香港前往日本的英国邮船"圣基尔达"号（St. Kilda），并在销毁了所有日本邮件后将其击沉。1 周后，在苏门答腊岛以北，俄方把"圣基尔达"号的亚洲船员和未销毁的邮件一并移交给了 1 艘荷兰汽船，船上的英国海员则被扣为俘虏。

这种做法自然令英国方面极为愤慨。去年 8 月，"高级骑士"号（Knight Commander）在东京外海遇袭沉没后，俄国外交大臣曾经做出口头表态：虽然他们有权在特殊情况下采取断然措施，但俄方将不再试图击沉中立船只。正是鉴于这一表态，英国方面认为，俄国海军军官无论情况如何，都必须遵守这项原则。

"第聂伯"号的做法，自然激起了他们的强烈抗议。不仅如此，"捷列克"号的行动更是让局势变得愈发严峻。火上浇油的是，英方发现，"里翁"号和"第聂伯"号的外观和之前为非作歹的"斯摩棱斯克"号与"彼得堡"号完全相同。

面对抗议，俄国外交部的表现非常坦诚。他们表示，上述消息确实无可争辩，不过，他们并不清楚涉事巡洋舰的位置——换言之，这些舰船并不在他们的掌控中，同时，俄方也接受了英国政府派遣巡洋舰的提案，这些英国巡洋舰将搜寻上述俄舰的下落，并代为传达俄国海军部无力交付的指示。俄方最后发出了多道命令："鉴于行政和战略上的原因"，涉事巡洋舰必须向里堡返航。虽然俄方没有在明面上放弃争辩，但在相关问题上，各方都达成了谅解：俄方将不再击沉中立国船只，同时，赔偿问题也进入了商讨阶段。

至此，我们几乎详述了波罗的海舰队每艘舰只的命运，唯一的例外是舰队运输船"阿纳德尔"号。在战斗的当天晚上，该船一路南逃，接下来的一整个月，外界都没有收到关于它的情报。6月27日，该船突然在马达加斯加的迭戈苏亚雷斯现身，船上还搭载着从辅助巡洋舰"乌拉尔"号上救走的300人。随后，该船又马不停蹄地向国内驶去——最终，它成了参战各舰中唯一毫发无损返回波罗的海的船只。

在战争史上，从来没有一支舰队像波罗的海舰队一样毁灭得如此彻底。在战场上，除了在海参崴的"俄罗斯"号和几艘雷击舰艇之外，俄军已一无所有。甚至我们最辉煌的海上胜利，都没有一举掌握像日军这般如此绝对的制海权；考虑到近来装备的发展，如此一边倒的战斗可能更会在未来彻底消失。如果这种局面持续下去，俄国不仅将失去收复失地的希望，更不可能仅凭陆军将日军赶出关东半岛和朝鲜。不仅如此，由于战区被海洋环抱，在沿海地带，俄军的交通线极易被切断，日本人则可以随心所欲地攻击选定的地段，俄军不仅无法预测这些行动，而且没有舰船用于侦察和袭扰。总而言之，日军已经牢牢控制住了这场战争中的领土目标，随时可以开启第3轮战斗的行动：在这个阶段，他们能有恃无恐地向敌人施加压力，强迫对方承认他们的占领；为实现这个目标，他们还可以根据大本营的判断从容地朝最适合投入兵力的区域发动攻击。俄国人对这种情况心知肚明，剩下的问题就是日军将在何地发动进攻。

注释

1. 参见舒伯特《关于战争的新资料》。按照一位英国海军军官的说法，当 1906 年 1 月恩克维斯特将军率领舰队残部途经吉布提返回俄国期间，将军"看上去就像是一位憔悴而柔弱的老绅士，头发花白、留着长长的白胡子……我无法想象他是如何承受海战压力的"。

2. 肥前鸟岛在五岛列岛西南约 30 海里、对马岛西南偏南 120 海里处。

3. 参见《日本战史极密版》第 2 卷第 5 篇第 1 章。

4. 参见《日本战史极密版》第 2 卷第 5 篇第 1 章。

5. 此处和后续出现的引述均来自日方翻译的原始文件，摘自《日本战史极密版》第 2 卷第 2 篇第 4 章第 3 节。

6. 击沉地点为北纬 20 度 02 分、东经 134 度 01 分（出自《海军情报局日志》第 285 页）。

7. 击沉地点为北纬 13 度 57 分、东经 113 度 15 分。

8. 击沉地点为北纬 36 度、东经 122 度 04 分，即胶州正东方约 90 海里处。

∧ 俄军运输船"额尔齐斯"号，该船最终在日本近海搁浅自毁，本照片摄于该船通过苏伊士运河期间

∧ 驶入马尼拉的恩克维斯特舰队，从左至右依次为"曙光女神"号、"珍珠"号和"奥列格"号

∧ 恩克维斯特分队在马尼拉的另一张照片，近景处的军舰是"珍珠"号

∧ 停泊在马尼拉的"曙光女神"号，舰身上可见许多破损

438

∧ "曙光女神"号受损的舰首特写

∧ 驶入马尼拉的"奥列格"号，俄军水兵正在紧急填补舰上的破口

∧ "奥列格"号前部的弹孔特写，由马尼拉的美国海军摄影师拍摄

∧ 丹麦汽船"玛丽公主"号，该船在6月22日被俄军辅助巡洋舰"捷列克"号击沉

第二十二章
库页岛远征：第 1 波登陆

在俄国人看来，海参崴最有可能成为日军下一场战役的目标。事实上，在波罗的海舰队覆灭前几个月旅顺港宣告陷落时，他们便开始担忧这座北方港口的命运，在俄军看来，日本人很可能乘胜攻击海参崴，更何况它也是俄国在远东的最后一处海军基地。我们得到的资料显示，1 月 2 日，即旅顺投降的第二天，库罗帕特金将军便下令制订计划，朝阿穆尔河沿岸地区（Pri-Amur）大举增兵，"因为他清楚地意识到，一旦春天降临，地面战便会在该地区重启"[1]。

在报告中，将军宣称，当地遭遇日军攻击的危险巨大——何况敌人可以像之前一样，朝选定的任意地点派遣一支登陆大军。另外，由于部队可以直接在冰面上卸载，海冰也无法成为日军的障碍——按照将军的看法，俄军必须再抽调 2 个步兵师，从而将驻军增加到 4 个师，其他兵种也应得到相应的增援。

当 1 月下半月，日军巡洋舰出现在北方海域，试图封锁通往该港的各条水道时，俄军更是变得紧张起来。最终，在黑沟台会战失败后，由于担心主要交通线的侧翼遭到日军攻击，沙皇签署命令，要求将海参崴提升为第 1 等级的要塞。2 月初，1 份间谍发来的密电更是让俄军坚定了之前的想法。后来，这份电文在 12 日被转发给了相关方面，电文这样写道：

> 根据谍报人员发来的信函【即德希诺①（Dessino）将军的第 104 号电报】，日军的主力舰队正集结于佐世保，据判，当地将成为他们后续作战的主要根据地。还有多个情报来源显示，他们准备在未来采取以下行动：乃木将军将带领一支 10 万人的大军，在波西耶特湾周边或

---

① 译注：即康斯坦丁·德希诺（1857—1940 年），时任俄国驻华陆军武官。

是朝鲜东海岸（如元山）登陆，进而向双城子（Nikolsk）—海参崴公路推进。[2] 为突袭我军的后方地带，该部队的主力将以双城子为目标，同时，另一支兵力较弱的分队将攻击海参崴。这支日本大军一部分抽调自旅顺，另一部分则来自预备队，他们还将得到攻城重炮的增强；至于大山元帅所部，他们直到双城子方向的大军部署后才可能开始行动。另外，日军也无法为大山大举增兵。为避免波罗的海舰队破坏登陆，据估计，日军将做出如下部署：在所有部队登船前，日军舰队将继续集结于佐世保。如果我军舰队抵达日本海，日军将不会寻求决战，而是会设法将我军舰队引诱至广布于朝鲜海峡的雷区中；如果我军舰队选择绕过日本列岛，日军舰队会向北移动。据悉，津轻海峡也布设有大量水雷，防御设施异常坚固，1 支庞大的布雷舰队将会集结于此。如果我军舰队抵达海参崴，日军舰队将就近建立基地，并对海参崴港展开封锁。其中 4 艘巡洋舰——"浅间"号、"常磐"号、"出云"号和"磐手"号——将在部分驱逐舰的配合下，专门监视海参崴巡洋舰分队的行动。[3]

尽管据我们现在所知，报告中的消息很可能是日本政府蓄意泄露给俄国间谍的，但它们却得到了俄国指挥机构的严肃对待。不管其内容属于间谍的捕风捉影还是日军的刻意误导，就在这些消息抵达之后，似乎便有不容辩驳的新证据充当了印证。在 2 月 6 日至 12 日的这一周，上村带领 4 艘巡洋舰出现在元山外海，试图在那里建立陆军基地，在这些巡洋舰中，又有 2 艘曾名列之前间谍提供的名单之上；10 天后又传来了另一份报告，表示有大批日军雷击舰艇出现在了海参崴外海。[4]

此时，海参崴的驻军已经扩充到了 22 个步兵营和 4 个要塞炮兵营，但根据掌握的情报，这座要塞的指挥官还是认定，上述部队很难挡住敌军的全力攻击，因此，他向海军舰队的指挥官发出请求，要求他利用快速汽船组建 1 支侦察分队，以便在日军进攻前及时提供警告。然而，分舰队司令表示，他手头没有这样的汽船，鱼雷艇也无法完成使命。最终，要塞指挥官只能以保住俄国在远东海域的最后一个据点为由，请求上级紧急调拨更多部队和新式火炮。

3 月中旬，日军已在城津完成登陆，而在满洲前线，他们也经过 10 天的战斗乘胜占领了奉天，这两次事件让海参崴的战略地位变得愈发重要：如果俄军想在满洲立足，甚至是收复失去的一切，他们就必须确保后方的绝对安全；因此，此时海参崴的价值便不仅仅是一处能袭扰日军海上交通线的海军基地，而是成了一处战略重镇——它不仅牵动着未来的地面战局，还对陆军和海军的安危极为关键。正是这一点让俄国人相信，日军肯定会觊觎当地。他们的预感是如此强烈，以至于在接替库罗帕特金之后，连纳维奇收到的第 1 份敕令就是要求他关注这处备受威胁的战略要点。3 月 9 日，连纳维奇将军通知要塞的指挥官：在远东的诸多战略要地中，沙皇最关心的就是海参崴——事实上，沙皇不仅期望要塞的防御能万无一失，还要求他们做好迎接长期围困的准备。[5]

连纳维奇本人也立刻行动起来，首先，他派出参谋长进行调查，以便向上级呈报需求。尽管此时驻军已得到了明显增强，但他的参谋长还是被迫承认：要塞的工事根本不足以抵挡日军进攻，守军兵力也严重不足，需要再获得 1 个整师的增援。由于各个指挥机构如同一盘散沙，俄军几乎没有任何统一的指挥体系，改善防务更是无从谈起。同样，他们的武器装备也有许多问题。

收到这份报告后，连纳维奇将军立刻改组了指挥机构，期间，巡洋舰队也被置于陆军指挥官的统辖之下。在命令中，他的措辞尤其值得注意，命令这样写道："本人决定将巡洋舰队置于您的指挥之下。关于舰队和要塞的联合作战，原则上，只要巡洋舰队位于海参崴，其指挥官就将听从要塞司令的指示。要塞司令必须全力为地面行动的胜利和要塞的防御提供保障，但前提是不能干扰巡洋舰队的特殊使命。针对后一问题，港口指挥官需要为要塞指挥官提供协助，但在处理港口和船只事务时将完全独立……和港口司令官的情况一样，为确保当地的安全，舰队司令可以在要塞司令官的首肯下在海上主动采取措施。在此期间，如果相关措施涉及了海参崴的各艘巡洋舰，分舰队的司令也需要完全听从港口司令官的指示。如果事态特别重要或紧急，要塞司令有权直接管理港口和巡洋舰分队职责范围内的事务，但与此同时，要塞司令也必须向我报知部署。"[6]

如果这道命令是为了简化问题，那么不难想见，俄军遭遇的问题一定非常严重。但从命令的字里行间，我们还是可以看到各部门权责重叠的事实。从旅顺陷落的痛苦经历中，俄国人根本没有吸取多少教训。但考虑到他们信奉的是欧洲大陆的军事思想，这种情况其实并不值得奇怪——在它的指导下，2个军种协同作战的问题总是要靠选出1位最高指挥官来解决。在战争的早期阶段，俄军的最高指挥官是1位海军司令[①]，但合作因此出现了可悲的崩溃，在后续的试验中，他们又用1位陆军将领[②]代替了海军指挥官。与这种安排形成鲜明对比的是，采用英式指挥体系的日军却表现良好，这种体系强调两位主官协同行动，之前早已得到过实践的检验。

当时，俄军所做的不只有重组指挥体系和加固防御工事，为阻止日军从沿海切断交通线，他们还做好了一项准备。自从日军在城津登陆之后，相关的威胁便日益滋长。为此，俄军相信，目前有必要不惜代价守住图们江一线（即朝鲜和俄国外阿穆尔省的边界），只有如此，他们才能保证重要铁路枢纽——双城子的安全。双城子位于海参崴以北50英里处，来自哈尔滨和哈巴罗夫斯克（Khabarovsk）的铁路在当地相交，其主要威胁来自城津方向，关于当地的日军，有关情报却微乎其微。3月31日，俄军的先遣哥萨克骑兵连在吉州与之遭遇，但由于日军加固了外围警戒阵地，该部根本无法突破。有迹象显示，盘踞在当地的日军大约有5000人，但该连的报告中写道："由于日军掌握着制海权，这一数字可能每天都会上升。"[7]接踵而至的是一份由俄国间谍发来的情报，其中言之凿凿地宣称，有15000名日军已经离开广岛，准备在沿海地区登陆并切断双城子—海参崴铁路线。闻讯，连纳维奇的参谋长决定从朝鲜北部撤军，因为如果不这样做，当地的部队就会被日军被切断，至于撤退后的新阵地将位于图们江左岸、俄国本土的一面。[8]

另外，大约4月中旬时，连纳维奇也收到了一条同样绘声绘色的消息，但内容更为耸人听闻，它指出日军正在集结一支包括80000人、200门火炮的大军，将被直接用于攻击海参崴。[9]在接下来的这个月，俄军并没有接到战局变化

---

① 译注：即远东总督阿列克谢耶夫海军上将。
② 译注：即库罗帕特金将军。

的报告，但 5 月 20 日，满洲前线的司令部收到了一则"外国情报"，表示一个由 12000 人组成的日本师团"正从元山的新基地朝图们江推进，意图孤立要塞（并夺取西伯利亚大铁路）"。作为结果，俄军加强了图们江一线的兵力，但即便如此，随着日军在 1 个星期后夺取吉州，俄军还是感到极为焦虑，因为间谍传来的报告显示，此举其实是一场大规模攻势的揭幕战。[10]

此时，海参崴的守军已经增加到了 40 个营，而且只要新兵如期抵达，当地仅步兵就可以增加到 50000 人，不仅如此，这座要塞还积攒了能支持 15 个月的物资，防线的修建也进展很快。不过，在 6 月中旬日本海海战结束后，面对日军蓄势待发的下一轮进攻，视察军舰和防务状况的比里耶夫将军发现，在海参崴，守军的兵力和素质依旧不尽人意，武器和永备工事的配备状况也不甚理想——他据此得出结论，就像情报和局势评估显示的那样，当地根本不可能挡住日军的全力进攻。

不管传给俄军高层的情报是否是蓄意散布的，日本人在这个新阶段都没有把海参崴当作目标。尽管他们一直在想尽办法虚张声势，主事的各位大臣也私下里讨论过类似方案，但这些方案并没有付诸实施。俄国人则从"日本的非官方渠道"高兴地获悉，日军对海参崴的行动本意不是夺取要塞，而是为了向俄方施加压力，以便能让和平早日到来。[11]虽然情况和事实存在出入，但这份情报对日方心态的描述却非常准确。当时，由于满洲地区局势吃紧，日军能用于其他方向的资源非常有限，这让他们原本大胆的计划变得保守起来。受到物质条件限制，他们脑海中的目标只剩下一个，它就是库页岛。自 1875 年被俄国割占之后，整整 30 年里，日本人都对它的丢失耿耿于怀，并把它列为仅次于放弃旅顺的国耻事件。作为昔日的领土，库页岛不仅是这个帝国岛链上缺失的最后一环，而且与日本北部的支柱产业——渔业——密切相关，只要它在别人手中，日本就无法安然入眠。

正因如此，日本将库页岛选为战争第 3 轮战斗主要攻击目标的做法可谓相当明智，从纯粹的战略角度更是如此。库页岛对日本的价值远高于俄国，对日军来说，它成了一个值得一搏的目标，但对俄军却并非如此。[12]另一方面，海参崴的情况却截然相反，它对俄国的意义要比日本更为重大。在俄国人看来，它几乎是莫斯科帝国不可分割的一部分——地位可以与日本人心中的库页岛相提并论。不仅如此，任何对临近省份的进攻都会让俄国人相信，日方打算彻底把他们赶出太平洋沿岸，自然，这会逼迫俄军将更多地面部队调往远东，进而引发一连串的连锁反应。总之，攻打海参崴的做法只会更加激怒俄国人——无论按照何种公认的战略原则，它都是一种不理智的行径。

但除此以外，日军还有另一重考虑。从筹备到开战，日军的基本思想就是打一场有限战争，同样显而易见的是，这场战争本身存在无限扩大化的危险。也正是担心这一点，日本人没有选择攻入敌人的领土，而是把行动局限在了临海的目标上；同时，他们也清楚地知道，如果把矛头对准俄罗斯帝国某个不可分割的陆上省份，战争的性质将无可挽回地发生改变。此时，这场战争将变成一场围绕陆权的争夺，其目标也变成了彻底歼灭对方的地面部队——如果这种情况出现，对岛国日本来说，曾在夺取制海权时帮助甚大的天然优势也将不复存在。因此，在接下来的这个阶段，日军的做法不仅符合"展开有限战争"的思路，还能借库页岛四面环海的环境避开俄军不计代价的反扑——此时，俄军已无力从海参崴或滨海省对该岛发动攻势，对正在北方水域活动和设立新基地的日军舰队来说，仅凭这一点，他们攻击库页岛的条件便已成熟。

但即使如此，在日本和其他地方，仍有人认为大本营的决定过于胆怯。虽然对很多人来说，要想赢得和平，最正确和简单的做法就是直奔海参崴而去，但综合各个因素，有一点是毋庸置疑的，库页岛这个折中的目标反而更有利于日军实现战略目的。无论蛮勇的国民如何叫嚣，在东京运筹帷幄的人都清楚地知道，在陆上发动攻势只会把国家带向绝境。到那时，如果日本还想赢得胜利，便只有歼灭敌方陆军一条路可走。但在实力上，俄国的陆军要比日军更强；另外，俄军也将获得在大陆作战的各种有利条件，日军则无法像之前一样进行干扰和破坏。

但日军大本营对库页岛的环境所知甚少，同样，他们也对可能遭遇的抵抗了解有限。有鉴于此，他们决定先向岛上派遣1个师团，另1个师团则留在本土充当预备队。[13] 这2个师团都是日军在旅顺沦陷后组建的新部队，其中，所谓的"陆军独立第13师团"将被用于打响攻势，在行动中，该师团将兵分两路，一部分将肃清库页岛南部的敌军，另一部分将随后在库页岛北部登陆。至于其他新部队，则将通过海路部署到朝鲜北部，但这些行动的性质都只是牵制和预防，即令乌苏里江流域的俄军不敢轻举妄动。日本高层之所以一如既往地谨小慎微，其原因又无外乎两点：首先是情报不周全；另外，此时的闪失有可能让战局功亏一篑。因此，他们为行动投入了远超过需要的资源。

自从旅顺陷落以来，满心认为海参崴将遭遇进攻的俄军，已经放弃了坚守库页岛的希望。1月，针对敌军的登陆，他们下达了几条命令，要求在南部的部队避免战斗、向北撤退，最终与当地的友军会合。就在为此进行准备期间，俄军司令部还偶然意识到，日军可能不仅会在阿尼瓦湾（Bay of Aniwa）登陆，夺取科尔萨科夫斯克（Korsakovsk），还会在东海岸附近的内渊（Naibuchi）上岸。如果这种情况发生，岛屿南方的部队就有被切断的危险。为此，俄军将南部守军分成 5 支独立纵队，这些部队不会立刻撤退，而是会与入侵者展开游击战，干扰他们的推进，它们将由从满洲抽调而来的 5 位军官指挥。其中，科尔萨科夫斯克纵队拥有约 500 人（其中包括 60 名"新贵"号上的水兵），其余各纵队平均有 200 人。因此，其总兵力只有不到 1300 名官兵和 8 门火炮，但要对抗的日军却有半个师团。岛屿北部防御较好，其主力集结于亚历山德罗夫斯克（Alexandrovsk）——连同民兵和驻军骑兵在内，这股俄军一共有 6000 人和 16门火炮。[14]

为对付这支弱小和分散的守军，日军投入了大量兵力，而在海上，他们用于保护航线和登陆部队的舰只更是规模可观。6 月 4 日，日军做出决定的当天，东乡大将返回了镇海湾。在那里，他从上村手中接过了舰队指挥权，并开始了新一轮的调动和派遣。按照《日本战史发行版》中的说法，日军根据此前战斗的结果对局势做了如下评估[15]："虽然上次胜利几乎全歼了远东海域的敌方海军，但在海参崴仍然有数艘强力舰只存在，在上海也有若干敌军辅助巡洋舰出没于临近海域。"针对这些辅助巡洋舰，日军已经采取了措施。6 月 2 日，军令部命令东乡组成 1 支特殊支队，该支队由瓜生将军指挥，下辖 1 艘一等巡洋舰、2 艘二等或三等巡洋舰和 2 艘驱逐舰，它们的任务是"在上海水域活动，防范俄国志愿辅助舰队的巡洋舰"。但该支队还未来得及出动，影响深远的外交活动便开始主导局势。

　　同样，我们只有理解了这些外交活动，才能对后续行动有透彻的认识。6 月的第 1 周，市面上出现了一则传言：罗斯福总统将代表美国政府进行调停。到 9 日，这则传言得到了很多可靠证据的支持。在圣彼得堡和东京，美国公使分别发出照会，希望 2 个交战国公开磋商。在次日（即 10 日）和随后几天，有关各方又先后传来消息：两国都接受照会，停战磋商将在美国举行；然而，其中并没有"停战"的只言片语，同样，各界也清楚，除非俄国做出让步，否则日本将把战争进行到底。

　　面对局势变化，东乡首先重组了舰队，以便适应新任务。6 月 14 日，他将联合舰队分成了 4 个舰队，其组织结构如下所示：

第 1 舰队

东乡海军大将、三须海军中将、小仓①（Ogura）海军少将

第 1 战队："三笠"号（总旗舰）、"敷岛"号、"朝日"号、"富士"号（三须中将旗舰）；通报舰"龙田"号

第 4 战队："浪速"号（小仓少将旗舰）、"高千穗"号、"明石"号、"对马"号

轻型舰艇：第 1、第 3 驱逐队，第 14 水雷艇队

第 2 舰队

上村海军中将、瓜生海军中将、岛村海军少将

第 2 战队："出云"号、"常磐"号、"浅间"号、"磐手"号，通报舰"千早"号

第 3 战队："千岁"号、"笠置"号、"新高"号、"音羽"号

辅助巡洋舰："日本丸"[16]、"亚美利加丸"

---

　　① 译注：即小仓鋲一郎（1853—1928 年），他出生于江户，早年作为"松岛"号副舰长参加了对华战争，后历任"鸟海""高雄""桥立""朝日"等舰舰长和横须贺镇守府参谋长等职，1904 年 6 月晋升为海军少将，次年成为特务舰队司令，最终军衔为海军中将。

轻型舰艇：第 2、第 4 驱逐队，第 19 水雷艇队

第 3 舰队

片冈海军中将、东乡正路海军少将、山田海军少将

第 5 战队："八云"号、"吾妻"号、"春日"号（山田少将旗舰）、"日进"号，通报舰"八重山"号

第 6 战队："须磨"号、"千代田"号、"和泉"号、"秋津洲"号

辅助巡洋舰："八幡丸""香港丸"

轻型舰艇：第 5、第 6 驱逐队[17]，第 9 水雷艇队

第 4 舰队

出羽海军中将、武富①（Taketomi）海军少将、中尾（Nakao）海军少将

第 7 战队："镇远"号、"壹岐"号（Iki）、"冲岛"号（Okinoshima）、"见岛"号[18]（Mishima）

第 8 战队："严岛"号、"桥立"号[19]、"松岛"号

第 9 战队："鸟海"号、"摩耶"号、"赤城"号、"宇治"号

辅助巡洋舰："满洲丸""台南丸"

轻型舰艇：第 1、第 10、第 11、第 15、第 20 水雷艇队

除上述兵力外，日军旗下还拥有井上②（Inoue）海军少将指挥的特务舰队，其中包括海军辅助舰船和改装炮舰，如轻型舰艇母船"熊野丸"和"春日丸"等。

总之，在战争最后阶段，歼灭了海上敌人的日本海军已扩充至 4 个舰队和 9 个战队，连轻型舰艇部队的编制都较最初有所增加。不过，这种强大更多是一

---

① 译注：即武富邦鼎（1852—1931 年），原名为福地玄六，他早年多在参谋和行政岗位服役，并以"磐手"号舰长的身份参与了初期的日俄战争，后来作为战队指挥官参加了对库页岛的登陆行动，最终军衔为海军中将，1931 年去世。

② 译注：即井上敏夫（1857—1924 年），本书前文提到的"香港丸"舰长。

种假象，因为缴获的俄舰不适合服役，许多日舰也要轮流回国修理、更换受损的火炮。总之，它更像一种名义编制或检阅编制，或者说，其用途更多是虚张声势。但其中有个新特点又值得关注：现在，每个舰队都配属了2艘一贯表现优异的辅助巡洋舰。

制订完毕后，该编制几乎立刻遭到了拆分。就在接受调停后不到1周，日军大本营便确定了"以战促和"阶段的指导方针。准备工作于6月17日启动。东乡命令出羽将军接过片冈舰队的海峡防务，并将片冈调去指挥所谓的"北遣舰队"。该舰队主要由第3和第4舰队的船只组成，但也有部分来自其他舰队的成员。与此同时，东乡还命令分别属于第2和第3舰队的"香港丸"和"日本丸"继续监视通向海参崴的北方航道。除此之外，大本营也在当天传来命令，要求海军为独立第13师团提供护航。该师团由原口①（Haraguchi）中将指挥，预定从津轻海峡的陆奥湾（Rikuoku Gulf）起航。为此，东乡又从海峡召回了出羽将军和第4舰队，并用上村将军的部下（即第2舰队）和"其他舰队的部分兵力"取而代之。[20]

他给片冈将军的命令，也可以被视为是这些新部署的典型：

1. 独立第13师团需夺取库页岛，并派遣首批登陆部队攻占科尔萨科夫斯克，第2批登陆部队应随后夺取亚历山德罗夫斯克。

搭载首批登陆部队的运输船将于6月30日从陆奥湾启程。

能登吕岬（Cape Notoro）和其他登陆地点将通过水下通信电缆同国内保持联络。

2. 贵官必须率领舰队守卫津轻海峡，并在陆奥湾及以北海域为第13师团运输船队提供领航。同时，您还应在与师团长原口将军协商后保护第13师团的卸载。

---

① 译注：即原口兼济（1849—1919年），他在甲午战争期间担任第4师团参谋长，后来历任步兵第20旅团长、台湾守备混成第1旅团长、教育总监部参谋长等职务，日俄战争末期带领第13师团占领了库页岛，最终军衔为陆军中将。

3. 抵达陆奥湾之后，贵官将直接从大本营接受指示。

值得一提的是最高指挥权的最后一项条款，它体现了英国式联合远征作战的传统。在规模上，日军投入的舰船足以保证行动万无一失。其编成如下：

第 3 舰队
（司令官：片冈将军）

第 5 战队："八云"号（舰队旗舰）、"吾妻"号、"春日"号、"日进"号（山田海军少将旗舰）

第 6 战队："须磨"号（东乡正路海军少将旗舰）、"千代田"号、"和泉"号、"秋津洲"号

通报舰："八重山"号

辅助巡洋舰："八幡丸""香港丸"

第 4 舰队
（司令官：出羽将军）

第 7 战队："镇远"号

第 8 战队："严岛"号（舰队旗舰）、"桥立"号（武富海军少将旗舰）、"松岛"号

第 9 战队：炮舰"鸟海"号、"摩耶"号、"赤城"号、"宇治"号

辅助巡洋舰："台南丸"（中尾海军少将旗舰，负责炮舰战队的指挥）、"满洲丸"

轻型舰艇分队

驱逐舰：第 1、第 5、第 6 驱逐队

水雷艇：第 9、第 11、第 15、第 20 水雷艇队

母船："熊野丸""春日丸"

除各种辅助舰只，片冈将军实际拥有 4 艘装甲巡洋舰、3 艘有重炮的"三

景舰"、4 艘轻型巡洋舰、1 艘海防舰、4 艘炮舰，轻型舰艇编队由 10 艘驱逐舰及 16 艘水雷艇组成。在"八云"号上升起将旗后，他命令山田将军搭乘"八重山"号开赴吴港，在刚修复的"日进"号上接管第 5 战队。同时，出羽也立刻带领舰队主力开赴大凑（Ominato），并以当地为基地，保卫津轻海峡和库页岛各航道。到当月月底，所谓的"北遣舰队"已在大凑完成集结；第 1 批远征部队也整装待发；按照计划，行动将立刻启动。但就像之前一样，日本人依旧小心翼翼。这种态度也雄辩地证明，即使一方拥有绝对的制海权，调遣大部队仍是一项需要多加小心的工作。日军再次设置了 4 条"警戒线"作为掩护措施。第 4 警戒线（最靠外的一条）位于宗谷海峡西口，即礼文岛（Rebun To）和莫涅龙岛（Moneron Island）之间；第 2 条在海峡内；第 3 条的位置不详；第 1 条则在能登吕岬和知床岬（Cape Siretoko）之间——正如我们在地图上所见，这两处海角以掎角之势环抱着科尔萨科夫斯克所在的阿尼瓦湾。[21] 其中，最靠外的第 4 警戒线由中尾将军率部驻守，一座岸上瞭望哨则负责协同。随着他在 7 月 2 日搭乘旗舰"台南丸"出航，行动宣告开始，一同出动的还有第 9 战队、水雷艇、2 艘母船和 1 艘运煤船。

2 天后，片冈将军带领远征部队的左翼出动，其护卫兵力除了仅有"镇远"号的第 7 战队，还有第 5、第 6 和第 8 战队，以及 2 艘辅助巡洋舰和 3 个驱逐队（共计 12 艘驱逐舰）。这意味着，除了辅助巡洋舰，他的麾下共计拥有 1 支掩护分队（包括 4 艘一等装甲巡洋舰）、1 支侦察分队（即东乡正路的第 6 战队，全部为轻型巡洋舰）、1 支护航分队（即"镇远"号和 3 艘"三景舰"，它们的重炮也非常适合为陆军提供战术协助）；另外，第 9 战队的 4 艘炮舰和庞大的轻型舰艇分队将负责近海支援。

7 月 6 日中午，登陆舰队在礼文岛海域集结完毕，同时，中尾将军也在当地设立好了瞭望哨，航渡可以正式开始。在中尾将军带领旗舰和另 1 艘辅助巡洋舰前往第 4 警戒线的同时，出羽也率领麾下全部舰只（即"镇远"号、3 艘"三景舰"、各炮舰、水雷艇以及负责扫雷的第 5 驱逐队）出动，并前去为部队选择和清扫登陆地点。按照要求，这一地点应当位于阿尼瓦湾北岸，并尽可能靠近科尔萨科夫斯克。在片冈将军带领第 5、第 6 战队护送运兵船的同时，中尾将军也在向北朝莫涅龙岛航行，9 日，他在岛上升起了日本国旗，并"根据作战计划"在岛上建起了 1 个通信站。

由于这些行动毫无掩饰，当天 17 点，能登吕岬灯塔的警卫便意识到了异常，随后，全部俄国哨所都接到了电报，从而得到了充分的预警。黎明时分，出羽将军抵达了扫雷作业区的南部边缘。进行过一番快速侦察后，驱逐舰发回的报告显示：俄军并未在预定的登陆场修建任何工事。

他们所指的"登陆场"，其位置在科尔萨科夫斯克以东 12 英里处的梅列亚（Mereya）村附近，当地不仅水位颇深，滩头对部队卸载也非常有利。另外，除了从科尔萨科夫斯克飞奔而来的一些骑兵侦察队外，日军没有发现任何敌人。扫雷立刻开始，由于并未发现水雷，整个作业进展顺利，到次日凌晨 3 点 40 分，日军已经抵达了离梅列亚村不到 5 海里的水域。第 7 和第 8 战队穿过开辟的安全水域，第 6 战队也护送着运兵船紧随其后。在海域边缘，片冈将军让装甲巡洋舰停船，并派出了汽艇和拖船协助登陆作业。随后，他还命令山田将军率领"春日"号和"日进"号前去能登吕岬和知床岬之间的第 1 警戒线巡弋。片冈将军则带领"八云"号和"吾妻"号在知床岬西北偏北 15 海里处展开了一条内侧警戒线——在作战计划中，该警戒线也是舰队的第 7 处部署区域，随着这一任务完成，计划终于圆满实现。

11 点，所有舰只均已进入泊位，登陆行动随之开始。在行动中，日军也遵循惯例，从各个战队抽调人员组建了一支海军陆战队，他们将负责占领滩头立足点。期间，陆战队没有遭遇任何抵抗，在他们占领掩护阵地的同时，扫雷分队也清理了远至恩杜玛角（Point Enduma）的海域——当地也是鲑鱼湾（Lososei Bay，该海湾在阿瓦尼湾内部）的起点，背后就坐落着科尔萨科夫斯克。[22] 当时，有部分日舰奉命支援陆军朝该镇挺近，而扫雷分队的任务就是清理沿途水域，为这些日舰的行动创造条件。就在扫雷工作展开期间，陆军部队也在 12 点 50 分之后陆续上岸。

此时，日军依然没有遭遇抵抗；但在靠近恩杜玛角时，扫雷分队突然遭遇了岸上的猛烈炮击。事实上，一意识到日军逼近，科尔萨科夫斯克纵队的指挥官就下令放弃城镇，并将当地付之一炬。同时，为给撤退争取时间，他还决定派遣一支民兵后卫部队携带 2 门火炮部署在恩杜玛岭（Enduma ridge），一旦后者开火，其余人员将立刻在镇内纵火。在日军领头的水雷艇队出现后，俄军立刻开炮。负责掩护扫雷分队的日军炮舰"赤城"号 ① 则和水雷艇一道猛烈还击，同时，扫雷作业也在继续进行。随着其他舰只赶来，炮战变得愈发激烈，但双方都没有给对手造成损害。最终，在把仅剩的炮弹打向城镇后，这些俄军向北退入了索洛维夫卡（Solovevka）附近的一处预设防线。

与此同时，登陆作业也从未间断。所有陆军部队共分成了 4 个分队，其中前 2 队的登陆地点正是梅列亚村。15 点，登陆顺利进行，陆战队已经可以将这座"自己的村庄"移交给陆军。19 点时，在当地登陆的 2 个分队全部上岸。卸载作业至此结束，一旦科尔萨科夫斯克沦陷，其余部队将在该镇直接上陆。

因此，次日凌晨 3 点，为支援对科尔萨科夫斯克的进攻，出羽将军命令"和泉"号和其他炮舰前往恩杜玛角，但听说科尔萨科夫斯克已被陆军兵不血刃地攻占，因此他决定让扫雷分队（即各舰搭载的所有汽艇）推进到鲑鱼湾内，同时，"春日丸"和 2 艘驱逐舰则负责充当护卫。6 点 30 分左右，他们发现一队俄军带着 2 门火炮出现在山顶，日舰随即开火射击。事实上，他们的目标正是撤往索洛维夫卡防线的俄军。俄军的指挥官发现，敌军驱逐舰的射程远远超过了自己，于是，他只好放弃当地，向北退却。

在这一切发生时，出羽舰队的副司令武富将军带领剩余的运输船抵达了恩杜玛角。在那里，他发现大部分城镇已经化为废墟，码头也腾起大火，只能派遣部队在附近的一座村庄上岸。第二轮卸载于中午开始，结束于 18 点。到 8 日（即日本全权代表前往美国的当天）晚上，他们已经完成了对科尔萨科夫斯克的占领。第二天都被用在了物资的登陆上，到 10 日晚间，所有海上作业均已完成，将军得以发回报告：登陆行动圆满完成，期间海军未损一人。同时，日军还从第 4 警戒线召回了中尾将军的分队，而东乡正路少将则带领麾下的半个战队、1 个步兵中队和 1 个水雷艇队前去攻占能登吕岬灯塔。他在 10 日上午 9 点派出上

---

① 译注：原文为"Akashi"，即"明石"号，对照日方资料，此处记录有误。

述步兵和 1 个水兵中队完成了这项任务，期间没有遭遇任何抵抗。随后，为确保灯塔运转，他在当地留下了一些部队 [23]，舰队则在天黑前顺利返回。

此时，片冈将军已经可以放手执行计划的第 2 部分，即运载另一批远征部队前往库页岛北部。为此，他立刻率领第 3 舰队开往函馆，出羽将军的第 4 舰队将继续在鲑鱼湾保持戒备。

注释

1. 参见《俄国陆军战史》第9卷第14章。

2. 位于乌苏里江流域的双城子是哈巴罗夫斯克支线与西伯利亚大铁路主线的相交处，其位置在海参崴以北约50英里处。

3. 参见《俄国陆军战史》第5卷附录14。

4. 参见《俄国陆军战史》第9卷第14章。这次事件很可能是一次假警报，在日方的历史记录中更是没有提及此事。上村分队的兵力则包括3艘装甲巡洋舰，即"出云"号、"常磐"号和"春日"号，外加"须磨"号和2艘驱逐舰。相关情况可见本书前文所述。

5. 参见《俄国陆军战史》第9卷第14章。

6. 参见《俄国陆军战史》第9卷第14章中"4月7日"的记录。

7. 参见《俄国陆军战史》第9卷第3章。

8. 参见《俄国陆军战史》第9卷第3章。

9. 参见《俄国陆军战史》第9卷第14章中"4月18日"的记录。

10. 参见《俄国陆军战史》第9卷第3章，吉州位于鸭绿江流域的分水岭近海处的南部，靠近舞水端。

11. 参见《俄国陆军战史》第9卷第14章。

12. 本书第一卷对此有所叙述。

13. 参见本书后续部分的内容。

14. 参见《俄国陆军战史》第9卷第7章和第8章。

15. 参见《日本战史极密版》第2卷第5篇第1章，它也是我们能获得的关于此次行动的最详尽的日方资料。此处的翻译还未完成，我们直接引用了原始资料。

16. 该舰后来由特务舰队的"熊野丸"替代。

17. 新编的第6驱逐队由2艘停获自俄军的战列舰——"大胆"号和"果敢"号——组成，2舰现已改名为"皋月"号（Satsuki）和"晓"号。

18. 后3舰即停获自俄军的"尼古拉一世"号、"阿普拉克辛海军元帅"号和"谢尼亚文海军上将"号，它们在大修完成前还无法投入作战。

19. 该舰为武富将军的旗舰。

20. 即第1舰队旗下的第4战队，外加第4舰队旗下的第1、第10水雷艇队和驻守在竹敷的第16、第17、第18水雷艇队。

21. 参见《日本战史极密版》第3卷第1章第1节。

22. 参见《日本战史极密版》第2卷第1篇第1节（乙）部分。

23. 有趣的是，在拿破仑战争期间，威灵顿也曾根据海军封锁部队司令的要求派兵在圣塞巴斯蒂安要塞附近采取过一次类似行动。

∧ 1905年春天的海参崴港，照片右侧的军舰是"壮士"号，左侧是"俄罗斯"号，中央的几艘鱼雷艇都涂有试验性质的迷彩涂装

∧ 库页岛俄军的最高指挥官——米哈伊尔·里雅普诺夫将军，他指挥着一支由二线部队、猎户和劳改犯组成的守军，称职的军官也严重不足

∧ 战争爆发后，俄军在海参崴建造岸炮阵地时的景象，1905年后，当地的防务更是引起了俄军最高层的焦虑

∧ 7月7日上午，在登陆场外围海域展开远程掩护的日本巡洋舰队

△ "新贵"号幸存成员在库页岛南部修建的120毫米岸炮阵地——它们也是守军少数可以仰赖的重型武器

〈 这张模糊的照片展示了7月6日清晨时分通过宗谷海峡的日本巡洋舰，在照片左侧，还可以看到一艘负责传令的驱逐舰

〈 7月6日上午11点时分拍摄的日军护航舰只，左侧远方的地平线上可以隐约看到运兵船队的滚滚烟柱

〈 日军占领下的科尔萨科夫斯克镇一景，该镇只有少数建筑物侥幸未被烧毁

458

∧ 1905年7月7日中午，在梅列亚村附近支援陆军作战的2艘"摩耶"型炮舰

∧ 7月7日13时左右，步兵第15联队在梅列亚村附近海域登陆时的景象

∧ 在科尔萨科夫斯克镇外，日军在检查1门被俄军遗弃的岸炮，该岸炮来自之前自沉于此的"新贵"号巡洋舰

∧ 被俄军付之一炬的科尔萨科夫斯克码头和栈桥

∧ 7月7日，日军登陆场上的一景

∧ 7月10日与15日，停泊在库页岛南部鲑鱼湾内的日军运输船和辅助巡洋舰，由于当地的俄语名称"Lososei"与日军军舰"千岁"号的舰名相近，在战后一段时间，日本方面曾将当地称为"千岁湾"

库页岛

第4日4点

第3日7点   第3日20点
第9艇队等率先出发   第3日22点

航速8节

次日13点

北海道

航速8节

次日1点

航速8节

18点

本州

14点

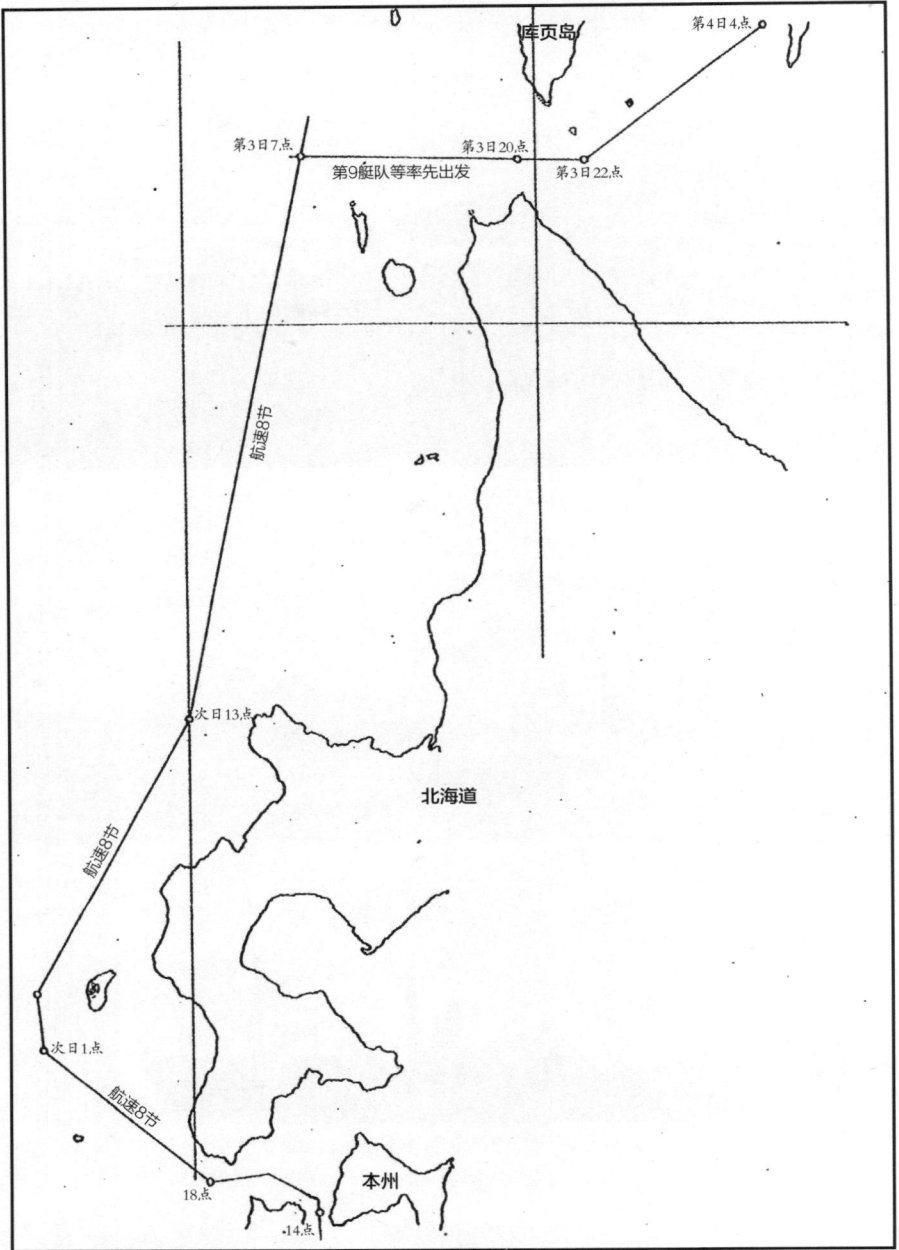

∧ 日军对库页岛第1轮登陆航线示意图

库页岛远征：第2波登陆

  显而易见，北方的行动面临着许多在南部战场不存在的危险，日军指挥部门也对此极为警觉：沿途，片冈将军采取了事无巨细的预防措施，日军的谨慎也可以由此略见一斑，其中尤其以各种保密措施最为引人注目。在离开科尔萨科夫斯克之前，他首先遵照东京方面的电报指示，派遣山田将军带领"春日"号、"日进"号和第1驱逐队对圣弗拉基米尔湾（St. Vladimir Bay）和奥尔加湾（Olga Bay）展开佯动，这2处地点都在海参崴以北约200海里处。在当地，日军派遣驱逐舰进行了3天的侦察，并发现了"绿宝石"号的残骸，确认该舰已损坏之后，他们在7月15日返回了函馆基地。

  但这并不是日军唯一的声东击西之举。在片冈将军率领"北遣舰队"从对马出发的时候，大本营还决定向朝鲜北部增兵，试图从海岸向俄国边境推进。为此，7月6日，即日军向科尔萨科夫斯克出动当天，东乡获悉有2艘有运兵船正在前往镇海湾，它们分别来自大连湾和鸭绿江口的龙岩浦（Yongampo），卸载目的地则是城津，目前，它们正在等待海军提供护送。[1]按照大本营的指示，东乡必须派遣1艘一等巡洋舰、2艘二等或三等巡洋舰和2艘驱逐舰参与护航。但东乡认为这些兵力远远不够，他最终派遣的兵力包括了2艘装甲巡洋舰（"磐手"号和"浅间"号）、2艘轻型巡洋舰（"千岁"号和"新高"号）以及一整个驱逐队，此外，后来又有第3艘装甲巡洋舰（即"出云"号）和通报舰"千早"号加入了护航队的序列，这些舰只将统一由上村将军指挥。

  14日，利用这些兵力，上村带领副手岛村将军护送着3艘运输船出发，与此同时，片冈将军也随第3舰队抵达函馆，以便准备下一阶段的战斗；山田将军也结束了在奥尔加湾的牵制行动。16日，运输船上的部队完成登陆，在把"新高"号留在城津协助物资卸载后，上村将军沿海岸向北展开侦察。17日黎明时分，"千岁"号、"千早"号和2艘驱逐舰被派往图们江口方向，尔后，"千岁"

号继续向海参崴港外的阿斯科尔德岛前进，"千早"号则奉命和驱逐舰一道在南面紧邻图们江口的雄基湾（Gashkevich Bay）展开近距离的仔细搜索。湾内坐落着雄基村（Ongi），当地也是俄军海岸防御的核心，在雄基浦（Audacious Bay）内，日军驱逐舰发现和驱散了 200 名俄军士兵。随后，日军舰艇继续向南行驶，并在罗津湾（Kornilof Bay）的罗津浦（Najin Po）发现了 1 条优良的军用公路和 1 条新近架设的电报线——毫无疑问，这些设施都属于联络罗津和俄军前线的交通网络。于是，上村一面派遣"千早"号留下监视老世端（Cape Geka）以北群山中的敌人，一面带领装甲巡洋舰前往花端（Linden Point）外海炮击洛山湾（Anna Bay）以北一处类似的俄军据点。另外，其轻型舰艇还派遣登陆部队捣毁了 1 英里长的电报线。上述任务完成后，上村舰队继续向南侦察沿海地点，但除了一些哥萨克巡逻队之外便没有任何发现，到 15 点时，他们已经抵达了高秝山端（Kolokoltsef Point）附近海域。在这里，"千岁"号与舰队会合——之前，由于大雾的阻碍，该舰未能进入阿斯科尔德岛近海。不过，鉴于整个海岸已经陷入了恐慌，上村决定率部返回尾崎浦，继续对海峡展开警戒。

经过一整天的行动，日军如愿以偿地影响了俄军在朝鲜北部的部署。俄军指挥部立刻要求当地驻军向朝鲜最北端（即高秝山端—图们江一线）撤退，同时，他们还指示相关部队：除非日军正在罗津湾或雄基湾登陆，或是出于掩护大部队向图们江撤退的需要，否则他们将禁止在沿途进行抵抗。这些规定当然也为日军的推进铺平了道路，他们发现，除了 2—3 个哥萨克骑兵连外，自己面前根本没有其他抵抗力量。7 月 22 日，日军的先头部队已经占领了富宁（Pureng）。[2]

此时，上村舰队已重新开始在朝鲜海峡警戒，20 日，东乡大将则带领战列舰分队沿着日本沿海进行了一次巡航。虽然现有资料并未说明此行的目标，但据我们得到的说法，他们一路北上，并曾在远至舞鹤的多个港口停靠。期间，他们还展开了多项联合训练，直到 8 月 8 日才返回镇海湾。这次巡航持续了近 3 周，在时间上同围绕入侵北库页岛的一系列行动重合：在东乡起航的第 2 天，片冈将军便带领第 2 批远征部队离开了本土。

不管东乡大将的行动是否属于日军所谓的"间接支援"，有一点是毋庸置疑的，那就是在日军看来，北方战役的第 2 阶段行动要比之前更为困难，更不会像第 1 阶段那样轻而易举。他们从能登吕岬灯塔抓获的俘虏处得知，尽管亚历山德罗夫斯克可能没有水雷，但其常备守卫部队有 1400 人，经过动员后，其兵力更是上升到了 4000—5000 人。除了会在北部遭遇更顽强的抵抗，此次远征的路途也相当遥远，期间，日军必须在通向亚历山德罗夫斯克的近 700 海里航线上全程提供掩护，不仅如此，他们还将穿过一片愈发狭窄的海域，其侧翼又全部是敌人控制的海岸；无论在哪个地点，他们都将暴露在海参崴舰队的攻击之下，而目前，该舰队又暂时还没有可信的情报传来。

自然，日军依旧需要采取部署，以保障行动万无一失，正如我们所见，他们进行了周密的研究。在这次行动中，日军要求运兵船在津轻海峡外的一个出发地点先行集结，该地点最终被定为北海道西岸的小樽港——自从战争爆发之初，当地便被宣布为禁区，而小樽恰恰位于这片区域的最北端。日军之所以选择小樽，也许是因为在占领了库页岛南部后，当地的日本陆军指挥官正在从科尔萨科夫斯克调集部队，以便协助新一轮的跨海作战。按照我们得到的资料，在大部分登陆船只从陆奥湾出航的当天，确实有 3 艘运输船将从科尔萨科夫斯克启程向这座港口驶去。

就在 17 日，即上村将军在朝鲜沿岸进行佯动的同时，日军正式开始行动，各艘运输船将分批启程。为了确保它们的安全，片冈将军在函馆向第 6 战队（指挥官东乡正路少将）下达指示，要求他们随同第 1 批船队行动，"并在常规航线的外侧，保持适当距离展开警戒"。同时，山田将军也将对第 2 批船队采取类似的护航行动，片冈本人则计划亲自为第 3 批运输船护航。18 日下午，所有登陆舰队在集结点会合完毕。但在当地，他们连续 2 天被浓雾所困，直到 21 日中午才驶向外海。

12 日，片冈将军向部下签署了如下指示：

1. 没有后续情报显示海参崴舰队已销声匿迹。同时，科尔萨科夫斯克已被我军占领，俄军则在向北逃逸。与我之前命令中提到的情况相比，岛上俄军的防御部署并无重大改变。

2. 在行动第一阶段，北遣舰队已护送独立第 13 师团的南部支队前往科尔萨科夫斯克上陆；通过我海陆军密切协同，我军完成了对库页岛南部的占领。目前，我军需要护送第2批运输船前往亚历山德罗夫斯克，此次上陆的目标是完成对整个库页岛的占领。

3. 第6战队的"须磨"号和"千岁"号应在前方为运输船队开路。"和泉"号、"秋津洲"号、"八幡丸"和"香港丸"（该船在7月1日接替了"满洲丸"）将各自带领一部分运输船前进。同时，第5战队将在左舷展开警戒线，"八重山"号将在左后方与船队平行前进。同时，第5驱逐队应位于第6战队外侧，第1驱逐队应位于第5战队外侧。

4. 出羽将军的麾下包括第4舰队、第9水雷艇队、水雷母舰"熊野丸"、1艘运水船和2艘运煤船，它们将在行动开始前1天从科尔萨科夫斯克启程。行动开始的第3天，该分队将抵达鞑靼海峡³（Mamiya Strait）南口的图伊克角（Cape Tuik）附近。随后，出羽司令长官将从麾下派出一支分队，侦察和威吓卡斯特里湾^①（Castries Bay）之敌，其余部队将奉命勘测和选择登陆地点。期间，他将派遣另一支分队前往亚历山德罗夫斯克和杜埃(Due)附近海域，尔后再将这些分队召回主力。

5. 第4日黎明时分，出羽舰队应抵达指定登陆地点的外海方向，并命令各艇队在舰队的保护下迅速扫清水雷。随后，他们应当寻找机会，派遣部队夺取滩头阵地。卸载后，陆军将派兵接替岸上的海军陆战队，并让后者回到船上。

注意：以上行动只有在本人亲自发出电报之后才可以开始。扫雷作业的方案和陆战队的编制将由出羽将军决定。

6. 陆军的登陆作业由出羽将军指挥，第5、第6战队需将汽艇、舢板等派往第4舰队司令规定的地区。

7. 运输船队计划于第4日清晨抵达预定上陆地点。届时，引航舰需遵照出羽司令指示，带领运输船穿过安全水域。

① 译注：当地位于鞑靼海峡的大陆一侧，1952年后改名为奇哈乔夫湾（Chikhachyova Bay）。

同一天，出羽将军也签署了如下指示：

    1. 北部支队的登岸区域已确定，为亚历山德罗夫斯克以北，直至
51 度纬线所在的沿岸地带（即当地向北约 8 海里处）。
    2. 第一批清扫的海域应始于亚历山德罗夫斯克附近，并尽可能向
登陆场所在的西南微南方向延伸。"[4]

    连同 2 艘通信船和 1 艘医院船在内，陆军的运兵船一共 22 艘，加上各种武装舰只，舰队的总船数达到了 42 艘。正如我们所见，作为该计划的一个显著特点，出羽带领的前卫部队将不会直接前往亚历山德罗夫斯克，相反，他会先从当地驶过，然后前往鞑靼海峡入口，最后才展开登陆行动。相关资料没有给出他的动机，不过，对于我军类似行动中频频出现的难题，它却给出了一种解决问题的线索。

    在执行这类行动期间，我们经常发现，决定胜利的两种要素经常处在相互矛盾的状态。其中一种要素是出其不意，另一种是尽可能早地完成对目标的孤立。但问题在于，在孤立行动开展时，行动的目标也总会暴露，这就需要我们在两个彼此矛盾的目标之间找一个平衡点。在这个战例中，日军选择的最终集结地——图伊克角便是一个良好案例，因为在前往当地期间，运兵船将驶过亚历山德罗夫斯克，因此，直到登陆打响前，日军都能最大限度地实现保密；另外，在当地占领阵位后，日军还可以阻止库页岛守军从鞑靼海峡另一端的尼古拉耶夫斯克（Nikolaievsk）获得物资和增援。不仅如此，它还为一场目标相同的牵制行动提供了便利，正如我们随后所见，这一行动也属于日军的第 1 批任务。

    根据上述作战计划，雾气一消散，出羽将军便带领第 4 舰队单独离开了科尔萨科夫斯克。当 22 日清晨日军主力仍麇集于日本近海时，出羽便来到了礼文岛靠近本州的一面，并在当地同 120 海里外的友军舰队建立了联系。随后，2 支舰队的通信一直没有中断。次日凌晨 3 点时，出羽舰队已经驶过了亚历山德罗夫斯克，期间，他还命令武富将军指挥"桥立"号和 1 个水雷艇队前往卡斯特里湾（该海湾位于亚洲大陆边缘，在西北方与亚历山德罗夫斯克遥遥相对）展

466

开侦察和威吓。稍后不久，另外 2 个水雷艇队也和母船"春日丸"一道出动，其中一个艇队负责在阿尔科沃（Arkovo，位于亚历山德罗夫斯克以北约 7 英里处）附近挑选登陆场，另一个将前往杜埃（该村庄在亚历山德罗夫斯克以南约 4 英里处）附近展开佯动。出羽本人则率领舰队停泊在了图伊克角以南的预定集结点。

为了防备日军的进攻，俄军也进行了精心部署。在亚历山德罗夫斯克，守军主力包括 2 个营、4 个民兵连、4 门野战炮、6 挺机关枪，此外还有 1 个骑兵分队。而在阿尔科沃和杜埃，俄军各部署了 1 个侧翼掩护分队，每个分队下辖 4 个连和 2 个民兵小队，阿尔科沃的分队配有 4 门野战炮，杜埃的分队则有 2 挺机关枪。除此以外，俄军还在鲁伊科夫斯克①（Ruikovsk）部署了一支 150 人的民兵分队：作为预备队，他们驻扎的村镇在一个路口——正是在当地，来自亚历山德罗夫斯克方向的道路汇入了岛上的南北主干道。总而言之，当地的俄国守军有近 6000 人，其中包括 1 个野战炮兵连和 1 个机枪连。5

日军侦察分队对这些部署几乎一无所知。在夜间返回时，他们向图伊克角外海的出羽将军报告称，当地似乎既没有预设阵地，也没有守军；他们只在阿尔科沃发现了一些骑兵，当地的村民则焚毁了房屋、小艇和 1 艘装载弹药的驳船。由于海滩背后地势平坦、城镇远方树林茂密，当地并不适合登陆部队展开，但另一方面，这里的滩涂却适合登陆，大型船只可以抵近到 4 链以内的水域抛锚。于是，日军便对该海域进行了清理，同时还放置了浮标。而在杜埃附近，日军也没有发现任何部队，前往卡斯特里湾的分队也传回了相同的报告。因此，午夜时分，出羽率领舰队起锚出海，以保证登陆准备工作能在黎明时分开启；与此同时，根据作战计划，片冈将军也派遣东乡正路少将带领半个战队和 2 艘驱逐舰前往帝国港②（Barracouta Harbour）实施佯动，同时，他们还需要在对岸的斯图卡姆比斯角（Stukambis Point，当地位于亚历山德罗夫斯克以南约 135 英里处）建立一个信号站。在行动的第 3 日，东乡少将需要进入第 1 警戒线，即斯

---

① 译注：即今天俄罗斯萨哈林州的特莫夫斯科耶（Tymovskoye）镇。
② 译注：即俄罗斯哈巴罗夫斯克边疆区的苏维埃港（Sovetskaya Gavan），"Barracouta Harbour"是英国海图中的称呼，直译为"梭鱼湾"。

图卡姆比斯角至亚洲海岸一线。同时，另外 2 艘驱逐舰则被派往卡斯特里湾重复之前的佯动，待任务完成后，其中 1 艘将留下监视湾内的动静，另 1 艘将与"香港丸"会合，然后一道在鞑靼海峡入口巡逻，巡逻区在图伊克角外海，很可能就是日军所称的"第 5 警戒线"。

23 日中午，里雅普诺夫^①（Lyapunov）将军得到报告：日军已在海岸现身。尽管初步的侦察已经让他确认了敌人的到来，但他并未采取措施加固工事。他没有修建守卫港口的掩体，只在城镇南侧的容基耶尔高地（Jonquière Heights）修建了一些堑壕，这些堑壕俯瞰着通往鲁伊科夫斯克的道路。另外，连纳维奇将军也向他发出指示：如果发现面对优势敌军无力坚守，他就应当退往拉扎列夫角（Cape Lazareva），并在当地等待汽船把部队接回尼古拉耶夫斯克。鉴于日军舰队的存在，这一计划简直如同天方夜谭，但也许当时俄军确实认为他们能从狭窄的鞑靼海峡侥幸偷渡。

这道命令导致了恶劣影响。考虑到部队兵力有限，里雅普诺夫并没有对坚守抱有任何幻想，而在鲁伊科夫斯克部署预备队的做法更表明他已做好了撤退的打算。因此，将军并没有用有限的时间加固工事，而是将精力集中到了另一件事情上。前一天，几艘满载给养和弹药的小艇刚从尼古拉耶夫斯克抵达。由于还没有离开滩头，将军便命令将它们连船带货物一并焚毁，于是便有了前文中日军轻型舰艇在侦察时看到的一幕。不仅如此，由于敌人的行动已经威胁到了俄军的左右两翼，里雅普诺夫将军便再也没有调整部署，其主力部队仍然占据着城镇两边的各个高地。

凌晨 4 点 30 分，出羽将军抵达了昨日清理过的海域边缘，当地离海岸有 8 海里。由于海雾弥漫，他们虽然没有被俄军发现，但也无法再找到之前布设的浮标。在这种情况下，他们只能重新试图扫清周围的水域。由于日军有 3 个水

① 译注：即米哈伊尔·里雅普诺夫（1848—1909 年），当时的库页岛总督和守军最高指挥官。他出身于一个世袭贵族家庭，1898 年根据尼古拉二世的命令被派往萨哈林岛，管理当地的驻军和平民（其中很大一部分是流放犯），日俄战争期间，他在岛上只进行了有限的抵抗，这让他遭遇了国内舆论的责难。1906 年年初，里雅普诺夫被沙皇送交军法部门调查，然后在同一年被解除了所有职务。退役后，他几乎隐居，1909 年在圣彼得堡去世。

雷艇队和 4 艘舰载水雷艇，他们很快便发现当地没有水雷，整个登陆也只是出现了短暂的拖延。清晨 7 点 30 分，俄军已经可以辨认出 70 艘敌军舰船，这些舰船全部沿着海岸线展开。1 小时后，日军的第 5 驱逐队也开始在阿尔科沃附近用炮火搜索登陆地点。

与登陆的过程相比，关于各舰的炮火支援情况，日方的记录非常简略。看上去，第 3 舰队的参与程度非常有限，在绝大部分时间里，它们仅仅是在负责掩护，而东乡正路战队更是远在登陆场以外：东乡正路正带领着半个战队在帝国港威吓俄军，稍后这些舰船将奉命前往第 1 警戒线上占据阵位；另外 2 艘轻型巡洋舰正在把汽艇和舢板派往武富将军麾下（当时，武富将军正在"桥立"号上直接监督登陆），待这项任务完成，它们也将奉命在第 1 警戒线上占据位置。同时，山田将军的装甲巡洋舰小队先在安全区的边缘放下了小艇，随后便向着一处名为"27 地点"（在亚历山德罗夫斯克以西 25 海里处）的位置驶去。至于片冈将军，则带领战队旗下的另外 2 艘巡洋舰开向安全海域，并在阿尔科沃外海下锚，正因如此，这 2 艘军舰可能参与了炮击。辅助巡洋舰的角色则无从知晓，其中唯一可以确定的是，"香港丸"部署在了第 5 警戒线上，其位置可能在北面，但具体地点不详，任务是监视来自卡斯特里湾和尼古拉耶夫斯克的航路。

可以确定的是，日军的炮火支援主要来自第 4 舰队，它们也是真正意义上的"支援舰队"。在扫雷分队驶向滩头的同时，这些舰船也在后面提供着保护。其中有由炮舰组成的第 9 战队，它们包括"鸟海"号、"摩耶"号、"赤城"号和"宇治"号；跟随的是第 7 战队，该战队只由"镇远"号一艘军舰组成，再往后是第 8 战队的 3 艘"三景舰"。连同轻型舰艇的火炮以及各个舰船上的小炮，日军登陆部队可以依靠的火力达到了 3 门 12.5 英寸炮、2 门 8 英寸炮、2 门 6 英寸炮、48 门 4.7 英寸炮和 42 门 12 磅炮[①]，总数接近了 100 门，这还不包括片冈所辖小队中各舰的火力，而这些火炮中，又有超过一半可以同时投入战斗，这种压倒性的炮火优势已经超过了实际需求，并让日军毫无悬念地赢得了成功。

---

① 译注：此处统计有误，作者明显未将"镇远"号 4 门 12 英寸（305 毫米）炮和 4 门 6 英寸（150 毫米）炮计算在内。

由于清扫海面的速度极快，不到 9 点，日军便决定开始登陆。和之前一样，一支海军陆战队在行动中担任着先导，这支部队的水兵从第 4 舰队的 3 个战队中抽调而来，规模大体相当于 1 个步兵旅团加 1 个野战炮中队，此外还有配属的其他部队。8 点 55 分，在各舰的炮火支援下，这些部队开始向海岸推进。期间，舰队还向森林茂密的阿尔科沃沿岸大肆开火。在其打击下，俄军前卫部队立刻撤向了第二阿尔科沃村（Arkovo II.），并在当地与预备队会合，按照他们的部署，如果日军继续逼近，他们就将撤往卡姆伊舍夫山口（Kamuishevi Pass），即里雅普诺夫将军指示中提到的第 1 道抵抗阵地。

占领滩头期间，日军没有遭遇任何抵抗。其进展如此迅速，到 9 点 15 分时，阿尔科沃便已落入水兵之手。15 分钟后，陆军的先头部队也随之上岸。同时，扫雷分队开始在炮舰的掩护火力支援下向着容基耶尔角（Jonquièe Point）驶去，运输船队也持续进行着卸载工作。到 13 点时，运兵船已在离海岸 1 海里的地方各自下锚，13 点 20 分，陆战队将阵地移交给了首批上岸的陆军战友。

这段时间，日军第 5 驱逐队也在开辟第 2 处上陆地点，就像登陆科尔萨科夫斯克的计划一样，日军也打算直接派遣部队在城镇上岸，而该驱逐队的任务正是用炮火阻止俄军捣毁码头。当天下午早些时候，"鸟海"号和"赤城"号搭载 1 个中队的步兵前来援助——后来正是这些部队上岸控制了码头地带。然而，在登陆过程中，他们遭到了 2 挺俄军机枪的猛烈扫射，这些机枪居高临下地控制着镇旁的登陆场。面对这种情况，2 艘炮舰再次驶近海岸，用火力掩护着登陆部队。在更靠南的容基耶尔角另一侧，另外 2 艘炮舰正在杜埃镇和尼奥米（Niomi，位于杜埃以北 1 英里）外海积极活动。其中，尼奥米是一座专为附近煤矿服务的小港，与亚历山德罗夫斯克之间有轨道相连。在港内，俄国人修筑了 1 条防波堤，码头上还有大量等待转运的煤炭，这些物资目前已被点燃。但在下午早些时候，日军炮舰派遣了 1 支消防队和另 1 个步兵中队上岸，他们不仅扑灭了火势，还缴获了大批煤炭，更重要的是，作为一次牵制行动，它让俄军的部署陷入了混乱。

得知右翼的滩头阵地崩溃后，里雅普诺夫将军开始朝卡姆伊舍夫山口撤退。此时，俄军在鲁伊科夫斯克的预备队已经奉命前去加强防御，但在杜埃方向，由于日军的佯动，将军直到中午都未敢从当地抽调人员。直到发现日军并不准备登陆后，他才命令位于杜埃的预备营带着配属的 2 挺机枪撤往山口，只有 2 个民兵分队奉命留下守卫该镇。但此时，日军已经在阿尔科沃以南开始了第 2 次登陆，因此，这些增援部队已很难直接穿过亚历山德罗夫斯克。于是，该营只好经由内陆山口绕道而行，并一路穿过了米哈伊洛夫卡（Mikhailovka）、皮棱斯克山口（Pilenski Pass）、图伊莫沃（Tuimovo）和阿尔姆丹（Armudan）。

到 13 点，即日军运输船全部在指定位置下锚时，俄军在亚历山德罗夫斯克的主力部队部署如下：在该镇以北的高地上，他们部署了尼古拉耶夫斯克要塞步兵团的 1 个营，该营也构成了守军的骨干；在南面的容基耶尔高地有 4 支民兵分队，其中 1 支的成员是志愿参军的囚犯；亚历山德罗夫斯克预备营负责支援，该营部署在科尔萨科夫斯卡亚（Korsakovskaya），此外，守军还有半个野战炮兵连（4 门火炮）和 6 挺机关枪。

以上也是 15 点后不久各部队的位置，此时，里雅普诺夫将军刚刚得知日军在尼奥米附近登陆。按照将军的猜测，它一定是日军大举登陆的前奏，随后，日军很可能切断留守在附近的 2 支民兵分队。如果这种情况成为现实，敌人将毫无阻拦地占领骆驼山口（Verblyuzhi Pass），进而居高临下地控制整个亚历山德罗夫斯克谷地（Alexandrovsk Valley）；不仅如此，他们还将占领米哈伊洛夫卡附近的丘陵，借此从后方夺取亚历山德罗夫斯克防线。为应对新威胁，将军立刻从阿尔科沃方向撤出了杜埃预备营，并将它调去防御骆驼山口。

对阿尔科沃方向的守军来说，这一决定可谓极为不幸：此时，日军已经大举登陆，正在朝他们步步紧逼，面对这种情况，他们只好向着卡姆伊舍夫山口撤退，还在沿途炸毁了弹药储备。这些行动是如此仓皇，导致 1 支民兵分队与大部队失去了联络，只能被迫向日军投降。

当时，俄军最关注的是在亚历山德罗夫斯克的另一轮登陆，几乎没有意识到上面这个令人分心的插曲。在新登陆场附近，容基耶尔高地上面朝山谷的堑壕正由亚历山德罗夫斯克团的 1 个连和 2 支民兵分队驻守，此外，俄军还从预备队调来了 1 个连和 2 挺机枪，并将他们部署在教堂附近。大约 16 点 30 分时，俄军判断日军的登陆兵力已达到了 1 个大队，而且这些敌军将立刻向容基耶尔高地和城镇发起进攻。然而，教堂阵地上的守军遏制了他们的攻势。不过，俄军同时也察觉到，日军的左翼正在阿尔科沃谷地方向快速推进，并威胁到了位于波洛文卡（Polovinka）的尼古拉耶夫斯克要塞营右翼。为应对这股威胁，他们立刻从亚历山德罗夫斯克团抽调援军。但此时，日军舰艇的支援火力变得愈发猛烈。按照我们得到的资料，这座威胁其右翼的高地"很快便被火幕覆盖"，在暴风雨般的炮火掩护下，日军步兵继续进攻，俄军则几乎无法在高地立足——最终，尼古拉耶夫斯克要塞营的一翼只能向一座名为卡夫卡兹（Kavkaz）的内陆城镇撤退。

此时，日军扫雷分队已完成任务，并清理了远至容基耶尔角的水域，其麾下的舰船也终于得以靠近海岸，并用同样可怕的火力为第 2 批登陆部队提供了掩护。现在，俄军才清楚地意识到，之前在杜埃的进攻不过是一个幌子，日军真正的攻击方向是在此地。于是，他们立刻将骆驼山口的杜埃预备营调往科尔萨科夫斯卡亚，在夜幕降临后，所有位于亚历山德罗夫斯克的部队也退向了当地。于是，到 19 点，日军不仅完全占领了该镇，还控制了镇外俄军原先据守的所有高地。

到 21 点，日军的前两批远征部队已完全上岸——此时距离陆战队卸载只过了 12 小时。虽然不清楚第 1 批登陆部队的编成，不过我们可以确定，来自第 26 旅团的 1 支部队占领了城镇，到晚间，一些骑兵部队已经开始与阿尔科沃一侧的登陆部队协同行动。当天晚上，2 股日军继续推进，阿尔科沃方向的部队更是对俄军右翼形成了包抄态势。有鉴于此，里雅普诺夫将军只好在次日清晨将所有部队撤往皮棱斯克山口。

同一天夜晚，日军的第三批和最后一批陆军部队似乎也开始登陆，但在随后一整天，登陆作业都没有结束，为方便卸载，多数运输船都开往了亚历山德罗夫斯克。最终，直到 27 日 19 点，远征部队以及物资、车辆才卸载完毕，日军终于可以放手发动总攻。

值得注意的是，尽管日军投入的海上支援相当可观，当地也有现成的防波堤和码头，但登陆仍然耗费了 4 天。由此，我们也不难理解片冈将军的种种做法，比如他为何会谨慎地掩护着各条警戒线，或是对敌方的沿海地区保持着威吓姿态。

事实上，日军对卡斯特里湾的第 2 次威吓可谓相当大胆。作为行动的指挥官，藤本大佐先是朝灯塔派遣了一支登陆部队，在发现该塔已被抛弃后，他又率部前往湾内，试图捣毁当地的电报站。在该海域，他的舰艇突然遭遇袭击，于是，他便用炮火将该居民点夷为平地。随后，藤本大佐率部归队，但不久他便再次奉命前去侦察鞑靼海峡的南端，并摧毁位于波戈比（Pogobi，海峡最窄处）的通信电缆。藤本派遣了一支登陆小队，不仅切断了当地同陆上的联系，还移走了各种设施。最终，在连带摧毁了博罗尼纳角的电报站后，他们于 27 日重新加入了舰队。

而在第 1 警戒线所在的区域，东乡正路少将带领的 2 艘轻型巡洋舰和 2 艘驱逐舰同样表现活跃。期间，他们 2 次派部队在帝国港登陆，并发现当地已经被俄军抛弃，随后，他们穿过海峡，在斯图卡姆比斯角设置了瞭望哨，并在 27 日晚上重新与主力舰队会合。

此时，正如我们所见，日军的海陆联合行动画上了句号。整个舰队现在可以放心地离去，并把对付内陆敌人的任务交给陆军。这是一场值得称道的行动，参与行动的两军官兵更是得到了日本天皇的感谢：毕竟，在这次行动中，日军只用了 12 个小时，便让大约超过半个师的部队（7000—8000 人）完成了登陆，不仅如此，他们的登陆地点还是一片开阔的海滩，当地的守军接近 5000 人，对进攻更是早有准备。诚然，里雅普诺夫将军的部下素质大都非常糟糕，但另一方面，登陆的日军师团也只组建了几个月，他们的士兵都是初经战阵。

我们必须指出的是，该部队的成功，显然与舰炮持续不断的支援密不可分。从一开始，后者便压制了俄军的炮兵，按照俄国方面的报告，舰炮的威力是如此可怕，令俄军完全无法实施抵抗。

尽管所有证据显示，舰队提供的战术支援是胜利的关键，但我们绝不能抹杀一个事实：日军的成功离不开这支新部队的全力以赴，尤其是最初的进攻，它的胜利离不开高超的战斗技巧和高昂的士气——考虑到滩头后方并不适合行动，他们的表现就更值得称颂。日军的追击也相当出色：由于登陆地点在镇北，在奋力攻击下，他们切断了阿尔科沃一侧的部分俄军，并迫使对手放弃了卡姆舍夫山口。通过上述行动，他们一直抵达了德尔宾斯克（Derbinsk），并夺取了当地的道路。因此，27 日，他们得以沿路攻向鲁伊科夫斯克。而在俄军方面，自从得知右翼崩溃、皮棱斯克山口处境危急之后，里雅普诺夫将军也在率部向鲁伊科夫斯克撤退。面对日军右翼部队的全力追击，将军只能带领主力部队沿着欧诺尔（Onor）附近的公路南下，并前去与来自科尔萨科夫斯克的友军会合。在5天里，这些俄军马不停蹄地穿过了成片的森林和灌木丛，并忍受着酷热的折磨，最终于30日抵达了位于亚历山德罗夫斯克以南60英里的欧诺尔村。在当地，将军的部下精疲力竭，士气也跌落到了极点，纪律更是荡然无存。无奈之下，将军决定缴械。只有几支小分队悄悄溜进了森林。根据俄军的统计，在将军麾下，有四分之一的人员战死、受伤和失踪，另外还有超过一半的火炮完全损坏。60名军官和3819名士兵向日军投降，他们携带的2门野战炮和4挺机枪也成了日本人的战利品。

随着胜利的消息传来，北遣舰队的联合作战也告一段落。追根溯源，日军的胜利之所以干净利落，无疑是因为忠实地贯彻了两栖作战的基本原则。在行动中，他们充分利用了两栖登陆部队的机动性，稳妥地在两条战线上展开了行动，最终，俄军不仅未能顺利集结，反而被切断了后路。在形式上，日军的战法和沃尔夫（Wolfe）将军对魁北克的最后攻击也颇为相似：都利用佯攻牵制住了敌军的一翼，让主力得以大举上岸和突破。而且和鸭绿江与南山之战不同的是，日军这回发动了一场真正的牵制攻击——换言之，他们并没有只让舰队制造威胁，而是直接派遣部队夺取了俄军左翼的杜埃镇。虽然他们派出的兵力有限，但对该方向俄军部队的牵制却极为成功，这些俄军不仅无法向右路或中路驰援，还一整天都没有投入作战。完全可以说，该作战计划出现了一种前所未有的特质，这种特质和我国开展类似行动时积极进取的作风颇为接近。

现在，片冈将军的任务便只剩下了两个：掩护占领行动和保护陆军的交通线。早在第2阶段的登陆开始前，他便向大本营和东乡大将表示，一旦作战计划完成，他便会派遣第3舰队守卫宗谷海峡和库页岛，并用科尔萨科夫斯克附近的鲑鱼湾作为行动基地。同时，第4舰队也将以函馆或大凑为立足点监视津轻海峡和北纬42—45度之间的日本海北部地区。这种安排也意味着：由于小樽现在是库页岛日军的基地，在进入第3舰队的活动范围前，他们的交通线都将由第4舰队保护。这一部署随后被付诸实施，不过，随着时间流逝，它也因为大本营的命令多次发生过变化。其中一个例子是东乡正路少将所辖的半个战队，曾被派去侦察彼得罗巴甫洛夫斯克（Petropavlovsk）和堪察加半岛（Kamchatka）上的邻近区域。稍后，日军又进行了一次彻底的重新部署，按照我们得到的说法，虽然没有关于海参崴舰队的后续情报传来，但据说俄军在尼古拉耶夫斯克还部署了 2 艘炮舰和 7—8 艘鱼雷艇。为应对这股敌军，出羽将军把指挥的第 4 舰队转移到了亚历山德罗夫斯克。不过，在战争的剩余阶段，北遣舰队的任务基本局限在了以下 3 个方面：保护陆军的交通线、阻止违禁品运入尼古拉耶夫斯克、支援库页岛上的陆军消灭残敌（后者仍不时在沿海地区出没）。最终，根据俄方的统计数字，在库页岛南北两地的 1500 名和 5500 名守军中，共有 81 名军官和 4400 名士兵被俘，只有 8 名军官和 270 名士兵成功渡海回到大陆，其中阵亡者不超过 100 名，但失踪者却达到了 1660 人之多。

随着该岛被干净利落地攻克，日本在外交和物质领域获得了更多底牌，不仅如此，他们还获得了一个极为重要的优势：8 月上旬，他们已可以将新组建的第 14 师团派往满洲，并进一步增强右翼位于朝鲜北部的部队。[6]由于两国的全权代表将在 8 月 10 日举行会晤，正式会谈也会随之启动——对日军来说，这一时间点可谓极为关键。由于俄方宣称，在满洲，他们的地面部队已愈发强大，装备、训练水平和凝聚力更是超乎以往，这一切都让他们具备了前所未有的进攻能力。对日本人来说，这种情况也要求他们必须投入更多有生力量，并进一步展示自己的实力，不仅如此，他们还需要在库页岛外的大陆继续发动攻势，表明自己的力量还没有耗尽。部署在南方的日本舰队自然也需要行动起来，支援这些新的作战行动。

在确信库页岛已被顺利占领后，上级也指示东乡大将配合此次行动。早在 8 月 3 日舰队还未完成巡航时，东乡便得到消息，有一支运输船队正在镇海湾集结，它们搭载着 1 个步兵旅团和补充前线的新兵，海军必须派遣舰只护送它们前往城津。[7]于是，这一任务被再次交给了上村将军。在将守卫海峡的职责交给瓜生后，上村立刻组织了一支护航舰队，其麾下包括亲自指挥的战队（缺"磐手"号）以及"音羽"号、"千早"号和 6 艘驱逐舰。在镇海湾，他发现有 7 艘运输船正在待命，负责指挥该船队的是一位隶属于参谋本部的陆军军官，但这位军官提出的建议令上村感到尴尬，因为参谋本部从海军接到的指示和地面战场的形势存在矛盾，这势必会给部署带来一些调整。

当时的情况是这样的：得益于上村舰队的前一次佯动，继占领富宁后，日军还继续向前推进，并于 7 月 5 日夺取了俄军在富宁以北的前哨阵地——白沙峰（Paksabong）和临近的各个山口，右翼则抵达了龙渚湾（Tizenko Bay）。[8] 面对日军的这次胜利，俄军先头部队被逼退到了一条新战线上，该战线起于海岸线上的花端，并一直延伸到图们江畔的会宁（Herien，即图们江向北的拐点），中部则稍微向前凸出。这也意味着，俄军已被逼退到了朝鲜的最北角。考虑到和平谈判已经展开，当地的局势也引起了俄军高层的担心。对他们来说，虽然目前控制的地段相对有限，但由于上村舰队的存在，他们需要时刻提防从背后登陆的日军，如果他们想阻止日军，就只能依靠雄基的驻军和位于雄基湾的海岸巡逻队（后者的活动范围向南延伸到了花端一带）。由于局势危急，连纳维奇将军认定有必要向朝鲜北部再增派 5 个营，同时，他还向当地的指挥官表示，日军根本没有在波西耶特湾实施登陆的兵力，他们必须全力布防，阻止日军跨过图们江，占领新基辅斯克①（New Kiev）——图们江和海参崴之间的地区。后来，随着俄军撤退的消息传到司令部，连纳维奇又发送了 1 份电报，重申了上述指示，同时，在这份电报中，将军还批评了前线部队罔顾军令的做法。连纳维奇写道："对我们来说，从朝鲜北部撤退的做法将是极为令人不快的。"然而，将军的这封电报并未打消前线指挥官的疑虑，毕竟，后者的眼前就是日军觊觎的波西耶特湾。前线指挥官只能向将军回复称，虽然"出于政治原因和阻止敌军进入我国领土的需要"，他知道坚守阵地的重要性，但他能做的只有被动防御，鉴于敌军有可能从后方登陆，他根本无法任意调遣部队。

不管日本陆军参谋本部对此是否知晓，他们都并不打算采取这种俄军担心的行动，相反，他们给上村将军的建议可谓相当中庸。和南山之战的情况一样，尽管很多迹象显示，俄军指挥官已经极为焦虑，后方的任何威胁都会令他大举撤退，

---

① 译注：当地现名克拉斯基诺，在今天俄国、朝鲜和我国三国的交界处附近。

476

但此时此刻，日军并没有意识到发动两栖作战的条件已经具备。相反，参谋本部的想法仅仅是，鉴于地面部队最近一直在推进，城津距前线已有 10 日的路程，沿线道路状况也很糟糕，为此，2 艘"搭载人马"的运输船应当将更靠近前线的清津（Kion–sen/Chon–jin，当地在高秣山端稍南，离富宁较近）当作卸载地。

不过，虽然这一建议并不激进，但海军需要为此变更部署计划，危险也会随之增加。虽然日军已将当地用作前进补给站，但就在前一周，即 8 月 3 日，有 1 艘日本商船已在港外被 2 艘从海参崴出发的鱼雷艇击沉。[①]这次事件也充当了一个醒目的标志：在现代环境下，哪怕是最彻底的海战胜利，只要一部分敌军舰队仍残存于战场，胜利者的海上运输线便不能高枕无忧，这在过去的战争中便有所体现，在现代更是如此。也许正因如此，上村将军无法对参谋本部的请求表示赞同，并特地请示了东乡大将（大将已经在 8 日带领舰队返航），另外，由于任务要求，上村只能不待批复下达，便在 9 日带领舰队开往了佐世保。

日军船队在 12 日下午早些时候离开了镇海湾，午夜时分，它们和以往一样派出"千早"号和 1 个驱逐队在前方扫清航道，到黎明时，它们已抵达了吉州角以南几海里处的海域。得知清理工作完成后，上村将运输船派往临溟湾（Plaksin Bay）卸载，"音羽"号将负责掌管行动，3 艘装甲巡洋舰则被派往舞水端外海占据掩护阵地。15 日 5 点 30 分时，城津的登陆作业宣告完成，同时，上村还收到了东乡大将的回复，允许他在靠近前线的地方展开登陆作业，前提是"耗时不得超过一天"。不清楚东乡大将为何急于要求副手返回，我们仅仅知道，东乡已接到命令去长崎迎接有栖川宫亲王，当时，亲王曾代表皇室参加了德国皇太子的婚礼，目前刚刚回国。

得到命令后，上村立刻于 16 日清晨从清津出发。尽管日军没有展开扫雷作业，但 2 艘运兵船还是留在当地，并立刻开始卸载。与此同时，上村将军继续沿海岸北上，以便威胁敌军在清津和罗津浦（Najin Po）之间的交通线。鉴于没有俄军前哨部队活动，上村命令 2 艘驱逐舰开入了后一港口，这些舰艇很快发现，

① 译注：该船实际是朝鲜小型汽船"庆尚"号，排水量约 168 吨，但和作者记录的不同，该船并未沉没，而是最终带伤逃入了港内。

在上次佯动期间，日军破坏的电报设施仍未修复，这种情况也进一步表明，日军在敌后登陆不仅轻而易举，而且完全可以在舰炮掩护下站稳脚跟。但即使如此，日军还是选择了把增援部队部署到清津，他们的小规模登陆只是略微加强了先头部队，对击退日益增强的当面之敌毫无帮助。到 9 月 5 日和谈双方达成停火协议时，他们都没能取得实质性的进展。

从表面上看，日军似乎是错失了一个利用制海权改善局势的好机会；不过，人们也有理由怀疑，这种步步紧逼的做法其实并不明智。在现有时间，日军的胜利很难改变战局，不仅如此，在这个关键的时间点上，他们也无法承受失败的风险。只有谈判失败，战争还将持续时，日军才有强行猛攻的必要，但当时，情况并非如此，日本人已经意识到，谈判破裂只有一种可能：这就是坚持要求俄方进行赔款，但代表团并没有如此为之；而且即便跨过了俄国边境，他们也不可能有任何实质性的收获。无论如何，他们都无力获得一块价值足够高的领土，以便为赔款的请求撑腰；另一方面，俄军如果保住了边境线，便能够稍稍抚慰沙皇政府的自尊，从而更倾向于接受日本提出的其余条件。

最终，双方达成的协议基本满足了日本在战前的主张，在满洲和朝鲜问题上尤其如此，另外，日本还占领了旅顺港和库页岛南部。可以说，这份和约实际是确认了现状——除了库页岛北部，日军基本合法控制了在战争中占领的全部地区，同时，据理力争的俄国人则保住了阿穆尔河的入海口，作为给敌人的补偿，他们向日本提供了俄属太平洋沿岸的捕鱼权，其范围一直向北延伸到了白令海海域。

毫无疑问，日本是在最恰当的时机巧妙地赢得了和平，但在国内，这份和约却招来了咒骂：由于没能争取到赔款，他们精明的代表更是被当成了"叛贼"。但所有的谋事者都清楚地知道，赔款根本不可能实现，因为这种要求的前提必须是占领了敌国的大部分领土，或是摧毁和威胁到了它的国家命脉。但日本人离这些还非常遥远。严格地说，日本陆军并没有占领一寸敌国的领土，海军虽然大获全胜，却无法利用制海权伤害敌国的财政和经济命脉。总之，日本远没有摧垮俄国人的武装力量，更没有影响他们的国民生活；不过，日本人依然令对手做出了妥协，他们的收获也超过了最初的期待。

注释

1. 当时，日军在朝鲜北部的部队包括 3 个步兵旅团、1 个骑兵中队、4 个野战炮兵中队和 1 个工兵中队。这支增援部队则包括 2 个预备骑兵中队和 1 个工兵中队，他们的到来令驻军的兵力上升到了 1 个整师的规模。（参见《日本战史发行版》第 5 篇第 3 章第 3 节）

2. 参见《俄国陆军战史》第 9 卷第 3 章。

3. 在日语中，鞑靼海峡被称为"间宫海峡"，位于鞑靼湾（Gulf of Tartary）的尽头，在亚历山德罗夫斯克以北 50 英里处。

4. 参见《日本战史极密版》第 3 卷第 1 篇第 2 节。

5. 参见《俄国陆军战史》第 3 卷第 8 章。

6. 参见《日本战史发行版》第 5 篇第 2 章第 3 节下的第 1 小节。但在 8 月 6 日，伊集院将军向片冈发去电报，表示该师已被调往满洲军魔下。

7. 当时，该港已开始向日军在吉州的先遣基地输送物资。

8. 在侦察海岸线期间，上村将军报告说在龙渚湾畔发现过一个日军哨站。

∧ 开往库页岛北部期间的"松岛"号和"桥立"号，在支援登陆作战期间，两舰发挥了重大作用

∧ 7月16日，位于旗舰"桥立"号上的第8战队司令武富邦鼎少将（中央），左侧手持圆规者是该舰舰长福井正义大佐

︿7月18日，日军补给船在向北遣舰队某舰转移煤炭时的景象

︿在一座兵营外，投降的库页岛守军正在排队接受登记和讯问

∧ 7月24日，停泊在阿尔科沃附近的日本运输船队，远方是海军舰艇炮击时激起的滚滚浓烟

∧ 日军拍摄的杜埃港，在登陆期间，日军曾向这里派遣了一支分队，试图牵制守军的行动

∧ 日军占领后的亚历山德罗夫斯克码头，他们的运输船也纷纷来到此地，以加快卸载速度

∧ 7月25日时拍摄的阿尔科沃登陆场全景

482

〈 被俄军遗弃在库页岛一座村庄外的轻型野战炮

〈 负责维持亚历山德罗夫斯克码头运转的港务部人员合影，摄于8月初

〈 登陆后，一支日军纵队穿过林木茂密的皮棱斯克山口追击俄军

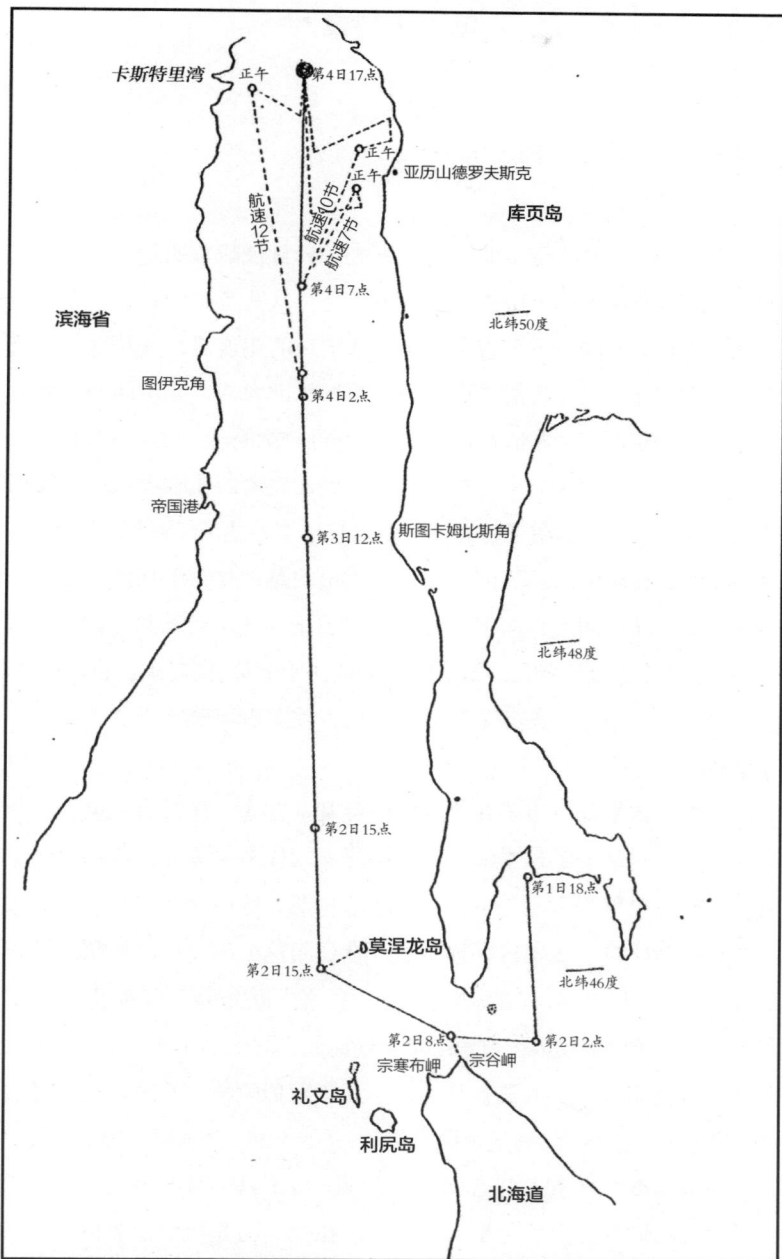

卡斯特里湾

第4日17点

正午

航速12节

航速10节

航速7节

正午

正午 · 亚历山德罗夫斯克

库页岛

北纬50度

滨海省

第4日7点

图伊克角

第4日2点

帝国港

第3日12点 斯图卡姆比斯角

北纬48度

第2日15点

第1日18点

莫涅龙岛

北纬46度

第2日15点

第2日8点 第2日2点

礼文岛 宗寒布岬 宗谷岬

利尻岛

北海道

∧ 日军对库页岛第2轮登陆航线示意图

第二十四章

总结

从第一眼看，其他战争中的结论并不能解释日俄战争的结果。情况之所以如此，一定是因为日俄战争中有一些独特之处，这些特点的存在，令日俄海战与一般的战争完全不同。不可否认的是，从宏观的角度看，其最显著的特点是围绕海上战场展开——和我们最近参与的两场欧洲大战，即半岛战争和克里米亚战争一样，海陆军的行动都是紧密联系、不可分割的。

不仅如此，交战的双方从一开始就认识到，战争的成败将取决于海陆军的密切配合。期间，两国都在进行尝试，但只有日本人达成了目标。以此为前提，我们将探寻他们成功背后的原因，首先要指出的是，与对手相比，他们的最大优势只体现在海陆协同上，而在大部分其他领域，日本实际并不占据上风：与沙皇帝国引以为傲的陆军相比，日本陆军完全居于劣势；在资源、装备和财力上，他们也不如俄国；同样，在海军领域，哪怕将俄军黑海舰队排除在外，日本也无法与对手抗衡。

即使如此，日本却取得了几乎圆满的胜利。首先，这很大程度上与他们瞄准的目标有关，它赋予了日本人一种精神层面的优势；另外，他们的陆军训练更为出色，准备也更为全面。不过，在战争初期，这些优势并没有像后来（即俄军防御基础动摇时）表现得那样明显。在辽阳这个决定战争成败的地点，他们的集结和俄军一样迟缓；在对旅顺的攻击中，他们的战斗素养也没有压倒守军；在黄海海战中，无论是战术、炮术还是士气，他们的优势体现得都不明显。

面对这些结果，不少人最初是震惊，后来貌似醒悟。此时，他们经常根据一个假设轻率地得出结论，而这个假设就是：开战之初，日本便取得了"制海权"。但无论从何种角度，日本人自己都不这么看。由于这一事实对我们的分析至关重要，因此，我们将直接引用东乡的观点。在胜利的光环下，他也回顾了这场全程参与的战争。

当时是 10 月底，随着和平条约签署，整个日本海军都集结在了东京湾，并以一场盛大的阅舰式庆祝战争胜利结束。作为最高指挥官，东乡将军和舰队一道抵达。当时，舰队依旧军威严整，一连串战列舰的存在更是让舰队显得熠熠生辉，不仅如此，东乡还向天皇汇报了海军的战斗经历。以下就是他的报告内容[1]："最初，即联合舰队开始海上作战第一阶段时，臣谨遵上命，详细考察了海陆形势和陆战的指导方针，并从战略层面确定了行动主旨——把敌主力舰队拘束于旅顺，阻止其向海参崴突围……"

这里有第一个值得注意之处：可以看出，东乡并没有把作战的基础建立在"通过决战夺取制海权"上。不仅如此，这份作战计划的基础还是防御而不是进攻。他首先考虑的是保障陆军的攻势行动，他的目标则是通过拘束敌军主力舰队，令后者无法干扰陆军的进攻，从而从防御层面为战斗提供协助。

接下来，东乡总结了为达成目标而采取的种种行动。他继续表示："首先，卑职迅速打击了旅顺和济物浦之敌，然后再以一系列的后续攻击逐步削弱了敌军兵力。通过尝试冒险阻塞敌方港口并在其前方埋设水雷，敌军的活动范围被大幅缩减。同时，本人还将麾下的部分舰队常驻于朝鲜海峡——通过扼守这处海上要害，我军不仅可以持续监视海参崴舰队，同时也形成了对旅顺之敌的第 2 道战线。此次作战前期，敌人始终凭借地利[2]据守，并采取了被动姿态。我军的连续攻击均未取得重大战果。情况直到 8 月中旬，敌军主力企图从旅顺逃往海参崴时才有所变化。此时发生了黄海海战和蔚山海战，我军意外地打破了敌军的战略计划，我军作战目的则达成过半。"

东乡的最后一段话尤其意味深长。因为如果日本海军的主要目标是摧毁敌军舰队，他根本不可能做出这种表述。此时，日军根本没有取得决定性的胜利，俄军的主力舰也仅仅彻底损失了 2 艘[1]，但即使如此，东乡还是认为战略目标已经"意外地"达成过半。从这个表述中不难看出，在东乡看来，他的任务主要是防御性的：毕竟，他已经挫败了俄军太平洋舰队的集结企图，还迫使其主力

① 译注：即沉没的"彼得罗巴甫洛夫斯克"号和拘押在青岛的"太子"号。

退回了囚笼，从这个角度，他的使命自然是可以说是大半完成了。通过"意外"这个词我们还可以发现，他最初并没有意识到可以用现有兵力、凭借守势完成任务。正如我们所知，在战斗打响前一段时间，他已经料到地面战场的压力会让敌军出海，因此，在他看来，真正意外的其实不是俄军的出动，而是胜利本身。[3]从中，我们也可以得出一个直接的推论，根据双方的兵力对比，东乡并不认为舰队能胜任一场攻势——或者说，舰队寻求决战的条件还不具备——不仅如此，他还需要设法避免类似情况出现。直到当时，日军都没有诱敌出海、歼灭敌军的举动，至少在早期的炮击失败后，情况便一直如此，最终，歼灭敌军舰队的任务被交给了陆军，而东乡自己则肩负起了次要的掩护使命。随着汇报继续，他的这种想法也在其他部分得到了体现。

东乡这样写道："这段时期结束后，地面战场逐渐取得了进展。在旅顺，面对围攻大军不屈不挠的压迫和持续不断的海上封锁，有要塞保护的敌军舰队主力终于灰飞烟灭。"此外，显而易见的是，东乡还认为，这个阶段的战争也为后来日军转入反攻提供了一种铺垫。他这样补充道："在第1阶段10个月的战斗中，随着行动不断开展，我军逐渐积小胜为大胜；另外，本人还要冒昧地提到，我军的将士们一直殚精竭虑，在这个阶段，他们的智慧和勇气都接受了前所未有的磨砺……也正是在此时，战争的大势基本确定下来，并为几个月后日本海海战的胜利奠下了基础。"

一言蔽之，在第1阶段，日本海军虽然并未大获全胜，但他们依然瘫痪了整个俄军舰队，并让后者得以被陆军一网打尽。在叙述完这一阶段后，东乡开始阐述所谓的"第2阶段"。他在报告中写道："随着今春到来，我军开始了第2阶段的作战，期间，我军舰队一直在厉兵秣马，以求迎战敌军的第2支舰队。"但接下来，东乡也急忙解释说，这些工作并没有影响对地面战场的支援。他这样继续说道："我们封锁了俄国的滨海省，并切断了敌国所有物资的运输，同时，舰队还派出1支分队前往南洋，以便在敌人的必经之路上制造威胁。与此同时，我军还在对马、津轻、宗谷和国后（Kunoshiri）等水道俘获了30多艘船只。到初夏5月时，敌军的第2舰队终于在我国近海现身。为应对这股敌人的到来，从一开始，我们便全力将舰队集中于朝鲜海峡，试图'以己之逸乘敌之劳'[4]……

在神明的加护下，我军将士英勇作战，取得了一个又一个胜利。在日本海海战中，我们彻底扫除了敌人，并让这一阶段的作战圆满完结。"

于是，战争的第2阶段结束了。直到此时，东乡才认为自己取得了"制海权"，并由此为第3阶段的作战打下了基础。他解释道："从此之后，海洋终于实至名归地处在了我军的控制下。我军的第3阶段作战随之开始，但在这些行动中，海军的任务已大大减轻。通过与陆军合作，我们占领了库页岛，未损一兵一卒便配合了行动。期间，我们还不时在朝鲜威吓敌人，并继续保持着对俄国领土的封锁态势。"最后，他用这段话进行了总结："在联合舰队的作战中，第1阶段奠定了战势，第2阶段取得了战胜，第3阶段收获了战果。"而在海军对形势的实际影响上，我们首先需要指出：根据东乡大将的观点，直到日本海海战结束，第2阶段正式落幕，日军其实都没有确立制海权。在战争的前2个阶段，他们的兵力只能控制住黄海的局部区域，而在朝鲜海峡，日军也只是勉强阻止了敌军对交通线的破坏，并掐断了旅顺和海参崴的联系。但这种制海权并不彻底，根本无法保证部队随心所欲地进行部署，甚至在有舰队驻扎的海域，日本人都需要为交通线的安全提心吊胆。事实上，日本人要想取得制海权、令陆军具备俄国人畏惧的机动性只有一种可能，这就是在第1阶段的海战中取得全胜。但至少按照东乡大将的看法，他手头的资源并不足以支持这种激进的攻势：首先，论当时2支舰队的力量对比，日军并不具有绝对优势；同时，俄军不只在远东海域拥有舰队，还有一支舰队正从波罗的海开来，这支舰队虽然行动迟缓，但也是不容小觑的威胁。从一开始，它便影响了日军的战略规划，并迫使他们小心翼翼地部署舰队——也只有如此，日本人才能在未来有效应对波罗的海舰队的威胁。在这种情况下，东乡只能抑制住进攻的冲动，并用全面防御的姿态支援地面攻势。另外，通过小规模进攻，他还设法令这些防御行动尽可能显得更为积极，有时甚至超过了军令部和参谋本部容忍的范围。[5] 不过，虽然他在战略上采取了守势，但这种姿态最终创造了一个大举反击的机会，并最终如他所说，在海上彻底扫除了敌军舰队。

如果说相关方面还有什么疑点，日本海军军令部的态度无疑是其中之一。相关方面的资料比较有限，但透过他们对中日战争（这次战争和日俄战争非常相似）的看法，我们仍然可以得到一些蛛丝马迹。诚然，这份资料只包含了一些笼统的观点，但我们可以分析出在对俄作战计划完成时，他们对这片战场的理解和认识。

这份宝贵的资料出版于1904年9月，编写时间显然更早，作者是日本海军的小笠原①（Ogasawara）大佐，即日本海军大学校（Naval War College）的海军史和海军战略教官，同时，他还参与了2部日俄战争官方战史的编写工作。该书名为《日本帝国海上权力史讲义》（A History of Japanese Sea Power），其第12章涉及的正是对华战争。

针对战前筹划，小笠原大佐指出，与对俄战争的情况一样，日军认为敌方的海上实力要胜于自己，但由于组成中国海军的4支舰队②是彼此独立的，他们仍然能找到一种办法将其各个击破。

虽然在中国海军中，只有以威海卫（Wei-hai-wei）为基地的北洋水师（The Northern Squadron）能构成直接威胁，但在开战阶段的战略考虑中，日军始终认为其他中国舰队有可能与之会合。

随着对朝鲜的争夺愈发激烈，中日两国的关系持续紧张，最终，应朝鲜朝廷的邀请，中国向牙山派遣了部队。6月2日，日本内阁决定采取行动，14个小时后，1支海军陆战队便登岸夺取了从汉城通往济物浦的道路。随后，日军开始向汉城急行军，而他们占领的战略要地则被交给了采取守势的海军舰队。在济物浦留下3艘小型后卫舰只的同时，日本的其余舰队都以"佐世保为基地"，在"对马、五岛列岛、釜山、巨文岛和济州岛"海域据守，"以保护日本本土至釜山之间的交通线"，这些自然都是为了保障陆军进入朝鲜的航线安全。

这份要求日本海军严格保持防御的命令签署于6月21日，并一直执行到日军动员期间，当时，名义上的和平仍在持续。在日军进入新部署地的第2天，

---

① 译注：即小笠原长生（1867—1958年），他在中日甲午战争期间担任"高千穗"号的分队长，日俄战争期间在军令部担任参谋，他也是二战前日本最具影响力的海军史作家，除了为官方编写战史外，他还撰写过一些记述东乡大将生平的著作。另外，在《日本帝国海上权力史讲义》成书时，小笠原的军衔为海军中佐，而在科贝特编写本书时，小笠原已晋升为海军大佐，因此，他才采用了此人最新的军衔。

② 译注：即北洋、南洋、福建和广东水师。

中国北洋水师的林泰曾总兵（Admiral Ling）也率领舰队出现在了济物浦，为此，日军立刻做好了在近海迎战的准备。然而，林总兵同样采取了防守姿态，其活动范围也局限在了济物浦至牙山之间，其意图可能是仅阻止日军直接朝汉城增兵。虽然双方还没有开战，但到6月底，各界已经相信，一场战争已经在所难免。随后，林总兵被召回威海卫，按照日本人的看法，此时中国是想组织一支"大舰队"，试图"夺取制海权"。

此时，每一方都在等待开战的机会，同时，双方都在向朝鲜投入更多的部队。这种情况持续到7月中旬。在海军完成动员后，日军决定将控制区域延伸到朝鲜西海岸；从表面上看，这仍然是一种促和战略，不过，假如战争爆发，日军将获得更为有利的处境。

7月20日，日本人发出了最后通牒，23日，其汉城的驻军已经达到了5000人，还占领了王宫，25日，他们开始前进，试图对牙山的清军发起攻击。与此同时，中国人也在鸭绿江畔集结军队，并为此把一部分兵力直接跨海运往对岸。为阻止这一行动，日军舰队开始向北移动，就在地面部队从汉城出发攻击牙山的当天，海军截击了1支兵力虚弱的中国船队。在这场战斗中，他们俘获了1艘护航舰只，还将1艘大型运兵船和搭载的部队全部送入了海底。

在丰岛（Poung-do）发生的这场海战和瓜生将军在济物浦的行动很像，不仅如此，它还产生了巨大的精神影响。按照该书的说法，它激起了日本舰队的"敌忾心"（Teki gai shin），即"歼灭敌军的斗志"，或是我们平时所谓的"进攻精神"；另一方面，它还打击了中国海军的士气，迫使他们不敢试图夺取西朝鲜湾。他们的舰队之后一直龟缩在威海卫，并接到命令专心地保卫着渤海湾。

这种情况让日本人非常尴尬，因为只要中国舰队还没有被打败，那么自己的制海权就谈不上稳固。7月31日，联合舰队司令伊东①（Ito）将军在电报中写道："击破敌军舰队前，尚不可断言通向济物浦的航线已经安全。我不得不寒心地表示，哪怕一艘小巡洋舰都能击沉运载大军的大型运输船只。目前

---

① 译注：即伊东祐亨。

的万全之策是（让部队）在釜山上陆。"

为了展开期盼中的决战，伊东将军在瓮岛（Baker Island）附近占据了阵位，以此保证陆军交通线不受攻击，不仅如此，这一精明之举还让他掌握了战略主动权：如果中国军队想控制战场目标，就必须开入朝鲜，并保持一支足以击溃敌人的大军，但在此过程中，他们又必然要受到诸多限制——由于地理环境使然，他们只能从海上直接调遣部队，但现在，这条交通线已被伊东将军截断，为此，中国人只能乖乖就范。此时，他们要么放弃汉城，要么必须立刻派遣舰队重新打开通往牙山的航线。简而言之，如果中国人还想向孤立的牙山增兵，便只能向占据有利位置的日军舰队扑去。然而，日方很快得知，牙山的中国部队躲开了汉城日军的追击，并成功撤退到了平壤，这让伊东将军被迫调走舰队，以便将它们部署到一处更容易与敌人交战的位置上，不仅如此，为了保证行动万无一失，他还派出了巡洋舰，以便随时守护牙山和济物浦的入口海域。

这一精明但略带谨慎的部署并未持续多久。面对按兵不动的敌人，伊东将军相信中国舰队已不愿出海迎战，为此，他派舰队直接前往威海卫，还对当地实施了炮击，但由于中国舰队不在港内，这次行动的成效有限：当时，后者似乎前往了平壤，2支舰队在海上失之交臂，更没有爆发交战。这无疑是一个有趣的情况：1位舰队指挥官未到时机便急于引诱敌军出海，并最终失去了决战机会。原先，他的位置可谓极尽优势，该位置不仅赋予了他在战略要地的行动主动权，而且还令敌人感到如鲠在喉——中方如果想改变这种处境，就迟早要主动出击，将日军从所在位置驱走。虽然它是一个反面教材，但从中我们需要记住一点，和日俄战争中的情况一样，时间是干扰决策的关键因素，换言之，由于必须赶在中国海军在战场集结前击败北洋舰队，日军对决战的需求实际非常急迫。

从这个角度看，日军的错误情有可原，不过，他们在另一些领域的失策却不容辩解。诚然，攻势可以鼓舞部队的士气，但从长远看却断送了战机。攻势让北京方面产生了日军可能会进攻本土的担忧，于是，他们立刻召回了舰队司令，并勒令其纯粹采取守势。

于是，局势变成了僵局。日军一直以来的意图就是在平壤建立一个先遣基地，以此控制住整个西朝鲜湾，并抓住时机对中国舰队发动攻势。但此时，他们的梦想已经化为泡影。尽管舰队上下跃跃欲试，但他们被迫面对一个事实——歼敌的意图根本无从实现。尽管平壤非常适合掩护在朝鲜部署的陆军，还有利于舰队从海上向敌人发动攻势，但无法掩护朝鲜海峡这处战略要害。他们对上一次侵朝战争的经历记忆犹新：当时，他们丢失了朝鲜海峡，并因此丧失了整个陆军部队，而现在，情况似乎正是之前的翻版——何况在北洋舰队的背后，中国还有其他舰队。小笠原大佐后来写道："司令官已愈发意识到了掌握朝鲜西部海域的紧迫性，但敌军的主力舰队依旧存在。不仅如此，倘若在不具备地利的区域强行建立基地，危险也会随时出现。舰队司令在 8 月 14 日带领舰队前往了位于朝鲜最南部的隔音岛锚地（Long Reach），此处不仅便于防守，而且还能让日军游刃有余地监视敌情，因此，司令将先遣基地选在了此处。[6] 不仅如此，当地还充当了运输船的'中央集合点'和一个物资堆积处。"小笠原大佐还补充道："在朝鲜南部，它的地位几乎和佐世保相当，并将我军的控制半径扩展到了中国海岸。"

在对华战争中，隔音岛锚地和后来日俄战争中的八口浦锚地有着一样的意义。当时，由于舰队过于虚弱，日军根本无法分兵，此时，他们只能把保卫朝鲜海峡当作首要任务。但紧迫的地面战局要求陆军部队开赴济物浦，驱逐位于平壤的中国军队，到那时，他们必然会失去主力舰队的保护。在这种情况下，日军只能冒险行动，而他们最好的部署莫过于同时向旅顺和威海卫派出掩护行动的侦察舰只，并在朝鲜沿海建立一条与对俄战争时类似的巡逻线，由于这些防备措施，日军主力舰队就可以不必拘泥于传统模式，全程掩护运输船队前往目的地。

本次开局和 1904 年的相似之处无疑值得深究。在两场行动中，日军都坚持着某些原则：只要敌军舰队一息尚存，并且可能威胁到交通线，日本舰队就必须转入防守。另外，他们还试图抓住每个开展小规模行动的机会，试图扩大手中控制的海域，期间，日军将不会开展大规模攻势，这样就可以避免战略要地遭遇危险。另外，他们显然从炮击威海卫的失策中吸取了教训，并将其铭记于心，其影响也体现在了对俄战争中，正如我们所见，在开战时，东乡一直不愿带领舰队前往旅顺。

对照这次开局，我们就不难理解日军在对俄开战之初的心态。他们在这个阶段的看法是，除了有舰队驻扎的黄海和朝鲜海峡周边，其他水域根本不在他们的掌控下。渤海就是一个例子，尽管俄军认为在牛庄（或渤海湾其他地段）的登陆最具威胁，但日军从未展开过这种行动。不过，这并不意味着日军没有试图退而求其次，相反，在很早之前，他们就认为可以在渤海湾建立一条运送物资的分支航线。

在这里，我们还有必要提起另一个与舰队作战有关的问题。由于日军在开战时对敌方海岸采取了攻势，有人得出推论，此时的日军"已经足以为所欲为"。但这并不是事实，相反，他们不仅被掩护陆军交通线的任务套牢，还必须坚守充当本土屏障的关键海域。而在日军发动的战争中，他们又注定不可能征服敌国，而是只能谋求于占领目标地区。这一前提也决定了提供掩护才是海军的当务之急，更深入一点说，只有封锁旅顺、控制了朝鲜海峡，他们才能有效保障本土和陆军交通线的安全。因为在这种部署下，兵分两路的日本舰队不仅可以保证联络通畅，还能组成一条防线抵御敌人的任何反扑。不可否认，这会让北海道门户洞开，但鉴于日军海上力量有限，这又是一种必要之举。需要指出的是，为了防备这种情况，日军还在北海道附近部署了 2 个师团，而且俄军的突袭无论如何都不可能有决定性意义，何况只要日本舰队实力尚存，俄军便注定不可能以此改变局势。[7]

以上两个任务严格地限制了日军舰队的活动，但由于占据有利的地理位置，他们完全可以做到两个方向兼顾。在这一位置上，日军既可以保护自己的战线，还能展开小规模的攻势，并遏制住敌军的反扑。在这种情况下，实力强大的俄军要想在反击中得手，并占据试图控制的战略目标，只有一个办法——让有限战争升级为无限战争。也只有如此，他们才能充分发挥自己的兵力优势。事实上，在原本的作战计划中，库罗帕特金就是这样想的，他认定俄国要想打赢战争，唯一的选择只有将战争扩大化，即让俄军全面入侵日本。[8]但正如本书之前所述，在这场战争中，双方争夺的目标决定了战争将以一种有限的形态展开。作为亚洲大陆的延伸部分，朝鲜半岛狭长且三面环海，上面群山起伏，基础设施落后，道路也非常稀少，这注定了它有利于防守而不是进攻，对战争中实力较弱的一方来说，它无疑是个值得占领的目标，何况它还离日本近在咫尺。在当地，日军可以在力所能及的范围内投入一支大军，但俄军的情况则大不相同，他们要想夺取朝鲜，就必须完全把海洋掌握在自己手中。由于当地位置遥远、地形恶劣，从物质和政治的角度，俄国人都很难在当地维持一支优势的地面部队，即便他们强行为之，也很难让这支大部队成功击溃在阵地上以逸待劳的日本人。而且日军的优势又不仅仅在于可以轻易向朝鲜投入必要的部队，同时，他们还能为其提供支援——事实上，只要日本海军没有被全歼，他们就可以从容地展开行动。

对双方来说，海上交通线的意义都非常关键：日本是一个岛国，这一点自然无须赘言；而对俄国来说，由于陆上交通线漫长且难以穿行，海洋的意义同样十分关键。但日军在该领域有一个优势——他们不需大费周章便可以控制整片海域，俄军则不行。即使是最不济的情况，日本人也能从最近的釜山和马山浦援助驻朝陆军，其运输船所经的海域也守备森严；但俄军连接基地和本土的海上航线却极为漫长，期间，舰船要穿过一片暴露的水域，而且俄军对沿途的掌控又非常薄弱，其基地不仅难以防守，还面临着日军从海上集结地的持续袭击。俄军要想摆脱困境，只能寄希望于摧毁日军舰队，除此之外，他们根本无法保障自身交通线的安全，更不用说摧毁日军的海上航路。如果要击败日本海军，俄国人就必须拥有一支占绝对优势的舰队，但由于日军旗开得胜，这一点对他们是遥不可及的。正如东乡大将总结的那样，通过不断的小规模攻击，日军不仅阻止了俄军恢复元气，还在践行守势战略的同时响应陆军的需求加强了对海洋的控制。需要指出的是，这一成功并不是日军凭借自身实力取得的，更多源自俄军消极自保的态度。

由于未能掌握制海权，日军并未在战争的前两个阶段取得胜利，不过，他们成功阻止了俄国人。鉴于战争的性质和目的，这些对日军来说已经足够。通过增大控制的区域，他们对朝鲜的占领变得更为稳固，这让俄国人很快意识到，自己根本无法打破这种局面。不过，有件事情从一开始就是确凿无疑的：从战略上说，除非俄军能彻底控制海洋，并保证地面部队跨海调动的万无一失，否则，他们将永远不会调集起足够的兵力，将日军赶出朝鲜，弥补自己未能抢先下手的错误。

这些情况让人想起了威灵顿公爵在半岛战争中的最后一幕。当1813年9月圣塞巴斯蒂安（St. Sebastian）沦陷后，他开始准备将法军赶过比利牛斯山

494

（Pyrenees）。此时，海军部也派遣马丁 ①（Martin）将军前来支援，针对陆军的需求，双方举行了一番会晤。在会议的最后，马丁将军告别前，威灵顿将军讲了下面这段话："如果有人想要了解这段战争的始末，我会很乐意地告诉他，是海上优势给了我维持麾下部队的能力，但敌人不能如此。"⁹ 虽然这两场战役有着本质上的区别，但用兵的思路上，各方却有着高度的一致。在半岛战争中，法军已经控制了整个战区，为了胜利，威灵顿必须发动进攻，但另一方面，由于基地和海上交通线是安全的，如果法军步步逼近，威灵顿又可以安心向基地撤退，并就此转入防御，接下来，他只需要等待敌人人困马乏，就可以抓住机会发动反击。在战役中，类似的情况出现了 3 回，而在第 3 次战役中，威灵顿赢得了胜利。事实上，如果俄军在满洲战场赢得了胜利，类似的情况也将会出现。只要日军还控制着海洋，他们就可以在朝鲜和关东半岛施展类似的策略，由于当地的环境使然，他们在撤退时必然会比威灵顿公爵在葡萄牙更为从容，而且正如斯克鲁伊德洛夫将军在原始的局势评估中指出的那样，在满洲前线，只要日军元气尚在，再多的陆战胜利都不能让俄国彻底赢得这场战争。¹⁰

不仅如此，日军还有一个我军在半岛战争中并不具备的有利条件。不可否认，对威灵顿所说的足以保障胜利的海上"优势"，日军是不具备的——至少在最初阶段，他们的优势还并没有达到可以奠定大局的地步。但对半岛战争中的我军来说，海上优势是一种必需，日军则不然。因为在支援地面部队的行动中，日军舰队还可以兼顾起保护本土的责任，我军却无法如此。另外，我军舰队在伊比利亚半岛的行动不仅会削弱本土的防御，还让保护航线侧翼的需求变得愈发急迫，导致来往的船只遭到法国海军和私掠船的进攻——但这种危险对日军来说是不存在的。正因如此，由于地理条件极为有利，日军完全不必像当年的我军一样掌握绝对海上优势。

但是，我们并不能就此得出推论：日军一直以来的担心不过是杞人忧天，俄军在战争中根本没有轻松取胜的机会。事实上，俄军面前仍然有一条取胜之

---

① 译注：即托马斯·拜厄姆·马丁（1773—1854 年），他当时担任英国海军普利茅斯司令部（Plymouth Command）的副司令，并被派往威灵顿的司令部商讨海陆合作一事。

道，这就是与对手展开一场不对等的较量，这一点只有舰队积极行动才可以实现。对此，马卡罗夫将军可谓心知肚明。如果他活着，便一定会设法主动出击，破坏日军对海洋的控制。他曾下定决心，一定要干扰日本第2军在辽东半岛的登陆，如果这项意志得到了贯彻，战争的走向将必定和后来大不相同。而且可以确定，只要旅顺俄军表现出些许积极行动的迹象，日本第2军就无法任意选择登陆的时间和地点。如果登陆被迫异地展开或是遭遇严重推迟，日军的作战计划将分崩离析。事实上，日军大本营预见到了这种可能性，尽管东乡还无法将敌人封锁在旅顺，更无法确保登陆万无一失，但大本营已做好了冒险的准备，甚至打算无视俄军舰队的活动强行实施登陆。

诚然，马卡罗夫舰队在主动出击后可能会被击败，进而丧失行动能力，但这种做法能严重干扰日军对旅顺的围攻，还可以破坏日军在满洲方向的集结。更重要的是，此时，波罗的海舰队只需要集结起有限的兵力便可以成行，他们可以更早出发，行动更敏捷，更早到达战场。如果日军想要集结起一支旗鼓相当的舰队迎战，他们就必须尽早完成修理，并在全歼港内舰船前解除对旅顺的封锁。

毋庸置疑，马卡罗夫将军之死带来了难以估量的后果，它导致舰队完全陷入了消极的防御，并彻底改变了战争。如果将军还活着，日军后来的行动将不可能开展，因为到那时，日军的作战计划将会让舰队承受巨大的压力，其情况将与拿破仑战争期间我军在特拉法尔加战役结束后的处境非常类似。此时，如果旅顺舰队一改之前的消极态度，采取更为活跃的行动，日本海军将变得焦头烂额。

关于消极避战的问题，俄国政府早有所预料，他们一次又一次地敦促维特捷夫特积极行动，但即使如此，他们对失败依然难辞其咎。正如维特捷夫特所说，他不过是一位代理指挥官，能力远远不够。既然如此，他为何没有被替换？在战区内，俄军曾专门任命了3位司令官，但据我们所知，这些光杆司令没有一人试图进入旅顺。鉴于日军的封锁在最初的2—3个月并不严密，俄国参谋军官也经常从当地往返，这种行动至少是可能的。事实上，这些将军的失职也很好地证明了军方高层对战争的态度。

既然如此，俄国中下级官兵和人民对战争的态度又如何呢？与日本人形成鲜明对比的是，俄国各界对战争似乎并不热衷。他们的爱国情怀从来没有调动起来，参战热情也只在一开始存在于统治阶层中（在统治阶层看来，打击了日本就是打击了英国）。随着对统治阶级的驱策愈发麻木，原本厌战的水兵和平民更加不满，导致了兵变、抗议、革命和动乱。这种情况带来了深远的影响。在民众看来，国家之所以无法在远东摧枯拉朽地击败弱小的日军，并不是由于战争的本质使然，而是沙皇政府只想专心镇压革命。无论日本和俄国，国内都有反对战争的意见，沙皇的大臣反对战争最主要的理由是，要夺取的目标过于遥远——它无法唤起民众的爱国热忱，反而会成为引发革命的导火线。[11] 对俄国内部的状况，日本人可谓心知肚明，同时，他们也知道自己同样会面临类似的危险，只是因为战争的目标使然，这种危险才得到了控制。此时的情况非常简单。正如每个政治家都知道的那样：一个国家的战斗力完全源自民众为国而战的愿望，以及民众愿意为了当前的目标做出的牺牲。在这方面，有一点是显而易见的：日本人必定会全力以赴，俄国人则会很快达到忍耐的极限。产生这种情况的原因非常简单，战争争夺的目标在日本人能力所及的范围内，而且战争还得到了充分的精神和物质支持；不仅如此，日军还颇为明智地把控制战场上的关键区域当成了主要目标，并把各种有利条件转换成了行动优势——以上这些都解释了日军为何能以少胜多。

另外，虽然在探讨日军胜利的原因时，他们指挥体系和狂热精神的作用被神化了，但我们也不能否认，他们的组织更严密、准备更充分，士兵较俄军更为训练有素，军官们表现也相对更加优异。不过，我们也不能忽视俄军官兵们的忠诚、坚忍和战斗意志，在整个战争中，他们的表现不逊于日本人。

值得注意的是，在战争中，日军还表现出了另一种让人刮目相看的品质——它也构成了整个战争中最大的亮点。尽管他们被迫长期采取守势，还必须让舰队小心避免决战，但他们的斗志并没有消沉下去。俄国人的情况则不然，就像是当年英法战争中的法军一样，防御扼杀了他们的进攻精神。如果日军能在未来保持这种精神，他们一定会在战争的领域达到很高的境界——这种精神不是在心血来潮的指导下一味地发动攻势，而是做到了深思熟虑、谋定而后动，他们用这种恒心战胜了颓丧，无论如何，在海上战场，日军的指挥水平都要远远胜过对手。

注释

1. 参见《日本战史发行版》第6篇第3章第3节第424页。同时可参见《日本战史极密版》第3卷第464页。

2. "地利"这种特殊的表述来自中国古代战略思想，而东乡大将又是其中的一位大师。这种提法来自哲学家孟子（Mencius），他首先提出了"天时不如地利"【advantage of situation is of higher value in war than advantage of time，此英文翻译出自张伯伦（Chamberlain）编著的《日本文学研究导论》（Japanese Writing）第382页】的战争原则。据此，东乡大将做了一番简明扼要的分析，并认为日军唯一有望获得的优势就是"天时"，更具体一点，就是在俄军增援从欧洲抵达前攻克旅顺。同样，俄军也对这种情况心知肚明，并据此决定展开长期防御，此时，"地利"便成了他们赖以消耗日军的依靠；而在日军这边，由于没有现成的援军，他们的处境可谓相当危险。

3. 值得注意的是，在东乡大将看来，这几轮岸轰行动的目标并不是瘫痪港口、阻止俄军舰队修复和出海。相反，他打算让上岸的舰炮承担这些任务，并向乃木将军提出了请求。这一情况可参见《日本战史极密版》第2卷第209页，也可见本书前面的部分。

4. 这种特殊表述同样源于中国的战略思想，出自古典军事家孙子（Sonshi），此人曾经说过："以近待远，以逸待劳，以饱待饥，此治力者也。"（Near your own home await your enemy's coming from afar; in peace and well-being at home await his fatigue; with your belly full await his hunger; this will husband your strength.）虽然在报告中，东乡把"待"字换成了"乘"字，但这并不会影响年轻一代日本人对相关内容的领悟。

5. 参见本书靠前章节的记录。

6. 隔音岛锚地（参见海军部地图第1560号）长约16海里、宽约5海里，在巨文岛西北30海里处，坐标为北纬34度22分、东经126度50分，周围被3座岛屿环绕。当时，日军一度相信中国试图占领此处。

7. 早在对华战争期间，日军便采取过相似的策略。小笠原大佐告诉我们，关于将舰队集结到隔音岛锚地一事，日本方面同样清楚地知道，此举会让靠近中国的本土诸岛暴露在敌人的攻击下。因此，他这样写道："这种情况当然令人极为不快，但鉴于我军舰船太少，分兵保卫海岸的做法也是不可取的。相反，为对付北洋舰队，我们必须将舰船集结起来。即便南洋舰队或其他的中国舰队前来炮击我国海岸，我们也将放任不管。摧毁北洋舰队后，我方便可将其他舰队从容击破。"根据这段叙述，小笠原显然认为在对华战争中，只有靠近中国的诸岛存在遭袭风险，但对俄战争的情况不同，日军显然无法忽略中部诸岛遭遇攻击的可能性。

8. 参见本书第一卷相关内容。

9. 参见马丁将军致基思（Keith）勋爵的信，1813年9月21日。摘自《拜厄姆·马丁书信集》（Letters of Byam Martin）第2卷第404页。（由海军档案协会提供）

10. 参见本书开头部分的内容。

11. 参见本书第一卷的内容。

498

︿ 日俄战争胜利阅舰式上的日军舰列

︿ 在阅舰式上担任"御召舰"的装甲巡洋舰"浅间"号

∧ 在舰上行登舷礼的日本水兵

∧ 被俘的俄军战舰也参加了阅舰式，近处的是原为"谢尼亚文海军上将"号的"见岛"号，远方依次为"冲岛"号（原"阿普拉克辛海军元帅"号）、"丹后"号（原"波尔塔瓦"号）和"相模"号（原"佩列斯维特"号），更远方"壹岐"号（原"尼古拉一世"号）的身影则被"相模"号完全遮挡

附录 A
俄军的战略准备

　　自本书第一卷刊印以来，俄军海军参谋部编纂的战史也陆续问世。与陆军战史相比，它提出的新观点非常有限。但我们还是从中摘录了一些内容，它们都印证了本书对战争准备阶段的论断。

I. 远东司令部的海上作战计划，1901—1903 年[1]

　　1901 年，时任俄国远东舰队司令的斯克鲁伊德洛夫海军中将起草了一份作战计划，该计划将舰队的基地选在了海参崴。但阿列克谢耶夫将军表示反对，因为在他看来，舰队的首要任务将是阻止敌军舰队开入黄海，以防对方在济物浦和鸭绿江口卸下部队，也正是这一点，要求俄军必须将旅顺作为舰队基地。另外，在阿列克谢耶夫看来，舰队的次要使命应当是牵制一部分敌军舰队开往渤海和朝鲜战场，这就需要在海参崴部署一支独立的巡洋舰分队。

　　1903 年，施塔克尔贝格将军率领分舰队抵达远东后，俄军又在 4 月 23 日召开了另一次会议。与会者包括阿列克谢耶夫海军上将、斯塔克海军中将、库兹米奇① (Kuzmich) 海军少将、维特捷夫特海军少将、格雷夫② (Greve) 海军少将和埃伯加特海军上校 (海军副官)。在会上，埃伯加特上校提议将整个舰队部署在马山浦，但其他军官都反对这一方案。

　　4 月 30 日，维特捷夫特海军少将制订了 "1903 年版太平洋舰队作战计划"，其中还有 2 个附录，即 "海军兵力的分配" 和 "动员部署"，其内容如下所示。

---

　　① 译注：即康斯坦丁·库兹米奇（1846—1906 年），他于 1864 年加入海军，曾担任过 "射手" 号、"常胜者圣格奥尔基" 号等舰的舰长，1898 年被提升为海军少将，后来在中国参与了镇压义和团运动的行动，1903 年秋，他返回国内，担任圣彼得堡军港司令官，1906 年在试图平息一次罢工时被工人谋杀。

　　② 译注：即尼古拉·格雷夫（1853—1913 年），他在 1868 年加入海军，从 1900 年起担任旅顺港口司令官，由于港口作业混乱，他在开战后不久便被新上任的马卡罗夫海军中将免职，并转而调任海参崴军港司令官，当 1905 年日军占领库页岛时，他还奉命担任了乌苏里江流域守备部队司令。战争期间的污点并没有影响他的晋升，他最终在 1907 年晋升为中将后安然退休，1913 年在法国去世。

1903 年版太平洋舰队作战计划 [2]
第 1 号
1903 年 5 月 3 日

在远东，随着我国的海陆军部队持续扩充，我方已经在政治领域占据了优势，并在满洲掌握了支配地位，这一切将令日本绷紧神经，而且由于日本处境不利，这种局势必然会引发严重的连锁反应，甚至会导致战争。

无论未来出现何种情况，我军都有必要展开坚决抵抗。这也意味着我方海军部队需要拥有一份详尽的作战计划。

该计划将根据敌军可能的作战行动采取对策，我方进行预判的基础有两个：一是日方在和平时期的行动；二是他们公开暴露出的战略意图。

根据我国驻日海军武官提供的资料，日方在战争中的主要目标是：（1）占领朝鲜；（2）阻止我军巩固在满洲的阵地；（3）在滨海省进行牵制登陆；（4）在关东州展开类似的登陆；（5）如果上述两场登陆成功，日军还将设法控制这些地区。

为了实施这些计划，日军必须：（a）将陆军主力投入朝鲜，（b）随即进入满洲，（c）设法在海参崴和关东州附近——甚至直接在关东州——实施登陆。

期间，一支日军大部队可能会被运往朝鲜，并在东海岸的马山浦、釜山、元山或雄基浦（Goshkevich Bay）登陆，同时，其登陆地点也可能在西海岸的济物浦、平壤或鸭绿江及鸭绿江口附近地区。

期间，如果日军在朝鲜东海岸卸载，我国海军将很难进行干预：当地靠近日本，而且有一连串稳固和便捷的基地（即釜山、对马、佐世保和吴港）可以为敌人提供帮助。朝鲜东海岸离旅顺有 600 海里，距日本仅仅 100 海里，同时，日军还掌握着开战的主动权。目前，日本试图发动战争，并计划采取攻势，对此，我方要么只能设法避免遭到突袭，要么只能努力化解对方的进攻。

但需要指出的是，日军对朝鲜东海岸的登陆将不会对满洲的行动产生重大影响，因为这些地点离满洲过于遥远。朝鲜多山的地貌也将令一支携带炮兵和运输车辆的大军寸步难行。

换言之，日军在当地的行动注定是次要的，意图可能是把我军主力的一部分牵制在滨海省。

至于日军在滨海省附近的登陆，则会让他们陷入险境。但考虑到日军仍有实施此类行动的可能性，我方仍然应设法阻止日军来犯，避免战略要地沦陷。具体措施我们将随后叙述。

如果日军在关东州或附近区域登陆，他们将不会获得特别的优势。只有他们夺取旅顺后，情况才会有所变化，不过，我军已经大幅强化了当地的守军和工事。这种行动的主要目标是截断我方关东州驻军与满洲的联系，如果旅顺港沦陷，它还会振作日军的士气，并给日本舰队提供一个前进基地。

鉴于收益完全不及风险，只有下列情况才会让日军在关东半岛登陆：我军舰队已被彻底击败；为积极深入朝鲜湾展开积极行动，日军需要前移前进基地。在后一种情况下，旅顺又恰恰可以容纳一支更为强大的、装备更为精良的舰队，其中有一座要塞化的港口，大批近海雷击舰艇可以从当地出动，为来袭的日军主力舰队提供有力支持。

总之，日军将主要设法夺取黄海和朝鲜湾，并保证大军能在朝鲜西海岸的济物浦、平壤和鸭绿江口等地登陆。我们认为，日军占领济物浦的意义有限，其唯一的价值在精神层面：占领了它就等于占领了朝鲜首都汉城，这将对日军的士气有所鼓舞。

对日军来说，真正意义重大的登陆地点是平壤和鸭绿江口。因为它们临近满洲，加上对华战争的经验，日军对这片土地非常熟悉，而且这里也是朝鲜基础设施最发达的地区，足以为大军提供物资。

根据上述情况，我们可以得出结论，我军远东舰队的使命应当是：以旅顺为基地，为重夺黄海和西朝鲜湾的制海权创造条件；阻止日军在朝鲜西海岸登陆；在海参崴的分舰队应当展开袭扰行动，将主战场的一部分日军牵制到日本海，并阻止日军在滨海省登陆。

如果日军将登陆地点选在了朝鲜东岸，或是在西岸的登陆取得了成功，我军的主要目标将改为：引诱位于黄海和朝鲜海峡的日本舰队出港，歼灭该舰队，截断驻朝日军和本土之间的补给线。

不管未来我军的任务如何改变，我军都不应深入朝鲜沿海的群岛：考虑到敌我双方的海军力量对比，这种做法只会让我军面临不必要的风险。

以旅顺为基地后，我军的破交作战不会受到影响，另外，无论敌军是否已在朝鲜西岸登陆，这种选址都不会对我军的决战计划造成妨碍。

假如日军行动得手，我军必须破坏他们的胜利成果，由于主动决战同样可以打击敌人，此时，牺牲一部分舰船都在可以接受的范围。另一方面，我们也不能忘记主要目标。此时，我们应对最终的胜利充满信心，并不顾危险勇敢前进，也只有如此，我们才能不辜负民众和广大水兵们的期待。

但另一方面，除非大局已定，我军舰队在战争初期的损失仍会造成严重影响，即使胜利也无法将其弥合。

无论胜败，现代海战都会导致受损舰只长期无法作战，由此带来的人员损失更是难以弥补。如果旅顺的设施不够齐备，后果将更加严重。

在战争的最初阶段，如果遭遇以下 3 种情况，我军舰队必须出战：（1）日军舰队抵达了旅顺港外；（2）敌军试图在济物浦、旅顺港或鸭绿江口登陆；（3）敌方大军已经在朝鲜西海岸卸载。

鉴于上述情况，尽管旅顺不利条件众多，却是唯一的选择。

海参崴可以作为巡洋舰的作战基地，但当地并不适合主力舰队的安置。这里离可能的战场过于遥远（相距大约 600 海里），同时，日军已在海峡附近的釜山—对马—佐世保构建了一道警戒线。

在海参崴附近,完备的军港将为日本舰队提供优势,而在旅顺附近,由于敌军被迫离开基地,类似的优势会在我们这边。

基于上述考虑,日军很可能会在战时编组为 3 支舰队,即执行进攻任务的战斗舰队、护航舰队和港口防御舰队。

其中,日军的战斗舰队将主动出击,其舰艇最现代化,包括 6 艘战列舰、6 艘一等装甲巡洋舰、5—8 艘用于执行近程和远程侦察的巡洋舰、大约 15 艘驱逐舰。日军将不得不从这些舰船中抽调 6 艘一等装甲巡洋舰对付我军部署在海参崴用于巡洋作战的 3 艘装甲巡洋舰和 2 艘防护巡洋舰。

护航舰队包括各种老式舰船——它们虽然可以出海,但战斗价值较低。这些舰只包括 2 艘战列舰、10 艘二等和三等巡洋舰、6 艘排水量在 6000 吨以上的辅助巡洋舰和 24 艘排水量超过 120 吨的水雷艇。除了本职工作外,它们也将负责在本土近海展开侦察活动。

港口防御舰队将由 5 艘岸防装甲舰、2 艘近海通报舰、20 艘新式和老式炮舰及水雷艇组成。

为了执行作战计划、击败日军舰队的防御,我军需要将舰队分割为如下部分: 战斗舰队、独立巡洋舰队以及海参崴和旅顺防卫舰队。

1903 年时,我军在黄海和朝鲜海域的战斗舰队包括如下舰船: 6 艘战列舰、5 艘防护巡洋舰、9 艘驱逐舰、4 艘用于近程和远程侦察的二等和三等巡洋舰[3]。战斗舰队的基地位于旅顺。

独立巡洋舰分队由 3 艘一等装甲巡洋舰、1 艘防护巡洋舰和 1—2 艘来自"志愿辅助舰队"的辅助巡洋舰组成,其基地位于海参崴。该分队的任务是: 在日本近海游猎并袭击港口;攻击朝鲜东海岸日军登陆部队的交通线;迫使日军从战斗舰队中抽调巡洋舰,进而令双方战斗舰队兵力可以大体对等。

旅顺港防卫舰队预计下辖 3 艘炮舰、1 艘通报舰、2 艘布雷舰、7 艘驱逐舰、7 艘一等鱼雷艇,此外还有一支布雷和布网分队。海参崴防卫舰队将包括 4 艘炮舰、2 艘运输船、3 艘一等和 6 艘二等鱼雷艇,此外还有 1 艘负责在港口布设防御雷场的布雷舰。

不让装甲巡洋舰加入战斗舰队的原因有: 首先,它们是专门为巡洋作战设计的,不能用于线列作战;其次,如果它们加入战斗舰队,6 艘日军装甲巡洋舰也会随之脱身,并加入日军的战斗舰队,从而令后者具有更大的优势。有鉴于此,我们必须抽出 1 支独立巡洋舰队用于执行特殊任务。

在俄国海军的官方战史第 71—79 页给出了舰船的预定部署情况。除了一两处细节上的差异外,其内容和本书第一卷的附录 A 完全一致。随后给出的是动员部署,对此我们不再赘述。

II.1903 年 12 月 31 日的指挥部会议纪要

为此，1903 年 12 月 31 日，俄军还制订了一份更详细的方案，并确定了作战部署和各舰的任务。此时正值"太子"号和"巴扬"号抵达远东后 4 周，在远东总督的主持下，俄军召开了一次司令部会议，与会者还包括斯塔克海军中将、维特捷夫特海军少将和埃伯加特海军上校。整个会议的任务是：修改维特捷夫特的计划，将巡洋舰队从海参崴召回，根据敌军可能出现在西朝鲜湾的情况，讨论监视敌情的最佳办法。[4] 在与会的各位军官中，总督认为不能从海参崴召回舰船，但俄军的战史补充说："在增援的舰队和运兵船抵达后，他认为有必要调整现有作战计划。为此，俄军需要展现出更积极的进攻姿态，即直接前往日本近海击败敌人。"随后，他对舰队司令（即斯塔克海军中将）做出了如下批示：

（1）估算我军舰队以 12 节航速开赴日本，并以 14 节航速返回时的耗煤量。

（2）制订动用海参崴巡洋舰队破坏日本海上交通线的计划。

（3）制订从旅顺派遣巡洋舰侦察西朝鲜湾和朝鲜西海岸的行动计划。

而整个会议的决定是：

（1）不修改当前的作战计划。

（2）不召回海参崴的巡洋舰。

（3）在与来自地中海的舰船会合后，敌我的兵力对比将趋于平衡。为在日本沿海积极行动，我军将改变作战方案。

III. 给海参崴分舰队的指示 [5]

1904 年 1 月 9 日，斯塔克中将向坐镇海参崴的施塔克尔贝格少将发布了一些必要指示。在本书第一卷中，笔者曾根据《俄国陆军战史》（法语版）第 1 卷第 329—331 页的内容进行了总结。但下列关于商船的内容值得全文引用：

我必须指出，日本尚未签署 1856 年 4 月 16 日的《巴黎宣言》（Paris Declaration）；因此，我军将对海上之敌予以坚决打击。我相信，在战争期间，日本商船一定会毫不犹豫地悬挂其他国家的旗帜，目前，我已将若干份处置日本商船的规章发送给您，它们可能会对确定拦截商船的实际国籍有所帮助。另外，我军只需把最有价值且拦截地点靠近本土的敌船押往海参崴即可，至于其他船只，则应直接击沉，不带一丝怜悯和犹豫。

除了上述指示，俄军还制订了一项侦察朝鲜西海岸的计划，该计划于 1904 年 2 月 8 日由斯塔克海军中将提交给总督。除了少数新增的限制条款外，该计划大体得到了批准，整个行动预定于 2 月 10 日开始。

IV. 海参崴轻型舰艇分队的兵力变化[6]

1903 年秋天，俄军还对维特捷夫特的计划进行了一次修改，将原定用于防守旅顺的第 203、204、205、206、208、210、211 号鱼雷艇调往了海参崴，原因是当时有数艘驱逐舰已分段从涅瓦河船厂（Nevski works）运往旅顺，并计划在当地重新组装，替代这些被调走的鱼雷艇。

V. 俄军对黄海制海权问题的表述[7]

本书第一卷提到，维特捷夫特将军对局势的评估是，他"认为日军绝不会在黄海和西朝鲜湾击败俄军舰队，甚至在现有实力下都是如此"，但现在可以发现，他做出上述保证时，实际是算入了赶来的维伦纽斯舰队（包括"奥斯利亚比亚"号等舰），同时，他还对日军即将购入"日进"和"春日"号的情况毫不知情。

VI. 新基地问题

从 1898 年占领旅顺到 1904 年的战争前夕，俄国海军大臣一直由图伊尔托夫将军担任，在他死后，时任海军总参谋长的阿维兰将军接过了海军部长的职务，同时，罗杰斯特文斯基将军被任命为参谋长一职。这次任命发生于 1903 年 3 月 30 日。对此，罗杰斯特文斯基后来陈述道："上任后，我立刻意识到了旅顺有诸多不利条件，并敦促海军部长另外选择新基地，同时，我陈述了在新基地建造相关设施的紧迫性，还要求舰队在当地海域展开演习。为此，海军部长立刻联络了驻远东的海军最高司令，但后者表示，这些举动完全没有必要，相反，他回复说，目前他真正急需的是'志愿辅助舰队'的汽船——只有它们才能为舰队提供物资，或是展开一些

506

次要的作战。在这些船只到手后，司令否决了一切占据有利战略位置和开展必要演习的提议，理由是担心激怒日本人，另外，他补充道，他手头还有一份新作战计划，并将准备照此部署麾下的舰船。"

VII.1903 年 10 月 17 日，海军部的新作战计划 [8]

在上述事件发生时，海军参谋部也在单独制订另一份作战计划，1903 年 10 月 17 日，勃鲁西洛夫 ① （Brusilov）海军中校向罗杰斯特文斯基将军提交了一份备忘录，这份备忘录实际是一份作战计划（即前文中所述的"新作战计划"），其中涉及太平洋舰队未来的作战部署。其中这样写道："只有赢得对日战争的全面胜利，并彻底剥夺日军保有战斗舰队的能力，才能让我国在远东的势力无懈可击，并让我们实现一直以来争取的目标——在远东确立绝对的优势地位。鉴于目前我方对战争的准备尚不完善，更没有彻底击败日军的能力，上述目标还很难实现。因此，我们最明智的做法就是避免战争，哪怕做出让步也在所不惜，但与此同时，我们也要坚定在两年内开战的决心，并从各个方面不懈地做好准备。我们不仅要准备好战争，也要为胜利创造一切条件。"

随后，勃鲁西洛夫开始详述细节，但对于与作战计划无关的战前准备部分，我们只列出了标题：

（1）两年后双方的兵力对比——我方优势明显

（2）弹药补充

（3）煤炭储备

（4）码头和仓库

（5）人员训练

（6）巡洋舰需要经常进行 16 节以上的航行，不能像现在一样每年只在训练中全速航行 2 次、每次仅持续几个小时——这种做法对轮机兵的训练完全无益

备忘录的最后总结道：

---

① 译注：即列夫·勃鲁西洛夫（1857—1909 年），他是一战俄军名将阿列克谢·勃鲁西洛夫的弟弟，起草这份计划时，他正在海军参谋部任职，并参与了俄军战前作战计划的制订，日俄战争爆发后，他还参与了购买南美各国巡洋舰的交涉活动。1904 年夏末，他被任命为装甲巡洋舰"雷鸣"号的舰长，战争结束后肩负起了改组海军参谋部的职责。由于身体原因，他被迫在 1909 年以海军中将军衔退休，不久就因病去世。

各项准备工作必须做好为一项行动服务的准备，即陆军以满洲或滨海省为腹地对朝鲜发动远征（原文如此）。

我方必须完成环绕贝加尔湖的铁路建设。

鉴于我方将在两年内与日本开战，外交人员必须采取相应的动作。

在海军兵力占据显著优势、陆军规模足以准备发起对朝鲜的进攻后，我们将有机会速战速决，目前，为了避免战争，我们会坐视日军侵入朝鲜而不对其诉诸武力，但在两年后，我们将有能力切断这股日军同本土的联系，并同时从陆上开入朝鲜。

罗杰斯特文斯基对这份备忘录的评论尤其值得注意：

因此，我们的目标并不是摧毁日本，而是吞并朝鲜。在这项使命完成前，我军需要拥有1支与日本人旗鼓相当的舰队，以便减轻陆军的负担。而在吞并成为既定事实后，我军舰队的实力仍需要与日军对等——这是为了同对方完成和谈。

我军的胜利只可能取自朝鲜，在将日军赶出朝鲜后，将会迎来一个战斗的间歇。

在海上，我军没有必要取得对日本的压倒性优势。与之兵力对等、能够阻止其取得制海权便已足够，此时，陆军便可以更轻松地将敌人赶出朝鲜。

其中的重中之重，是千万不能让我军舰队的实力弱于日本。

此外，针对方案中提交的备战措施，罗杰斯特文斯基还做了一些额外评论，其内容显示，他本人和库罗帕特金将军一样，都认为对日开战是一种不明智的做法。其中一条评论这样写道："提议中的所有措施都非常合理，应当尽快执行，但这些措施的目的应当是阻止战争，因为对日开战对我们完全无益。现在，尽管对日作战的准备已比以往更为充分，但开战的做法并不可取。"

罗杰斯特文斯基做出上述评论是在1903年10月18日，但在仅1个月后的11月18日，海军参谋部的斯捷琴科①（Stetzenko）中校又起草了这样一份局势评估：

经过审慎的考虑，我们得出了以下结论：

（1）在太平洋上，俄军主力舰性能整体不及日军，不仅如此，敌方还在小型巡洋舰、岸防舰和雷击舰只上占有优势。按照我国武官的报告，他们的雷击舰艇部队也极

---

① 译注：即康斯坦丁·斯捷琴科（1862—1920年）于1875年参加海军，日俄战争爆发后，他被派往斯克鲁伊德洛夫将军的司令部担任副官，战争结束后成为"阿斯科尔德"号巡洋舰舰长，后来又被任命为西伯利亚分舰队司令。一战初期，他被提拔为俄国海军总参谋长，1917年因病退休，1920年去世。

具战斗力。

（2）有充分的理由相信，我国太平洋舰队的物质实力弱于日军。

（3）在基地的布局、通信手段等领域，日本海军也较我国海军拥有显著优势。

（4）在运输船（即商船保有量）、陆军实力、各种物资（如弹药等）、修理能力等领域，日军的优势也非常明显。

总而言之，日本海军比我军的太平洋舰队更为强大，在海上作战的战场部署上也较我军便利，在物质资源领域的优势更是压倒性的。

以上就是 1903 年秋季，俄国海军参谋部对局势的看法，他们因此没有制订作战计划。另外，由于对旅顺方面拟定的作战方案毫不知情，因此他们不知道舰队在开战后该如何行动。尽管所有的作战计划草案都会交由海军参谋部审阅，但直到开战前一个月，海军参谋部才成立了所谓的"作战处"（Operations Department），以便制订具体的作战方案。直到战争结束后，俄军才以此为基础独立出了一个部门，用来专门处理与战斗准备和作战方案有关的一切事宜，该部门也被称为"海军总参谋部"（Naval General Staff），和之前的海军参谋部存在明显的区别。

VIII. 兵棋推演

圣彼得堡尼古拉海军学院关于日俄战争的兵棋推演 [9]

第 1 场兵棋推演举行于 1896 年，参照了双方在 1895 年 12 月 13 日的兵力对比，结果以俄军的全面失利告终，其结论对本书无关紧要。

第 2 场兵棋推演进行于 1900 年，罗杰斯特文斯基和斯克鲁伊德洛夫海军少将有参与，但整个推演并未完成。由于推演的前提条件与现实存在重大出入，其结论不仅缺乏价值，或许还反映了当时俄军对局势缺乏清晰的认识。

1902—1903 年，海军部部长又为新一轮的兵棋推演设定了主题："1905 年的日俄战争"——这一年，1898 年度的海军建设计划将完全实现。推演由罗杰斯特文斯基将军主持，其假设是日军不宣而战，地中海和波罗的海的俄军舰队未能前来增援。

在推演中，俄国海军的兵力分配情况是：在旅顺有 10 艘战列舰、13 艘巡洋舰、36 艘驱逐舰和 24 艘鱼雷艇，在海参崴有 4 艘巡洋舰。

由于战争突然爆发，在外国的俄军舰只均被缴械。

另外，俄军还有 1 艘巡洋舰和 1 艘炮舰停泊在济物浦。由于召回电报经过了 1 条日本通信电缆，2 舰并未收到召回命令，但因接应的驱逐舰及时赶到，它们最终成功归队。

开战时，俄军主力舰队集结在大连湾的防波堤背后，通往大连的航道均布设了水雷。日军主力舰队在夜间前往旅顺，并派遣了驱逐舰，但后者不仅没有在当地发现任何舰只，还被停泊在外港锚地的俄军驱逐舰摧毁。

第2天早晨，大连湾内爆发了海战，日军损失了三分之二的战列舰，俄军的战列舰则损失了一半。日军撤退，俄国人追击，2天后，在济州岛外海打响了另一场海战。全部日军舰只在两个半小时后都失去了战斗力，而俄军则损失了3艘战列舰、3艘巡洋舰和7艘驱逐舰。在此之后，俄军舰队开始分头行动。其中一部分开往旅顺港，另一部分前往海参崴修理，但后者在朝鲜海峡被集结起来的日军舰队残部击沉。

试图阻止日军登陆朝鲜的俄军巡洋舰也蒙受了惨重损失，此后，日军的运输行动没有受到任何阻碍。

不久，裁判便得出结论：在战争初期夺取制海权非常重要，因此，我军投入战场的兵力必须大幅优于日军——到1905年时，这种局面便会出现。总之，我军的太平洋舰队必须得到增强，同时，由于旅顺入口狭窄、容易堵塞，我军不能将主力舰队部署在当地。大连的情况更为糟糕，因为当地根本没有任何岸防工事。相较之下，海参崴作为舰队锚地的条件可谓无与伦比，该港应当成为我军舰队在和平时期的驻地，但海参崴最大的缺陷是有冰封期。

因此，我军舰队的最佳基地应当位于朝鲜南部，比如阿列克谢耶夫锚地（Alexeiev Roadstead）、齐哈切夫湾（Chikhacher Bay）、弗拉基米尔湾[①]（Vladimir Bay）、阳化湾[②]（Monomakh Bay）或马山浦，并应设法在日军运送部队前通过一场大规模海战将其击败，不过，我军直接抵达马山浦的可能性很小，因为沿途很可能与敌人爆发战斗。我军舰队应在准备完毕后立刻出海，前往朝鲜海峡迎战敌军，如果可能，我军还应当在途中避开敌人，并在马山浦附近占领一个立足点，接下来随时准备好在必要时出航与敌人交战。

从兵棋推演中，俄军得出的结论可以被归纳为以下几点：

（1）我军在太平洋的海军兵力不足。

（2）海参崴和旅顺基地的配套设备不全。

（3）除了在旅顺和海参崴待命，舰队有必要时刻做好战斗准备。

（4）要考虑战争突然爆发的可能性。

（5）在警告驻朝和驻华舰只时，不能仅依赖电报这一种手段。

（6）停泊于旅顺外港锚地的舰只有危险，有必要设置防雷网阻止敌方鱼雷攻击。

---

① 译注：阿列克谢耶夫锚地、齐哈切夫湾和弗拉基米尔湾都位于俄国远东滨海省，并不在朝鲜南部，不清楚这些地名是另有所指还是原文有误。

② 译注：当地在朝鲜港口城市新浦以东，坐标为北纬40度03分、东经128度15分。

（7）敌军有在旅顺港出入口自沉运输船的可能性。

（8）大连的维修设施必须得到保护。

（9）我军不能将不设防的大连港定为基地。

（10）由于配套设施不足，我军也不能将基地选在旅顺。

（11）有将马山浦设为中继基地的必要。

（12）太平洋舰队在和平时期的唯一备选基地应是海参崴。

最后一项决议与俄军在 1886 年一次特别会议上的决定完全一致，那次会议由海军元帅阿列克谢·亚历山德罗维奇大公主持，结论得到了沙皇本人的认可。结论这样写道："在日本海或其他地区，我方将不再为太平洋舰队谋取其他基地，而是应当把所有精力投入海参崴的建设。"

然而，俄军并没有从上述结论中汲取经验，这直接导致了他们在 1904 年的失败。至于这场推演本身，也仅仅是给后人留下了一份意味深长的历史资料。

IX. 马卡罗夫将军的局势评估[10]

1904 年 2 月 8 日[①]，喀琅施塔得军港司令马卡罗夫海军中将向海军大臣提交了一份局势评估：

> 在和远东返回的人交谈过后，我认为，舰队更应停泊于内港，而不是外港锚地。
>
> 需要指出，停泊在外港会导致旅顺的燃煤储备迅速耗尽，进而令舰队完全瘫痪。
>
> 位于开阔锚地的舰只还会为敌军的夜袭创造机会。事实上，即使我们的预防措施再完备，都无法阻止敌军舰队带领大批雷击舰艇发动夜袭，期间，甚至连对方的舰载哨戒艇都会参与袭击。由于防雷网无法提供全方位的防御，再加上许多舰只设备不全，我军很可能在袭击中损失惨重。
>
> 如果舰船在旅顺外港锚地停泊，我军每夜都要严加戒备：期间必须出动巡逻舰船，还要对鱼雷攻击保持更高的警惕。任何现身的舰艇都会引发警报，并让众人在提心吊胆中度过夜晚——众多周知，一艘军舰的乘员经常要为鱼雷攻击担心时，他们的士气会很低落。如果日本舰队所处的锚地是敞开的，而且全部舰船都停泊在一片毫无遮掩的海岸边，那时，我方最理想的战术，肯定是在谈判破裂后的第一个夜晚，尽全力实

---

① 译注：这一时间恰好是战争打响之前。

施打击；同样，（如果居于上述环境中的是我军舰队）日本人也将不会放弃这样一个打击我们的机会。我甚至相信，日军肯定会以此打响战斗，用夜袭削弱我们。假如旅顺内港锚地再开阔些，能让舰队随时出海，日军就不会轻易挑起战事。

目前，我军不将舰队部署在内港的理由有3个：（1）内港的空间过于狭小；（2）舰队不可能一次出海；（3）敌军只要自沉1艘船就可以阻塞整个航道。

但不管旅顺内港的空间有多么局促，只需要一些训练，各舰仍然可以快速驶出。我认为，如果天气情况有利、各舰操作娴熟，大型舰只出港的间隔将不会超过20分钟，同时，我还相信，各舰在"单独出港时处境危险"的说法完全没有意义。有人曾告诉我，敌军舰队会出现在入口附近，我舰一出港便会被击沉，对此我完全不信：此时，敌军会遭到岸炮的打击，每艘出港的舰只也会提供额外的火力支援。

关于自沉汽船封锁航道一事，美军曾在圣地亚哥进行过尝试，但实施起来并不容易。另外，旅顺有大量的疏浚设备，即便敌军得手，我军无法打捞或爆破该船，我们也可以在旁边开辟出一条新航道。

我可以负责任地指出，让舰队聚集于内港锚地的做法固然有害，但与让它们停泊在开阔的外港锚地相比，这些害处简直不值一提。在开阔的外港锚地，舰队不仅将消耗大量煤炭，舰员也会不堪重负，更有可能在鱼雷攻击中损失惨重。在两害相权之后，我根据常理判断，不出动的各舰应当留在旅顺内港，为尽可能减少煤炭消耗，它们还应关闭电灯。

即便目前舰队不打算布置在内港，一旦遭遇夜袭，我们也将被迫如此部署，不仅如此，这种错误还会让我们付出惨重损失。

尽管这封信最终交到了海军部长手中，但它没有达到马卡罗夫将军期望的效果。是该信送达太迟，还是上级不愿落实？其原因我们已不得而知。但无论如何，有一点是可以确定的，在2月9日旅顺港外迎来高潮水位时，信的内容已经无法付诸实践了。但在描述2月8日发生的一切时，这份历史文件的价值注定容不得我们的忽视。

附注，本文件上有如下批注"已呈交陛下御览，27/1（俄历1月27日，即公历2月9日）。""务必保密，不留副本。"

对该文件被海军参谋部截留一事，罗杰斯特文斯基曾做过一番简短解释。他在1906年2月14日给海军部长的报告中提道："它违背了'一切指挥权归舰队司令'的原则，另外，如果高层（即沙皇）要求太平洋舰队进入内港，参谋长①也将遭到沙皇的申斥。"

---

① 译注：即罗杰斯特文斯基。

X. 维伦纽斯分舰队的航行进展 [11]

在俄国海军编纂的战史中，有大量对"奥斯利亚比亚"号等舰在航行途中屡遭拖延的记录。为此，维伦纽斯将军决定抛开雷击舰艇继续前进，但上级认为雷击舰艇对他的舰队至关重要。1904 年 2 月 1 日，他从罗杰斯特文斯基将军处收到了如下电报：

> 您的提议完全违背了之前下发的指示。您必须尽快前往旅顺港，并不待后续命令直接前进。由于在航向西贡途中不存在阻碍，期间，您不应该偏离航线，各雷击舰艇也可以半道上清理锅炉。由于它们构成了舰队的主体，不论情况如何，您都不应抛下哪怕一艘——事实上，它们才是敌人的恐惧之源。

一路上，雷击舰艇只能被拖曳前进，由于恶劣的天气和海况，维伦纽斯将军很快发现它们根本没有抵达远东的可能性。2 月 15 日，在舰队位于吉布提时，他们接到了一份沙皇发来的回国命令。

注释

1. 出自《俄国海军战史》（Russian Naval Staff History）第 1 卷第 62 页及后续内容。

2. 参见《俄国海军战史》第 65—71 页。另外，该书第 101 页中还提到，这份计划从未被提交给位于圣彼得堡的最高司令部。

3. 原文件中有这样一条注释：另外还有 3 艘驱逐舰将在更换锅炉后于秋天加入序列。

4. 参见《俄国海军战史》第 82—84 页。

5. 参见《俄国海军战史》第 85—89 页。

6. 参见《俄国海军战史》第 92 页。

7. 参见《俄国海军战史》第 97 页。

8. 参见《俄国海军战史》第 102 页及后续部分。

9. 参见《俄国海军战史》第 107—121 页。

10. 参见《俄国海军战史》第 192 页。

11. 参见《俄国海军战史》第 141—149 页。

附录 B

日军的命令和指示

I. 东乡将军的作战指示，1904 年 9 月 14 日

摘自《日本战史极密版》第 2 卷第 214—216 页

9 月 14 日，东乡海军大将确定了下列对敌作战计划：

司令认为，在黄海海战后 1 个多月，敌舰队的紧急修理可能已经完成，并一定会再次试图出海逃逸。为此，他制订了下列命令。

1. 战斗序列及队形

除非有临时下达的特别命令，我舰队的战斗序列及队形将如下所示。该队形将保持到接近至敌军 10000 米之前，随后，各队应当随机应变采取机动。同时，各驱逐队和艇队应从所属战队后方上前，并在其非迎敌面占据位置。

左侧队列："龙田"号、第 3 战队、第 5 战队（即"桥立"号等舰）、第 7 战队所属艇队、当值的封锁驱逐队和艇队。

右侧队列：第 1 战队及"日进"和"春日"号，值下一班的封锁驱逐队和艇队，第 6 战队，无执勤安排的驱逐队和艇队。

第 5 战队可以见机行事选择位置。

2. 各队的战斗任务

（1）第 1 战队及"日进"和"春日"号的主要任务是击沉敌军战列舰。如果时机适宜，"日进"和"春日"号应独立离队，处置敌军的落单战列舰。

（2）第 3 战队的主要任务是击沉"巴扬"号和"智慧女神"号。如果 2 艘敌舰胆敢利用航速优势单独逃逸，该战队应紧追不舍，直到将其击沉。如果目标敌舰在战列线内对抗我军，只要其一息尚存，"八云"号和"浅间"号就应与第 1 战队会合，并同战列舰一道打击敌人。

（3）第 6 战队可以见机行事，或为我军驱逐舰提供保护，或击沉敌军驱逐舰，也可在敌军队列溃乱分裂后进行跟踪，进而引导和派遣我军驱逐舰发动夜袭。

（4）第 5 战队（即"桥立"号等舰）乃预备队，任务是处置受损的落单舰。其中，击沉试图返回旅顺的敌舰是整个工作的重点。

（5）"龙田"号和"八重山"号的任务是传递命令和信号。如果有机会，它们还应对敌军驱逐舰实施攻击。

（6）各驱逐队和艇队应尽力配合所属战队行动，并遵照相应战队司令官的命令展开进攻，不放过任何一个发动夜袭的机会。另外，即便在白天，各舰艇也需要准备好攻击敌军的驱逐舰和受损舰。其攻击对象分配如下：第1、第5、第6战队所辖分队——俄军战列舰；第3战队所辖分队——"巴扬"号和"智慧女神"号。如果各舰无法从所属战队旗舰方面接到指示，就应当根据分队中先任司令官的指示选定攻击目标。

如果各队分离，一时未能发现敌踪，先发现俄舰的部队需发出信号，具体样式与表明敌军舰队趁夜出逃的信号（火箭和舰炮连发）完全相同；同时，相关舰只还需要垂直上下摇晃探照灯，以便向其他分队指示敌舰的位置。实施攻击后，各舰艇应设法与敌军保持接触，并观察他们在次日清晨的动向，尽可能警告主力舰队。

3.战法

各战队的战法与之前相同，本人在此不做赘述。

以下为1904年9月26日追加的内容。

驱逐队各舰需搜罗适宜的物品，制作酷似球形机械水雷的诡雷，其涂装如下图所示：

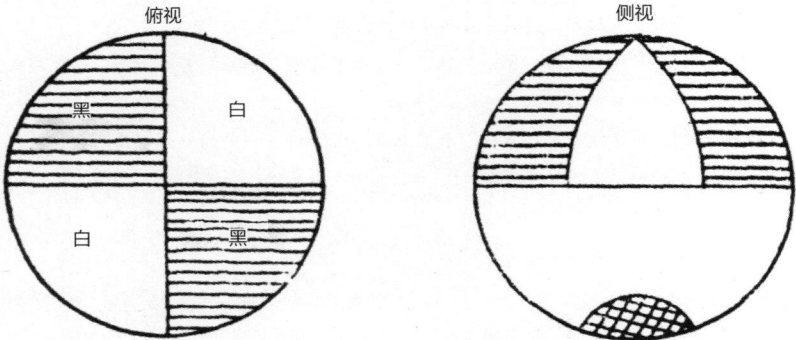

（a）锚碇可以悬于诡雷的底部。

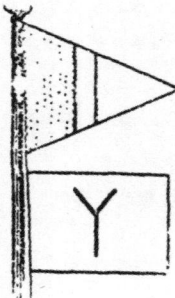

这种诡雷将在昼间战斗中投放于敌军前方，以求扰乱阵型或阻碍撤退。投放命令将由各驱逐队旗舰下达，专门信号如下所示：

"艇运旗"（Boats "move" flag）和"Y"字旗将同时挂出，意为驱逐队开始布设诡雷。

接到此信号后，驱逐队应全速前往敌军前方10000——

12000 米处截断对方航线，并对敌人构成包围之势，期间，它们将尽快投下诡雷。至于布设诡雷的方法，则由各队指挥官根据情况决定。

4. 敌舰队于夜间出逃或我军无法在昼间解决战斗时，各队应采取的行动

如果敌军在夜间出逃，封锁线上的驱逐舰和艇队将根据现有指示发出紧急信号，全力展开攻击。其余各驱逐队和艇队应当尽快前来会合，并在黎明降临前发动攻击，随后，这些舰艇应当尽所能与配属的战队会合。

各战队将按照附图中显示的预定航线从南方赶来。如果没有特别命令，它们应直接前往并驻留于第 1 警戒线，随后在航线两侧展开，等待敌军到来。根据敌舰出现的时间，旗舰"三笠"号会下达命令，指定各队占据的警戒线和抵达目的地的时间。在抵达警戒线时，如果敌军仍位于北方，期间我军有可能转舵向北前进，并在指定航线两侧展开搜索。如果昼间战斗未能与敌军决出胜负，我军同样会采取类似的行动。

5. 若"八重山"号离队，"龙田"号将替代该舰进入预定航线。

6. 在接到敌军南下的消息后，位于济物浦的"松岛"号应立刻出港并前往"180 地点"（即格列飞群岛西北海域）驻守，提防抵达附近海域的敌军舰队。期间，该舰应当与舰队保持联系。

7. 在敌军出港南下时，如果本人决定从海峡召回第 2 舰队，双方的第 1 个会合点应定在"127 地点"，即小黑山岛东南方海域。

II. 雷击"塞瓦斯托波尔"号
（a）笠间海军少佐的作战指示，1904 年 12 月 14 日

（摘自《日本战史极密版》第 2 卷第 449—451 页）

12 月 14 日，"镇远"号的今井大佐命令各艇队对"塞瓦斯托波尔"号发动攻击，并要求第 15 水雷艇队司令笠间海军少佐起草 1 份攻击计划书。为此，笠间少佐在母船上召集了各艇队的司令，并确定了如下作战计划：

1. 作战目的概要

击沉逃出旅顺港的"塞瓦斯托波尔"号和炮舰"勇敢"号，这 2 艘军舰正在城头山脚下藏匿，并保持着戒备姿态，此外，当地还有 1 艘偷越封锁的商船。

2. 参与艇队

第 15 水雷艇队（"云雀"号、"鹭"号、"鹑"号、"鹬"号）、第 9 水雷艇队（"苍鹰"号、"雁"号、"燕"号、"鸽"号）、第 14 水雷艇队（"千鸟"号、"鹊"

号、"隼"号、"真鹤"号）、第2水雷艇队（第37、第45、第46号水雷艇）、第21水雷艇队（第49号水雷艇）、第16水雷艇队（第39号水雷艇）、第6水雷艇队（第56、第58号水雷艇）、第12水雷艇队（第52号水雷艇）以及"富士"号的舰载哨戒艇。

3. 艇队分配

第1波攻击由第6、第12艇队和"富士"号哨戒艇发动。

参与第2波攻击的舰艇包括第15艇队（负责伴动），第2和第21艇队的4艘水雷艇，第10和第16艇队的5艘水雷艇，以及第14和第9艇队。

4. 袭击的时机、阵型和航速

2次攻击将在午夜至黎明之间发动，此时正值月落时分，而且海上将有涨潮。各艇队将排成单纵阵离开小平岛。首批行动的艇队将在午夜出动，第2批艇队将按顺序紧随其后，进攻将于15日凌晨1点涨潮时发动。第15艇队负责在完成进攻后进入预定的伴动阵位，此时，该艇队将打开探照灯不断开炮，以便为其他艇队的进攻创造条件。"富士"号的哨戒艇将在第1或第2次袭击期间抓住时机突入。

正常航速12节，半速为8节，慢速为5节。

发动攻击时的航速由各艇队司令根据实际情况决定。

5. 规定

（a）在进入攻击阵位前，各艇需要点亮尾灯。

（b）在完成攻击向南退却时，艇尾灯应当熄灭，但为避免相撞，各艇应把侧灯点亮。

（c）途中遇险或失控的各艇应通过呼喊或鸣笛的方式向僚艇求援，临近的友军将负责协助。

（d）袭击区域应位于蛮子营探照灯朝东北偏北又偏东1/4个罗经点（N.N.E.1/4 E.）方向内侧，即距俄军舰船600米以内。

（e）第15艇队将担任向导，直到其他艇队进入袭击阵位。完成攻击后，该艇队将掉头右转，前往黄金山探照灯以南2海里附近的海域，并在当地通过探照灯和炮击牵制敌军。其他艇队将在完成攻击后左转，随后按照既定路线返回。

（f）各艇需要将1枚鱼雷的定深调为6米，另1枚调为4米，但第15艇队例外，为破坏防雷网，该艇队需要将所有鱼雷的定深均调为0米。

（g）如果敌军在攻击期间开火，我军将不予理会。

（h）鱼雷用尽后，各艇应返回小平岛。

（i）发现敌军后，各艇应先行发动攻击，之后再救助发出遇难信号的友军。

（j）第1批袭击队应当在凌晨1点前后先行发动攻击。一旦看到第1波攻击完成，第2批袭击队应见机行事，在黎明之前实施进攻。

（k）各艇队的出发时间和顺序将由先任司令决定。

（1）攻击结束后，各艇队司令将负责收容麾下各艇前往集合点。

（m）集合点为小平岛东湾。

6. 各艇队指定航线

如附表所示。

（b）关海军少佐的作战指示

（摘自《日本战史极密版》第 2 卷第 455—456 页）

12 月 12 日夜间，第 14 水雷艇队曾试图在第 10 艇队之后发动攻击，但在发现敌军之前被探照灯阻挡，最终未能实现目标。有鉴于此，第 14 艇队的关少佐在此次出航前向各艇艇长下达了如下指示：

　　我很高兴地得知，在前一次攻击中，各位都严格遵照了我"只有在确认敌军的位置后才发射鱼雷"的指示。按照我的看法，水雷艇的本职工作不只应当包括"在弹雨纷飞时勇猛前进"。之前我听说过这样的情况：有的水雷艇会不待确定目标便发动攻击；还有的视线一被探照灯遮蔽，便随意将鱼雷射向敌军的大致方位。这样做的艇长们也许认为，当时确实到了发射鱼雷的时候，但这根本不能算作攻击了敌方军舰。但我艇队在上次攻击时的表现截然不同，各艇都勇敢地穿过了探照灯光，并经受了猛烈炮火的考验。在此期间，我们只在一瞬间辨认出了敌人，随后便受到了探照灯的干扰；但我艇队依旧沉着行动，没有随便开火——这是最令人欣慰的。期间，我们冒着探照灯光和猛烈炮火多次冲锋，但所有尝试都宣告失败，并在清晨 6 点时因为退潮而不得不停止进攻。我听说有人批评这种做法，他们认为，无论是否有把握命中，各艇都应当发射鱼雷，停止开火则是一种误区；不过，我不相信我方明智的幕僚和司令们曾经表达过这种观点。由于正式命令并未禁止我的做法，在此次攻击中，我将继续照此战术行事，以保证艇队取得胜利。在今晚的攻击中，我将身体力行、全力搜寻敌人，希望各位能将我的指示贯彻到行动中去。

附录 C

本书所在时期新入役的日本舰船[1]

舰名	下水时间	造船厂或建造地	排水量（吨）	指示马力（匹）	航速（节）	载煤量（吨）		武备			乘员数
						常规	最大	舰炮	鱼雷发射管		
									发射管数	携带鱼雷数	
巡洋舰											
音羽 Otawa	1903年11月	横须贺 Yokoska	3000	10000	21		*575*	2门6英寸炮，6门4.7英寸炮，4门12磅炮			312
驱逐舰[2]											
霰 Arare	*1905年5月*	吴港 Kure	375	6000	29		*100*	2门12磅炮，4门6磅炮	2	*4*	61[2]
有明 Ariake	*1904年12月*	横须贺 Yokoska	375	6000	29		*100*	2门12磅炮，4门6磅炮	2	4	61
吹雪 Fubuki	*1905年1月*	横须贺 Yokoska	375	6000	29		*100*	2门12磅炮，4门6磅炮	2	*4*	61
一等水雷艇											
雉[3] Kiji	*1905年4月*	吴港 Kure	137	4200	29		*25*[4]	1门6磅炮，1门3磅炮[5]	3		*30*

---

① 译注：由于本表成稿于一百多年前，其中难免有脱漏和讹误之处，译者试图根据现有资料对其纠正和补全，但细小的数据差异不在纠正之列。其中，纠正的内容将在脚注中特别说明，补全的内容则会在表内以加粗的斜体字表示。

② 译注：一说 55 名，其他各舰情况相同。

③ 译注：本艇的前身实际是 1903 年下水的同名水雷艇，1904 年 3 月 31 日，该水雷艇在对马岛南端触礁报废，其残余材料则被用于建造本艇。本艇于 1904 年 6 月在吴港海军工厂开工，并于 5 月 9 日赶在对马海战爆发前加入了第 19 水雷艇队。

④ 译注：一说 28.5 吨。

⑤ 译注：一说其全部火炮为 3 门 47 毫米炮，也有说法为 1 门 57 毫米炮和 2 门 47 毫米炮。

注释

1. 本附录是本书第一卷附录 K 的补充。在该附录列举的舰船中，9 月底时已有 2 艘战列舰（"初濑"号和"八岛"号）、2 艘巡洋舰（"宫古"号和"吉野"号）、2 艘驱逐舰、2 艘水雷艇、3 艘炮舰（"大岛"号、"海门"号、"平远"号）沉没；到旅顺陷落前，日军又损失了巡洋舰"高砂"号、2 艘炮舰（"爱宕"号和"济远"号）和 2 艘水雷艇。

2. 战争爆发时，各舰原定安装 1 门 12 磅炮和 5 门 6 磅炮，但在 1904 年后改为文中配置。

附录 D

日军辅助舰船 [1]①

船名	下水时间	建造地	总吨位	武装时间	备注
辅助巡洋舰 [2]					
台中丸 Taichu Maru	1897 年	英国 桑德兰 Sunderland	3319	1904 年 1 月	
台南丸 Tainan Maru	1897 年	英国 桑德兰 Sunderland	3311	1904 年 1 月	
八幡丸 Yawata Maru	1898 年	英国 格拉斯哥 Glasgow	3816	1904 年 1 月	
亚美利加丸 America Maru	1898 年	英国 纽卡斯尔 Newcastle	6307	1904 年 2 月	
香港丸 Hong-kong Maru	1898 年	英国 桑德兰 Sunderland	6169	1904 年 2 月	
日本丸 Nippon Maru	1898 年	英国 桑德兰 Sunderland	6169	1904 年 2 月	
扬武 Yobu	*1881 年*	*英国 米德尔斯堡 Middlesbrough*	3436	1904 年 3 月	原朝鲜炮舰
备后丸 Bingo Maru	1897 年	英国 格拉斯哥 Glasgow	6247	1905 年 3 月	
满洲丸 Manshu Maru	1894 年	英国 格里诺克 Greenock	5248	1905 年 3 月	
佐渡丸 Sado Maru	1897 年	英国 贝尔法斯特 Belfast	6222	1905 年 3 月	
信浓丸 Shinano Maru	1900 年	英国 格拉斯哥 Glasgow	6387	1905 年 3 月	
台北丸 Taihoku Maru	1891 年	英国 纽卡斯尔 Newcastle	2796	*1905 年 1 月*	舰队附属水雷敷设队 指挥舰
水雷母船 [3]					
春日丸 Kasuga Maru	1897 年	英国 格拉斯哥 Glasgow	3819	1904 年 1 月	
日光丸 Nikko Maru	1903 年	日本 长崎 Nagasaki	5538	1904 年 1 月	
熊野丸 Kumano Maru	1901 年	英国 格拉斯哥 Glasgow	5076	1904 年 3 月	

---

① 译注：本表的原内容有若干不实之处，纠正的内容将在脚注中特别说明，补全的内容则会在表内以加粗的斜体字表示，参考资料为《极密·明治三十七八年海战史》和部分互联网资料。

续前表

船名	下水时间	建造地	总吨位	武装时间	备注
韩崎丸 Karasaki Maru	1896 年	英国 纽卡斯尔 Newcastle	5627	1905 年 3 月	
丰桥 Toyohashi	*1888 年*	**英国 格拉斯哥 Glasgow**	*4055*		原俄国志愿辅助舰队 "叶卡捷琳诺斯拉夫" 号（Ekaterinoslav），最初计划改装为潜艇供应船
修理船					
江都丸 Koto Maru	1883 年	英国 格拉斯哥 Glasgow	3182		
三池丸 Miike Maru	1888 年	英国 桑德兰 Sunderland	3364		
关东丸 Kwanto Maru	1900 年	丹麦 哥本哈根 Copenhagen	6193	1904 年 7 月	原俄国东亚汽船公司的 "满洲"号（Manchuria），详情参见《武官报告》第 3 卷第 167 页
改装炮舰 ①					
蛟龙丸 Kereyo Maru	1903 年	日本 大阪 Osaka	745	1904 年 4 月	二等改装炮舰，由修理船改装于海州湾
高坂丸 Kohan Maru	1903 年	日本 大阪 Osaka	632	1904 年 4 月	改装情况同上，1905 年 1 月除役
第五宇和岛丸 Uwajima Maru V	1895 年	日本 神户 Kobe	377	1904 年 4 月	
第六宇和岛丸 Uwajima Maru VI②	1901 年	日本 大阪 Osaka	444	1904 年 4 月	
御代岛丸 Godaishima Maru		**日本 大阪 Osaka**	*273*	1904 年 5 月	
姬川丸 Himikawa Maru	1894 年	日本 大阪 Osaka	420	1904 年 5 月	
香川丸 Kagawa Maru	1903 年	日本 神户 Kobe	613	1904 年 5 月	
海城丸 Kaijo Maru		**日本 大阪 Osaka**	*284*	1904 年 5 月	
万田丸 Manda Maru	1900 年	日本 大阪 Osaka	248	1904 年 5 月	
大野川丸 Onogawa Maru	1893 年	日本 神户 Kobe	318	1904 年 5 月	
佐波川丸 Sobogawa Maru	1890 年	日本 大阪 Osaka	313	1904 年 5 月	

---

① 译注：此类舰船包括若干排水量 1000 吨以上的舰只，尽管舰种为"一等炮舰"，但日方平时仍以"改装炮舰"的统称呼之。

② 译注："第五宇和岛丸"和"第六宇和岛丸"在原文中被误记为"Uwajuna Maru I"和"Uwajuna Maru II"。

续前表

船名	下水时间	建造地	总吨位	武装时间	备注
神佑丸 Shinyo Maru	1903 年	日本 大阪 Osaka	414	1904 年 5 月	
爱媛丸 Ychime/Eshime Maru	1903 年	日本 神户 Kobe	613	1904 年 5 月	
吉田川丸 Yoshidogawa Maru	1890 年	日本 大阪 Osaka	309	1904 年 5 月	
武库川丸（？）① Wakigawa Maru		日本 大阪 Osaka	417	1904 年 5 月	
大仁丸 Ohito Maru	1900 年	日本 神户 Kobe	1576		一等改装炮舰
扶桑丸（？）② Bunryo Maru		日本 大阪 Osaka	318		
平壤丸 Heijo Maru	1903 年	日本 神户 Kobe	1201	1904 年 12 月 —1905 年 3 月	一等改装炮舰
京城丸 Keijo Maru	1882 年	日本 神户 Kobe	1207	1904 年 12 月 —1905 年 3 月	一等改装炮舰
太田川丸 Otagawa Maru		日本 大阪 Osaka	408		
舷川丸 Hijigawa Maru		日本 神户 Kobe	354		
医院船					
神户丸 Kobe Maru	1888 年	英国 格拉斯哥 Glasgow	2877		详情参见《武官报告》 第 3 卷第 236 页
西京丸 Saikyo Maru	1888 年	英国 格拉斯哥 Glasgow	2904		
杂役船					
千岛丸 Chishima Maru					用于旅顺扫雷
日之出丸 Hinode Maru	1872 年	英国 伦敦 London	1115		用于旅顺扫雷
早田丸 Hayata Maru					用于旅顺扫雷
小蝶丸 Kocho Maru	1890 年	日本 大阪 Osaka			用于旅顺扫雷
第一千鸟丸 Chidori I. Maru					用于旅顺扫雷
新发田丸 Shibata Maru	1886 年	英国 桑德兰 Sunderland	2783		用于旅顺扫雷

① 译注：该船船名的正确英文拼写为 "Mokugawa Maru"，原英文名不知所指为何。
② 译注：该船船名的正确英文拼写为 "Fuso Maru"，原英文名不知所指为何。

续前表

船名	下水时间	建造地	总吨位	武装时间	备注
旅顺丸 Ryojan Maru	*1892年*①	*英国 纽卡斯尔*② *Newcastle*	*4905*③	*1904年12月* *—1905年2月*	布雷船
冲绳丸 Okinawa Maru	1896年	英国 伦弗鲁 Renfrew	2232		布缆船
山城丸 Yamashiro Maru	1890年	英国 桑德兰 Sunderland	3320		弹药运输船

注：列表中各船的信息存在缺漏。当 1904 年 11 月伊东大将以担心危险为由，驳回了东乡司令使用水雷防御港口的提议后，他还向东乡表示，海军省更倾向于使用近海水雷艇。得知此事后，东乡表示，他有改装 16 艘辅助炮舰的计划，这些炮舰都将安装鱼雷发射管。同时，他还表示，他已经改装了 4 艘载有水雷敷设装置的船只，另外还将在未来再改装 6 艘。（出自《日本战史极密版》第 2 卷第 227 页）

注释

1. 不含各类补给船。

2. 各舰的常备武器为 2 门 4.7 英寸炮和 6 门 6 磅炮。

3. 装备有轻型火炮。

---

① 译注：原文为 1897 年，实误。
② 译注：原文为"日本 大阪"，实误。
③ 译注：原文为 170 吨，实误。

附录 E1

本卷所在时期俄军部署在远东海域的舰船 ①

（a）战列舰、巡洋舰、炮舰、布雷舰、运输舰和通报舰

舰名	舰种	下水时间②	建造地	排水量（吨）	指示马力（匹）	航速（节）	载煤量（吨）常规	最大	最大装甲厚度（英寸）水线	甲板	主炮	指挥塔	武备 舰炮	鱼雷发射管 水下	水上	乘员数
纳西莫夫海军上将 Admiral Nakhimov	装甲巡洋舰	1885年11月	俄国圣彼得堡（波罗的海船厂）St. Petersburg (Baltic Works)	8524	7768	16.6		1300	10	2	8	6	8门8英寸炮、10门6英寸炮、2门2.5英寸炮、12门3磅炮、10座机关枪③	3		572
谢尼亚文海军上将 Admiral Senyavin	岸防装甲舰	1894年8月	俄国圣彼得堡（海军部新造船厂）St. Petersburg (New Dockyard)	4960	5327	16.1	260	400	10	2.5	8	8	4门10英寸炮、4门4.7英寸炮、2门2.5英寸炮、6门3磅炮、18座机关炮	4		404
乌沙科夫海军上将 Admiral Ushakov	岸防装甲舰	1893年11月	俄国圣彼得堡（波罗的海船厂）St. Petersburg (Baltic Works)	4126	5769	16.1	260	400	10	2.5	8	8	4门10英寸炮、4门4.7英寸炮、2门2.5英寸炮、6门3磅炮、18座机关炮	4		404

① 译注：本表格内容与历史情况存在出入，纠正的内容将在脚注中特别说明，补全的内容则会在表内以加粗的斜体字表示。

② 译注：本表中所有的时间均为公历时间，而非当时俄国通用的俄历时间。

③ 译注：关于该舰的小口径自动武器，一说仅有2挺机关枪。另外，舰上的3磅炮也有10门，15门和16门等不同说法。还有一些资料显示舰上安装了37毫米机关炮。

续前表

舰名	舰种	下水时间	建造地									武器		舰员
阿留申人 Aleut	布雷舰（海参崴）	1886 年 7 月	挪威 克里斯蒂安尼亚① Christiania	892	730	12.2	70					4 座机关炮，可携带 **250 枚水雷**		104
金刚石 Almaz	通报舰	1903 年 6 月	俄国 圣彼得堡（波罗的海船厂）St. Petersburg（Baltic Works）	3285	7500	19	500				6	4 门 12 磅炮，8 门 3 磅炮②		336
曙光女神 Avrova	一等防护巡洋舰	1900 年 5 月	俄国 圣彼得堡（海军部新造船厂）St. Petersburg（New Dockyard）	6731	11610	20	900	1430	3		6	8 门 6 英寸炮，24 门 12 磅炮，2 门 2.5 英寸炮，8 座机关炮	2 / 1	570
壮士 Bogatuir	一等防护巡洋舰（海参崴）	1901 年 1 月	德国 斯德丁 Stettin	6645	19500	23	900	1430	2.75	5	5.5	12 门 6 英寸炮，12 门 12 磅炮，2 门 2.5 英寸炮，4 座机关炮③	2 / 4	573
博罗季诺 Borodino	一等战列舰	1901 年 9 月	俄国 圣彼得堡（海军部新造船厂）St. Petersburg（New Dockyard）	13516	16300	17.8	1250	7.625	2.9	10	8	4 门 12 英寸炮，12 门 6 英寸炮，20 门 12 磅炮，20 门 3 磅炮，10 挺机关枪	2 / 2	830
迪米特里·顿斯科伊 Dimitri Donskoi	装甲巡洋舰	1883 年 8 月	俄国 圣彼得堡（海军部新造船厂）St. Petersburg（New Dockyard）	6200	6609	17	400	6	0.5	6		6 门 6 英寸炮，10 门 4.7 英寸炮，2 门 2.5 英寸炮，6 门 3 磅炮，22 座机关炮/机关枪④	5	503

① 译注：即今天挪威的首都奥斯陆（Oslo）。
② 译注：3 磅炮数量一说为 6 门。
③ 译注：俄方资料称该舰共有 8 门 47 毫米炮。
④ 译注：关于该舰的前炮和轻型火炮，一说为 4 门 120 毫米炮，6 门 75 毫米炮，2 门 64 毫米炮，8 门 47 毫米炮（即 3 磅炮），10 座 37 毫米机关炮和 2 挺机枪。

续前表

舰名	舰种	下水时间	建造地	排水量(吨)	指示马力(匹)	航速(节)	载煤量(吨)		最大装甲厚度(英寸)				武备	鱼雷发射管		乘员数
							常规	最大	水线	甲板	主炮	指挥塔	舰炮	水上	水下	
阿普拉克辛海军元帅 General-Admiral Apraxin	岸防装甲舰	1896年5月	俄国 圣彼得堡（海军部新造船厂）St. Petersburg (New Dockyard)	4126	5000	16	260	400	10	2.5	8	8	3门10英寸炮、4门4.7英寸炮、2门2.5英寸炮、10门3磅炮、12座机夫炮		4	404
雷霆 Gromoboi	装甲巡洋舰(海参崴)	1899年5月	俄国 圣彼得堡（波罗的海船厂）St. Petersburg (Baltic Works)	13220	15500	20	800	2500	6	2.5	4.75	12	4门8英寸炮、16门6英寸炮、24门12磅炮、12门3磅炮、2门2.5英寸炮①、22座机夫炮		4	874
沙皇亚历山大三世 Imperator Alexandr III	一等战列舰	1901年8月	俄国 圣彼得堡（波罗的海船厂）St. Petersburg (Baltic Works)	13516	15800	17.6	1250		7.625	2.9	10	8	4门12英寸炮、12门6英寸炮、20门12磅炮、20门3磅炮、10挺机夫枪	2	2	830
沙皇尼古拉一世 Imperator Nikolai I	二等战列舰	1889年6月	俄国 圣彼得堡（法俄联合船厂②）St. Petersburg (Franco-Russian Works)	9672	7842	14	1200		14	2.375	10	8	2门12英寸炮、4门9英寸炮、8门6英寸炮、2门2.5英寸炮、16门3磅炮、8座机夫炮③	6		623

① 译注：机夫炮一说只有18座，另有2挺机枪。

② 译注：后来改名为"加勒尔尼岛造船厂"，1909年再度改名为"海军部造船厂"。

③ 译注：一说机夫炮只有2座。

续前表

名称	舰种	下水时间	制造厂	排水量(吨)	马力	航速(节)							武器装备		编制
绿宝石 Izumrud	三等防护巡洋舰	1903年10月	俄国圣彼得堡（涅瓦河船厂）St. Petersburg (Nevski Works)	3103	17000	24	400	510	2	1.1875			6门4.7英寸炮、6门3磅炮、1门2.5英寸炮、4座机关炮①	5	336
苏沃洛夫公爵 Knyaz Suvorov	一等战列舰	1902年9月	俄国圣彼得堡（波罗的海船厂）St. Petersburg (Baltic Works)	13516	15800	17.6	7.625	1250	2.9	10	8		4门12英寸炮、12门6英寸炮、2门2.5英寸炮、20门3磅炮、10挺机关枪	2	830
纳瓦林 Navarin	一等战列舰	1891年10月	俄国圣彼得堡（法俄联合船厂）St. Petersburg (Franco-Russian Works)	10206	9144	15.9	700	400	3	16	12	10	4门12英寸炮、8门6英寸炮、2门2.5英寸炮、18门3磅炮①、12座机关炮	6	622
奥列格 Oleg	一等防护巡洋舰	1903年8月	俄国圣彼得堡（海军部造船厂）St. Petersburg (New Dockyard)	6645	19500	23	900		2.75	5	5.5		12门6英寸炮、2门2.5英寸炮、12门3磅炮②、4挺机关枪	2	580
鹰 Orel	一等战列舰	1902年7月	俄国圣彼得堡（加勒尔尼岛造船厂）St. Petersburg (Galerni Island)	13516	15800	17.6	7.625	1250	2.9	10	8		4门12英寸炮、12门6英寸炮、2门2.5英寸炮、20门3磅炮、10挺机关枪	2	830
奥斯利亚比亚 Oslyabya	一等战列舰	1898年11月	俄国圣彼得堡（海军部新造船厂）St. Petersburg (New Dockyard)	12674	15053	18.3	2060	1060	9	2.75	9	6	4门10英寸炮、11门6英寸炮、2门2.5英寸炮、20门3磅炮③、8座机关炮	3	769

① 译注：一说其武器为8门6英寸炮，4门47毫米炮（3磅炮），1门63.5毫米炮（2.5英寸炮）和6挺7.62毫米机枪。

② 译注：关于3磅炮数量，一说为14门。

③ 译注：一说无3磅炮。

528

续前表

舰名	舰种	下水时间	建造地	排水量（吨）	指示马力（匹）	航速（节）	载煤量（吨）常规	载煤量（吨）最大	最大装甲厚度（英寸）水线	甲板	主炮	指挥塔	武器 舰炮	鱼雷发射管 水上	鱼雷发射管 水下	乘员数
俄罗斯 Rossiya	装甲巡洋舰（海参崴）	1896年5月	俄国 圣彼得堡（波罗的海船厂）St. Petersburg (Baltic Works)	13675	18426	19.7	1000	2500	8	2	5	12	4门8英寸炮、16门6英寸炮、12门12磅炮、20门3英寸磅炮、2门2.5英寸炮、16座机关炮①		5	839
伟大的西索伊 Sisoi Veliki	一等战列舰	1894年6月	俄国 圣彼得堡（海军部新造船厂）St. Petersburg (New Dockyard)	10400	8494	15.7	500	800	16	3	12	6	4门12英寸炮、6门6英寸炮、2门2.5英寸炮、12门3磅炮、16座机关炮/机关枪		6	586
斯维特兰娜 Svyetlana	二等防护巡洋舰	1896年12月	法国 勒阿弗尔（地中海冶金造船厂）Le Havre (Forges et Chantiers)	3727	10100	20.2	400			2.5		4	6门6英寸炮、10门3磅炮、2座机关炮②		2	402
弗拉基米尔·黄诺马赫 Vladimir Monomakh	装甲巡洋舰	1882年10月	俄国 圣彼得堡（波罗的海船厂）St. Petersburg (Baltic Works)	5593	7044	17.5	400		6	0.5			5门6英寸炮、6门4.7英寸炮、2门2.5英寸炮、16门3磅炮、4座机关炮		3	493
珍珠 Zhemchug	三等防护巡洋舰	1903年8月	俄国 圣彼得堡（涅瓦河船厂）St. Petersburg (Nevski Works)	3103	17000	24	400	510	2			1.1875	6门4.7英寸炮、6门3磅炮、1门2.5英寸炮③、4座机关炮		5	336

① 译注：机关炮一说为18门。

② 译注：3磅炮一说为8门。

③ 译注：一说其武器为8门6英寸炮、4门47毫米炮（3磅炮）、1门63.5毫米炮（2.5英寸炮）和6挺7.62毫米机枪。

（b）驱逐舰

舰名	下水时间	建造方/建造地	排水量（吨）	指示马力（匹）	航速（节）	载煤量（吨）	武备			乘员数
							舰炮	鱼雷发射管		
								发射管数	携带鱼雷数	
无瑕 Bezuprechini	1902年	俄国 圣彼得堡 St. Petersburg（涅瓦河船厂 Nevski Works）	350	5700	26	80	1门12磅炮、5门3磅炮	3	6	62
辉煌 Blestyashchi	1901年	俄国 圣彼得堡 St. Petersburg（涅瓦河船厂 Nevski Works）	350	5700	26	80	1门12磅炮、5门3磅炮	3	6	62
朝气 Bodri	1902年	俄国 圣彼得堡 St. Petersburg（涅瓦河船厂 Nevski Works）	350	5700	26	80	1门12磅炮、5门3磅炮	3	6	62
威武 Bravi	1901年	俄国 圣彼得堡 St. Petersburg（涅瓦河船厂 Nevski Works）	350	5700	26	80	1门12磅炮、5门3磅炮	3	6	62
猛烈 Buini	1901年	俄国 圣彼得堡 St. Petersburg（涅瓦河船厂 Nevski Works）	350	5700	26	80	1门12磅炮、5门3磅炮	3	6	62
迅速 Buistri	1901年	俄国 圣彼得堡 St. Petersburg（涅瓦河船厂 Nevski Works）	350	5700	26	80	1门12磅炮、5门3磅炮	3	6	62
大胆 Byedovi	1902年	俄国 圣彼得堡 St. Petersburg（涅瓦河船厂 Nevski Works）	350	5700	26	80	1门12磅炮、5门3磅炮	3	6	62
洪亮 Gromki	1904年	俄国 圣彼得堡 St. Petersburg（涅瓦河船厂 Nevski Works）	350	5700	26	80	1门12磅炮、5门3磅炮	3		62
威严 Grozni	1904年	俄国 圣彼得堡 St. Petersburg（涅瓦河船厂 Nevski Works）	350	5700	26	80	1门12磅炮、5门3磅炮	3		62

（c）一等鱼雷艇 *

艇名	下水时间	建造方/建造地	排水量（吨）	指示马力（匹）	航速（节）	载煤量（吨）	武备			乘员数
							舰炮	鱼雷发射管		
								发射管数	携带鱼雷数	
第203号 No.203	1889年	俄国 奥布①（克莱顿造船厂）Abo（Crighton's Works）	175	1956	20.4	30	3座机关炮	3		21
第205号 No.205	1886年	法国 勒阿弗尔（诺曼船厂）Havre（Normand）	96	737	19.2	29	2座机关炮	2		21
第206号 No.206	1886年	法国 勒阿弗尔（诺曼船厂）Havre（Normand）	108	837	19.7	29	2座机关炮	2		21
第209号 No.209	1897年	俄国 圣彼得堡（海军部新造船厂）St. Petersburg（New Dockyard）	120	1460	18.5	40	2座机关炮	3		21
第210号 No.210	1898年	俄国 圣彼得堡（伊佐拉船厂）St. Petersburg（Izhora Works）	120	1460	18.5	40	2座机关炮	3		21
第211号 No.211	1898年	俄国 圣彼得堡（伊佐拉船厂）St. Petersburg（Izhora Works）	120	1460	18.5	40	2座机关炮	3		21

* 位于海参崴

① 译注：即今天芬兰的港口城市图尔库（Turku）。

531

(d) 二等鱼雷艇 *

艇名	下水时间	建造方/建造地	排水量（吨）	指示马力（匹）	航速（节）	载煤量（吨）	武备			乘员数
							舰炮	鱼雷发射管		
								发射管数	携带鱼雷数	
第91号 No.91	1878年	俄国 圣彼得堡（波罗的海船厂）St. Petersburg（Baltic Works）	24	220					1枚怀特海德鱼雷	8
第92号 No.92	1878年	俄国 圣彼得堡（波罗的海船厂）St. Petersburg（Baltic Works）	24	220					1枚怀特海德鱼雷	8
第93号 No.93	1877年	俄国 圣彼得堡（波罗的海船厂）St. Petersburg（Baltic Works）	24	220					1枚怀特海德鱼雷	8
第94号 No.94	1878年	俄国 圣彼得堡（波罗的海船厂）St. Petersburg（Baltic Works）	23	220					1枚怀特海德鱼雷	8
第95号 No.95	1878年	俄国 圣彼得堡（波罗的海船厂）St. Petersburg（Baltic Works）	23	220					1枚怀特海德鱼雷	8
第97号 No.97	1878年	俄国 奥布（克莱顿造船厂）Abo（Crighton's Works）	23	220					2具杆雷	8
第98号 No.98	1878年	俄国 圣彼得堡（贝尔德船厂①）Baird	23	220					2具杆雷	8

★ 位于海参崴

① 译注：即前文中"加勒尔尼岛造船厂"的前身，该厂在1815—1881年间曾采用此名。

附录 E2

俄军辅助舰船 ①

船名	类别	下水时间	建造地	排水量（吨）	指示马力（匹）	航速（节）	载煤量（吨）	武器	乘员数	备注
阿纳德尔 Anaduir	武装运输船（煤炭和补给品）	1903 年	英国 巴罗 Barrow	12000	5000	13	4400+②	8门 57毫米炮	245	原"弗朗什－孔泰"号（Franche Comte），购自维克斯父子＆马克西姆有限公司（Vickers, Sons and Maxim）
额尔古纳 Argun	武装运输船（海参崴）	1902 年	英国米德尔斯堡 Middlesbrough	7000		不足 12 节		不详		原德国汉堡伦克汽船公司（Renck）的汽船"哈菲斯"号（Hafis）
比安卡 Bianca	武装运输船（海参崴）	1899 年	德国吕贝克 Lubeck	2200				不详		原德国汉堡艾姆布克汽船公司（Eimbcke）的汽船"比安卡"号（Bianca）
民丹岛 Bintang	武装运输船（海参崴）③	1901 年	英国利斯 Leith	1404*				不详		原丹麦宝隆洋行（Danish East Asiatic Co.）的汽船"民丹岛"号

---

① 译注：本表格内容与历史情况存在出入，纠正的内容将在脚注中特别说明，补全的内容则会在表内以加粗的斜体字表示。

② 译注：该舰有 4 个专门收装的煤舱，每个煤舱可装载煤炭 1100 吨，在对马海战前夕，该舰上装载的煤炭更是突破了 7000 吨。

③ 译注：此处似乎有误，本船和在旅顺陷落时出逃的"民丹岛"号明显系同一艘，后者在胶州湾当局一直扣押到战争结束。

续前表

舰名	类型	建成年份	建造地	排水量	马力	航速		武备		备注
第聂伯 Dnyepr	武装运输船	1894年	英国纽卡斯尔 Newcastle	9460	11200	19	1100	7门120毫米炮、8门47毫米炮、10座37毫米机关炮①		原俄国志愿辅助舰队的"彼得堡"号
顿河 Don	辅助巡洋舰	1890年	德国斯德丁 Stettin②	10500	16400	19.5	2750	2门120毫米炮、5门76毫米炮、8门57毫米炮		原德国汉堡－美洲公司的"俾斯麦侯爵"号
斯特罗加诺夫伯爵 Graf Strogonov	运水船	1903年	英国纽卡斯尔 Newcastle	7016*		不足12节		悬挂商船旗		由俄国北方汽船公司（Northern Steamship Co.）所有
赫尔曼·莱切 Hermann Lerche	运输船	1902年	英国斯托克顿 Stockton	3126	1350	不足12节		悬挂商船旗		由俄国北方汽船公司所有
额尔齐斯 Irtuish	武装运输船	1900年	英国纽卡斯尔 Newcastle	7500*	4000	12	**9000**	**8门57毫米炮**	**249**	原德国汉堡－美洲公司的"比利时"号（Belgia）
堪察加 Kamchadal（海参崴）	武装运输船	1892年	英国格拉斯哥 Glasgow	900		11.5		2挺机关枪/机关炮		
堪察加 Kamchatka	修理舰	1902年	俄国圣彼得堡 St. Petersburg	7200	2800	12		6门6磅炮	267	
基辅 Kiev	运输船	1896年	英国克莱德班克 Clydebank	10850	3000	13	1204	悬挂商船旗	81	隶属于俄国志愿辅助舰队
中国 Kitai	运输船	1898年	英国利斯 Leith	4660*	2200	10		悬挂商船旗	52	由俄国东亚汽船公司（Russian East Asiatic Steamship Co.）所有

① 译注：原文为"7门6英寸炮、4门12磅炮、12座机关枪/机关炮"，实误；另外，该船的轻型火炮一说为"18门37毫米机关炮"及"14门47毫米炮、6座37毫米机关炮和2挺机枪（加入第2太平洋舰队期间）"。

② 译注：即今天波兰的港口城市什切青（Szczecin）。

续前表

船名	类别	下水时间	建造地	排水量（吨）	指示马力（匹）	航速（节）	载煤量（吨）	武器	乘员数	备注
哥尔查科夫公爵 Knyaz Gorchakov	运输船	1901年	英国 西哈特普尔 West Hartlepool	3882*	1400	10		悬挂商船旗		由俄国北方汽船公司所有
科雷马 Koluima	武装运输船（海参崴）	1893年	英国 米德尔斯堡 Middlesbrough	3400①	1350	9		不详		原德国汉堡捷成洋行号（Jebsen）的"艾玛"（Emma）
朝鲜 Koreya	武装运输船（弹药）	1899年	德国 弗伦斯堡 Flensburg	6163*	2800	12		悬挂商船旗	48	由俄国东亚汽船公司所有
科斯特罗马 Kostroma	医院船	1888年	英国 纽卡斯尔 Newcastle	6800	2600	13	541	悬挂红十字旗		原隶属于俄国志愿辅助舰队
库班 Kuban	辅助巡洋舰	1889年	德国 斯德丁 Stettin	10500	12500	18.5		2门120毫米炮、4门76毫米炮、8门57毫米炮、2挺机关枪		原德国汉堡－美洲公司的"奥古斯特·维多利亚"号
库兰尼亚 Kuronia	运输船	1890年	英国 格拉斯哥 Glasgow	4572*	2500	不足12节		悬挂商船旗		由俄国东亚汽船公司所有
莉莉 Lili	运输船（海参崴）	1890年	英国 桑德兰 Sunderland	3500		不足12节		不详		原英国利物浦德运海运公司（Drummond Co.）的汽船"德拉蒙德"号（Drummond）
立窝尼亚 Livonia	运输船	1902年	德国 弗伦斯堡 Flensburg	5782*		不足12节		悬挂商船旗		由俄国东亚汽船公司所有
马来亚 Malaiya	运输船	1898年	英国 格拉斯哥 Glasgow	4847*	1660	不足12节		悬挂商船旗	44	由俄国东亚汽船公司所有
水星 Merkuri	运输船	1900年	德国 基尔 Kiel	4046*	2325	11.5		悬挂商船旗	42	由俄国远航外贸汽船公司（Russian Steam Navigation and Trading Co.）所有

① 译注：一说为2667吨。

续前表

名称	类型	建造年	建造地			航速		武备/旗帜	所属
流星 Meteor	运水船	1901年	英国米德尔斯堡 Middlesbrough	4259*	2000	10.5	45	悬挂商船旗	由俄国远航外贸汽船公司所有
蒙兀盖① Mongugai	巡逻舰（海参崴）	1891年	德国弗伦斯堡 Flensburg	1012*		不足12节		不详	原德国斯特鲁维船公司（Struve）的"普隆托"号（Pronto）
可靠 Nadezhni	破冰船（海参崴）	1896年	丹麦哥本哈根 Copenhagen	1525	2920	13.8		2挺机关枪/机关炮	
鄂霍次克 Okhotsk	运输船（海参崴）	1882年	英国格里诺克 Greenock	1000	1048	12		不详	原英国太古轮船公司（China Navigation Company）的"重庆"号（Chung-King）
奥廖尔 Orel	医院船	1890年	英国纽卡斯尔 Newcastle	8175	9500	19.25	765	悬挂红十字旗	原隶属于俄国志愿辅助舰队
里翁 Rion	武装运输船	1902年	英国纽卡斯尔 Newcastle	12050	16500	20	1580	8门120毫米炮、7门76毫米炮、4门47毫米炮	原俄国志愿辅助舰队的"斯摩棱斯克"号
罗斯 Rus	远洋拖船	1903年	德国滕宁 Tonning	611*	1500	13②		悬挂商船旗	原德国汉堡维莱恩海运公司（Verein）的汽船"罗兰"号（Roland）
色楞格 Selenga	武装运输船（海参崴）	1899年	英国西哈特尔普尔 West Hartlepool	6219		9		不详	前德国汉堡安德森海运公司（Anderson）的汽船"克劳狄"号（Claudius）
石勒喀 Shilka	武装运输船（海参崴）	1896年	英国纽卡斯尔 Newcastle	3500				不详	原德国汉堡建成洋行的汽船"艾丽卡"号（Erica）
松花江 Sungari	武装运输船（海参崴）	1903年	英国纽卡斯尔 Newcastle	6970		9		不详	前德国汉堡安德森海运公司的汽船"提比略"号（Tiberius）

① 译注：其船名来自俄国滨海省境内的蒙兀盖河，即今天的安巴河（Amba）。
② 译注：一说为10节。

续前表

船名	类别	下水时间	建造地	排水量(吨)	指示马力(匹)	航速(节)	载煤量(吨)	武器	乘员数	备注
斯维里 Svir	远洋拖船	1898年	荷兰 金德代克 Kinderdijk	542*	**1500**	**13.5**①		悬挂商船旗		原荷兰鹿特丹斯密特公司(Smith & Co.)的汽船"黑海"号(Zwartezee)
坦波夫 Tambov	运输船	1893年	英国 邓巴顿 Dumbarton	8950	2500	12.5	958	悬挂商船旗	82	隶属于俄国志愿辅助舰队
捷列克 Terek	辅助巡洋舰	1889年	英国 伯肯希德 Birkenhead	10000	13330	19		**2门120毫米炮、4门76毫米炮、8门57毫米炮、2挺机关枪**		原德国汉堡－美洲公司的"哥伦比亚"号
托博尔 Tobol	武装运输船(海参崴)	**1901年**	**英国桑德兰 Sunderland**	5500				不详		原英国汽船"切尔腾汉姆"号(Cheltenham)
乌拉尔 Ural	辅助巡洋舰	1890年	德国 斯德丁 Stettin	13600	17300	20	**4260**	**2门120毫米炮、4门76毫米炮、8门57毫米炮、2挺机关枪**	490②	原德国北德意志劳埃德公司的"玛丽亚·特蕾西亚女皇"号(Kaiserin Maria Theresia)
乌苏里 Ussuri	武装运输船(海参崴)	1893年	英国 贝尔法斯特 Belfast	3400				不详		原德国汉堡捷运洋行的汽船"艾尔莎"号(Elsa)
弗拉基米尔 Vladimir	运输船	1895年	英国 邓巴顿 Dumbarton	10750	3000	13	1185	悬挂商船旗	80	隶属于俄国志愿辅助舰队
沃罗涅日 Voronesh	运输船	1895年	英国 邓巴顿 Dumbarton	10750	3000	13	1170	悬挂商船旗	83	隶属于俄国志愿辅助舰队
雅库特人 Yakut	运输船(海参崴)	1880年	1892年购自英国①	700	867	12		2门3磅炮、2挺机关枪	95	
齐妮亚 Xenia	修理船	1900年	英国 南希尔兹 South Shields	3773*	1800	10		悬挂商船旗		由俄国波罗的海汽船公司(Russo-Baltic Steamship Co.)所有

* 总吨位

① 译注：原文为"不足12节"，误。

② 一说510人。

③ 译注：该船的建造地是英国的阿伯丁(Aberdeen)。

附录 F1

开战至战争结束，日军击沉和俘获的商船 ①

船名	国籍	总吨位	出发地—目的地	货物	捕获地点	捕获日期	备注
叶卡捷琳诺斯拉夫 Ekaterinoslav	俄国	5627	海参崴—敖德萨	杂货	釜山附近	1904 年 2 月 6 日	由 "济远" 号捕获，船方申诉被驳回；现属日本，船名为 "韩崎丸"
奉天 Mukden	俄国	1567	长崎—海参崴	杂货	釜山	1904 年 2 月 6 日	于开战前的 2 月 5 日离开长崎，船方申诉被驳回；现属日本海军省，船名为 "奉天丸"（Hoten Maru）
额尔古纳 Argun	俄国	2458	大连—长崎	杂货	朝鲜西南海域	1904 年 2 月 7 日	由 "浅间" 号捕获，船方申诉失败；**后属日本，改名 "罗洲丸"**
俄罗斯 Rossiya	俄国	2312	大连—唐津（Karatsu）	杂货	旅顺附近	1904 年 2 月 7 日	由 "龙田" 号捕获，船方申诉被驳回；现由日本政府所有，船名为 "济洲丸"（Saishu Maru）
赫尔墨斯 Hermes	挪威	1358	门司—旅顺	煤炭	旅顺附近	1904 年 2 月 9 日	由于离港前不知晓战争已爆发，该船最终经 3 月 9 日获释
满洲（俄国东亚汽船公司）Manchuria	俄国	6193	波罗的海—旅顺	军需物资等	旅顺附近	1904 年 2 月 9 日	由 "高砂" 号捕获，船方申诉被驳回；现由日本海军省所有，船名为 "关东丸"（Kanto Maru）
尼古拉（捕鲸船）Nikolai	俄国	124	捕鱼作业时被俘	无	朝鲜东海岸	1904 年 2 月 10 日	船方申诉失败
亚历山大（鲸鱼运输船）Alexandr	俄国	261	捕鱼作业时被俘	粮食	严原（Idzuhara）	1904 年 2 月 10 日	船方申诉失败；后由日本海军省所有，并改名为 "历山丸"（Rikisan Maru）
米哈伊尔 Michail	俄国	3603	捕鱼作业时被俘	铁条等	朝鲜东海岸	1904 年 2 月 10 日	该船系鲸鱼加工船，船方申诉失败

① 译注：纠正的内容将在脚注中特别说明，补全的内容则会在表内以加粗斜体字表示，全书的内容均如此。参考资料为《极密·明治三十七八年海战史》和《日露海战记》。

续前表

船名	国籍	总吨位	出发地—目的地	货物	捕获地点	捕获日期	备注
海豹 Kotik	俄国	400	在港内被俘	铁条等	横滨	1904年2月12日	船方申诉失败；后属日本，改名"北洋丸"
护林人 Lyesnik	俄国	100	在港内被俘	盐	长崎	1904年2月17日	船方未作申诉
满洲（中东铁路公司）Manchuria	俄国	2937	维修期间被俘	粮食	长崎	1904年2月17日	由于引擎卸下而无法离港，船方离港失败，后改名为"满洲丸"（Manshu Maru）
娜达莎（帆船）Nadeshda	俄国	68	在港内被俘	无	函馆	1904年2月17日	海豹狩猎船；船方未伸诉
海狸（帆船）Bobrik	俄国	125	在港内被俘	无	函馆	1904年2月17日	船方未作申诉
布利斯格拉维亚 Brisgravia	德国	6477	汉堡—胶州	杂货	门司	1904年3月28日	拿捕原因系船上有武器，但在得知武器属于胶州德国当局后，日方便将其释放
塔利娅（帆船）Tarria	俄国	120	在港内被俘	无	函馆	1904年4月13日	远洋帆船；船方未伸诉
西平 Hsiping①	英国	1981	上海—牛庄	杂货	芝罘附近	1904年7月14日	由"香港丸"捕获；运往牛庄的违禁品遭没收，其余物资则给予放行
北平 Peiping	中国	400	上海—牛庄	杂货	芝罘附近	1904年7月17日	运往牛庄的违禁品没收，其余物资放行
乔治 Georges	法国	179	上海—旅顺	粮食	旅顺附近	1904年8月19日	船只遭没收，货物此前已被该船转往一艘俄国汽船上；船方申诉被驳回，后属"老铁丸"
大阪（帆船）Osaka	英国	546	上海—海参崴	弹药	择捉岛（位于千岛群岛中）海域	1904年9月26日	拿捕时该船已搁浅
西山（？）② Sishan	英国	1351	香港—牛庄	牲口和粮食	牛庄	1904年10月7日	由于拿捕系在中立港口违法进行，该船后来连同货物一并获释

① 译注：该船实际由中国的开平煤矿所有，可能是因为事发时悬挂了英国旗，所以被原作者归入了英国国籍。

② 译注：此船中文名不详，此处为推测音译。

续前表

船名	国别	吨位	航线	货物	地点	日期	备注
富平 Fu-Ping	德国	1393	上海—旅顺	武器弹药和各类杂货	牛庄附近	1904年10月7日	船方申诉遭驳回；现由日本政府所有，船名为"长山丸"（Chozan Maru）
老兵 Veteran	德国	1199	上海—旅顺	粮食、被服和伪造文件	芝罘附近	1904年10月12日	船只和货物被没收；船方申诉遭驳回，改名为"八浦丸"；现由日本政府所有（Yawa Maru）
亚瑟王 King Arthur	英国	1416	旅顺—上海	无	芝罘外海12海里处	1904年11月19日	船方申诉遭驳回；后由日本政府售予一家神户的航运公司，改名为"音羽丸"（Otowa Maru）
尼格雷提亚 Nigretia	英国	2368	上海—海参崴	煤油	朝鲜海峡	1904年12月19日	拿捕时，船上被发现有2名来自旅顺的俄国海军军官；船方申诉遭驳回；改属日本，改名"崴山丸"
罗塞利 Roseley	英国	4370	加的夫（Cardiff）—海参崴	6500吨煤炭	朝鲜海峡	1905年1月11日	由"常磐"号申诉驳回；船方申诉遭驳回；后属日本，改名"高崎丸"
莱辛顿 Lethington	英国	4421	加的夫—海参崴	6500吨煤炭	朝鲜海峡	1905年1月12日	由第72号水雷艇捕获；船方申诉遭驳回；后属日本，改名"若宫丸"
威廉明娜 Wilhelmina	荷兰	4295	上海—海参崴	6897吨煤炭	朝鲜海峡	1905年1月16日	由"浪速"号第60号水雷艇捕获；船只和货物被没收；船方申诉遭驳回；后属日本，改名"影岛丸"
鲍特里 Bawtry	英国	2407	胶州—海参崴	粮食、机油和船舶建材	朝鲜海峡	1905年1月17日	由"常磐"号申诉驳回；船方申诉遭驳回；后属日本，改名"栗桥丸"
奥克利 Oakley	英国	3798①	加的夫—海参崴	5900吨煤炭	朝鲜海峡	1905年1月18日	由"常磐"号捕获；货物被没收；船方申诉遭驳回；后属日本，改名"帽子丸"
缅甸 Burma	奥匈帝国	3071	加的夫—海参崴	4100吨煤炭	津轻海峡	1905年1月27日	由第30号水雷艇捕获；船只和货物被没收；后属日本，改名"攀山丸"
M.S.多拉尔 M.S. Dollar	英国	4216	旧金山—海参崴	饲料和粮食	津轻海峡	1905年1月27日	由"浅间"号申诉遭驳回；船只和货物被没收；后属日本，改名"龙飞丸"

① 译注：日方资料作"2798吨"，此处似乎系平系资料转抄时出现了错误。

续前表

船名	国籍	总吨位	出发地—目的地	货物	捕获地点	捕获日期	备注
韦即菲尔德 Wyefield	英国	3235	旧金山—海参崴	饲料	津轻海峡	1905年1月30日	由"武藏"号（Musashi）捕获；船方申诉遭驳回
暹罗 Siam	奥匈帝国	3160	加的夫—海参崴	4100吨电煤	北海道南部近海	1905年1月31日	由"浅间"号捕获；船方申诉驳回；*后属日本，改名"爆参丸"*
伊斯特里 Eastry	英国	2998	莫兰（Mororan）—香港	4100吨日本煤炭	津轻海峡	1905年2月7日	由"松岛"号捕获，后被带往横须贺因捕获不合法而获释
帕罗斯 Paros	德国	2398	汉堡—香港	船舶建材和粮食	择捉岛海域	1905年2月10日	由"香港丸"捕获，船只和货物被没收；船方申诉遭驳回
阿波罗 Appollo	英国	3629	加的夫—海参崴	5690吨煤炭	择捉岛海域	1905年2月14日	由"香港丸"捕获；船只和货物被没收；船方申诉驳回，改名"国后丸"
苏格兰人 Scotsman	英国	1677	西贡—海参崴	2200吨煤炭	津轻海峡	1905年2月14日	由第30号水雷艇捕获；船只和货物被没收；船方申诉遭驳回
鲍德汉姆 Powderham	英国	3019	加的夫—海参崴	4000吨煤炭	朝鲜海峡	1905年2月19日	由"日光丸"捕获；船只和货物被没收；船方申诉遭驳回
西尔维尼亚 Sylvania	英国	4187	加的夫—海参崴	6534吨煤炭	朝鲜海峡	1905年2月19日	由"日光丸"捕获，船只和货物被没收；船方申诉遭驳回；*后属日本，改名"五岛丸"*
塞维鲁 Severus	德国	3307	加的夫—海参崴	3485吨煤炭	择捉岛近海	1905年2月23日	由"香港丸"捕获；*后属日本，改名"德取丸"*
罗慕路斯 Romulus	德国	2630	加的夫—海参崴	3500吨煤炭	津轻海峡	1905年2月25日	由"常磐"号捕获后被日本政府公开出售
伊斯比修道院 Easby Abbey	英国	2963	加的夫—海参崴	煤炭	择捉岛近海	1905年2月27日	由"日本丸"捕获；船方申诉驳回；*后属日本，改名"切部丸"*
维加 Vegga	瑞典	2562	加的夫—海参崴	煤炭	朝鲜海峡	1905年3月3日	由"日光丸"捕获；船只被没收；船方申诉驳回
维纳斯 Venus	英国	3558	加的夫—海参崴	5225吨煤炭	择捉岛近海	1905年3月4日	由"日光丸"捕获；船只被没收；船方申诉驳回，改名"辨天丸"
阿芙罗狄忒 Aphrodite	英国	3949	加的夫—海参崴	5600吨煤炭	择捉岛近海	1905年3月6日	由"日光丸"捕获；船只被没收；船方申诉驳回，改名"择捉丸"
萨克森王子 Saxon Prince	英国	3471	新加坡—室兰	铁路建材（非俄国订购）	朝鲜海峡	1905年3月9日	被带往佐世保，后于3月16日获释

续前表

船名	国别	吨位	航线	粮食、船舶建材、机械设备	地点	日期	备注
塔科马 Tacoma	美国	2812	旧金山—海参崴	煤炭	国后水道（Kunashiri Channel）附近	1905年3月14日	由"高千穗"号捕获；船只和货物被没收；船只申诉遭驳回；后属日本，改名"色丹丸"
哈尔巴顿 Harbarton	英国	3265	加的夫—海参崴	无	择捉水道附近	1905年3月18日	由"秋津洲"号捕获；船只和货物被没收；船方申诉遭驳回；后属日本，改名"灌春丸"
工业（救捞船）Industrie	瑞典	839			釜山附近	1905年3月28日	由"春日"号捕获，理由是涉嫌间谍行为
亨利·博尔霍夫 Henry Bolchow	挪威	1006	上海—科尔萨科夫斯克	18190包粮食（meal）	择捉水道附近	1905年4月7日	由"熊野丸"捕获，货物被没收
林克鲁登 Lincluden	英国	2746	尼古拉耶夫斯克—神户	3600吨大麦	朝鲜南部海域	1905年5月15日	被带往佐世保，5月23日获释
广南 Quang Nam	法国	1431	西贡—上海	杂货	澎湖列岛海域	1905年5月18日	由"备后丸"捕获，理由是涉嫌间谍活动；船只被没收；船方申诉遭驳回
里萨瓦 Risava	德国					1905年7月24日	
澳大利亚 Australia	美国	2755		面粉和茶叶等	彼得罗巴甫洛夫斯克海域	1905年8月12日	由"须磨"号捕获，船只遭没收
安提俄佩（帆船）Antiope	英国	1485	?—尼古拉耶夫斯克	盐	库页岛东岸	1905年8月13日	由"台南丸"捕获
利迪亚 Lydia	德国	1059	汉堡—尼古拉耶夫斯克	五金工具、盐、油	琉球列岛海域	1905年8月13日	船只和货物被没收，船方申诉遭驳回
蒙塔拉 Montara	美国	2562		堪察加地区的皮毛制品的收货人为俄国政府	白令岛（Bering island）海域	1905年8月18日	船只被没收
梭鱼 Barracouta	美国	2152	?—尼古拉耶夫斯克	粮食	库页岛南岸	1905年6月19日	由"吹雪"号捕获，后被带往横须贺
汉斯·瓦格纳 Hans Wagner	德国	1594		钢铁和建材等	朝鲜海峡	1905年10月10日	由"普羽"号捕获，后被带往佐世保；最终获释
M. 斯特鲁维 M.Struwe	德国	1582	?—尼古拉耶夫斯克	粮食	釜山附近	1905年10月10日	由"明石"号捕获，后被带往佐世保；最终获释

附录 F2

开战至战争结束，俄军击沉和俘获的商船①

船名	国籍	总吨位	出发地—目的地	货物	捕获地点	捕获日期	备注
阿尔戈 Argo	挪威	1394			旅顺	1904年2月5日	3月14日获释
布兰德 Brand	挪威	2003			旅顺	1904年2月5日	3月14日获释
希尔斯塔德 Seirstad	挪威	995			旅顺	1904年2月5日	3月14日获释
拉斯贝拉 Ras Bera	英国	3837			旅顺	1904年2月5日	2月13日逃走
福克斯顿大厅 Foxton Hall	英国	4247		煤炭	旅顺	1904年2月8日	3月12日获释
富平 Fu-Ping	英国	1393			旅顺	1904年2月10日前	2月10日获释
西平 Hsiping	英国②	1981	秦皇岛（Ching-wang-tao）—上海		旅顺外海	1904年2月10日	被要求开往大连；4日后获释
温州 Wenchow	英国	898			旅顺	1904年2月11日前	2月18日左右获释
奈古浦丸 Naganoura Maru	日本	1084			津轻海峡外海	1904年2月11日	被海参崴巡洋舰队俘获并击沉

① 译注：本表格内容与历史情况存在出入，纠正的内容将在脚注中特别说明，补全的内容则会在表内以加粗的斜体字表示。参考资料为《极密·明治三十七八年海战史》《日本外交文书：日露战争》第 4 卷以及部分互联网资料。

② 译注：实际所有人是中国的开平矿务局。

续前表

埃特里克戴尔 Ettrickdale	英国	3775	巴里（Barry）—沙璜（Sabang）	煤炭	红海	1904年2月19日	被"奥斯利亚比亚"号俘获；2月28日获释；俄方支付了赔偿金
弗兰克比 Frankby	英国	4182	巴里—香港	煤炭	红海	1904年2月19日	被"奥斯利亚比亚"号俘获；2月28日获释；俄方支付了赔偿金
玛蒂尔达 Mathilda	挪威	3480	珀纳斯（Penarth）—佐世保	煤炭	红海	1904年2月19日	被"奥斯利亚比亚"号俘获；2月28日获释；俄方支付了赔偿金
罗莎莉 Rosalie	英国	4303			海参崴港内或近海	1904年2月22日前	2月22日获释
繁荣丸 Hanyei Maru	日本	76			**旅顺外海**	1904年3月26日	被俄军俘获并击沉
筏湾（？） Fa-Wan①	英国		济物浦—牛庄		牛庄	约1904年4月2日	4月3日获释
五洋丸 Goyo Maru	日本	600			元山港	1904年4月25日	被俄军鱼雷艇俘获并击沉
萩之浦丸 Haginoura Maru	日本	219		海产品和蔬菜	日本海	1904年4月25日	被海参崴洋舰队俘获并击沉
中式帆船 （共计46艘）			前往天津	大米	辽河	约1904年5月10日	被俄军令取
阿兰顿 Allanton	英国	4253	室兰—新加坡	煤炭	日本海	1904年6月16日	被俄军巡洋舰俘获并押往海参崴；11月9日获释；船方申诉获通过
安静丸（帆船） Ansei Maru	日本	105			奥尻岛（Oku）和渡岛小岛（Kojima）之间海域	1904年6月16日	被海参崴洋舰队俘获并击沉
八幡丸（帆船） Yawata Maru	日本	198			奥尻岛和渡岛小岛之间海域	1904年6月16日	被俄军俘获并击沉
清荣丸（帆船） Seiyei Maru	日本	114				1904年6月16日	被海参崴洋舰队俘获并击沉

① 译注：该船中文名不详，此处为推测音译。

544

续前表

船名	国籍	总吨位	出发地—目的地	货物	捕获地点	捕获日期	备注
博通丸（帆船）（？）① Hatsiman Maru	日本					1904年6月16日	被海参崴巡洋舰队俘获并击沉
巴港丸（帆船）Hatsuku Maru	日本	200		海产品等		1904年6月18日	被俄军巡洋舰俘获，后被押往海参崴②
清涉丸（帆船）Seisho Maru	日本	122			元山	1904年6月30日	被俄军鱼雷艇击沉
幸运丸 Koun Maru	日本	57			元山	1904年6月30日	被俄军鱼雷艇击沉
切尔腾汉姆 Cheltenham	英国	3741	小樽—釜山	主要包括67500根枕木和其他木材，外加375箱啤酒	日本近海（日本海）	1904年7月4日	由俄军巡洋舰俘获，后押往海参崴；船只和货物遭没收；船方申诉被驳回
马六甲 Malacca	英国	4045	安特卫普—伦敦—中国—日本	3000吨杂货和40吨运往香港的炸药	红海	1904年7月13日	被"彼得堡"号俘获，7月27日在阿尔及尔获释，已完成理赔
筏湾（？）Fa-Wan	英国				日本海③	1904年7月15日前	被带往旅顺，后获释
海因里希王 Prinz Heinrich	德国	6263	汉堡—横滨		红海	1904年7月16日	被"彼得堡"号俘获，在交出发往日本的31包信件和24箱/包小件包裹后获释
协生 Hipsang	英国④	1659	牛庄—芝罘	粮食等	鸠湾外海	1904年7月16日	因拒绝俄船被"敏捷"号以鱼雷击沉，战利品法庭裁定此行动符合国际公法

① 译注：该船英文名拼写可能有误，对照《日本外交文书》中的资料，"博通丸"在1904年6月13日从北海道西南部的奥尻岛出航后便下落不明，对应的可能就是这条记录。

② 译注：此处有误，该船未被押往海参崴，而是被俄军当场释放。

③ 译注：此处和备注中的"被带往旅顺"明显矛盾，可能有误。

④ 译注：该船的船主实际是中国商人叶亮脚经营的"东盛和"商号，可能是因为悬挂英国旗之故，被相关资料记录成了英国船只。

续前表

船名	国别	吨位	航线	货物	地点	日期	备注
阿尔多瓦 Ardova	英国	3533	纽约—马尼拉	炸药和铁轨等	红海	1904年7月17日	被"斯摩棱克"号俘获，7月25日在苏伊士获释
斯堪迪亚 Scandia	德国	**4506**	汉堡—中国	杂货和政府物资	红海	1904年7月18日	被"斯摩棱克"号俘获，7月24日获释
冈岛丸(?)① Okassima Maru	日本				日本海	1904年7月20日	被俄军俘获并击沉
共同运输丸 Kyodounya Maru	日本	147			日本海	约1904年7月20日	被俄军巡洋舰俘获，但因乘客大部分是妇女而获释
高岛丸 Takashima Maru	日本	319		160箱矿山用火药和589袋各种货物	津轻海峡	1904年7月20日	被海参崴巡洋舰队俘获并击沉
喜宝丸 Kiho Maru	日本	140			津轻海峡附近的大平洋上	1904年7月20日	被海参崴巡洋舰队俘获并击沉
第二北生丸(帆船)② Hokusei Maru	日本	91			津轻海峡附近的大平洋上	1904年7月20日	被海参崴巡洋舰队俘获并击沉
阿拉伯 Arabia	英国	4438	波特兰(Portland, 美国)—香港	面粉和铁路建材	横滨以比100海里处	1904年7月22日	被俄军巡洋舰俘获并押往海参崴，船只后获释，关于返还这收面粉的申诉获得通过
高级骑士 Knight Commander	英国	4306	纽约—芝罘(途经日本)	杂货和铁路建材	横滨西南75海里处	1904年7月24日	被海参崴巡洋舰俘获并击沉，申诉遭驳回
自在丸(帆船) Jizai Maru	日本	199			东京湾附近	1904年7月24日	被海参崴巡洋舰俘获并击沉
福就丸(帆船) Fukuju Maru	日本	121			东京湾附近	1904年7月24日	被海参崴巡洋舰俘获并击沉
北清丸③ Hakutsu Maru	日本	91			日本海	1904年7月24日	被俄军俘获并击沉

① 译注：日方资料并无此船被击沉的任何情况，疑似"高岛丸"的重复统计之误。

② 译注：一说名为"北清丸"。

③ 译注："北清丸"即前述的"第二北生丸"，此处系作者的重复统计，实误。

续前表

船名	国籍	总吨位	出发地—目的地	货物	捕获地点	捕获日期	备注
济南① Tsinan	英国	2269	澳大利亚—日本		东京湾外海	1904年7月24日	被俄军释放，以便将"高级骑士"号上的21名印度水手送往横滨港
台湾 Formosa	英国	4045	伦敦—日本		红海	1904年7月24日	被"斯摩棱斯克"号俘获并带往苏伊士，7月27日获释
荷尔斯提亚 Holsatia	德国	3349			红海	1904年7月24日	被"斯摩棱斯克"号俘获并带往苏伊士，7月27日获释
提亚 Thea	德国	1613	前往横滨	鱼粪肥和鱼油	日本近海	1904年7月25日	被海参崴洋舰队俘获并击沉；船方理赔申请获得通过，但运载货物不在赔偿范围之列
卡尔克斯 Calchas	英国	6748	塔科马(Tacoma)—日本—中国—和纳浦	杂货和面粉。捕获时共有2411吨	东京湾入口外30海里处	1904年7月25日	被海参崴巡洋舰队捕获；大约10月29日获释；至被俘得堡的最高战利品法庭裁持了没收货物的裁决，但船上的小麦例外
霍尔渔船队（蒸汽拖网渔船）Hull Fish Fleet	英国		捕鱼作业中遭遇攻击		北海的多格尔沙洲附近	1904年10月12日	船队遭遇俄军炮击。拖网渔船"仙鹤"号(Crane)沉没，"毛淡棉"号(Moulmein)和"米诺"号(Mino)遭重创
大神丸 Daishen Maru	日本	130—140吨				1905年5月5日	被俄军鱼雷艇俘获，但后来被日方带回元山
第三八幡丸② Yawata Maru	日本	100			日本海	1905年5月5日	被俄军鱼雷艇俘获并击沉
八幡丸	日本	122			日本海	1905年5月9日	被俄军鱼雷艇俘获并击沉
舞子丸	日本	1178	大连—营口		黄海	1905年5月11日	在航行途中触水雷沉没

① 译注：在一些资料中也被称为"图南"号。

② 译注：和本表前半部分出现的"八幡丸"并非同一艘。

续前表

船名	国别	吨位	航线	货物	被劫地点	日期	情况说明
奥尔德米亚 Oldhamia	英国	3639	纽约—香港	165000 箱油料	台湾岛附近	1905 年 5 月 19 日	被俄军押运人员接管；约于 8 月 8 日在择捉岛附近触礁沉没；1906 年 11 月，战利品法庭裁定船方在申诉中胜诉，但终审因为需要质询专业人士而遭遇迟延，最终，1907 年 6 月，里堡战利品法庭裁定俄军裁定没收货物的行为合法，同时拒绝向船方赔偿；稍后，俄国海军部的上诉法庭也维持了这一判决
武塔托斯 Tetartos	德国	2409	小樽—天津	铁路枕木	北中国海	1905 年 5 月 30 日	被"里翁"号击沉，船方获得了索赔金额的五分之三
锡卢努姆 Cilurum	英国	2123	上海—神户	杂货	吴淞口外 80 海里处	1905 年 6 月 2 日	被"里翁"号截停，在抛弃 411 包豆类、120 包棉花和 12 箱绿"石后获释
伊霍纳 Ikhona	英国	5252	仰光（Rangoon）—横滨	大米和信件	香港以南 150 海里处①	1905 年 6 月 5 日	被"捷列克"号击沉于香港附近海域，船方申诉得通过
圣基尔达 St. Kilda	英国	3518	香港—横滨	大米、糖、麻布袋等，系从加尔各答（Calcutta）的"昆山"（Kum Sang）上转运	香港近海	1905 年 6 月 5 日	被"第聂伯"号击沉；船方申诉获得通过，但部分货物不在赔偿范围内
玛丽公主 Prinsesse Marie②	丹麦	5416	哥本哈根—横滨等地	据报货物中不含违禁品	南中国海	1905 年 6 月 22 日	被"捷列克"号击沉于南中国海
和泉丸（？）② Idzumi Maru	日本	小型船				1905 年 8 月 24 日③	被俄军鱼雷艇俘获并带往海参崴，船只和货物遭没收

① 译注：原文为"以北"，实误。

② 译注：船名为推测音译，击沉该船一事仅见于俄方记载。

③ 译注：俄国资料显示的俘获日期为 5 月 23 日。

附录 G1

俄军战斗舰只损失情况

舰名	舰种	日期	备注
瓦良格 Varjag	一等防护巡洋舰	1904 年 2 月 9 日	与日军交战后，在济物浦附近自沉
高丽人 Koreetz	炮舰	1904 年 2 月 9 日	与日军交战后，在济物浦附近自沉
叶尼塞 Yenisei	布雷舰	1904 年 2 月 11 日	在大连湾被自己布设的水雷炸沉
贵族 Boyarin	三等防护巡洋舰	1904 年 2 月 14 日	在大连湾触雷沉没
难忘 Vnushitelni	驱逐舰	1904 年 2 月 25 日	在鸠湾触礁后被日军击沉
满洲人 Mandzhur	炮舰	1904 年 2 月 25 日	战争爆发后被拘留于上海
守护 Steregushchi	驱逐舰	1904 年 3 月 10 日	在旅顺港外被日军驱逐舰击沉
彼得罗巴甫洛夫斯克 Petropavlovsk	战列舰	1904 年 4 月 13 日	在旅顺港外触雷沉没
可怕 Strashni	驱逐舰	1904 年 4 月 13 日	在旅顺港外被日军驱逐舰击沉
留心 Vnimatelni	驱逐舰	1904 年 5 月 26 日	在鸠湾触礁后被乘员抛弃
第 204 号鱼雷艇 No. 204	鱼雷艇	1904 年 6 月 30 日	在元山近海触礁后被乘员炸沉
第 208 号鱼雷艇 No. 208	鱼雷艇	1904 年 7 月 17 日	在海参崴附近触雷沉没
布拉科夫海军上尉 Lieutenant Burakov	驱逐舰	1904 年 7 月 24 日	被日军鱼雷艇击沉于旅顺港外
海狮 Sivuch	炮舰	1904 年 8 月 2 日	在辽河被乘员自行炸沉
暴风 Burni	驱逐舰	1904 年 8 月 11 日	黄海海战后，在山东近海触礁报废
果敢 Ryeshitelni	驱逐舰	1904 年 8 月 12 日	在芝罘外海被日军俘获
留里克 Rurik	装甲巡洋舰	1904 年 8 月 14 日	在蔚山海战中被日军击沉
太子 Tzesarevich	战列舰	1904 年 8 月 16 日	黄海海战后逃往胶州，在当地被扣押
无情 Bezposhchadni	驱逐舰	1904 年 8 月 16 日	黄海海战后逃往胶州，在当地被扣押
无声 Bezshumni	驱逐舰	1904 年 8 月 16 日	黄海海战后逃往胶州，在当地被扣押

续前表

舰名	舰种	日期	备注
无惧 Bezstrashni	驱逐舰	1904 年 8 月 16 日	黄海海战后逃往胶州，在当地被扣押
轰雷 Gremyashchi	炮舰	1904 年 8 月 18 日	在旅顺港外触雷沉没
新贵 Novik	三等防护巡洋舰	1904 年 8 月 20 日	黄海海战后逃往科尔萨科夫斯克，随即在 附近海域被日本巡洋舰击沉
第 201 号鱼雷艇 No. 201	鱼雷艇	1904 年 8 月 21 日	在海参崴近海因事故沉没
坚强 Vuinoslivi	驱逐舰	1904 年 8 月 24 日	在旅顺港外触雷沉没
阿斯科尔德 Askold	一等防护巡洋舰	1904 年 8 月 25 日	黄海海战后逃往上海，在当地被扣押
雷暴 Grozovoi	驱逐舰	1904 年 8 月 25 日	黄海海战后逃往上海，在当地被扣押
月神 Diana	一等防护巡洋舰	1904 年 9 月 4 日	黄海海战后逃往西贡，在当地被扣押
勒拿 Lena	武装运输船	1904 年 9 月 11 日	从海参崴出航后，被扣押于旧金山
第 202 号鱼雷艇 No. 202	鱼雷艇	1904 年 10 月 1 日	在海参崴附近与其他船只相撞沉没
暴徒 Zabiyaka	炮舰	1904 年 10 月 25 日	被日军炮火击沉于旅顺
严整 Stroini	驱逐舰	1904 年 11 月 13 日	在旅顺港外触雷沉没
敏捷 Rastoropni	驱逐舰	1904 年 11 月 16 日	携带信件逃出旅顺后，由乘员在芝罘自爆
波尔塔瓦 Poltava	战列舰	1904 年 12 月 5 日	停泊于旅顺期间，弹药库遭炮火引爆
列特维赞 Retvizan	战列舰	1904 年 12 月 6 日	被日军炮火击沉于旅顺
胜利 Pobyeda	战列舰	1904 年 12 月 7 日	被日军炮火击沉于旅顺
智慧女神 Pallada	一等防护巡洋舰	1904 年 12 月 7 日	被日军炮火击沉于旅顺
佩列斯维特 Peresvyet	战列舰	1904 年 12 月 7 日	被炮火重创后由乘员自沉于旅顺
吉兰人 Gilyak	炮舰	1904 年 12 月 8 日	被日军炮火击沉于旅顺
巴扬 Bayan	装甲巡洋舰	1904 年 12 月 9 日	被日军炮火击沉于旅顺
骑士 Vsadnik	鱼雷炮舰	1904 年 12 月 15 日	被日军炮火击沉于旅顺
阿穆尔 Amur	布雷舰	1904 年 12 月 18 日	被日军炮火击沉于旅顺
海狸 Bobr	炮舰	1904 年 12 月 26 日	被日军炮火击毁于旅顺

续前表

舰名	舰种	日期	备注
强盗 Razboinik	炮舰	1905 年 1 月 2 日	被舰员自沉于旅顺入口航道
勇敢 Otvazhni	装甲炮舰	1905 年 1 月 2 日	被舰员自沉于旅顺港外
塞瓦斯托波尔 Sevastopol	战列舰	1905 年 1 月 2 日	被舰员自沉于旅顺港外
乌克兰哥萨克 Gaidamak	鱼雷炮舰	1905 年 1 月 2 日	沉没于旅顺
骑手 Dzhigit	炮舰	1905 年 1 月 2 日	沉没于旅顺
机警 Bditelni	驱逐舰	1905 年 1 月 2 日	沉没于旅顺
战斗 Boevoi	驱逐舰	1905 年 1 月 2 日	沉没于旅顺
破坏 Razyashchi	驱逐舰	1905 年 1 月 2 日	沉没于旅顺
强壮 Silni	驱逐舰	1905 年 1 月 2 日	沉没于旅顺
前哨 Storozhevoi	驱逐舰	1905 年 1 月 2 日	沉没于旅顺
暴躁 Serditi	驱逐舰	1905 年 1 月 2 日	从旅顺出逃，被拘留于芝罘
迅速 Skori	驱逐舰	1905 年 1 月 2 日	从旅顺出逃，被拘留于芝罘
端庄 Statni	驱逐舰	1905 年 1 月 2 日	从旅顺出逃，被拘留于芝罘
强力 Vlastni	驱逐舰	1905 年 1 月 2 日	从旅顺出逃，被拘留于芝罘
活泼 Boiki	驱逐舰	1905 年 1 月 2 日	从旅顺出逃，被拘留于胶州
勇武 Smyeli	驱逐舰	1905 年 1 月 2 日	从旅顺出逃，被拘留于胶州
日本海海战			
奥斯利亚比亚 Oslyabya	战列舰	1905 年 5 月 27 日	被日军炮火击沉
乌拉尔 Ural	辅助巡洋舰	1905 年 5 月 27 日	被日军炮火击沉
沙皇亚历山大三世 Imperator Alexandr III	战列舰	1905 年 5 月 27 日	被日军炮火击沉
堪察加 Kamchatka	修理舰	1905 年 5 月 27 日	被日军炮火击沉
苏沃洛夫公爵 Knyaz Suvorov	战列舰	1905 年 5 月 27 日	在中弹瘫痪后被鱼雷击沉
博罗季诺 Borodino	战列舰	1905 年 5 月 27 日	被日军炮火击沉

续前表

舰名	舰种	日期	备注
纳瓦林 Navarin	战列舰	1905 年 5 月 28 日	被鱼雷击沉
伟大的西索伊 Sisoi Veliki	战列舰	1905 年 5 月 28 日	被鱼雷击沉
纳西莫夫海军上将 Admiral Nakhimov	装甲巡洋舰	1905 年 5 月 28 日	被鱼雷击沉
弗拉基米尔·莫诺马赫 Vladimir Monomakh	装甲巡洋舰	1905 年 5 月 28 日	被鱼雷击沉
沙皇尼古拉一世 Imperator Nikolai I	战列舰	1905 年 5 月 28 日	投降
鹰 Orel	战列舰	1905 年 5 月 28 日	投降
阿普拉克辛海军元帅 General-Admiral Apraxin	岸防装甲舰	1905 年 5 月 28 日	投降
谢尼亚文海军上将 Admiral Senyavin	岸防装甲舰	1905 年 5 月 28 日	投降
斯维特兰娜 Svyetlana	二等防护巡洋舰	1905 年 5 月 28 日	与 2 艘日本巡洋舰交战后由乘员自沉
乌沙科夫海军上将 Admiral Ushakov	岸防装甲舰	1905 年 5 月 28 日	与 2 艘日本装甲巡洋舰激战后由乘员自沉
辉煌 Blestyashchi	驱逐舰	1905 年 5 月 28 日	自沉
无瑕 Bezuprechini	驱逐舰	1905 年 5 月 28 日	被日军炮火击沉
猛烈 Buini	驱逐舰	1905 年 5 月 28 日	被日军炮火击沉
迅速 Buistri	驱逐舰	1905 年 5 月 28 日	搁浅后由乘员自爆
洪亮 Gromki	驱逐舰	1905 年 5 月 28 日	被日军炮火击沉
大胆 Byedovi	驱逐舰	1905 年 5 月 28 日	投降
迪米特里·顿斯科伊 Dimitri Donskoi	装甲巡洋舰	1905 年 5 月 29 日	与多艘日本巡洋舰激战后由乘员自沉
绿宝石 Izumrud	三等防护巡洋舰	1905 年 5 月 29 日	在弗拉基米尔湾搁浅
额尔齐斯 Irtuish	武装运输船	1905 年 5 月 29 日	搁浅
奥列格 Oleg	一等防护巡洋舰	1905 年 6 月 3 日	被扣押于马尼拉
曙光女神 Avrova	一等防护巡洋舰	1905 年 6 月 3 日	被扣押于马尼拉
珍珠 Zhemchug	三等防护巡洋舰	1905 年 6 月 3 日	被扣押于马尼拉
朝气 Bodri	驱逐舰	1905 年 6 月 5 日	被扣押于上海

附录 G2

日军战斗舰只损失情况

舰名	舰种	日期	备注
金州丸 Kinshu Maru	武装运输船	1904 年 4 月 26 日	被"俄罗斯"号击沉于元山附近
第 48 号水雷艇 No.48	水雷艇	1904 年 5 月 12 日	被俄军水雷炸沉于大窑湾
宫古 Miyako	三等巡洋舰	1904 年 5 月 14 日	被俄军水雷炸沉于大窑湾
吉野 Yoshino	二等防护巡洋舰	1904 年 5 月 15 日	在旅顺外海被友舰撞沉
初濑 Hatsuse	战列舰	1904 年 5 月 15 日	在旅顺近海被俄军水雷炸沉
八岛 Yashima	战列舰	1904 年 5 月 15 日	在旅顺近海被俄军水雷炸沉
大岛 Oshima	炮舰	1904 年 5 月 17 日	在辽东湾被友舰撞沉
晓 Akatsuki	驱逐舰	1904 年 5 月 17 日	在旅顺近海触雷沉没
和泉丸 Izumi Maru	武装运输船	1904 年 6 月 15 日	在日本海被"雷霆"号击沉
常陆丸 Hitachi Maru	武装运输船	1904 年 6 月 15 日	在日本海被"雷霆"号击沉
第 51 号水雷艇 No.51	水雷艇	1904 年 6 月 28 日	在大窑湾险礁岩①（Dangerous Reef）触礁沉没
海门 Kaimon	炮舰②	1904 年 7 月 5 日	在大连湾外被俄军水雷炸沉
太田川丸 Otagawa Maru	改装炮舰	1904 年 8 月 8 日	在旅顺近海触雷沉没
速鸟 Hayatori	驱逐舰	1904 年 9 月 3 日	在旅顺近海被俄国水雷炸沉
平远 Heiyen	装甲炮舰	1904 年 9 月 18 日	在蛇岛附近被俄国水雷炸沉
爱宕 Atago	炮舰	1904 年 11 月 6 日	在旅顺港外触礁沉没
济远 Saiyen	三等防护巡洋舰	1904 年 11 月 30 日	在鸠湾附近被俄国水雷炸沉

---

① 译注：位置在北纬 38 度 57 分、东经 121 度 54 分。
② 译注：原文为"三等巡洋舰"，实误。

续前表

高砂 Takasago	二等防护巡洋舰	1904 年 12 月 12 日	在旅顺和芝罘之间触雷沉没
第 53 号水雷艇 No.53	水雷艇	1904 年 12 月 14 日	在攻击"塞瓦斯托波尔"号时被击沉于旅顺港外
第 42 号水雷艇 No.42	水雷艇	1904 年 12 月 15 日	在攻击"塞瓦斯托波尔"号时被击沉于旅顺港外
日本海海战			
第 34 号水雷艇 No.34	水雷艇	1905 年 5 月 27 日	被俄军炮火击沉
第 35 号水雷艇 No.35	水雷艇	1905 年 5 月 27 日	被俄军炮火击沉
第 69 号水雷艇 No.69	水雷艇	1905 年 5 月 27 日	在与"晓"号（原俄军"果敢"号）相撞后被乘员放弃

附录 H

日军指挥机构的组织和运作

本书第一卷中曾提及：在查清相关事实，尤其是日本陆海军司令部的合作机制前，本书将暂时不讨论这方面的问题。然而，本书出现了许多海陆军发生冲突的案例，有很多只能依靠指挥部门的密切配合才能解决，因此，我们无法对这一主题视而不见。诚然，得益于战争节节胜利和各方的及时处置，导致摩擦的原因减少了，但对于整个机制如何平稳运转，许多问题依旧有待澄清。

首先，关于日军大本营（即日军的"联合作战指挥部"）¹的构成，目前还没有新资料可以补充。根据我们的了解，它的成立仅仅是让海军军令部和陆军参谋本部搬进皇宫，让它们在一个屋檐下办公而已，至于天皇，则会成为其中的最高长官。由于直到开战后，日军才会采取上述行动，因此，这一联合指挥机构并不会参与原始作战计划的制订，而是只会敲定后续作战行动的走向。作战计划很可能出自"军事参议院"之手，该机构除了"元帅府"之外，还包括海军大臣、陆军大臣、海军军令部总长、参谋本部总长和其他特别任命的官员。

在"大本营"成立前后，日军决策的程序几乎完全相同：都是每个指挥机构将准备好的计划交由天皇呈览，在批准的同时，天皇也会下达一系列必要的命令和指示。当然，这些指示涉及的都是战役的大致方向，随后，海陆军指挥机构的最高长官会签署一些更具体的命令。但另一方面，由于政治局势使然，天皇有时也会以国家元首（而非大本营最高首脑）的身份向军队下达指示。

其中一个显著的例子是给东乡将军的开战命令，要求他夺取制海权、摧毁敌军舰队。从这个角度看，它实际是一道作战命令，但实际情况又并非如此：大本营签发的海军作战命令被称为"大海令"²（Dai-kai-rei），或者说"重大的海军命令"①（great navy order）；但天皇给东乡的却是一道"敕命"（Tai-mei），它实际是君主的私人命令，通过这道命令，天皇实际行使了国家元首具有的开战权。从这个角度，该命令的属性更接近政治命令，而非战略上的指导意见。

由大本营发布的命令可以被归结为两类。除了所谓的"大海令"之外，另一种被称作"大海指"（Dai-kai-kun），即"重大的海军指示"②。根据可靠资料的描述，其中的"指"——

---

① 译注：此处有误，"大海令"实际是"大本营海军部命令"的简写。
② 译注：此处有误，"大海指"实际是"大本营海军军令部长指示"的简写。

或者更确切地说"指令"，"是一种只陈述行动方针的命令，至于具体执行办法则由接受者自行决定"。从这个角度，与之最接近的英语名词应当是"Instruction"（即指示）——尽管在英军中，"命令"（Order）和"指示"的区分并不明确。

同样不幸的是，因为我们并没有得到这些命令和指示的原文，相关的例证非常有限。比如所谓的"大海令第1号"（Order No. 1），它发布于开战时，由片冈将军接收，规定了第3舰队（即海峡舰队）的任务。如前所述，第3舰队实际是一个独立于"联合舰队"的组织，直到3周后，它们才真正被纳入了东乡将军的麾下。从这个角度，片冈将军实际是一位真正意义上的全权舰队司令，也正是这个原因，他才会直接从大本营收到"大海令"；因为按照常规，"大海令"和"大海指"一般仅由舰队司令接收。

我们手头的下一份文件是"大海令第6号"，它于1904年2月29日由海军军令部部长下发给东乡和片冈两人。这份命令要求日军重组舰队，并由东乡将军统一指挥。该命令包括2部分，其第1部分的收信人是东乡，内容大致如下：

作为第3舰队司令，片冈将军所率舰艇现在由贵官指挥；
贵官必须尽力完成"大海令第1号"第1段中规定的任务。

至于命令的第2部分，则要求片冈将军听从东乡将军的指示。[3]

第2至第5号大海令的内容没有被日方资料提及，但内容也许与登陆济物浦、对旅顺港的第1次袭击、远征先遣部队（第12师团）的派遣、从釜山向济物浦迁移登陆场，甚至是对旅顺的初次阻塞行动等重要作战有关。

在下一份大海令，即"大海令第7号"下发于2月29日，大本营要求东乡对海参崴实施佯动，以便尽可能地牵制敌人。[4]不过，虽然它名义上是"命令"，但形式上更像是"指示"。它的开头这样写道："如果可能，贵官应当抽调1支强大的支队……"根据这一要求，东乡向上村将军下发了"指示"，据此，上村又向麾下的分队下发了相应的"命令"。[5]

我们可以参照的"大海指"则更少。唯一能查到全文的一份发布于1904年12月23日，其中要求东乡率部回国，具体内容如下所示：

1. 为让联合舰队完成迎战敌增援舰队的战略准备工作，贵官必须离开旅顺。另外，贵官还必须在朝鲜海峡部署适当的兵力，以对抗敌军舰队的残部、制止偷运违禁品的活动。其余舰队则应返回国内，同时，贵官还必须制订好维修计划……

2. 为执行'大海指第4号'的第4条，贵官必须同片冈将军进行磋商。另外，贵官和上村将军必须尽快造访大本营。

按照相关资料，"大海指第4号"涉及的是与第3军的合作。[6]

至于另一份"大海指"，则与2支分遣部队有关：其中一支奉命封锁北部海域，另一支则被派往南中国海、侦察波罗的海舰队的必经之路。这些侦察行动之所以由大本营启动，原因其实不难理解：大本营本身是情报中心，为了搜集更多信息、保证情报部门有效运转，他们只能命令舰队派出侦察巡洋舰。另一方面，我们也可以得出推论：和我军的传统做法一样，东乡将军的指挥权也被限定在了某个特定的区域——这和我国在英吉利海峡与北海的驻防舰队很像，如果舰队从当地调离，他们将由最高司令部直接指挥。但其中仍然存在一些疑点，尤其是当上村将军遵照"大海指第7号"的指示前往海参崴进行佯动时，他似乎对该从何处接受命令产生了怀疑——当时，他既可以奉东乡的命令加入主力舰队，也可以在元山就地留守。在经历了一段时间的不知所措后，上村从大本营收到了答复："应按照东乡将军的命令行事"。[7]

此外，很明显，大本营还有权向战队和舰队司令直接下令，但平时，这些司令都由东乡将军统一指挥。一个熟悉的案例发生在耶森舰队袭击东京外海期间，当时，大本营不待通知东乡，便直接要求上村舰队立刻前往日本东海岸。尽管在上村看来，这一决定并不明智，但由于不能违抗上级，他还是选择了照办。

另一个干预行动的案例与陆军有关，它更值得注意。我们手头的资料显示，在1904年11月旅顺前线局面吃紧时，东乡将军希望上级能更加重视地面战场，以便"确保当地尽早沦陷"，"同时，他还向大本营表达了这种观点"。[8] 显然，大山元帅也赞同这种提议，因为他也"要求大本营派遣第8师团加强第3军"。但不顾海军和陆军首脑的意见，天皇却决定"将该师团调往北方"[9]。这种做法与日军的作战思路几乎完全不协调，对于个中缘由，我们也没有得到任何解释。

另外，还有一些案例显示，大本营甚至能直接调遣联合舰队麾下的单艘舰只。比如在1905年1月，"秋津洲"号前往芝罘解决1艘突围的俄军驱逐舰期间，曾接到电报，"直接遵照大本营的指示处理此事"[10]。

如前所述，按照我们掌握的情况，根据目的不同，来自日本国内的命令或指示可以分为3类：第1类是基于政治原因；其次，大本营会依据战争的指导方针要求舰队调整行动；此外，大本营还会利用这些指示，要求海军在战区外采取某些必要行动。至于其他的命令，则无从考证。另外，海军军令部也会干预指挥，具体手段主要是通过"建议"——在通常情况下，司令官都会选择遵从。一个例子发生在1904年9月，当时，军令部认为有必要派遣一艘军舰前往济物浦，保护对"瓦良格"号的打捞作业。为此，军令部次长立刻给东乡的参谋长发去建议，认为他有必要抽出一艘合适的船只——尽管封锁任务沉重且另一场战斗可能已迫在眉睫，东乡将军仍然派出了"松岛"号。[11]

在另一个有趣的例子中，军令部长直接向东乡麾下的军官进行了"指示"，并对他们在6月23日和8月10日的表现表达了不满。[12] 从中可以看到，海军军令部其实对轻型舰艇部队也保持着特殊的控制权。此外，相关资料还显示，开战时，对旅顺的驱逐舰攻击计划并非来自东乡将军的司令部，更有可能是军令部的手笔；另外，1904 年 9 月，鉴于之前遭遇的损失，东乡希望重组各个驱逐队，并请求得到军令部的批准，后者虽然没有正式表示同意，但依旧允许东乡对受创的驱逐队进行重组。[13]

在涉及与海上作战无关的事务时，尽管日军从来没有准确界定过大本营的职权，但显而易见，舰队也需要在必要时征求大本营的同意。1904 年 9 月 5 日时，东乡便在给大本营的电报中表示，为保证下次总攻旅顺的胜利，他已将"扶桑"号的 2 门 6 英寸舰炮调往岸上，但大本营答复道：在下次调遣舰炮上岸前，务必征询大本营的意见[14]。这和我国的传统做法截然迥异：在联合远征作战中，我方海军司令不仅拥有调遣人员和舰炮上岸的权力，同时，他还经常根据局势主动做出类似的决策。

总的来说，我们可以认为，尽管在战时，海军军令部是大本营的组成部分，但该部门同样有独立干预海上行动的权力，此时，他们的观点会以"意见"的形式传达给舰队司令部，但对东乡来说，这些"意见"的分量几乎与大本营发布的"大海令"和"大海指"相同。

关于大本营本身的情况，我们可以保险地推断出以下结论：

"大海令"和"大海指"的差异很小，很难做简单的划分。

"大海令"和"大海指"的发布频率很低。举个例子，当东乡将军要求执行第 13 号"大海指"时，"联合舰队机密令"的编号已经达到了 1449。

这些命令只会在需要采取特殊行动，或是编组分遣部队时发布；另外，当日军基于作战需要、必须对舰队进行重组时，大本营也有可能会下发"大海令"或"大海指"。

但即使如此，我们还是无法确定上述原则是否有过变动。

在战争结束前，日军对朝鲜和库页岛的行动中，没有资料显示大本营曾下达过"大海令"或"大海指"。如果我们想寻找一些大本营直接指挥战争的证据，就只能从军令部给东乡大将的命令着手——在这些命令中，军令部要求他派遣一支规模适当的舰队协助登陆部队，舰队的兵力和编制则完全由东乡自主决定。这些内容似乎显示，军令部下达的只是一道简单的一般性指令，其本质与"大海令"类似。[15]同样可以确定的是，在行动期间，舰队司令片冈将军听从的是军令部的指示，并需要直接向大本营和东乡将军汇报。因此，我们可以假设，虽然东乡的职责是为行动调集足够的部队，但同时他也没有让片冈舰队完全听从军令部的指挥。至于朝鲜北部的行动，虽然其规模很小，但性质上是一次海陆军联合作战，期间上村将军认为自己应当接受东乡将军调遣。[16]不过现有资料显示，这次行动是由大本营发动的，海军军令部长则负责向东乡"转交"必要的海上作战指示。[17]根据这些证据，我们可以认为，这 2 项行动都是依照大本营的命令发起的，同时，行动者也要听从大本营的调遣。

除了上述几个案例，很明显，日军的海上作战通常不会遭到东京方面的干预。在战争计划的各个阶段，东乡司令始终直接控制着舰队，并拥有高度的自由指挥权。高层越级插手的情况

558

很少，埃森将军闯入东京外海期间是个例外。当时，大本营越过东乡，直接调遣了他的副手。

与我国之前经历的海上战争相比，我们会发现，在我国海军部的全盛时期，他们对舰队的干预要比日军更为频繁。但这并不意味着两者的指挥理念存在区别。在我国同法国和西班牙爆发战争时，战场分布于世界各地，但日俄战争的情况不同，它的舞台仅仅是一片很小的区域。由于海底电缆和无线电报的存在，指挥部和部队的距离也被大大拉近了。另外，日本还不需要呼唤远在地球另一端的舰队（这些命令只有通过充当情报中心的最高指挥部才能下达和传送），也没有可能遭遇突袭的遥远殖民地，更没有牵动国家存亡的贸易网络。总之，与以往英国海军需要执行的高度复杂和瞬息万变的任务不同，日军舰队的任务简单且固定——一旦目标确定，东乡就可以放手行动，不用担心其他因素。回顾之前大本营直接下达的命令，无论是要求舰队追击、侦察、破交，还是展开有政治色彩的行动，由于战区范围有限，在执行上述任务的过程中，敌军都不可能前来干预。

由于日军大本营极少插手行动，在战争中，日本海陆军的配合可谓相当顺畅。但另一方面，《日本战史极密版》对相关事件的记录又给了我们另一种印象。从字里行间我们可以看出，尽管海军军令部和陆军参谋本部在名义上已合二为一，但它们的运转依旧是独立的，只是由于前线主官们的机智和豁达，整个联合作战才得以顺利展开。

事实上，在日军记录中，经常可以看到一方司令部在下达命令时罔顾友军利益的情况。其中一次事件发生在战争打响后不到一周，当时，陆军决定将第12师团的登陆地点从釜山转移到济物浦。海军得知消息时，该师团早已启程，这令东乡倍感震惊。此时，日军舰队已经四下出动，很难为陆军的航渡提供掩护。但在不了解海上战局的情况下，参谋本部还是擅自调遣了部队，掌管目标海域的瓜生将军对此一无所知，直到有谣言传来，他才通过询问上级得知了此事。[18]这种参谋作业中出现的失误该由谁负责？目前我们尚不清楚，不过可以确定的是，它显然充当了一个两军配合不善的案例——即使有大本营的存在也于事无补。

另一个例子发生在封锁旅顺期间，当时，陆军的补给船经常无视禁令穿过封锁区。尤其是从台湾来的运粮船，在出航后，陆军指挥官不待通报海军司令，便要求它们直接穿过封锁区前往大连。这种做法险些引发了严重后果，还导致1艘陆军运输船被旅顺港口司令部拘留，经过多番交涉都未能获释，直到东乡将军把事件提交给大本营审议，大本营签署了一道支持海军的命令后，纠纷才得以解决。[19]

当然，最考验大本营协调能力的事件还是发生在203高地之战期间。虽然战斗经过已经叙述得非常详尽，但由于《日本战史极密版》极少有涉及军种合作的内容，因此，对于该问题的解决过程，我们只能猜测。不过，显而易见的是，当东乡将军建议乃木把攻击目标转向203高地时，陆军实际勉为其难地做出了妥协。当时，参谋本部肯定产生了这样一种想法，即海军正在"教育"陆军如何展开围攻——对于这种干预，他们肯定会无法接受。但很快，参谋本部便意识到了自己的观点是多么肤浅，通过对局势的理性分析，他们很可能意识到，这次围攻战的真正目标——歼灭旅顺舰队——本质是为海军服务，而在这个领域，海军的观点才是最有分量的，这让他们最终发现，完成任务的捷径实际隐藏在东乡的建议中。另外，鉴于参谋本部后来认识到了问题，大本营就更没有理由背离"少干预"的原则直接插手。在此期间，通过了解局势，他们体会到了海军遭遇的难题，以及舰队的需求有多么紧迫。正是因此，他们最终让大山元帅自行决定对乃木的指示。

以下是这次争端的经过。11 月 6 日，对旅顺的第 3 次正面攻击失败后，东乡的参谋长向伊集院将军（即军令部次长）发去了 1 封电报，他在电报中写道："由于事关联合舰队的迎战部署，请务必告知本人波罗的海舰队的动向。考虑到我军无法预测旅顺何时陷落，因此，我军的临战准备将更多受到其行程的影响……无论如何，为尽早攻陷旅顺，我请求您敦促大本营展开磋商。"

第 2 天，伊集院将军发来回复，他在电报中"给出了波罗的海舰队的动向，以及他本人关于夺取旅顺的看法"，但史料并未对这些看法的具体内容叙述太多。然而，军令部长伊东大将的电报却给我们提供了线索。电报这样写道："蚕食旅顺的行动可能旷日持久，甚至连夺取高地及要塞后方阵地的时间都无法预期，再加上敌军舰队正急速赶来，我军难道不应该抓住机会备战，尽快派遣战舰轮流接受维修吗？"这一次，东乡接受了这个曾经回绝过的建议。

但此时的东乡依旧心怀疑虑。10 日，"鉴于有必要保证旅顺能尽早攻陷"，他还把 1 名参谋派往乃木将军麾下，以"表达这种意愿"。

于是，围攻部队的指挥部召开了 1 次会议，并在 13 日将会上的决定通报给了东乡。其中表示"由于工兵作业尚未完成，他们还没有攻打 203 高地的计划"。随后，陆军又发送了 1 封电报，表示他们会在 2 处地点炸毁攻击区域俄军修建的护墙，这项任务将在 1 周内进行。

与此同时，在东京大本营，海陆军之间的对立似乎变得愈发严重。13 日，与陆军关系最密切的海军指挥官——细谷将军被 1 封电报召回了东京。14 日，大本营召开了御前会议，"以讨论目前的海上和陆上局势"。虽然会议的议程并不清楚，但它传达给大山元帅的结果是：各方已经决定，如果敌军第 2 太平洋舰队离日本的航程只剩下 1 个月且旅顺的局势没有任何改观，日本海军就必须解除封锁、撤回国内，进行迎战准备，期间，他们将不再关注旅顺是否沦陷。另外，该结论还意味深长地指出，这一决定将对日军的总体战略产生重大影响。[20] 最后，会议似乎还起草了一份备忘录，其中给出了"大本营针对波罗的海舰队来航和敌我舰队实际态势的意见"，同时，这份备忘录还指出，"由于国内船坞规模有限，目前舰队还无法一次完成检修"。

后来，东乡派遣了一名参谋军官，将这份文件（或者是它的大致精神）转达给了乃木。同时，他还意味深长地指出："从海军的角度，他希望将 203 高地当作下一轮进攻的首要目标，也只有如此，才能尽快将敌军舰队歼灭于港内。"[21]

在这个艰难时刻，大本营的基本态度可谓相当明确。他们知道，自身虽然具有海上优势，但只有在陆军迅速歼灭旅顺舰队后，这种优势才能发挥，否则整个战争计划就有崩盘的危险，有鉴于此，他们决定顺应海军的要求，并开始敦促陆军无条件地服从大局。由于海军对问题领悟更透彻和全面，因此，大本营直接向大山元帅摆明了看法，并明确发出警告，如果陆军无法完成这项对海军至关重要的任务，后者就将无法发挥主要作用，届时，无论于公于私，后果都将不堪设想。大山元帅该作何选择自然是无须多言的。

不管这样的决定是对是错，它都消除了两军之间的对立，但在某些批评家们看来，这种决定实际有示弱之嫌。但不管他们如何怀疑，这种做法都是把决策权交到了熟悉当地环境的一方手中，比那些"强势"和武断的做法更能体现决策者的勇气——这一点自然也成了对批评的有力回击。

最后，事实证明东乡是正确的。但他之所以不提早将看法强加给陆军，是因为他还有着超出战略层面的考虑。在他看来，与陆军保持良好关系是必要的，如果强行要求陆军妥协，双方的关系将出现灾难性的裂痕。无论如何，他的做法都充当了一个有建设性的先例，未来，无论是处理海陆军关系时，还是最高指挥部和前线部队的关系时，我们都应当借鉴日军大本营的危机处置对策，并做出类似的巧妙安排。

注释

1. 参见本书第一卷第 68—69 页。在日语中，"大本营"读作"Daihon-ei"或"Dai-hen-yei"，字面意思为"最高机构所在地"（great principal dwelling）。

2. "海"为"海军"（kai-gun）的缩写，后者字面意思为"海上的军队"，即我们所说的"舰队"（Fleet）或"海军"（Navy）。

3. 参见《日本战史极密版》第 1 卷第 153—154 页。由于第 3 舰队的使命最初是守卫朝鲜海峡，我们似乎可以确定，根据"大海令第 1 号"的指示，东乡将军要注意的一定是确保当地的安全。如果情况属实，这一点便进一步证明了日本海军作战计划的前提依旧是保卫海峡——就像在我国以往的战争中，一切行动的基础都是守住英吉利海峡一般。当然，关于这道命令可能还有另一种解释：它仅仅阐明了开战后真正的行动方向——夺取釜山和镇海湾。

4. 参见本书第一卷相关内容。其中表示这道命令来自海军军令部，但在伊东大将将其下发时，其形式却是"大海令"。

5. 参见《日本战史极密版》第 2 卷第 3 页。当时，另一份大本营命令的内容很有可能与将第 1 军的基地从济物浦迁往镇南浦有关，本书第一卷中有相关描述。

6. 参见《日本战史极密版》第 2 卷第 256 页。

7. 参见《日本战史极密版》第 3 卷第 19、20 页，本书第一卷亦有相关内容。

8. 参见《日本战史极密版》第 2 卷第 238 页。

9. 参见《日本战史极密版》第 2 卷第 239 页。

10. 参见《日本战史极密版》第 2 卷第 333 页。

11. 参见本书开头部分相关章节的内容。

12. 参见《日本战史极密版》第 2 卷第 387 页。

13. 参见本书开头部分相关章节的内容以及《日本战史极密版》第 2 卷第 212 页。

14. 参见《日本战史极密版》第 2 卷第 213 页。

15. 参见《日本战史极密版》第 2 卷第 437 页。和之前一样，东乡向片冈签署了"指示"，随后，片冈将军根据内容向舰队发布了"命令"。

16. 参见本书后半部分的内容。

17. 参见《日本战史发行版》第 5 篇第 3 章第 3 节。

18. 参见《日本战史极密版》第 1 卷第 116—117 页以及本书第一卷的相关内容。

19. 参见本书前半部分的内容，以及《日本战史极密版》第 1 卷第 221—222 页。

20. 参见《日本战史极密版》第 2 卷第 235 页。

21. 参见《日本战史极密版》第 2 卷第 239 页。

· 战略学家科贝特参考多方提供的丰富资料，对参战舰队进行了全新的审视，并着重研究了海上作战涉及的联合作战问题。

· 本书以时间为主轴，深刻分析了战争各环节的相互作用，内容翔实。

· 译者根据本书参考的主要原始资料《极密·明治三十七八年海战史》以及现代的俄方资料，补齐了本书再版时未能纳入的态势图。

指文® 海洋文库 / S010

日俄海战

1904—1905

侵占朝鲜和封锁旅顺

MARITIME OPERATIONS
IN THE RUSSO-JAPANESE WAR
VOLUME 1

[英] 朱利安·S. 科贝特 著

邢天宁 译

台海出版社